Wilhelm Körner & Günther Deegener (Hrsg.)

Erfassung von Kindeswohlgefährdung in Theorie und Praxis

Wilhelm Körner & Günther Deegener (Hrsg.)

Erfassung von Kindeswohlgefährdung in Theorie und Praxis

PABST SCIENCE PUBLISHERS
Lengerich, Berlin, Bremen, Miami,
Riga, Viernheim, Wien, Zagreb

Anschriften der Herausgeber:

Dr. Wilhelm Körner
Hittorfstr. 49 B
48149 Münster
E-Mail: wilhelm.koerner@web.de

Prof. Dr. Günther Deegener
Steinbacherstr. 8
66904 Börsborn
E-Mail: gdeegener@aol.com

Bibliografische Information Der Deutschen Bibliothek
Die Deutsche Bibliothek verzeichnet diese Publikation in der Deutschen Nationalbibliografie; detaillierte bibliografische Daten sind im Internet über <http://dnb.ddb.de> abrufbar.

Geschützte Warennamen (Warenzeichen) werden nicht besonders kenntlich gemacht. Aus dem Fehlen eines solchen Hinweises kann also nicht geschlossen werden, dass es sich um einen freien Warennamen handelt.
Das Werk, einschließlich aller seiner Teile, ist urheberrechtlich geschützt. Jede Verwertung außerhalb der engen Grenzen des Urheberrechtsgesetzes ist ohne Zustimmung des Verlages unzulässig und strafbar. Das gilt insbesondere für Vervielfältigungen, Übersetzungen, Mikroverfilmungen und die Einspeicherung und Verarbeitung in elektronischen Systemen.

© 2011   Pabst Science Publishers, D-49525 Lengerich
          Satz und Layout: Armin Vahrenhorst

Druck: KM-Druck, D-64823 Groß-Umstadt

ISBN 978-3-89967-669-3

Inhaltsverzeichnis

Vorwort
W. Körner, G. Deegener 9

I Grundlagen der Praxis 11

Der Begriff der Kindeswohlgefährdung zwischen Recht und Praxis
R. Schone, G. Hensen 13

Kindeswohlgefährdung als Anlass für Interventionen – rechtliche Aspekte
G. Schindler 29

Schutz und Rechte des Kindes: Rechtlicher Rahmen zum neuen FamFG, zu einigen
Vorschriften im Familienrecht (BGB), Kinder- und Jugendhilferecht (SGB VIII) und
das geplante Kinderschutzgesetz
R. Balloff 56

Interessenvertretung des Kindes (Verfahrensbeistand)
R. Balloff 83

Institutionen der Verletzlichkeit: Jugendhilfe im Spannungsfeld von Hilfe und
Kontrolle für Familien
M. Kurz-Adam 100

Zwischen Handlungsfreiheit und Handlungsbefähigung von Familien – Gerechtigkeit,
Liebe und Capabilities in familialen Kontexten
Z. Clark, H. Ziegler 111

Vorbereitet auf die Praxis – Didaktische Anregungen zum Thema Kinderschutz in
der Hochschulausbildung
E. C. Stuckstätte 132

II Erfassung von Kindeswohlgefährdung 153

Psychologische Aspekte des Entscheidens in komplexen Handlungssituationen
S. Rietmann, G. Hensen 155

Denkfehler und andere Praxisirrtümer im Kinderschutz: Eine persönlich gefärbte Übersicht
H. Kindler 174

Risiko- und Schutzfaktoren – Grundlagen und Gegenstand psychologischer, medizinischer und sozialpädagogischer Diagnostik im Kinderschutz
G. Deegener, W. Körner 201

Zum Einsatz von Risikoinventaren bei Kindeswohlgefährdung
F. Metzner, S. Pawils 251

Sozialpädagogische Familiendiagnosen bei Kindeswohlgefährdung
S. Cinkl, U. Uhlendorff 278

Kinderschutz – von der Checkliste zur persönlichen Fall- und Prozessverantwortung
C. Gerber 294

Grundrisse einer psychologisch fundierten Diagnostik bei Kindeswohlgefährdung (KWG) in Erziehungsberatungsstellen
W. Körner, Franz Heuer, G. Deegener 328

III Praxis/Werkstattberichte/Praxisberichte: konkrete Darstellung der diagnostischen Praxis 363

Erfassung von Kindeswohlgefährdung im ASD
M. Pieper, W. Trede 365

Medizinische Diagnostik bei Kindeswohlgefährdung
B. Herrmann 392

Erfassung von Misshandlung in der kinder- und jugendärztlichen Praxis – Praxisberichte: Konkrete Darstellung der diagnostischen Praxis
T. Fischbach 417

Der Schutzauftrag nach §8a SGB VIII – Handlungskonzepte freier Träger
S. Armbrecht 442

Praxis des DKSB bei der Erfassung von Kindeswohlgefährdung
M. Huxoll 468

Zum Verhältnis Früher Hilfen und der Erfassung von Kindeswohlgefährdung
P. Bastian 494

Die Kinderschutzdienste in Rheinland-Pfalz
A. Baas 515

Umgang mit Kindeswohlgefährdung am Beispiel der Jugendhilfe Werne
J. Sickel, T. Kißmann, J. Scholz 537

Die Autorinnen und Autoren 557

Vorwort

Das Thema Kindeswohlgefährdung ist nach wie vor höchst aktuell und umstritten, wie die Diskussionen in Fachwelt, Tagespresse und Internet sowie die teilweise auch juristische Aufarbeitung so genannter Kinderschutz-Katastrophen eindrucksvoll belegen.
Bei diesen Erörterungen werden viele wichtige Aspekte beachtet, aus unserer Sicht fehlt allerdings dabei die konkrete Auseinandersetzung und Darstellung der praktischen Erfassung von Kindeswohlgefährdung. Es fehlte also aus unserer Sicht bisher ein Band, der möglichst viele, auch kontroverse, Positionen gerade zu diesem so wichtigen Aspekt der Kinderschutzarbeit darstellt.
Zu diesem Zweck haben wir bekannte Fachleute aus den verschiedenen Disziplinen und Arbeitsbereichen des Kinderschutzes zur Mitwirkung eingeladen, um ihre Sicht der Dinge vorzustellen.
Der vorliegende Band besteht aus drei Teilen und 22 Beiträgen, die von 29 Autorinnen und Autoren verfasst wurden, deren hohe fachliche Kompetenz uns aus verschiedenen Kontexten bekannt war. Allen an diesem Projekt Mitwirkenden, insbesondere aber unseren Autorinnen und Autoren, gilt unser besonderer Dank.

In *Grundlagen der Praxis* werden der Begriff der Kindeswohlgefährdung zwischen Recht und Praxis, rechtliche Aspekte von Kindeswohlgefährdung als Anlass für Interventionen, Schutz und Rechte des Kindes, die Interessenvertretung des Kindes (Verfahrensbeistand), Jugendhilfe im Spannungsfeld von Hilfe und Kontrolle, die Problematik von Handlungsfreiheit und Handlungsbefähigung von Familien sowie didaktische Anregungen zum Thema Kinderschutz in der Hochschulausbildung vorgestellt.

Im zweiten Teil *Erfassung von Kindeswohlgefährdung* setzen sich unsere AutorInnen mit den psychologischen Aspekten des Entscheidens in komplexen Handlungssituationen, Denkfehlern und anderen Praxisirrtümern, der Relevanz von Risiko- und Schutzfaktoren für Diagnostik im Kinderschutz, dem Einsatz von Risikoinventaren bei Kindeswohlgefährdung, Sozialpädagogischen Familiendiagnosen, Kinderschutzarbeit von der Checkliste zur persönlichen Fall- und Prozessverantwortung und Grundrissen einer psychologisch fundierten Diagnostik in Erziehungs-Beratungsstellen auseinander.

Werkstattberichte/Praxisberichte stellen die Erfassung von Kindeswohlgefährdung im Sozialen Dienst eines Jugendamtes, in einer Kinderklinik, in einer kinder- und jugendärztlichen Praxis, Handlungskonzepte freier Träger, die Praxis des DKSB bei Kindeswohlgefährdung, das Verhältnis Früher Hilfen und Kindeswohlgefährdung, die Praxis der Kinderschutzdienste in Rheinland-Pfalz und den Umgang mit Kindeswohlgefährdung am Beispiel der Jugendhilfe Werne dar.

Für wertvolle Anregungen und anderweitige Unterstützung danken die Herausgeber dem Verlagsleiter Wolfgang Pabst.

Wilhelm Körner
Günther Deegener

Münster und Börsborn, Oktober 2010

I

Grundlagen der Praxis

Der Begriff der Kindeswohlgefährdung zwischen Recht und Praxis

Reinhold Schone, Gregor Hensen

Woran erkennt man eine Kindeswohlgefährdung? Ist Kindeswohlgefährdung überhaupt ein erkennbares Phänomen oder nur das Resultat der Bewertung einer Lebenssituation eines Minderjährigen? Diese essentiellen Fragen der Hilfesysteme stehen derzeit nicht nur im Mittelpunkt fachlichen Interesses, sondern werden zunehmend auch – medial vermittelt – zu einem Thema der Öffentlichkeit. Dabei spielen die diskutierten Fälle von Kindstötungen ebenso eine Rolle wie der festzustellende Anstieg der familiengerichtlichen Interventionen oder auch die berechtigte Empörung hinsichtlich der bekannt gewordenen Fälle von sexuellem Missbrauch in pädagogischen und kirchlichen Einrichtungen. Bei allen diesen Fällen handelt es sich um schwerwiegende Formen der Misshandlung, Vernachlässigung oder sexuellen Gewalt, die erst als Resultat sichtbar wurden und meist mit unumkehrbaren – schädlichen – Folgen für alle Beteiligten verbunden sind.

Die Frage des frühzeitigen Erkennens dieser Gewaltphänomene ist daher eine fachliche Herausforderung, die aus unterschiedlichen disziplinären Perspektiven erfolgen muss. Schließlich geht es um die Abwehr von Gefährdungen und damit um die Vermeidung von Schädigungen. Die Zusammenführung dieser unterschiedlichen Perspektiven auf ein und dasselbe Gewaltphänomen (sei es Misshandlung, Vernachlässigung oder sexuelle Gewalt) erfordert ein gemeinsames sprachliches Verständnis und einen (Minimal-)Konsens darüber, worüber gesprochen wird. Hierfür werden Begriffe benötigt, denen die Funktion zukommt, für alle Beteiligten (quasi als operationalisierbare Definition) gleiche Bilder, Inhalte und rechtliche Rahmenbedingungen zu vermitteln und die damit als Grundlage für gemeinsame Strategien der Prävention, Erfassung und schließlich Intervention bezüglich der unterschiedlichen Formen feststellbarer körperlicher, geistiger und seelischer Gewalt an Kindern und Jugendlichen dienen können.

> Die Frage des frühzeitigen Erkennens dieser Gewaltphänomene ist eine fachliche Herausforderung

Solche Vorstellungen und Hoffnungen werden unter anderem mit dem Begriff der Kindeswohlgefährdung verbunden. Vor dem Hintergrund dieser Anforderungen und der meist nicht einlösbaren Erwartungen an diesen Begriff in Recht und Praxis bedarf es daher unserer Meinung nach einer differenzierten Betrachtung hinsichtlich der fachlichen Verortung und des Umgangs mit ihm. Es ist davon auszugehen, dass der Begriff der Kindeswohlgefährdung in jedem Fachsystem spezifisch codiert genutzt wird und damit oft als ein brüchiges Transportmittel für Informationsübermittlungen zwischen den Disziplinen angesehen werden muss (z. B. Rietmann & Hensen, 2008). Die Unsicherheiten, die das Handeln im Feld des intervenierenden Kinderschutzes insgesamt auszeichnen, sind damit dem Begriff der Kindeswohlgefährdung selbst inhärent. Sie lassen sich bei alledem nicht auflösen, da Handeln im Kinderschutz an der Grenzlinie zwischen Sozialer Arbeit und dem Familiengericht und an der Schnittstelle verschiedener Disziplinen (Sozialpädagogik, Recht, Medizin, Psychologie) stets auf fachlichen, rechtlichen und persönlichen Bewertungsschemata beruhen, die sich auch durch begriffliche Annäherung kaum normieren lassen.

Kindeswohl als rechtlicher Ausgangspunkt

Schmid & Meysen (2006) stellen zunächst klar, dass es sich bei Kindeswohlgefährdung um einen Rechtsbegriff des Bürgerlichen Gesetzbuches (BGB) und im Besonderen des Kindschaftsrechts handelt. Das Grundgesetz (GG) liefert normative Bezugspunkte, die für die Bestimmung des Kindeswohls herangezogen werden können. Zu nennen ist einmal das Gebot der Achtung der Menschenwürde. „Die Würde des Menschen ist unantastbar. Sie zu achten und zu schützen ist Verpflichtung aller staatlichen Gewalt" (Art. 1 Abs. 1 GG). Weiter können das Recht auf Leben und körperliche Unversehrtheit sowie das Recht auf freie Entfaltung der Persönlichkeit (vgl. Art. 2 GG), die ebenfalls unverbrüchliche Rechte eines jeden Menschen sind, als Maßgabe für den Auftrag des Staates herangezogen werden, das Wohl von Kindern und Jugendlichen vor Gefahren zu schützen.

Eine besondere Bedeutung kommt aber im Bereich der Jugendhilfe dem Staatlichen Wächteramt zu, das in Art. 6 Abs. 2 GG verankert ist: „Pflege und Erziehung der Kinder sind das natürliche Recht der Eltern und die zuvörderst ihnen obliegende Pflicht. Über ihre Betätigung wacht die staatliche Gemeinschaft." Diese abstrakte Rechtsnorm, welche wortgleich im § 1 Abs. 2 SGB VIII wiederholt wird, garantiert zunächst im ersten Satz den Eltern gegenüber dem Staat den Vorrang als Erziehungsträger. Das Elternrecht gewährt den Eltern gemäß der Tradition liberaler Grundrechte ein Abwehrrecht gegen staatliche Eingriffe in die Erziehung der Kinder. Dies geschieht kraft der Annahme, dass „in aller Regel Eltern das Wohl des Kindes mehr am Herzen liegt als irgendeiner anderen Person oder Institution" (BVerfGE 59, 360, 376; 61, 358, 371). Im zweiten Satz wird jedoch die besondere Rolle des Staates zum Schutz der Kinder (Staatliches Wächteramt) fixiert.

Trotz der generellen Annahme nämlich, dass den Eltern das Wohl ihrer Kinder in besonderer Weise am Herzen liegt, und der daraus folgenden Sichtweise, dass die Sicherung der Elternautonomie zugleich das Kindeswohl sichert, wird nicht in allen Fällen die Persönlichkeitsentfaltung des Kindes durch die Eltern gewährleistet werden (können). Dies begründet den besonderen Charakter des Elternrechts, denn das Elternrecht nach Art. 6 Abs. 2 GG ist nicht – wie andere Grundrechte – ein Grundrecht, das eigennützig allein im Interesse des Grundrechtsinhabers besteht, sondern es ist ein sog. fremdnütziges Recht im Interesse der Kinder. „Eine Verfassung, welche die Würde des Menschen in den Mittelpunkt ihres Wertesystems stellt, kann bei der Ordnung zwischenmenschlicher Beziehungen grundsätzlich niemandem Rechte an der Person eines anderen einräumen, die nicht zugleich pflichtgebunden sind und die Menschenwürde des anderen respektieren" (BVerfGE 24, 119, 144). Als fremdnütziges Recht umfasst die elterliche Erziehungsverantwortung nicht nur das Recht, sondern als wesensbestimmender Bestandteil auch die Pflicht zur Pflege und Erziehung der Kinder. „Die Anerkennung der Elternverantwortung in Art. 6 Abs. 1 GG findet daher Rechtfertigung nur darin, dass das Kind des Schutzes und der Hilfe bedarf, um sich zu einer eigenverantwortlichen Persönlichkeit innerhalb der Gemeinschaft zu entwickeln" (BVerfGE 24, 119, 144).

Das Grundgesetz schützt also das Elternrecht auf Pflege und Erziehung der Kinder als Grundrecht. Jedoch können Eltern, die die Verantwortung für Pflege und Erziehung ihrer Kinder nicht tragen können oder sich ihr entziehen, sich dabei nicht auf ihr Elternrecht berufen und damit staatliche Eingriffe zum Wohle des Kindes abwehren (BVerfGE 24, 119, 135). Das Kind hat als Grundrechtsträger Anspruch auf den Schutz des Staates, der Staat ist zum Schutze des Kindes verpflichtet (BVerfGE 24, 119, 144). „Das Kind hat ein Recht auf pflichtgemäße Ausübung der elterlichen Sorge und darüber hinaus zugleich ein Recht auf staatliches Einschreiten bei elterlichem Versagen" (MünchKomm – Hinz 1992 § 1626 BGB Rz. 9 ff.). Das hier angesprochene staatliche Wächteramt begründet also nicht nur (Abwehr-)Rechte im Verhältnis Eltern-Staat, sondern auch (Rechtsschutz-)Rechte im Verhältnis Kind-Staat. Die staatliche Gemeinschaft ist befugt, die Eltern bei der Ausübung ihrer Erziehungs- und Pflegerechte zu überwachen und ggf. in ihre Rechte einzugreifen. Nach Art. 6 Abs. 3 GG ist unter den dort aufgeführten

> Als fremdnütziges Recht umfasst die elterliche Erziehungsverantwortung nicht nur das Recht, sondern als wesensbestimmender Bestandteil auch die Pflicht zur Pflege und Erziehung der Kinder

Voraussetzungen auch die völlige Trennung des Kindes von den Eltern als schwerwiegendster Eingriff zugunsten des Wohls des Kindes möglich, allerdings nur auf der Grundlage eines Gesetzes (vgl. Art. 6 Abs. 3 GG).

§ 1666 BGB[1] konkretisiert das Staatliche Wächteramt im Sinne von Art. 6 Abs. 2 Satz 2 GG: Die Neuregelung der Bundesregierung zur Erleichterung familiengerichtlicher Maßnahmen bei Gefährdung des Kindeswohls hat 2009 die erst im Jahre 1980 im § 1666 BGB aufgenommenen Tatsachenmerkmale bzw. Gefährdungsursachen (missbräuchliche Ausübung der elterlichen Sorge, Vernachlässigung des Kindes, unverschuldetes Versagen der Eltern, das Verhalten eines Dritten) ersatzlos gestrichen. Dadurch soll der Blick ausschließlich auf das Wohl des Kindes/Jugendlichen gerichtet werden und sich nicht länger auf mögliches elterliches Fehlverhalten fixieren. Außerdem sieht das Gesetz in § 1666, Abs. 3 BGB eine Konkretisierung (auch früher schon möglicher Rechtsfolgen, vgl. Münder et al., 2000) vor. Ebenso werden im neu formulierten Familienverfahrensgesetz (FamFG) (als Nachfolgegesetz des FGG) ein Vorrang- und Beschleunigungsgebot und eine besondere Rolle der RichterInnen bei der Erörterung der Kindeswohlgefährdung verankert.

Damit wird einerseits die Schwelle der Eingriffsbefugnisse des Staates gesenkt, andererseits erwachsen daraus aber auch neue Interpretationsspielräume und -notwendigkeiten. Es bleibt jedoch dabei, dass das Gericht „erforderliche Maßnahmen" nur dann und insoweit treffen darf, als die Eltern nicht gewillt oder nicht in der Lage sind, zur Abwehr der Gefahr des Kindeswohls beizutragen. Ferner dürfen nach der in § 1666a BGB enthaltenen Subsidiaritätsklausel nur als letztes Mittel Anordnungen getroffen werden, mit denen eine Trennung des Kindes von der Elternfamilie verbunden ist. Vorrangig zu prüfen sind zunächst andere geeignete Maßnahmen der Gefahrenabwehr, auch öffentliche Hilfen. Die Entziehung der gesamten Personensorge ist nur zulässig, wenn andere Maßnahmen erfolglos geblieben sind oder wenn anzunehmen ist, dass sie zur Abwehr der Gefahr nicht ausreichen (§ 1666a Abs. 2 BGB).

Seit 2005 werden diese Bestimmungen bezüglich ihrer Ausführung im Kinder- und Jugendhilfegesetz durch den § 8a SGB VIII konkretisiert. Hier werden insbesondere Verfahrensabläufe und Handlungspflichten, Vereinbarungen mit freien Trägern, Kooperationspflichten und Anrufungsmodalitäten des Familiengerichts normiert.

---

[1] „Wird das körperliche, geistige oder seelische Wohl des Kindes oder sein Vermögen gefährdet und sind die Eltern nicht gewillt oder nicht in der Lage, die Gefahr abzuwenden, so hat das Familiengericht die Maßnahmen zu treffen, die zur Abwendung der Gefahr erforderlich sind." (§ 1666 Abs.1 BGB)

Das Kindeswohl ist bei den genannten Gesetzesvorschriften stets die Bezugsformel und gleichzeitig Legitimation und Pflicht zum staatlichen Handeln. Dabei ist festzustellen, dass es sich bei dem Begriff des Kindeswohls um einen unbestimmten Rechtsbegriff handelt, der trotz seiner Unbestimmtheit wichtige Aufgaben erfüllt. Neben der Legitimationsfunktion dient er als sachlicher und fachlich begründeter Maßstab in gerichtlichen Verfahren, an dem sich die Notwendigkeit gerichtlicher Maßnahmen festmachen lässt. Es ist Aufgabe des Jugendamtes und der dort mit der Wahrnehmung des Staatlichen Wächteramtes beauftragten Fachkräfte (in der Regel der Allgemeinen Sozialdienste – ASD), diese Norm des Grundgesetzes in praktisches sozialpädagogisches Handeln umzusetzen.

Es ist Aufgabe des Jugendamtes und der dort mit der Wahrnehmung des Staatlichen Wächteramtes beauftragten Fachkräfte, diese Norm des Grundgesetzes in praktisches sozialpädagogisches Handeln umzusetzen

Kindeswohl und Kindeswohlgefährdung als auslegungsbedürftige Begriffe

Die zentrale Frage, um die der Kinderschutz und damit auch der Kontrollauftrag der Jugendhilfe kreist, ist die Unterscheidung nach „normalen", also das Kindeswohl gewährleistenden, belastenden und gefährdenden Lebenslagen von Kindern. Eine positive Bestimmung dessen, was Kindeswohl ist, lässt sich praktisch nicht vornehmen. Man würde sich in unabgrenzbaren philosophischen Schilderungen verlieren, zumal das, was als gut für Kinder gilt, was also ihrem Wohl entspricht, nicht allgemeingültig bestimmbar ist, sondern immer auch von kulturell, historisch-zeitlich oder ethnisch geprägten Menschenbildern abhängt. Und auch innerhalb unseres engsten Kulturkreises gibt es ganz divergierende Vorstellungen. Manche Eltern legen Wert auf Strenge, Disziplin, Ordnung und Gehorsam, andere streben bei ihren Kindern Selbstverantwortlichkeit, Originalität und Kreativität an. Für die einen ist die Erziehung zur Konkurrenzfähigkeit, für die anderen zur Solidarität und Kooperation der oberste Maßstab einer dem Kindeswohl entsprechenden Erziehung. Beiden Elterngruppen gesteht unser Staat das Recht zu, die Erziehung ihrer Kinder nach ihren Vorstellungen zu gestalten. Was das Kindeswohl ist, definieren die Eltern für sich und ihre Kinder eigenständig – und das oft sehr unterschiedlich.

Abseits der rechtlichen Suche nach Klarheit hinsichtlich der begrifflichen Bestimmung des Kindeswohls und seiner Implikationen folgt Maywald (2009) einem fachlichen und demokratischen Verständnis zur Bestimmung des Kindeswohls, das sich an folgenden Elementen orientieren soll:

1. Orientierung an den Grundrechten aller Kinder als normative, beinahe universell anerkannte Bezugspunkte für das, was jedem

Kind zusteht, auch wenn unvermeidbar ist, dass die in den Kinderrechten enthaltenen Versprechen immer nur näherungsweise eingelöst werden (können);
2. Orientierung an den Grundbedürfnissen von Kindern als empirische Beschreibungen dessen, was für eine normale kindliche Entwicklung im Sinne anerkannter Standards unabdingbar ist;
3. Gebot der Abwägung als Ausdruck der Erkenntnis, dass Kinder betreffende Entscheidungen prinzipiell mit Risiken behaftet sind und daher versucht werden muss, die für das Kind jeweils günstigste Handlungsalternative zu wählen;
4. Prozessorientierung als Hinweis auf die Tatsache, dass Kinder betreffende Entscheidungen aufgrund ihrer starken Kontextabhängigkeit einer laufenden Überprüfung und gegebenenfalls Revision bedürfen (Maywald, 2009, S. 18).

> Ein am Wohl des Kindes ausgerichtetes Handeln ist dasjenige, welches die an den Grundrechten und Grundbedürfnissen von Kindern orientierte, für das Kind jeweils günstigste Handlungsalternative wählt

Er schlägt vor diesem Hintergrund vor, Kindeswohl aus einer prozessverstehenden und bedürfnisorientierten Sichtweise her zu definieren: „Ein am Wohl des Kindes ausgerichtetes Handeln ist dasjenige, welches die an den Grundrechten und Grundbedürfnissen von Kindern orientierte, für das Kind jeweils günstigste Handlungsalternative wählt." (Maywald, 2009, S. 18)

Wie aber lässt sich nun der Begriff der Kindeswohlgefährdung, der schließlich Grundlage staatlicher Eingriffsmöglichkeiten mit erheblicher Tragweite für Kinder und Eltern darstellt, angemessen und vor allem handlungsorientierend definieren? Die rechtlichen Regelungen zur Kindeswohlgefährdung sind jedenfalls überschaubar. Im Wesentlichen sind dies die beschriebenen §§ 1666 BGB und 8a SGB VIII. Kindeswohlgefährdung taucht häufig auch in Begründungen bei der Gewährung von Hilfen zur Erziehung (§§ 27 ff SGB VIII) auf, ist aber hinsichtlich des Interventionsniveaus unterhalb der Grenze des § 8a SGB VIII anzusiedeln, da es bei Hilfen zur Erziehung oft darum geht, drohende Kindeswohlgefährdungen zu vermeiden. In der Praxis sind laut Seithe (2007, S. 573) die beiden Tatbestände („Nichtgewährleistung einer dem Wohle des Minderjährigen entsprechenden Erziehung" und Kindeswohlgefährdung) nicht immer leicht abzugrenzen, da Kindeswohlgefährdung immer auch eine Nichtgewährleistung im Sinne des § 27 SGB VIII bedeutet.

Die grundsätzliche Schwierigkeit ist dabei, dass es sich wie schon beim Begriff des Kindeswohls auch beim Begriff der „Kindeswohlgefährdung" um einen unbestimmten Rechtsbegriff handelt und die gesetzliche Neufassung hieran auch nichts ändert. Obwohl sich viele Extremsituationen vorstellen lassen, in denen im Falle von Vernachlässigungen oder Misshandlungen sofort Konsens herstellbar wäre, dass das Wohl des Kindes gefährdet ist (z. B. wenn eine allen ersichtliche unmittelbare Gefahr für Leib und Leben des Kindes besteht), sind in den meisten Fällen Eindeutigkeiten selten und die Interpretationsspielräume sehr groß. Wo schlägt überstrenges Erziehungsverhalten in körperliche und seelische Misshandlung um, wo wird eine sehr ärmliche Versorgung in materieller und emotionaler Hinsicht zur Vernachlässigung und wo wird dann die Schwelle zur Kindeswohlgefährdung überschritten, die ein unbedingtes Einschreiten auch gegen den Willen der Eltern erlaubt bzw. erfordert? Ob die Lebenssituation eines Kindes als kindeswohlgefährdend anzusehen ist, ist nur auf der Grundlage fachlicher und normativer Bewertungsvorgänge zu beurteilen. Tatbestände sprechen in solchen Fällen selten für sich, sondern sind hinsichtlich der Auswirkungen auf das Kind zu bewerten, und es sind Prognosen aufzustellen, ob eine Gefährdung in dem Sinne besteht, dass Schäden zu erwarten sind.

Deutlich wird: Wenn Bewertungsvorgänge über die Lebenslage von Kindern und das Erziehungsverhalten von Eltern notwendig werden und wenn hierfür objektive Maßstäbe fehlen, dann gilt es genauestens zu betrachten, wie und auf welcher Grundlage solche Bewertungen zustande kommen. Dies gilt im Übrigen auch bezogen auf die Gerichte bzw. die Richter, die in solchen Fällen genauso wenig nur gesetzliche Anordnungen realisieren und Entscheidungen aus der bloßen Anwendung von Gesetzen auf feststellbare Tatbestände ableiten können. Auch Richter sind in diesem Feld auf außerrechtliche, fachlich sozialpädagogische und psychologische Bewertungsprozesse angewiesen, wenn sie zu vernünftigen, ihren Zweck verwirklichenden Entscheidungen kommen wollen.

Gerade die gesetzliche Unbestimmtheit und Normativität des rechtlichen Begriffs der „Kindeswohlgefährdung" hat zur Folge, dass die zur Sicherung des Kindeswohls beauftragten Personen (Sozialarbeiter, Richter etc.) immer auch ihre eigenen, wesentlich durch gesellschaftliche Norm- und Wertvorstellungen geprägten weltanschaulichen, politischen, alltagstheoretischen, schichtspezifischen Vorstellungen von Familie, Erziehung und Kindeswohl zum Maßstab ihres Handelns machen. Die davon betroffenen Bezugswissenschaften (z. B. Psychologie, Pädagogik, Sozialwissenschaften) (zur Übersicht vgl. aktuell Froning, 2010) liefern hierzu seit vielen Jahren Beiträge und Diskussionsansätze; eine allgemeingültige und operationalisierbare Begriffsdefinition fehlt allerdings. Wahrscheinlich ist sie auch nicht einzulösen.

Die Bezugsgrundlage des neu gefassten § 1666 BGB ist genereller gefasst und veranlasst das Familiengericht zum Tätigwerden, wenn „das körperliche, geistige oder seelische Wohl des Kindes oder sein Vermögen gefährdet und die Eltern nicht gewillt oder nicht in der Lage sind, die Gefahr abzuwenden." Die Rechtsprechung versteht

Gerade die gesetzliche Unbestimmtheit und Normativität des rechtlichen Begriffs der „Kindeswohlgefährdung" hat zur Folge, dass die zur Sicherung des Kindeswohls beauftragten Personen immer auch ihre eigenen, wesentlich durch gesellschaftliche Norm- und Wertvorstellungen geprägten weltanschaulichen, politischen, alltagstheoretischen, schichtspezifischen Vorstellungen von Familie, Erziehung und Kindeswohl zum Maßstab ihres Handelns machen

unter Gefährdung „eine gegenwärtige in einem solchen Maße vorhandene Gefahr, dass sich bei der weiteren Entwicklung eine erhebliche Schädigung mit ziemlicher Sicherheit voraussehen lässt" (BGH FamRZ 1956, S. 350 = NJW 1956, S. 1434). Als gefährdet im Sinne von § 1666 Abs. 1 BGB ist das Kindeswohl also dann anzusehen, wenn sich bei Fortdauer einer identifizierbaren Gefahrensituation für das Kind eine erhebliche Schädigung seines körperlichen, geistigen oder seelischen Wohls mit hoher Wahrscheinlichkeit annehmen und begründen lässt.

Voraussetzung für die Legitimation eines Eingriffs im Einzelfall ist, dass sich auf mindestens einer dieser Ebenen bei der weiteren Entwicklung des Kindes mit hoher Wahrscheinlichkeit eine Schädigung prognostizieren lässt. Diese Schädigung muss künftig drohen. Schon eingetretene Schäden sind weder erforderlich noch ausreichend. Andererseits muss sich der vermutete Schadenseintritt definieren lassen und mit einer belegbaren hinreichenden Wahrscheinlichkeit abzeichnen, was in der Praxis durchaus dazu führen kann, dass erst der bereits eingetretene (Anfangs-)Schaden *und* der Beleg einer weiter bestehenden Gefährdungssituation hinreichende Eingriffsgrundlagen in das Elternrecht liefern (vgl. Staudinger-Coester, 1992; § 1666 BGB, Rz. 65). Die Schutz- und Verhütungsfunktion, die dem Staat kraft seines Wächteramtes zukommt, verbietet es allerdings, mit einem Eingriff zu warten, bis eine Beeinträchtigung des Kindeswohls eingetreten ist. „Gefährdung" ist kein deskriptives, schlicht subsumtionsfähiges Tatbestandsmerkmal, sondern überantwortet dem Vormundschaftsrichter (heute Familienrichter, d.V.) die verantwortliche Risikoabwägung für Kind und Eltern (bezogen auf Eingriff bzw. Nichteingriff) für jeden Einzelfall und damit letztlich die konkrete Grenzziehung zwischen Elternrecht, Kindesrecht und staatlichem Wächteramt." (Staudinger-Coester, 1992; § 1666 BGB, Rz. 69).

„Das Kindeswohlprinzip enthält zwei Grundwertungen: (1) Vorrang der Kindesinteressen vor allen anderen beteiligten Interessen; (2) Vorrang von Einzelfallgerechtigkeit vor allgemeinen Regeln. Der Kindeswohlbegriff ist auch nach der Intention des Gesetzes kein deskriptives Tatbestandmerkmal, sondern Herzstück der Generalklausel des § 1666 BGB." (Staudinger-Coester, 1992; § 1666 BGB, Rz 56, S. 287).

Deutlich wird, dass es sich bei dem Begriff der Kindeswohlgefährdung um ein rechtliches und normatives Konstrukt handelt. Dieses Konstrukt basiert auf dem Bestehen objektiver Sachverhalte (Kind ist unterernährt, Kind hat blaue Flecken etc.) und einer Bewertung dieser Sachverhalte hinsichtlich der genannten Kategorien. „Die Gefährdungsgrenze ist das zentrale Tatbestandsmerkmal des § 1666, sie bezeichnet zugleich die Demarkationslinie zwischen elterlichem

Erziehungsprimat und staatlichem Wächteramt. Ihre Konkretisierung kann nicht im Wege der Subsumtion unter einen vorgegebenen Gefährdungsbegriff erfolgen, sondern ist das Ergebnis eines komplexen Abwägungsprozesses, den der Richter (und der/die fallführende SozialarbeiterIn, d. V.) in jedem Einzelfall neu vorzunehmen hat." (Staudinger-Coester, 1992; § 1666 BGB, Rz. 64, S. 291).

Dies macht auch Harnach-Beck deutlich, indem sie formuliert: „Zu bestimmen, welches die 'Gefährdungsschwelle' ist, stellt die Fachkräfte des Jugendamtes bzw. den Richter vor die Aufgabe, auf einem Kontinuum einen Grenzpunkt ('cut off point') zu lokalisieren. Verhaltensweisen respektive Bedingungen, die – wie die Höhe der Quecksilbersäule im Thermometer – in der Realität fortlaufend variieren können (z. B. von „sehr fördernd" bis „extrem hemmend"), werden an einem bestimmten Punkt – gleichsam der Null-Grad-Linie – gedanklich voneinander geschieden, so dass sie danach in zwei qualitativ unterschiedliche Kategorien ('gefährdend' – 'nicht gefährdend') fallen. Es wird an dieser Stelle ein qualitativer und nicht nur ein quantitativer Sprung von einer bloß 'miserablen Erziehung' zur 'Gefährdung' gesehen. Dabei müssen zahlreiche Faktoren in ihrem Zusammenwirken beurteilt werden. Neben Stärke und Dauer des schädlichen Einflusses spielen auch 'moderierende Bedingungen' eine Rolle, wie z. B. Alter und Geschlecht des Kindes, seine Persönlichkeit, insbesondere seine Verletzlichkeit, schichtspezifische Merkmale und kompensierende Gegebenheiten im Umfeld." (Harnach-Beck, 2003, S. 181).

Fälle von Kindeswohlgefährdungen zeigen sich, so Rietmann (2007), als komplexe „Ermessensprobleme", die von Fachleuten gelöst werden müssen. Ermessensprobleme lassen sich daran identifizieren, dass verschiedene Lösungen denkbar sind und für den Gegenstand (hier: die Kindeswohlgefährdung) passend sein können. Ermessensprobleme sind damit grundsätzlich entscheidbar. Dies ist jedoch mit einem gesteigerten Aushandlungsbedarf verbunden, da bei Fällen von Kindeswohlgefährdungen aus Ermessensproblemen jedoch vielfach polarisierte Konflikte um Überzeugungen, Weltanschauungen, Werte und implizite anthropologische Vorverständnisse werden (ebd.). Konfligierende Positionen und organisationsbedingte Hürden (bspw. im Jugendamt oder zwischen dem Jugendamt und anderen Institutionen) können zudem diesen Aushandlungsprozess verzögern und hinderlich sein (vgl. Merchel, 2008).

Zu bestimmen, welches die 'Gefährdungsschwelle' ist, stellt die Fachkräfte des Jugendamtes bzw. den Richter vor die Aufgabe, auf einem Kontinuum einen Grenzpunkt ('cut off point') zu lokalisieren

Die Feststellung von Kindeswohlgefährdung als komplexer Bewertungsprozess

Die einschlägigen Kommentierungen zu den gesetzlichen Bestimmungen des Bürgerlichen Gesetzbuches machen die Unbestimmtheit des Gefährdungsbegriffs und damit die Aufgabe von Jugendhilfe (fallführenden Fachkräften) und Gerichten (zuständigen Richtern) deutlich:

Es geht bei der Feststellung einer Kindeswohlgefährdung um die *fachliche Bewertung* beobachtbarer, für das Leben und die Entwicklung von Kindern und Jugendlichen (und damit fachlich) relevanter Sachverhalte und Lebensumstände bezüglich

- der möglichen Schädigungen, die die Kinder in ihrer weiteren Entwicklung aufgrund dieser Lebensumstände erfahren können;
- der Erheblichkeit der Gefährdungsmomente (Intensität, Häufigkeit und Dauer des schädigenden Einflusses) bzw. der Erheblichkeit des erwarteten Schadens;
- des Grades der Wahrscheinlichkeit (Prognose) eines Schadenseintritts (Es geht um die Beurteilung zukünftiger Einflüsse, vor denen das Kind zu schützen ist).

Dabei geht es also um eine Einschätzung und Bewertung der Lebenssituation des Kindes/Jugendlichen und um eine (zwangsläufig hypothetische) Prognose bezüglich angenommener bzw. befürchteter Entwicklungen des Minderjährigen

Dabei geht es also um eine Einschätzung und Bewertung der Lebenssituation des Kindes/Jugendlichen und um eine (zwangsläufig hypothetische) Prognose bezüglich angenommener bzw. befürchteter Entwicklungen des Minderjährigen. Damit wird der Begriff der Kindeswohlgefährdung zu einem rechtlichen und normativen Konstrukt, bei dem Sachverhalte (Lebenssituationen von Kindern) von dafür berufenen Fachkräften hinsichtlich o. g. Kriterien bewertet werden. Die Zuschreibung der Kindeswohlgefährdung geschieht erst in diesem „Konstruktionsprozess".

Die Hilfsangebote der Jugendhilfe haben sich (als Mindestanforderung) darauf auszurichten, durch Abwendung der Gefährdungssituation dazu beizutragen, dass negative Prognosen (hohe Wahrscheinlichkeit erheblicher Schädigungen) nicht eintreten. Darüber hinaus sind weitere entwicklungsfördernde Angebote in der Regel angeraten und notwendig.

Wenn die Situation eintritt, dass Eltern solchen Maßnahmen nicht zustimmen und auch nicht dafür gewonnen werden können, sind darüber hinaus Einschätzungen erforderlich zu

- der Fähigkeit der Eltern(teile), die Gefahr abzuwenden bzw. die zur Abwendung der Gefahr erforderlichen Maßnahmen zu treffen;

- der Bereitschaft der Eltern(teile), die Gefahr abzuwenden bzw. die zur Abwendung der Gefahr erforderlichen Maßnahmen zu treffen;

Auch hier geht es um zum Teil schwierige Beurteilungsfragen, insbesondere z. B. bei sich hochgradig ambivalent verhaltenden Eltern oder bei bestimmten psychisch kranken Eltern, deren Bereitschaft und Fähigkeit zur Gefährdungsabwehr mit episodenhaft verlaufenden Erkrankungen schwankt (vgl. Schone, 2008).

Das Ganze setzt immer voraus, dass die Jugendhilfe auch über die Möglichkeiten verfügt, erforderliche und geeignete Maßnahmen zur Beendigung der bestehenden Gefährdung einzuleiten und durchzuführen.

Die genannten Aspekte ergeben sich allein aus der Gesetzesnorm. Hierzu gesellt sich eine Vielzahl weiterer Einschätzungsbedarfe, ohne die ein fachliches Handeln nicht möglich wäre. Kindler unterscheidet die Aspekte

- „einer ersten Dringlichkeitseinschätzung nach Eingang einer Gefährdungsmeldung,
- der Sicherheitseinschätzung nach Kontakten zum Kind und den Betreuungspersonen,
- der Risikoeinschätzung nach intensiver Informationssammlung,
- der Einschätzung bereits eingetretener langfristig bedeutsamer Entwicklungsbeeinträchtigungen und -belastungen beim Kind,
- der Einschätzung vorhandener Stärken und Probleme in den Erziehungsfähigkeiten der Hauptbezugspersonen eines Kindes und im Familiensystem zur Auswahl geeigneter und erforderlicher Hilfsangebote und
- der kontinuierlichen Einschätzung der bei den Sorgeberechtigten vorhandenen Veränderungsmotivation und Kooperationsbereitschaft" (Kindler, 2005, S. 385).

All diese Einschätzungen müssen auf der Grundlage beobachtbarer Sachverhalte erfolgen. Risikoeinschätzungen erfordern daher die Sammlung relevanter Informationen, die man benötigt, um daraus abgeleitet fallbezogene Hypothesen über die Wahrscheinlichkeit des Auftretens von Schädigungen für das Kind/den Jugendlichen (Prognosen) abzuleiten (vgl. Deegener & Körner, 2006).

Bei der „Konstruktion" von Kindeswohlgefährdung (s. o. Kindeswohlgefährdung als rechtliches und normatives Konstrukt) können geeignete Instrumente der Dokumentation und Einschätzung eine wichtige und wertvolle Rolle spielen, insbesondere dabei,

- relevante Faktoren einer Kindeswohlgefährdung beschreiben zu helfen,
- gezielte Wahrnehmung solcher relevanten Faktoren zu ermöglichen und die Genauigkeit von Beobachtungen zu schärfen,
- dazu beizutragen, blinde Flecken zu vermeiden (Dokumentationszwang hinsichtlich zentraler Merkmale) und
- die sachliche Basis für einzelfallbezogene Einschätzungen zu verbreitern.

> Es existiert derzeit eine Vielzahl von Instrumenten, die sich dem Risiko einer in Zukunft zu erwartenden Misshandlung, wiederkehrenden Misshandlung oder einer akuten Sichereinschätzung widmen (vgl. Deegener & Körner, 2006; Deegener et al., 2009)

Es existiert derzeit eine Vielzahl von Instrumenten, die sich dem Risiko einer in Zukunft zu erwartenden Misshandlung, wiederkehrenden Misshandlung oder einer akuten Sichereinschätzung widmen (vgl. Deegener & Körner, 2006; Deegener et al., 2009). Dennoch haben sich in der deutschen Jugendhilfepraxis noch keine einheitlichen und standardisierten Verfahren für Risikoeinschätzungen durchsetzen können, deren Wirksamkeit wissenschaftlich überprüft worden ist (vgl. Kindler, 2005). Aus der Forschung über Einschätz- und Entscheidungsprozesse sind die Grenzen nicht standardisierter Konzepte bekannt, die deutlich werden, wenn man sich vergegenwärtigt, dass mit dem gleichen Verfahren andere Experten zu anderen Zeiten und/oder Orten bei gleichem Ausgangsmaterial zu völlig anderen Ergebnissen kommen können. Diesen Mangel an Zuverlässigkeit (Reliabilität) haben standardisierte Verfahren nicht, erlauben dafür aber angesichts der Komplexität und Mehrdeutigkeit sozialer Lebenssituationen nur sehr begrenzte Aussagen zur Gewichtung von Risiken in Einzelfällen. Die Hoffnung auf ein „Messinstrument" für Kindeswohlgefährdung ist nicht einlösbar. Vorstellbar sind allenfalls Instrumente zur Sensibilisierung und Strukturierung der Wahrnehmungen der handelnden bzw. handlungsverpflichteten Akteure. Die fachliche Diskussion um die Neuregelungen des SGB VIII zum erweiterten Schutzauftrag der Jugendhilfe haben die bestehenden Lücken im Bereich der Risikoeinschätzung und der Abschätzung von Gefährdungslagen offengelegt. Dennoch bleibt auch bei standardisierten Verfahren eine Gefahr lediglich wahrscheinlich; das prospektiv eingeschätzte Risiko ist nicht automatisch gleichzusetzen mit einer tatsächlich eintretenden Gefahr.

Die Spannungsfelder und Ambivalenzen, die mit dem Einsatz von Instrumenten der Erfassung von Kindeswohlgefährdungen und Risiken verbunden sind und sowohl in der Praxis als auch im Bereich der wissenschaftlichen Betrachtungen keineswegs einheitlich sind, werden im Laufe dieses Bandes aus unterschiedlichen Perspektiven diskutiert. Deutlich soll bereits an dieser Stelle werden, dass der Einsatz von Dokumentationsverfahren, die sich an – mehr oder minder objektivierbaren Indikatoren anlehnen – nur eine Ergänzung zu fallhermeneutischen und sozialdiagnostischen Zugängen darstellen kann. Der Wunsch nach rechtlicher Handlungssicherheit bei der Bewältigung von akuten Krisensituationen der Kindeswohlgefährdung lässt sich angesichts der Struktur des sozialpädagogischen Handlungsfeldes und angesichts des notwendigen Einzelfallbezugs bei der rechtlichen Bewertung nicht einlösen. Mit Hilfe fachlicher Standards und organisatorischer Vorkehrungen im Jugendamt ist lediglich eine Reduktion von Unsicherheit durch Hinweise auf einen kompetenten Umgang mit der Risikostruktur des ASD-Arbeitsfeldes möglich.

Sozialpädagogisches Handeln bei Kindeswohlgefährdung zwischen Recht und Praxis

Soziale Arbeit im Zusammenhang mit einer Kindeswohlgefährdung findet auf einem Kontinuum statt, wobei Jugendhilfe als sozialpädagogische Dienstleistung für Familien (Eltern und Kinder) eine Seite des Kontinuums ausmachen und die Pflicht zum staatlichen Eingriff zum Schutz der Kinder die andere Seite. Das Besondere ist, dass die beiden Aufgaben nicht eindeutig voneinander zu trennen sind und nicht zwei verschiedene in sich kohärente Aufgaben- und Arbeitsformen repräsentieren. So steht auch die Gewährung von Jugendhilfeleistungen als Dienstleistung mitunter in einem eindeutigen Zwangskontext – nämlich dann, wenn Eltern Hilfe erst dann annehmen, wenn sie entweder durch äußeren Druck (von Schule, Kindergarten, Nachbarn, Verwandten) dazu gezwungen werden oder wenn sie durch den Hinweis auf gerichtliche Maßnahmen durch die Fachkräfte des Jugendamtes selbst einer „freiwilligen" Hilfe zustimmen. Wenn zu dem inneren Druck durch nicht bewältigte Lebensverhältnisse der beschriebene äußere Druck hinzukommt und Eltern in dieser Situation „resignieren" und einer Hilfe durch das Jugendamt – bis hin zur Fremdunterbringung der Kinder – zustimmen, lässt sich der Zwangskontext allein dadurch beschreiben, dass den betroffenen Eltern de facto die Rolle des „autonomen Kunden" nicht offen steht, da ihnen die entscheidende Wahlmöglichkeit (nämlich nicht Kunde sein zu wollen) fehlt.

Es gilt für Jugendamt und Gericht stets die Maxime des „subsidiären Eingriffs". Also selbst im Zwangskontext des gerichtlichen Verfahrens gilt ein stetes Bemühen der Gewinnung von Eltern, zumindest Teile der elterlichen Sorge selbst verantwortungsvoll wahrzunehmen. So stellt ein Entzug des Aufenthaltsbestimmungsrechts zwar einen extremen Eingriff in elterliche Rechte dar, andererseits bedeutet er aber auch, dass die Eltern die ihnen verbleibenden Sorgerechte nach ihren Vorstellungen weiterhin realisieren können sollen. Bezogen auf

Es gilt für Jugendamt und Gericht stets die Maxime des „subsidiären Eingriffs". Also selbst im Zwangskontext des gerichtlichen Verfahrens gilt ein stetes Bemühen der Gewinnung von Eltern, zumindest Teile der elterlichen Sorge selbst verantwortungsvoll wahrzunehmen

die verbleibenden Sorgerechte muss das Jugendamt mit den Eltern in eine Diskussion eintreten, die im Prinzip – wenn auch unter der Prämisse des erfolgten massiven Eingriffs – wieder durch eine eher „freiwillige" Mitarbeit der Eltern zu charakterisieren wäre.

Der Doppelcharakter der Jugendhilfe, d. h. die Verschränkung des Leistungs- und Kontrollprinzips im Handlungsspektrum des Kinderschutzes, wird im Rahmen ihrer hoheitlichen Aufgaben und der Hilfeplanung zu einem konstitutiven Element, welches nicht aufzulösen ist. „Das heißt, jedes Hilfekonzept (...) bedarf im Falle einer (drohenden) Kindeswohlgefährdung neben dem auf den Einzelfall abgestimmten Leistungskonzept (Hilfen zur Erziehung) auch eines dazugehörigen Schutz- und Kontrollkonzeptes, welches sowohl für Eltern als auch für den ASD die notwendige Verbindlichkeit und Eindeutigkeit herstellt. (...) Dass auch das Schutzkonzept Teil (und nicht Antipode) des Hilfekonzepts ist, ergibt sich daraus, dass ein solches Schutzkonzept gerade dazu dient, die Hilfe gegenüber dem Kind auch dann sicherzustellen, wenn Eltern nicht (mehr) in der Lage sind, Hilfe anzunehmen und damit Gefährdungen für das Kind abzuwenden. Insofern haben auch das Schutzkonzept und ein daraus ggf. resultierender Eingriff ins Elternrecht einen Hilfe- und Leistungscharakter zugunsten des Kindes." (Schone, 2002, S. 956).

Bei alledem sind Mangel- und Gefährdungssituationen von Kindern nicht statisch. Die Grenzlinien sind oszillierend und unscharf. Auch wechseln Situationen zum Teil schnell und substanziell. So zeigt sich zum Beispiel bei psychisch kranken Eltern nicht selten ein phasenhafter Verlauf der Krankheit, der dazu führt, dass Eltern zu bestimmten Zeiten hervorragend in der Lage sind, ihre Kinder zu erziehen und zu anderen Zeiten sich Defizite bis hin zu Gefährdungslagen entwickeln können. „SozialpädagogInnen und Sozialarbeiter sind in vielen Arbeitsfeldern gefordert, in mehrfacher Hinsicht folgenreiche Einschätzungen zu treffen: Sie begründen oder verweigern damit sozialstaatliche Leistungen, ermöglichen Schutz vor Gefahren und Bedrohung oder lösen massive Eingriffe in die Privatsphäre von Menschen aus. Nicht selten sind die genannten Aspekte sozialpädagogischer Einschätzungen komplex und widersprüchlich miteinander verwoben." (Schrapper, 2005, S. 127).

„Kindeswohlgefährdung ist eine soziale Konstruktion, keine einfache Gegebenheit oder Tatsache, sondern ein Geschehen, das die professionellen Helfer in der Regel nicht selbst miterlebt haben." So lautet die Definition des Kinderschutz-Zentrums Berlin (2009, S. 31). Die Autorinnen und Autoren der Arbeitshilfe „Kindeswohlgefährdung – Erkennen und Helfen" zeigen anschaulich das Spannungsfeld, im dem sich die Beurteilung und das Erkennen von Kindeswohlgefährdungen abspielen:

Quelle: Kinderschutz-Zentrum Berlin, 2009, S. 31

Fazit

Maßnahmen, die eine Kindeswohlgefährdung beenden oder verhindern sollen, zielen – allen konstruktivistischen Perspektiven zum Trotz – auf ein nicht zu unterschreitendes Niveau der Daseinsfürsorge für ein Kind, was gleichsam die Eingriffsschwelle staatlichen Handelns darstellt. Wenn das Jugendamt mit Familien arbeitet, in denen das Wohl der Kinder potentiell gefährdet ist – und dies beginnt oft schon dann, wenn im Rahmen der Hilfe zur Erziehung festgestellt werden muss, dass eine dem Wohl des Kindes entsprechende Erziehung nicht gewährleistet ist –, durchdringen sich dienstleistungs- und wächterorientierte Aufgaben oft so miteinander, dass für die Familien Zwangskontexte unterschiedlicher Dichte und Intensität entstehen. Diese Zwangskontexte können nicht aufgelöst werden. Sozialpädagogisches Handeln (Praxis) bei Kindeswohlgefährdungen ist also faktisch nicht zu trennen von den Rahmenbedingungen (Recht); es kann aber, das zeigen neuere Ansätze der Kinderschutzpraxis, Familien in diese Praxis so einbeziehen, dass „sich die unterschiedlichen Sinnkonstruktionen ergänzen oder sogar decken, wenn es eine Problemübereinstimmung („Problemkongruenz") gibt, werden bloße Zuschreibungen von außen durch ein gemeinsames Verständnis aufgehoben. Nur das offene Gespräch zwischen den Beteiligten kann eine gute Basis für den Schutz von Kindern sein." (Kinderschutz-Zentrum Berlin, 2009, S. 31f.)

Literatur

Deegener, G. & Körner W. (2006). Risikoerfassung bei Kindesmisshandlung und Vernachlässigung. Theorie, Praxis, Materialien. Lengerich: Pabst Science Publishers.

Deegener, G., Spangler, G., Körner, W. & N. Becker (2009). Eltern-Belastungs-Screening zur Kindeswohlgefährdung (EBSK). Göttingen: Hogrefe.

Froning, K.-M. (2010). Dimensionen von Kindeswohl. In R. Braches-Chyrek, K. Macke & I. Wölfel (Hrsg.), Kindheit in Pflegefamilien (Schriftenreihe der Gilde Soziale Arbeit). Opladen: Verlag Barbara Budrich.

Harnach-Beck, V. (2003). Psychosoziale Diagnostik in der Jugendhilfe. Grundlagen und Methoden für Hilfeplan, Bericht und Stellungnahme (4. Aufl.). Weinheim und München: Juventa.

Kinderschutz-Zentrum Berlin (Hrsg.) (2009). Kindeswohlgefährdung. Erkennen und Helfen. (10. erw. und aktual. Aufl.). Berlin: Eigenverlag.

Kindler, H. (2005). Verfahren zur Einschätzung der Gefahr zukünftiger Misshandlung bzw. Vernachlässigung: Ein Forschungsüberblick. In G. Deegener & W. Körner (Hrsg.), Kindesmisshandlung und Vernachlässigung. Ein Handbuch. (S. 385-404). Göttingen: Hogrefe.

Maywald, J. (2009). Zum Begriff des Kindeswohls. Impulse aus der UN-Kinderrechtskonvention. IzKK-Nachrichten, (1), 16-20.

Merchel, J. (2008). Kinderschutz: Anforderungen an die Organisationsgestaltung im Jugendamt. In Institut für Sozialarbeit und Sozialpädagogik e.V. (ISS), Vernachlässigte Kinder besser schützen. Sozialpädagogisches Handeln bei Kindeswohlgefährdung (S. 89-128). München: Reinhardt.

Münchner Kommentar zum BGB (1992). Familienrecht II (Band 8) (3. Aufl.). München: Beck.

Münder, J., Mutke, B. & Schone, R. (2000). Kindeswohl zwischen Jugendhilfe und Justiz – Professionelles Handeln in Kindeswohlverfahren. Münster: Votum.

Rietmann, S. (2007). Aushandlungen bei Kindeswohlgefährdung. Entscheidungsrationalitäten, Risikokommunikation, Interventionsstrategien. Saarbrücken: VDM Verlag Dr. Müller.

Rietmann, S. & Hensen, G. (2008). Perspektivendifferenz und Interessenanalyse. Koordination Früher Hilfen als Systemischer Diskurs. Kindesmisshandlung und -vernachlässigung, 11 (1), 33-46.

Seithe, M. (2007). Hilfen zur Erziehung. In J. Ecarius (Hrsg.), Handbuch Familie (S. 568-592). Wiesbaden: VS Verlag.

Schmid, H. & Meysen, T. (2006). Was ist unter Kindeswohlgefährdung zu verstehen? In H. Kindler, S. Lillig, H. Blüml, T. Meysen & A. Werner (Hrsg.), Handbuch Kindeswohlgefährdung nach § 1666 BGB und Allgemeiner Sozialer Dienst (ASD). (Kapitel 2). München: Deutsches Jugendinstitut e.V.

Schone, R. (2002). Hilfe und Kontrolle. In W. Schröer, N. Struck & M. Wolff (Hrsg.), Handbuch Kinder- und Jugendhilfe (S. 945-958). Weinheim und München: Juventa.

Schone, R. (2008). Kontrolle als Element von Fachlichkeit in den sozialpädagogischen Diensten der Kinder- und Jugendhilfe. Expertise im Auftrag der Arbeitsgemeinschaft für Jugendhilfe (AGJ). Berlin: Eigenverlag.

Schrapper, C. (2005). Konzept und Bausteine einer sozialpädagogischen Diagnostik. In Verein für Kommunalwissenschaften (VfK) (Hrsg.), Diagnostik in der Kinder- und Jugendhilfe. Vom Fallverstehen zur richtigen Hilfe (S. 127-139). Berlin: Eigenverlag.

Staudinger, J. v. & Coester, M. (Bearb.) (1992). Kommentar zum Bürgerlichen Gesetzbuch. 12. Aufl. München: Sellier-de Gruyter.

Kindeswohlgefährdung als Anlass für Interventionen – rechtliche Aspekte

Gila Schindler

I. Einleitung

Kindern und Jugendlichen in unserer Gesellschaft ein sicheres Aufwachsen zu ermöglichen, sie vor Gefahren erfolgreich zu schützen und sie bestmöglich zu fördern, das sind Themen, die seit einigen Jahren nicht nur in maßgeblicher Weise eine Vielzahl der Debatten in der Kinder- und Jugendhilfe, sondern vor allem auch in Politik und Gesetzgebung bestimmen.[1] Die Befürchtung, einem Kind könne Gefahr drohen, setzt die Signale auf rot und richtet alle Reaktion auf die möglichst unverzügliche Beendigung der Gefährdungssituation.

Gerade der Staat soll mit denjenigen seiner Institutionen wie Jugendamt, Polizei, Gesundheitsamt und Familiengericht, die das sogenannte „staatliche Wächteramt" ausüben, eingreifen, um den auch gesellschaftlich als unerträglich empfundenen Zustand der Gefährdung eines Kindes schnellstmöglich zu beenden. Die nicht zuletzt über dramatische Medienberichte erfolgte Fokussierung auf drastische Eingriffe zum Schutz von Kindern wie die Inobhutnahme oder den vollständigen Entzug der elterlichen Sorge mit dem Ziel, das Kind oder den Jugendlichen fremd unterzubringen, lässt leicht vergessen, dass sehr unterschiedliche Gefährdungslagen für Kinder und Jugendliche bestehen können und die verfügbaren Hilfemöglichkeiten keinesfalls in erster Linie in der sofortigen Intervention im Sinne einer Herausnahme des Kindes aus seiner Familie zu suchen sind, sondern insbesondere aus dem breiten Spektrum der öffentlichen Leistungen der Kinder- und Jugendhilfe gewählt werden können.[2]

Ebenso wie die Wahl der pädagogischen Hilfen verlangt auch das Recht Differenzierung. In der Praxis ist in den wenigsten Einzelfällen eine sofortige Intervention gegen den Willen der Erziehungsper-

---

[1] Vgl. die bundesweiten Gesetzgebungsinitiativen zum Kinderschutz, dargestellt bei Nothhafft, S. 2.
[2] Blüml, ASD-Handbuch: „Welche Angebote und Hilfen stehen dem ASD im Falle einer Beeinträchtigung oder Gefährdung des Kindeswohls zur Verfügung?".

sonen im Interesse des Kindes angezeigt und rechtlich zu rechtfertigen. Keineswegs sollte auch die Wahrnehmung des Schutzauftrags von vornherein als Handlung ohne oder gar gegen den elterlichen Willen verstanden werden. Denn am besten lässt sich der Schutz eines Kindes oder Jugendlichen erreichen, wenn Interventionen im Einvernehmen mit seinen Eltern erfolgen. Für diese ist jedoch häufig ein Prozess erforderlich, um die Gefährdungssituation ihres Kindes zu verstehen, nachzuvollziehen, Hilfe zu akzeptieren und die Bereitschaft zu gewinnen, Veränderungsprozesse einzuleiten. Auch muss sich eine erfolgreiche Hilfe nicht zuletzt an den Bedürfnissen und Wünschen des Kindes oder Jugendlichen ausrichten und diese dementsprechend herausfinden. Eine solch vorsichtige Sondierung der Situation lässt sich nicht realisieren, wenn sich die Prämisse der unverzüglichen Handlung in Bereiche wagt, in denen ein sofortiges Eingreifen nicht erforderlich ist, um die Gefährdung abzuwenden. Kinderschutz ist häufig ein Handeln im Risikobereich.[3] Das heißt, zu berücksichtigen, dass eine Intervention bei einer festgestellten Gefährdung im Sinne eines Handelns ohne oder gegen den Willen der Eltern dem Wohl des Kindes oder Jugendlichen ebenfalls Schaden zufügen kann. Aus diesem Grund erfolgt häufig eine kritische und aufmerksame Unterstützung und Begleitung der Eltern in einem zunächst ergebnisoffenen Prozess, der aber den dauerhaften Schutz des Kindes zum Ziel hat.[4]

Sollen Möglichkeiten und Formen der Intervention bei Kindeswohlgefährdung beschrieben werden, so muss zunächst die Begrifflichkeit der Kindeswohlgefährdung behandelt werden. Auf dieser Grundlage kann die Schwelle beschrieben und bestimmt werden, die mit Blick auf das Ziel des erfolgreichen Schutzes von Kindern und Jugendlichen vor Gefährdungen für ihr Wohl, eine staatliche Intervention ggf. nicht nur zulässt, sondern zur Pflicht macht. Dabei geht der Begriff der Intervention zwangsläufig mit dem Begriff des Elternrechts einher, in das der Eingriff schließlich stattfindet. Anschließend sollen einzelne Formen der Intervention dargestellt werden.

---

[3] Lillig, ASD-Handbuch: „Welche Leitlinien bestimmen das Handeln in der Sozialen Arbeit bei Kindeswohlgefährdung?".
[4] Ebd.

II. Bedeutung der Kindeswohlgefährdung aus rechtlicher und tatsächlicher Sicht

1. Rechtsbegriff der Kindeswohlgefährdung

Die Kindeswohlgefährdung markiert aus rechtlicher Sicht zum einen die Grenze des Elternrechts und zum anderen die Schwelle, die erreicht sein muss, um verbindlich staatliches Handeln einzufordern. Auf gesetzlicher Ebene weist der Begriff der Kindeswohlgefährdung eine außerordentliche Beständigkeit auf. So findet sich die maßgebliche gesetzliche Norm des § 1666 BGB, die für den Begriff der Kindeswohlgefährdung juristischer Dreh- und Angelpunkt ist, seit dem 1. Januar 1900 in nur wenig geänderter Fassung im Bürgerlichen Gesetzbuch. Dass sich eine Rechtsvorschrift mit solch engem Bezug zu sich beständig wandelnden Werten und Auffassungen in Erziehungsfragen über hundert Jahre bewährt hat, weist auf Segen und Fluch der Norm zugleich hin. Als unbestimmter Rechtsbegriff lässt sich der Begriff der Kindeswohlgefährdung mit den jeweils aktuellen Vorstellungen und Übereinkünften über Gefährdungsfragen auffüllen. Das mag für die einen dazu führen, dass es sich um eine bloße Leerformel handelt, die mit beliebigen Inhalten ausgestattet werden kann,[5] während andere die hohe Flexibilität, die diese Formulierung zulässt, anerkennen und begrüßen.[6]

Rechtliche Konkretisierungen gehen insbesondere von der Rechtsprechung aus, enthalten sich jedoch in der Regel leichtfertiger Faustregeln. So hat der Bundesgerichtshof bereits im Jahr 1951 die Kindeswohlgefährdung als „eine gegenwärtige in einem solchen Maße vorhandene Gefahr" beschrieben, „dass sich bei der weiteren Entwicklung eine erhebliche Schädigung mit ziemlicher Sicherheit voraussehen lässt".[7] Diese Feststellung gilt bis heute und verweist auf die drei wesentlichen Tatbestandsmerkmale einer Kindeswohlgefährdung: eine gegenwärtig vorhandene Gefahr muss festgestellt werden, die zu einer erheblichen Schädigung führen kann und diese Prognose muss mit einer gewissen Sicherheit erfolgen.[8]

Der Gesetzgeber hat bis heute allen Versuchungen widerstanden, den Begriff der Kindeswohlgefährdung über diese Kriterien hinaus zu konkretisieren oder das Gesetz mit einem Regelkatalog von

---

[5] Veit, Beck'scher Online Kommentar § 1666 Rn. 3.
[6] BT-Drucks. 16/6815, S. 10f.
[7] BGH - 14.07.1956 - IV ZB 32/56, NJW 1956, S. 1434.
[8] Schmid/Meysen, ASD-Handbuch: „Was ist unter Kindeswohlgefährdung zu verstehen?".

Gefährdungsfällen auszustatten.⁹ Auch wenn dies immer wieder zur Herstellung größerer Rechtssicherheit gefordert wird,¹⁰ so bleibt es bislang dabei, dass die Feststellung einer Kindeswohlgefährdung immer mit der Aufgabe einhergeht, diese Frage in Übereinstimmung mit aktuellen wissenschaftlichen Erkenntnissen und pädagogischen sowie psychologischen Prämissen zu bringen, ohne dabei an verbindliche Zuschreibungen gebunden zu sein. War bspw. zu Beginn des vergangenen Jahrhunderts das Konzept der emotionalen Vernachlässigung eines Kindes noch unbekannt, so betrifft dies heutzutage einen Schwerpunkt der Gefährdungstatbestände.¹¹

> In diesem Sinne befindet sich der Begriff der Kindeswohlgefährdung im Zentrum eines lernenden Systems, was die Möglichkeit eröffnet, Entscheidungen immer auf der Höhe der Zeit zu treffen. Dem steht unbestreitbar der Nachteil gegenüber, dass sich die Ermittlung eines Gefährdungstatbestandes selbst dann nicht leicht gestaltet, wenn die objektiven Tatsachen bekannt sind, denn immer erfordert die Feststellung der Gefährdung auch die Prognose des Schadenseintritts

In diesem Sinne befindet sich der Begriff der Kindeswohlgefährdung im Zentrum eines lernenden Systems, was die Möglichkeit eröffnet, Entscheidungen immer auf der Höhe der Zeit zu treffen. Dem steht unbestreitbar der Nachteil gegenüber, dass sich die Ermittlung eines Gefährdungstatbestandes selbst dann nicht leicht gestaltet, wenn die objektiven Tatsachen bekannt sind, denn immer erfordert die Feststellung der Gefährdung auch die Prognose des Schadenseintritts. Diese hat mit einer entsprechenden Sicherheit und Verlässlichkeit zu erfolgen, die sich im Einzelfall alles andere als leicht erreichen lässt.

Werden die mit der Feststellung einer Kindeswohlgefährdung einhergehenden Unsicherheiten häufig aus Sicht des Kindesschutzes als misslich erlebt, weil sie dem Bedürfnis nach schnellem unbürokratischen Schutz zuwiderlaufen, so muss doch gleichzeitig vermerkt werden, dass angesichts der Gefährdungen, die einem Kind oder Jugendlichen gerade durch einen staatlichen Eingriff drohen können, die sorgfältige Einschätzung in aller Regel gerade im Interesse des Kindeswohls unerlässlich ist. Es ist ein Mythos, dass unverzügliches Handeln gleichbedeutend mit der Herstellung des besten und nachhaltigsten Schutzes ist.

Vielmehr weist die jüngere internationale Forschung auf Traumata hin, die Kinder und Jugendliche erleiden, wenn sie unvermittelt und unvorbereitet aus ihrer Familie gerissen werden, auch wenn diese Maßnahme eine akute Gefährdungssituation beenden soll.¹² Diese Erkenntnis muss zwingend bei der Erwägung einer entsprechenden

---

⁹ AG § 1666, 2006, S. 29.
¹⁰ Bspw. „Entwurf eines Gesetzes zur Änderung des § 1666 BGB und weiterer Vorschriften" des Freistaates Bayern vom 3. Mai 2006 (BR-Drucks. 296/06).
¹¹ Formen der Kindeswohlgefährdungen als Quelle der Hauptverursachung nach Münder/Mutke/Schone 2000: Vernachlässigung: 44%, Seelische Misshandlung: 14%; Sexueller Missbrauch: 14%; Autonomiekonflikte: 7%; Elternkonflikte/Partnerschaftsgewalt: 5%; Körperliche Misshandlung: 4%.
¹² Kindler, Pflegekinder: Situation, Bedürfnisse und Entwicklungsverläufe; Schmitt, Praxis der Kinderpsychologie und Kinderpsychiatrie, 48, 411-424.

Intervention Eingang finden, denn sie spielt eine entscheidende Rolle bei der Beurteilung der Verhältnismäßigkeit eines Eingriffs.

2. Kindeswohlgefährdung aus Sicht des Verfassungsrechts

a. Das Elternrecht

Gilt die Kindeswohlgefährdung verfassungsrechtlich als „absolute" Grenze des Elternrechts, so ist zunächst ein Blick auf Inhalt, Umfang und Reichweite dieses Elternrechts zu werfen, das zu den verfassungsrechtlich garantierten Grundrechten gehört (Art. 6 Abs. 2 GG). Grundrechte werden klassischer Weise als Freiheits- und Abwehrrechte verstanden[13] und unterliegen – übereinstimmend mit unserem demokratischen Grundverständnis – einem besonders hohen Schutz.[14] Der Bürger ist berechtigt, Eingriffe des Staates in sein Grundrecht abzuwehren und auf sein Recht der Handlungsfreiheit zu verweisen. Angesichts dieser Konzeption lässt sich bereits erahnen, dass das Elternrecht nicht zu den klassischen bürgerlichen Freiheitsrechten zählt,[15] da ihm zugleich die Bedeutung eines Pflichtenrechts gegenüber dem Kind innewohnt, die es von den klassischen Freiheitsrechten unterscheidet.[16]

aa. Elternrecht als Abwehrrecht

Den Charakter eines Abwehr- und Freiheitsrechts hat das Elternrecht im Verhältnis zum Staat.[17] Diesem ist es grundsätzlich untersagt, in die Eltern-Kind-Beziehung einzugreifen. Zu den Eingriffen gehört nicht nur die temporäre oder dauerhafte Trennung eines Kindes von seinen Eltern, sondern dem Staat steht auch keine Befugnis zu, Eltern Vorschriften darüber zu machen, wie sie ihre Kinder pflegen und erziehen sollen.[18] So gibt es keine verbindlichen Vorgaben darüber, ob Eltern einen autoritären oder antiautoritären, einen dirigierenden oder laissez-faire-Stil in ihrer Erziehung umsetzen sollen.[19] Es ist ihnen auch ganz allein überlassen darüber zu entscheiden, ob und wenn ja in welchem Glaubensbekenntnis ihr Kind aufwächst und ob

---

[13] Antoni, Die Grundrechte, Rn. 3.
[14] Antoni, Die Grundrechte, Rn. 19.
[15] Böckenförde, S. 56.
[16] Badura, GG, Art. 6 Rn. 109 f.
[17] Huber, MünchKomm, § 1626 Rn. 74.
[18] Langenfeld/Wiesner, S. 49.
[19] Veit, Beck'scher Online Kommentar, § 1631 Rn. 5.

und welche sittlichen und moralischen Werte sie vermitteln.[20] Staatliche Institutionen sind nicht befugt, Eltern mit Blick auf eine „gute" oder „kindeswohlförderliche" Erziehung verbindliche Vorgaben zu machen.[21] Es ist allein die Entscheidung der Eltern, welche Erziehungsform und -inhalte sie umsetzen wollen, da die Verfassung auf der Überzeugung beruht, dass es die Eltern sind, die für ihr Kind am besten bestimmen können, was seinem Wohl dient.[22]

Dieses ganz weitgehende Recht der Eltern, über die Inhalte ihrer Erziehung zu bestimmen, findet seine Schranken in den Grundrechten ihres Kindes

Dieses ganz weitgehende Recht der Eltern, über die Inhalte ihrer Erziehung zu bestimmen, findet seine Schranken in den Grundrechten ihres Kindes.[23] Der Schutzgehalt der Grundrechte des Kindes auf Menschenwürde, Leben, körperliche Unversehrtheit und Bewegungsfreiheit ist dabei der elterlichen Interpretation entzogen.[24] Diese Grundrechte haben einen objektiven Gehalt, der damit auch zu einem objektivierbaren Inhalt des Begriffs des Kindeswohls wird.[25] Zusätzlich dienen die geltenden verfassungsgemäßen Gesetze als Schranken des Elternrechts. Hierzu gehört insbesondere das Recht des Kindes auf eine gewaltfreie Erziehung (§ 1631 Abs. 2 BGB).[26] Ist die Grenze zu einer Kindeswohlgefährdung überschritten, so ist kein Raum mehr für unterschiedliche Erziehungsansätze bzw. -vorstellungen. Das Recht des Kindes auf Förderung seiner Entwicklung und auf Erziehung zu einer eigenverantwortlichen und gemeinschaftsfähigen Persönlichkeit[27] muss in dieser Situation von staatlicher Seite auch gegen den Willen seiner Eltern durchgesetzt werden.[28]

bb. Elternrecht als Pflichtenrecht

Im Verhältnis zum Kind kann sich das Elternrecht nicht als Abwehr- bzw. Freiheitsrecht oder als Recht der Eltern auf Entfaltung ihrer Persönlichkeit darstellen.[29] Ein Kind ist nicht nur darauf angewiesen, dass seine Eltern seine Grundrechte respektieren und nicht verletzen, sondern auch darauf, dass sie es darin unterstützen, diese Grundrechte wahrzunehmen. Die Eltern sind diejenigen, die die Interessen

---

[20] Badura, GG, Art. 6 Rn. 118.
[21] Veit, Beck'scher Online Kommentar, § 1631 Rn. 5.
[22] BVerfGE 60, 79.
[23] Meysen/Schmid, ASD-Handbuch: „Was ist unter Kindeswohlgefährdung zu verstehen?".
[24] Ebd.; Schmitt-Kammler, GG, Art. 6 Rn. 59b.
[25] Schmitt-Kammler, GG, Art. 6 Rn. 59b.
[26] Badura, GG, Art. 6 Rn. 114.
[27] § 1 Abs. 1 SGB VIII.
[28] Wiesner, IKK-Nachrichten 1-2/2006, S. 5.
[29] Böckenförde, S. 61f.

ihres Kindes vertreten und ihm dazu verhelfen, seine Persönlichkeit zu entwickeln. Das Elternrecht ist in dieser Hinsicht aktiv zum Wohl des Kindes auszuüben.[30]

Während die Notwendigkeit der Befriedigung elementarer physischer Grundbedürfnisse des Kindes den meisten Eltern einsichtig ist, so ist schon bei den psychischen Grundbedürfnissen nicht immer das gleiche Verständnis vorhanden. Erziehung ist kein einfaches Geschäft und Gefährdungssituationen kommen für Kinder und Jugendliche im seltensten Fall dadurch zustande, dass Eltern ihnen bewusst Schaden zufügen wollen. An dieser Stelle zeigt sich, dass das Elternrecht auch gegenüber staatlichen Stellen nicht nur als Abwehr- und Freiheitsrecht zu interpretieren ist, sondern dass Eltern einen Anspruch auf staatliche Leistungen haben, um ihrer elterlichen Verantwortung gerecht zu werden.[31]

Im Mittelpunkt staatlicher Leistungen, auf die Eltern zur Wahrnehmung ihrer Erziehungsverantwortung zugreifen können, stehen die Leistungen der Kinder- und Jugendhilfe. Ausdrücklichen Bezug auf die Sicherstellung des Kindeswohls nimmt dabei die Leistung der Hilfe zur Erziehung nach § 27 SGB VIII. Bei der Normierung dieser Leistung hat der Gesetzgeber bewusst davon abgesehen, sie als Anspruch des Kindes auszugestalten.[32] Damit sollte auch einfachgesetzlich die verfassungsrechtliche Ausgestaltung des Elternrechts als Pflichtenrecht nachvollzogen und dem Elternrecht eine deutliche Konnotation nicht nur als Abwehr-, sondern auch als Leistungsrecht gegenüber dem Staat zugemessen werden.[33]

b. Inhalt und Bedeutung des staatlichen Wächteramts

Dass die Eltern grundsätzlich am besten zur Pflege und Erziehung und damit auch zum Schutz ihrer Kinder geeignet sind, wurde in verschiedenen verfassungsgerichtlichen Entscheidungen bekräftigt und wie folgt begründet: „Diejenigen, die einem Kind das Leben geben, seien von Natur bereit und berufen, die Verantwortung für seine Pflege und Erziehung zu übernehmen".[34] „Es seien in aller Regel die Eltern, denen das Wohl des Kindes mehr am Herzen läge als irgendeiner anderen Person oder Institution".[35]

---

[30] Böckenförde, S. 63; Langenfeld/Wiesner, S. 50; Badura, GG, Art. 6 Rn. 110.
[31] Böckenförde, S. 73.
[32] Wiesner, FuR 1990, 325 (327).
[33] Zur verfassungsrechtlichen Diskussion der Grundrechte als Teilhabe- und Leistungsrechte vgl. Antoni, Die Grundrechte, Rn. 5.
[34] BVerfGE 24, 119 (150).
[35] BVerfGE 59, 360 (376).

Eltern wird mit diesen Aussagen das grundsätzliche Vertrauen ausgesprochen, ihre Aufgabe verantwortungsvoll und bestmöglich zu erfüllen. Dennoch war auch den Verfassungsvätern und -müttern bewusst, dass sich dieses Vertrauen nicht immer rechtfertigt und dass auch der Staat eine spezifische Verantwortung für das behütete und sichere Aufwachsen von Kindern in dieser Gesellschaft tragen muss.[36] Die existenzielle Abhängigkeit des Kindes von Schutz und Pflege ist der Grund, warum die Verfassung der elterlichen Erziehungsverantwortung auch eine staatliche Verantwortung für das Aufwachsen von Kindern an die Seite stellt.[37]

Mit dem Satz „Über ihre [der Eltern] Betätigung wacht die staatliche Gemeinschaft", wird daher das so genannte staatliche Wächteramt normiert. Die Formulierung lässt sich auf den ersten Blick vor allem mit staatlicher Kontrolle und Eingriffen assoziieren und legt den Schluss nahe, das staatliche Wächteramt werde allein dann aktiviert, wenn die Grenze des Elternrechts erreicht ist und eine Gefährdung des Kindeswohls zumindest dringend zu befürchten steht. Dies stimmt damit überein, dass rechtlich keine Aufgabe konstruiert werden kann, die den Staat berechtigt, gegen den Willen der Eltern für eine den Fähigkeiten des Kindes bestmögliche Förderung zu sorgen, und dass ein staatliches Einschreiten gegen den Willen der Eltern zur Herstellung eines „Erziehungsoptimums" untersagt ist.[38]

Nicht zuletzt mit Einführung des Kinder- und Jugendhilfegesetzes Anfang der 1990-er Jahre befindet sich diese Auffassung des Wächteramts als ausschließlich intervenierendes im Wandel. Mit dem vielfältigen Leistungsangebot der Kinder- und Jugendhilfe erweiterte sich auch dem Gesetz nach die Zuweisung staatlicher Verantwortung dahingehend, dass Eltern nicht erst dann mit dem Staat rechnen müssen, wenn das Wohl ihres Kindes gefährdet ist, sondern sie in weitem Umfang präventive Unterstützung bei der Erziehung ihrer Kinder erhalten. Der Staat trägt seiner verfassungsrechtlichen Verantwortung für das Aufwachsen von Kindern nicht allein kontrollierend und eingreifend Rechnung, sondern nimmt sie bereits präventiv und unterstützend wahr.[39]

Hier zeigt sich, dass das staatliche Wächteramt keineswegs klar vorgegebene Konturen hat, die eine abschließende Aussage über seine Inhalte zuließen, sondern sich von seiner einfachgesetzlichen Ausge-

---

[36] Wiesner, ASD-Handbuch: „Was sagt die Verfassung zum Kinderschutz?".
[37] BVerfG FamRZ 1968, 578.
[38] BVerfG FamRZ 1982, 567; EGMR FamRZ 2005, 585 [588] - Haase/Deutschland; FamRZ 2002, 1393 [1396] - Kutzner/Deutschland; BVerfG FamRZ 2006, 385 [386]; BVerfGE 60, 79 [94].
[39] Wiesner, Einl. Rn. 61.

staltung her bestimmt.[40] Insofern mag es auch im Auge des Betrachters liegen, ob bspw. die Normierung des Anspruchs auf Hilfe zur Erziehung Ausdruck des staatlichen Wächteramts oder einer vorgelagerten staatlichen Verantwortung ist. In jedem Fall aber ist das staatliche Wächteramt im Sinne der Intervention gefordert, wenn die Schwelle der Kindeswohlgefährdung durch die elterliche Erziehung überschritten ist. Droht die Gefährdung eines Kindes oder Jugendlichen, wurden seine elementaren Rechte verletzt oder stehen in Gefahr verletzt zu werden, so treffen den Staat und seine Institutionen nicht nur das Recht, sondern auch die Pflicht, das Kindeswohl zu schützen.[41]

c. Konkretisierung der Gefährdungsgrenze nach § 1666 BGB im Einzelfall

Gefährdungen können dem körperlichen, geistigen oder seelischen Wohl eines Kindes drohen. Der Staat ist zum Handeln aufgerufen, wenn die Eltern, denen der Schutz ihres Kindes obliegt, nicht gewillt oder in der Lage sind, die Gefahr abzuwenden (§ 1666 Abs. 1 BGB). Seit der Änderung des § 1666 Abs. 1 BGB mit dem Gesetz zur Erleichterung familiengerichtlicher Maßnahmen bei Kindeswohlgefährdung ist ein Verschulden der Eltern nicht mehr als Voraussetzung für einen Eingriff in das Elternrecht gefordert. Der Gesetzgeber hat zu Recht festgestellt, dass es auf ein Verschulden der Eltern im Ergebnis nicht ankommen kann, wenn es darum geht, dass eine Kindeswohlgefährdung verhindert oder beendet werden muss.[42] Dennoch zeigt sich auch an dieser Stelle der allmähliche Wandel der rechtlichen Bewertung des Elternrechts im Verhältnis zum Recht ihres Kindes. Die ursprüngliche Forderung nach einem Verschulden der Eltern war durchaus mit der hohen Bedeutung des Elternrechts verbunden. Allerdings wurde von der höchstrichterlichen Rechtsprechung bereits früh erkannt, dass die Schutzbedürftigkeit des Kindes im Ergebnis nicht von einem vorsätzlichen Handeln der Eltern abhängig gemacht werden konnte.[43] Mit der aktuellen Gesetzeslage wurde durch diese Formulierung dennoch das Recht des Kindes auf Schutz gestärkt.[44]

Für die Kinder- und Jugendhilfe ist der Weg zur Prognose, ob bei ungehindertem Geschehensablauf das körperliche, geistige oder see-

> Der Gesetzgeber hat zu Recht festgestellt, dass es auf ein Verschulden der Eltern im Ergebnis nicht ankommen kann, wenn es darum geht, dass eine Kindeswohlgefährdung verhindert oder beendet werden muss

---

[40] Langenfeld/Wiesner, S. 53.
[41] Antoni, GG, Art. 6 Rn. 18; Langenfeld/Wiesner S. 60.
[42] BT-Drucks. 16/6815, S. 10.
[43] BVerfGE 24, 119, 144.
[44] Wiesner, RdJB 2009, 13.

lische Wohl eines Kindes mit ziemlicher Sicherheit erheblich geschädigt wird, mit der gesetzlichen Normierung zur Wahrnehmung des Schutzauftrags nach § 8a SGB VIII vorgegeben. Die entsprechende Einschätzung ist demnach im Zusammenwirken mehrerer Fachkräfte und ggf. unter Einbeziehung einer insoweit erfahrenen Fachkraft vorzunehmen. Damit soll so weit wie möglich gewährleistet sein, dass die erforderliche Expertise in die Gefährdungseinschätzung einbezogen wird.[45]

Bei der konkreten Gefährdungsprognose wird auch offenbar, dass die Gefährdung eines Kindes oder Jugendlichen sich nicht mit Mitteln der juristischen Profession einschätzen lässt, sondern auf Grundlage pädagogischer, psychologischer oder ärztlicher Kenntnisse erfolgen muss. Wenn ein Blick auf statistische Daten zur Kindeswohlgefährdung gezeigt hat, dass die weit überwiegende Zahl der Gefährdungsformen den psychischen Misshandlungen und der emotionalen Vernachlässigung zuzurechnen ist,[46] dann muss der Kenntnis von Fachkräften insbesondere über die Bedeutung von Entwicklungs- und Bindungspsychologie ein wichtiger Stellenwert zukommen.[47]

Wenngleich es erklärtes Ziel der Wahrnehmung des Schutzauftrags ist, keine gewichtigen Anhaltspunkte für eine Kindeswohlgefährdung unbeachtet durchgehen zu lassen und damit einem Kind den erforderlichen Schutz vorzuenthalten, so ist doch auch die Gefahr der Überreaktionen nicht zu übersehen. Aus der Praxis gibt es bereits Hinweise, dass freiwillige Kontakte von unterstützungsbedürftigen Familien mit dem Jugendamt nach Einführung des § 8a SGB VIII zurückgingen. Dies kann nur als hoch unwillkommene Nebenwirkung des § 8a SGB VIII verstanden werden. Um dem nicht zusätzlich Vorschub zu leisten, erscheint ein sensibler Umgang mit Gefährdungsfällen erforderlich und ist eine übervorsichtige Verdachtskontrolle abzulehnen.

3. Akteure beim Schutz von Kindern und Jugendlichen

Der Wortlaut, mit dem das staatliche Wächteramt begründet wird, spricht von der staatlichen Gemeinschaft, die über die Betätigung der Eltern wacht. Abstrakt kann der Schutz eines konkret gefährdeten Kindes oder Jugendlichen jedoch nicht hergestellt werden. Also müssen konkrete Stellen und Institutionen zum Handeln aufgerufen sein, um die erforderliche Verbindlichkeit der staatlichen Verantwortung herzustellen.

---

[45] Meysen, FK-SGB VIII, § 8a Rn. 40.
[46] Vgl. Fn. 12.
[47] Beneke, 2006, S. 175; ISA Münster, 2006, S. 119.

In erster Linie werden das Familiengericht und das Jugendamt als Adressaten des staatlichen Wächteramts verstanden. Diese beiden Institutionen sollen im Sinne einer Verantwortungsgemeinschaft zum Wohl eines gefährdeten Kindes oder Jugendlichen handeln.[48] Da dem verfassungsrechtlichen Begriff jedoch konkrete Adressaten nicht entnommen werden können, sind auch die Polizei, staatliche Behörden wie Gesundheitsbehörde, Jobcenter, Arbeitsagentur, Ausländerbehörde usw. grundsätzlich aufgerufen, Aufgaben des staatlichen Wächteramts wahrzunehmen, wenn dies im Einzelfall angezeigt ist.[49] Während die genannten Stellen und Institutionen in unterschiedlicher Häufigkeit und Intensität mit Situationen von Kindeswohlgefährdungen in Kontakt kommen, so gilt jedenfalls für natürliche Personen oder freie Träger, dass sie von vornherein nicht zur staatlichen Gemeinschaft zählen, sondern diese Pflicht ausschließlich öffentlichen Stellen, Institutionen und Einrichtungen vorbehalten ist.

a. Aufgaben des Jugendamts

Die Institution des deutschen Jugendamts weist im internationalen Vergleich eine deutliche Besonderheit mit seiner Gesamtzuständigkeit für alle Fragen rund um das familiäre Leben auf. Insofern kommt dem Jugendamt auch ein bunter Strauß vielfältigster Aufgaben zu. Es gewährt von der allgemeinen Förderung der Erziehung in der Familie über die Kindertagesbetreuung wie auch der Unterstützung der Geltendmachung von Unterhaltsansprüchen für das Kind bis hin zu der Hilfe zur Erziehung nicht nur eine beachtliche Vielzahl von Leistungen, sondern auch ein Leistungsspektrum mit einer höchst unterschiedlichen Ausrichtung.

Nimmt es Aufgaben des staatlichen Wächteramts wahr, so geschieht das in der Regel nicht unabhängig von diesen Aufgaben und Leistungen, sondern erfolgt häufig im engen inhaltlichen Zusammenhang. Denn gerade dann, wenn bereits eine (Leistungs-)Beziehung zu einer Familie besteht und regelmäßige Kontakte direkt oder über die Einbeziehung durch freie Träger stattfinden, kann wahrgenommen werden, ob Eltern ihrer Verantwortung nicht in einer Weise nachkommen, die ihr Kind für eine sichere Entwicklung seiner Persönlichkeit braucht. Diese Zugänge zu Kindern, Jugendlichen und ihren Familien soll das Jugendamt aktiv zur Wahrnehmung des Schutzauftrags nutzen.

---

[48] Wiesner, ASD-Handbuch: „Was sagt die Verfassung zum Kinderschutz?".
[49] Langenfeld/Wiesner, S. 58; Kinderschutzzentrum Berlin, S. 102 ff.

Wichtigste Aufgabe des staatlichen Wächteramts für die Jugendämter ist die Wahrnehmung des Schutzauftrags bei Kindeswohlgefährdung, wie sie seit Oktober 2005 in § 8a SGB VIII auf gesetzlicher Grundlage geregelt ist. Der Schutzauftrag nach § 8a SGB VIII wird aktiviert, wenn die Schwelle erreicht ist, bei der man von der Wahrnehmung „gewichtiger Anhaltspunkte für eine Kindeswohlgefährdung" sprechen kann.[50] Der Auslegung des Begriffs der gewichtigen Anhaltspunkte kommt damit – wie dem der Kindeswohlgefährdung auch – eine erhebliche Bedeutung zu und bedarf angesichts der Konsequenzen einer sorgfältigen Reflexion in der Anwendung.[51]

Um die mit der Einschätzung der gewichtigen Anhaltspunkte verbundenen Unsicherheiten zu begrenzen, wurde vielfach dazu übergegangen, Listen mit Regelbeispielen für gewichtige Anhaltspunkte einer Kindeswohlgefährdung zu erstellen. Diese sollen den Fachkräften bei ihrer Wahrnehmung und Bewertung helfen. Trotz des sinnvollen Ansatzes erscheinen solche Listen vielfach eher problematisch. In der Regel legen sie den Schwerpunkt auf Erscheinungsformen körperlicher Misshandlung oder Vernachlässigung wie (regelmäßige) blaue Flecken oder Verletzungen, nicht ausreichende Bekleidung oder Versorgung.[52] Gerade die schwerer zu erkennenden psychischen und emotionalen Gefährdungen können schon deshalb nicht angemessen berücksichtigt werden, weil ihre Beschreibung in Schlagworten nicht leichtfällt. Ein weiterer Mangel vieler Listen ist, dass Faktoren wie die materielle Situation der Familie oder körperliche, geistige oder seelische Behinderungen bzw. Erkrankungen von Eltern als gewichtige Anhaltspunkte für eine Kindeswohlgefährdung benannt werden.[53] Hierbei handelt es sich jedoch lediglich um Risikofaktoren, die keineswegs das qualifizierte Gefährdungseinschätzungsverfahren des § 8a SGB VIII auslösen dürfen. Um gewichtige Anhaltspunkte für eine Kindeswohlgefährdung handelt es sich nur dann, wenn Hinweise in ihrer Zusammenschau nicht nur entfernt auf eine potentielle Gefährdung hindeuten, sondern konkrete Befürchtungen rechtfertigen. Diese gewichtigen Anhaltspunkte müssen im Jugendamt tatsächlich angekommen sein.[54]

Wurden gewichtige Anhaltspunkte für eine Kindeswohlgefährdung wahrgenommen, so hat eine Gefährdungseinschätzung im Zusammenwirken mehrerer Fachkräfte stattzufinden (§ 8a Abs. 1 S. 1 SGB VIII). Bei der Gefährdungseinschätzung sind das Kind und seine

---

[50] Meysen/Schindler, JAmt 2004, 449 [451].
[51] Kindler/Lillig, IKK-Nachrichten 1-2/2006, 16 - 19; Meysen § 8a Rn. 9 ff.
[52] Bayerisches Landesjugendamt 2006, S. 16 f.; ISA Münster 2006, S. 95.
[53] Bayerisches Landesjugendamt 2006, S. 16 f.
[54] Meysen, FK-SGB VIII, § 8a Rn. 12; Meysen/Schindler JAmt 2004, 449 [451].

Eltern angemessen einzubeziehen, es sei denn, der Hilfezugang könnte hierdurch erheblich gefährdet werden.[55] Führt die Einschätzung im Fachteam dazu, dass eine Gefährdung des Kindes als ausgeschlossen angesehen wird, so schreibt das Gesetz keine weitere Handlung vor. Dennoch kann es sinnvoll sein, die Eltern auf Hilfs- und Unterstützungsangebote aufmerksam zu machen, die nicht nur zur Verfügung stehen, wenn eine Kindeswohlgefährdung vorliegt.[56]
Hat sich eine Kindeswohlgefährdung in der Teameinschätzung allerdings bestätigt, so verpflichtet dies dazu, auf die Eltern zur Annahme weiterer Hilfen hinzuwirken. Auch hier zeigt sich wieder die besondere Bedeutung, die das einvernehmliche Handeln mit den Eltern auch bzw. gerade in einer festgestellten Gefährdungssituation genießt. Wann immer eine Situation besteht, in der ein Eingriff in das Elternrecht rechtmäßig erfolgen kann, ist zunächst der – bei der Trennung des Kindes von seinen Eltern auch gesetzlich normierte (§ 1666a BGB) – Vorrang der öffentlichen Hilfen zu prüfen.
Die Befugnisse des Jugendamts reichen in aller Regel nicht hin bis zu Eingriffen in das Elternrecht. Stattdessen wird es, wie dargestellt, im Vorfeld tätig. Dies kann zum einen bedeuten, einen Eingriff überflüssig zu machen, indem Eltern rechtzeitig erfolgreich Hilfe und Unterstützung angeboten werden, oder zum anderen, dass ein (familiengerichtlicher) Eingriff in das Elternrecht angeregt wird, um eine Gefährdung zu beenden oder abzuwenden.

b. Aufgaben des Familiengerichts

Obwohl das Jugendamt regelmäßig als erstes in Kontakt mit einer möglichen Gefährdung des Kindeswohls steht, diese wie dargestellt einschätzen und ihr möglichst präventiv begegnen soll, so ordnet das Gesetz die Befugnis zum erfolgreichen Schutz eines Kindes oder Jugendlichen doch in erster Linie der familienrechtlichen elterlichen Sorge zu.[57] Insofern sind die entscheidenden intervenierenden Maßnahmen in die Hand des Familiengerichts gelegt, denn nur dieses ist berechtigt, die elterliche Sorge ganz oder teilweise zu entziehen und in dieser schwerwiegenden Form in das Elternrecht einzugreifen. Ohne gerichtliche Entscheidung über Eingriffe in das Sorgerecht sind diese in aller Regel rechtswidrig.
Die Generalklausel des § 1666 BGB, mit der gerichtliche Maßnahmen bei Gefährdung des Kindeswohls ermöglicht werden, gibt dem Leitgedanken des staatlichen Wächteramts Ausdruck: Wird das kör-

---

[55] Wiesner, SGB VIII, § 8a Rn. 19; Meysen, FK-SGB VIII § 8a Rn. 21.
[56] Slüter, JAmt 2007, 519.
[57] Badura, GG, Art. 6 Rn. 140.

perliche, geistige oder seelische Wohl des Kindes oder sein Vermögen gefährdet und sind die Eltern nicht gewillt oder nicht in der Lage, die Gefahr abzuwenden, so hat das Familiengericht die Maßnahmen zu treffen, die zur Abwendung der Gefahr erforderlich sind.

Dem Familiengericht kommt damit ein weites Ermessen hinsichtlich der Eignung einer familiengerichtlichen Maßnahme zur Abwendung der Gefährdung zu. In der Praxis zeigt sich jedoch eine starke Fokussierung auf den (vollständigen oder teilweisen) Entzug der elterlichen Sorge.[58] Hierauf hat der Gesetzgeber reagiert und mit dem Gesetz zur Erleichterung familiengerichtlicher Maßnahmen bei Kindeswohlgefährdung dem Familiengericht ein breiteres Handlungsspektrum nochmals ausdrücklich vorgegeben. Damit wurde deutlich gemacht, dass dem Familiengericht nicht nur eine unverändert hohe Bedeutung bei der Wahrnehmung des staatlichen Wächteramts zukommt, sondern auch, dass sich diese Bedeutung den tatsächlichen Erfordernissen des Kinderschutzes entsprechend wandeln und anpassen muss.

c. Aufgaben anderer staatlicher Stellen

Als weitere Stellen, die Aufgaben des staatlichen Wächteramts wahrnehmen, sind insbesondere die Polizei und die Stellen und Einrichtungen des öffentlichen Gesundheitswesens zu nennen

Als weitere Stellen, die Aufgaben des staatlichen Wächteramts wahrnehmen, sind insbesondere die Polizei und die Stellen und Einrichtungen des öffentlichen Gesundheitswesens zu nennen. Die Beteiligung der Polizei am Kinderschutz macht noch einmal mehr deutlich, dass es sich beim Kinderschutz traditionell um eine Aufgabe des Ordnungs- und Gefahrenabwehrrechts handelt. Die Polizei ist in dringenden Gefahrensituationen, die zeitlich ein Einschalten des Jugendamts nicht zulassen, zum Eingreifen befugt und darüber hinaus – im Gegensatz zum Jugendamt – berechtigt, unmittelbaren Zwang anzuwenden. Besteht die Befürchtung, dass ein Kind oder Jugendlicher in einer Wohnung gefährdet wird, so kann sich die Polizei bspw. gegen den Willen des Inhabers des Hausrechts Zugang zur Wohnung verschaffen. Insbesondere in solchen Situationen ist die Kinder- und Jugendhilfe auch auf die Kooperation mit der Polizei angewiesen.

Die der Polizei obliegende Aufgabe der Strafverfolgung kann zumindest dann der Wahrnehmung von Aufgaben des staatlichen Wächteramts dienen, wenn es darum geht, ein strafbares Handeln gegenüber Kindern oder Jugendlichen zu unterbinden. Allerdings dürfen die Möglichkeiten der Strafverfolgung für einen wirksamen Schutz von Kindern und Jugendlichen durchaus kritisch eingeschätzt werden. Im Kontext sexueller Gewalt gegen Kinder oder Jugendliche wird regel-

---

[58] AG § 1666, 2006, S. 24.

mäßig darüber debattiert, ob eine Anzeigepflicht von entsprechenden Delikten zu einem besseren Schutz von betroffenen Kindern und Jugendlichen führen kann.[59] Der Gesetzgeber hat diese Frage bislang mit einem entschiedenen „Nein" beantwortet und jeder Forderung nach Aufnahme einer Anzeigepflicht widerstanden. Leitend war dabei die Erkenntnis, dass Schutz und Hilfe für Kinder und Jugendliche, die von sexueller Gewalt betroffen sind, in besonderem Maße von dem Vertrauensverhältnis abhängig ist, das zu ihnen und ihren Familien aufgebaut werden kann. Eine Anzeigepflicht würde in vielen Fällen dieses Vertrauensverhältnis zerstören und die Hilfezugänge verschütten.[60] Gleichzeitig ist die strafrechtliche Verfolgung keineswegs in entsprechender Weise geeignet den Schutz der betroffenen Kinder und Jugendlichen herzustellen.[61]

Die Einrichtungen und Dienste des Gesundheitswesens werden hingegen in der aktuellen Diskussion als immer wichtiger hinsichtlich ihrer Rolle bei der Wahrnehmung des Schutzauftrags bei Kindeswohlgefährdung eingeschätzt. In den letzten Jahren hat sich dies insbesondere bei der Einführung der verbindlichen Vorsorgeuntersuchungen für Kinder gezeigt, die von der Politik als bedeutendes Instrument des Schutzes von Kindern vor Gefährdungslagen angesehen wurde.[62] Mittlerweile sind in fast allen Bundesländern Gesetze zur verbindlichen Einhaltung der Vorsorgeuntersuchungen in Kraft getreten. Die Bilanz dieses hohen organisatorischen und formalen Aufwandes fällt dagegen bislang recht nüchtern aus.[63]

III. Verhältnismäßigkeit von Eingriffen

Wurde im Rahmen einer Gefährdungseinschätzung ein Schadenseintritt mit der erforderlichen Sicherheit prognostiziert und ist die Eingriffsschwelle damit positiv festgestellt, so gilt das verfassungsrechtliche Paradigma, dass jeder Eingriff in ein grundrechtlich geschütztes Rechtsgut verhältnismäßig sein muss.[64] Die Feststellung erfolgt über

---

[59] Bspw. im Rahmen des Gesetzgebungsverfahrens für ein Gesetz zur Änderung der Vorschriften über die Straftaten gegen die sexuelle Selbstbestimmung und zur Änderung anderer Vorschriften (BT-Drucks. 15/350); Fegert/Meysen, JAmt 2010, 521.
[60] Hinweise des Deutschen Instituts für Jugendhilfe und Familienrecht e.V. zur BT-Drucks. 15/350 vom 12. Februar 2003.
[61] Oberlies, 2002, 345 (349). König u.a., JAmt 2010, 530.
[62] Nothhafft, S. 2.
[63] Meysen/Ziegenhain u.a., Abschlussbericht Evaluation des rheinland-pfälzischen Landesgesetzes zum Schutz von Kindeswohl und Kindesgesundheit (LKindSchG), 2010; „Das kontrollierte Kind" Süddeutsche Zeitung vom 10.07.2010.
[64] Antoni, Die Grundrechte Rn. 14; Langenfeld/Wiesner S. 60.

die normative Trias von Erforderlichkeit, Eignung und Angemessenheit,[65] also einer Mittel-Zweck-Relation. Jeder Eingriff muss sich an diesem Maßstab ausrichten, um seine Legitimation zu begründen.

1. Erforderlichkeit

Bei der Erforderlichkeit eines Eingriffs in das Elternrecht zum Schutz eines Kindes oder Jugendlichen ist nochmals zu prüfen, ob nicht die Eltern willens und in der Lage sind, die Gefährdung von ihrem Kind abzuwenden bzw. die hierfür erforderliche Unterstützung in Anspruch zu nehmen. Kann Einvernehmen mit den Eltern bezüglich der Problemakzeptanz, Problemkongruenz und Hilfeakzeptanz[66] hergestellt werden, so ist ein Eingriff in das Elternrecht nicht erforderlich, auch wenn er angesichts der Gefährdungslage rechtmäßig erfolgen könnte. Hier zeigt auch die Formulierung in § 1666 Abs. 1 BGB, mit der auf Fähigkeit und Willen der Eltern zur Gefährdungsabwehr hingewiesen wird, dass es in jedem Stadium der Intervention darum geht, die Eltern in die Lage zu versetzen für den Schutz ihres Kindes selber einzustehen.[67]

2. Eignung

Ist ein Eingriff in das Elternrecht erforderlich, weil die Eltern nicht gewillt oder in der Lage sind, die Gefährdung für ihr Kind zu beenden oder abzuwenden, so ist nur ein geeigneter Eingriff in das Elternrecht rechtmäßig. Das heißt, mit der gewählten Maßnahme muss sich die Gefährdung mit ziemlicher Sicherheit beenden bzw. abwenden lassen. Welche Maßnahme im Einzelfall geeignet ist, ist wiederum eine Entscheidung, die nur mit der jeweiligen Fachkompetenz getroffen werden kann. Dabei ist zu berücksichtigen, dass gewählte Maßnahme und ein Eingriff in das Elternrecht nicht unbedingt identisch sind. Wird beispielsweise für ein Kind, das von einer seelischen Behinderung bedroht ist, eine Psychotherapie als geeignete Maßnahme gesehen, um die Gefährdung für sein seelisches Wohl abzuwenden, so ist der Eingriff in das Elternrecht darin zu sehen, dass gegen den elterlichen Willen die Leistung für das Kind in Form eines Behandlungsvertrags mit einem Psychotherapeuten in Anspruch genommen wird.

---

[65] Pieroth/Schlink, 1993, Rn. 317 ff.
[66] Empfehlungen des Deutschen Städtetages zur Festlegung fachlicher Verfahrensstandards in den Jugendämtern bei akut schwerwiegender Gefährdung des Kindeswohls, in: Wiesner, SGB VIII, Anhang § 8a.
[67] Olzen, MünchKomm, § 1666 Rn. 171.

3. Angemessenheit

Während die Eignung noch jede Maßnahme umfasst, mit der die Gefährdung beendet bzw. abgewendet werden kann, so ist in einem dritten Schritt die Angemessenheit des Eingriffs zu prüfen. Demnach muss die Schwere des Eingriffs in einem angemessenen Verhältnis zu Art und Ausmaß der Kindeswohlgefährdung stehen.[68] Besonderen Ausdruck findet dieser Grundsatz in § 1666a BGB, wonach Maßnahmen, mit denen eine Trennung des Kindes von der elterlichen Familie verbunden ist, nur zulässig sind, wenn der Gefahr nicht auf andere Weise, auch nicht durch öffentliche Hilfen, begegnet werden kann.[69] Aber nicht nur die Schwelle der Trennung des Kindes von seinen Eltern muss besondere Beachtung finden, sondern auch jede Maßnahme unterhalb dieser Schwelle muss mit Blick auf den jeweiligen Gefährdungsgrad angemessen sein und sich einer entsprechend kritischen Prüfung unterziehen lassen können.

So ist insbesondere dann, wenn der Entzug der elterlichen Sorge für erforderlich gehalten wird, sorgfältig zu prüfen, ob nicht bereits ein teilweiser Entzug das angestrebte Ziel erreichen kann. Häufig handelt es sich dabei um die Übertragung des Aufenthaltsbestimmungsrechts oder des Rechts auf die Beantragung von Sozialleistungen für das Kind auf einen Pfleger.

IV. Formen der Intervention bei Kindeswohlgefährdung

1. Inobhutnahme

Der einzige Eingriff zum Schutz eines Kindes oder Jugendlichen in das Elternrecht, der dem Träger der öffentlichen Jugendhilfe gesetzlich gestattet ist, ist die Inobhutnahme eines gefährdeten Kindes oder Jugendlichen.

Die Inobhutnahme wird als vorläufige Schutzmaßnahme bezeichnet und weist damit auf ihre zeitliche Begrenzung hin. Hintergrund dieser Begrenzung ist auch hier, dass Eingriffe in das Elternrecht grundsätzlich dem Vorbehalt der gerichtlichen Einzelfallentscheidung unterliegen und nicht von einer Behörde vorgenommen werden können.[70] Da jedoch das Bedürfnis besteht, im Falle der dringenden

---

[68] BVerfG FamRZ 1989, 145, 146.
[69] BT-Drucks 8/2788 S. 59; BVerfG FamRZ 1982, 567, 569; FamRZ 2002, 1021, 1022; OLG Saarbrücken OLGR 2005, 531; BayObLG FamRZ 1995, 948, 950.
[70] Badura, GG, Art. 6 Rn. 140; Olzen, MünchKomm, § 1666 Rn. 169.

Gefährdung eines Kindes oder Jugendlichen nicht nur unverzüglich, sondern auch fachlich kompetent Hilfe zu leisten, wurde der Träger der öffentlichen Jugendhilfe mit der Befugnis zum Eingriff in das Elternrecht jedenfalls in den Fällen ausgestattet, in denen eine dringende Gefährdung für das Wohl eines Kindes oder Jugendlichen ein unmittelbares Handeln erforderlich macht und die Eltern der Maßnahme nicht widersprechen oder eine Entscheidung des Familiengerichts nicht rechtzeitig eingeholt werden kann (§ 42 Abs. 2 SGB VIII).

Das Wesen der Inobhutnahme ist das einer sozialpädagogischen Krisenintervention

Das Wesen der Inobhutnahme ist das einer sozialpädagogischen Krisenintervention.[71] Wenngleich damit die Bestimmungen über die Situationsklärung besonders relevant sind, darf nicht verkannt werden, dass die Maßnahme für die Eltern den Entzug ihres Kindes bedeutet und den denkbar schärfsten Eingriff in das Elternrecht darstellt, dessen Voraussetzungen strikt erfüllt sein müssen, um die erforderliche Legitimation zu haben. Dieser Hinweis erscheint insofern bedeutend, als die Statistik eine deutliche Steigerung der Zahlen der Inobhutnahmen in den letzten Jahren belegt.[72] Dies kann entweder den Schluss zulassen, dass Gefährdungssituationen für Kinder und Jugendliche ansteigen oder den, dass eine dringliche Gefährdung schneller als bisher angenommen wird. Vieles dürfte für Letzteres sprechen und Anlass zu einer kritischen Reflexion darüber geben, ob das Instrument der Inobhutnahme angemessen zum Einsatz gebracht oder möglicherweise doch überstrapaziert wird.

Maßgebliche Voraussetzung einer Inobhutnahme ist die dringende Gefährdung eines Kindes oder Jugendlichen

Maßgebliche Voraussetzung einer Inobhutnahme ist die dringende Gefährdung eines Kindes oder Jugendlichen. Die Vorschrift knüpft hinsichtlich des Gefährdungsrisikos eines Kindes oder Jugendlichen an der in § 1666 BGB formulierten Schwelle an.[73] Nach dem allgemeinen Gefährdungsbegriff bestimmt sich auch bei der Inobhutnahme die Einschätzung der Gefährdung über die Prognose, ob eine Sachlage oder ein Verhalten bei ungehindertem Ablauf des objektiv zu erwartenden Geschehens mit hinreichender Wahrscheinlichkeit das Wohl des Kindes oder Jugendlichen gefährdet.[74]

Unklar ist, ob der in § 42 Abs. 1 Nr. 2 SGB VIII verwendete Begriff der Dringlichkeit meint, dass die Schädigung unmittelbar bevorste-

---

[71] Schindler, ASD-Handbuch: „Was ist im Zusammenhang mit einer Inobhutnahme zu beachten?"

[72] Im Jahr 2009 haben die Jugendämter in Deutschland 33 700 Kinder und Jugendliche in Obhut genommen und damit rund 1 500 (+ 4,5%) mehr als 2008. Gegenüber dem Jahr 2004 beträgt die Steigerung 30% (Pressemitteilung Nr. 246 vom 13.07.2010 des Statistischen Bundesamts Deutschland).

[73] Wiesner, SGB VIII, § 42 Rn. 11.

[74] Wiesner, SGB VIII, § 42 Rn. 11; Trenzcek, FK-SGB VIII, § 42 Rn. 12.

hen muss und somit eine zeitliche Komponente umfasst.⁷⁵ Dies ließe sich mit dem Hinweis vertreten, dass damit eine Differenzierung zwischen einer dringlichen und einer nicht dringlichen Gefährdungssituation vorgenommen werde, und macht insofern Sinn, als die Kindeswohlgefährdung im Sinne von § 1666 BGB einerseits nicht von Dringlichkeit spricht und andererseits die Möglichkeit der Inobhutnahme eines Kindes wohl die besonders akute Gefährdung eines Kindes befürchten lässt. In der Literatur und Rechtsprechung zum Gefahren(abwehr)begriff ist jedoch allgemein anerkannt, dass die Dringlichkeit bereits allein mit der Prognose des Schadenseintritts gegeben ist und keiner zeitlichen Dimension bedarf.⁷⁶

Die unterschiedliche Begrifflichkeit zwischen der Gefährdung in § 1666 BGB und in § 42 SGB VIII lässt sich nur so erklären, dass die Inobhutnahme noch polizeirechtlich geprägt ist und die von der allgemeinen Gefahrenabwehr übernommene Begrifflichkeit beibehalten hat. In der Gefahrenabwehr ist der Begriff der dringenden Gefahr in jahrzehntelanger Entwicklung der Rechtsprechung und Lehre nach Inhalt, Zweck und Ausmaß hinreichend präzisiert, in seiner Bedeutung geklärt und im juristischen Sprachgebrauch verfestigt.⁷⁷ Im Ergebnis meint er inhaltlich die Gefährdungssituation, die auch in § 1666 BGB bei der Kindeswohlgefährdung beschrieben wird. Es geht folglich allein um die Prognose, dass eine erhebliche Schädigung bei ungehindertem Geschehensablauf zu erwarten ist.

Die unmittelbar bevorstehende Gefahr bzw. Schädigung ist dagegen eine qualifizierte Form dieses Gefahrenbegriffs, die sich im Gesetz ausdrücklich wiederfinden muss und dies in § 42 SGB VIII nicht tut. Daraus ist zu schließen, dass die Schwelle für eine Inobhutnahme derjenigen entspricht, die auch das Gericht bei Eingriffen in die elterliche Sorge beachten muss. Im Grundsatz heißt das, dass jegliche Art der Gefährdung eines Kindes zu einem dementsprechenden Eingriff in das Elternrecht befugt, wenn die Eltern nicht willens oder in der Lage sind, die Gefährdung selber abzuwenden.

Erst im Rahmen der Verhältnismäßigkeitsprüfung ist die Form der Intervention auf ihre Berechtigung zu prüfen. Dabei ist daran zu denken, dass dies bei der Inobhutnahme nur bedingt gilt. Während die Inobhutnahme aufgrund der dringenden Gefährdung nach § 42 Abs. 1 Nr. 2 SGB VIII die entsprechende Prüfung voraussetzt, bedarf es dieser Prüfung bei der Inobhutnahme auf Bitten des Kindes oder Jugendlichen und die Inobhutnahme eines unbegleiteten minderjäh-

---

⁷⁵ So Röchling, LPK-SGB VIII, § 42 Rn. 26; a.A. Wiesner, SGB VIII, § 42 Rn. 11; Trenczek, SGB VIII § 42 Rn. 12.
⁷⁶ BVerwGE 47, 31 (40).
⁷⁷ VG Chemnitz - 30.11.2009 - 3 K 431/09, SächsVBl 2010, 125.

rigen Flüchtlings nach § 42 Abs. 1 Nr. 3 SGB VIII nicht. In diesen Fällen wird sowohl die Gefährdung als auch die Verhältnismäßigkeit der Maßnahme vom Gesetzgeber vorausgesetzt und bedarf keiner Einzelfallprüfung mehr.

Die Inobhutnahme aufgrund einer dringenden Gefährdung nach § 42 Abs. 1 Nr. 2 SGB VIII als ausdifferenzierte Maßnahme, die in ihrer Intensität nicht unterschiedlich gestaltet werden kann, muss im Verhältnis zur Gefährdung jedoch konkret als erforderlich, geeignet und angemessen eingeschätzt worden sein. Nicht bei jeder zugespitzten familiären Krisensituation darf ein Kind zu seinem Schutz, sei es auch nur kurzfristig, aus der Familie genommen werden. Dies gilt unabhängig davon, ob eine Schädigung des Kindeswohls prognostiziert wird. Vielmehr sind Erforderlichkeit und Angemessenheit der Maßnahme entscheidend. Hierfür ist der Begriff der unmittelbar bevorstehenden Gefährdung wiederum durchaus hilfreich, denn wenn die Gefahr bzw. schon die Schädigung unmittelbar bevorsteht, dann dürfte in der Regel auch ein intensiver Grundrechtseingriff erforderlich und angemessen sein. Ist dies nicht der Fall, so kann zunächst eine intensive Arbeit mit den Eltern die erforderliche Intervention darstellen, um mit ihnen zu einer gemeinsamen Einschätzung hinsichtlich der Gefährdungssituation und erforderlicher Hilfen zu gelangen.

Im Übrigen weist der Gesetzestext zur Inobhutnahme in § 42 Abs. 1 SGB VIII auf zusätzliche maßgebliche Schritte hin, die bei der Inobhutnahme aufgrund einer dringenden Gefahr zu beachten sind. Es wird vorausgesetzt, dass die Eltern entweder mit der Maßnahme einverstanden sind – ein Eingriff in das Elternrecht mit der Inobhutnahme also gar nicht stattfindet – oder eine familiengerichtliche Entscheidung, mit der der Eingriff bestätigt wird, nicht rechtzeitig eingeholt werden kann. Der Verweis auf das Einverständnis der Eltern macht auch im Kontext einer Inobhutnahme deutlich, dass das Handeln der Kinder- und Jugendhilfe stets um Einvernehmen mit den Eltern bemüht sein soll.

2. Familiengerichtliche Maßnahmen bei Kindeswohlgefährdung

Wenngleich dem Familiengericht ein denkbar breites Maßnahmenspektrum zur Verfügung steht, um auf Gefährdungssituationen zu reagieren, zeigte sich, dass in der Praxis üblicherweise der vollständige oder teilweise Entzug der Personensorge das Mittel der Wahl war.[78]

---

[78] AG § 1666, 2006, S. 24.

Dies mag daran liegen, dass in der Regel erst dann eine familiengerichtliche Entscheidung zur Abwendung einer Gefährdung als erforderlich erachtet wurde, wenn ein Gefährdungsniveau erreicht war, das sich nur mit einem erheblichen Eingriff in die elterliche Sorge abwenden ließ. Das Familiengericht trat damit zu einem Zeitpunkt auf den Plan, an dem entweder höchste Dringlichkeit geboten war oder die Fronten nach schwierigen Auseinandersetzungen massiv verhärtet waren.[79] Es darf kaum erstaunen, dass in einer solchen Situation eine familiengerichtliche Entscheidung für die eine oder andere Seite als demütigende Niederlage erlebt wurde und die Befindlichkeit des Kindes, um das es gehen sollte, schnell aus dem Blick geriet.

Mit Einrichtung einer Expertengruppe hat sich das Bundesministerium der Justiz entschlossen, die Maßnahmen des Familiengerichts mit hoher fachlicher Kompetenz zu analysieren und Lösungsvorschläge für Problemfelder zu erarbeiten.[80] Aus diesem Arbeitszusammenhang ist der Entwurf eines Gesetzes zur Erleichterung familiengerichtlicher Maßnahmen bei Kindeswohlgefährdung hervorgegangen. Das Gesetz benennt die Vielfalt der Möglichkeiten des Familiengerichts zur Begegnung von Gefährdungssituationen nunmehr ausdrücklich und stärkt damit auch insbesondere alternative Handlungsmöglichkeiten zum Entzug der Personensorge. Diese alternativen Handlungsmöglichkeiten stellen keine so schwerwiegenden Eingriffe in das Elternrecht dar wie der ganze oder teilweise Entzug der elterlichen Sorge und dienen im besten Fall dazu, mit den Eltern ein Arbeitsbündnis herzustellen, das den Schutz ihres Kindes zum Ziel nimmt. Voraussetzung ist daher allerdings auch, dass das Familiengericht zu einem Zeitpunkt mit dem Fall befasst wird, in dem diese Option überhaupt noch gedacht werden kann und eine Frontenbildung also möglichst noch nicht stattgefunden hat.

Die gesetzlichen Änderungen zielen also darauf ab, nicht nur den Schutz von Kindern und Jugendlichen zu verbessern, sondern hierfür auch die Kooperation zwischen Familiengericht und Jugendamt zu qualifizieren. Insbesondere soll eine frühzeitigere und verlässlichere Zusammenarbeit zwischen Familiengericht und Jugendamt hergestellt werden, die der deklarierten Verantwortungsgemeinschaft von Familiengericht und Jugendamt zum Wohl von gefährdeten Kindern und Jugendlichen gerecht wird.

Insbesondere soll eine frühzeitigere und verlässlichere Zusammenarbeit zwischen Familiengericht und Jugendamt hergestellt werden, die der deklarierten Verantwortungsgemeinschaft von Familiengericht und Jugendamt zum Wohl von gefährdeten Kindern und Jugendlichen gerecht wird

---

[79] ebd, S. 23.
[80] http://www.bmj.bund.de/enid/20ff9e9fb45fde5e8e96060a788c46ca,c1b2c85f747 2636964092d0935323933/Sorge-_und_Umgangsrecht/Arbeitsgruppe_Familienge richtliche_Ma_nahmen_bei_Gefaehrdung_des_Kindeswohls_1m7.html .

Zu den zwar nicht neuen, aber nunmehr ausdrücklich benannten gerichtlichen Maßnahmen gehören Gebote, öffentliche Hilfen wie zum Beispiel Leistungen der Kinder- und Jugendhilfe und der Gesundheitsfürsorge in Anspruch zu nehmen, Gebote, für die Einhaltung der Schulpflicht zu sorgen, Verbote, vorübergehend oder auf unbestimmte Zeit die Familienwohnung oder eine andere Wohnung zu nutzen, sich in einem bestimmten Umkreis der Wohnung aufzuhalten oder zu bestimmende andere Orte aufzusuchen, an denen sich das Kind regelmäßig aufhält, Verbote, Verbindung zum Kind aufzunehmen oder ein Zusammentreffen mit dem Kind herbeizuführen, die Ersetzung von Erklärungen des Inhabers der elterlichen Sorge und wie bisher die teilweise oder vollständige Entziehung der elterlichen Sorge (§ 1666 Abs. 3 BGB).

Darüber hinaus wurde im Vorfeld des Eingriffs in das Elternrecht die Erörterung der Kindeswohlgefährdung gesetzlich normiert (§ 157 FamFG). Das Gespräch mit den Eltern hat drei wichtige Funktionen. Zum einen gibt es die Möglichkeit, die (potenzielle) Gefährdung des Kindes mit den Eltern zu klären. Dies ist insbesondere in den Fällen wichtig, in denen es dem Jugendamt nicht gelungen ist, einen Zugang zur Familie zu erhalten, der eine verlässliche Gefährdungseinschätzung gestattet. Ist eine Gefährdungseinschätzung erfolgt und erscheinen Maßnahmen erforderlich, die von den Eltern zunächst nicht angenommen werden, so soll eine frühzeitige Befassung des Familiengerichts mit dem Erörterungstermin dazu dienen, gemeinsam eine Perspektive zu entwickeln, um Hilfeprozesse zu initiieren und zu stützen.[81] Und schließlich hat die Erörterung auch eine Warnfunktion, denn den Eltern wird „der Ernst der Lage" aufgezeigt und bedeutet, welche Konsequenzen folgen werden, wenn sie nicht bereit sind, Hilfe und Unterstützung bei der Erziehung ihres Kindes anzunehmen.[82]

3. Aufgedrängte Hilfe als Eingriff in das Elternrecht

Während also Eingriffe in das Elternrecht fast ausschließlich durch das Familiengericht erfolgen, kann das Handeln des Jugendamts in der Regel nur mit Einwilligung der Eltern oder nach einem familiengerichtlichen Eingriff in die Elternrechte umgesetzt werden. Der Begriff der Freiwilligkeit darf allerdings gerade mit Blick auf den familiengerichtlichen Erörterungstermin eine gewisse Relativierung erfahren. Wird Eltern mit aller Deutlichkeit bewusst gemacht, dass auch eine familiengerichtliche Anordnung erfolgen kann, wenn sie

---

[81] Meysen, FamFG § 157 Rn. 11.
[82] Meysen, FamFG § 157 Rn. 12.

sich nicht zur freiwilligen Annahme von Hilfen bereit erklären, so bekommt der Begriff der Freiwilligkeit eine etwas andere Konnotation. So bedarf es für viele Eltern schon gar nicht des Gangs zum Familiengericht, um das Gefühl zu haben, dass das Jugendamt doch „machen kann, was es will". Der vermeintlichen Übermacht wird dann häufig kein großer ausdrücklicher Widerstand entgegengesetzt, sondern der Vorstellung des Jugendamts zunächst Folge geleistet. Das bedeutet dann häufig gerade nicht, dass eine tatsächliche Problemakzeptanz bei den Eltern besteht, und macht die pädagogische Arbeit umso schwieriger.

Die rechtliche Einordnung solcher Überredungskünste fällt nicht ganz leicht. Wenngleich eine solchermaßen erreichte Annahme von Hilfe formal nicht als Eingriff in das Elternrecht verstanden werden kann, so mag sich dies aus Sicht der Eltern etwas anders darstellen. Hier sei nochmals daran erinnert, dass Eltern bezüglich der Wahl ihres Erziehungsstils frei sind und selber darüber bestimmen, was dem Wohl ihres Kindes dient. Steht die Sicht der handelnden staatlichen Institutionen und der Eltern einander unvereinbar gegenüber, so setzt sich angesichts seiner Interventionsmöglichkeiten leicht der Staat mit seiner Auffassung durch, ohne dass es zu echtem Einvernehmen käme. Angesichts dieser Gesamtsituation sollte eine hohe Sensibilität dafür bestehen, dass die Eltern sich einer strukturellen Übermacht ausgesetzt sehen, die ihnen wenig Raum bietet, ihre Sicht der Dinge vorzubringen. Es sollte daher bei allen Formen der aufgedrängten Hilfe das Bewusstsein bestehen, dass das Ausspielen der strukturellen Übermacht nur dann gerechtfertigt sein kann, wenn einer Kindeswohlgefährdung zumindest präventiv begegnet werden soll und es nicht allein um die Durchsetzung des „besseren Erziehungsstils" geht.[83]

4. Eingriff in die informationelle Selbstbestimmung

Eine festgestellte oder besorgte Kindeswohlgefährdung bietet nicht nur Anlass für Eingriffe in das Elternrecht, sondern auch für Eingriffe in das Recht auf informationelle Selbstbestimmung.[84] Dies ist insofern beachtlich, als es in diesem Bereich nicht einer familiengerichtlichen Entscheidung für die Rechtmäßigkeit des Eingriffs bedarf. Dadurch spielen nicht nur das Familiengericht und das Jugendamt eine wichtige Rolle bei dieser Form des Eingriffs in Grundrechte, sondern insbesondere die Dienste und Einrichtungen der Gesundheitsfürsorge kommen zusätzlich ins Spiel.

---

[83] Zu Machtfragen in der Helfer-Klient-Beziehung vgl. Urban-Stahl, ZKJ 2010, 24.
[84] Schindler, IKK-Nachrichten 1-2, 2006, 9.

Die Begegnung von Gefährdungssituationen und die Wahrnehmung des Schutzauftrags werden immer deutlicher vom Ruf nach und der Realisierung von Kooperation geprägt.[85] Nur wenn die beteiligten Stellen und Einrichtungen im Sinne einer Verantwortungsgemeinschaft zusammen handeln, könne der Schutz von Kindern und Jugendlichen vor Gefahren für ihr Wohl möglichst optimal gelingen.[86] Dieses Credo soll hier nicht grundsätzlich hinterfragt, aber in Bezug auf seine datenschutzrechtlichen Dimensionen auch kritisch beleuchtet werden. Neben den Eingriffen in das Elternrecht erscheint eine Verletzung der informationellen Selbstbestimmung häufig wenig dramatisch. Dementsprechend lax wird oft mit diesem Recht umgegangen. Wer kennt nicht den Slogan vom Kinderschutz, der dem Datenschutz vorzugehen habe. Eine solche Haltung verführt zu nicht erforderlichen Eingriffen und verkennt die Bedeutung der Vertraulichkeit im Kinderschutz.

Hilfebedürftigen Familien soll auf der einen Seite Vertraulichkeit zugesichert werden können, auf der anderen Seite muss diese dort ihre Grenzen haben, wenn das Wohl eines Kindes gefährdet ist und mit einem Eingriff in das Recht auf informationelle Selbstbestimmung – auf dem die Zusicherung von Vertraulichkeit basiert – der Gefährdung begegnen kann. Insoweit gibt eine Kindeswohlgefährdung auch Anlass für den Eingriff in Datenschutzrechte. Besonders relevant ist dies bei Informationen, die der Schweigepflicht (§ 203 StGB) oder der besonderen Vertraulichkeit anvertrauter Daten (§ 65 SGB VIII) unterliegen. In beiden Fällen haben sich die betroffenen Personen in besonderer Weise auf Vertraulichkeit verlassen und durften dies auf ausdrücklicher gesetzlicher Grundlage. Eine Verletzung kommt damit einem erheblichen Vertrauensbruch gleich, der mit dem Hilfeauftrag der besonders betroffenen Berufsgruppen nur schwer zu vereinbaren ist und im Einzelfall Hilfeprozesse nachhaltig gefährden kann.[87]

Dieses Dilemma mag im Einzelfall kleiner sein als meist angenommen, denn selbstverständlich können Daten immer mit Einverständnis der betroffenen Person weitergegeben werden. Zu oft wird ohne weitere Prüfung und ohne entsprechende Versuche davon ausgegangen, dass eine Einwilligung zur Datenweitergabe nicht erfolge und so wird häufig der zweite Schritt (die Suche nach einer Befugnisnorm) vor dem ersten (Werben um Einwilligung zur Datenweitergabe) unternommen.

---

[85] Meysen/Schönecker, 2009, 25 ff..
[86] Langenfeld/Wiesner, S. 77; AG § 1666, 2006, S. 25; Meysen/Schönecker, 2009, 25 ff..
[87] Mörsberger, SGB VIII, Vor § 61 Rn. 1 ff..

Geht es um die Weitergabe von Daten, die der Schweigepflicht nach § 203 StGB unterliegen, und liegt eine Einwilligung dazu nicht vor, so bedarf es einer gesetzlichen Befugnis zur Weitergabe, da sie ansonsten einen Straftatbestand erfüllt. Besteht keine Befugnis, so ist die Weitergabe allenfalls nicht strafbar, wenn sie im Zuge der Nothilfe nach § 34 StGB und damit nicht rechtswidrig erfolgte.[88]

Für Fachkräfte der Kinder- und Jugendhilfe hält § 65 Abs. 1 SGB VIII fachlich begründete Befugnistatbestände bereit, bei deren Vorliegen sowohl anvertraute als auch der Schweigepflicht unterliegende Daten weitergegeben werden dürfen.[89] Die Befugnistatbestände richten sich an den Bedürfnissen des Kinderschutzes aus und nehmen für sich in Anspruch, den fachlichen Anforderungen an gelingende Kooperation zu entsprechen.[90] Das heißt, die Weitergabe von Daten darf auch im Kontext einer Kindeswohlgefährdung nicht unreflektiert erfolgen, sondern ist nur im eindeutig geregelten Rahmen zulässig.[91]

So dürfen grundsätzlich nur die Daten befugt weitergegeben werden, die zur Erfüllung einer konkreten Aufgabe im Kinderschutz erforderlich sind. Die Eignung der Weitergabe zur Erfüllung der Aufgabe setzen die Befugnistatbestände voraus und entheben somit in den aufgezählten Situationen die Fachkraft von der zusätzlichen Eignungs- wie auch der Angemessenheitsprüfung.

Für Personen, die der Schweigepflicht unterliegen und außerhalb der Kinder- und Jugendhilfe tätig sind, ist eine entsprechende Befugnisnorm nicht immer vorhanden. In das Licht der Aufmerksamkeit sind in den letzten Jahren in besonderer Weise die Angehörigen medizinischer Berufe – vor allem Kinderärzte und -ärztinnen und ihr Hilfspersonal – getreten. Aus der öffentlichen Diskussion darüber, dass Kinderärzte und -ärztinnen in besonderer Weise in den Kinderschutz eingebunden werden sollten und die befugte Weitergabe von Daten hierfür unerlässlich ist, sind in einigen Bundesländern Befugnisnormen für die Weitergabe von der Schweigepflicht unterliegenden Daten durch Ärzte und Ärztinnen hervorgegangen.[92] Die meisten dieser Normen folgen einem ähnlichen Aufbau wie die Norm zur Wahrnehmung des Schutzauftrags bei Kindeswohlgefährdung nach § 8a SGB VIII. Denn auch Ärzte und Ärztinnen sollen zunächst

---

[88] Thüringer Leitfaden für Ärzte, http://www.tk-online.de/centaurus/servlet/contentblob/14010/Datei/1357/Brosch%C3%BCre%20%22Gewalt%20gegen%20Kinder%22.pdf, S. 34.
[89] Schindler, IKK-Nachrichten 1 - 2/2006, S. 9.
[90] Meysen, 2007, 65.
[91] Mörsberger, SGB VIII, Vor§ 61 Rn. 32.
[92] Fegert, Deutsche Ärzteblatt 2009; 106(26).

auf die Annahme von Hilfe durch die Eltern hinwirken, ehe sie sich mit ihrem Wissen an Dritte wenden dürfen. D. h., auch die Befugnisnormen folgen der Prämisse, dass der beste Schutz für Kinder und Jugendliche immer im Einvernehmen mit ihren Eltern hergestellt werden kann und nicht gegen sie. Nehmen Eltern erforderliche Hilfen jedoch nicht an und sind nicht bereit, an der Gefährdungsabwendung mitzuwirken, so ist auch der Kinderarzt bzw. die Kinderärztin befugt, geschützte Daten zu übermitteln.

V. Von der Intervention zur Prävention

Wird der Staat im Rahmen der Wahrnehmung von Aufgaben des staatlichen Wächteramts nach Art. 6 Abs. 2 S. 2 GG aktiv, so geschieht das – wie dargestellt – keinesfalls immer im Wege der Intervention, also des Eingriffs in das Elternrecht. Im Laufe der letzten Jahrzehnte hat sich der Schwerpunkt des Elternrechts vom Abwehrrecht hin zum Leistungsrecht gewandelt, den auch das staatliche Wächteramt nachvollzieht. Es geht nun nicht mehr ausschließlich darum, die Gefährdung eines Kindes im Blick zu haben, um bei Erreichung dieser Schwelle zum Schutz des Kindes in das Elternrecht einzugreifen. Stattdessen wird die Prävention von Gefährdungen in den Blick genommen.

Wenngleich dies auf der einen Seite zugleich die Rechte von Kindern und Eltern stärkt und ihnen klare Ansprüche auf Unterstützung und Hilfe zur Förderung ihrer Entwicklung bzw. bei der Wahrnehmung ihrer Erziehungsverantwortung verleiht, so darf doch nicht übersehen werden, dass Prävention von Kindeswohlgefährdung für Kinder und vor allem auch Eltern schnell in einen Bereich gerät, in dem von Freiwilligkeit nur bedingt geredet werden kann.

Aus diesem Grund erscheint es gerade dann, wenn sich der Schwerpunkt staatlichen Handelns von der Intervention in den Bereich der Prävention vorverlagern soll, besonders wichtig, sich auch vor Augen zu führen, welche Rechte Eltern haben, und damit sensibel für Grenzverletzungen zu bleiben. Nur so kann sich die allseits für Kooperationsstrukturen so geschätzte Augenhöhe herstellen lassen.

Literatur

Abschlussbericht der Arbeitsgruppe „Familiengerichtliche Maßnahmen bei Gefährdung des Kindeswohls" vom 17. November 2006, http://www.bmj.bund.de/files/-/1515/Abschlussbericht%20Kindeswohl.pdf

Bamberger & Roth (2008). Beck'scher Online Kommentar. BGB, Edition 17.

Bayerisches Landesjugendamt (2006). Empfehlungen zur Umsetzung des Schutzauftrags nach § 8a SGB VIII.

Beneke, D. (2006). Der Schutzauftrag bei Kindeswohlgefährdung" – Anforderungen an Träger von Kindertageseinrichtungen. In E. Jordan (Hrsg.), Kindeswohlgefährdung (S. 169-184).

Böckenförde. In Essener Gespräche, 1980, S. 54.

Hömig (2007). Grundgesetz, 8. Aufl. Nomos Kommentar.

ISA Münster (2006). Der Schutzauftrag bei Kindeswohlgefährdung – Arbeitshilfe zur Kooperation zwischen Jugendamt und Trägern der freien Jugendhilfe. Eigenverlag.

Kinderschutzzentrum Berlin (2009). Kindeswohlgefährdung Erkennen und Helfen. Eigenverlag.

Kindler, Lillig, Blüml, Meysen & Werner (Hrsg.) (2008). Handbuch Kindeswohlgefährdung nach § 1666 BGB und Allgemeiner Sozialer Dienst (ASD). DJI.

Kunkel (2006). Sozialgesetzbuch VIII, Kinder- und Jugendhilfe, Lehr- und Praxiskommentar, 3. Aufl. Nomos.

Langenfeld, C. & Wiesner, R. (2004). Verfassungsrechtlicher Rahmen für die öffentliche Kinder- und Jugendhilfe bei Kindeswohlgefährdungen und seine einfachgesetzliche Ausfüllung. In Deutsches Institut für Jugendhilfe und Familienrecht e.V. (Hrsg.), Verantwortlich Handeln – Schutz und Hilfe bei Kindeswohlgefährdung. Saarbrücker Memorandum. Bundesanzeiger Verlag.

Maunz, Dürig & Herzog. Grundgesetz-Kommentar. C.H. Beck.

Meysen, T. (2006). Kooperation beim Schutzauftrag und Datenschutz – alles rechtens? In E. Jordan (Hrsg.), Kindeswohlgefährdung (S. 169-184).

Meysen, T. & Schönecker, L. (2009). Kooperation für einen guten Start ins Kinderleben – der rechtliche Rahmen. In Meysen, Schönecker & Kindler (Hrsg.), Frühe Hilfen im Kinderschutz. Juventa.

Münchner Kommentar, BGB, 5. Aufl. 2008, C.H. Beck.

Münder, Meysen & Trenczek (2009). Frankfurter Kommentar SGB VIII, Kinder- und Jugendhilfe, 6. Aufl. Nomos/Juventa.

Münder, Mutke & Schone (2000). Kindeswohl zwischen Jugendhilfe und Justiz, Votum.

Nothhafft. Landesgesetzliche Regelungen im Bereich des Kinderschutzes bzw. der Gesundheitsvorsorge, S. 2, http://www.fruehehilfen.de/fileadmin/user_upload/fruehehilfen.de/BewertungLaendergesetzegesamt.pdf

Oberlies, D. (2002). Die individuelle Prozessbegleitung als finanzierte Hilfe nach dem Kinder- und Jugendhilfegesetz und dem Bundessozialhilfegesetz. In F. Fastie (Hrsg.), Opferschutz im Strafverfahren. Leske + Budrich.

Pieroth & Schlink (1993). Grundrechte Staatsrecht II, 9. Aufl. C.H. Beck.

Sachs (1999). Grundgesetz Kommentar, 2. Auflage. C.H. Beck.

Wiesner (2006). SGB VIII, Kinder- und Jugendhilfe Kommentar, 3. Aufl. C.H. Beck.

Schutz und Rechte des Kindes: Rechtlicher Rahmen zum neuen FamFG, zu einigen Vorschriften im Familienrecht (BGB), Kinder- und Jugendhilferecht (SGB VIII) und das geplante Kinderschutzgesetz

Rainer Balloff

1. Einleitung

Am 1. September 2009 ist das Gesetz über das Verfahren in Familiensachen und in Angelegenheiten der freiwilligen Gerichtsbarkeit (FamFG) nach jahrelangen Vorarbeiten in Kraft getreten. Auch für Nichtjuristen und vor allem für Familienrechtspsychologen, Psychotherapeuten für Kinder- und Jugendliche, Familientherapeuten sowie Sozialpädagogen im Bereich der Kinder- und Jugendhilfe und des Kinderschutzes ist dieses Gesetz von größter Bedeutung, beinhaltet es doch gravierende Änderungen, die das Vorgehen in den Jugendämtern und Kinderschutzzentren sowie den Familiengerichtsalltag und speziell die Sachverständigen- und Verfahrensbeistandstätigkeit maßgeblich verändern und bestimmen werden. Das FamFG beinhaltet den zentralen Teil einer umfassenden Reform, die sich auch auf einige wenige Vorschriften im Bürgerlichen Gesetzbuch (BGB-§§ 1666, 166a, 1684, 1685) und im Sozialgesetzbuch (SGB VIII-§§ 8a, 42) erstrecken.

Als Familienrecht (FamFG, BGB) und Kinder- und Jugendhilferecht (SGB VIII) können alle Regelungen verstanden werden, die die Rechtsverhältnisse der Familienmitglieder untereinander und auch die Beziehungen der Familie oder ihrer Mitglieder nach außen rechtlich gestalten. Dabei haben die Regelungen in dem jeweiligen Familien-, Kinder- und Jugendhilferecht eine

- Ordnungsfunktion (Klarstellungen, Festlegungen, Fiktionen: Z. B. gilt zunächst der Ehemann der Mutter als Vater des in die eheliche Lebensgemeinschaft hineingeborenen Kindes, auch wenn das Kind von einem anderen Mann stammt)

- Entlastungsaufgabe (Hilfe, Unterstützung),
- Schutzfunktion (Eingriff) und
- Leitbildfunktion (Vorschriften mit so genanntem pädagogischen Gestaltungsauftrag) ohne unmittelbaren Sanktionscharakter (z. B.: § 1618 a BGB: „Eltern und Kinder sind einander Beistand und Rücksicht schuldig").

Aber auch einige Vorschriften im Familienrecht des BGB bei Kindeswohlgefährdung haben erhebliche Änderungen und Ergänzungen erfahren – in Fällen der Kindeswohlgefährdung §§ 1666, 1666a BGB und bei Umgangsstreitigkeiten §§ 1684, 1685 BGB.
Das Gleiche gilt für die Vorschriften der § 8a SGB VIII – Schutzauftrag bei Kindeswohlgefährdung – und § 42 SGB VIII – Inobhutnahme von Kindern und Jugendlichen.

2. Das Familienverfahrensrecht (FamFG)

Das FamFG löst u.a. das Gesetz zur Regelung der Angelegenheiten der freiwilligen Gerichtsbarkeit (FGG) und das 6. und 9. Buch der Zivilprozessordnung (ZPO) sowie weitere, hier nicht näher zu betrachtende Bestimmungen ab. Es regelt das Verfahren, das heißt den prozessualen Weg und die rechtlichen Mittel, wie und auf welche Weise gerichtliche Auseinandersetzungen geführt werden (Knödler, 2010, S. 135). Vor allem wird nun in Familiensachen das bisher bestehende unübersichtliche Mischverfahren aus Vorschriften der Zivilprozessordnung (ZPO) und des Gesetzes über die Angelegenheiten der freiwilligen Gerichtsbarkeit (FGG) weitgehend, allerdings nicht gänzlich beseitigt[1].
Nach einer Übergangsvorschrift (Art. 111 FGG-RG) ist auf Verfahren, die bis zum 1. September 2009 eingeleitet worden sind oder deren Einleitung bis zum Inkrafttreten des FamFG beantragt wurden, weiter die vor Inkrafttreten des Reformgesetzes geltenden Vorschriften anzuwenden, so dass für etliche „Altverfahren" noch viele Jahre die Vorschriften des FGG und die einschlägigen Vorschriften in der ZPO Anwendung finden. Es gilt dann beispielsweise auch in die-

Das FamFG löst u.a. das Gesetz zur Regelung der Angelegenheiten der freiwilligen Gerichtsbarkeit (FGG) und das 6. und 9. Buch der Zivilprozessordnung (ZPO) sowie weitere, hier nicht näher zu betrachtende Bestimmungen ab

---

[1] Geht es beispielsweise um einen Sorgerechtsstreit, handelt es sich um eine Familiensache, auf die nur die Vorschriften des FamFG zutreffen; geht es aber um einen sog. Ehesache im Rahmen einer Scheidung, finden weiterhin die allgemeinen Vorschriften der ZPO Anwendung und nur einige Vorschriften des FamFG (vgl. § 113 Abs. 1, 3, 4 FamFG). Das Gleiche gilt für eine sog. Familienstreitsache (§ 112 FamFG) – z. B. Schadensersatzanspruch wegen Nichteinhaltung einer Umgangsregelung (§ 266 Abs. 1 Nr. 5 FamFG), dann gelten auch hier Vorschriften der ZPO und nur einige spezielle Vorschriften im FamFG (§ 113 Abs. 1, 2, 3 FamFG).

sen Fällen noch nicht der neue „Sachverständigenparagraf" des § 163 FamFG.

Besonders misslich ist die fehlende Abstimmung und Angleichung der Regeln im FamFG mit denen des Kinder- und Jugendhilferechts (SGB VIII).

Die Familiensachen sind nun in § 111 FamFG[2] abschließend aufgezählt und hierzu gehören auch die für die Sachverständigen- und Verfahrensbeistandstätigkeit besonders bedeutsamen Kindschaftssachen (§ 151 Nr. 2 FamFG)[3].

Das FamFG gliedert sich in neun Bücher, die jeweils in Abschnitte unterteilt sind

Das FamFG gliedert sich in neun Bücher, die jeweils in Abschnitte unterteilt sind. Der Allgemeine Teil im 1. Buch beschäftigt sich beispielsweise mit den Verfahrensvorschriften, die die §§ 1 bis 34 FGG ablösen (z. B. Beweiserhebung nach § 29 FamFG, Regelung der einstweiligen Anordnung nach § 49 FamFG oder die Einlegung von Rechtsmitteln nach § 58 FamFG). Dieser Allgemeine Teil im 1. Buch gilt grundsätzlich für alle anderen acht Bücher.

Das 2. Buch umfasst das Verfahren in Familiensachen und beinhaltet somit das verfahrensrechtliche Zentrum für die Arbeit mit Familien und Kindern.

---

[2] § 111 FamFG Familiensachen
Familiensachen sind
1. Ehesachen,
2. Kindschaftssachen,
3. Abstammungssachen,
4. Adoptionssachen,
5. Wohnungszuweisungs- und Hausratssachen,
6. Gewaltschutzsachen,
7. Versorgungsausgleichssachen,
8. Unterhaltssachen,
9. Güterrechtssachen,
10. sonstige Familiensachen,
11. Lebenspartnerschaftssachen.

[3] § 151 FamFG Kindschaftssachen
Kindschaftssachen sind die dem Familiengericht zugewiesenen Verfahren, die
1. die elterliche Sorge,
2. das Umgangsrecht,
3. die Kindesherausgabe,
4. die Vormundschaft,
5. die Pflegschaft oder die gerichtliche Bestellung eines sonstigen Vertreters für einen Minderjährigen oder für eine Leibesfrucht,
6. die Genehmigung der freiheitsentziehenden Unterbringung eines Minderjährigen (§§ 1631b, 1800 und 1915 des Bürgerlichen Gesetzbuchs),
7. die Anordnung der freiheitsentziehenden Unterbringung eines Minderjährigen nach den Landesgesetzen über die Unterbringung psychisch Kranker oder
8. die Aufgaben nach dem Jugendgerichtsgesetz betreffen.

Das FamFG kennt keine „Klage" mehr, sondern nur noch „Anträge" (§ 113 Abs. 5 FamFG) und aus dem „Prozess oder Rechtsstreit" ist ein „Verfahren" geworden. Es gibt auch keine „Kläger" und „Beklagte" mehr, auch keine „Partei", sondern nur noch „Beteiligte". Nun entscheidet das Gericht nur noch in „Beschlüssen", ein „Scheidungsurteil" wird es beispielsweise nicht mehr geben.

Das so genannte Große Familiengericht ist verwirklicht. Es ist nun auch zuständig für die „sonstigen Familiensachen" (z. B. Ansprüche zwischen Verlobten; Schadensersatzanspruch des umgangsberechtigten Elternteils bei Nichtgewährung des Umgangs; Zuständigkeit bei Pflegschaften und Vormundschaften; Adoptionen und Gewaltschutzsachen).

Das Vormundschaftsgericht ist abgeschafft. Alle Verfahren sind somit unter einem Dach des Großen Familiengerichts.

Die Änderungen der Verfahrensregelungen in Kindschaftssachen stellen einen Schwerpunkt des FamFG dar (§§ 151 bis 185 FamFG). Kindschaftssachen umfassen im neuen Recht alle Gerichtsverfahren, die die Verantwortung für die Person oder das Vermögen eines Kindes oder Jugendlichen oder dessen Vertretung betreffen. Alle Gerichtsverfahren, in denen das Kind im Mittelpunkt steht, sind Kindschaftssachen (§ 151 FamFG). Hierzu gehören:
- Die elterliche Sorge
- Das Umgangsrecht
- Die Kindherausgabe
- Die Vormundschaft
- Die Pflegschaft oder die gerichtliche Bestellung eines sonstigen Vertreters für ein Kind oder Jugendlichen oder die Leibesfrucht
- Die Genehmigung der freiheitsentziehenden Unterbringung von Kindern und Jugendlichen
- Die Anordnung einer freiheitsentziehenden Unterbringung eines Kindes oder Jugendlichen nach den Landesgesetzen über die Unterbringung psychisch Kranker
- Die Aufgaben nach dem Jugendgerichtsgesetz (JGG).

Von besonders herausragender Bedeutung ist das Vorrang- und Beschleunigungsgebot (§ 155 FamFG), das das Familiengericht verpflichtet, bei Verfahren
- über den Aufenthalt des Kindes (z. B. § 1671 BGB)
- über das Umgangsrecht (§§ 1684, 1685 BGB),
- über die Herausgabe des Kindes (z. B. §§ 1632 Abs. 4, 1666a BGB)
- wegen einer Kindeswohlgefährdung (§ 1666 BGB),

diese vorrangig vor anderen Verfahren und beschleunigt innerhalb eines Monats nach Verfahrensbeginn durchzuführen, das Jugendamt anzuhören und mit allen Beteiligten die Familienangelegenheit zu erörtern.

Das beschleunigte Familiengerichtsverfahren beinhaltet die Vorstellung, dass derartige Verfahren und alle Verfahrensabläufe nicht nur „beschleunigt", also forciert durchzuführen sind, sondern ebenso nachhaltig in eine Lösungssuche einmünden (Müller-Magdeburg, 2009, S. 185).

Spätestens einen Monat nach Beginn des Verfahrens hat eine Anhörung der Beteiligten zu erfolgen (§ 155 Abs. 2 S. 2 FamFG).

Das Gericht erlegt den Beteiligten auf, beispielsweise (u. U. schon vor der ersten Anhörung auf dem schriftlichen Weg) sich mit dem Jugendamt in Kontakt zu setzen, um einen Beratungstermin festzulegen. Auf umfangreiche schriftliche Berichte des Jugendamtes oder der Prozessvertreter wird verzichtet. Der mündliche Bericht im Rahmen der Anhörung wird nunmehr bevorzugt.

Das Vorranggebot hat ferner zur Konsequenz, dass einem Antrag auf Verlegung des Termins nur aus zwingenden Gründen stattgegeben werden darf, die glaubhaft zu machen sind (Willutzki, 2009a, S. 306). Werden sich die Beteiligten nicht einig, kann das Familiengericht nach Anhörung des Kindes eine einstweilige Anordnung erlassen (§ 156 Abs. 3 S. 3 FamFG). Ist eine Erörterung der Kindeswohlgefährdung mit den Eltern und in geeigneten Fällen auch mit dem Kind erfolglos geblieben, prüft das Familiengericht auch in dieser Fallkonstellation, ob eine einstweilige Anordnung erlassen werden muss (§ 157 Abs. 1 und Abs. 3 FamFG) und den Eltern bzw. dem betreffende Elternteil gegebenenfalls die Kosten des Gerichtsverfahrens auferlegt werden (§ 81 FamFG).

Das Familiengericht hat in jeder Lage des Verfahrens auf Einvernehmen hinzuwirken (§ 156 FamFG). Es kann dementsprechend auch die Inanspruchnahme einer Beratung oder Mediation anordnen, also eine Inanspruchnahme derartiger Hilfen den Beteiligten durch gerichtliche Anordnung auferlegen (§ 156 Abs. 1 S. 4 FamFG). Sollte beispielsweise ein Elternteil eine derartige Beratung oder Mediation boykottieren, kann auch in diesem Fall ihm die Kostenpflicht auferlegt werden (§ 81 Abs. 2 Nr. 5 FamFG).

Auch in Fällen einer Kindeswohlgefährdung nach § 1666 BGB ist eine Beratung der Eltern oder sonstiger Verantwortungsträger und Bezugspersonen des Kindes sinnvoll und angezeigt, gleichgültig ob eine Einschränkung des Sorgerechts, ein Sorgerechtsentzug oder eine Unterbringung des Kindes erfolgte.

Die Verfahrensbeteiligten sind im Antragsverfahren (§ 7 FamFG) *grundsätzlich* die Eltern und das Kind, auf Antrag des Jugendamtes auch das Amt selbst (§ 162 Abs. 2 FamFG) und nach Bestellung (Abfassen eines entsprechenden Beweisbeschlusses) durch das

Gericht auch der Verfahrensbeistand (§ 158 FamFG), nicht aber der Sachverständige (§ 163 FamFG), da Letzterer beispielsweise kein Antrags- oder Beschwerderecht hat.

Das Kind hat durch seine formelle Beteiligung im Familiengerichtsverfahren nach der mehr kindorientierten Stoßrichtung des FamFG mehr Rechte (z. B. §§ 7, 60, 164 FamFG) und eine feste Beteiligtenposition inne, obwohl Vorschriften mit ausdrücklicher Erwähnung des Kindes oder Jugendlichen als Beteiligte im FamFG fehlen. Bei Kindern unter 14 Jahren wird nunmehr häufiger ein Ergänzungspfleger (§ 1909 BGB) die Rechte des Kindes wahrzunehmen haben. Möglicherweise reicht aber auch eine Übertragung der gesetzlichen Vertretung des Kindes auf einen Verfahrensbeistand aus (§ 158 FamFG) (so Schürmann, 2009, 158; uneindeutig Borth, H., Grandel, M. & Musielak, 2009, § 7 FamFG, Rdnr. 1-5).

Bei einer Verfahrensbeistandbestellung kann das Gericht diesem die zusätzliche Aufgabe übertragen, Gespräche mit den Eltern und weiteren Bezugspersonen des Kindes zu führen sowie am Zustandekommen einer einvernehmlichen Regelung über den Verfahrensgegenstand mitzuwirken (§ 158 Abs. 4 S. 3 FamFG). Während das Gericht (§§ 156 Abs. 1, 165 Abs. 4 FamFG) und der Sachverständige (§ 163 Abs. 2 FamFG) auf Einvernehmen hinwirken sollen, wird dem Verfahrensbeistand lediglich das Mitwirken hieran aufgetragen (Meysen et al., 2009, Rdnr. 22 zu § 158 FamFG), nicht aber das Hinwirken auf Einvernehmen. Der Verfahrensbeistand hat somit andere Beteiligte dabei zu unterstützen, einvernehmliche Regelungen hervorzubringen und sie dabei für die Interessen des Kindes zu sensibilisieren.

Zuständigkeit

Zuständig ist das Gericht, an dem das Kind seinen gewöhnlichen Aufenthalt hat (§ 152 Abs. 2 FamFG). Ein großer Teil der Kindschaftssachen ist, wie bereits erwähnt, vorrangig und beschleunigt zu handhaben (§ 155 Abs. 1 FamFG).

Der Verfahrensbeistand nach § 158 FamFG (nicht mehr „Verfahrenspfleger") ist so früh wie möglich zu bestellen. Er kann im Interesse des Kindes Rechtsmittel einlegen. Er hat den Kindeswillen zu ermitteln und in den Kontext des Kindeswohls zu stellen. Der Verfahrensbeistand kann vom Gericht zusätzlich beauftragt werden, Gespräche mit den Eltern und anderen Bezugspersonen des Kindes zu führen sowie am Zustandekommen einer einvernehmlichen Regelung mitzuwirken.

Das beschwerdeberechtigte Jugendamt ist in Verfahren, die die Person des Kindes betreffen, anzuhören (§ 162 Abs. 1 S. 1 FamFG).

Das Kind wird regelmäßig vom Familiengericht angehört (§ 159 FamFG). Ist das Kind 14 Jahre alt, sind ihm die Entscheidungen, gegen die es selbst nach § 60 FamFG Beschwerde einlegen kann, bekannt zu machen. Ansonsten werden sie formell nicht rechtskräftig.

Dem Sachverständigen (§ 163 Abs. 1 FamFG) ist eine Frist bei der Erstellung des Gutachtens zu setzen. Diese Fristsetzung ist dem Beschleunigungsgrundsatz geschuldet.

Nun sind die Eltern nach § 27 Abs. 1 FamFG verpflichtet, an der Erstellung des Gutachtens mitzuwirken. Sie können allerdings hierzu nicht gezwungen werden; es kann sie aber die Kostenfolge nach § 81 Abs. 1, 2 Nr. 4 FamFG treffen; zudem kann ihr Verhalten Einfluss auf die Entscheidung des Gerichts haben, wenn ihre Weigerung mit dem Kindeswohl nicht zu vereinbaren ist. Das Gesetz sieht nunmehr in § 163 Abs. 2 vor, dass das Gericht anordnen kann, dass der Gutachter bei der Erstellung des Gutachtenauftrages auch auf die Herstellung des Einvernehmens zwischen den Beteiligten hinwirken soll. Diese Regelung ist nicht gänzlich unproblematisch, da vorrangig zu prüfen ist, welche Entscheidung dem Kindeswohl dient. Eine spezielle „Einigung" z. B. alkoholkranker Eltern zur Frage, bei welchem Elternteil das Kind nach der Trennung seinen Aufenthalt haben soll, kann dem Kindeswohl schaden.

Erst wenn durch den Sachverständigen geprüft worden ist, also der Begutachtungsprozess durchlaufen ist, was dem Kindeswohl dient oder was dem Kindeswohl schadet, kann er verantwortlich auf Einvernehmen der Eltern hinwirken. Diese Möglichkeit besteht nicht nur im Trennungs- und Scheidungsfall der Eltern, sondern auch *im Kindeswohlgefährdungsfall* nach § 1666 BGB oder im Fall der Rückführung des Kindes aus der Pflegefamilie in die Herkunftsfamilie nach § 1632 Abs. 4 BGB (weitere Ausführungen hierzu weiter unten).

Erwähnenswert ist, dass bereits neue Regelungen und Ergebnisse wieder anstehen bzw. just erreicht worden sind:
- Die Neufassung des Pflegekinderwesens steht zur Debatte,
- die Vormundschaft über Kinder und Jugendliche,
- das Verhältnis biologischer und rechtlicher Elternschaft,
- die rechtliche Position des nichtehelichen Vaters, vor allem zur Frage der Ausübung der elterlichen Sorge ohne Zustimmung der Mutter,
- das Verhältnis von Kinderschutz, Familienautonomie und Datenschutz,
- die Ermöglichung anonymer Geburten,
- die rechtliche Absicherung emotionaler (also nicht nur gleichgeschlechtlicher) Gemeinschaften außerhalb der Ehe und der in diesen Gemeinschaften lebenden Kinder – Stichworte hier: Volles elterliches Sorgerecht beider Elternteile, Adoptionsrecht etc.).

- Das Einfügen von Kinderrechten[4] in die Verfassung (vgl. für viele Wiesner[5], 2008, S. 225; anderer Ansicht Peschel-Gutzeit, 2008, 471 f., die davon ausgeht, dass Kinder bereits im Grundgesetz (GG) von Geburt an als Grundrechtsträger anzusehen sind).
- Rücknahme des Vorbehalts der Bundesregierung gegen die UN-Konvention über die Rechte des Kindes vom 20.11.1989 (in Kraft in der Bundesrepublik seit 5. April 1992).[6]

FamFG und familienrechtspsychologische Sachverständigentätigkeit im Einzelnen

Im neuen Familienverfahrensrecht wurde die Sachverständigentätigkeit in § 163 FamFG neu geregelt. Neben der auf Beschleunigung abzielenden Fristsetzung für die Abgabe des Gutachtens (§ 163 Abs. 1 FamFG) wurde jetzt auch das bereits seit Jahren von etlichen Sachverständigen praktizierte so genannte lösungs- oder modifikationsorientierte Vorgehen in der Begutachtung explizit in § 163 Abs. 2 FamFG als „einvernehmenorientiertes Hinwirken" geregelt: „Das Gericht kann in Verfahren, die die Person des Kindes betreffen, anordnen, dass der Sachverständige bei der Erfüllung des Gutachtenauftrags auch auf Herstellung des Einvernehmens zwischen den Beteiligten hinwirken soll."

Damit ist ein kind- und elternorientiertes Vorgehen auf der Grundlage eines einvernehmenorientierten Hinwirkens im Rahmen einer familienpsychologischen Begutachtung gefordert[7]. Mit diesem Vor-

> Im neuen Familienverfahrensrecht wurde die Sachverständigentätigkeit in § 163 FamFG neu geregelt. Neben der auf Beschleunigung abzielenden Fristsetzung für die Abgabe des Gutachtens wurde jetzt auch das bereits seit Jahren von etlichen Sachverständigen praktizierte so genannte lösungs- oder modifikationsorientierte Vorgehen in der Begutachtung explizit in § 163 Abs. 2 FamFG als „einvernehmenorientiertes Hinwirken" geregelt

---

[4] Kinderrechte beinhalten Verfahrensregelungen, Beteiligungsrechte, Widerspruchsrechte, Antragsrechte und die konsequente Wahrnehmung legitimer Interessen von Kindern und Jugendlichen als Aufgabe von Schutz und Fürsorge elterlichen und staatlichen Handelns (ähnlich auch Scheiwe, 2009, 11).

[5] Wiesener, 2008, S. 228 schlägt vor, in Art 2 GG nach Abs. 1 einen Abs. 1a mit folgendem Wortlaut einzufügen: „(1a) Jedes Kind hat ein Recht auf Förderung seiner Entwicklung zu einer eigenverantwortlichen und gemeinschaftsfähigen Persönlichkeit sowie auf Schutz vor Gefahren für sein Wohl. Die staatliche Gemeinschaft trägt für die Schaffung und Erhaltung kindgerechter Lebensverhältnisse Sorge. Das Kindeswohl leitet staatliches Handeln, das die Rechte und Interessen von Kindern berührt."

[6] Am 3. Mai 2010 erklärte die Bundesregierung (BMJ Newsletter, 3. Mai 2010: presse@bmj.bund.de) im Einvernehmen mit den Bundesländern die Rücknahme des seit 1992 bestehenden Vorbehalts gegen die UN-Kinderrechtekonvention, die sich u.a. auf Flüchtlingskinder bezogen, die das 16. Lebensjahr überschritten hatten und im deutschen Asylrecht bisher als volljährig gelten und deshalb keinen Anspruch auf die Bestellung eines gesetzlichen Vertreters hatten.

[7] Der Terminus „familienpsychologische Begutachtung" hat sich in der Familiengerichtsbarkeit noch nicht endgültig etabliert; häufig wird noch ein kinderpsychologisches Gutachten oder ein Sachverständigengutachten in Auftrag gegeben.

gehen sollen beispielsweise Eltern befähigt werden, ihrer Elternverantwortung nachzukommen, gleichgültig, ob es sich um
- eine Sorgerechts- oder Umgangsregelung (§§ 1671, 1684, 1685 BGB) nach einer Trennung oder Scheidung,
- einen Sorgerechtsentzug nach § 1666 BGB,
- eine Fremdplatzierung des Kindes nach § 1666a BGB oder
- eine Rückführung aus der Pflegefamilie in die Herkunftsfamilie gemäß § 1632 Abs. 4 BGB,

handelt (Salzgeber, 2009, S. 173.).

Der Gesetzgeber hat sich in Bezug auf die einvernehmenorientierte Ausrichtung der Sachverständigentätigkeit mit Vorschlägen zum methodischen Vorgehen zurückgehalten

Der Gesetzgeber hat sich in Bezug auf die einvernehmenorientierte Ausrichtung der Sachverständigentätigkeit mit Vorschlägen zum methodischen Vorgehen zurückgehalten und präzisiert lediglich in seiner Begründung zum FamFG drei Aspekte beispielhaft:
Der Sachverständige kann
- die Eltern zunächst über die negativen Auswirkungen einer Trennung auf alle Familienmitglieder aufklären und sodann
- versuchen, bei den Eltern Verständnis und Feinfühligkeit für die von den Interessen der Erwachsenen abweichenden Bedürfnisse des Kindes zu wecken.
- Gelingt dies, kann er mit den Eltern ein einvernehmliches Konzept zum zukünftigen Lebensmittelpunkt des Kindes und zur Gestaltung des Umgangs erarbeiten (so schon der Gesetzentwurf der Bundesregierung, 2007, S. 538).

Dennoch steht die familienrechtspsychologische Begutachtung in der Familiengerichtsbarkeit nach wie vor und trotz des Inkrafttretens des FamFG auf rechtlich und psychologisch nicht eindeutigen Standbeinen: Die gesetzlichen Regelungen in der Zivilprozessordnung (§§ 402 ff. ZPO) und der Verweis im Freiwilligengerichtsbarkeitsgesetz alter Fassung (§ 15 FGG a.F.) auf die einschlägigen Vorschriften in der ZPO geben nach bisher geltendem Recht eher Hinweise, wie eine Sache zu begutachten ist. Daran hat sich auch durch die Neufassung des § 163 FamFG zur Frage der Sachverständigkeit im familiengerichtlichen Verfahren grundsätzlich nichts geändert, da eine konkrete methodische Ausrichtung einer Begutachtung nicht angesprochen wurde. Darüber hinaus bleibt auch der Bezug zu den unveränderten Vorschriften der §§ 402 ff. ZPO, die Sachverständigentätigkeit betreffend, bestehen.

Das seit ca. 20 Jahren praktizierte Vorgehen einiger familienpsychologischer Sachverständiger – auch ohne ausdrückliche gesetzliche Regelung – neben dem vorangeschalteten diagnostischen Erkenntnisprozess auf Veränderungen abzielende modifikations-, lösungs- oder prozessorientierte Strategien anzustreben, stellt jedoch seit langem eine spezifische familienpsychologische Einheit dar, die dem betreffenden Personenkreis beziehungsweise dem zur Debatte stehenden Familiensystem neue Handlungsalternativen eröffnen soll. Diese Veränderungen werden mit dem Sachverständigen besprochen, festgelegt und gegebenenfalls sogar unter seiner „Aufsicht" und Anleitung eingeübt (z. B. Probewohnen des Kindes bei einem Elternteil oder Durchführung neuer Umgangskontakte) (Balloff & Walter, 1991a; 1991b).

Salzgeber (2008, S. 675) spricht im Rahmen eines entwicklungsorientierten Vorgehens des Sachverständigen von Vermittlung von
- Bedingungswissen (den Eltern beispielsweise die Reaktionen des Kindes auf eine Elterntrennung erklären),
- Veränderungswissen (den Eltern Strategien einer besseren Kommunikation vermitteln) und dem
- Wissen um die Bedeutung von Verhaltens- und Einstellungsänderungen.

Diese Strategien beinhalten Interventionen ganz eigener Art *(Intervention sui generis)*, die deshalb nur Aspekte der Methodik einer Mediation, psychologischen Beratung, Paar-, Familientherapie oder Psychotherapie beinhalten, nicht aber die Durchführung einer Mediation, Beratung, Paar-, Familien- oder Psychotherapie bedeuten. Es ist somit bisher weder juristisch noch psychologisch geklärt, ob entsprechende Interventionen und die dem diagnostischen Erkenntnisprozess unterworfene gerichtliche Sachverständigentätigkeit kompatibel und welche diagnostische und einvernehmenorientierte Methodik dann im Rahmen der Gesamtheit sachverständiger Tätigkeit nach § 163 Abs. 2 FamFG angemessen sind.

Es bleibt festzuhalten, dass der Sachverständige die gesetzliche Verpflichtung – wo immer möglich deeskalierend zu wirken – nun auch bei einem entsprechenden Gerichtsbeschluss nach § 163 Abs. 2 FamFG einzulösen hat, während bei einem fehlenden gerichtlichen Beschluss dieser Art, aus juristischer Sicht (entsprechend der Gesetzeslage) im Umkehrschluss nicht auf Einvernehmen hingewirkt werden darf.

Diese Strategien beinhalten Interventionen ganz eigener Art *(Intervention sui generis)*, die deshalb nur Aspekte der Methodik einer Mediation, psychologischen Beratung, Paar-, Familientherapie oder Psychotherapie beinhalten, nicht aber die Durchführung einer Mediation, Beratung, Paar-, Familien- oder Psychotherapie bedeuten

Einvernehmenorientierte Vorgehensweise des Sachverständigen

Ein psychodiagnostisches Gutachten beinhaltet jene methodisch und wissenschaftlich begründete Entscheidungshilfe, die aufgrund eigener Datenerhebung einem Auftraggeber – im vorliegenden Fall dem Familiengericht – zur Lösung eines Problems übermittelt wird. Ein psychologisches Gutachten dient somit der Vorbereitung und Unterstützung von Entscheidungen. Dabei ist die eigenständige (primäre) Datenerhebung ein zentrales Essential jeder Begutachtung. An dieser definitorischen Festlegung hat sich seit Jahrzehnten kaum etwas geändert.

Nach Inkrafttreten der Kindschaftsrechtsreform am 01.07.1998 vor 12 Jahren änderten sich offenbar angesichts der veränderten Gesetzeslage vor allem in Bezug auf Sorgerechts- und Umgangsregelungen (vgl. §§ 1671, 1684, 1685 BGB) die Erwartungen der Familiengerichte (als organisatorischer und verfahrensrechtlicher Bestandteil der Amtsgerichte) in der ersten Instanz (nicht aber die Oberlandesgerichte der zweiten Instanz) an das Vorgehen familienrechtspsychologischer Begutachtungen: Neben der üblichen Diagnostik soll der Sachverständige ebenso mit der Familie zusammenarbeiten, um eine vernünftige, am Kindeswohl orientierte Lösung zu finden, so vielfach der implizite Wunsch der amtierenden Familienrichter.

Dennoch existieren in der Familiengerichtsbarkeit weiterhin unterschiedliche diagnostische Vorgehensweisen im Spannungsverhältnis von so genannter:

- Statusdiagnostik (Beschreibung eines Ist-Zustands von Personen und Beziehungen als Momentaufnahme, meist mit prognostischer Ausrichtung),
- selektionsorientierter Diagnostik (z. B. geeignete Personen für bestimmte Anforderungen herauszufinden),
- Verlaufsdiagnostik (Beschreibung von Veränderungen)
- prozess-, lösungs- oder modifikationsorientierter Diagnostik.

Diese neueren Lösungswege und Vorgehensweisen des Sachverständigen werden allerdings nach wie vor in der Familiengerichtsbarkeit und Familienrechtspsychologie (Dettenborn, 2010) kontrovers diskutiert

Der vorangeschaltete diagnostische Erkenntnisprozess, also der Befundbericht oder die Datenerhebung, beinhaltet dabei auch die Zielvorstellung, Verhalten und Beziehungen untereinander zu beeinflussen, familiäre Konflikte zu entschärfen und Bedingungen zu schaffen, die zu eigenständigen Lösungen führen bzw. zu einer Optimierung gerichtlicher Entscheidungen. Diese neueren Lösungswege und Vorgehensweisen des Sachverständigen werden allerdings nach wie vor in der Familiengerichtsbarkeit und Familienrechtspsychologie (Dettenborn, 2010) kontrovers diskutiert.

Kritisch festzuhalten bleibt, dass trotz der Neuerungen und Weiterentwicklungen in der Familienrechtsbegutachtung es nach wie vor weit verbreitet und die vielfach übliche familienpsychologische Gutachtenpraxis ist, Eltern oder andere Betreuungspersonen des Kindes sowie das Kind selbst zu diagnostizieren, um sodann über den betreffenden Personenkreis, in der in den einschlägigen Vorschriften in der Zivilprozessordnung (vgl. §§ 402, 404a ZPO) zwar gesetzlich festgelegten, aber familienrechtspsychologisch überholten Rolle als Gehilfe des Familiengerichts, ein Persönlichkeitsprofil abzugeben, eine augenblickliche Situation zu beschreiben und mit Blick auf diesen Status eine Prognose abzugeben.

Nun ist jedoch nach Inkrafttreten des FamFG nochmals mit Nachdruck zu fordern, dass eine eher kombinierte Sachverständigentätigkeit zum Tragen kommt, nämlich den Befundbericht zu erstellen bzw. die Datenerhebung im Rahmen der üblichen diagnostischen Erhebung durchzuführen, um sodann mit Hilfe der diagnostischen Erkenntnisse – u. U. von Anbeginn der Untersuchungskontakte – ein einvernehmenorientiertes (wird auch als modifikations-, lösungs-, prozess- oder entwicklungsorientierte und konfliktmildernde Maßnahme bezeichnet) Vorgehen zu praktizieren, also letztlich das Hinwirken auf Einvernehmen durch den Sachverständigen nach § 163 Abs. 2 FamFG (durch Tipps, Anbieten von Ratschlägen, Ausprobieren, Anwendung und Einsatz mediativer Elemente etc.).

Hinwirken auf Einvernehmen als „Lösung"?

Zu bedenken ist, dass das Ziel einer einigungs- oder entwicklungsorientierten Begutachtung nicht auf ein vollständiges Einvernehmen der Eltern begrenzt werden kann. Vielmehr ist eine Lösung oder auch Teillösung anzustreben, die es den betreffenden Personen (wieder) möglich macht, das Kindeswohl zu beachten, also die grundlegenden Bedürfnisse des Kindes im Kontext seiner sozialen Ausgangslage sicherzustellen.

Der Sachverständige muss im Rahmen seiner gerichtsgebundenen Tätigkeit einerseits im einvernehmenorientierten Hinwirken Transparenz garantieren und darf andererseits gegenüber dem Auftraggeber (Familiengericht) keine Schweigepflicht nach § 203 StGB reklamieren, auch wenn einvernehmenorientierte Einzelgespräche und gemeinsame Gespräche mit den Eltern erfolgen.

Denkbar sind beispielsweise auch vom Sachverständigen initiierte (einvernehmenorientierte) gemeinsame Zusammenkünfte (ähnlich dem Hilfeplangespräch im Jugendamt) mit Eltern, Erziehern des Kinderheims, Psychotherapeuten, Sozialpädagogen des Jugendamtes, mit dem Verfahrensbeistand etc., um ein Einvernehmen aller Beteiligten[8] möglich zu machen.

Hinwirken auf Einvernehmen bedeutet letztlich Beilegung von Unvereinbarkeiten der Eltern und möglicherweise auch der anderen „Beteiligten" und den Aufbau, die Stärkung oder Wiederherstellung

Vielmehr ist eine Lösung oder auch Teillösung anzustreben, die es den betreffenden Personen (wieder) möglich macht, das Kindeswohl zu beachten, also die grundlegenden Bedürfnisse des Kindes im Kontext seiner sozialen Ausgangslage sicherzustellen

---

[8] Mit dem Beteiligtenbegriff sind hier aus familienrechtspsychologischer Sicht nicht nur die Beteiligten in §§ 7, 8 FamFG angesprochen, sondern alle Entscheidungsträger, die einen unmittelbaren Bezug zum Kind haben.

der Fähigkeit der Eltern zur kompetenten Wahrnehmung ihrer elterlichen Verantwortung beispielsweise im
- Trennungs- oder Scheidungsfall bei einer anstehenden Sorgerechts- oder Umgangsregelung (§ 1671 BGB)
- Fall einer Kindeswohlgefährdung (§§ 1666, 1666 a BGB)
- Fall der Wegnahme des Kindes aus der Pflegefamilie (§ 1632 Abs. 4 BGB).

Eine fachlich versierte Tätigkeit des Sachverständigen mit dem Ziel des Hinwirkens auf Einvernehmen erfordert neben der diagnostischen Kompetenz fundierte Kenntnisse von typischen und atypischen familialen Problem- und Konfliktlagen und über den Einsatz der effektivsten Interventionstechniken in Anlehnung an die Methodik der Mediation, Psychologische Beratung, Psychotherapie, Paar- und Familientherapie. Hilfreich wäre also wenigstens eine Grundausbildung des Sachverständigen als psychologischer Berater, Psychotherapeut, Familien- oder Paartherapeut, Mediator etc.

Betont sei nochmals, dass auch im Rahmen des Hinwirkens auf Einvernehmen zunächst die familiale Problem- und Konfliktlage im Rahmen eines *vorangestellten* diagnostischen Erkenntnisprozesses erfasst werden muss (ähnlich wie vor der Aufnahme einer Mediation, psychologischen Beratung, Paar-, Familientherapie und Psychotherapie immer auch zunächst der vorangestellte diagnostische Erkenntnisprozess gehört)

Betont sei nochmals, dass auch im Rahmen des Hinwirkens auf Einvernehmen zunächst die familiale Problem- und Konfliktlage im Rahmen eines *vorangestellten* diagnostischen Erkenntnisprozesses erfasst werden muss (ähnlich wie vor der Aufnahme einer Mediation, psychologischen Beratung, Paar-, Familientherapie und Psychotherapie immer auch zunächst der vorangestellte diagnostische Erkenntnisprozess gehört).

Häufig legen die Familiengerichte der 1. Instanz jedoch die Reihenfolge im richterlichen Beweisbeschluss umgekehrt fest: Zunächst, so der Beweisbeschluss, soll der Versuch unternommen werden, auf Einvernehmen hinzuwirken. Nur im Fall eines Scheiterns soll sodann der diagnostische Erkenntnisprozess im Rahmen der Begutachtung eingeleitet und durchgeführt werden (z. B. Interview, Anamnese, Exploration, Verhaltens- und Interaktionsbeobachtung und gegebenenfalls testpsychologische Untersuchungen)[9].

---

[9] Aus einem richterlichen Beschluss vom 30.12.2009 zur Regelung des Sorgerechts und Umgangs:
„1. Der Gutachter ist berechtigt, mit den Eltern lösungsorientiert zu arbeiten und Gefährdungen/Beeinträchtigungen des Kindeswohls im Haushalt der Kindesmutter, sofern sie bestehen, zu beseitigen, sofern er eine entsprechende lösungsorientierte Tätigkeit als Erfolg versprechend und zweckmäßig erachtet.
2. Sollten die Bemühungen des Sachverständigen erfolglos bleiben, sind folgende Fragen zu beantworten:
a) Ist das geistige, körperliche oder seelische Wohl von Miriam im Haushalt der Mutter gefährdet?
b) Worin besteht die Gefährdung?
c) Ist zur Abwehr der Gefahr, sofern eine solche besteht, die Trennung zwischen Mutter und Kind bzw. ein Wechsel des Kindes in den Haushalt des Vaters erforderlich oder

Diese vom Sachverständigen abverlangte Vorgehensweise impliziert, dass auch in konflikt- und problembeladenen Elternkonstellationen das Kindeswohl beachtet und sichergestellt werden kann. Das ist jedoch nicht immer der Fall.

Ein sachverständiges Vorgehen kann sich somit, insbesondere in Kindeswohlgefährdungsfällen, nicht ergebnisoffen dem Einigungsprozess der Eltern „unterwerfen", sondern muss die Bedürfnisse, die Interessen und den Wunsch und Willen der betroffenen Kinder herausarbeiten und berücksichtigen.

Das im Rahmen einer einvernehmenorientierten Begutachtung des Sachverständigen mit den Eltern und dem Kind zu erarbeitende Ergebnis hat sich regelmäßig am Kindeswohl zu orientieren, dessen Grenzen durch die Bedürfnisse und objektiven Interessen des Kindes und damit vom Kindeswohlprinzip markiert sind.

Im Übrigen beinhaltet die Subjektstellung des Kindes im gerichtlichen Verfahren (z. B. Anhörung des Kindes, Beiordnung eines Verfahrensbeistandes) auch eine Beachtung der kindlichen Vorstellung. Es wäre daher ein Rückschritt, wenn Wunsch, Wille, Vorstellungen, Hoffnungen, Prioritäten sowie die objektiven Interessen des Kindes im familiengerichtlichen Verfahren im Rahmen des Hinwirkens auf Einvernehmen in der Zusammenarbeit mit den Eltern außer Acht blieben bzw. zu wenig berücksichtigt werden.

Die Annahme, dass nur ein von den Eltern erreichtes Einvernehmen und eine mit ihnen gemeinsam erarbeitete Lösung ohne Beteiligung des Kindes eine günstige Alternative sei, würde die Subjektstellung des Kindes und dessen Beteiligtenstatus (Schürmann, 2009, S. 154) im Familiengerichtsverfahren schwächen bzw. nicht Rechnung tragen.

Das sachverständige Hinwirken auf Einvernehmen kann mit Blick auf die einzusetzenden Interventionsstrategien meist erst nach Beendigung der relevanten entscheidungserheblichen Untersuchungen begonnen werden, da der Sachverständige im Falle eines Scheiterns regelmäßig ein schriftliches Gutachten zu erstellen hat.

Einvernehmenorientiertes Vorgehen und Zeitfaktor

Wenn das Hinwirken auf Einvernehmen durch den Sachverständigen im Rahmen einer gerichtlichen Begutachtung in erster Linie erst nach Abschluss der notwendigen psychologischen Diagnostik erfol-

> Im Übrigen beinhaltet die Subjektstellung des Kindes im gerichtlichen Verfahren (z. B. Anhörung des Kindes, Beiordnung eines Verfahrensbeistandes) auch eine Beachtung der kindlichen Vorstellung. Es wäre daher ein Rückschritt, wenn Wunsch, Wille, Vorstellungen, Hoffnungen, Prioritäten sowie die objektiven Interessen des Kindes im familiengerichtlichen Verfahren im Rahmen des Hinwirkens auf Einvernehmen in der Zusammenarbeit mit den Eltern außer Acht blieben bzw. zu wenig berücksichtigt werden

---

sind andere Maßnahmen, wie z. B. Familienhilfe, die Einrichtung einer Umgangspflegschaft ausreichend?
d) Wie wahrscheinlich ist es, dass sich die Mutter dauerhaft auf solche Hilfen einlassen kann?"

gen kann, verlängert dies möglicherweise trotz des Beschleunigungsgebotes nach § 155 FamFG die Dauer der Begutachtung.

Ein einvernehmenorientiertes gutachtliches Vorgehen entspricht daher nicht streng dem Prinzip des Beschleunigungsgebotes. Deshalb kann eine knapp bemessene Frist zur Abgabe des Gutachtens nach § 163 Abs. 1 FamFG das Hinwirken auf Einvernehmen auch verhindern.

Dennoch wird ein Einvernehmen der Eltern die Verfahrensdauer in der ersten (Familiengericht) und zweiten Instanz (Oberlandesgericht) auch verkürzen können, da wiederholte Anhörungen unterbleiben und zeitraubende Beschwerdeverfahren entfallen.

Qualifikation des Sachverständigen, der auf Einvernehmen nach § 163 Abs. 2 FamFG hinwirken soll

Um die Möglichkeit zu erschließen, auf Einvernehmen hinzuwirken, muss der Sachverständige Interventionskompetenzen erworben haben (am besten durch wenigstens eine Grundausbildung in Psychologischer Beratung, Mediation, Psychotherapie, Paar- oder Familientherapie).

Die Eltern und soweit möglich auch das Kind werden nach diesem Modell von Beginn der Begutachtung aktiv in den diagnostischen Erkenntnisprozess des Sachverständigen durch einen Dialog mit einbezogen.

Mit diesem Vorgehen eröffnen sich in der gerichtsbezogenen gutachtlichen Tätigkeit eltern- und kindzentrierte Perspektiven, indem die Ergebnisse des diagnostischen Erkenntnisprozesses einen Beitrag leisten, mit den Eltern und dem Kind nach einer Lösung suchen, ohne sogleich *über* diesen Personenkreis diagnostisch-psychologische Beurteilungen abzugeben und gutachtliche Schlussfolgerungen zu ziehen.

Das Hinwirken auf Einvernehmen der Beteiligten, mit dem Ziel, Kindeswohl- verträgliche Lösungen zu finden, die angemessene Rekonstruktion von Familienangelegenheiten, die unter Umständen möglich gewordene Teillösung oder sogar der Konsens und die aus diesem Prozess erwachsenen Perspektiven können dann als Wahrheitskriterium für ein gelungenes, am Kindeswohl ausgerichtetes gutachtliches Vorgehen angesehen werden.

Sollte allerdings ein einvernehmenorientiertes Vorgehen des Sachverständigen nicht möglich sein, muss auch künftig ein schriftliches Sachverständigengutachten, das regelmäßig auf einem wissenschaftlich ausgewiesenen diagnostischen Erkenntnisprozess zu beruhen hat, vorgelegt werden, das für den Leser überprüfbar sein muss, gleichgültig, welche Methodik und welches Vorgehen im Einzelfall gewählt wurden (Balloff, 2008, S. 165 ff.).

3. Bürgerliches Gesetzbuch (BGB: Familienrecht)

Das Familienrecht (§§ 1297 bis 1921 BGB) regelt im 1. Abschnitt die mit der Eheschließung und Eheführung zusammenhängenden Fragen, und zwar vom Verlöbnis bis zur Ehescheidung (inkl. eheliches Güterrecht, Unterhalt, Versorgungsausgleich), während das Gesetz über die Eingetragene Lebenspartnerschaft (Lebenspartnerschaftsgesetz – LPartG) vom 16. Februar 2001 ein eigenes Gesetz darstellt, und dennoch ein untrennbarer Bestandteil des Familienrechts ist.
Im 2. Abschnitt sind Verwandtschaft (§§ 1589 ff.) und das Kindschaftsrecht (§§ 1591 ff.) thematisiert.
Der 3. Abschnitt enthält Regelungen über die Vormundschaft (§§ 1773 ff.), die rechtliche Betreuung (§§ 1896 ff.). und die Pflegschaft (§§ 1909 ff.).
Im Familienrecht haben sich 2008 durch das Gesetz zur Erleichterung familienrechtlicher Maßnahmen bei Gefährdung des Kindeswohls (KiWoMaG – in Kraft getreten am 12.07.2008)[10] erneut grundlegende Änderungen ergeben, die u. a. auch die Kindeswohlgefährdungsvorschriften nach §§ 1666, 1666 a BGB[11] und die Rege-

> Im Familienrecht haben sich 2008 durch das Gesetz zur Erleichterung familienrechtlicher Maßnahmen bei Gefährdung des Kindeswohls (KiWoMaG – in Kraft getreten am 12.07.2008) erneut grundlegende Änderungen ergeben, die u. a. auch die Kindeswohlgefährdungsvorschriften nach §§ 1666, 1666 a BGB und die Regelungen zu Fragen des Umgangsrechts (§§ 1684, 1685 BGB) zum Inhalt hatten

---

[10] Die neuen Vorschriften im KiWOMaG, außer den BGB-Vorschriften im Familienrecht, sind mittlerweile mit Inkrafttreten des FamFG am 01.09.1909 in dieses Gesetz integriert.

[11] § 1666 BGB
(1) Wird das körperliche, geistige oder seelische Wohl des Kindes oder sein Vermögen gefährdet und sind die Eltern nicht gewillt oder nicht in der Lage sind, die Gefahr abzuwenden, so hat das Gericht die Maßnahmen zu treffen, die zur Abwendung der Gefahr erforderlich sind.
(2) In der Regel ist anzunehmen, dass das Vermögen des Kindes gefährdet ist, wenn der Inhaber der Vermögenssorge seine Unterhaltspflicht gegenüber dem Kind oder seine mit der Vermögenssorge verbundenen Pflichten verletzt oder Anordnungen des Gerichts, die sich auf die Vermögenssorge beziehen, nicht befolgt.
(3) Zu den gerichtlichen Maßnahmen nach Absatz 1 gehören insbesondere
1. Gebote, öffentliche Hilfen wie zum Beispiel Leistungen der Kinder- und Jugendhilfe und der Gesundheitsfürsorge in Anspruch zu nehmen,
2. Gebote, für die Einhaltung der Schulpflicht zu sorgen,
3. Verbote, vorübergehend oder auf bestimmte Zeit die Familienwohnung oder eine andere Wohnung zu nutzen, sich in einem bestimmten Umkreis der Wohnung aufzuhalten oder zu bestimmende Orte aufzusuchen, an denen sich das Kind regelmäßig aufhält,
4. Verbote, Verbindung zum Kind aufzunehmen oder ein Zusammentreffen mit dem Kind herbeizuführen,
5. die Ersetzung von Erklärungen des Inhabers der elterlichen Sorge,

lungen zu Fragen des Umgangsrechts (§§ 1684, 1685 BGB)[12] zum Inhalt hatten.

Kindeswohlgefährdung nach § 1666 BGB

Die wichtigste Änderung in § 1666 Abs. 1 BGB beinhaltet die Streichung des konkreten elterlichen Erziehungsversagens

Die wichtigste Änderung in § 1666 Abs. 1 BGB beinhaltet die Streichung des konkreten elterlichen Erziehungsversagens. Damit entfällt das Erfordernis, dass das tatsächliche Verhalten der Eltern oder eines Dritten überprüft werden muss, was ursprünglich und ursächlich zur Kindeswohlgefährdung geführt hat. Jetzt kommt es nach der Neufassung des § 1666 Abs. 1 BGB darauf an, ob die Personensorgeberechtigten gewillt und in der Lage sind, die Kindeswohlgefährdung abzustellen.

---

6. die teilweise oder vollständige Entziehung der elterlichen Sorge.
(4) In Angelegenheiten der Personensorge kann das Gericht auch Maßnahmen mit Wirkung gegen einen Dritten treffen.
§ 1666 a BGB
(1) Maßnahmen, mit denen eine Trennung des Kindes von der elterlichen Familie verbunden ist, sind nur zulässig, wenn der Gefahr nicht auf andere Weise, auch nicht durch öffentliche Hilfen, begegnet werden kann. Dies gilt auch, wenn einem Elternteil vorübergehend oder auf unbestimmte Zeit die Nutzung der Familienwohnung untersagt werden soll. Wird einem Elternteil oder einem Dritten die Nutzung der vom Kind mitbewohnten oder einer anderen Wohnung untersagt, ist bei der Bemessung der Maßnahme auch zu berücksichtigen, ob diesem das Eigentum, das Erbbaurecht oder der Nießbrauch an dem Grundstück zusteht, auf dem sich die Wohnung befindet; Entsprechendes gilt für das Wohnungseigentum, das Dauerwohnrecht, das dingliche Wohnrecht oder wenn der Elternteil oder Dritte Mieter der Wohnung sind.
(2) Die gesamte Personensorge darf nur entzogen werden, wenn andere Maßnahmen erfolglos geblieben sind oder wenn anzunehmen ist, dass sie zur Abwendung der Gefahr nicht ausreichen.
[12] § 1684 BGB
(1) Das Kind hat das Recht auf Umgang mit jedem Elternteil; jeder Elternteil ist zum Umgang mit dem Kind verpflichtet und berechtigt.
(2) Die Eltern haben alles zu unterlassen, was das Verhältnis des Kindes zum jeweils anderen Elternteil beeinträchtigt oder die Erziehung erschwert. Entsprechendes gilt, wenn sich das Kind in Obhut einer anderen Person befindet.
(3) Das Familiengericht kann über den Umfang des Umgangsrechts entscheiden und seine Ausübung, auch gegenüber Dritten, näher regeln. Es kann die Beteiligten durch Anordnungen zur Erfüllung der in Absatz 2 geregelten Pflicht anhalten. Wird die Pflicht nach Abs. 2 dauerhaft oder wiederholt erheblich verletzt, kann das Familiengericht auch eine Pflegschaft für die Durchführung des Umgangs anordnen (Umgangspflegschaft). Die Umgangspflegschaft umfasst das Recht, die Herausgabe des Kindes zur Durchführung des Umgangs zu verlangen und für die Dauer des Umgangs dessen Aufenthalt zu bestimmen. Die Anordnung ist zu befristen. Für den Ersatz von Aufwendungen und die Vergütung des Umgangspflegers gilt § 277 des Gesetzes über das Verfahren in Familiensachen und in den Angelegenheiten der freiwilligen Gerichtsbarkeit entsprechend.

Die Streichung dieser vier Tatbestandsmerkmale[13] soll praktische Schwierigkeiten eines Nachweises derartiger Verhaltensweisen beseitigen.

In § 1666 Abs. 3 BGB ist darüber hinaus ein Sechs-Punkte-Maßnahmekatalog angeführt (z. B. Gebote, öffentliche Hilfen wie zum Beispiel Leistungen der Kinder- und Jugendhilfe und der Gesundheitsfürsorge in Anspruch zu nehmen – § 1666 Abs. 3 Nr. 1 BGB), der aber nicht abschließend geregelt worden ist, da durch die juristisch bedeutsame Wortwahl „insbesondere" (§ 1666 Abs. 3 1. Halbsatz BGB) weitere Maßnahmen und Alternativen möglich sind.

Sollte das Familiengericht eine Maßnahme nach §§ 1666, 1667 BGB getroffen haben, ist diese aufzuheben, wenn eine Gefahr für das Wohl des Kindes nicht mehr besteht oder die Erforderlichkeit der Maßnahme entfallen ist (§ 1696 Abs. 2 BGB).

Umgangsrecht

Der Umgang des Kindes mit seinen Eltern und weiteren Bezugspersonen (§§ 1684, 1685 BGB) kann angesichts von andauernden Konflikten zwischen den Beteiligten nunmehr durch eine gesetzlich geregelte Umgangspflegschaft (Menne, 2006, S. 445) unterstützt werden. Sie ist eine Form der Ergänzungspflegschaft und seit dem Inkrafttreten des FamFG am 01.09.2009 hinsichtlich des Umgangs zwischen Eltern und Kind in § 1684 Abs. 2 BGB und zwischen wei-

> Der Umgang des Kindes mit seinen Eltern und weiteren Bezugspersonen (§§ 1684, 1685 BGB) kann angesichts von andauernden Konflikten zwischen den Beteiligten nunmehr durch eine gesetzlich geregelte Umgangspflegschaft (Menne, 2006, S. 445) unterstützt werden

---

(4) Das Familiengericht kann das Umgangsrecht oder den Vollzug früherer Entscheidungen über das Umgangsrecht einschränken oder ausschließen, soweit dies zum Wohl des Kindes erforderlich ist. Eine Entscheidung, die das Umgangsrecht oder seinen Vollzug für längere Zeit oder auf Dauer einschränkt oder ausschließt, kann nur ergehen, wenn andernfalls das Wohl des Kindes gefährdet wäre. Das Familiengericht kann insbesondere anordnen, dass der Umgang nur stattfinden darf, wenn ein mitwirkungsbereiter Dritter anwesend ist. Dritter kann ein Träger der Jugendhilfe oder ein Verein sein; dieser bestimmt dann jeweils, welche Einzelperson die Aufgabe wahrnimmt.

§1685 BGB
(1) Großeltern und Geschwister haben ein Recht auf Umgang mit dem Kind, wenn dieser dem Wohl des Kindes dient.
(2) Gleiches gilt für enge Bezugspersonen, wenn diese für das Kind tatsächliche Verantwortung tragen oder getragen haben (sozial-familiäre Beziehung). Eine Übernahme tatsächlicher Verantwortung ist in der Regel anzunehmen, wenn die Person mit dem Kind längere Zeit in häuslicher Gemeinschaft zusammengelebt hat.
(3) § 1684 Abs. 2 bis 4 gilt entsprechend. Eine Umgangspflegschaft nach § 1684 Abs. 3 bis 5 kann das Familiengericht nur anordnen, wenn die Voraussetzungen des § 1666 Abs. 1 erfüllt sind.

[13] Früher hieß es in § 1666 Abs. 1 BGB, dass die Kindeswohlgefährdung auf missbräuchliche Ausübung der elterlichen Sorge, auf Vernachlässigung des Kinds, auf unverschuldetes Versagen oder dem Verhalten eines Dritten beruhen muss.

teren Bezugspersonen und Kind in § 1685 Abs. 3 BGB auch im BGB speziell geregelt worden.

Der Gerichtsauftrag, eine Umgangspflegschaft zu übernehmen, erfolgte früher nach den allgemeinen Regeln für die Ergänzungspflegschaft (§§ 1626, 1796, 1909 BGB). Nun kann direkt aus § 1684 BGB eine Umgangspflegschaft bestellt werden, ohne dass eine Kindeswohlgefährdung vorliegen muss (es reicht, wenn die Wohlverhaltenspflicht nach § 1684 Abs. 2 dauerhaft oder wiederholt erheblich beeinträchtigt wird; also auch das beharrliche Einschränken, Erschweren oder der Boykott eines Elternteils) (vgl. hierzu Willutzki, 2009b, S. 282).

Dagegen sieht § 1685 BGB vor, der sich auf einen über die Eltern hinausgehenden erweiterten Personenkreis bezieht, dass eine Umgangspflegschaft nach den Voraussetzungen des § 1684 Abs. 3 Satz 3 bis 5 nur dann angeordnet werden kann, wenn die Voraussetzungen des § 1666 BGB Abs. 1 (Kindeswohlgefährdung) erfüllt sind. Es muss also in dieser Fallkonstellation eine Kindeswohlgefährdung durch das Nichtwahrnehmenkönnen entsprechender kindeswohldienlicher Umgangskontakte vorliegen (Kindler, 2009).

Der Wirkungskreis der Umgangspflegschaft umfasst die
- Förderung des Umgangs zwischen dem Kind und dem umgangsberechtigten Elternteil,
- Förderung des Umgangs zwischen dem Kind und den Großeltern, Geschwistern und engen Bezugspersonen des Kindes, die für das Kind tatsächliche Verantwortung im Rahmen einer längeren häuslichen Gemeinschaft tragen oder getragen haben (sozialfamiliäre Beziehung),
- die Umsetzung einer gerichtlichen Umgangsregelung oder
- einer entsprechenden Vereinbarung der Eltern.

Die Vergütung und der Aufwendungsersatz erfolgt nach den Vorschriften über die Pflegschaft bzw. Vormundschaft gemäß § 277 FamFG i.V.m. §§ 1835 Abs. 1, 2, 1836 Abs. 1, 3 BGB; §§ 1, 2, und 3 Abs. 1 und 2 des Vormünder- und Betreuervergütungsgesetzes, sofern die Pflegschaft berufsmäßig geführt wird.

Nach § 277 Abs. 5 FamFG sind der Aufwendungsersatz und die Vergütung stets aus der Gerichtskasse zu zahlen.

Neben der Umgangspflegschaft existiert das Rechtsinstitut der Umgangsbegleitung. Nach derzeitiger Praxis wird dem Umgangspfleger in Absprache mit diesem bisweilen zusätzlich die Begleitung des Umgangs übertragen.

Obwohl Umgangspflegschaft und Umgangsbegleitung zwei verschiedene Rechtsinstitute sind, ist die Übernahme einer Umgangsbegleitung durch den Umgangspfleger vermutlich dann sinnvoll, wenn

der Umgangspfleger das Vertrauen des Kindes und beider Eltern oder der sonstigen Bezugspersonen des Kindes (§ 1685 BGB) hat. Grundsätzlich spricht für die Umgangsbegleitung durch den Umgangspfleger, dass
- die Beteiligten, insbesondere das Kind nicht mit einer weiteren Person konfrontiert werden,
- der Umgangspfleger eine rechtlich stärkere Position hat als ein Umgangsbegleiter (der Umgangspfleger hat beispielsweise für die vom Gericht festgelegte Umgangszeit das Aufenthaltsbestimmungsrecht inne).

4. Kinder- und Jugendhilfegesetz (SGB VIII)

Das SGB VIII vom 28.06.1990 ist als Artikelgesetz konzipiert und beinhaltet das Ziel, die Kinder- und Jugendhilfe neu zu ordnen und diese systematisch in das Sozialgesetzbuch als SGB VIII zu integrieren. Im 1. Kapitel sind beispielsweise grundlegende Bestimmungen für das Verständnis des gesamten Gesetzes geregelt, im 2. Kapitel Leistungen der Jugendhilfe (§§ 11 bis 41 SGB VIII), im 3. Kapitel die so genannten anderen Aufgaben (§§ 42 bis 60 SGB VIII).

Mit dem Kinder- und Jugendhilfeweiterentwicklungsgesetz (KICK) vom 1. Oktober 2005 wurde die Schutzfunktion der öffentlichen Kinder- und Jugendhilfe zu Gunsten aller in ihrem Wohlergehen gefährdeten Kinder und Jugendlichen gesetzlich eindeutig durch die Hinzufügung des § 8a SGB VIII[14] erweitert (Bringewat, 2006, S. 233; Salgo, 2006, S. 531 ff.; Salgo 2007, S. 12 ff.).

Mit dem Kinder- und Jugendhilfeweiterentwicklungsgesetz (KICK) vom 1. Oktober 2005 wurde die Schutzfunktion der öffentlichen Kinder- und Jugendhilfe zu Gunsten aller in ihrem Wohlergehen gefährdeten Kinder und Jugendlichen gesetzlich eindeutig durch die Hinzufügung des § 8a SGB VIII erweitert

---

[14] § 8a SGB VIII
(1) Werden dem Jugendamt gewichtige Anhaltspunkte für die Gefährdung des Wohls des Kindes oder Jugendlichen bekannt, so hat es das Gefährdungsrisiko im Zusammenwirken mehrerer Fachkräfte abzuschätzen. Dabei sind die Personensorgeberechtigten sowie das Kind oder der Jugendliche einzubeziehen, soweit hierdurch der wirksame Schutz des Kindes oder des Jugendlichen nicht in Frage gestellt wird. Hält das Jugendamt zur Abwendung der Gefährdung die Gewährung von Hilfen für geeignet und notwendig, so hat es diese den Personensorgeberechtigten oder den Erziehungsberechtigten anzubieten.
(2) In Vereinbarungen mit den Trägern von Einrichtungen und Diensten, die Leistungen nach diesem Buch erbringen, ist sicherzustellen, dass deren Fachkräfte den Schutzauftrag nach Abs. 1 in entsprechender Weise wahrnehmen und bei der Abschätzung des Gefährdungsrisikos eine insoweit erfahrene Fachkraft hinzuziehen. Insbesondere ist die Verpflichtung aufzunehmen, dass die Fachkräfte bei den Personensorgeberechtigten oder den Erziehungsberechtigten auf die Inanspruchnahme von Hilfen hinwirken, wenn sie diese für erforderlich halten, und das Jugendamt informieren, falls die angenommene Hilfe nicht ausreichend erscheint, um die Gefährdung abzuwenden.
(3) Hält das Jugendamt das Tätigwerden des Familiengerichts für erforderlich, so hat es das Gericht anzurufen; das gilt auch, wenn die Personensorgeberechtigten oder die

Bereits mit Einführung des SGB VIII wurde die Funktion der Jugendhilfe als diejenige Instanz hervorgehoben, die elterliche Erziehungsverantwortung in erster Linie unterstützt und ergänzt. Jugendhilfe beschränkt sich allerdings nicht nur darauf, „Leistungen" zu erbringen (auf Antrag bzw. auf Nachfrage), sondern muss bei Anhaltspunkten einer Gefährdung des Kindeswohls im Rahmen ihres Schutzauftrages zugunsten von Kindern und Jugendlichen ebenso „andere Aufgaben" wahrnehmen, also z. B. von Amts wegen tätig werden.

Die Jugendhilfe bedarf hierzu eines „Informationsbeschaffungsrechts", das mit der elterlichen Pflicht zur Mitwirkung an der Risikoeinschätzung verknüpft ist. Hierzu hat es bislang an einer Verdeutlichung im Gesetz gefehlt. Der Gesetzgeber sieht nunmehr die Notwendigkeit, vor dem Hintergrund etlicher Strafverfahren gegen Sozialarbeiter und spektakulärer Fälle von Kindeswohlgefährdung, den Schutzauftrag des Jugendamtes eindeutiger als bisher zu betonen und hervorzuheben.

> Mit § 8 a SGB VIII wird vom Gesetzgeber somit klargestellt, was ohne ausdrückliche Ausformulierung bisher auch schon hätte gelten sollen. „Gewichtige" Anhaltspunkte sind konkrete Hinweise und Verdachtsmomente oder ernst zu nehmende Vermutungen für eine Gefährdung, die bei ungehindertem Geschehensablauf mit hoher Wahrscheinlichkeit in absehbarer Zeit einen Schaden nach § 1666 BGB bewirken würden

Mit § 8 a SGB VIII wird vom Gesetzgeber somit klargestellt, was ohne ausdrückliche Ausformulierung bisher auch schon hätte gelten sollen. „Gewichtige" Anhaltspunkte sind konkrete Hinweise und Verdachtsmomente oder ernst zu nehmende Vermutungen für eine Gefährdung, die bei ungehindertem Geschehensablauf mit hoher Wahrscheinlichkeit in absehbarer Zeit einen Schaden nach § 1666 BGB bewirken würden. Sie dürfen demnach nicht nur entfernt auf eine Gefährdung hindeuten (Kunkel, 2008, S. 52), sondern müssen aus einer ernst zu nehmenden Quelle stammen, plausibel sein und sich auf einen denkbaren Schaden nach § 1666 BGB beziehen.

Zur Kenntnis gelangen können diese Anhaltspunkte dabei auch anonym, auf offen gelegtem Weg oder auch widerrechtlich, selbst wenn diese Anhaltspunkte beispielsweise unter Verstoß gegen datenschutzrechtliche Bestimmungen weitergegeben wurden.

Die vorgeschriebene Abschätzung des Gefährdungsrisikos erfolgt immer durch mehrere Fachkräfte. Eine derartige Abschätzung des Gefährdungsrisikos im Fachteam soll verhindern, dass keine Facherziehungsberechtigten nicht bereit und nicht in der Lage sind, bei der Abschätzung des Gefährdungsrisikos mitzuwirken. Besteht eine dringende Gefahr und kann die Entscheidung nicht abgewartet werden, so ist das Jugendamt verpflichtet das Kind oder den Jugendlichen in Obhut zu nehmen.

(4) Soweit zur Abwendung der Gefährdung das Tätigwerden anderer Leistungsträger, der Einrichtungen der Gesundheitshilfe oder der Polizei notwendig ist, hat das Jugendamt auf die Inanspruchnahme durch den Personensorgeberechtigten oder Erziehungsberechtigten hinzuwirken. Ist ein sofortiges Tätigwerden erforderlich und wirken die Personensorgeberechtigten oder die Erziehungsberechtigten nicht mit, schaltet das Jugendamt die anderen zur Abwendung der Gefahr zuständigen Stellen selbst ein.

kraft mit einem Fall allein gelassen wird; darüber hinaus soll er den fachlichen Austausch sicherstellen. Gefordert ist das Zusammenwirken von mindestens zwei Fachkräften. Wenn für die Risikoeinschätzung auch die Einschätzung externer Dritter (Ärzte, Psychologen, Polizeibeamte) erforderlich erscheint, so hat das Jugendamt auch diese mit einzubeziehen.

Sind dem Jugendamt „gewichtige Anhaltspunkte für die Gefährdung des Wohls eines Kindes oder Jugendlichen bekannt" geworden (§ 8a Abs. 1 1. Halbsatz SGB VIII), besteht eine Pflicht zur Informationsgewinnung, obwohl ansonsten, bevor beispielsweise Anhaltspunkte im Jugendamt bekannt werden, keine Ermittlungspflicht von Amts wegen besteht (vgl. § 20 SGB X).

Erste Adresse ist zunächst die Familie selbst, da auch bei Kindeswohlgefährdungen nach § 1666 BGB die Eltern in die Abschätzung des Risikos und Abwendung der Gefahr einzubeziehen sind. Gleiches gilt für die Einbeziehung der Kinder und Jugendlichen. Sie sollen nicht als Objekte elterlicher Erziehungsverantwortung wahrgenommen werden. Eine Ausnahme ist dann gegeben, wenn angesichts einer akuten Kindeswohlgefährdung ein wirksamer Schutz des Kindes oder Jugendlichen in Frage gestellt wäre.

Im Übrigen gelten die speziellen datenschutzrechtlichen Regelungen der §§ 62 und 65 SGB VIII. Die Erhebung von Sozialdaten bei Dritten ist insbesondere dann zulässig, wenn die Personensorgeberechtigten nicht an der Risikoabschätzung mitwirken (§ 62 Abs. 3 Nr. 2 SGB VIII).

Den Personensorgeberechtigten sind zunächst (ambulante) Hilfen zur Erziehung anzubieten, wenn die Gewährung von Hilfen zur Gefährdungsabwendung geeignet und erforderlich erscheint (Grundsatz der Verhältnismäßigkeit).

Auch Träger von Einrichtungen und Diensten haben neben dem Jugendamt eine Mitverantwortung zum Schutz von Kindern und Jugendlichen. Auch dies ergibt sich seit jeher aus der Zielbestimmung des § 1 Abs. 3 Nr. 3 SGB VIII, Kinder und Jugendliche vor Gefahren für ihr Wohl zu schützen.

Es ist notwendig, mit Eintreten gewichtiger Anhaltspunkte für die Gefährdung des Wohls eines Kindes oder Jugendlichen bereits im Vorfeld festzulegen, welche qualifizierte (erfahrene) Fachkraft zur Abschätzung des Gefährdungsrisikos hinzuzuziehen ist.

Bei der Sicherstellung der notwendigen Fachberatung kommt dem Jugendamt im Rahmen seiner Planungs- und Gewährleistungsfunktion eine Koordinierungsfunktion zu. Es stellt sicher, dass Kräfte zur Sofortberatung, zum fachlichen Austausch im Einzelfall und zur Fort- und Weiterbildung zur Verfügung stehen.

> Erste Adresse ist zunächst die Familie selbst, da auch bei Kindeswohlgefährdungen nach § 1666 BGB die Eltern in die Abschätzung des Risikos und Abwendung der Gefahr einzubeziehen sind. Gleiches gilt für die Einbeziehung der Kinder und Jugendlichen

Die so genannte erfahrene Fachkraft kann der gleichen Einrichtung oder einem Träger von Einrichtungen und Diensten angehören.

Hat sich bei der Abschätzung des Gefährdungsrisikos ergeben, dass ein Schadenseintritt in absehbarer Zeit wahrscheinlich wird, muss das Jugendamt die notwenigen Hilfen anbieten und auch vermitteln. Werden die Hilfen angenommen, muss das Jugendamt regelmäßig überprüfen (Hilfeplanung), ob die Hilfen ausreichend sind (§ 36 SGB VIII). Werden die Hilfen nicht angenommen, hat das Jugendamt das Familiengericht anzurufen (§ 8a Abs. 3 S. 1 1. Halbsatz SGB VIII).

Steht ein Schadenseintritt beim Kind unmittelbar bevor oder ist ein Schaden bereits sichtbar eingetreten, muss das Jugendamt das Kind oder den Jugendlichen immer dann in Obhut nehmen, wenn es nicht möglich ist, auf eine Entscheidung des Familiengerichts zu warten

Steht ein Schadenseintritt beim Kind unmittelbar bevor oder ist ein Schaden bereits sichtbar eingetreten, muss das Jugendamt das Kind oder den Jugendlichen immer dann in Obhut nehmen (vgl. § 42 SGB VIII)[15], wenn es nicht möglich ist, auf eine Entscheidung des Familiengerichts zu warten (Kunkel, 2008, S. 53 f.). Ist die Inobhutnahme nur durch Gewalt möglich, hat das Jugendamt die zur Amtshilfe verpflichtete Polizei hinzuzuziehen (§ 42 Abs. 6 SGB VIII).

Kinder und Jugendliche können auch direkt aus der elterlichen Obhut genommen werden. Der Hinweis auf die Möglichkeit der Inobhutnahme nach § 42 SGB VIII i.V.m. § 8a SGB VIII verdeutlicht mit Nachdruck (bereits) bestehende Handlungsmöglichkeiten bei der Wahrnehmung des Schutzauftrages für Kinder und Jugendliche (Salgo, 2007, S. 169).

---

[15] § 42 SGB VIII
(1) Das Jugendamt ist berechtigt und verpflichtet, ein Kind oder einen Jugendlichen in seine Obhut zu nehmen, wenn
1. das Kind oder der Jugendliche um Obhut bittet oder
2. eine dringende Gefahr für das Wohl des Kindes oder des Jugendlichen die Inobhutnahme erfordert und
a) die Personensorgeberechtigten nicht widersprechen oder
b) eine familiengerichtliche Entscheidung nicht rechtzeitig eingeholt werden kann oder
3. ein ausländisches Kind oder ein ausländischer Jugendlicher unbegleitet nach Deutschland kommt und sich weder Personen- noch Erziehungsberechtigte im Inland aufhalten.
Die Inobhutnahme umfasst die Befugnis, ein Kind oder einen Jugendlichen bei einer geeigneten Person, in einer geeigneten Einrichtung oder in einer sonstigen Wohnform vorläufig unterzubringen; im Fall von Satz 1 Nr. 2 auch ein Kind oder einen Jugendlichen von einer anderen Person wegzunehmen.
(2) Das Jugendamt hat während der Inobhutnahme die Situation, die zur Inobhutnahmen geführt hat, zusammen mit dem Kind oder dem Jugendlichen zu klären und Möglichkeiten der Hilfe und Unterstützung aufzuzeigen. Dem Kind ist unverzüglich Gelegenheit zu geben, eine Person seines Vertrauens zu benachrichtigen. Das Jugendamt hat während der Inobhutnahme für das Wohl des Kindes oder des Jugendlichen zu sorgen und dabei den notwendigen Unterhalt und die Krankenhilfe sicherzustellen. Das Jugendamt ist während der Inobhutnahme berechtigt, alle Rechtshandlungen vorzunehmen, die zum Wohl des Kindes oder Jugendlichen notwendig sind; der mut-

5. Gesetz über die Zusammenarbeit im Kinderschutz (Kinderschutzgesetz – KiSchZusG)

Das erste Kinderschutzgesetz ist 2009 gescheitert. Geplant war die Schaffung einer bundeseinheitlichen Befugnisnorm zur Weitergabe von Informationen für Berufsgeheimnisträger (z. B. nicht nur Ärzte, sondern auch Lehrer) nach § 203 StGB, ohne dass die Einwilligung der Geheimnisträger vorliegen oder ein Notwehrrecht nach § 34 StGB bemüht werden muss.

Ebenso wurden konkretere Ausgestaltungen an die Anforderungen der Gefährdungseinschätzung durch das Jugendamt – beispielsweise durch Pflichthausbesuche – festgelegt sowie die Übermittlung von Informationen bei wiederholtem Wohnungswechsel von Risikofamilien erleichtert. Des Weiteren war ein „Erweitertes Führungszeugnis" für kinder- und jugendnah Beschäftigte geplant, um die Eignung dieser Personen besser prüfen zu können.

> **Das erste Kinderschutzgesetz ist 2009 gescheitert. Geplant war die Schaffung einer bundeseinheitlichen Befugnisnorm zur Weitergabe von Informationen für Berufsgeheimnisträger (z. B. nicht nur Ärzte, sondern auch Lehrer) nach § 203 StGB, ohne dass die Einwilligung der Geheimnisträger vorliegen oder ein Notwehrrecht nach § 34 StGB bemüht werden muss**

---

maßliche Wille des Personensorge- oder Erziehungsberechtigten ist dabei angemessen zu berücksichtigen.

(3) Das Jugendamt hat im Fall des Absatzes 1 Satz 1 Nr. 1 und 2 die Personensorge- oder Erziehungsberechtigten unverzüglich von der Inobhutnahme zu unterrichten und mit ihnen das Gefährdungsrisiko abzuschätzen. Widersprechen die Personen- oder Erziehungsberechtigten der Inobhutnahme, so hat das Jugendamt unverzüglich
1. das Kind oder den Jugendlichen den Personensorge- oder Erziehungsberechtigten zu übergeben, sofern nach Einschätzung des Jugendamtes eine Gefährdung des Kindeswohls nicht besteht oder die Personensorge- oder Erziehungsberechtigten bereit und in der Lage sind, die Gefährdung abzuwenden oder
2. eine Entscheidung des Familiengerichts über die erforderlichen Maßnahmen zum Wohl des Kindes oder des Jugendlichen herbeizuführen.
Sind die Personen- oder Erziehungsberechtigten nicht erreichbar, so gilt Satz 2 Nr. 2 entsprechend. Im Fall des Absatzes 1 Satz 1 Nr. 3 ist unverzüglich die Bestellung eines Vormundes oder Pflegers zu veranlassen. Widersprechen die Personensorgeberechtigten der Inobhutnahme nicht, so ist unverzüglich ein Hilfeplanverfahren zur Gewährung einer Hilfe einzuleiten.
(4) Die Inobhutnahme endet mit
1. der Übergabe des Kindes oder Jugendlichen an die Personen- oder Erziehungsberechtigten,
2. der Entscheidung über die Gewährung von Hilfen nach dem Sozialgesetzbuch.
(5) Freiheitsentziehende Maßnahmen im Rahmen der Inobhutnahme sind nur zulässig, wenn und soweit sie erforderlich sind, um eine Gefahr für Leib oder Leben des Kindes oder Jugendlichen oder eine Gefahr für Leib oder Leben Dritter abzuwenden. Die Freiheitsentziehung ist ohne gerichtliche Entscheidung spätestens mit Ablauf des Tages nach ihrem Beginn zu beenden.
(6) Ist bei der Inobhutnahme die Anwendung unmittelbaren Zwangs erforderlich, so sind die dazu befugten Stellen hinzuzuziehen.

Nun plant die Bundesregierung seit Anfang 2010 erneut, den Schutz von Kindern im Rahmen eines Kinderschutzgesetzes (KiSchZusG) zu verbessern, in dem Fragen zur Prävention und Intervention gleichermaßen gestärkt und geregelt werden sollen. Der Bundestag hat am 23. April 2010 in erster Lesung über den Gesetzentwurf beraten (BT-Drs. 16/12429). Erneut wurde vom Bundesrat die Verpflichtung zum Hausbesuch bei Verdachtsfällen einer Kindeswohlgefährdung kritisiert. An der Meldepflicht der Lehrerinnen und Lehrer wird trotz Kritik aus den Ländern festgehalten, da die Lehrkräfte bei der Anzeige einer Kindeswohlgefährdung nicht die Bildung von Kindern zu berücksichtigen haben, sondern deren Wohl im Sinne öffentlicher Fürsorge wahrnehmen, so dass die Gesetzgebungskompetenz nicht bei den Ländern, sondern beim Bund liegt (Art. 74 Abs. 1 Nr. 7 GG). Schwerpunkte der Prävention sollen beinhalten:
- Ein neuer Leistungstatbestand „Frühe Hilfen" soll flächendeckend „niederschwellige" Unterstützungsangebote für Familien in belastenden Lebenslagen sicherstellen, und zwar schon während der Schwangerschaft und nach der Geburt. Dazu zählt auch eine Verbesserung der Rechtsgrundlagen für Hebammen und Familienhebammen.
- Die Zusammenarbeit im Kinderschutz für alle damit befassten Berufsgruppen und Institutionen soll gestärkt und die Grundlagen für verbindliche Netzwerke geschaffen werden.
- Alle kinder- und jugendnah Beschäftigten müssen in Zukunft ein erweitertes Führungszeugnis vorlegen, das über alle einschlägigen Straftaten auch im Bagatellbereich informiert.

Schwerpunkte der Intervention sollen beinhalten:
- Eine bundeseinheitliche Befugnisnorm zur Weitergabe von Informationen für Berufsgeheimnisträger. Sie soll die von Ärzten wiederholt geforderte Rechtssicherheit bei der Abwägung der Schweigepflicht von Berufsgeheimnisträgern erhöhen.
- Der staatliche Schutzauftrag bei Kindeswohlgefährdung soll durch klare Vorgaben zu Handlungsbefugnissen und -pflichten mehr Handlungs- und Rechtssicherheit für die mit dem Kinderschutz befassten Professionen schaffen.
- Mit einer Verpflichtung des bisher zuständigen Jugendamtes zur Übermittlung notwendiger Informationen an das Jugendamt am neuen Wohnort der Familie soll dem so genannten Jugendamts-Hopping wirksam begegnet werden, da Eltern in Problemfamilien häufig versuchen, sich dem Zugang des Jugendamtes durch Wohnortswechsel zu entziehen.

Literatur

Balloff, R. (1998). Methodische Grundlagen der gerichtsgebundenen Sachverständigkeit in Familiensachen. Familie, Partnerschaft, Recht, 4, 207-213.

Balloff, R. (2008). Arbeitskreis 19: Mindeststandards bei der Begutachtung. In Siebzehnter Deutscher Familiengerichtstag vom 12. Bis 15. September 2007 in Brühl (S. 165-168). Bielefeld: Gieseking.

Balloff, R. & Walter, E. (1991a). Konzeptionelle Gedanken zur Trennungs- und Scheidungsintervention. Familie und Recht, 2, 63-69.

Balloff, R. & Walter, E. (1991b). Der psychologische Sachverständige in Familiensachen. Historischer Exkurs, Bestandsaufnahme und Grundlagen der Arbeit. Familie und Recht, 2, 334-341.

Borth, H., Grandel, M. & Musielak, H.-J. (2009). Familiengerichtliches Verfahren. Kommentar. München: Vahlen.

Bringewat, P. (2006). Schutzauftrag bei Kindeswohlgefährdung (§ 8a SGB VIII) und strafrechtliche Garantenhaftung in der Kinder- und Jugendhilfe. Zeitschrift für Kindschaftsrecht und Jugendhilfe, 5, 233-242.

Dettenborn, H. (2010). Kindeswohl und Kindeswille. München: Reinhardt.

Gesetzentwurf der Bundesregierung (2007). Entwurf eines Gesetzes zur Reform des Verfahrens in Familiensachen und in den Angelegenheiten der freiwilligen Gerichtsbarkeit (FGG-Reformgesetz – FGG-RG). Berlin.

Kindler, H. (2009). Umgang und Kindeswohl. Empirische Befundlage und Folgerungen. Zeitschrift für Kindschaftsrecht und Jugendhilfe, 3, 110-114.

Knödler, C. (2010). Ausgewählte Probleme aus dem FamFG für die Praxis der Sozialen Arbeit in Kindschaftssachen. Zeitschrift für Kindschaftsrecht und Jugendhilfe, 4, 135-142.

Künast, R. (2008). Kinderrechte in die Verfassung! Was sonst? Familie, Partnerschaft, Recht, 14, 478-481.

Kunkel, P.-C. (2008a). 2 Jahre Schutzauftrag nach § 8a SGB VIII. Zeitschrift für Kindschaftsrecht und Jugendhilfe, 2, 52-58.

Kunkel, P.-C. (2008b). Wächteramt und Garantenstellung, Inobhutnahme, geschlossene Unterbringung. Praxis der Rechtspsychologie, 18, 139-147.

Menne, M. (2006). Der Umgangspfleger – ein unbekanntes Wesen? Zeitschrift für Kindschaftsrecht und Jugendhilfe, 10, 445-448.

Meysen, T., Balloff, R., Finke, F., Kindermann, E., Niepmann, B., Rakete-Dombek, I. & Stötzel, M. (2009). Das Familienverfahrensrecht – FamFG. Praxiskommentar mit Einführung, Erläuterungen, Arbeitshilfen. Köln: Bundesanzeiger.

Müller-Magdeburg, C. (2009). Das beschleunigte Verfahren im Lichte des FamFG. Zeitschrift für Kindschaftsrecht und Jugendhilfe, 5, 184-188.

Peschel-Gutzeit, L. (2008). Zur Geschichte der Kinderrechte. Familie, Partnerschaft, Recht, 14, 471-476.

Salgo, L. (2006). § 8a SGB VIII. Anerkennung und Überlegungen zur Vorgeschichte und zu den Konsequenzen der Gesetzesänderung, Teil 1. Zeitschrift für Kindschaftsrecht und Jugendhilfe, 12, 531-535.

Salgo, L. (2007). § 8a SGB VIII. Anerkennung und Überlegungen zur Vorgeschichte und zu den Konsequenzen der Gesetzesänderung, Teil 2. Zeitschrift für Kindschaftsrecht und Jugendhilfe, 1, 12-16.

Salzgeber, J. (2008). Der Sachverständige als Hersteller von Einvernehmen, endlich Garant für das Kindeswohl? Zeitschrift für das gesamte Familienrecht, 57, 656-659.

Salzgeber, J. (2009). Von konventionell bis Cochemer Modell: Das breite Wirkungsspektrum richtig verstandener Begutachtung. In C. Müller-Magdeburg (Hrsg.), Verändertes Denken – zum Wohle der Kinder. Festschrift für Jürgen Rudolph (S. 173-183). Baden-Baden: Nomos.

Schweiwe, K. (2009). Vom Objekt zum Subjekt? Kinderrechte zwischen Rechtsrhetorik und Realisierbarkeit. Zeitschrift für Kindschaftsrecht und Jugendhilfe, 1, 7-12.

Schürmann, H. (2009). Stellung der Kinder im familiengerichtlichen Verfahren. Familienrecht und Familienverfahrensrecht, 1, 153-158.

Wiesner, R. (2008). Kinderrechte in die Verfassung?! Zeitschrift für Kindschaftsrecht und Jugendhilfe, 6, 225-229.

Willutzki, S. (2009a). Das Verfahren in Kindschaftssachen. Struktur und grundlegenden Neuerungen. Zeitschrift für Kindschaftsrecht und Jugendhilfe, 8/9, 305-308.

Willutzki, S. (2009b). Die Umgangspflegschaft. Zeitschrift für Kindschaftsrecht und Jugendhilfe, 7, 281-283.

Interessenvertretung des Kindes (Verfahrensbeistand)

Rainer Balloff

1. Einleitung

Mit Inkrafttreten des Gesetzes über das Verfahren in Familiensachen und in den Angelegenheiten der freiwilligen Gerichtsbarkeit (FamFG) wurde am 1. September 2009 in § 158 FamFG[1] die Interessenvertretung des Kindes durch einen Verfahrensbeistand geregelt, der bisher als Verfahrenspfleger bezeichnet wurde und in § 50 des Gesetzes über die Angelegenheiten der freiwilligen Gerichtsbarkeit (FGG) normiert war (für so genannte Altfälle, die vor dem 1. September 2009 bei Gericht anhängig waren, gilt § 50 FGG bis zum Abschluss des Verfahrens weiter).

Seit der großen Kindschaftsrechtsreform vom 1. Juli 1998 war in § 50 FGG festgelegt, dass „die eigenständigen Interessen des Kindes in das Verfahren eingebracht werden und das Kind damit nicht zu einem bloßen Verfahrensobjekt wird" (BT-Drs. 13/4899, S. 76).

Die Rechtsfigur des Verfahrensbeistands, dem Kind einen Interessenvertreter beizuordnen, ist nunmehr in § 158 Abs. 1, 2 FamFG, in Abstammungssachen nach § 174 S. 1 FamFG, in Adoptionssachen nach § 191 S. 1 FamFG und in Unterbringungssachen nach §§ 151 Nr. 6, 167 Abs. 1 S. 2, 317 Abs. 1 S. 1 FamFG geregelt. § 158 FamFG

> Mit Inkrafttreten des Gesetzes über das Verfahren in Familiensachen und in den Angelegenheiten der freiwilligen Gerichtsbarkeit wurde am 1. September 2009 die Interessenvertretung des Kindes durch einen Verfahrensbeistand geregelt, der bisher als Verfahrenspfleger bezeichnet wurde

---

[1] § 158 Verfahrensbeistand
(1) Das Gericht hat dem minderjährigen Kind in Kindschaftssachen, die seine Person betreffen, einen geeigneten Verfahrensbeistand zu bestellen, soweit dies zur Wahrnehmung seiner Interessen erforderlich ist.
(2) Die Bestellung ist in der Regel erforderlich,
1. wenn das Interesse des Kindes zu dem seiner gesetzlichen Vertreter in erheblichem Gegensatz steht,
2. in Verfahren nach den §§ 1666 und 1666a des Bürgerlichen Gesetzbuchs, wenn die teilweise oder vollständige Entziehung der Personensorge in Betracht kommt,
3. wenn eine Trennung des Kindes von der Person erfolgen soll, in deren Obhut es sich befindet,
4. in Verfahren, die die Herausgabe des Kindes oder eine Verbleibensanordnung zum Gegenstand haben, oder

erfasst die Beiordnung eines Verfahrensbeistandes für Kinder und Jugendliche, die ihre Person betreffen. Das beinhaltet alle Verfahren, die sich auf die Lebensführung und Lebensstellung des Kindes oder Jugendlichen beziehen, soweit sie nicht nur das Vermögen betreffen (Vogel, 2010, S. 44).

Erste Voraussetzung für die Bestellung eines Verfahrensbeistands ist ein anhängiges gerichtliches Verfahren

Erste Voraussetzung für die Bestellung eines Verfahrensbeistands ist ein anhängiges gerichtliches Verfahren.

Die Grundregel nach § 158 Abs. 1 FamFG verlangt die Bestellung eines Verfahrensbeistands, soweit dies zur Wahrnehmung der Interessen des Kindes oder Jugendlichen erforderlich ist, wenn beispielsweise zwischen Kind und Eltern Unvereinbarkeiten auftreten, die im Gerichtsverfahren zur Frage der Platzierung oder des Umgangs von Bedeutung sind.

---

5. wenn der Ausschluss oder eine wesentliche Beschränkung des Umgangsrechts in Betracht kommt.

(3) [1]Der Verfahrensbeistand ist so früh wie möglich zu bestellen. [2]Er wird durch seine Bestellung als Beteiligter zum Verfahren hinzugezogen. [3]Sieht das Gericht in den Fällen des Absatzes 2 von der Bestellung eines Verfahrensbeistands ab, ist dies in der Endentscheidung zu begründen. [4]Die Bestellung eines Verfahrensbeistands oder deren Aufhebung sowie die Ablehnung einer derartigen Maßnahme sind nicht selbständig anfechtbar.

(4) [1]Der Verfahrensbeistand hat das Interesse des Kindes festzustellen und im gerichtlichen Verfahren zur Geltung zu bringen. [2]Er hat das Kind über Gegenstand, Ablauf und möglichen Ausgang des Verfahrens in geeigneter Weise zu informieren. [3]Soweit nach den Umständen des Einzelfalls ein Erfordernis besteht, kann das Gericht dem Verfahrensbeistand die zusätzliche Aufgabe übertragen, Gespräche mit den Eltern und weiteren Bezugspersonen des Kindes zu führen sowie am Zustandekommen einer einvernehmlichen Regelung über den Verfahrensgegenstand mitzuwirken. [4]Das Gericht hat Art und Umfang der Beauftragung konkret festzulegen und die Beauftragung zu begründen. [5]Der Verfahrensbeistand kann im Interesse des Kindes Rechtsmittel einlegen. [6]Er ist nicht gesetzlicher Vertreter des Kindes.

(5) Die Bestellung soll unterbleiben oder aufgehoben werden, wenn die Interessen des Kindes von einem Rechtsanwalt oder einem anderen geeigneten Verfahrensbevollmächtigten angemessen vertreten werden.

(6) Die Bestellung endet, sofern sie nicht vorher aufgehoben wird,
1. mit der Rechtskraft der das Verfahren abschließenden Entscheidung oder
2. mit dem sonstigen Abschluss des Verfahrens.

(7) [1]Für den Ersatz von Aufwendungen des nicht berufsmäßigen Verfahrensbeistands gilt § 277 Abs. 1 entsprechend. [2]Wird die Verfahrensbeistandschaft berufsmäßig geführt, erhält der Verfahrensbeistand eine einmalige Vergütung in Höhe von 350 Euro. [3]Im Falle der Übertragung von Aufgaben nach Absatz 4 Satz 3 erhöht sich die Vergütung auf 550 Euro. [4]Die Vergütung gilt auch für Ansprüche auf Ersatz anlässlich der Verfahrensbeistandschaft entstandener Aufwendungen sowie die auf die Vergütung anfallende Umsatzsteuer. [5]Der Aufwendungsersatz und die Vergütung sind stets aus der Staatskasse zu zahlen. [6]Im Übrigen gilt § 168 Abs. 1 entsprechend.

(8) Dem Verfahrensbeistand sind keine Kosten aufzuerlegen.

Sieht das Gericht von der Bestellung eines Verfahrensbeistandes ab, ist dies in den Fällen des § 158 Abs. 2 FamFG zu begründen (§ 158 Abs. 3 S. 3 FamFG).

In § 158 Abs. 2 FamFG werden nicht abschließend alle denkbaren Fallkonstellationen aufgezählt, da nur von „in der Regel" die Rede ist, so dass beispielsweise ein Verfahrensbeistand auch in Fällen häuslicher Gewalt, der Aufhebung der elterlichen Sorge nach § 1696 Abs. 1 BGB und in Fällen der Anordnung eines Umgangs gegen den Willen und Widerstand des Kindes oder Jugendlichen (Vogel, 2010, S. 44) bestellt werden muss.

Die Bestellung erfolgt in der Regel durch richterlichen Beschluss; eine bestimmte Form ist im Gesetz allerdings nicht vorgeschrieben. Die Bestellung des Verfahrensbeistandes ist wirksam, sobald sie dem Verfahrensbeistand bekannt gemacht worden ist. Der Verfahrensbeistand ist nach § 7 FamFG Beteiligter des Gerichtsverfahrens, z. B. mit der Rechtsfolge des vollen Akteneinsichtrechts. Zudem sind dem Verfahrensbeistand alle bei Gericht eingehenden Schriftsätze zuzustellen. Er kann an allen Gerichtshandlungen (Anhörungen, Beweisaufnahme) teilnehmen. Er kann Anträge stellen und Rechtsmittel für das Kind oder den Jugendlichen einlegen. Da der Verfahrensbeistand eine eigene verfahrensrechtliche Stellung innehat, kann er auch nicht (anders als der Gutachter) wegen Besorgnis der Befangenheit abgelehnt werden.

Nun ist auch klargestellt, dass der Verfahrensbeistand die subjektiven und objektiven Interessen des Kindes oder Jugendlichen in das Verfahren einzubringen hat.

Die Bestellung des Verfahrensbeistands endet mit der Rechtskraft der das Verfahren abschließenden Entscheidung oder mit einem sonstigen Abschluss des Verfahrens (z. B. Tod des Antragstellers, Einigung der Beteiligten, Rücknahme des Antrages) (§ 158 Abs. 6 FamFG).

2. Quantitative Bedeutung im familiengerichtlichen Verfahren

Daten zur Bestellung eines Verfahrenspflegers nach § 50 FGG veröffentlicht das Statistische Bundesamt jährlich in seiner Rechtspflegestatistik zu den Familiengerichten (Statistisches Bundesamt, 2010, Rechtspflege, Familiengerichte, Fachserie 10/Reihe 2.2.). Diese zeigt auf, in wie vielen der jeweils in einem Jahr abgeschlossenen Verfahren ein Verfahrenspfleger bestellt wurde. Die folgende Tabelle verdeutlicht, dass sich die Zahl der Bestellungen – auch wenn man sie im Verhältnis zu den insgesamt anhängigen Verfahren betrachtet – seit 1999 mehr als verfünffacht hat (Salgo & Stötzel, 2008, S. 417), auch wenn sie für das gesamte Bundesgebiet noch im Jahr 2007 deutlich hinter den Schätzungen zurückbleibt, die auf der Basis von für den Einsatz eines Verfahrenspflegers angezeigten Verfahren bei etwa 30.000 bis 40.000 Bestellungen pro Jahr liegen müssten.[2]

Anzahl der abgeschlossenen Verfahren mit Verfahrenspfleger

	Deutschland	Früheres Bundesgebiet	Neue Länder
1999	2.544	1.977	567
2000	3.757	2.921	836
2001	5.483	4.409	1.074
2002	6.418	5.132	1.286
2003	7.121	5.577	1.544
2004	7.868	6.174	1.721
2005	8.765	6.917	1.848
2006	12.525	9.855	2.670
2007	13.657[3]	11.600	2.057[4]
2008	18.145	14.408	3.717
2009	14.409	11.575	2.834

---

[2] Diese Schätzzahlen würden noch weitaus höher ausfallen, wenn man berücksichtigen würde, dass allein bei ca. 40.000 strittigen Umgangsrechtsfällen pro Jahr in Deutschland vermutlich in mehr als 75 % der Fälle ein Verfahrensbeistand bestellt werden müsste, da das Kind so gut wie immer in diesen Falllagen schweren Loyalitätskonflikten ausgesetzt ist.
[3] Dieser deutliche Zuwachs um fast 50 Prozent im Jahr 2006 ist auch auf eine Veränderung in der statistischen Erhebung zurückzuführen. So hat sich der Berichtskreis der abgebildeten Verfahren im Jahr 2006 vergrößert und umfasst nun z. B. auch Unterbringungsverfahren nach § 1631b BGB (mit Freiheitsentziehung verbundene Unterbringung), so dass davon auszugehen ist, dass ab 2007 auch Verfahrungspfleger-Bestellungen nach § 70b FGG a.F. (Bestellung eines Pflegers) enthalten sind.
[4] Dieser vermeintliche Rückgang in den Neuen Ländern von 2006 bis 2007 ist zumindest teilweise dadurch zu erklären, dass in der Statistik für das Jahr 2007 die Werte für Sachsen (noch) fehlen.

3. Was hat sich mit dem Inkrafttreten des FamFG in Bezug auf den Verfahrensbeistand geändert?

Im FGG gab es verschiedene Aufgabenschwerpunkte von Verfahrenspflegern. Dies ist auch im neuen FamFG so vorgesehen.
In §§ 276, 317, 419 FamFG wird weiterhin der Terminus Verfahrenspfleger benutzt, und zwar in Betreuungs- und Unterbringungssachen und Verfahren in Freiheitsentziehungssachen.
Ein Verfahrensbeistand wird dagegen in
- Unterbringungssachen Minderjähriger – § 167 Abs. 1 S. 2 FamFG, Abstammungssachen nach § 174 FamFG und
- Adoptionsaachen nach § 191 FamFG

bestellt.
In § 158 FamFG sind nunmehr in veränderter Form
- die Voraussetzungen der Bestellung eines Verfahrensbeistandes (Abs. 1, 2),
- der Zeitpunkt der Bestellung (Abs. 3),
- das Absehen von der Bestellung sowie deren Aufhebung (Abs. 3),
- die Tätigkeiten des Verfahrensbeistandes (Abs. 4) sowie
- deren Vergütung (Abs. 7)

geregelt worden.
Neu ist die Pauschalierung für die berufsmäßige Ausübung der Verfahrensbeistandschaft (im Gegensatz zu der bisherigen Abrechnung nach Zeiteinheiten im Rahmen eines Stundenhonorars) mit 350,00 Euro pro Tätigkeit bis zur Beendigung des Verfahrens bzw. von 550,00 Euro, wenn nach § 158 Abs. 7 mit Verweis auf § 158 Abs. 4 S. 3 FamFG dem Verfahrensbeistand die zusätzliche Aufgabe übertragen wird, Gespräche mit den Eltern und weiteren Bezugspersonen des Kindes zu führen sowie am Zustandekommen einer einvernehmlichen Regelung über den Verfahrensgegenstand mitzuwirken.
Im Fall der Weiterführung des Verfahrens vor den Rechtsmittelgerichten entsteht ein erneuter Vergütungsanspruch. Der Anspruch wird allerdings nicht bereits durch die Einlegung eines Rechtsmittels (Beschwerde) ausgelöst, sondern hängt von der jeweiligen Wahrnehmung der Aufgabe nach § 158 Abs. 4 FamFG ab (Borth, Grandel & Musielak, 2009, § 158 FamFG, Rdnr. 17).
Mittlerweile haben die Oberlandesgerichte Frankfurt am Main (Beschluss vom 23. Dezember 2009 – 5 UF 316/09, 2010, S. 63), Stuttgart (Beschluss vom 21. Januar 2010 – 8 WF 14/10, 2010, S. 63) und Celle – (Beschluss vom 08.03.2010 – 10 UF 44/10, Zeitschrift für Kindschaftsrecht und Jugendhilfe, 2010, S. 211) entschieden, dass der bestellte berufsmäßige Verfahrensbeistand für die Wahrnehmung

Neu ist die Pauschalierung für die berufsmäßige Ausübung der Verfahrensbeistandschaft (im Gegensatz zu der bisherigen Abrechnung nach Zeiteinheiten im Rahmen eines Stundenhonorars)

seiner Aufgaben bei Geschwistern für jedes Kind die Fallpauschale nach § 158 FamFG Abs. 7 S. 2, 3 FamFG geltend machen kann. Schon der Wortlaut, Sinn und Zweck des § 158 Abs. 1 FamFG zeige auf, dass für jedes Geschwisterkind eine Fallpauschale geltend gemacht werden könne.

Uneindeutig ist die Rechtslage zur Frage, ob dem Verfahrensbeistand die erweiterte Kostenpauschale in Höhe von 550,00 Euro für jedes Kind einer Geschwisterreihe zugebilligt werden soll oder nur einmal und ansonsten jeweils 350,00 Euro pro Kind.

4. Bestellung eines Verfahrensbeistandes

Allein die Berufsausbildung und der Beruf des Rechtsanwaltes, Psychologen oder Sozialpädagogen für sich genommen beinhaltet noch keine hinreichende Qualifikation zur Wahrnehmung einer fachlich ausgewiesenen und psychologisch einfühlsamen Interessenvertretung eines Kindes oder Jugendlichen nach § 158 FamFG

Der Wortlaut des § 158 Abs. 1 FamFG nimmt nun erstmalig die Geeignetheit des Verfahrensbeistandes auf und reflektiert damit die praktische Erfahrung, dass die Vertretung der Interessen eines Kindes oder Jugendlichen hohe Anforderungen an die fachliche und persönliche Geeignetheit des Verfahrensbeistandes stellt. Allein die Berufsausbildung und der Beruf des Rechtsanwaltes, Psychologen oder Sozialpädagogen für sich genommen beinhaltet noch keine hinreichende Qualifikation zur Wahrnehmung einer fachlich ausgewiesenen und psychologisch einfühlsamen Interessenvertretung eines Kindes oder Jugendlichen nach § 158 FamFG.

So fordert auch die seit September 2009 umbenannte Bundesarbeitsgemeinschaft Verfahrenspflegschaft für Kinder und Jugendliche e.V. (jetzt: Bundesarbeitsgemeinschaft (BAG) Verfahrensbeistandschaft/Interessenvertretung für Kinder und Jugendliche e. V) schon seit Jahren eine juristische, pädagogische oder psychosoziale Grundausbildung für die Tätigkeit des Verfahrensbeistandes, eine für diese Aufgabe geeignete Zusatzqualifikation sowie die persönliche Eignung für die Arbeit mit Kindern (Bundesarbeitsgemeinschaft (BAG) Verfahrensbeistandschaft/Interessenvertretung für Kinder und Jugendliche e. V., so auch Balloff & Koritz, 2006, S. 16f.; Bode 2004, S. 56 ff.; Salgo, 2009, S. 55)[5]. Salgo (2009) spricht von einem Anforderungsprofil geeigneter Verfahrensbeistände. Er erwartet zu Recht
- grundlegende Rechtskenntnisse auf den Gebieten des Familien-, Kindschafts- und Jugendrechts,
- Grundkenntnisse in der Entwicklungs-, Familienpsychologie und Kommunikation mit Kindern,
- Kenntnisse der Angebote öffentlicher und freier Träger der Kinder- und Jugendhilfe vor Ort.

---

[5] Standards Bundesarbeitsgemeinschaft (BAG) Verfahrensbeistandschaft/Interessenvertretung für Kinder und Jugendliche e. V.: www.verfahrensbeistand-bag.de

Das Bundesverfassungsgericht (1999 - 1 BvR 1403/99, unveröffentlichte Entscheidung; Balloff & Koritz, 2006, S. 16) hatte sich schnell nach Inkrafttreten des § 50 FGG bereits mit dem konkreten Zeitpunkt der Bestellung befasst und dahingehend positioniert, dass diese zu einem so frühen Zeitpunkt zu erfolgen hat, an dem das Verfahren durch ihn noch im Interesse des Kindes beeinflussbar ist. (Zu diesem Themenkreis erst jüngst Rixe (2010, S. 63), der es begrüßt, dass nunmehr auch die obersten Verfassungsgerichte der Bundesländer offenbar dazu tendieren, einen verschärften Kontrollmaßstab – in Teilbereichen der Ausübung der elterlichen Sorge, hier die Schulwahl für das Kind durch die Eltern – an die rechtzeitige und häufigere Bestellung von Verfahrensbeiständen legen).

§ 158 Abs. 3 Satz 1 FamFG legt nun eindeutig fest, dass der Verfahrensbeistand so früh wie möglich zu bestellen ist, wenn dies nach den Voraussetzungen nach § 158 Abs. 1 und 2 FamFG für die Wahrnehmung der kindlichen Interessen erforderlich ist.

Nur eine geringe Hilfestellung gibt das Gesetz dabei im Rahmen des gesetzlich vorgesehenen Zusammenspiels mit dem in § 155 FamFG geregelten Vorrang- und Beschleunigungsgebot. Auch im beschleunigten familiengerichtlichen Verfahren sind umgehend die Erforderlichkeit der Bestellung eines Verfahrensbeistandes und seine Hinzuziehung zum frühen ersten Termin (nach Kontaktaufnahme mit dem Kind) durch entsprechende Vor- und Anfangsermittlungen zu prüfen, also zügige Beiziehung der Akten, Anhörung des Jugendamtes und die Gewährung von rechtlichem Gehör im Hinblick auf die beabsichtigte Bestellung eines Verfahrensbeistandes (Menne, 2009, S. 69).

Zu den inhaltlichen Voraussetzungen der Bestellung eines Verfahrenspflegers hat sich das Bundesverfassungsgericht bereits am 29.10.1998 (Zeitschrift für das gesamte Familienrecht, 1999, S. 85) in einer die Richtung bestimmenden Art und Weise geäußert: Immer schon dann, wenn zu befürchten sei, dass Eltern die Interessen des Kindes nicht in das Verfahren einbringen und angesichts der eigenen Situation und Bedürfnislage dazu nicht in der Lage sein würden, sei es Aufgabe des Verfahrenspflegers – und damit auch jetzt des Verfahrensbeistandes – sich in entsprechender Weise für die Kindesinteressen einzusetzen.

Den Verpflichtungsgrad für die Bestellung des Verfahrensbeistandes verschärft das FamFG nun durch eine Umformulierung der einleitenden juristischen Norm. So wird die bisherige Kann-Bestimmung in § 50 Abs. 1 FGG in 158 Abs. 1 FamFG durch die Formulierung „hat zu bestellen" und an die Voraussetzung der Erforderlichkeit ersetzt, „soweit dies zur Wahrnehmung seiner Interessen erforderlich ist.". Diese Vorschrift ergänzt auch § 158 Abs. 2 FamFG beispiel-

Nur eine geringe Hilfestellung gibt das Gesetz dabei im Rahmen des gesetzlich vorgesehenen Zusammenspiels mit dem in § 155 FamFG geregelten Vorrang- und Beschleunigungsgebot

haft und führt aus, in welchen Fällen die Erforderlichkeit der Bestellung in der Regel gegeben ist:

1. Wie bisher, generalklauselartig bei erheblichem Interessengegensatz zwischen Kind und gesetzlichem Vertreter; dieser liegt immer dann vor, wenn das Familiengericht z. B. den gemeinsam sorgeberechtigten Eltern nach § 1629 Abs. 2 Satz 3 BGB i.V.m. § 1796 BGB die Vertretungsmacht entziehen würde (Balloff & Koritz, 2006, S. 14). Das gilt auch bei erheblichen Umgangsstreitigkeiten der Eltern, die allerdings noch nicht einen Ausschluss oder eine erhebliche Einschränkung des Umgangs nach sich ziehen (vgl. weiter unten Punkt 5.).
2. Bei teilweiser oder vollständiger Entziehung der Personensorge nach §§ 1666, 1666a BGB; diese Verfahren beinhalten regelmäßig ein erhebliches Konfliktpotenzial und unterschiedliche Interessen, die für das Kind eine Vertretung durch eine unabhängige Person erforderlich machen.
3. Bei möglichen Trennungen von Betreuungspersonen (ein nun explizit benanntes Regelbeispiel für die Bestellung eines Verfahrensbeistandes).
4. Bei Fragen zum Aufenthalt des Kindes; dies sind neben Verfahren zur Verbleibensanordnung nach § 1632 Abs. 4 und § 1682 BGB auch solche, die die Herausgabe des Kindes betreffen (§ 1632 Abs. 1, 3 BGB).
5. Beim Ausschluss oder bei einer wesentlichen Einschränkung des Umgangsrechts (§ 1684 Abs. 4 BGB); hier hatte der Gesetzgeber als wesentliche Beschränkungen insbesondere solche vor Augen, die nicht nur eine einmalige oder vorübergehende Einschränkung des Umgangsrechts darstellen (BT-Drucksache 16/9733, S. 294).

Auch § 158 Abs. 3 Satz 3 FamFG (wie in § 50 Abs. 2 Satz 2 FGG) sieht vor, dass (erst) in der Endentscheidung begründet werden muss, warum eine Bestellung nach diesen in Abs. 2 genannten Voraussetzungen unterblieben ist.[6]

Nicht notwendig ist weiterhin die Bestellung eines Verfahrensbeistandes, wenn die Interessen des Kindes durch einen anderen geeigneten Verfahrensbevollmächtigten angemessen vertreten werden

Nicht notwendig ist weiterhin die Bestellung eines Verfahrensbeistandes, wenn die Interessen des Kindes durch einen anderen geeigneten Verfahrensbevollmächtigten angemessen vertreten werden (§ 158 Abs. 5 FamFG, der dem bisherigen § 50 Abs. 3 FGG entspricht).

Mit dieser Regelung bezog sich der Gesetzgeber schon im Rahmen der Kindschaftsrechtsreform von 1998 insbesondere auf Fälle, in

---

[6] Eine Regelung, die nicht zufrieden stellen kann: Jedem Beteiligten an einem familiengerichtlichen Verfahren ist bekannt, dass derartige richterliche Begründungen bisher so gut wie nie abgegeben wurden, obwohl in etlichen dieser Fälle eine Verfahrenspflegerbestellung (künftig eine Verfahrensbeistandbestellung) dringend erforderlich gewesen wäre.

denen ein Elternteil für das Kind einen Rechtsanwalt bestellt hat oder das Kind als Beschwerdeführer durch einen Verfahrensbevollmächtigten vertreten wird (BT-Drs. 13/4899, S. 132). Kritisch ist, dass mit der Beauftragung eines Rechtsanwalts durch die gesetzlichen Vertreter des Kindes stets die Gefahr der Instrumentalisierung der Tätigkeit des Verfahrensbevollmächtigten durch die Personensorgeberechtigten mit einhergeht. Die ausdrücklich benannte Angemessenheit der Vertretung ist somit sorgfältig zu prüfen.

Neu ist im Vergleich zum alten Recht, dass § 158 Abs. 3 S. 4 FamFG nun ausdrücklich die Möglichkeit der Aufhebung der Bestellung des Verfahrensbeistandes während des laufenden Gerichtsverfahrens vorsieht. Eine Entbindung muss zum Beispiel möglich sein, wenn der Verfahrensbeistand untätig bleibt oder es zwischen Verfahrensbeistand und Kind zu Unvereinbarkeiten kommt, die eine weitere Vertretung für das Kind unzumutbar machen.

Sie ist jedoch erst mit der Endentscheidung anfechtbar. Auf diese insgesamt in der Vergangenheit heftig debattierte Frage gibt § 158 Abs. 3 Satz 4 FamFG nun eine eindeutige Antwort: Die Bestellung eines Verfahrensbeistands oder auch die nicht erfolgte Bestellung sind nicht selbstständig anfechtbar.

Damit wird die Tendenz der obergerichtlichen Rechtsprechung zu diesem Thema aufgegriffen, dass die Bestellung den Charakter einer verfahrensleitenden Zwischenverfügung hat, die regelmäßig nicht selbstständig anfechtbar ist. Darüber hinaus werden so unnötige und für das Kind in der Regel schädliche Verfahrensverzögerungen verhindert.

Ergänzend dazu erfolgt in § 158 Abs. 4 Satz 6 FamFG die auch verfassungsrechtlich bedeutsame Klarstellung, dass der Verfahrensbeistand nicht gesetzlicher Vertreter des Kindes ist und damit durch die Bestellung kein derart schwerwiegender Eingriff in die Rechte der Beteiligten (Eltern) vorliegt, dass eine Anfechtbarkeit geboten wäre (BT-Drs. 16/6308, S. 239).

5. Aufgaben und Befugnisse

Die differenziertere Beschreibung der Aufgaben des Verfahrensbeistandes ist die wesentlichste Neufassung des Rechtsinstituts des Verfahrensbeistandes, die die Praxis seit Jahren nachdrücklich gefordert hat[7] und die Rechtsprechung meist nur angesichts strittiger Kosten- und Vergütungsfragen thematisierte.

---

[7] Standards Bundesarbeitsgemeinschaft (BAG) Verfahrensbeistandschaft/Interessenvertretung für Kinder und Jugendliche e. V.

Die Begründung im Regierungsentwurf stellt zum Aufgabenkreis des Verfahrensbeistandes fest, dass die Ermittlung des Interesses des Kindes und vordringlich die Herausarbeitung des Willens des Kindes zum Pflichtprogramm des Verfahrensbeistandes gehörten. Somit sei der Verfahrensbeistand dem Interesse des Kindes verpflichtet und nicht allein dem von diesem geäußerten Willen (BT-Drs. 16/6308, S. 239).

> Zwar hat der Verfahrensbeistand den Kindeswillen in jedem Fall deutlich zu machen und in das Verfahren einzubringen, es steht ihm jedoch frei, darüber hinaus weitere Gesichtspunkte und auch etwaige Bedenken vorzutragen

Zwar hat der Verfahrensbeistand den Kindeswillen in jedem Fall deutlich zu machen und in das Verfahren einzubringen, es steht ihm jedoch frei, darüber hinaus weitere Gesichtspunkte und auch etwaige Bedenken vorzutragen. Der Verfahrensbeistand hat daher bei seiner Stellungnahme sowohl das subjektive Interesse des Kindes (Wille des Kindes) als auch das objektive Interesse des Kindes (Kindeswohl) einzubeziehen. Nun ist klargestellt, dass der Verfahrensbeistand Kindeswille und Kindeswohl zu beachten hat, indem er in einem umfassenden Sinne im Interesse des Kindes tätig wird.

Hier werden gerade bei älteren Kindern Konflikte auftreten können, die im Fall einer das Wohl des Kindes gefährdenden Willensäußerung mit großem Nachdruck ihr Ziel durchsetzen und hierzu den Verfahrensbeistand lediglich als „Sprachrohr" in Anspruch nehmen wollen (z. B. Rückkehr in das nach wie vor gefährdende Elternhaus, mit weiterführenden Ausführungen Dettenborn, 2010).

Nach wie vor entscheidet der Verfahrensbeistand allein, ob er seine Stellungnahme schriftlich zu den Akten gibt oder mündlich im Anhörungstermin vorträgt.[8]

Mit § 158 Abs. 3 Satz 2 FamFG wird dem Verfahrenbeistand ausdrücklich die Stellung als Beteiligter[9] im Verfahren zugesprochen. Dadurch hat er alle Rechte und Pflichten eines Beteiligten und ist u.a. eindeutig befugt, Rechtsmittel im Interesse des Kindes einzulegen (§ 158 Abs. 4 Satz 5 FamFG). Ebenso beinhaltet die Beteiligteneigenschaft das Akteneinsichtsrecht.

§ 158 Abs. 6 FamFG regelt im gleichen Wortlaut wie bisher in § 50 Abs. 4 FGG, dass die Bestellung des Verfahrenbeistandes mit Rechtskraft der das Verfahren abschließenden Entscheidung oder mit dem sonstigen Abschluss des Verfahrens endet, wobei allerdings der Ver-

---

[8] Die Standards der Bundesarbeitsgemeinschaft Verfahrenspflegschaft für Kinder und Jugendliche e. V. betrachten eine schriftliche Stellungnahme jedoch als Regel.

[9] Das Gesetz kennt „Muss-Beteiligte": Nach § 7 Abs. 2 FamFG handelt es sich um den Personenkreis, der vom Familiengericht zu dem Verfahren hinzugezogen werden muss, also um Personen, deren Rechte durch das Verfahren unmittelbar betroffen werden können, während nach § 7 Abs. 3 Personen auf Antrag oder von Amts wegen zu dem Verfahren herangezogen werden können (sog. Kann-Beteiligte, z. B. in §§ 188 Abs. 2 Adoptionssachen, 204 Abs. 2 Wohnungszuweisungssachen, 212 Gewaltschutzsachen usw.

fahrensbeistand formal auch für das Rechtsmittelverfahren zuständig bleibt.

Ungünstig kann sich auswirken, dass der Verfahrenspfleger mit Beendigung des Gerichtsverfahrens keinen vergütungsfähigen Zugang zum Kind mehr hat, obwohl eine kurze Nachbetreuung des Kindes in etlichen Fallkonstellationen dem Wohlergehen des Kindes dienlich sein wird.

Nach § 158 Abs. 1, Abs. 4 Satz 1 FamFG hat der Verfahrensbeistand die Interessen des Kindes festzustellen und im gerichtlichen Verfahren zur Geltung zu bringen. Darüber hinaus werden nun in § 158 Abs. 4 Satz 2, 3 FamFG konkrete Aufgaben beschrieben:

1. Nach Satz 2 ist das Kind in geeigneter Weise über das Verfahren zu informieren. Diese Unterstützung benötigt das Kind für die „Wahrnehmung der eigenen Position" (BT-Drs. 16/6308, S. 240), so dass ihm der Verfahrensbeistand die Grundlage für die verbale oder nonverbale Artikulation seiner Interessen gibt.
2. Nach Satz 3 sind Gespräche mit den Eltern und sonstigen Bezugspersonen des Kindes zu führen sowie das Mitwirken am Zustandekommen einer einvernehmlichen Regelung über den Verfahrensgegenstand, deren Notwendigkeit das Gericht begründen muss (BT-Drs. 16/9733, S. 294). Dies widerspricht jedoch dem Grundsatz einer unabhängigen Interessenvertretung. Darüber hinaus verkennt der Gesetzgeber, dass die Vertretung kindlicher Interessen nicht von einem umfassenden Verständnis seines Lebensumfeldes zu trennen ist (Hannemann & Stötzel, 2009, 58). Dass dafür Gespräche mit den Eltern und weiteren Bezugspersonen unverzichtbar sind – auch, wenn sich ein Kind beispielsweise aufgrund seines Alters noch nicht artikulieren kann – wird von den Gerichten zu Recht in den allermeisten Fällen auch so gesehen.
3. Das Mitwirken auf Einvernehmen stellt einen wesentlichen Grundsatz des FamFG, an dem sich der Verfahrensbeistand an den Interessenlagen des Kindes zu orientierten hat. Eine regelhafte Beauftragung zu diesen erweiterten Befugnissen ist daher nachdrücklich zu fordern (Menne, 2009, S. 68). Das Mitwirken an einer einvernehmlichen Regelung über den Verfahrensgegenstand (§ 158 Abs. 4 S. 3 FamFG) beinhaltet allerdings keine Psychotherapie, psychologische Beratung, Paar- oder Familientherapie oder Mediation mit den Eltern, dem Kind oder anderen engen Bezugspersonen des Kindes, sondern lediglich ein Mitwirken im Kontext aller gerichtlichen und außergerichtlichen Maßnahmen zur Konfliktbeilegung.

> **Ungünstig kann sich auswirken, dass der Verfahrenspfleger mit Beendigung des Gerichtsverfahrens keinen vergütungsfähigen Zugang zum Kind mehr hat, obwohl eine kurze Nachbetreuung des Kindes in etlichen Fallkonstellationen dem Wohlergehen des Kindes dienlich sein wird**

6. Vergütung

Grundsätzlich steht dem Verfahrensbeistand für sein Tätigwerden eine einmalige Vergütung in Höhe von 350 Euro zu. Ordnet allerdings das Gericht einen erweiterten Aufgabenkreis nach § 158 Abs. 4 S. 3 FamFG an, erhöht sich die fallbezogene Vergütung auf 550 Euro. Danach ist mit der Pauschale von 550 Euro der erweiterte Aufgabenkreis zu vergüten (Gespräche mit den Eltern und weiteren Bezugspersonen, Mitwirken am Zustandekommen einer einvernehmlichen Regelung über den Verfahrensgegenstand).

§ 158 Abs. 7 Satz 4 FamFG stellt darüber hinaus klar, dass sich die Pauschalen jeweils inklusive Aufwendungsersatz und durch den Verfahrensbeistand evtl. zu erhebender Umsatzsteuer verstehen. Erbrachte Leistungen im Abrechnungsmodus von Stunden oder Auslagen, wie z. B. Fahrtkosten, sind somit nicht mehr abrechnungsfähig. Insgesamt handelt es sich um eine gesetzliche Festlegung, die eine nicht hinnehmbare Beschränkung qualifizierter und engagierter Interessenvertretung des Kindes im Rahmen einer Verfahrensbeistandschaft beinhaltet und die die berufsmäßige Ausübung des Verfahrensbeistandes unzumutbar einschränkt und beeinträchtigt. Nach Knödler (2010, S. 139) reicht diese Summe nicht aus, in schwierigen Familienrechtsfällen eine fachlich angemessene Vertretung des Kindes sicherzustellen. Sobald Gespräche mit den Eltern und Bezugspersonen des Kindes nur auf Anordnung des Familiengerichts vergütungsfähig sind, deutet diese gesetzliche Regelung auf eine „lebensfremde und künstliche" (Knödler, 2010, S. 139) Festlegung, da insbesondere bei Säuglingen und sehr jungen Kindern unter drei Jahren und bei noch nicht verbalisierungsfähigen oder entwicklungsrückständigen Kindern Gespräche mit den Bezugspersonen des Kindes immer erforderlich sind. Hinzuzufügen ist, dass Eltern ihre Kinder dem Verfahrensbeistand, der für alle Beteiligten zunächst eine unbekannte Person ist, kaum anvertrauen werden, um z. B. Einzelkontakte – auch des älteren Kindes ab drei Jahren – mit dem Verfahrensbeistand zuzulassen. Alles in allem haben die Eltern das Recht, den Verfahrensbeistand kennen zu lernen, sich ein Bild von ihm zu machen, um erst dann einen von ihnen unbegleiteten Kontakt des Kindes mit dem Verfahrensbeistand zuzulassen.

Mittlerweile hat das Bundesverfassungsgericht (2010, 70) am 9. November 2009 zur Frage der Verfassungsmäßigkeit der Fallpauschalen entschieden, dass eine Verfassungsbeschwerde gegen die Fallvergütung erst nach einer fachgerichtlichen Vorprüfung in den „Untergerichten (Amtsgericht, Oberlandesgericht, Bundesgerichtshof) möglich ist und regelmäßig eine unmittelbare Selbstbetroffenheit eines konkreten Verfahrensbeistandes voraussetzt, was hier nicht der Fall war. Insgesamt hat das Bundesverfassungsgericht noch keine klärenden oder richtungweisenden Festlegungen zur Frage der Verfassungsmäßigkeit der Fallpauschalen getroffen.

Menne (2010, S. 71) meint zu Recht, dass diese Entscheidung noch nicht das letzte Wort in Sachen „Fallpauschale" gewesen sei.

Zur Kostenregelung des Verfahrensbeistandes ist ferner anzumerken, dass beispielsweise der gerichtlich bestellte psychologische Sachverständige nach den Vorgaben des Justizvergütungs- und -Entschädigungsgesetzes (JVEG) nach wie vor 85,00 Euro zuzüglich 19% Umsatzsteuer die Stunde für alle erbrachten Leistungen in Rechnung stellen kann und alle Auslagen ersetzt bekommt, die vergütungsfähig sind, also auch Fahrtzeiten, vorbereitenden Arbeiten, Kopierarbeiten, Telefonate, und auch bei Umsatzsteuerpflicht die Umsatzsteuer geltend machen können[10].

Diese Diskrepanz ist angesichts der schwierigen und verantwortungsvollen Tätigkeit des Verfahrensbeistandes im Vergleich zur Vergütung des Sachverständigen nicht nachvollziehbar.

10. Ausblick

1. Verfahrenbeistand für jedes Kind in einer Geschwisterreihe?

Das Gericht sollte in jedem Einzelfall prüfen, ob die Bestellung eines Verfahrenbeistandes für jedes Kind erforderlich ist oder ob die Bestellung nur eines Verfahrenspflegers für alle Geschwisterkinder in einer Familie möglich ist.

Ausgehend davon, dass das Gericht dem Kind nach § 158 Abs. 1 FamFG den Verfahrensbeistand zur Wahrnehmung seiner Interessen bestellt, bedürfen in der Regel unterschiedliche Interessenlagen von Geschwisterkindern und verschiedene Lebenszusammenhänge (z. B. unterschiedliche Lebensorte, Entwicklungsphasen) auch einer eigenständigen Vertretung, die jeweils nach Abs. 7 einzeln zu vergüten ist (Willutzki, 2009, 228; OLG Frankfurt am Main, Beschluss vom 23.12.2009 – 5 UF 316/09, Zeitschrift für Kindschaftsrecht und Jugendhilfe, 2010, 163; OLG Stuttgart, Beschluss vom 21.01.2010 – 8 WF 14/10, Zeitschrift für Kindschaftsrecht und Jugendhilfe, 2010, 163f.).

Am 8. März 2010 hat das OLG Celle entschieden (Beschluss vom 08.03.2010 – 10 UF 44/10, Zeitschrift für Kindschaftsrecht und

---

[10] Ein familienrechtspsychologisches Sachverständigengutachten kostet mittlerweile zwischen 3000,00 und 6000,00 Euro.

Jugendhilfe, 2010, S. 211), dass der Verfahrensbeistand, der die Verfahrensbeistandschaft berufsmäßig ausübt, für jedes Kind eine Pauschale von 350 Euro geltend machen kann. Diese Pauschale kann sich auf 550 Euro erhöhen, wenn dem Verfahrensbeistand nach § 158 Abs. 7 S. 3 FamFG weitergehende Aufgaben übertragen worden sind. Wie schon zuvor das OLG Frankfurt am Main hat nun auch das OLG Celle die Rechtsbeschwerde zum Bundesgerichtshof zugelassen, um eine grundsätzliche Klärung der Frage herbeizuführen.

2. Ein Verfahrenbeistand für jedes Verfahren?

Grundsätzlich ist für das Kind, wenn ein Verfahrensbeistand bestellt werden muss, eine mehrfache Interessenvertretung wahrzunehmen

Grundsätzlich ist für das Kind, wenn ein Verfahrensbeistand bestellt werden muss, eine mehrfache Interessenvertretung
– in Bezug auf verschiedene Verfahrensgegenstände (z. B. Regelung der elterlichen Sorge; Regelung des Umgangs in einem gesonderten Verfahren),
– in selbständigen Verfahren der einstweiligen Anordnung und
– in Hauptsacheverfahren
wahrzunehmen.

3. Ein Verfahrensbeistand für jede Instanz?

Nach § 158 FamFG Abs. 4 Satz 5 wird der Verfahrensbeistand ausdrücklich zur Vertretung im Rechtsmittelverfahren ermächtigt (der Verfahrensbeistand ist als Beteiligter des Verfahrens auch beschwerdeberechtigt). Dennoch muss sich die Wahrnehmung der kindlichen Interessen in der zweiten Instanz stets an der aktuellen Lebenssituation des Kindes orientierten, wodurch eine erneute Vergütungspauschale ausgelöst wird. Diese Regelungslücke hat der Gesetzgeber erkannt und noch vor Inkrafttreten des FamFG durch ein weiteres Gesetz klargestellt, dass der Verfahrensbeistand „für die Wahrnehmung seiner Aufgaben nach Absatz 4 in jedem Rechtszug jeweils eine einmalige Vergütung in Höhe von 350,00 Euro" erhält (BT-Drs 16/11385 in der Fassung der Beschlussempfehlung des Rechtsausschusses vom 22.04.2009, BT-Drs. 16/12717, Art. 8 Nr. 1 Buchstabe p)[11].
In jeder Instanz können dem berufsmäßigen Verfahrensbeistand im Rahmen eines gerichtlichen Beschlusses zusätzliche Aufgaben nach § 158 Abs. 4 S. 3 FamFG übertragen werden (z. B. Gespräche mit

---

[11] Gesetz zur Modernisierung von Verfahren im anwaltlichen und notariellen Berufsrecht, zur Errichtung einer Schlichtungsstelle der Rechtsanwaltschaft sowie zur Änderung der Verwaltungsgerichtsordnung, der Finanzgerichtsordnung und kostenrechtlicher Vorschriften beschlossen durch den Deutschen Bundestag bereits am 23.4.2009.

den Eltern und weiteren Bezugspersonen des Kindes zu führen; Mitwirken beim Herstellen von Einvernehmen) und die um 200,00 Euro höhere Pauschale mit 550,00 Euro geltend gemacht werden.

4. Jugendamtliche Tätigkeit und Verfahrensbeistand?

Der Gesetzgeber hat nach wie vor nicht bedacht bzw. nicht gewollt, dass möglicherweise auch in bestimmten behördlichen Verfahren im Jugendamt (beispielsweise bei Inobhutnahme und Unterbringung des Kindes, bei Rückführung des Kindes aus der Pflegefamilie in die Herkunftsfamilie, ohne dass es angesichts der Zustimmung der Eltern zu derartigen Maßnahmen zu einem familiengerichtlichen Verfahren kommt) ein vom Jugendamt zu bestimmender Verfahrensbeistand eine sinnvolle Ergänzung jugendhilferechtlicher Maßnahmen zum Schutz und der Betreuung von Kindern sein könnte.

5. Ergänzungspfleger oder Verfahrensbeistand?

Klärungsbedarf besteht ferner zur Frage nach Inkrafttreten des FamFG, wann dem Kind bei erheblichen Interessengegensätzen mit den Personensorgeberechtigten ein Ergänzungspfleger nach § 1909 BGB oder „nur" ein Verfahrensbeistand nach § 158 FamFG zu bestellen ist.

Liegt beispielsweise ein erheblicher Interessengegensatz zwischen Kind und Personensorgeberechtigten vor, kommt eine Entziehung der Vertretungsmacht nach §§ 1629 BGB Abs. 2 S. 3, 1796 BGB in Betracht[12]. Da die Beteiligungs- und Verfahrensfähigkeit beschränkt geschäftsfähiger Kinder und Jugendlicher nach §§ 7 Abs. 2 Nr. 1, 9 FamFG erheblich gestärkt worden sind, kommt auch die Bestellung eines Verfahrensbeistandes in Betracht. Nach dem Grundsatz der Verhältnismäßigkeit beinhaltet die Bestellung eines Verfahrensbeistands das mildere (Eingriffs)Mittel, da der Verfahrensbeistand nicht gesetzlicher Vertreter des Kindes oder Jugendlichen ist (§ 158 Abs. 4 S. 6 FamFG) ist. Dagegen ist die Bestellung eines Ergänzungspflegers immer mit einem Eingriff in das Sorgerecht verbunden. Mithin hat

---

[12] § 1629 Abs. 2 S. 3 BGB: Das Familiengericht kann dem Vater und der Mutter nach § 1796 die Vertretung entziehen; …

§ 1796 Abs. 1 BGB: Das Familiengericht kann dem Vormund die Vertretung für einzelne Angelegenheiten oder für einen bestimmten Kreis von Angelegenheiten entziehen.

§ 1909 Abs. 1 BGB: Wer unter elterlicher Sorge oder unter Vormundschaft steht, erhält für Angelegenheiten, an deren Besorgung die Eltern oder der Vormund gehindert sind, einen Pfleger.

die Bestellung eines Verfahrensbeistands im kindschaftsrechtlichen Verfahren regelmäßig Vorrang vor der Anordnung einer Ergänzungspflegschaft (Menne, 2010, S. 37). Anderer Ansicht ist Schürmann (2009, S. 157 f.), der die Erwägung, bei Fortbestehen der elterlichen Sorge ließen sich die Interessengegensätze des Kindes mit den Eltern bzw. einem Elternteil durch das mildere Mittel der Bestellung eines Verfahrensbeistand lösen, nicht gelten lässt, da ein Verfahrensbeistand nur sehr begrenzt die Befugnisse und Interessen des Kindes wahrnehmen kann. Der Verfahrensbeistand ist anders als der Ergänzungspfleger beispielsweise nicht berechtigt für das Kind Willenserklärungen abzugeben oder entgegenzunehmen. Auch bei einer einvernehmlichen Regelung der Eltern kann sich der Verfahrensbeistand nicht rechtswirksam für das Kind erklären und eine andere, rechtlich relevante Vorstellung des Kindes in das Verfahren einbringen.

Alles in allem ist der Verfahrensbeistand kein im fremden Namen handelnder Verfahrensbevollmächtigter (Schürmann, 2009, S. 157). Liegt ein erheblicher Interessenkonflikt zwischen Kind und Eltern vor, lässt sich dieses Dilemma nur durch eine partielle Entziehung der elterlichen Sorge und die Bestellung eines Ergänzungspflegers lösen (§§ 1629 Abs. 2 S. 3, 1796, 1909 BGB).

Auch hier wird künftig die Rechtsprechung Klärungen und eindeutige Festlegungen herbeiführen müssen.

Literatur

Balloff, R. & Koritz, N. (2006). Handreichung für Verfahrenspfleger. Rechtliche und psychologische Schwerpunkte in der Verfahrenspflegschaft. Stuttgart: Kohlhammer.

Bode, L. (2004). Praxishandbuch Anwalt des Kindes. Das Recht des Verfahrenspflegers. Berlin: Springer.

Borth, H., Grandel, M. & Musielak, H.-J. (2009). Familiengerichtliches Verfahren. Kommentar. München: Vahlen.

Bundesverfassungsgericht, 2. Kammer des Ersten Senats, Beschluss vom 9. November 2009 – 1 BvR 2146/09 (2010). Zeitschrift für Kindschaftsrecht und Jugendhilfe, 2, 58-67.

Dettenborn, H. (2010). Kindeswohl und Kindeswille. 3. Auflage. München: Reinhardt.

Hannemann, A. & Stötzel, M. (2009). Die Verfahrenspflegschaft im deutschen Rechtssystem. Zeitschrift für Kindschaftsrecht und Jugendhilfe, 2, 58-67.

Knödler, C. (2010). Ausgewählte Probleme aus dem FamFG für die Praxis der Sozialen Arbeit in Kindschaftssachen. Zeitschrift für Kindschaftsrecht und Jugendhilfe, 4, 135-142.

Menne, M. (2009). Der Verfahrensbeistand im neuen FamFG. Zeitschrift für Kindschaftsrecht und Jugendhilfe, 2, 68-74.

Menne, M. (2010). Anmerkung: Erste verfassungsrechtliche Entscheidung zur Fallpauschale des Verfahrensbeistands nach neuem Recht. Zeitschrift für Kindschaftsrecht und Jugendhilfe, 2, 71.

Meysen, T., Balloff, R., Finke, F., Kindermann, E., Niepmann, B., Rakete-Dombek, I. & Stötzel, M. (2009). Das Familienverfahrensrecht – FamFG. Praxiskommentar mit Einführung, Erläuterungen, Arbeitshilfen. Köln: Bundesanzeiger.

Münder, J., Meysen, T. & Trencek, T. (2009). Frankfurter Kommentar SGB VIII. Kinder und Jugendhilfe. 6. Auflage. München: Nomos.

OLG Frankfurt am Main, Beschluss vom 23.12.2009 – 5 UF 316/09 (2010). Zeitschrift für Kindschaftsrecht und Jugendhilfe, 4, 163.

OLG Stuttgart, Beschluss vom 21.01.2010 – 8 WF 14/10 (2010). Zeitschrift für Kindschaftsrecht und Jugendhilfe, 4, 163-164.

OLG Celle, Beschluss vom 08.03.2010 – 10 UF 44/10 (2010). Zeitschrift für Kindschaftsrecht und Jugendhilfe, 5, 211.

Rixe, G. (2010). Verfassungsrechtliche Anforderungen an die Bestellung des Verfahrensbeistands. Zeitschrift für Kindschaftsrecht und Jugendhilfe, 2, 63-64.

Röchling, W. (2009). Handbuch Anwalt des Kindes. Verfahrensbeistandschaft und Umgangspflegschaft für Kinder und Jugendliche. 2. Auflage. München: Nomos.

Salgo, L. & Stötzel, M. (2008). Ist die Zahl der Verfahrenspflegerbestellungen im Jahr 2007 tatsächlich gestiegen? Zeitschrift für Kindschaftsrecht und Jugendhilfe, 10, 417-418.

Salgo, L., Zenz, G., Fegert, J., Bauer, A., Weber, C. & Zitelmann, M. (2010). Verfahrensbeistandschaft. Ein Handbuch für die Praxis. 2. Auflage. Köln: Bundesanzeiger.

Schürmann, H. (2009). Stellung der Kinder im familiengerichtlichen Verfahren. Familienrecht und Familienverfahrensrecht, 1, 153-158.

Stötzel, M. (2009). Verfahrensbeistand. In T. Meysen, R. Balloff, F. Finke, E. Kindermann, B. Niepmann, I. Rakete-Dombek & M. Stötzel (2009), Das Familienverfahrensrecht – FamFG. Praxiskommentar mit Einführung, Erläuterungen, Arbeitshilfen. Köln: Bundesanzeiger.

Vogel, H. (2010). Der Verfahrensbeistand. Familie, Partnerschaft, Recht, 16, 43-46.

Institutionen der Verletzlichkeit: Jugendhilfe im Spannungsfeld von Hilfe und Kontrolle für Familien*

Maria Kurz-Adam

1 Einführung

Seit der Einführung des § 8a im Zuge der Novellierung des SGB VIII ist die Kinder- und Jugendhilfe erheblich in Unruhe geraten. Verstärkt wurde diese Unruhe durch eine immens gesteigerte öffentliche und politische Aufmerksamkeit auf den Kinderschutz und die Funktionstauglichkeit des Jugendamtes in seinen Kernaufgaben, die mit dem Bremer Fall Kevin und zuletzt dem Fall Lea-Sophie in Schwerin ausgelöst wurde.[1] Die Unruhe in der Kinder- und Jugendhilfe hat dabei die fachpolitische und – vielleicht mehr noch – die praktische Ebene erreicht. Im Blick auf zahlreiche Veröffentlichungen zu den Fällen, aber auch zu den rechtlichen, fachlichen und organisatorischen Folgen des neuen „Kinderschutzparagrafen" im SGB VIII ist mittlerweile von einem sich ankündigenden Paradigmenwechsel in der Kinder- und Jugendhilfe die Rede. Die „mühsam zu haltende Balance zwischem dem sozialpädagogischen Dienstleistungsauftrag und dem Schutzauftrag" gerate – so die fachpolitische Meinung - ins Wanken[2]. Auf praktischer Ebene finden sich klare Indikatoren, die dieses „Wanken" seit Einführung des § 8 a und der neuen medialen Aufmerksamkeit verdeutlichen: Die Inobhutnahmequote insbesondere der unter 6-Jährigen steigt wieder bundesweit[3], die Hilfen zur Erziehung haben im vergangenen Jahr deutlich mehr Kinder unter 6 Jahren aufgenommen[4], die Überlastung des ASD wird überall auf Fachveranstaltungen und in den Kinder- und Jugendhilfeausschüssen und Stadträten thematisiert; und im Zuge der hinzukommenden

---

* Nachdruck aus Sonderheft 9 der Zeitschrift „neue praxis", Mai 2008

[1] Vgl. hier zusammenfassend Kotthaus J (2007): Vernachlässigung, Misshandlung und Missbrauch. Vom sozialpädagogischen Umgang mit der Gewalt gegen Kinder. Sozialwissenschaftliche Literaturrundschau 55/2007. S. 87 ff.
[2] Schone R.(2008): Kontrolle als Element von Fachlichkeit in den sozialpädagogischen Diensten der Kinder- und Jugendhilfe. Berlin. S. 74.
[3] Vgl. KomDat (2008) 3/07 S. 2 ff.
[4] Ebd. S. 3 f.

Aufgaben der Erziehungsberatungsstellen im Bereich des Kindeswohls ist davon auszugehen, dass sich das Profil der Beratungsarbeit unter dem Druck der frühen Interventionen, die keinen Aufschub dulden, nachhaltig verändern wird.[5] Die Tektonik des Aufgabenzuschnitts in den Leistungsbereichen der Kinder- und Jugendhilfe beginnt sich zu verschieben.

Im Blick auf die Zahlen und Berichte aus einer Praxis, die den Schutzauftrag der Kinder- und Jugendhilfe im Sinne des Ausbaus kontrollierender Maßnahmen umsetzt, wird deutlich, dass die Rede von der „mühsamen Balance" zwischen Dienstleistungscharakter und Schutzauftrag mehr ist als eine allererst diskursiv vorgetragene Neuauflage der Debatte eines professionellen Selbstverständnisses Sozialer Arbeit zwischen Hilfe und Kontrolle. Vielmehr wirft sie eine substantielle Frage an die sozialen Institutionen und Leistungssysteme auf: die Frage nämlich, wie dieses Institutionen diejenigen, die sie erreichen wollen und denen sie helfen wollen, auch wirklich erreichen. Das Subjekt der Hilfe gerät in den Mittelpunkt dieser substantiellen Frage. Das Subjekt der Hilfe ist aber in der Kinder- und Jugendhilfe nicht nur das Kind, sondern ebenso die Familie, in der es aufwächst – und so wird auch deren gesamte Subjektivität erneut und neu ausbuchstabiert. Das Bild verändert sich: Die Familie verlässt den Status einer objekthaft gedachten sozialen Institution, der Leistungen zustehen, sie verlässt den Status des Objekts sozialpolitischer Steuerungsmaßnahmen, und die Menschen, die in ihr leben – Eltern wie Kinder – drängen sich als Subjekte hinein in das Geschehen Sozialer Arbeit. Allein diese Aufmerksamkeit auf die Subjektivität der Familie erreicht in vielgestaltiger Form derzeit die Denkfiguren der Sozialen Arbeit und verändert diese, weil der Blick auf die Subjekte deren Unberechenbarkeit, deren Schönheit, deren Verletzlichkeit und deren Grausamkeit in die Soziale Arbeit hineinträgt. Der Blick auf die Opfer familialer Gewalt, der öffentliche Schrecken angesichts des Unvermögens und der Gewalt der Eltern, die öffentlich gemachten Verletzungen der Kinder und die zunehmend sichtbaren Nöte überlasteter und alleingelassener Eltern sind Ausdruck eines Diskurses der Verletzlichkeit, der das professionelle Selbstverständnis Sozialer Arbeit tief berührt: Er zwingt sie dazu, sich von den institutionellen Objekten, die es zu organisieren gilt, abzuwenden und stellt zunehmend radikaler die Subjekte in den Mittelpunkt. Der Blick auf die Opfer fordert die Kinder- und Jugendhilfe und ihre Institutionen zu einer neuen Form der Sensibilität auf, die die Probleme der Grenzen zwischen öffentlichem und privatem Raum neu betrachtet und von

---

[5] Vgl. hierzu Menne K: Erziehungsberatung – heute und morgen. ZKJ 4/2007 S. 128.

der Perspektive der Subjekte aus die Handlungsmuster und die Organisationsformen besser durchdenkt.

2. Zwischen Institution und Subjektivität: Familie in der Kinder- und Jugendhilfe

Der Spannungsbogen des Schreibens, Nachdenkens und Forschens über Familie ist weit und spannt sich auf zwischen pessimistischen Prognosen und Hoffnung auf Fortbestand der Familie. Alles ist darin möglich: etwa Familie als vielgestaltige Lebensform, die die Modernisierung gesellschaftlicher Lebensformen flexibel in sich aufgenommen hat – Ein-Elternfamilien, Stieffamilien, Lebensgemeinschaften jeder Art haben im Wort der „Patchworkfamilie" ihr buntes Bild gefunden

Die Diskurse über Familie und Familienbilder begleiten seit ihrem Beginn die Geschichte der Professionalisierung Sozialer Arbeit und haben deren rechtliche Normierungsprozesse entscheidend geprägt. Vier Diskursszenarien sind dabei wesentlich: zum einen ist es Familie als gesellschaftliche Institution, die der gesellschaftlichen und sozialen Normierung unterliegt, zum anderen ist es Familie als stärkender Lebensort des Aufwachsens von Kindern, es ist die Familie als Ort von Intimität und Privatheit, die gegen kontrollierende Zugriffe geschützt werden muss, und schließlich ist es Familie als Ort der Gefahr, als Ort größter persönlicher tiefer Verletzung, als Produktionsstätte von Tätern, Täterinnen und Opfern. Der Spannungsbogen des Schreibens, Nachdenkens und Forschens über Familie im Zuge der Modernisierungsprozesse des vergangenen Jahrhunderts ist weit und spannt sich auf zwischen pessimistischen Prognosen und Hoffnung auf Fortbestand der Familie. Alles ist darin möglich: etwa Familie als vielgestaltige Lebensform, die die Modernisierung gesellschaftlicher Lebensformen flexibel in sich aufgenommen hat – Ein-Elternfamilien, Stieffamilien, Lebensgemeinschaften jeder Art haben im Wort der „Patchworkfamilie" ihr buntes Bild gefunden. Familie erscheint aber auch als Ort der „strukturellen Benachteiligung" in der Modernisierung – wer an sie glaubt und sie sich wünscht, muss mit den Risiken ökonomischer und sozialer Verluste rechnen, die auch sozialpolitisch angesichts einer wachsenden Kinderarmut nicht mehr hingenommen werden können und die auch die Menschen selbst nicht mehr hinnehmen: Der Wunsch nach Familie hat – folgt man den aktuellen Untersuchungen – zwar hohe Bedeutung, ist aber deutlich prekärer geworden. Junge Frauen und Männer wägen ab, Familie ergibt sich nicht mehr, sondern wird zur Entscheidungssache.

Oft im Schatten dieser über die Institution Familie geführten soziologischen Diskurse wurde das Bild der Familie als Ort der Gefahr besonderen sozialen Gruppen überlassen. In Nischen der Literatur, des Feuilletons, und Segmenten der Wissenschaft, abseits der Definitionsmacht sozialpolitisch geführter familialer Diskurse, haben Menschen über die Familie als Gefahr geschrieben und gedacht: Feministinnen, Schriftstellerinnen und Schriftsteller, Psychoanalytikerinnen und Psychoanalytiker haben die persönliche, die radikal individuelle Perspektive, die Subjekthaftigkeit der Familie in der Figur des persönlichen Schmerzes, den sie beschreiben, selbstentblößend hervortreten lassen. Dieser Diskurs der Familie als Ort subjektiver Gefahr war ein Diskurs zu allererst über Erfahrung, deren Wesenszug es ist, nichts auszusparen und sich nichts zu ersparen. Jenseits sozialer Datensammlungen und Datenanalysen, jenseits verwaltungslogischer Mengengerüste erscheint hier ein Bild der Familie als machtvoller, verletzlicher und verletzbarer Lebensort, in dem zu leben Glück und Verhängnis zugleich sein kann.

Im Selbstverständnis der Sozialen Arbeit in der Kinder- und Jugendhilfe sind alle diese Diskurse vereinigt. Soziale Arbeit stützt die Institution der Familie, sie trägt das Bild der Familie als Ressource auf ihren Fahnen – Förderung und Erhalt sind ihr wesentliches Aufgabenverständnis. Soziale Arbeit war und ist aber auch immer ein Ort, der den Diskurs der Erfahrung in sich getragen hat: Selbstreflexion des Tuns gehört zum Werkzeug der Verhinderung selbstgerecht erstarrter Professionalität und zur permanenten Selbstvergewisserung und Achtung vor dem Sozialen. Im Bezug zur Familie als Gefahr ist der Weg eines persönlichen, erfahrungsbezogenen Blickes auf die Familie – damit immer auch die eigene – angelegt, und darin entfaltet sich das Bild einer Welt, die eben auch wehtut, die eben auch die Lüge und Täuschung in sich trägt, die Einsamkeit und Zukunftshoffnung in sich trägt, kurz, die all das in sich trägt, was Subjekthaftigkeit ausmacht. Wesentlich am Erfahrungsblick ist, dass er die Menschen, die professionelle Soziale Arbeit machen, im inneren Handeln alleine lässt, weil Erfahrung zunächst nur ein individuelles, unverfügbares persönliches Gut ist. Sie lässt sich letztlich mit niemandem teilen. Die Einsamkeit sozialen Handelns in der Arbeit mit Familien ist ein nahezu eingeschriebenes Element in allen sozialen Professionen. Daher rührt das Gefühl in der Sozialen Arbeit, dass es leichter ist, Familie als Institution zu stützen und zu fördern. Es ist leichter, sich in einem allgemeinen Diskurs zu befinden, der über Familie als Objekt Sozialer Arbeit spricht – Familie als gesellschaftliche Institution, die Kinderbetreuung braucht, Zeitmodelle braucht, Wohnraum braucht, Beratung braucht, hat nichts Verstörendes an sich. Familie aber als Ort der individuellen Gefahr zu sehen, unterliegt in einem völlig anderen Ausmaß einer eigenen persönlichen Erfahrung, in der die Menschen, die professionelle Soziale Arbeit betreiben, zunächst auf sich zurückverwiesen sind. Soziale Arbeit wird, wenn sie Familie als verletzlichen Ort sieht, selbst verletzlich, weil sie das Subjekthafte in sich hineinlässt. Von diesem Blick der Erfahrung aus wird deutlich, dass die gegenwärtige tektonische Verschiebung, die sich im Bild der „mühsamen Balance" zwischen Dienstleistungsorientierung und Schutzauftrag andeutet, nicht etwa eine Verschiebung in der Balance zwischen Hilfe und Kontrolle ist, sondern dass es eine Verschiebung

> **Im Bezug zur Familie als Gefahr ist der Weg eines persönlichen, erfahrungsbezogenen Blickes auf die Familie – damit immer auch die eigene – angelegt, und darin entfaltet sich das Bild einer Welt, die eben auch wehtut, die eben auch die Lüge und Täuschung in sich trägt, die Einsamkeit und Zukunftshoffnung in sich trägt, kurz, die all das in sich trägt, was Subjekthaftigkeit ausmacht**

in der Balance zwischen Objekthaftigkeit und Subjekthaftigkeit der Familienbilder selbst ist. Im Spannungsbogen zwischen einem Diskurs über Familie als gesellschaftliche Institution und einem Diskurs über Familie als Gefahr gewinnt die Erfahrung und damit die Subjekthaftigkeit wieder mehr an Gewicht. Dies ist die Herausforderung, in der sich heute alle Arbeit mit Familien bewegt.

3. Das Hervortreten der Opfer

In seiner sehr differenzierten Abhandlung über „Die Gewalt" rückt der französische Soziologe Michel Wieviorka die Perspektive der Subjektivität in den Mittelpunkt. Er tut dies anhand seiner Überlegungen zum „Hervortreten der Opfer"[6] in die öffentliche Sphäre, das wesentlich zu einem Wandel der Institutionen beigetragen habe. Dieser Wandel ist – so Wieviorka – damit begründet, dass durch die Sichtbarkeit der Opfer die Linie zwischen öffentlichem und privatem Raum aufgehoben wird und das Opfer in den öffentlichen Raum tritt und Anerkennung verlangt. Als Beispiele dienen Wieviorka die Frauenbewegung und die Kampagne gegen Gewalt gegen Kinder im Zuge der großen Pädophilie-Skandale in Belgien und den USA. So hat etwa die Frauenbewegung mit ihrem Kampf gegen die Gewalt, die Frauen im privaten Raum erleiden müssen, das Tabu des privaten Raums aufgehoben und die sozialen, rechtlichen und politischen Institutionen in Bewegung gebracht. Die öffentliche Betroffenheit im Gefolge der Affäre Dutroux in Belgien hat die Gewalt gegen Kinder zur öffentlichen Sache gemacht, sie hat die Institutionen der Justiz und der Polizei nachhaltig verändert und dazu geführt, dass die Unantastbarkeit der Institutionen in den westlichen Gesellschaften verlorengeht zugunsten einer Perspektive der Subjektivität, die die Bagatellisierung, die Schande der Opfer und deren Stigmatisierung nicht mehr hinzunehmen bereit ist. Die Distanz zwischen der Subjektivität der Opfer und den gesellschaftlichen Institutionen bricht angesichts der öffentlichen Debatte über deren Leid zusammen. Je mehr – so Wieviorka - die Opfer sich tatsächlich als solche zu erkennen geben und verlangen würden, dass Gewalttaten, die sie im Privaten erleiden, öffentlich bekämpft werden, desto mehr werde die Unterscheidung zwischen einer öffentlichen Sphäre, in der die Probleme des kollektiven Lebens behandelt werden, und einer privaten Sphäre, die das Schicksal des Einzelnen in ihrem Schatten verhandelt, in Frage gestellt.[7] Diese Auflösung hatte und hat erhebliche Folgen

---

[6] Wieviorka M (2006): Die Gewalt. Hamburg. Vgl. S. 79 ff.
[7] Wieviorka M (2006): Die Gewalt. Hamburg. S. 87.

für die Entwicklung der Institutionen in den vergangenen Jahrzehnten, die angesichts einer Öffentlichkeit der Opfer in die Krise ihrer Funktionen geraten sind. Sie stehen angesichts der Wahrnehmung ihrer Krise vor dem Weg einer Erweiterung ihrer Kontrollfunktionen, die sich der Aufhebung der Grenzlinie zwischen Öffentlichkeit und Privatheit bewusst ist, aber mehr noch vor dem Weg einer Entwicklung, „in der ganz im Gegenteil die Institutionen aufhören, das soziale Leben von einer höheren Warte aus zu betrachten und das private Leben zu ignorieren, und stattdessen sensibler für den einzelnen Menschen werden, den sie aufnehmen oder um den sie sich kümmern sollen, aber auch für die, die in ihrem Bereich arbeiten".[8] Die Sensibilität der Institutionen gegenüber denjenigen, um die sie sich kümmern sollen, ist jedoch nicht gleichzusetzen mit einer Viktimisierungsstrategie, die die Opfer in ihrer Rolle festschreibt – diese Viktimisierung führt zu Verblendung und Irrationalität im sozialen Handeln der Institutionen. Vielmehr setzt eine solche Sensibilität das Subjekt in den Mittelpunkt, das nicht allein als Opfer zu gelten hat, sondern ebenso als handelnder Akteur, das fähig ist, „sich in die Zukunft hinein zu entwerfen".[9]

Es lohnt sich, die jüngst auf ihre Weise von den Medien unerbittlich verhandelten Fälle des Kindestods von Kevin und Lea-Sophie in dieser Perspektive der Subjektivität zu betrachten. Wenn dies geschieht, so sind diese Kinder nicht etwa als „tragische Einzelfälle" einer ansonsten unantastbaren Institution zu sehen, sondern zu allererst als ein Hervortreten der Opfer in den öffentlichen Raum, das eine Aufforderung an die Institutionen formuliert. Diese Aufforderung besteht darin, über den Stellenwert der Institutionen und ihre Aufgaben in einem sozialen Raum nachzudenken, der eben nicht gespalten ist in Öffentlichkeit und Privatheit und der so kollektives Leben und privates Tabu weiterhin definiert. Dieses Nachdenken geschieht derzeit wohl in herausragendem Maße im Herz der Kinder- und Jugendhilfe und hier besonders in ihrer rechtlichen und institutionellen Verfasstheit. Diese muss sich im Blick auf das Hervortreten der Opfer genau mit jenen Fragen auseinandersetzen, die im Spannungsfeld zwischen einer Erweiterung der Kontrollfunktionen und einer neuen Sensibilität für diejenigen, um die sie sich kümmern soll, angesiedelt sind. Die Gefahr einer Viktimisierungsstrategie ist nicht weit: Zu sehr neigt jede Institution dazu, in einer Form der Selbstgerechtigkeit Opfer als bloße Opfer festzuschreiben und damit die Grenze zwischen Institution und Subjekten aufrechtzuerhalten. Die Grenzziehungen, die Institutionen hier betreiben, unterscheiden sich

> Es lohnt sich, die jüngst auf ihre Weise von den Medien unerbittlich verhandelten Fälle des Kindestods von Kevin und Lea-Sophie in dieser Perspektive der Subjektivität zu betrachten

---

[8] Wieviorka M (2006): Die Gewalt. Hamburg. Vgl. S. 87 f.
[9] Wieviorka M (2006): Die Gewalt. Hamburg. Vgl. S. 108 f.

höchstens in der Form der Subtilität. Zwischen dem erkennbaren Gestus der höheren Warte der Institution, der sich in einer Haltung „Wir haben alles richtig gemacht" ausdrückt, und einer subtilen Strategie der Betonung eines abstrakt gedachten Opferrechts, in der jede Intimität der Beziehung zwischen Kindern und Eltern verloren geht, besteht, genau besehen, kein Unterschied. In beiden Polen manifestiert sich eine sich als unantastbar sehende Institution und ein erhebliches Maß an Überheblichkeit gegenüber jeder Subjektivität. So gesehen, besteht im öffentlich zu Protokoll gegebenen Begriff des „Pechs", das einer Stadt widerfährt, wenn ein Kind in der Obhut des Jugendamtes stirbt, ebenso wie in einer herablassenden Parteinahme für die Opfer ein Jugendamt und eine Kinder- und Jugendhilfe weiter, die die soziale Welt von einer höheren Warte aus sehen. Und schließlich ist auch eine Position des Jugendamtes, das die Aufgabe nachgehender, sorgender Kontrolle der Aufgabe der auf die Stärke der Klientinnen und Klienten setzenden Dienstleistung als unschönen Makel vermeintlicher Modernität nachordnet, eine Position, die keine Antwort weiß auf die Frage einer neuen Sensibilität für das, was den Menschen und unter den Menschen geschieht, um die sich die Institution des Jugendamtes kümmern soll.

4. Für eine Strategie der Sensibilität – Hilfe und Kontrolle für Familien in der Kinder- und Jugendhilfe

Was aber geschieht, wenn eine Institution wie das Jugendamt angesichts des Hervortretens der Opfer und deren subjektiver Erfahrung „sensibler für die einzelnen Menschen wird"? Dies ist eine schwierige Frage, weil sie zum einen die Frage des Fehlers und der permanenten Korrektur an die Institution heranträgt und weil sie selbst in den privaten Raum hineinführt und diesen Raum in gewisser Weise damit der Öffentlichkeit zugänglich macht. Gerade aber diese gelingende Annäherung an den privaten Raum ist die Aufgabe der Zukunft für die Kinder- und Jugendhilfe. Sie ist sie – sehr einfach gesprochen – den Opfern, die in den öffentlichen Raum getreten sind, schuldig, und sie ist sie einer sozialen Welt schuldig, deren Zusammenhalt nur durch ein starkes soziales Band, an dem immer neu zu knüpfen ist, getragen wird.

Eine Strategie der Sensibilität besteht darin, im Dienste der Subjektivität der Menschen Grenzziehungen zwischen dem privaten Raum und dem öffentlichen Raum sensibel zu achten, aber auch zu überwinden

Eine Strategie der Sensibilität besteht darin, im Dienste der Subjektivität der Menschen Grenzziehungen zwischen dem privaten Raum und dem öffentlichen Raum sensibel zu achten, aber auch zu überwinden. Dies kann nur geschehen in einer Zusammenschau von Hilfe- und Kontrollinstrumentarien, die die alte Diskussion des Widerspruchs und der Gegensätzlichkeit verlässt. Die Kinder- und Jugendhilfe hat mit dem Hervortreten der Opfer die Chance einer Revitalisierung ihres Selbstverständnisses, das die Subjekte in ihren Erfahrungen, ihren Verletzungen und ihrer Verletzbarkeit sieht und es ihnen ermöglicht, „sich in die Zukunft zu entwerfen". So gesehen, ist es nicht Aufgabe, sich an den vermeintlichen Widersprüchen pädagogischer Szenarien von Hilfe und Kontrolle abzuarbeiten, sondern Kontrolle als wesentliches Element einer sensiblen Institution, die die Subjekte in sich hineinlässt und den privaten Raum nicht um jeden Preis tabuisiert, zu begreifen. Nur so kann es gelingen, die Einsamkeit sozialen Handelns im privaten Raum der Familie, der die Erfahrung der Gefahr immer in sich trägt, zugleich zu achten und zu überwinden. Kontrolle ist nicht Gegensatz, sondern Teil einer neuen Strategie der Sensibilität der Institutionen und wesentlicher Bestandteil ihres Programms. Die Grundzüge eines solchen Programms der Sensibilität bestehen im Wesentlichen aus folgenden Elementen: Fehlermanagement, Erreichbarkeit, nachgehende Arbeit und Zusammenarbeit im Sozialen Raum.

Fehlermanagement

Die Widerständigkeit seitens der Fachleute der Praxis, mit der sie einem Instrumentarium des Fehlermanagements begegnen, verdeutlicht die gegenwärtige Frage einer Institution zwischen „Höherer Warte" und „Sensibilität für die Subjekte". Die Angst ist groß, eine Position zu verlieren, die ein Mindestmaß an Sicherheit – sowohl persönlicher als auch institutioneller – verspricht. Jedes Herausbewegen der Institutionen aus der Stellung der Unantastbarkeit scheint die Institution und die, die in ihr arbeiten, selbst verletzlich und angreifbar zu machen. Gerade aber diese Verletzlichkeit selbst ist es – wie die Überlegungen zum „Hervortreten der Opfer" zeigen –, die dazu beiträgt, dass Institutionen sensibler werden und damit besser handeln, indem sie die Erfahrung der Opfer in sich aufnehmen und deren Subjekthaftigkeit anerkennen. So gesehen gilt es, in der Kinder- und Jugendhilfe eine Selbstverständlichkeit des Fehlermanagements herzustellen, die nicht als Zeichen des Misstrauens der Institution in ihre Fachkräfte gedeutet wird, sondern als Zeichen des Vertrauens in professionelle Reflexion und vor allem als Zeichen einer „Kultur des Hinsehens" in den Institutionen selbst. Es gilt, Verfahren in den Jugendämtern zu finden, die diese Kultur des Fehlermanagements als Kultur einer sensiblen Organisation etablieren können, als einer Kultur, die die Fehler zum Anlass nimmt, die Sprache der Subjektivität zu hören und die Institutionen dafür stark zu machen. Die Kinder- und Jugendhilfe hat hier zahlreiche Instrumente im Spektrum zwischen Supervision bis hin zu regelmäßigen Aktenanalysen zur Verfügung, die sie, wenn sie diesen Weg der Fehlerkultur beschreiten will, mutig nutzen kann: Wesentlich daran ist, dass hier eine nachhaltige und nachdrückliche Form der geschützten Besprechbarkeit von Fehlern und der Ermöglichung einer Praxisänderung entsteht. Dies ist Leitungsverantwortung und eine wesentliche und neue Herausforderung für Führungskultur in der Kinder- und Jugendhilfe.

Erreichbarkeit

Die unterschiedlichen Zeitrhythmen zwischen Familie und Institutionen sind nicht erst seit der Debatte über die angemessenen Formen und den Ausbau der Kindertagesbetreuung Gegenstand der Organisationsveränderung in der Kinder- und Jugendhilfe. Diese Zeitrhythmen sind deutlicher Ausdruck einer Grenze zwischen privatem und öffentlichem Raum und nicht in jeder Hinsicht und in jedem Wunsch anzupassen. Im Blick aber auf eine Kinder- und Jugendhilfe, deren öffentliche Verantwortung gerade auch darin besteht „die Stimme der Adressatinnen und Adressaten" als Subjekte zu hören und in sich aufzunehmen, ist eine dauernde Erreichbarkeit Mindeststandard. Eine schützende Inobhutnahme braucht das Strukturelement einer Rund-um-die-Uhr-Erreichbarkeit genauso wie ein verzweifeltes Kind, eine überlastete Mutter, ein unsicherer Lehrer oder eine Unterstützung suchende Polizistin. Hier ist noch zu viel dem Zufall oder einzelnen Akteuren überlassen, zu wenig Übersicht für die Bügerinnen und Bürger geschaffen, zu viel persönlichem Engagement geschuldet. Eine klare und verständliche Struktur der Erreichbarkeit des Jugendamtes ist nicht etwa bloße Absicherung oder ein weiterer Baustein im Kinderschutz, sondern Mindeststandard für eine Strategie der Sensibilität der Kinder- und Jugendhilfe zur Überwindung tabuisierter privater Räume und öffentlichem Raum.

> Eine schützende Inobhutnahme braucht das Strukturelement einer Rund-um-die-Uhr-Erreichbarkeit genauso wie ein verzweifeltes Kind, eine überlastete Mutter, ein unsicherer Lehrer oder eine Unterstützung suchende Polizistin

Nachgehende Arbeit

Mit dem Projekt der „sozialen Frühwarnsysteme" und der „frühen Hilfen" ist eine neue und in gewisser Weise zugleich alte Form der Arbeitsweise Sozialer Arbeit in die Landschaft der Kinder- und Jugendhilfe getreten. Neu ist das Programm der Frühen Hilfen, weil es Hilfe und Kontrolle untrennbar im Handeln der Akteure zwischen Gesundheitswesen und Kinder- und Jugendhilfe miteinander verbindet, statt es auf unterschiedliche Zuständigkeiten zu verteilen. Alt ist das Programm, weil es in der Betonung der Nachgehenden Arbeit ein traditionsreiches Element Sozialer Arbeit herausstreicht, das wesentlich für ihr gemeinwesenorientiertes Profil steht. Die Selbstverständlichkeit nachgehender Arbeit ist unter den Erfahrungen der Schuld, die auch die Soziale Arbeit in der Nazizeit auf sich genommen hat, ebenso brüchig geworden wie im Zuge der Modernisierungsstrategien Sozialer Arbeit, die den privaten Raum mehr und mehr verlassen haben. Der Rückzug Sozialer Arbeit aus den privaten Räumen ist mit dem Begriff der Dienstleistungsorientierung in gewisser Weise bestätigt worden. Leistungen, so das Prinzip der Dienstleistungsorientierung, werden nur dann erbracht, wenn sie gewollt und gewünscht werden. Alles andere unterliegt dem Verdacht der Repression: Jeder Zugang in die Familie, der in anderen Räumen als dem der bestätigten Freiwilligkeit erfolgt, trägt im Gebäude der Dienstleistungsorientierung den Makel des Zugriffs. Nachgehende Arbeit hat, so scheint es, ihre Unschuld verloren. Das gegenwärtige Hervortreten der Opfer aber zeigt, dass auch die Zurückhaltung, die Erwartungshaltung der Angebote, dass diejenigen, die Hilfe brauchen, schon kommen werden, wenn man es richtig macht, ihre Unschuld verloren haben. Die vielfachen Knochenbrüche im Körper des kleinen Jungen, die bleiche Haut und der fast haarlose Kopf des kleinen Mädchens sind eingeschriebene Zeichen einer Haltung, die wartet statt handelt. Die entscheidende Leistung in der Kinder- und Jugendhilfe wird es sein, im Bewusstsein des Verlusts der Unschuld *aller Arbeitsformen* eine Strategie der Sensibilität nachgehender Arbeit zu entwickeln, die sich nicht in Positionen verheddert. Gerade die frühen präventiven Formen der Hilfe und Förderung, die die Kinder- und Jugendhilfe anbietet, brauchen wieder ein Element eines gewollten Zugangs in die Familien, die die Stimme der Subjekte hört und sich nicht der Tabuisierung einer Privatheit unterwirft, die den Subjekten zur Gefahr wird. Dieser Zugang wird behutsam und entschieden zugleich auszugestalten sein und braucht die Ideen und Zusammenarbeit aller – der freien Träger ebenso wie der öffentlichen Jugendhilfe und der Politik. Die Ausgestaltung einer sensiblen Familienpolitik der Zukunft braucht einen Ausbau stützender und bildender Institutionen ebenso wie einen Ausbau der Sorge und des Schutzes und der Kompetenzstärkung von Familien und Kindern. Im Beispiel Finnland wird diese Doppelstrategie deutlich: Der Ausbau der Bildungsangebote für Kinder unter 6 Jahren braucht als wesentliches Stützungselement auch den Ausbau eines konsequenten Familienunterstützungsprogramms, für das das Element nachgehender Arbeit konstituierend ist.[10] Der konsequente Ausbau einer niedrigschwellig konzipierten Geh-Struktur aller Hilfeangebo-

Die entscheidende Leistung in der Kinder- und Jugendhilfe wird es sein, im Bewusstsein des Verlusts der Unschuld *aller Arbeitsformen* eine Strategie der Sensibilität nachgehender Arbeit zu entwickeln, die sich nicht in Positionen verheddert

---

[10] Vgl. Bange D, Wiedermann H: Familienpolitik in Finnland. Sozialmagazin 33 4/2008, S. 28 ff.

te sowohl in den Standards als auch in der Quantität ist daher ein wesentlicher Baustein einer Strategie der Sensibilität für Familien in den Kommunen.

Zusammenarbeit im sozialen Raum

John Donne's Wort „Niemand ist eine Insel" ist auch heute eine Weisheit, die die existentielle Angewiesenheit der Subjekte auf das Gemeinwesen in der konkreten räumlichen Bezugswelt verdeutlicht und dessen Realität benennt. Räumliche Nähe ist Voraussetzung und Gestaltungsort Sozialer Arbeit zugleich, sie ist konkrete Praxis, schafft Gelegenheiten und Gelegenheitsstrukturen für Kooperationen und Zusammenarbeit. Die unmittelbare Nähe zum sozialen Raum ist die große Tradition und Stärke der Kinder- und Jugendhilfe, die – wie kein anderes soziales Leistungssystem – die Kraft des sozialen Raums für Zugänge vor Ort in die Familien nutzt und nutzen kann. Die Herausforderung sozialer Arbeit in der Kinder- und Jugendhilfe wird darin bestehen, das Netz zwischen allen wichtigen Leistungssystemen vor Ort so zu knüpfen, dass niemand darin bewusst verloren geht und alle Kinder und ihre Familien gleiche Chancen auf Hilfe bekommen. Im Ringen um gute und gerechte Lösungen wird die Zusammenarbeit im sozialen Raum eine wesentliche Schlüsselstellung haben: Wer gut vernetzt ist, gut bekannt ist und über fachliche Kompetenzen in der Sozialraumarbeit verfügt, tut sich immer leichter, die Qualität eines Ausbaus nachgehender Arbeit und früher Förderung für Familien herzustellen und in Lösungen zu übersetzen, die alle erreichen. Zusammenarbeit verbindet und entlässt die Fachkräfte aus eben jener Einsamkeit, der sie in der Arbeit mit Familien immer wieder unterworfen sind. Zusammenarbeit im Sozialen Raum ist die wesentliche Stärke einer Strategie der Sensibilität.

Der sich ankündigende „Paradigmenwechsel" in der Kinder- und Jugendhilfe ist – in der Zusammenschau dieses Programms – weniger Wechsel, sondern vielmehr Präzisierung einer Position, die die Verletzlichkeiten und Verletzungen der Subjekte und deren Perspektive konsequent weiterverfolgt und in den Mittelpunkt des Handelns stellt. Im Blick auf diese Verletzungen der Subjekte wird deutlich, dass auch die Institutionen im Sinne ihrer Sensibilisierung verletzlich sein müssen, um sich besser um die Menschen kümmern zu können. Vielleicht liegen die Zukunft und die große Herausforderung für die Institutionen der Kinder- und Jugendhilfe und all die, die in ihr arbeiten, darin, auf die Kraft der Verletzlichkeit zu vertrauen und sich aus dieser Kraft heraus neu und bewusst zu organisieren.

> Die Herausforderung sozialer Arbeit in der Kinder- und Jugendhilfe wird darin bestehen, das Netz zwischen allen wichtigen Leistungssystemen vor Ort so zu knüpfen, dass niemand darin bewusst verloren geht und alle Kinder und ihre Familien gleiche Chancen auf Hilfe bekommen

Zwischen Handlungsfreiheit und Handlungsbefähigung von Familien – Gerechtigkeit, Liebe und Capabilities in familialen Kontexten

Zoë Clark, Holger Ziegler

Handlungsfreiheit und Handlungsbefähigung aus der Capabilities Perspektive

Um eine zentrale Pointe vorwegzunehmen: Wir gehen davon aus, dass sich ein prinzipielles Spannungsverhältnis von Handlungsfreiheit und Handlungsbefähigung in der sozialen Arbeit findet. Dieses Spannungsverhältnis kann jedoch im Rekurs auf den hier vorgeschlagenen Gerechtigkeitsbegriff aus einer Capabilities Perspektive entschärft, wenn nicht überwunden werden. Das mit den Begriffen der Handlungsfreiheit und Handlungsbefähigung angesprochene Spannungsverhältnis entspricht dem Dilemma von negativer und positiver Freiheit. Klassisch liberale Perspektiven betonen vor allem den Aspekt der negativen Freiheit, d. h. sie sind gegenüber Eingriffen in die Handlungs- und Willkürfreiheit von Personen skeptisch. Freiheit wird entsprechend vor allem als die Abwesenheit von Zwang durch Dritte verstanden. Positionen, die einen Begriff von positiver Freiheit verteidigen, argumentieren demgegenüber typischerweise, dass Freiheit weniger die Freiheit von etwas, sondern vielmehr die Freiheit bzw. die Möglichkeit zu etwas ist. Dabei wird in aller Regel nahe gelegt, dass diese Möglichkeit auch tatsächlich genutzt wird. Der positive Freiheitsbegriff hat etwas mit Macht zu tun, sofern man Macht als die Fähigkeit fasst, Veränderungen hervorzubringen. In pädagogischer Hinsicht scheint sich vor diesem Hintergrund durchaus ein Spannungsverhältnis von Handlungsfreiheit und Handlungsbefähigung zu finden. Denn der Rekurs auf positive Freiheit im Sinne von Handlungsbefähigungen lässt paternalistische Eingriffe in die Handlungsfreiheit der Einzelnen durchaus zu (dazu Brumlik, 1990), sofern Paternalismus im Sinne Gerald Dworkins (1971, S. 7f.) als eine Doktrin verstanden wird, die einen Eingriff in die Handlungsfreiheit

> Um eine zentrale Pointe vorwegzunehmen: Wir gehen davon aus, dass sich ein prinzipielles Spannungsverhältnis von Handlungsfreiheit und Handlungsbefähigung in der sozialen Arbeit findet. Dieses Spannungsverhältnis kann jedoch im Rekurs auf den hier vorgeschlagenen Gerechtigkeitsbegriff aus einer Capabilities Perspektive entschärft, wenn nicht überwunden werden

einer Person legitimiert „by reasons, referring exclusively to the welfare, good, happiness, needs, interests, or values of the person being coerced". Während die Frage des Paternalismus in der pädagogischen Praxis ein kaum suspendierbares Grunddilemma darstellt, entschärft die Capabilities Perspektive zumindest begründungstheoretisch dieses Problem (dazu: Deneulin, 2002), weil er erstens – auf Basis seiner Unterscheidung von Funktionsweisen und Capabilities (s.u.) – eine nicht auf fixierte Zustände und Handlungen gerichtete Befähigung vorschlägt und zweitens einen umfassenderen Freiheitsbegriff nahe legt, der im Wesentlichen dem Schema 'Person x ist frei von y (dem Freiheitshindernis), um z (den Freiheitsgegenstand) zu tun' (vgl. MacCallum, 1967), folgt und damit das „Wovon" (negative Freiheit) und „Wozu" (positive Freiheit) von Freiheit verbindet.[1] Handlungsbefähigung aus der Capabilities Perspektive bezieht sich insofern auf Handlungsfreiheit in einer Weise, die die Notwendigkeit einer umfassenden Eröffnung von Handlungsspielräumen reflektiert. In den Blick kommen daher nicht nur abstrakte und formale Handlungsfreiheiten, sondern sozial, ökonomisch und institutionell voraussetzungsvolle effektive Realfreiheiten.[2]

Grundlinien des Capabilities Ansatzes

Der vor allem auf den Ökonomen Amartya Sen und die politische Philosophin Martha Nussbaum zurückgehende Capabilities Ansatz ist zunächst ein gerechtigkeitstheoretisch fundierter Ansatz, dessen evaluativer Anspruch darin besteht, soziale Arrangements mit Blick auf die Entfaltungsmöglichkeiten zu bewerten, die diese für Individuen eröffnen. Im Mittelpunkt des Capabilities Ansatzes steht die Frage nach den Möglichkeiten eines guten Lebens. Dieses wird mit Blick auf das Ausmaß der effektiven Freiheiten operationalisiert, über die

---

[1] In dieser Hinsicht sind sich VertreterInnen des Capabilities Ansatzes weitgehend mit John Rawls einig, der Freiheit als triadische Relation fasst: „Therefore I shall simply assume that liberty can always be explained by reference to three items: the agents who are free, the restrictions or limitations which they are free from, and what it is that they are free to do or not to do. (…) The general description of liberty, then, has the following form; this or that person (or persons) is free (or not free) from this or that constraint (or set of constraints) to do (or not to do) so and so" (Rawls, 1971, S. 202)

[2] Der Lebensstandard von Menschen, der aus der Perspektive des Capabilities Ansatzes über die jeweiligen Realfreiheiten von Personen, ihre Handlungs- und Daseinsweisen zu verwirklichen, bestimmt wird (vgl. Sen, 1984), ist als Ergebnis der Möglichkeiten zur Handlungsbefähigung zu verstehen. Insbesondere das Wohlergehen junger Menschen ist somit im Spannungsfeld paternalistischer Entscheidungen im Sinne einer Befähigung und ihren Realfreiheiten zu sehen, ein gutes Leben, eine gute Kindheit, eine gute Jugend realisieren zu können.

Menschen verfügen, um sich effektiv für die Realisierung als erstrebenswert erachteter Zustände und Handlungsweisen entscheiden zu können. Wenn im Kontext des Capabilities Ansatzes von daher von „Capabilities" die Rede ist, geht es nicht um beliebige Befähigungen, sondern um „capabilities necessary to human flourishing" (Phillips, 2001, S. 264). Dabei ist wesentlich, dass der Begriff der Capabilities nicht nur auf individuelle „Kompetenzen" oder „Fähigkeiten" verweist, sondern als konstitutives Kernelement die Tatsache der 'situatedness' betont (vgl. Corteel et al., 2009, S. 123). Capabilities verweisen immer auf ein komplexes Zusammenspiel von Infrastrukturen, Ressourcen, Berechtigungen und Befähigungen. Mit Blick auf dieses Zusammenspiel fordert der Capabilities Ansatz eine Perspektive, die den materiell und institutionell strukturierten Raum gesellschaftlicher Möglichkeiten zu dem je akteursbezogenen Raum individueller Bedürfnisse und Handlungsbefähigungen in Beziehung setzt. Diese Relation wird hinsichtlich des Spektrums effektiv realisierbarer und hinreichend voneinander unterscheidbarer Handlungsalternativen evaluiert, die es den Menschen erlauben, das Leben zu führen, das sie mit guten Gründen erstreben. Dabei nimmt der Capabilities Ansatz ernst, dass Handlungsbefähigung im Sinne der Realmöglichkeit einer Realisierung des eigenen Lebensentwurfs systematisch an verfügbare Optionen und Ressourcen zurückgebunden ist. Entfaltungsmöglichkeiten hängen von der individuellen Verfügbarkeit und Zugänglichkeit einer nicht beliebig unterschreitbaren Menge und Komposition von Ressourcen ab. Die Verteilung dieser Ressourcen ist insofern ein unhintergehbares Element einer politischen Gewährleistung der Grundlagen eines guten menschlichen Lebens. Allerdings sind Ressourcen letztlich lediglich Mittel zur Realisierung von Lebensentwürfen – das individuell gute Leben ist nicht deckungsgleich mit der relativen Verfügung über Ressourcen, deren Wert nur relativ zu sozialen, kulturellen und individuellen Umwelten bestimmt werden kann.

Aus einer Capabilities Perspektive werden Gerechtigkeitsansätze, die sich lediglich auf die Verteilung von Rechten und instrumentelle Ressourcen richten, dafür kritisiert, dass sie der Diversität von Personen und Lebensverhältnissen nicht hinreichend gerecht werden (Sen, 1992, S. 85ff.). Stattdessen bauen sie häufig auf der methodischen Fiktion des 'normalfunktionierenden Bürgers' auf. Das Problem dieser Fiktion besteht nun darin, dass nur einige Menschen – für eine vergleichsweise kurze Zeitspanne ihres Lebens – über eine in diesem Sinne „normale" Funktionsfähigkeit verfügen (vgl. Nussbaum 2007a). Zum einen ist der normal funktionierende Bürger keine voraussetzungslose Ausgangssituation, auf der allgemeingültige Gerechtigkeitsurteile sinnvollerweise aufbauen können, und zum anderen sind interpersonelle Varianzen sowie Varianzen über verschiedene Lebensalter

> Capabilities verweisen immer auf ein komplexes Zusammenspiel von Infrastrukturen, Ressourcen, Berechtigungen und Befähigungen

> Dabei nimmt der Capabilities Ansatz ernst, dass Handlungsbefähigung im Sinne der Realmöglichkeit einer Realisierung des eigenen Lebensentwurfs systematisch an verfügbare Optionen und Ressourcen zurückgebunden ist

hinweg überaus gerechtigkeitsrelevant und nicht ignorierbar. Kinder, Alte, Kranke, Menschen mit Behinderungen usw. brauchen häufig mehr und andere Güter und Infrastrukturen, um als Gleiche auftreten zu können. Daher reicht es als Informationsbasis von Gerechtigkeitsurteilen nicht aus, lediglich die Mittel zur hypothetischen Realisierung von Lebensaussichten in den Blick zu nehmen. Darüber hinaus bleibt von solchen Ansätzen weitgehend unberücksichtigt, inwieweit und um den Preis welcher Zumutungen die durch die Ausstattung mit Ressourcen oder Grundgütern eröffneten Optionsräume von den je konkreten Personen im jeweiligen sozialen Kontext auch tatsächlich genutzt werden können. Die Bestimmungslücke zwischen der Ressourcenverfügbarkeit und der Realisierung selbstbestimmter Lebensführung stellt eine erhebliche Schwachstelle der klassischen ressourcenbezogenen Ansätze dar – eine Bestimmungslücke, die sich gerade in Bezug auf familiale Konstellationen als relevant erweist.

Mit Blick auf die Frage, welche Informationen eine hinreichende Basis von Gerechtigkeitsurteilen darstellen, kritisieren etwa Jane Lewis und Susanna Giullari auf Basis geschlechtertheoretischer Überlegungen Politiken, die auf Universalität, Gleichheit und Gerechtigkeit rekurrieren, aber nur allzu oft auf Basis einer „männlichen Norm" modelliert werden. Die daraus folgenden Gerechtigkeitsurteile würden daher häufig bereits konstitutionslogisch in einer Übergehung und Unterordnung der Ansprüche von Frauen resultieren. Der Capabilities Ansatz, so argumentieren sie weiter, habe demgegenüber den Vorteil zwischen „resources available to a person (means), what she is and does (functionings), the personal, social and environmental factors that affect her ability to transform means into functionings (conversion factors) and the combination of beings and doing that she has the real freedom to achieve (her capability set)" (Lewis & Giullari, 2005, S. 90) zu unterscheiden. Diese Unterscheidung erlaube es sowohl interpersonell variierende Fähigkeiten als auch soziale Lebenssituationen in Ungleichheitsanalysen und Gerechtigkeitsurteile einzubeziehen. Damit könne Diversität deutlich umfassender berücksichtigt werden „for in order to guarantee equality of real freedom to choose and achieve functionings, different individuals will require different kinds and amounts of resources (which is why equality of resources is in and of itself an insufficient condition for the achievement of chosen functionings). The notion of personal, social and environmental conversion factors accounts for the fact that people have different capacities to gain access to the same resource and different potentials for converting resources into chosen functionings" (Lewis & Giullari, 2005, S. 90).

In der Tat besteht eine zentrale analytische Unterscheidung des Capabilities Ansatzes zwischen „Funktionsweisen" ('functionings') und „Capabilities" (vgl. Nussbaum, 2006; 2007a, Sen, 1999). Als Funktionsweisen werden tatsächlich realisierte Zustände und Handlungen verstanden, die für das eigene Leben als wertvoll erachtet werden und die die Grundlagen der Selbstachtung nicht in Frage stellen. Capabilities hingegen verweisen auf die effektive Freiheit der Individuen, sich für – oder gegen – die Realisierung von unterschiedlichen Kombinationen solcher Funktionsweisen selbst entscheiden zu können.

Zwar ist nicht daran zu zweifeln, dass sich ein gutes und vollständiges Leben menschlicher AkteurInnen nicht in hypothetischen, potenziellen Optionalitäten, sondern nur in der Form eines tatsächlich verwirklichten Lebens manifestieren kann, nichtsdestoweniger geht der Capabilities Ansatz davon aus, dass „für politische Zielsetzungen angemessen [ist], dass wir auf die Befähigungen zielen – und nur auf diese. Ansonsten muss es den BürgerInnen freigestellt sein, ihr Leben selbst zu gestalten. [... Denn] selbst wenn wir sicher wüssten, worin ein gedeihliches Leben besteht und dass eine bestimmte Funktionsweise dafür eine wichtige Rolle spielt, würden wir Menschen missachten, wenn wir sie dazu zwängen, diese Funktionsweise zu realisieren" (Nussbaum, 2006, S. 87f.).

Aufgabe öffentlicher bzw. staatlicher Institutionen ist es aus dieser Perspektive also nicht, Menschen zu bestimmten (guten) Handlungen zu nötigen oder in spezifische Zustände zu versetzen, sondern jeder und jedem Einzelnen „die materiellen, institutionellen sowie pädagogischen Bedingungen zur Verfügung zu stellen, die [ihr oder] ihm einen Zugang zum guten menschlichen Leben eröffnen und [sie oder] ihn in die Lage versetzen, sich für ein gutes Leben und Handeln zu entscheiden" (Nussbaum, 1999, S. 24). Eine – mit Blick auf Egalitätsgesichtspunkte – gerechte Gesellschaft ist in dieser Perspektive eine Gesellschaft, die all ihren Mitgliedern einen möglichst weitreichenden und gleichberechtigten Zugang zu jenen Mitteln sicherstellt, die in sozialer und materieller Hinsicht notwendig sind, um Leiden („human suffering") zu vermeiden und ein „flourishing life" zu führen, d.h. ein Leben, in dem sie ihre Potenziale selbstbestimmt realisieren können[3]. Realisierbare Handlungsentscheidungen, die das

Aufgabe öffentlicher bzw. staatlicher Institutionen ist es aus dieser Perspektive, jeder und jedem Einzelnen „die materiellen, institutionellen sowie pädagogischen Bedingungen zur Verfügung zu stellen, die [ihr oder] ihm einen Zugang zum guten menschlichen Leben eröffnen und [sie oder] ihn in die Lage versetzen, sich für ein gutes Leben und Handeln zu entscheiden"

---

[3] Erik Olin Wright (2009, S. 10) hat die Idee von „human flourishing" treffend wie folgt ausgeführt: „The expansive idea of flourishing refers to the various ways in which people are able to develop and exercise their talents and capacities, or, to use another expression, to realize their individual potentials. This does not imply that within each person there is some unique, latent, natural 'essence' that will grow and become fully realized if only it is not blocked. The expansive idea of individual flourishing is not the equivalent of saying that within every acorn lies a mighty oak: with proper soil, sun and rain the oak will flourish and the potential within the acorn will be realized as the mature tree. Human talents and capacities are multidimensional; there are many pos-

Ergebnis (ungerechter) sozialer Machtverhältnisse sind, sind insofern explizit keine „Capabilities".

Dieser Einsicht folgend geht es mit der Capabilities Perspektive in politischer Hinsicht weder darum, den AkteurInnen von außen eine bestimmte Lebensweise zu oktroyieren, noch darum ihren Handlungs- und Daseinsfreiraum auf die Erreichung einer bestimmten als 'legitim' oder 'gut' klassifizierten Lebensführung zu verengen. Im Mittelpunkt steht vielmehr die Aufgabe, den objektiven und individuell realisierbaren Spielraum von Selbstbestimmung und Autonomie zu erweitern.

Insbesondere in der Variante von Martha Nussbaum beinhaltet der Ansatz nichtsdestoweniger die Formulierung einer (vagen) Liste von zentralen Capabilities.[4] Diese versteht Nussbaum weniger als Verpflichtung der Betroffenen, sondern als grundlegende Möglichkeiten und Befähigungen, auf deren Ermöglichung Menschen Anspruch haben und die ein Fundament für die Verfolgung und Verwirklichung der verschiedensten Entwürfe eines guten Lebens darstellen. Nussbaum begründet in dieser Weise zehn „central Capabilities", „[which] can be endorsed *for political purposes, as the moral basis of central constitutional guarantees,* by people who otherwise have very different views of what a complete good life for a human being would be" (Nussbaum, 2006, S. 74). Zu diesen zentralen Capabilities gehören unter anderem die Möglichkeiten zur Ausbildung von spezifischen körperlichen Konstitutionen, sensorischen Fähigkeiten, Denkvermögen und grundlegenden Kulturtechniken, die Vermeidung von unnötigem Leid, die Gewährleistung von Gesundheit, Ernährung und Schutz, die Möglichkeit und Fähigkeit zu Bindungen zu anderen Menschen, anderen Spezies und zur Natur, zu Genuss, zu sexueller Befriedigung, zu Mobilität, dazu das eigene und kein fremdes Leben zu leben[5] und schließlich zur Ausbildung von Autonomie und Subjektivität zu dem im Sinne einer Befähigung zur praktischen Vernunft auch die effektive Möglichkeit gehört, im Wissen um die eigenen Potenziale einen eigenen, revidierbaren Entwurf eines guten Lebens entwickeln (und ggf. auch verwerfen) zu können.

---

sible lines of development, many different flourishing mature humans that can develop from the raw material of the infant. These capacities are intellectual, artistic, physical, social and moral and spiritual. They involve creativity as well as mastery. A flourishing human life is one in which these talents and capacities develop".

[4] Die Erstellung einer solchen Liste ließe sich durchaus als eine 'milde' Form eines liberalen Perfektionismus deuten (Zur Debatte um die Begründbarkeit eines solchen Perfektionismus vgl. Deneulin, 2002).

[5] Dies läuft im Wesentlichen auf eine Entfremdungskritik hinaus, die in vielen alternativen Gerechtigkeitskonzeptionen weitgehend ignoriert wird.

Gerechtigkeitsfragen an die Familie

Wie bereits angesprochen ist der Capabilities Ansatz im Wesentlichen ein (in der liberalen Tradition) *gerechtigkeitstheoretisch* fundierter Ansatz. Ob er als solcher für familienbezogene Problemstellungen relevant ist, hängt von der umstrittenen Frage ab, ob die Familie überhaupt ein Gegenstand ist, an den gerechtigkeitstheoretisch fundierte Fragen sinnvollerweise gerichtet werden können. Im Folgenden argumentieren wir, dass dies der Fall ist.

Mit Blick auf die Streitfrage, ob und inwiefern familiale Personenkonstellationen überhaupt unter der Prämisse von Gerechtigkeit diskutiert werden sollen und können, ist zu beachten, dass die Mehrheit der Positionen der politischen Philosophie die Auffassung vertritt, dass Gerechtigkeitsfragen ausschließlich oder zumindest primär als *politische* Fragen zu verstehen sind. Sofern sie auf politische Fragen gerichtet sind, beziehen sich Gerechtigkeitsurteile weniger auf die Güte privater Präferenzen, Entscheidungen und Lebensführungen, sondern auf die Qualität öffentlicher Systeme und Ordnungen. Dies ist der Hintergrund dafür, dass es strittig ist, inwiefern Familien als Teil öffentlicher, politischer Auseinandersetzung und damit Gegenstand von Gerechtigkeitsfragen zu verstehen sind oder es sich bei Familien primär um private Liebesbeziehungen – als Ausdruck einer nichtverallgemeinerbaren interpersonalen Anerkennung in Nahbeziehungen – handelt, die im Raum des Privaten verbleiben sollen. Sofern sie im Raum des Privaten zu verorten sind, werfen Familien möglicherweise eine Reihe normativ wichtiger Fragen auf (vgl. Honneth, 1992), aber eben nicht die Frage nach Gerechtigkeit. Wenn überhaupt wäre die Frage nach Gerechtigkeit demnach an die öffentlichen Eingriffe in die Familie zu stellen, aber nicht an die Institution der Familie selbst.

> Sofern sie auf politische Fragen gerichtet sind, beziehen sich Gerechtigkeitsurteile weniger auf die Güte privater Präferenzen, Entscheidungen und Lebensführungen, sondern auf die Qualität öffentlicher Systeme und Ordnungen

Die Auseinandersetzungen darüber, ob Familien einen politischen Raum darstellen, ist eine wichtige Basis für Verteilungsfragen zwischen Familien. Zugleich spielen sie mit Blick auf intergenerationale Vererbungen sozialer Ungleichheit eine bedeutsame Rolle, weil mit dieser Verortung festgelegt wird, was als gerechtigkeitsrelevant gilt und damit auch, welche Ungleichheiten in welcher Hinsicht auf einen Anspruch auf öffentlich zu verantwortende Kompensationen treffen können. Jenseits dieser grundsätzlichen Erwägungen lässt sich die Frage, ob und inwiefern die Familie eine gerechte bzw. gerechtigkeitserzeugende Institution sein kann, mit Blick auf zwei wesentliche Ebenen diskutieren:

Auf einer ersten Ebene geht es um Gerechtigkeitsfragen, die sich auf das Verhältnis *zwischen* Lebensweisen richten, die in politischen Diskursen als Familie klassifiziert und damit als legitim anerkannt werden, und Lebensweisen, die nicht den Status legitimer Familien zugewiesen bekommen. Dabei wird in der Regel dem, was als Familie anerkannt wird, ein normativer Vorrang gegeben. Allerdings sind solche normativen Klassifikationen unterschiedlicher Lebensweisen Gegenstand insbesondere einer feministischen Analyse und Kritik geworden.

Eine zweite Ebene der Debatten um Familie und Gerechtigkeit bezieht sich auf Konstellationen *innerhalb* von Familien. Sofern Familien partnerschaftliche Beziehungen zwischen (zwei) erwachsenen Personen beinhalten, geht es etwa um Fragen von Liebe, Verteilungen der Aussicht auf sexuelle Handlungsfähigkeit und Selbstbestimmung, um geschlechtsspezifische Arbeitsteilung und damit einhergehend auch um Fragen von Abhängigkeit und Ausbeutung. Darüber hinaus ist die intergenerationale Personenkonstellation im Kontext der Versorgung und Bedürfnisbefriedung von Familienmitgliedern zentral. Das damit angesprochene funktionale wie emotionale Verhältnis zwischen Eltern und Kindern (im biologischen wie im sozialem Sinne) ist ein wesentlicher Ausgangspunkt der Fragen, denen sich insbesondere die 'Care-Ethik' widmet (vgl. Kittay, 1999).

Im Folgenden geht es nun darum, ob der gerechtigkeitstheoretische Maßstab des Capabilities Ansatzes an und in die Institution von Familie heran- und hineingetragen werden kann, oder ob es sich bei Familien vielmehr um einen durch die Kategorie der Liebe charakterisierten privaten Raum handelt, in dem die private (Handlungs-) Freiheit der Mitglieder gegenüber dem Zugriff der (staatlichen) Öffentlichkeit zu schützen ist.

Handlungsfreiheit zwischen Familien

Wird nun der Capabilities Ansatz als evaluativer Gerechtigkeitsmaßstab angelegt, der die Verwirklichungschancen und Handlungsmöglichkeiten jedes einzelnen Individuums als Ausgangspunkt wählt, ist die Familie eine Institution, die mit Blick auf diesen Gerechtigkeitsmaßstab eine wichtige Rolle spielt. Die meisten VertreterInnen des Capabilities Ansatzes halten es daher für sachlich angemessen, Gerechtigkeitsmaßstäbe an die Familie heranzutragen. Martha Nussbaum argumentiert beispielsweise, dass die Familie keine freiwillige, sondern eine elementare Institution und somit zugleich elementarer Teil von Gesellschaft sei. Während z. B. das Involviertsein in eine kirchliche Institution oder eine Universität[6] typischerweise freiwillig sei, gelte dies nicht für die Partizipation von Kindern an Familie und beispielsweise ihr Unterworfensein unter die dabei wirksamen Geschlechter-Strukturen (vgl. Nussbaum, 2002; Rössler, 2001, S. 293f.). Aufgrund einer historisch entwickelten – und nicht zuletzt staatlich regulierten – Unfreiwilligkeit, die die Zugehörigkeit zu einer Familie zumindest für junge Menschen besitzt, sei der Maßstab der Gerechtigkeit als Folge öffentlicher Verantwortung nichts, das von außen an die Familie herangetragen werden müsse. Vielmehr sei das, was als Familie gelte, selbst ein politisches Produkt einer staatlichen, (sozialen) Ordnung und somit unweigerlich Teil von Öffentlichkeit. Denn auch wenn sich Menschen selbst als Familien bezeichnen, erwirke ein Zusammenleben von Menschen erst durch rechtlich-staatliche Regulierungsmaßnahmen – wie zum Beispiel Sorgerecht, Ehe und die daran gebundenen Privilegien und Pflichten – die soziale Signifikanz, als Familie anerkannt zu sein. Aus dieser Perspektive stellt die Familie also kein prä-politisches Bündnis dar, das nachträglich und von außen mit den Maßstäben der Öffentlichkeit (beispielsweise dem der Gerechtigkeit) konfrontiert werde. Nussbaum macht dies unter anderem mit Blick auf die Eheschließung deutlich, die hinsichtlich der Legitimierung einer bestimmten Form des Zusammenlebens als Familie eine wichtige Rolle spielt[7]: „The state does not police people on the outside; it marries people" (Nussbaum, 2002, S. 199). Aus dieser Perspektive erscheint der Versuch einer eindeutigen Trennung zwischen dem Staat, als Sphäre der Öffentlichkeit und der Familie, als Raum des Privaten, als problematisch. Darauf macht auch Beate Rössler aufmerksam. In ähnlicher Weise wie Nussbaum argumentiert sie, dass die Familie kein privater Raum sei, der in einer Dichotomie zur öffentlich-rechtlichen Sphäre zu verorten wäre. Während Nussbaum die Familie vornehmlich als Produkt des Staates thematisiert, weist Rössler darauf hin, dass die Richtung des Zusammenhangs von Staat und Familie keinesfalls nur einseitig sei. Zwar gäbe es ohne Zweifel staatliche Reglementierungen des Zusammenlebens, umgekehrt fänden sich allerdings auch kulturelle Normen und Selbstverständnisse in der Rechtsprechung wieder (Rössler, 2001, S. 297). Es sei nicht zuletzt diese Einflussrichtung, die in

Aus dieser Perspektive erscheint der Versuch einer eindeutigen Trennung zwischen dem Staat, als Sphäre der Öffentlichkeit und der Familie, als Raum des Privaten, als problematisch

---

[6] Auch wenn an diesem Punkt das Ausmaß an Freiwilligkeit, die Kirche zu besuchen oder auch eine Universität eben nicht zu besuchen, höchst fraglich erscheint, bleibt jedoch das Argument bestehen, dass Familie eine elementare Institution ist, die zwangsläufig einflussreich für die Entwicklungs- und Entfaltungsbedingungen jeder Person ist.

[7] Auch wenn die Kopplung von Ehe und Familie in Deutschland durch das neue Kindschaftsrecht aufgeweicht worden ist (vgl. Oelkers, 2007), ist dieser Zusammenhang nach wie vor noch praktisch überaus relevant.

eine politische Privilegierung jener legitimierten und anerkannten Formen des Zusammenlebens münde, die die Kleinfamilie als scheinbar natürliche und einzige, in jedem Falle aber privilegierte Antwort auf die Bedürfnisse nach Liebe und Fürsorge begreife. Um die Familie nun nicht auf eine staatliche Reglementierung des Zusammenlebens zu reduzieren und auch soziale Realitäten jenseits der Ehe (an-)erkennbar zu machen, schlägt Iris Marion Young eine normative Bestimmung von Familie vor, die trotz einer ontologischen Fundierung auf eine Festschreibung von Lebensweisen explizit verzichtet. Young definiert „eine Familie als Menschen, die zusammenleben und/oder Ressourcen teilen, welche als Mittel zum Leben und zum Wohlbefinden nötig sind; die verpflichtet sind, sich nach besten Kräften um die physischen und emotionalen Bedürfnisse der anderen zu kümmern; die sich selbst in einer verhältnismäßig langfristigen, wenn nicht gar dauerhaften Beziehung sehen; und die sich als Familie auffassen" (Young, 2008, S. 331).

Sofern man Familien – in der breiten Definition von Young – als einen öffentlich-politischen Gegenstand von Gerechtigkeit versteht, gilt auch für sie der gerechtigkeitstheoretische Minimalkonsens, dass (zumindest) jene Ungleichheiten und die daraus resultierenden Handlungsfolgen, die auf „brute luck" basieren, d. h. auf Sachverhalten, die sich der Kontrolle der ihnen Unterworfenen entziehen, sozial(staatlich) auszugleichen sind (vgl. Cohen, 1989; Dworkin, 1981; Roemer, 1998). Um Ungerechtigkeiten mit Blick auf die Verwirklichungschancen und Handlungsmöglichkeiten für die je Einzelnen zu vermeiden, gilt aus einer gerechtigkeitstheoretischen Perspektive, dass die jeweiligen sozialen Konstellationen, in die Personen hineingeboren werden oder für die sie sich entscheiden, weder zu einem Nachteil noch zu einem Privileg werden dürfen. Um dies zu ermöglichen, ist zum einen der Selbstdefinition von Personenkonstellationen als Familien eine soziale Signifikanz zuzuerkennen. Zum anderen darf auch eine (selbst gewählte) Abwesenheit von familialen Zusammenhängen nicht zum ungleichheitsgenerierenden Faktor werden. So macht Nussbaum in ihrer Auseinandersetzung mit Familien darauf aufmerksam, dass es auch andere Formen von kollektiven Zusammenschlüssen der Versorgung von Kindern gäbe und zu ergänzen wären auch andere Formen des kollektiven Zusammenlebens von erwachsenen Personen. Aus einer gerechtigkeitstheoretischen Perspektive münden diese Überlegungen letztlich in die Prämisse, dass sich der Staat gegenüber unterschiedlichen Formen des kollektiven Zusammenlebens und ihren intergenerationalen Konstellationen neutral verhalten und generell die Handlungsbefähigung jedes und jeder Einzelnen sicherstellen sollte.

Handlungsfreiheit und Handlungsbefähigung innerhalb von Familien

Die Erkenntnis, dass die Institution der (bürgerlichen) Kleinfamilie nicht hinreichend als individuelle, freie und private Entscheidung verstanden werden kann, sondern auch ein Produkt staatlicher Hierarchisierungen von Lebensweisen darstellt, beinhaltet zunächst noch keine Aussage über die Binnenstruktur der Familie, d.h. über das Verhältnis zwischen den jeweiligen Personen und ihren jeweiligen Freiheiten und Möglichkeiten. Auch diesbezüglich stellt sich die Frage, wie sinnvoll es ist, die Gerechtigkeitsmaßstäbe des Capabilities Ansatzes in die Familie hineinzutragen. Denn mit Blick auf die Binnenstruktur der Familie findet sich ein komplexes Spannungsverhältnis von Gerechtigkeit und Liebe – ein Spannungsverhältnis, das weitreichende Konsequenzen für die Begründung der Maßstäbe pädagogischer Interventionen in familiale Konstellationen hat und das Fragen zu den Zielen pädagogischer Arbeit im Kontext von Familie aufwirft: Kann es beispielsweise Ziel von Maßnahmen zur Sicherung des Kindeswohls sein, liebevolle Verhältnisse zu schaffen oder sollte es vielmehr ausschließlich um gerechte Verhältnisse gehen? Stehen Forderungen nach der Gerechtigkeit innerhalb der Familie überhaupt in einem Widerspruch zu Liebe und zu Privatheit?

Um nun zu diskutieren, ob und in welcher Hinsicht es angemessen ist, die Maßstäbe des Capabilities Ansatzes in die Familie hineinzutragen, widmen wir uns zunächst dem Argument, dass die Binnenstruktur der Familie durch affektive (und in diesem Sinne zunächst private) Bindungen konstituiert sei. Familie steht aus dieser Perspektive in einem Spannungsverhältnis zu der öffentlich-rechtlichen Sphäre. Vor dem Hintergrund der Nussbaumschen Konzeption des Capabilities Ansatzes und anderer Perspektiven feministischer Kritik wird eine auf Privatheit und Liebe rekurrierende Bestimmung des Binnenverhältnisses von Familien hinterfragt und argumentiert, dass es angemessen sei, Gerechtigkeitsmaßstäbe auch auf Kontexte der Familie anzuwenden.

Betrachtet man die Familie als ein rein privates, schützenswertes Liebesarrangement, stellt sich die Frage der Gerechtigkeit zwischen ihren Mitgliedern nicht. Vielmehr gelte es, dieses private Arrangement vor öffentlichen Zugriffen des Staates zu verteidigen. Diese Perspektive wird insbesondere von VertreterInnen einer hegelianischen Philosophietradition betont. Exemplarisch lässt sie sich an der links-hegelianischen Argumentation Axel Honneths (1995) verdeutlichen. Mit der Entdeckung der Kindheit und institutionellen, rechtlichen Regelungen, wie z. B. dem Verbot der Kinderarbeit und den Reglungen zur Vermögensteilung, so Honneths Argument, sei die

> Um nun zu diskutieren, ob und in welcher Hinsicht es angemessen ist, die Maßstäbe des Capabilities Ansatzes in die Familie hineinzutragen, widmen wir uns zunächst dem Argument, dass die Binnenstruktur der Familie durch affektive (und in diesem Sinne zunächst private) Bindungen konstituiert sei

Familie im lebensweltlichen Raum des Privaten angekommen. Sie konstituiere sich nunmehr alleine über affektive Bindungen: Von „einer Institution, deren interne Verhältnisse noch wesentlich von sozialen und ökonomischen Zwängen bestimmt sind, hat sie [die Familie] sich inzwischen weitgehend in ein ‚reines' Beziehungsverhältnis verwandelt, in dem affektive Bindungen zur einzigen Quelle der Integration geworden sind" (Honneth, 1995, S. 990).

Ausgehend von der Annahme, dass Familie durch wechselseitige interpersonale Anerkennung und Liebe gekennzeichnet sei[8], lautet sein Argument, es sei der Familie wesensfremd bzw. in der Familie nicht notwendig und ggf. sogar schädlich, wenn ihre Mitglieder die Erfüllung ihrer Bedürfnisse in Form von Rechten einklagen können.[9] In Honneths Arbeit wird demnach ein normatives Ideal der Binnenstruktur einer Familie nahe gelegt, die sich über Liebe im Sinne der Anerkennung der Einzigartigkeit der geliebten Personen sowie der wechselseitigen Sorge und Fürsorge konstituiert. Dieses Ideal konfrontiert Honneth mit einer pessimistischen Analyse der gegenwärtigen Realität von Familienstrukturen: Die lebensweltliche Institution der Familie leide im Kontext einer Pluralisierung von Lebensstilen, trotz oder gerade wegen zunehmender Freiheit potenziell an Zerrüttung, (emotionaler) Verwahrlosung, Fragilität und Instabilität.

Kaum zu bezweifeln sein dürfte, dass nicht mehr jede Liebesbeziehung in Ehe und Kleinfamilie münde und umgekehrt nicht mehr jede Ehe erst durch den Tod geschieden wird. Fraglich erscheint indes, ob eine Familienform, die auf lebenslanger Ehe beruht, tatsächlich per se mit höherer wechselseitiger Sorge und Fürsorge, mit weniger emotionaler Verwahrlosung und daraus folgend, mit einem höheren Maß an individuellem Wohlergehen gleichbedeutend ist.

Von solchen Einwänden abgesehen, besteht die argumentative Pointe von Honneths Überlegungen darin, dass erst unter den genannten pathologischen Bedingungen von Familie Gerechtigkeit in der familialen Sphäre sinnvollerweise thematisch werden kann. Erst wenn eine dauerhafte emotionale Anerkennung nicht (mehr) als Zustand permanenter Sicherheit betrachtet werden könne, sei Gerechtigkeit, im Sinne einer Anerkennung als Rechtssubjekt, notwendig, um

---

[8] Während klassischen VertreterInnen der Hegelschen Perspektive der politische Maßstab der Gerechtigkeit als Bedrohung für und unvereinbar mit Liebe und Privatheit gilt, finden sich bei Honneth vorsichtige Brückenschläge zu Argumenten der liberalen, kontraktualistischen Tradition, die Familienmitglieder als Kontraktpartner in den Blick nimmt und die Struktur innerhalb von Familien als eine politisch-rechtliche konzeptionalisiert.

[9] Der Widerspruch zwischen Liebe und Gerechtigkeit wird insofern also vor allem in sich vermeintlich widersprechenden Handlungsmotivationen für eine wechselseitige Bedürfnisbefriedigung verortet.

Familienmitglieder sowohl gegen den Verlust von Autonomie sowie einer Ungleichbehandlung innerhalb der Familie zu schützen. Dies gilt, zumal eine solche Anerkennung als Rechtssubjekt nicht zuletzt eine Exit-Option aus der Familie und den – allemal genderspezifischen – Forderungen an Care-Praktiken schafft (vgl. Lewis & Giullari, 2005).

In pragmatischer Hinsicht lässt Honneth keinen Zweifel daran, dass eine Verrechtlichung der Binnenverhältnisse in der Familie für die Absicherung der je Einzelnen durchaus notwendig sei, um unter gegenwärtigen Bedingungen ein Verhältnis affektiver Bindung – mit all seinen potenziellen Verletzlichkeiten – eingehen zu können. Dennoch stellt Honneth an den Prozess der Verrechtlichung die Frage, „ob es innerhalb von Familien eine kritische Schwelle gibt, jenseits der die Verselbstständigung von Fragen allgemeiner Gerechtigkeit zur Auflösung ihrer affektiven Bindungskräfte führt; muss es nicht anders formuliert eine Grenzlinie geben, die uns darüber informiert, bis zu welchem Punkt Familien auf der Basis rationaler Übereinkünfte fortexistieren können" (Honneth, 1995, S. 1004 f.)

Das Widerstreben Honneths, die Familie an einem Maßstab von Gerechtigkeit zu bemessen, ist nicht zuletzt einem Begriff von Gerechtigkeit geschuldet, der im Wesentlichen auf die Logik des Kontraktes beschränkt bleibt. Dies ist jedoch ein spezifisches kontraktualistisches Gerechtigkeitsverständnis, das nicht nur hinsichtlich des Gegenstands Familie kritisiert worden ist. Auch in Bezug auf allgemeine gerechtigkeitstheoretische Überlegungen ist der Kontraktualismus deutlich weiterentwickelt und modifiziert worden (vgl. z. B. Scanlon, 1998). Wird Gerechtigkeit ausschließlich als intersubjektive Anerkennung von Rechtssubjekten verstanden, scheint es in der Tat problematisch, von einer gerechten Binnenstruktur der Familie zu sprechen. Denn wenn man Gerechtigkeit nur im Sinne eines politischen Kontrakts versteht, dann richtet sie sich argumentationslogisch lediglich auf Kooperationsformen zwischen ungefähr gleichen, politisch mündigen Bürgern. Diese Gerechtigkeitskonzeption ist also verhältnismäßig eng und in dem Sinne exklusiv, dass Gerechtigkeit als Maßstab nicht im Kontext eines asymmetrischen Verhältnisses zwischen Menschen zu denken ist (hierzu: Nussbaum, 2006). Insbesondere die Familie zeichnet sich in der Regel durch asymmetrische Beziehungsverhältnisse zwischen versorgenden und abhängigen Personen aus. Auch Fürsorge selbst ist qua Definition eine asymmetrische Form menschlicher Interaktion. Entsprechend ist Familie eine soziale Konstellation, die eine Gleichbehandlung aller Beteiligten im kontraktualistischen Sinne von vornherein ausschließt (vgl. Nagl-Docekal, 1994, S. 1048ff.).

Wird Gerechtigkeit ausschließlich als intersubjektive Anerkennung von Rechtssubjekten verstanden, scheint es in der Tat problematisch, von einer gerechten Binnenstruktur der Familie zu sprechen

Im Gegensatz zu der von Honneth vertretenen Perspektive, dass Gerechtigkeitsfragen letztlich nur kompensatorisch in die Sphäre der Familie kommen, nämlich dann, wenn die affektiven Bindungen nicht mehr tragfähig sind, vertritt vor allem Martha Nussbaum die Position, dass Emotionalität, Fürsorge und Privatheit von Fragen der Gerechtigkeit nicht abstrahiert werden können. Mit Blick auf den Gerechtigkeitsbegriff des Capabilities Ansatzes ist dies durchaus folgerichtig. Denn dieser bezieht sich nicht nur auf eine Gleichbehandlung (von Rechtssubjekten), sondern auf die Entfaltungs- und Verwirklichungschancen und damit nicht zuletzt auf die Würde und das Wohlergehen der je Einzelnen (dazu: Otto et al., 2010). In diesem Sinne ist der Gerechtigkeitsbegriff der Capabilities Perspektive nicht alleine auf einer rechtlich-politischen Ebene zu verorten, sondern betrifft alle menschlichen Beziehungen und Kooperationen: Gerechtigkeit, so argumentiert Nussbaum im Anschluss an John Stuart Mill, sei nicht auf eine politische Kooperation zwischen Gleichen zu reduzieren. Vielmehr seien alle Formen der sozialen Kooperation (auch) an Maßstäben von Gerechtigkeit zu bemessen (vgl. Nussbaum, 2007a, S. 129). Da die Entfaltungsmöglichkeiten und Handlungsbefähigungen der je Einzelnen in einem hohen Maße von familialer Versorgung und Fürsorge beeinflusst sind, spielen Fragen von 'Care-Ethik'[10] eine zentrale Rolle für die gerechten Bedingungen menschlichen Daseins. Die kontraktualistische Tradition sei demgegenüber, so die Kritik, nur unzureichend in der Lage „to acknowledge that we are dependent social beings, only able to live through others, and dependent on the care of others for significant parts of our lives" (Sayer, 2009, S. 773f.; vgl. Kittay, 1999).

Zwar ist die kontraktualistische bzw. politische Formulierung von Gerechtigkeit in einem hohem Maße sensibel gegenüber Herrschaftsverhältnissen – was im Übrigen auch für den Capabilities Ansatz zutrifft (dazu umfassend: Morriss, 2002) –, aber sie nimmt nur unzureichend zur Kenntnis, dass nicht alle Einschränkungen von Entfaltungsmöglichkeiten und nicht alle Formen des Leidens ihren Ursprung in Herrschaftsverhältnissen finden, sondern eben auch in einem Mangel an Care, im Sinne einer Zurückweisung von Verantwortung in Bezug auf Andere (vgl. Sayer, 2009). Daher sei es angemessen, Gerechtigkeit eher ethisch als politisch zu bestimmen, um so alle Familienmitglieder und ihr individuelles Wohlergehen („flourishing") in eine angemessene Konzeption von Gerechtigkeit einzubeziehen. Denn Autonomie und Unabhängigkeit nicht nur als mögli-

---

[10] Dieser Begriff wird häufig mit Fürsorge übersetzt, was allerdings in diesem Fall nur bedingt passend ist, da die Care-Debatte bestimmte feministische Perspektiven beinhaltet, was keine Äquivalenz in einem deutschen Begriff findet.

ches Resultat, sondern als Voraussetzung zu konzipieren, um Subjekt sozialer Gerechtigkeit sein zu können, versagt insbesondere jungen Menschen den Zugang zu jenen Zuständen und Handlungsfreiheiten, die den Maßstab von Gerechtigkeit aus der Perspektive des Capabilities Ansatzes darstellen.

Zusammengefasst beinhaltet eine rein kontraktualistische Konzeption von Gerechtigkeit – im Sinne einer intersubjektiven Anerkennung autonomer Rechtssubjekte, die auf Gleichheit und Reziprozität unter den mündigen Kontraktpartnern basiert – für die personal abhängigen Familienmitglieder, bestenfalls die Möglichkeit des Altruismus und der passiven Inanspruchnahme ihrer jeweiligen Möglichkeiten (vgl. Clark & Eisenhuth, 2010).

An Stelle der Gleichheit von Subjekten und ihrer Gleichbehandlung innerhalb der Familie, werden bei Nussbaum differente Befähigungen zum Ausgangspunkt ihrer Gerechtigkeitskonzeption gemacht. Dies ist ein zentrales Moment, das den Capabilities Ansatz attraktiv für Gerechtigkeit sowohl im Kontext von Familie als auch von pädagogischen Handlungsfeldern macht. Autonomie der Subjekte ist innerhalb des Capabilities Ansatzes zwar eine zentrale Ziel- und Referenzgröße, aber eben keine Bedingung für Partizipation und Berücksichtigung. Sie ist nicht die Voraussetzung für, sondern das Resultat von gerechten Bedingungen.

Insbesondere mit ihrer Liste steckt Nussbaum ein Mindestmaß an menschlicher Würde und human flourishing ab und definiert dieses als (Suffizienz-)Maßstab gerechter Bedingungen. Soziale Bedingungen sind dem Capabilities Ansatz zufolge dann jedoch nicht anhand eines (intersubjektiven) Beziehungsgefüges von wechselseitiger Anerkennung und Missachtung zu beurteilen, sondern an den Ergebnissen der Entfaltungsprozesse der je Einzelnen. Verhältnisse gelten dann als gerecht, wenn sie jedem und jeder Einzelnen erlauben, ihr volles 'Potenzial'[11] zu entwickeln. Genau dies versteht Nussbaum im Anschluss an die marxistische Tradition mit 'human flourishing'.[12]

---

[11] Sicherlich ließe sich darüber diskutieren, wie festzulegen sei, was das Potenzial der und des je Einzelnen ist und ob hier nicht letztlich ein hochgradig ideologisches Moment einer Konzeption von Talent drin steckt, die durchaus auch biologistische Deutungs- und Begründungsweisen zulassen würde. Da es hier aber in erster Linie um den ethischen Individualismus als Grundlage der Gerechtigkeitskonzeption des Capabilities Ansatzes geht, würde eine Diskussion von Talentkonstruktionen an dieser Stelle allerdings zu weit führen.

[12] In einer erziehungswissenschaftlichen Lesart ist 'human flourishing' auch als eine zentrale Dimension von Bildung zu verstehen (vgl. dazu ausführlich: Andresen et al., 2008).

Insbesondere mit ihrer Liste steckt Nussbaum ein Mindestmaß an menschlicher Würde und human flourishing ab und definiert dieses als (Suffizienz-)Maßstab gerechter Bedingungen. Soziale Bedingungen sind dem Capabilities Ansatz zufolge dann jedoch nicht anhand eines (intersubjektiven) Beziehungsgefüges von wechselseitiger Anerkennung und Missachtung zu beurteilen, sondern an den Ergebnissen der Entfaltungsprozesse der je Einzelnen

Dieser Perspektive auf das gute Leben im Sinne von flourishing der je Einzelnen liegt der grundlegende moralische Imperativ zugrunde, dass jede Person ihr eigener Zweck ist und dementsprechend innerhalb einer moralischen Gesellschaft nicht als Instrument einer anderen Person oder Personengruppe – inklusive der Familie – untergeordnet werden darf[13] (vgl. Nussbaum, 2007a, S. 70; vgl. Scanlon, 2008, S. 88ff).

Aus einer Capabilities Perspektive besitzt die Lebensqualität des je Einzelnen, unabhängig von seinen oder ihren Funktionen innerhalb der Familie, einen intrinsischen, eigenständigen Wert. Demgegenüber wird den Familienstrukturen als soziale Bedingungen kein intrinsischer, sondern ein instrumenteller Wert für die Entfaltungsmöglichkeiten des oder der je Einzelnen zugesprochen. Familien können in diesem Zusammenhang zwar durchaus als eine schützenswerte Option verstanden werden (Krebs, 2002, S. 65), dies gilt jedoch nur insofern, wie sie ein Element für die Handlungsfreiheit und die Handlungsbefähigung der je Einzelnen darstellen können. Wird die Familie demgegenüber als reines Liebesarrangement betrachtet, dem ein intrinsischer Wert zukommt, birgt dies die Gefahr der Romantisierung von Familienarbeit und schließt diese zugleich aus der ökonomischen Sphäre mit entsprechender materieller Anerkennung aus (vgl. Krebs, 2002, S. 72f.).

Die Familie ist also unter bestimmten historischen Bedingungen ein mögliches Instrument, um Gerechtigkeit für Menschen zu begünstigen, welches allerdings aus dem Blickwinkel des Capabilities Ansatzes nicht um seiner selbst willen als verteidigungs- und erhaltenswürdig gilt.

Diese Perspektive sagt noch nichts über den Wert aus, dem Liebe und Privatheit mit Blick auf die Binnenstruktur der Familie beigemessen wird. Der Verweis auf den instrumentellen Wert von Liebe und Privatheit kann schnell als eine Abwertung der Bedeutung dieser Dimensionen missverstanden werden und ein irreführendes Bild von Familie als eine Dienstleistungsinstitution erzeugen, dem keinerlei Schutzwürdigkeit vor staatlichen und öffentlichen Zugriffen einzuräumen sei. Diese Interpretation wäre jedoch einer fragwürdigen Verortung von Privatheit in einer irreführenden Dichotomie zwischen den Einzelnen und der Öffentlichkeit geschuldet.

---

[13] Da zahlreiche soziale Bedingungen an diesen moralischen Imperativ und die Realfreiheiten der Entwicklung von Menschen geknüpft sind, kann Gerechtigkeit nicht ausschließlich der Binnenstruktur der Familie überantwortet werden (vgl. Krebs, 2002, S. 58). Sowohl die (soziale) Tatsache „some mother's child" (Nussbaum, 2007a, S. 219; Kittay, 2001, S. 536) als auch der Status „some child's mother" zu sein, ist nicht ausreichend, um zugleich die Möglichkeit zu haben, als freie und statusgleiche Bürger partizipieren zu können.

Auch wenn Liebe kein explizites Element der von Nussbaum vorgeschlagenen Liste zentraler Capabilities ist, sind ihre Bedingungsmöglichkeiten (implizit) in dieser Liste enthalten. Diesen kommt mit Blick auf mindestens zwei der Nussbaum zufolge zentralen Capabilities – nämlich der Möglichkeit der Entwicklung von Emotionen sowie der Möglichkeit zur Entwicklung von Bindung zu anderen Menschen – eine zentrale Bedeutung zu. Nimmt man darüber hinaus den ethischen Individualismus des Capabilities Ansatzes ernst, dem zufolge nicht Nationen oder Gemeinschaften, sondern die je einzelne Person das „primary subject of political justice" (Nussbaum, 2003, S. 67) darstellt, lässt sich aus der Capabilities Perspektive durchaus argumentieren, dass Liebe der Binnenstruktur der Institution Familie eine besondere Qualität verleiht. Denn während gute Fürsorge auch ohne Liebe in Form einer professionalisierten Dienstleitungserbringung zu denken ist, setzt Liebe die Anerkennung des Gegenübers in seiner/ihrer Einzigartigkeit voraus. Die Dimension der Liebe legt nahe, dass die je einzelnen Familienmitglieder nicht ohne weiteres austauschbar sind. Fraglich ist jedoch, inwiefern über Liebe eine verpflichtende Verantwortung der Fürsorge gegenüber den je eigenen Kindern begründet und eingefordert werden kann. Da Liebe ausschließlich freiwillig zu denken ist, kann der Zwang zur Fürsorge eine reine Dienstleistungsbeziehung implizieren, die auf interpersonaler Verpflichtung basiert. In diesem Sinne lässt sich eine generelle Kopplung von Liebe und Fürsorge als Teil einer ideologischen Verklärung von Familie verstehen.

In dieser Denkrichtung kann nun auch der Wert des Privaten in zweierlei Hinsicht in enger Verbindung mit der Freiheit innerhalb von Familien gesehen werden: Zum einen kann das Private als eine Qualität in dem Recht, alleine gelassen zu werden, gesehen werden. Dieses Recht ist eine negative Freiheit von staatlichen und öffentlichen (zum Beispiel medialen) Zugriffen.[14] Vom Staat allein gelassen zu werden, impliziert eben nicht nur Selbstbestimmung, sondern auch eine anti-wohlfahrtsstaatliche Verantwortungsindividualisierung (genauer: einer Individualisierung von „task responsibility" vgl. Goodin, 1998), die nicht nach den Realmöglichkeiten fragt dieser Verantwortung nachkommen zu können. Demgegenüber entspricht die Capabilities Perspektive, insbesondere mit Blick auf die Familie, einer Lesart des Privaten, die auf ein komplexes Zusammenspiel von positiver und negativer Freiheit verweist. Nicht zufällig findet sich eine breite Übereinstimmung zwischen der Definition des Privaten von Barbara Rössler, der zufolge etwas dann „als Privat gilt […] wenn

Die Dimension der Liebe legt nahe, dass die je einzelnen Familienmitglieder nicht ohne weiteres austauschbar sind. Fraglich ist jedoch, inwiefern über Liebe eine verpflichtende Verantwortung der Fürsorge gegenüber den je eigenen Kindern begründet und eingefordert werden kann. Da Liebe ausschließlich freiwillig zu denken ist, kann der Zwang zur Fürsorge eine reine Dienstleistungsbeziehung implizieren, die auf interpersonaler Verpflichtung basiert. In diesem Sinne lässt sich eine generelle Kopplung von Liebe und Fürsorge als Teil einer ideologischen Verklärung von Familie verstehen

---

[14] Dabei geht es um vergleichsweise grundlegende bürgerrechtliche Fragen wie den Schutz des eigenen Wohnraums, aber auch um komplexe sozialpolitische Folgen.

man selbst den Zugang zu diesem 'etwas' kontrollieren kann [... und zugleich] ein Schutz vor unerwünschtem Zutritt anderer" (Rössler, 2001, S. 23) garantiert ist und jener zentralen Capability, die Martha Nussbaum (2007a, S. 77) als „Kontrolle, über die eigene Umwelt" bezeichnet, und die sie als Bedingung versteht, um ein Mindestmaß an Würde zu ermöglichen. Beide Autorinnen verstehen diese Kontrolle (über den Zugang) sowohl in materieller als auch in politischer (bzw. sozialer) Hinsicht, d.h. sowohl als Kontrolle über den eigenen Besitz[15] als auch über den Zugang zu politischer Partizipation und Entscheidungen, die das eigene Leben betreffen.

Damit wird ein Verständnis des Privaten elaboriert, in dem es nicht darum geht, einzelne Personen und/oder die Familie in einem Raum zu verorten, der einer diffusen Öffentlichkeit gegenübersteht. Vielmehr wird das Private als Möglichkeitsspielraum der je Einzelnen gedeutet. Entsprechend steht Familie nicht per se für die Sphäre des Privaten, sondern stellt einen gerechtigkeitsrelevanten Ort dar, an dem die jeweiligen Mitglieder diesen Spielraum haben oder an dem er ihnen verwehrt wird.

Sozialpolitische Konsequenzen

Welche sozialpolitischen und sozialpädagogischen Konsequenzen hat nun die Annahme, dass Familie eine gerechtigkeitsrelevante Institution ist bzw. die Zurückweisung der Annahme, dass Familie ein privates Arrangement interpersonaler Anerkennung sei, das sich alleine über affektive Bindungen (bzw. Liebe) innerhalb der Lebenswelt konstituiere?

Die Einsicht, dass Familie als eine mögliche Institution für das Wohlergehen der je Einzelnen fungiert, trifft aus einer Capabilities Perspektive auf die generelle Forderung nach einer öffentlichen, staatlichen Verantwortung dafür, Möglichkeitsspielräume für human flourishing für alle Menschen zu schaffen. Diese Forderung ist im Kontext der Institution Familie in erster Linie mit Blick auf die Frage relevant, wie Versorgung und die Verantwortung für Versorgung zu organisieren sind. Wird die Versorgung der eigenen Kinder – als eine Aufgabe, die in aller Regel den Müttern zugeschrieben wird – nicht als quasi natürlicher Liebesdienst verstanden, sondern als Fürsorgearbeit, die unabhängig von Liebe als deren möglicher Motivation geleistet wird, ist die Arbeit der versorgenden Person öffentlich anzu-

---

[15] Dabei ist Nussbaums Konzeption nicht in einem marktliberalen Sinne besitzindividualistisch. Vielmehr geht es ihr um die Capability „[to have] property rights on an equal basis with others" Nussbaum, 2007b, S. 24).

erkennen und nicht auf eigene 'private' Kosten zu leisten. Dies gilt insbesondere, wenn der moralische Imperativ des Instrumentalisierungsverbotes von Personen für andere auch auf die soziale Kooperationsform der Familie angewendet wird – was eben auch impliziert, dass Eltern bzw. Mütter nicht ihren Kindern unterzuordnen sind.

Zugleich wird damit nahe gelegt, dass das Verhältnis von Versorgenden und zu Versorgenden als Form der sozialen Kooperation zu verstehen ist, die – unabhängig davon, ob die Kooperation im herrschenden Diskurs als Familie anerkannt ist oder nicht – an Maßstäben der Gerechtigkeit zu bemessen ist. Aus der Perspektive des Capabilities Ansatzes nimmt dieser Gerechtigkeitsmaßstab öffentliche Institutionen dafür in die Pflicht, Care sicherzustellen, ohne die je Fürsorgenden – wer auch immer dies im Einzelnen sein mag – zu instrumentalisieren und zugleich dafür Sorge zu tragen, dass die Aussicht auf Fürsorge kein ungleichheitsgenerierendes, d. h. eine in selektiver Weise Leiden erzeugende Benachteiligung oder umgekehrt ein in selektiver Weise flourishing ermöglichendes Privileg darstellt. Dies ist die familienbezogene Handlungsbefähigung für Fürsorgende und Fürsorgeempfangende, die mindestens öffentlich zu gewährleisten ist.

Mit dem Begriff der „public ethic of care" verweist Eva Feder Kittay (2001) in diesem Zusammenhang auf eine öffentliche Verantwortung, nicht nur für das Wohl von zu versorgenden Menschen, sondern auch für diejenigen, die diese Arbeit übernehmen. Anstatt einer Dichotomie von unabhängigen, mündigen und damit gleichen und eigenverantwortlichen Bürgern auf der einen und abhängigen und bedürftigen Menschen auf der anderen Seite bedürfe es der grundsätzlichen Anerkennung von menschlicher Bedürftigkeit und Verletzlichkeit. Kittay plädiert dementsprechend für eine Demystifizierung von Unabhängigkeit und gegen eine Propagierung einer 'privaten' Eigenverantwortung von Familien: „Equality for all persons must recognize our inherent dependency and interdependency. We must demystify ideals of self-sufficiency and independence and promote a conception of equality with relationality and neediness" (Kittay, 2001, S. 530).

Vermittelt über die Reproduktionstätigkeiten, befänden sich Frauen wiederum in einer interpersonalen Abhängigkeit, die den Zugang zu öffentlichen Partizipationsmöglichkeiten erschwere. Folgen wir diesem Gedanken, ist Fürsorgearbeit grundsätzlich im ökonomischen Sektor zu integrieren. Soziale Arbeit, als eine institutionelle Repräsentantin der staatlich-öffentlichen Sphäre, wäre dann nicht nur für die Entschärfung und Kompensation der Folgen sozialer Probleme innerhalb gegebener gesellschaftlicher Strukturen und Herrschafts-

> Zugleich wird damit nahe gelegt, dass das Verhältnis von Versorgenden und zu Versorgenden als Form der sozialen Kooperation zu verstehen ist, die – unabhängig davon, ob die Kooperation im herrschenden Diskurs als Familie anerkannt ist oder nicht – an Maßstäben der Gerechtigkeit zu bemessen ist

verhältnisse (bei gleichzeitiger Aufrecherhaltung des sozialen Status quo) zuständig, sondern als Teil einer Ermöglichung der Entfaltung der Lebensansichten aller Personen zu betrachten, auf Basis einer Anerkennung von Bedürftigkeit und interpersonaler Abhängigkeit, als generelle Tatsache menschlichen Lebens.

Literatur

Andresen, S., Otto, H.-U. & Ziegler, H. (2008). Bildung as Human Development: An educational view on the Capabilities Approach. In H.-U. Otto & H. Ziegler (Hrsg.), Capabilities – Handlungsbefähigung und Verwirklichungschancen in der Erziehungswissenschaft (S. 165-197). Wiesbaden: VS Verlag.

Brumlik, M. (1990). Sind soziale Dienste legitimierbar? Zur ethischen Begründung pädagogischer Intervention. In Ch. Sachße & H. T. Engelhardt (Hrsg.), Sicherheit und Freiheit. Zur Ethik des Wohlfahrtsstaates (S. 203-227). Frankfurt a.M.: Suhrkamp.

Clark, Z. & Eisenhuth, F. (2010). Beyond futurority. A Capabilities Perspective on Childhood and Youth. In O. Leßmann, H.-U. Otto & H. Ziegler (Eds.), Closing the Capability Gap – Renegotiating social justice for the young. Opladen & Farmington Hills: Barbara Budrich (in press).

Cohen, G. A. (1989). The Currency of Egalitarian Justice. Ethics, 99, 906-944.

Cortel, D., Lambert, M, Vero, J. & Zimmermann, B. (2009). Capability for learning in French companies. Sensitising life course research? Net.doc no. 50, 115-154.

Deneulin, S. (2002). Perfectionism, Liberalism and Paternalism in Sen and Nussbaum's Capability Approach. Review of Political Economy, 14 (4), 497-518.

Dworkin, G. (1971). Paternalism. In R. Wasserstrom (Ed.), Morality and the Law (pp. 107-126). Belmont, CA: Wadsworth.

Dworkin, R. (1981). What is Equality? Part 2: Equality of Resources. Philosophy and Public Affairs, 10, 283-345.

Feder Kittay, E. (2001). A feminist Ethic of Care Meets the New Communitarian Family Policy. Ethics, 111 (9), 523-547.

Goodin, R. (1998). Social welfare as a collective social responsibility. In D. Schmidtz & R. E. Goodin (Eds.), Social welfare and individual responsibility (pp. 97-195). Cambridge: Cambridge University Press.

Honneth, A. (1992). Kampf um Anerkennung. Zur moralischen Grammatik sozialer Konflikte. Frankfurt a.M.: Suhrkamp.

Honneth, A. (1995). Zwischen Gerechtigkeit und affektiver Bindung. Die Familie im Brennpunkt moralischer Kontroversen. Deutsche Zeitschrift für Philosophie, 43 (6), 989-1004.

Kittay, E. (1999). Love's Labor: Essays on Women, Equality and Dependency. New York: Routledge.

Krebs, A. (2002). Arbeit und Liebe. Die philosophischen Grundlagen sozialer Gerechtigkeit. Frankfurt a.M.: Suhrkamp.

Lewis, J. & Giullari, S. (2005). The adult worker model family, gender equality and care: the search for new policy principles and the possibilities and problems of a capabilities approach. Economy and Society, 34 (1),76-104.

MacCallum, G. C. (1967). Negative and Positive Freedom. The Philosophical Review, 76 (3), 312-334.
Morriss, P. (2002). Power: A Philosophical Analysis. Manchester: Manchester University Press.
Nagl-Docekal, H. (1994). Ist Fürsorglichkeit mit Gleichbehandlung unvereinbar? Deutsche Zeitschrift für Philosophie, 42 (6),1045-1050.
Nussbaum, M. (1999). Gerechtigkeit oder das gute Leben. Frankfurt a. M.: Suhrkamp
Nussbaum, M. (2002). The future of feminist liberalism. In E. Feder Kittay & E. K. Feder (Eds.), The subject of care. Feminist Perspectives on Dependency (pp. 186-214). Boston: Rowman & Littlefield.
Nussbaum, M. (2003). Capabilities as fundamental entitlements: Sen and social justice. Feminist Economics, 2/3, 33-60.
Nussbaum, M. (2006). Women and Human Development. Cambridge: Cambridge University Press.
Nussbaum, M. (2007a). Frontiers of justice. Disability Nationality Species Membership. Harvard: Harvard University Press.
Nussbaum, M. (2007b). Human rights and human capabilities. Harvard Human Rights Journal, 20, 21-24.
Oelkers, N. (2007). Aktivierung von Elternverantwortung. Zur Aufgabenwahrnehmung in Jugendämtern nach dem neuen Kindschaftsrecht. Bielefeld: Transcript-Verlag.
Otto, H.-U., Scherr, A. & Ziegler, H. (2010). Wieviel und welche Normativität benötigt die Soziale Arbeit? Befähigungsgerechtigkeit als Maßstab sozialarbeiterischer Kritik. neue praxis, 2, 137-162.
Phillips, A. (2001). Feminism and liberalism revisited: has Martha Nussbaum got it right? Constellations, 8 (2), 249-266.
Rawls, J. (1971). A Theory of Justice. Oxford: Oxford University Press.
Roemer, J. (1998). Equality of Opportunity. Cambridge: Harvard University Press.
Rössler, B. (2001). Der Wert des Privaten. Frankfurt a. M.: Suhrkamp.
Sayer, A. (2009). Who's Afraid of Critical Social Science? Current Sociology, 57, 767-786.
Scanlon, Th. (1998). What We Owe to Each Other. Cambridge: Harvard University Press.
Scanlon, Th. (2008). Moral Dimensions Permissibility, Meaning, Blame. Harvard: Harvard University Press.
Sen, A. (1984). The Living Standard. Oxford Economic Papers 36, 74-90.
Sen, A. (1992). Inequality Reexamined. New York & Cambridge: Harvard University Press.
Sen, A. (1999). Development as Freedom. Oxford: Oxford University Press.
Wright, E. O. (2009). Envisioning Real Utopias. London: Verso.
Young, I. M. (2008). Gedanken über Familien im Zeitalter von Murphy Brown. In B. Rössler & A. Honneth (Hrsg.), Von Person zu Person. Zur Moralität persönlicher Beziehungen (S. 313-342). Frankfurt a. M.: Suhrkamp.

Vorbereitet auf die Praxis – Didaktische Anregungen zum Thema Kinderschutz in der Hochschulausbildung

Eva Christina Stuckstätte

Das Thema Kinderschutz ist spätestens seit der Einführung des § 8a SGB VIII ein zentrales Entwicklungsthema der Kinder- und Jugendhilfe. Das breite Fortbildungsangebot für ausgebildete Fachkräfte sowie die Vielzahl von Fachtagungen zeugen von der Relevanz des Themas in der sozialpädagogischen Praxis. Die fortwährenden fachlichen Weiterentwicklungsprozesse im Kinderschutz werden m. E. jedoch noch zu selten zum Thema des grundständigen Studiums von Sozialarbeitern[1], Diplom-Pädagogen, Psychologen, Medizinern und Juristen gemacht. Hier besteht Handlungsbedarf, da ein Berufseinstieg in Arbeitsfelder der Kinder- und Jugendhilfe bzw. berufliche Bezüge zu diesen Handlungsfeldern für einen Großteil der Studierenden die Anschlussperspektive nach dem Studium bildet.

Der vorliegende Artikel geht der Frage nach, wie das Thema Kinderschutz didaktisch sinnvoll in die Ausbildung implementiert werden kann. Er will zum einen eine Auswahl relevanter Themen für die Lehre vorstellen und zum anderen methodische Ideen zur Bearbeitung dieser Themen liefern. Im letzten Kapitel schließt sich die Vorstellung der Methode des Szenario-basierten Lernens an, die als eine Form des situierten Lernens besonders geeignet ist, komplexe Handlungssituationen im Kinderschutz zu inszenieren und zu bearbeiten (vgl. Heidemann, 2006; Hauff et al., 2008; Heidemann & Schumacher, 2010). Die Anregungen in diesem Artikel lassen sich in Teilen auch auf die Fachschulausbildung bzw. auf den Bereich der Fort- und Weiterbildung übertragen.

Die vorliegenden Ausführungen basieren in weiten Teilen auf persönlichen Erfahrungen in der Lehre und aus Ergebnissen von Seminarevaluationen mit Studierenden des dritten und fünften Semesters

---

[1] Aus Gründen der einfachen Lesbarkeit wird im Folgenden nur die männliche Schreibweise verwendet, die weibliche Form ist immer mitzudenken.

im Bachelorstudiengang Soziale Arbeit an der Katholischen Hochschule NRW, Abteilung Münster.

1. Kinderschutz – Zielperspektiven für die Lehre

Das Thema Kinderschutz ist für viele Studierende ein weitgehend neues Thema. Ihr Vorwissen speist sich meist aus öffentlichen Diskussionen oder aus ersten Praxiserfahrungen. Zu Beginn der Auseinandersetzung mit der Thematik steht für Studierende insbesondere die Frage im Raum, was den Kinderschutz so schwierig macht, dass immer wieder Fälle nicht gelingender Kinderschutzarbeit zu beklagen sind. Um diese Frage beantworten zu können, bedarf es einer grundlegenden Auseinandersetzung mit dem Thema Kinderschutz. Folgende Ziele sollte die Ausbildung anstreben:
- Aufzeigen der Komplexität des Themas
- Sensibilisierung für die Notwendigkeit des themenspezifischen Kompetenzerwerbs auf den Ebenen des Wissens, des Könnens und der Haltung
- Vermittlung von Lehrinhalten auf allen drei Kompetenzebenen
- Sensibilisierung für aktuelle „Baustellen" im Kinderschutz
- Entwicklung einer professionellen Haltung zum Thema

Die nachfolgenden Ausführungen stellen einzelne thematische Ausbildungseinheiten im Hinblick auf ihre Inhalte, Zielsetzungen und ihr methodisches Vorgehen vor.[2]

2. Vorschläge für thematische Ausbildungseinheiten

2.1 Kinderschutz – Wie komplex ist dieses Thema?

Das Thema Kinderschutz verbindet viele Themen des grundständigen Studiums miteinander. Anders als von Studierenden vermutet, geht es weniger um das Erlernen eines weiteren Konzeptes oder einer weiteren Methode, sondern vielmehr um die Verbindung von Grundwissen sozialpädagogischer Theoriebildung mit Konzept- und Methodenwissen aus den klassischen Bereichen Sozialer Arbeit in

---

[2] Die Ausführungen in Kapitel zwei und drei beruhen auf gemeinsamen Überlegungen mit Prof. Dr. Stephan Maykus von der Fachhochschule Osnabrück. An dieser Stelle möchte ich mich für die gute Zusammenarbeit herzlich bedanken.

dem konkreten Handlungsbezug Kinderschutz. Das Thema Haltung erfährt hierbei eine durchgehend hohe Relevanz.

Das Thema ist im Weiteren nicht nur relevant im Kontext von Einzelfallarbeit. Diese Assoziation löst es jedoch bei den Studierenden vielfach aus (Bilder von Kindern und Jugendlichen, denen man „helfen" möchte, dominieren ihre Vorstellungen). Die Studierenden haben weniger präsent, dass das Thema Kinderschutz z. B. auch Fragen der Organisationsentwicklung, der interdisziplinären Netzwerkarbeit in kommunalen Kontexten sowie der Sozialpolitik berührt.

Ein zentrales Ziel der Heranführung an die Thematik sollte es deshalb sein, den Studierenden die vielfältigen Zugänge zum Thema aufzuzeigen, um ihren Blick zu weiten.

Methodisch ist es in diesem Zusammenhang vorteilhaft, Filmmaterial zu Fallgeschichten einzusetzen. Auf diesem Wege erhalten die Studierenden in einem kurzen Zeitfenster vielfältige Informationen zu einem Fall. Empfehlenswert sind Dokumentationen, die sowohl Lebenssituationen von Betroffenen als auch Handlungskontexte der Kinder- und Jugendhilfe thematisieren, da somit sowohl die Fallebene als auch die Organisationsebene in den Blick geraten. Die Analyse von umfassend dargestellten Fällen verdeutlicht zudem, dass Kinderschutz ein Agieren in unterschiedlichen Systemen mit jeweils eigenen Handlungslogiken bedeutet.

> Lehrerfahrungen zeigen, dass Studierende von der Komplexität und Widersprüchlichkeit einzelner Kinderschutzfälle überrascht sind

Lehrerfahrungen zeigen, dass Studierende von der Komplexität und Widersprüchlichkeit einzelner Kinderschutzfälle überrascht sind. Vielen wird bewusst, dass es im Kinderschutz nicht darum gehen kann, vorschnell und verkürzt Problemdiagnosen und Lösungsperspektiven zu erarbeiten. Erinnert an Theorien wie z. B. die der Lebensweltorientierung (vgl. Thiersch, 2005) wird ihnen im Idealfall bewusst, dass Kinderschutzarbeit eines verstehenden Zugangs zu den Lebenswelten der Klienten bedarf. Eine professionelle Haltung und spezifisches Fach- und Methodenwissen sind in der Kinderschutzarbeit gefragt.

2.2 Kindeswohlgefährdung – Was ist das eigentlich?

Wenn die Studierenden eine Idee zur Komplexität des Themas entwickelt haben, geht es im Weiteren darum, grundlegendes Fachwissen zu vermitteln. Hierzu gehört zum einen die Beantwortung der Frage, was unter dem Begriff der Kindeswohlgefährdung zu verstehen ist (aus sozialwissenschaftlicher und juristischer Perspektive) und welche Erscheinungsformen diese aufweisen kann.

Ziel der Lerneinheit ist eine kritische Auseinandersetzung mit unterschiedlichen Begriffsdefinitionen. Zudem wird Hintergrundwissen zu möglichen Ursachen von Kindeswohlgefährdungen und zu Lebenssituationen von Betroffenen vermittelt (z. B. in Anlehnung an

Texte aus Deegener & Körner, 2006; Jordan, 2006; Kindler et al., 2006: Institut für Sozialarbeit und Sozialpädagogik e.V., 2008). Die Auseinandersetzung mit Grundwissen soll verdeutlichen, dass Kinderschutzfälle immer einer besonderen Analyse des Einzelfalls bedürfen und kein „goldener Weg" zur Erkennung und Vermeidung von Kindeswohlgefährdungen existiert.

Im Hinblick auf das methodische Vorgehen ist es erkenntnisreich, zunächst Einschätzungen der Studierenden einzuholen, was ihrer Meinung nach Indikatoren für eine Kindeswohlgefährdung sind. Im Anschluss können in Form von Textarbeit oder über einen Vortrag Impulse zum Thema folgen. Nach diesem zweiten Bearbeitungsschritt ist es ratsam, die Studierenden in Kleingruppen miteinander ins Gespräch kommen zu lassen, um ihre Meinungen mit denen aus der Fachliteratur abzugleichen.

Seminarerfahrungen zeigen, dass einige Studierende sehr voreilig oder undifferenziert Situationen als kindeswohlgefährdend einschätzen. So werden z. B. folgende Aspekte als Indikatoren benannt: Schmutzige Hosen, wiederholt fehlende Schulaufgaben, aggressives Verhalten der Kinder, Eltern, die nicht zum Elternsprechtag kommen, unausgewogene Ernährung, Läuse usw. Spätestens nach der Auseinandersetzung mit unterschiedlichen Definitionen von Kindeswohlgefährdungen aus der Fachliteratur erfolgt bei vielen ein „Aha-Erlebnis", das durchaus zur Ernüchterung führt. Studierende müssen sich von der Vorstellung verabschieden, ungünstige, nicht ihren normativen Vorstellungen entsprechende Erziehungssituationen gleich als kindeswohlgefährdend einzustufen. Die Arbeit an eigenen Wertevorstellungen ist in dieser Lehreinheit ein zentrales Thema.

2.3 Mögliche Verfahrensschritte kennenlernen

In der Lehreinheit Verfahrensschritte geht es darum, dass Studierende einen Einblick in mögliche Abläufe von Hilfeverfahren erhalten und klassische Schritte der Fallarbeit in der Anwendung auf das Thema Kinderschutz kennenlernen. Ausgehend von einem exemplarischen Überblick über den Gesamtprozess (beispielsweise bei Lillig, 2006) werden einzelne Verfahrensschritte Schritt für Schritt besprochen.

Ziel dieser Einheit ist es, aufzuzeigen, dass es innerhalb von Jugendhilfeeinrichtungen bekannter, abgestimmter und überprüfter Verfahrensprozesse und Standards bedarf, damit Kinderschutz gelingen kann. Über die Fallebene hinaus werden somit erstmals Organisationsbezüge und ihr Einfluss auf den Kinderschutz thematisiert.

Hinsichtlich des methodischen Vorgehens ist es aufschlussreich, Studierende vor einer Auseinandersetzung mit den in der Literatur beschriebenen Verfahrensschritten zu bitten, anhand eines Fallbeispiels Verfahrensschritte selbst zu entwickeln. An den Ergebnissen lassen sich klassische Spannungsfelder der Sozialen Arbeit thematisieren (z. B. das Verhältnis von Hilfe und Kontrolle oder Fachlichkeit vs. Ökonomie). Durch aktivierende Arbeitsphasen werden die Studierenden zudem ermutigt, eigene Einschätzungen kritisch zu hinterfragen, und erhalten somit Möglichkeiten zur Selbsterkenntnis.

Seminarerfahrungen zeigen, dass Studierende in der Lage sind, sinnvoll aufeinander aufbauende Verfahrensschritte zu formulieren. Allerdings wird an einigen Stellen Diskussionsbedarf deutlich. So führt z. B. das Bedürfnis, möglichst schnell viele Informationen zum Fall sammeln zu wollen, dazu, dass das Thema Datenschutz außer Acht gelassen wird. Einige Studierende befremdet es anfangs zudem, Eltern als „Verursacher des Übels" frühzeitig in die Problemanalyse mit einzubeziehen. Im Kontext der Erarbeitung möglicher Verfahrensschritte kann sich somit das Thema Elternarbeit in der Verbindung mit Fragen der professionellen Haltung als ein zentrales erweisen.

Um sich in die Komplexität eines Falls hineinzudenken, hat es sich als zielführend erwiesen, die Lehreinheiten zu einzelnen Verfahrensschritten im Kinderschutz anhand eines Fallbeispiels „durchzuspielen".

2.4 Instrumente zur Risiko- und Gefährdungseinschätzung – Möglichkeiten und Grenzen kennenlernen

Ein wichtiges Thema im Kontext der Ausbildung ist die kritische Auseinandersetzung mit Einschätzungsinstrumenten in der Fallarbeit. Einschätzungsinstrumente sollen eine differenzierte Betrachtung des Falls unterstützen, indem sie für fallrelevante Bereiche Anhaltspunkte zur Falleinschätzung liefern, wie z. B. für das Erziehungsverhalten der Eltern, das Interaktionsverhalten von Eltern und Kind oder für unterschiedliche Entwicklungsbereiche des Kindes. In den vergangenen Jahren ist eine Vielzahl von Einschätzungsbögen in sehr unterschiedlicher Qualität entstanden. Ein Vergleich der Bögen lässt vermuten, dass einige vorrangig auf Berufswissen basieren und nur begrenzt unter Berücksichtigung aktueller wissenschaftlicher Erkenntnisse entwickelt wurden. Dies zeigt sich u. a. in erheblich variierenden Differenzierungsgraden der Instrumente. Zudem ist kritisch anzumerken, dass die Einschätzungsbögen seit ihrer Einführung vielfach keiner empirischen Überprüfung unterzogen wurden. So fehlen z. B. vielfach Aussagen zur Validität (Inwieweit können Einschätzungsinstrumente Misshandlungen „vorhersagen"?), zur Reliabilität (Inwieweit kommen unterschiedliche Fachkräfte bei Verwendung gleicher Instrumente im Rahmen des gleichen Falls zu ähnlichen Einschätzungen?) sowie zur Praktikabilität (Wie aufwändig ist ihr Einsatz? Stehen Aufwand und Nutzen im Verhältnis?) (vgl. Reich et. al., 2009). Im Weiteren ist anzumerken, dass es derzeit an Standards für die Umsetzung von Einschätzungsverfahren mangelt (vgl. Schrapper, 2009, S. 29f.). Diese aktuelle Sachlage bedingt eine kritische Auseinandersetzung mit den Instrumenten in der Lehre. Das Thema Einschätzungsbögen legt zudem nahe, Fragen zur angemessenen Falldokumentation zu behandeln.

Ziel der Lehreinheit ist es, Studierenden die Bandbreite der Instrumente vorzustellen und Grenzen und Möglichkeiten der Verwendung sowie die Notwendigkeit von Verfahrensstandards zu erörtern. Schließlich sollen sie ein Bewusstsein dafür entwickeln, dass das Thema Einschätzungsbögen derzeit ein zentrales Entwicklungsthema im Kinderschutz ist und deshalb in der Praxis angewandte Instrumente und Verfahren einer kritischen Überprüfung bedürfen.

Methodisch ist es sinnvoll, Einschätzungsinstrumente mit den Studierenden auszuprobieren. Es ist erkenntnisfördernd, sie mit Einschätzungsbögen unterschiedlicher Güte zu konfrontieren und Entwicklungsbedarfe selbständig erarbeiten zu lassen. Erkenntnisleitend können hierbei folgende Fragen sein:

- Welche Einschätzungsbereiche werden über die Instrumente abgedeckt? Welche nicht?
- Wie differenziert sind die Einschätzungsinstrumente?
- Was können Folgen besonders differenzierter/verkürzter Einschätzungsinstrumente sein?
- Sind den Instrumenten Indikatorenlisten beigefügt? Wie hilfreich sind diese?
- Gibt es Verfahrensstandards im Umgang mit den Instrumenten?

Um ein Gefühl für die Möglichkeiten und Grenzen der Einschätzungsbögen zu entwickeln, bietet es sich im Weiteren an, Studierende mit gleichen Bögen zum gleichen Fall arbeiten zu lassen. So kann es aufschlussreich sein, im Rahmen von inszenierten kollegialen Teamberatungen gemeinsame Gefährdungseinschätzungen in Kleingruppen vorzunehmen, um sie im nächsten Schritt im Plenum zu diskutieren.

Seminarerfahrungen zeigen, dass Studierende zwar durchaus zu gleichen Risikoeinschätzungen gelangen, diese jedoch sehr unterschiedlich begründen und auch im Hinblick auf weitere Schritte der Fallbearbeitung unterschiedliche Meinungen vertreten. Somit wird ihnen veranschaulicht, dass Einschätzungsinstrumente hilfreich im Hinblick

Um ein Gefühl für die Möglichkeiten und Grenzen der Einschätzungsbögen zu entwickeln, bietet es sich im Weiteren an, Studierende mit gleichen Bögen zum gleichen Fall arbeiten zu lassen. So kann es aufschlussreich sein, im Rahmen von inszenierten kollegialen Teamberatungen gemeinsame Gefährdungseinschätzungen in Kleingruppen vorzunehmen, um sie im nächsten Schritt im Plenum zu diskutieren

auf ein strukturiertes Herangehen an den Fall sind, die Individualität des Falls jedoch bestimmt, was zu tun ist. Gleichzeitig wird bewusst, dass die Instrumente die Wahrnehmungen, Deutungen und Interpretationen der Beteiligten nur begrenzt beeinflussen können (das Thema Reflexionsfähigkeit tritt als relevant hervor).

2.5 Elternkontakte gestalten – Annäherung an ein sensibles Thema

Das Thema Elternarbeit ist eines der herausforderndsten Themen im Kontext der Kinderschutzarbeit und erfordert deshalb eine intensive Bearbeitung in der Lehre. Die Praxis zeigt, dass Fachkräfte in Kinderschutzfällen häufig Partei für die Kinder ergreifen und Probleme haben, eine gute Beziehungsebene zu den Eltern als Voraussetzung für gelingende Kinderschutzarbeit aufzubauen. Fragen der Haltung gegenüber Eltern treten in dieser Lerneinheit in den Mittelpunkt. Methodisch ist zu überlegen, wie Elternkontakte angemessen gestaltet werden können. Der Hausbesuch rückt als ein zentrales methodisches Werkzeug in den Fokus.

Ziel der Lerneinheit ist zum einen die Auseinandersetzung mit Fragen zur Haltung gegenüber Eltern, die ihre Kinder (bewusst oder unbewusst) Gefahren aussetzen

Ziel der Lerneinheit ist zum einen die Auseinandersetzung mit Fragen zur Haltung gegenüber Eltern, die ihre Kinder (bewusst oder unbewusst) Gefahren aussetzen. Die Studierenden sollen sich ihrer Bilder bewusst werden und erfahren, inwieweit diese Elternkontakte beeinflussen können. In der Konsequenz soll ein Bewusstsein für die Notwendigkeit fortwährender Reflexion eigener Wahrnehmungs- und Deutungsmuster entwickelt werden. Zum anderen gilt es zu erkennen, dass gelingender Kinderschutz nur in Zusammenarbeit mit (nicht optimal erziehenden) Eltern gelingen kann und deshalb ein positiver Beziehungsaufbau grundlegend ist. Schließlich sollen die Studierenden ein kritisches Bewusstsein für die Gestaltung von Elternkontakten entwickeln (Stichwort verpflichtender Hausbesuch). Methodisch lässt sich das Thema Elternkontakte gut über Rollenspiele (im Kontext eines bereits bekannten Falls) bearbeiten. Hier bietet es sich an, Hausbesuche durchzuspielen. In der Vorbereitung werden einzelne Rollen verteilt (ASD-Fachkräfte, Mutter, Oma, usw.) und in Kleingruppen vorbereitet. Gemeinsam wird überlegt, mit welchen Gefühlen z. B. die Kindsmutter in das Gespräch geht, was ihre Erwartungen an den Besuch sind und welche Ziele sie im Gespräch durchsetzen möchte. Neben der Verteilung einzelner „Spielrollen" ist es zudem aufschlussreich, Beobachterrollen mit Beobachtungsaufträgen zu verteilen (Wie gelingt die Kooperation mit der Familie? Wird eine Gesprächsstrategie erkennbar und erweist sie sich als angemessen? Lassen sich die ASD-Fachkräfte unter Druck setzen?). Die

Durchführung und Auswertung des Rollenspiels erfolgt nach üblichem Muster.

Das Thema „verpflichtender Hausbesuch" lässt sich gut über Pro/Kontra-Diskussion bearbeiten, indem sich die Studierenden zuvor mit entsprechender Literatur auseinandergesetzt haben und dann in eine Podiumsdiskussion eintreten. Die Gesetzesentwürfe des BMFSFJ sowie Fachartikel z. B. aus dem Heft Forum Erziehungshilfen (Heft 1/2009) liefern ausreichend Diskussionsstoff.

Seminarerfahrungen zeigen, dass Rollenspiele Lernerfahrungen auf allen relevanten Kompetenzebenen ermöglichen können. Ein Beispiel: Geleitet von dem Anspruch, die Eltern für die Zusammenarbeit zu gewinnen, machen die ASD-Fachkräfte im Rollenspiel ihren Auftrag im Kontext von Hilfe und Kontrolle den Eltern gegenüber nicht transparent. Dieser einzelne Aspekt liefert vielfältigen Diskussionsstoff zu Fragen des Fachwissens, des Könnens und zur Haltung. Studierende resümieren ihre Erkenntnisse bezugnehmend auf das Beispiel wie folgt: Es bedarf Rollenklarheit, eines Wissens über und eines professionellen Umgangs mit Handlungsparadoxien der Sozialen Arbeit sowie der Notwendigkeit, Hausbesuche als methodisches Werkzeug zu verstehen und entsprechend vorzubereiten und zu reflektieren. In Pro/Kontra-Diskussionen zum Thema verpflichtender Hausbesuch überzeugen sich die Studierenden bestenfalls gegenseitig von der Problematik der Verpflichtung und erkennen die Notwendigkeit von Entscheidungsfreiheit nach dem Prinzip der Angemessenheit.

2.6 Theorie und Praxis des Kinderschutzes im Abgleich

Im Rahmen der Hochschulausbildung wird den Studierenden „Best-Practice" vermittelt. Somit erhalten sie eine Vorstellung, wie Kinderschutzverfahren im Idealfall ablaufen können. Genauso wichtig ist es jedoch, sie mit den aktuellen Bedingungen der Praxis zu konfrontieren und selbständig ermitteln zu lassen, wo aktuell Möglichkeiten und Grenzen einer qualitativ guten Kinderschutzarbeit bestehen.

Ziel dieser Lerneinheit ist es, möglichst realistische Einschätzungen zur gängigen Praxis zu erhalten und gleichzeitig ein kritisches Bewusstsein für Weiterentwicklungsbedarfe im Kinderschutz zu entwickeln.

Methodisch bietet es sich an, Filmmaterial zum Alltag im ASD zu diskutieren. Bereichernd ist ebenso eine gegenüberstellende Analyse von Texten, die einerseits Missstände im ASD thematisieren (z. B. bei Gissel-Palkovich, 2007) und andererseits Leitsätze für einen guten Kinderschutz formulieren (z. B. Beiträge von Schrapper, 2008 oder des Nachrichtendienstes des Deutschen Vereins für öffentliche und private Fürsorge, 2009). Einrichtungsbesuche tragen dazu bei, ein sensibles Gespür für die aktuelle Situation im Kinderschutz zu entwickeln und praxisnah Ansatzpunkte für Entwicklungsfelder zu ermitteln.

Zum Ende der Seminarreihe sollen die Studierenden in der Lage sein, Leitlinien und Entwicklungsthemen des Kinderschutzes benennen zu können. Offene „Baustellen", die von ihnen erkannt werden, können abschließend spannende Diskussionen auslösen (z. B. die Themen Fehleranalyse/Entwicklung einer Fehlerkultur im ASD oder Frühe Hilfen/Soziale Frühwarnsysteme).

Die Bearbeitung der in Kapitel 2.1 – 2.6 angeführten Themen umfasst erfahrungsgemäß ein Semester. Weitere relevante Themen, wie z. B. das Strafbarkeitsrisiko von Fachkräften, professionelle Netzwerkarbeit im Kontext des Kinderschutzes, Kinderschutz in ausgewählten Handlungsfeldern der Kinder- und Jugendhilfe oder Kinderschutz im internationalen Vergleich können geeignete Aufbauthemen in folgenden Semestern sein, auf die an dieser Stelle jedoch nicht näher eingegangen wird.

3. Resümee: Kinderschutz in der Lehre – Worauf kommt es an?

Wie die bisherigen Ausführungen zeigen, müssen in der Ausbildung zum Thema Kinderschutz alle drei Kompetenzebenen Wissen, Können und Haltung (vgl. v. Spiegel, 2008, S. 96f.) geschult werden.

Kompetenzebene Wissen

Den Studierenden muss in der Auseinandersetzung mit dem Thema Kinderschutz deutlich werden, dass eine fachgerechte Arbeit die fortwährende Aneignung von Fachwissen erfordert. Diese Notwendigkeit ergibt sich insbesondere im Bereich der Einschätzungsverfahren. Hier bedarf es eines umfangreichen Beobachtungs- und Beschreibungswissens, Erklärungs- und Begründungswissen sowie Wertewissens (ebd., S. 97f.). Ein weiterer zentraler Wissensbereich ist der des Interventionswissens. Studieninhalte müssen zudem verdeutlichen, dass entscheidende Kinderschutzthemen nach wie vor in der Entwicklung sind (z. B. Fehlermanagement, Entwicklung von Standards im Bereich der Einschätzungsverfahren, Weiterentwicklung von Einschätzungsinstrumenten, Prüfung der Relevanz neuerer Forschungsbereiche z. B. zum Thema Resilienz) und somit ein „Ausruhen" auf Erlerntes nicht angezeigt ist.

Kompetenzebene Können

Auf der Ebene des Könnens geht es darum, den Studierenden Raum zum Erproben professioneller Handlungsstrategien zur Verfügung zu stellen. Handlungskompetenz ist insbesondere in Bezugnahme auf Fallarbeit, Teamarbeit und (interdisziplinäre) Netzwerkarbeit zu trainieren. Studierende sollten darin geschult werden, ihre eigene Person als „Werkzeug" (ebd.) zu verstehen, z. B. im Hinblick auf den Beziehungsaufbau zu Eltern. Die Studieninhalte zum Thema Kinderschutz können gut verknüpft werden mit allgemeinen Studieninhalten zu Konzepten und Methoden der Sozialen Arbeit (wie z. B. auf der Fallebene mit Studieninhalten zur sozialpädagogischen Diagnostik, sozialen Netzwerkarbeit oder Gesprächsführung; auf der Organisationsebene mit Themen der Organisationsentwicklung oder der intraorganisationellen Netzwerkarbeit).

> Auf der Ebene des Könnens geht es darum, den Studierenden Raum zum Erproben professioneller Handlungsstrategien zur Verfügung zu stellen

Kompetenzebene Haltung

Die Arbeit an einer professionellen Haltung ist m. E. die herausforderndste Aufgabe in der Hochschulausbildung, da sie nicht über Prozesse der Wissensvermittlung erfolgen kann und eines deutlich anspruchsvolleren Lernsettings bedarf. Im Zuge des sechs-semestrigen Bachelorstudiengangs stehen hierfür nur begrenzt Raum und Zeit zur Verfügung. Dennoch ist es unabdingbar, die Studierenden im Kontext Kinderschutz mit persönlich relevanten Themen zu konfrontieren. Sie benötigen Reflexionsraum, in dem sie erfahren, welchen Einfluss ihre Normen und Wertevorstellungen auf ihre Wahrnehmungen und Deutungsansätze und somit auf ihr professionelles Handeln nehmen. Erst die Auseinandersetzung mit biographischen Erlebnissen, aus denen spezifische Wahrnehmungs- und Deutungsmuster resultieren, führt zu tatsächlichen Möglichkeiten, diese zu hinterfragen und zu revidieren (vgl. hierzu auch v. Spiegel, 2005, S. 599f.). In diesem Zusammenhang sind zudem Wertestandards der Sozialen Arbeit zu reflektieren und im Hinblick auf die Entwicklung einer professionellen Haltung zu hinterfragen.

> Die Arbeit an einer professionellen Haltung ist m. E. die herausfordernste Aufgabe in der Hochschulausbildung, da sie nicht über Prozesse der Wissensvermittlung erfolgen kann und eines deutlich anspruchsvolleren Lernsettings bedarf

Was ist den Studierenden wichtig?

Im Folgenden wird auf einige Evaluationsergebnisse verwiesen, die zeigen, welche Lernerfolge die Studierenden aus der Ausbildung zum Thema Kinderschutz als besonders relevant erachten:[3]

- Verstehen (nicht nur Auswendiglernen) der rechtlichen Grundlagen im Kinderschutz durch Anwendungen im konkreten Fallbeispiel
- Klärung des Begriffs Kindeswohlgefährdung („nicht jeder blaue Fleck ist eine Kindeswohlgefährdung")
- Wissen um die Vielfältigkeit der Erscheinungsformen von Kindeswohlgefährdungen
- Wissen um und Verständnis für die anspruchsvolle, verantwortliche und vielseitige Tätigkeit des ASD (die sich viele Studierende als Berufsanfänger nicht zutrauen)
- Wissen um Grenzen der Handlungsmöglichkeiten des Jugendamtes bei fehlender Kooperation der Eltern und einer nicht vorliegenden Kindeswohlgefährdung (jedoch eines ungünstigen Erziehungsverhaltens)
- Einsicht in die Notwendigkeit von klar formulierbaren Verfahrensschritten und Standards, die Orientierung in der Fallarbeit vermitteln und gleichzeitig zur Selbstreflexion anregen

Folgende Auflistung zeigt beispielhaft, wo Studierende persönliche Meinungen zum Thema Kinderschutz im Laufe der Ausbildung überdacht bzw. revidiert haben:

- Das Jugendamt ist keine Behörde, die vorrangig auf die Wegnahme des Kindes aus ist (auch unter Studierenden muss an diesem Vorurteil gearbeitet werden).
- Dem Jugendamt ist es organisationsbedingt nicht immer möglich, ad hoc zu reagieren (außer in akuten Gefährdungsfällen). Lange Wege können Hilfeverfahren kennzeichnen.
- Das Jugendamt kann sehr individuelle Hilfearrangements entwickeln.
- Eltern, die ihre Kinder gefährden, tun dies nicht aus Boshaftigkeit, sondern meist aus Überforderung.

---

[3] Die Ergebnisse resultieren aus Evaluationen der Lehrveranstaltung „Kinderschutz als Querschnittsaufgabe in der Kinder- und Jugendhilfe" im Sommersemester 2009 und Wintersemester 2009/2010 bei Prof. Dr. Eva Christina Stuckstätte an der Katholischen Hochschule NRW, Abteilung Münster.

Auf die Frage, welches methodische Vorgehen Studierende zur Aneignung der Thematik als hilfreich erachten, sind folgende Antworten aufschlussreich:
- Auseinandersetzung mit Texten, die Einzelaspekte des Themas durchaus kontrovers diskutieren und somit eine eigene fachliche Positionierung abverlangen
- Gruppenarbeit in Form von inszenierter Teamarbeit, die z. B. verdeutlicht, wie unterschiedlich Problemwahrnehmungen sein können und wie herausfordernd es sein kann, im Kontext kollegialer Beratung zu einer differenzierten fachlichen Einschätzung zu gelangen
- Einsatz von Filmmaterialien, die das Thema an vielen Stellen anschaulicher machen
- Rollenspiele zum Erleben der Komplexität des Themas
- Zeit für Diskussionen und Reflexionen, Raum, in dem eigene Gefühle zum Thema benannt und besprochen werden können
- Arbeiten an einem konkreten Fall über mehrere Sitzungen zum „Durchspielen" sämtlicher Verfahrensschritte

Deutlich wird die sehr grundlegende Auseinandersetzung der Studierenden mit der Thematik. Ihre Aussagen bekräftigen nochmals die Notwendigkeit, Lernmöglichkeiten auf allen drei Ebenen (Wissen, Können und Haltung) integriert in die Lehre zu implementieren. Das Szenario-basierte Lernen eröffnet m. E. einen guten Rahmen, um eben diesem Anspruch gerecht zu werden. Deshalb wird abschließend diese Methode in Bezugnahme auf das Thema Kinderschutz in der Lehre vorgestellt.

4. Kinderschutz im Kontext des Szenario-basierten Lernens

Bei Rollenspielen wird vielfach deutlich, dass Studierende für eine fachliche Einschätzung einer Problemsituation sowie für die Entwicklung möglicher Handlungsperspektiven mehr Informationen benötigen, als sie im Kontext dieser Methode in der Regel zur Verfügung gestellt werden. Studierende merken z. B. beim „Durchspielen" von Hausbesuchen an, dass mehr Hintergrundinformationen zur Familie, über die Qualifikation der ASD-Mitarbeiter, zur Organisation des ASD und zum bisherigen Fallverlauf vorliegen müssten, um sich tiefgehend in den Fall hineindenken zu können. Rollenspiele liefern demnach nur einen begrenzten Rahmen, um das Agieren in komplexen Handlungssituationen zu erproben. Das Szenario-

Bei Rollenspielen wird vielfach deutlich, dass Studierende für eine fachliche Einschätzung einer Problemsituation sowie für die Entwicklung möglicher Handlungsperspektiven mehr Informationen benötigen, als sie im Kontext dieser Methode in der Regel zur Verfügung gestellt werden

basierte Lernen setzt an dieser Stelle an und erweitert den didaktischen Spielraum um ein Vielfaches.

4.1 Szenario-basiertes Lernen – Worum geht es?

Das Szenario-basierte Lernen gründet auf Ansätze des situierten Lernens und orientiert sich an Prinzipien des problemorientierten Lernens (vgl. Hauff, et. al. 2008, S. 6; Heidemann, 2006, S. 148). In seiner didaktischen Umsetzung geht es jedoch über Ansätze des problemorientierten Lernens hinaus. Die Gestaltung der Lernumgebung erfährt im situierten Lernen eine besondere Bedeutung (vgl. Heidemann, 2006, S.147).

Ziel des Szenario-basierten Lernens ist es, ein komplexes, realistisches und alltagsnahes Problem unter möglichst realen Bedingungen zu bearbeiten.

Die Studierenden werden mit einer Problemstellung konfrontiert, einem so genannten Szenario. Dieses Szenario besteht aus mehreren Einheiten (Plots), die den inhaltlichen Rahmen einer komplexen Handlungssituation aufzeigen. Den Kontext des Handelns stellt ein virtueller (möglichst onlinebasierter) Jugendhilfeträger dar, der alle relevanten Informationen zur Organisation vorhält. Die Problembearbeitung erstreckt sich über einen Bearbeitungszeitraum von sechs bis acht Stunden. Im Prozess werden Studierende fortwährend mit neuen, vielfältigen und z. T. widersprüchlichen Anforderungen konfrontiert, die eine zunehmende Dynamik auslösen.

Szenario-basiertes Lernen setzt auf eine starke Handlungsorientierung in der Lehre. Anders als im Rahmen des problemorientierten Lernens geht es nicht vorrangig um die Vermittlung von Wissen, sondern um die Förderung der Fähigkeit, selbständig komplexe Aufgaben in einem konfliktreichen Umfeld zu lösen. Die Studierenden sehen sich hierbei mit der Handhabung eines ganzen Bündels von Aufgaben konfrontiert. Diese ergeben sich nicht durch eine Aufgabenstellung zu Beginn des Szenarios, sondern vielfach erst durch Informationen, die nach und nach in den Bearbeitungsprozess eingebracht werden. Nach Möglichkeit soll die Bearbeitung unter Echtzeitbedingungen erfolgen. Die Studierenden werden somit ein Stück weit dem Schonraum der Hochschule enthoben.

4.2 Der virtuelle Jugendhilfeträger

Eine Besonderheit des Szenario-basierten Lernens ist das fortwährende Agieren in einem realen Einrichtungskontext. Hierfür werden Materialen erstellt, die Studierenden alle notwendigen Informatio-

nen zur Bearbeitung des Problems liefern. Das Material kann z. B. aus folgenden Informationen bestehen:
- Fotos des Trägers (Innen- und Außenaufnahmen, um ein Bild zur Einrichtung zu bekommen)
- Leitbild der Einrichtung
- Gesamtkonzeption der Einrichtung
- Konzeptionen einzelner Fachbereiche bzw. einzelner Leistungsbereiche
- Stellenbeschreibungen der Mitarbeiter
- Personenprofile der Mitarbeiter (beruflicher und privater Hintergrund, derzeitige Position im „informellen" Team, Persönlichkeitsprofil)
- Beschreibungen zur Teamsituationen (aktuelle Atmosphäre und Themen)
- Personenprofile der Klienten
- Hintergrundinformationen zu Fällen (Hilfeplandokumentationen)
- Personenprofile zu Kooperationspartnern
- Arbeitsmaterialien des Trägers (Vordrucke, Dokumentationsrichtlinien)

Diese Materialien, die abhängig vom Szenario und dem jeweiligen Plot den Studierenden ausgehändigt bzw. vorgestellt werden, ermöglichen ein umfassendes Hineindenken in die Strukturen eines Trägers.

4.3 Die Szenarien

Szenarien bilden komplexe Abläufe einer Organisation mit formellen und informellen Geschehnissen ab (vgl. Heidemann & Schumacher, 2009, S. 313), in denen sich die Studierenden zu verhalten haben. Sie werden schrittweise über so genannte Einlagen (Informationen zum Bearbeitungsgegenstand) in die Szenarien eingeführt. Diese Informationen werden multimedial vermittelt, z. B. über Hördateien, Kurzfilme, Powerpoints, fiktive E-Mails oder Zeitungsberichte usw.
Den Anfang eines Szenarios bildet z. B. eine typische Situation im ASD wie die Fremdmeldung einer Kindeswohlgefährdung durch eine Lehrerin. Die Situation darf gleich zu Beginn möglichst komplex sein und die Studierenden auf unterschiedlichen Lernebenen fordern. Dies erhöht den Realitätswert des Szenarios. Zudem kann die erste Einlage ohne umfassendes Vorwissen der Studierenden erfolgen. Fachliche Einführungen in einzelne Themen zum Kinderschutz können nach und nach in den Bearbeitungsprozess einfließen.

Szenarien bilden komplexe Abläufe einer Organisation mit formellen und informellen Geschehnissen ab, in denen sich die Studierenden zu verhalten haben

Nach der ersten Einlage (der Information zur Fremdmeldung einer Kindeswohlgefährdung) ist in Kleingruppen eine Problemanalyse vorzunehmen. Hierbei orientieren sich die Studierenden an der so genannten Problemlandkarte, die in aufeinander aufbauenden Schritten Leitfragen zur Problembearbeitung anbietet. Abbildung 1 zeigt auf, welche Fragen in der Analysephase diskutiert werden können:

Phase		Leitfragen	Bearbeitungsformen /Rolle
Analyse	Ursachen	– Wodurch ist das Problem entstanden? – Welches sind die relevanten Ursachen des Problems?	Moderator – Sachaspekte des Problems ermitteln, vergangenheitsorientierte Perspektive einnehmen – Bearbeitung im Plenum der Trainingsgruppe, Kartenabfragen, Einzelarbeit, Gruppenarbeit
	Konsequenzen	– Warum ist das Problem ein Problem? – Was passiert, wenn das Problem nicht gelöst wird? – Was passiert, wenn das Problem ignoriert wird?	Moderator – Sachaspekte des Problems ermitteln, zukunftsorientierte Perspektive einnehmen – Bearbeitung siehe oben
	Akteure/ Interessengruppen	– Welche Akteure und/oder Interessengruppen sind an dem Problem beteiligt bzw. können zu dessen Lösung beitragen? – Welche Interessen und Standpunkte vertreten sie? – Welche formellen und/oder informellen Handlungsmöglichkeiten haben sie?	Moderator/Tutor – Beziehungsaspekte des Problems ermitteln – Perspektivwechsel fördern, verschiedene Sichten auf das Problem zeigen – Ggf. einzelne Akteure herausgreifen, Gruppenarbeit zu verschiedenen Akteuren – Präsentation – Diskussion
	Kontext	– In welchem Umfeld besteht das Problem? – In welchem Umfeld muss es gelöst werden? – Gibt es Zusammenhänge mit anderen Bereichen? – Welche weiteren Aspekte spielen deshalb eine Rolle?	Moderator/Tutor

Abb. 1: Problemlandkarte – Problemanalyse (Quelle: Hauff et al., 2008, S. 13)

Die Ergebnisse der Problemanalyse werden im Plenum gegenseitig vorgestellt und diskutiert. Hierbei können unterschiedliche Moderationstechniken eingesetzt werden. In einer anschließenden Arbeitseinheit geht es darum, Möglichkeiten zur Problembearbeitung zu entwickeln. Die Studierenden können sich in Kleingruppen wieder an den Leitfragen der Problemlandkarte orientieren:

Bearbeitung	Ziel	– Welche Ziele werden verfolgt?	Moderator/Tutor – Fokusperson als Akteur – Leiter der PI im Mittelpunkt
	Teilprobleme	– Lässt sich das Problem in Teilprobleme gliedern? – Kann die Bearbeitung der Teilprobleme getrennt bzw. schrittweise erfolgen?	Moderator/Tutor – Prioritäten setzen lassen – was soll zunächst geschehen, was kann später gemacht werden?

Phase		Leitfragen	Bearbeitungsformen /Rolle
Bearbeitung	Mögliche Lösungsansätze	– Welche sind denkbar – welche sind realisierbar? – Welche Chancen und Risiken sind damit verbunden? – Welche (un-)erwünschten Wirkungen und Nebenwirkungen sind damit verbunden?	Moderator/Tutor
	Erste Schritte zur Umsetzung	– Welches sind die ersten Schritte zur Realisierung der Problemlösung?	Rollenspielleiter/Trainer/Tutor – Genaue Beschreibung auf Verhaltensebene einfordern – Rollenspiel – Auswertung (plan-do-check-action)
Abstraktion	Lernziel/ Ergebnissicherung	– Welche ähnlichen Probleme gibt es? Beispiele? – Inwiefern unterscheiden sich die Beispiele vom bearbeiteten Sachverhalt? Welche Gemeinsamkeiten gibt es? – Welche erfolgskritischen Faktoren sind erkennbar? – Wie ist das Verhalten des .... zu bewerten? – Welches Wissen ist für die Bearbeitung relevant?	Moderator/Dozent – Unterscheidungen intiieren (eigene vs. Gruppenposition) – Arbeitsproben veranlassen (z. B. Beurteilungsnotizen für .... erstellen lassen) – Experten zur Kommentierung einsetzen (z. B. Jurist, Kriminalist)

Abb. 2 Problemlandkarte – Problembearbeitung und Abstraktion (Quelle: Hauff et al., 2008, S. 14)

Die im Rahmen der Problembearbeitung entwickelten Ideen werden im Plenum vorgestellt und diskutiert. Die Studierenden überlegen gemeinsam, wie sie die Fremdmeldung bearbeiten können.

Das Szenario setzt sich fort, indem weitere Informationen zum Bearbeitungsgegenstand folgen. Bezogen auf das oben genannte Beispiel könnten diese folgende sein:

Die im Rahmen der Meldung benannte Familie ist dem Jugendamt bereits bekannt. Die fallführende Fachkraft kann die Sorgen der Lehrerin gut nachvollziehen und sieht ebenfalls Handlungsbedarf. Ein Kollege, mit dem sie sich nicht sonderlich gut versteht, ist der einzige, der spontan Zeit für eine kollegiale Beratung hat. Ihm ist die Familie aus früheren Zeiten bekannt. Er spielt die Sorgen der Fachkraft und Lehrerin herunter und erkennt keinerlei Gefährdung.

Im nachfolgenden Arbeitsschritt geht es darum, die neuen Informationen zu bewerten und mögliche Handlungsoptionen zu entwickeln. Die jeweiligen Ideen zur Problembearbeitung werden im Plenum z. B. über Rollenspiele oder Organisationsaufstellungen diskutiert. Weitere zwei bis drei Einlagen folgen, die die Fallarbeit weiter erschweren und somit die Herausforderungen für die Studierenden erhöhen.

Der typische Ablauf der Bearbeitung einer Einlage gestaltet sich nach folgendem Muster:

Der typische Ablauf der Bearbeitung einer Einlage gestaltet sich nach folgendem Muster

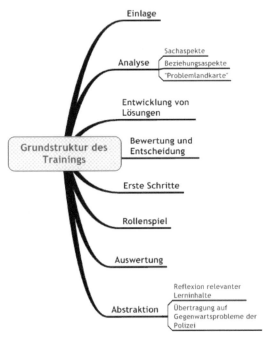

Abb. 3: Grundstruktur des Szenario-basierten Trainings (Quelle: Hauff et al., 2008, S. 10)

Die Bearbeitung des Szenarios endet nach drei bis vier Einlagen mit einer abschließenden Gesamtbetrachtung der Fallbearbeitung und einer Abstraktionsphase, in der die gewonnenen Erkenntnisse auf einer Metaebene abstrahierend diskutiert werden.

4.2 Kompetenzen des SBL-Trainers

Die Anleitung eines Szenarios stellt vielfältige (nicht trennscharfe) Rollenanforderungen an einen Dozenten (ebd., S. 12):
- Dozent (Experte für das Thema, besitzt Hintergrundwissen, kennt Modulinhalte und kann Verknüpfungen herstellen, abstrahiert, gibt Gesamtauftrag vor)
- Rollenspielleiter (leitet an, instruiert, interveniert, achtet auf die Zeit, leitet über zu nächsten Schritten)
- Moderator (strukturiert Diskussionen, visualisiert Ergebnisse, fast zusammen, stellt Fragen)
- Tutor (bewertet und kommentiert Lösungsansätze, bringt eigene Erfahrungen und Einschätzungen ein)
- Trainer (steuert den Gruppen- und Arbeitsprozess, gibt Feedback, unterstützt an Lerngrenzen)
- Qualitätsmanager (sichert Ergebnisse, reflektiert den Prozess, holt Gesamtfeedback zum Szenario ein, überprüft Lernziele, fasst zusammen, stellt Fragen im Hinblick auf weitere Modulinhalte).

Deutlich wird, dass sowohl Fachkompetenzen als auch Trainerkompetenzen abverlangt werden. Um diesen vielfältigen Rollenanforderungen gerecht zu werden, sollte die Anleitung eines Szenarios nach Möglichkeit durch zwei Dozenten erfolgen. Die Qualifikation zum Trainer für Szenario-basiertes Lernen kann über einen Zertifikatskurs an der Deutschen Hochschule der Polizei erworben werden.

Deutlich wird, dass sowohl Fachkompetenzen als auch Trainerkompetenzen abverlangt werden

4.5 Szenario-basiertes Lernen – ein Gewinn für die Studierenden

Die Methode des Szenario-basierten Lernens wird bislang überwiegend in der Medizin- und Polizeiausbildung eingesetzt. Als didaktisches Instrument der Hochschulausbildung für Sozialarbeiter ist sie bislang wenig bekannt.
Erste Erfahrungen zeigen, dass Studierende mit dieser Methode sehr zufrieden sind und ihr einen guten Lernerfolg bescheinigen. Die Deutsche Hochschule der Polizei hat Absolventen eines Masterstudiengangs (n=82) um eine Einschätzung der Methode gebeten. Die Evaluation zeigt, dass 97,5% der Studierenden die Realitätsnähe der Szenarien als hoch einschätzen. 92,6% glauben, dass sie im Berufsall-

Erste Erfahrungen zeigen, dass Studierende mit dieser Methode sehr zufrieden sind und ihr einen guten Lernerfolg bescheinigen

tag durchaus in entsprechende Situationen geraten können. Fast 80% erachten die Rollenspiele im Szenario als realitätsnah. Insgesamt erfährt die Methode große Akzeptanz in der Lehre und fördert einen vielseitigen Kompetenzzuwachs – so die Trainingsfeedbacks (ebd., S. 15). Die Studierenden loben die gute Verbindung von Theorie und Praxis sowie die Möglichkeiten, Erfahrungen und Meinungen austauschen und in der Lerngruppe reflektieren zu können.

Bezogen auf das Beispiel Kinderschutz können Studierenden im Kontext eines Szenarios folgende Lernangebote eröffnet werden:

Auf der Ebene des Wissens:
- Erlangung von Grundlagenwissen zum Thema Kinderschutz
- Aneignung von vertiefendem Wissen zu spezifischen Themen des Kinderschutzes
- Erlangung von Wissen über Handlungslogiken relevanter Kooperationspartner im Kinderschutz
- Aneignung von relevantem Konzepte- und Methodenwissen

Auf der Ebene des Könnens
- Verstehen und Einfinden in Organisationskontexte und Teamstrukturen
- Einfinden in die Fallarbeit
- Organisation von Arbeitsprozessen
- Umgang mit Konfliktsituationen/Situationen der Überforderung
- fachliche Positionen entwickeln und vertreten
- Anwenden von Methoden der Sozialen Arbeit
- Umgang mit Handlungsparadoxien der Sozialen Arbeit

Auf der Ebene der Haltung
- Reflexionsfähigkeit entwickeln und schulen
- Wahrnehmen des eigenen fachlichen Könnens
- Abgrenzungsnotwendigkeiten kennenlernen

Die Ausführungen verdeutlichen, dass der Rahmen des Szenario-basierten Lernens geeignet ist, um klassische Situationen der Kinderschutzarbeit in ihrer Komplexität und Widersprüchlichkeit zu bearbeiten

Die Ausführungen verdeutlichen, dass der Rahmen des Szenario-basierten Lernens geeignet ist, um klassische Situationen der Kinderschutzarbeit in ihrer Komplexität und Widersprüchlichkeit zu bearbeiten. Hierbei steht es dem Dozenten frei, auf welche Lehrinhalte er seinen Schwerpunkt setzen möchte (Themen der Einzelfallarbeit, der Arbeit in Organisationsbezügen oder in interdisziplinären Netzwerken). Ebenso ist eine Verbindung von Themen möglich. Allerdings bedarf das Arbeiten in Szenarien einer umfassenden Vorbereitung. Nachdem Klarheit über Ziele und Inhalte eines Szenarios besteht, gilt es, umfassendes Material zu erstellen. Ist dieses einmal vorhanden, lässt es sich in den unterschiedlichsten Bezügen vielfach verwenden.[4]

Das Szenario-basierte Lernen setzt m. E. neue Akzente in der Hochschulausbildung. Es eröffnet nicht nur Studierenden neue Wege des Lernens, sondern ist auch für Lehrende ein abwechslungsreicher und hoch dynamischer Prozess zur Ermöglichung von Lernerfahrungen.

Literatur

Deegener, G. & Körner, W. (2006). Risikoerfassung bei Kindesmisshandlung und Vernachlässigung. Theorie, Praxis, Materialien. Lengerich: Pabst.
Forum Erziehungshilfe (2009). Wer braucht den Hausbesuch? 1/2009.
Gissel-Palkovich, I. (2007). Der ASD und seine Leistungsgrenzen. Sozialmagazin, 9, 11-23.
Hauff, M., Heidemann, D. & Schumacher, E. (2008). Szenario-basiertes Lernen – Ein Konzept für die Entwicklung von Führungskompetenzen im Masterstudiengang an der Deutschen Hochschule der Polizei. In B. Berendt, H.-P. Voss et al., Neues Handbuch Hochschullehre (Artikel G 5.9). Stuttgart: Raabe Verlag.
Heidemann, D. (2006). Professionelle Führung lernen. In C. Barthel, J. Christe-Zeyse & D. Heidemann, Professionelle Führung in der Polizei – Jenseits des Führungsmythos und technokratischer Managementansätze (S. 127-165). Frankfurt: Verlag für Polizeiwissenschaft.
Heidemann, D. & Schumacher, E. (2009). Führungskompetenzen erwerben durch Szenariobasiertes Lernen. In S. Heß & E. Neumann, Mit Rollen spielen 2 (S. 311-325). Bonn: Managerseminare Verlag.
Jordan, E. (Hrsg.) (2006). Kindeswohlgefährdung. Rechtliche Neuregelungen und Konsequenzen für den Schutzauftrag der Kinder- und Jugendhilfe. Weinheim und München: Juventa.
Kindler, H. (2006). Welche Einschätzungssituationen stellen sich in Gefährdungsfällen? In H. Kindler, S. Lillig, H. Blüml, T. Meysen & A. Werner (Hrsg.), Handbuch Kindeswohlgefährdung nach § 1666 BGB und Allgemeiner Sozialer Dienst (Kapitel 59). München: DJI.
Kindler, H., Lillig, S., Blüml, H., Meysen, T. & Werner, A. (Hrsg.) (2006). Handbuch Kindeswohlgefährdung nach § 1666 BGB und Allgemeiner Sozialer Dienst. München: DJI.
Lillig, S. (2006). Welche Phasen der Fallarbeit lassen sich unterscheiden? In H. Kindler, S. Lillig, H. Blüml, T. Meysen & A. Werner (Hrsg.), Handbuch Kindeswohlgefährdung nach § 1666 BGB und Allgemeiner Sozialer Dienst (Kapitel 44). München: DJI
Nachrichtendienst des Deutschen Vereins für öffentliche und private Fürsorge (2009). Empfehlungen zur Festlegung fachlicher Verfahrensstandards in den Jugendämtern bei Gefährdung des Kindeswohls. 7/2009, 263-270.
Reich, W., Lukasczyk, P. & Kindler, H. (2009). Evaluation des Diagnoseinstrumentes zur Gefährdungseinschätzung des Kindeswohls. Nachrichtendienst

---

[4] An der Katholischen Hochschule NRW, Abteilung Münster entstehen derzeit modulübergreifende Materialen für den Anwendungsbereich der Kinder- und Jugendhilfe.

des Deutschen Vereins für öffentliche und private Fürsorge, Februar/2009, 63-68.

Schrapper, C. (2009). Örtliche Fallpraxis, Risikomanagement und Bundeskinderschutzgesetz. In Deutsches Institut für Urbanistik (Hrsg.), Vom Willkommensbesuch zum verpflichtenden Hausbesuch – Veränderte Auftragslage für die Jugendhilfe (durch das Kinderschutzgesetz?) (S. 11-31). Berlin.

Schrapper, C. (2008). Kinder vor Gefahren für ihr Wohl schützen – Methodische Überlegungen zur Kinderschutzarbeit sozialpädagogischer Fachkräfte in der Kinder- und Jugendhilfe. In Institut für Sozialarbeit und Sozialpädagogik e.V. (Hrsg.), Vernachlässigte Kinder besser schützen. Sozialpädagogisches Handeln bei Kindeswohlgefährdung (S. 56-88). München: Reinhardt.

Spiegel, H. von (2008). Methodisches Handeln in der Sozialen Arbeit. München: Reinhardt.

Spiegel, H. von (2005). Methodisches Handeln und professionelle Handlungskompetenz im Spannungsverhältnis von Fallarbeit und Management. In W. Thole (Hrsg.), Grundriss Soziale Arbeit (S. 589-602) Wiesbaden: VS.

Thiersch, H. (2005). Lebensweltorientierte Soziale Arbeit – Aufgaben der Praxis im sozialen Wandel. Weinheim: Juventa (6. Auflage).

II

Erfassung von Kindeswohlgefährdung

Psychologische Aspekte des Entscheidens in komplexen Handlungssituationen

Stephan Rietmann, Gregor Hensen

Einleitung

In diesem Beitrag befassen wir uns mit der Psychologie der Entscheidung bei Fällen, in denen es um Kindeswohlgefährdungen geht. Relevant für Prozess und Ergebnis von Entscheidungen sind nach unserer Auffassung insbesondere die Profession des Entscheiders in seinem spezifischen institutionellen Kontext und der Persönlichkeitsstil des Entscheiders. Einleitend stellen wir voran, was den Entscheidungskontext bei Kindeswohlfällen ausmacht.

In der fachlichen und öffentlichen Diskussion um Entscheidungsfindung bei Fällen von Kindeswohlgefährdungen besteht eine Präferenz, die Entscheidung, ob eine solche Gefährdung vorliegt oder nicht vorliegt, als Kern des Entscheidungsproblems zu betrachten. In einem multifaktoriellen Bedingungsgefüge ist dieser Teil der Entscheidungsfindung tatsächlich eine anspruchsvolle und verantwortliche Aufgabe. Die umfangreichen, empirisch gut abgesicherten Kriterien an Schutz- und Risikofaktoren (Deegener & Körner in diesem Band) können als entscheidungs- und handlungsleitende Indikatoren fungieren. Dies setzt neben deren Kenntnis eine ausgeprägte fachliche Qualifikation, langjährige Erfahrungen und hohe persönliche Verantwortungsbereitschaft und -fähigkeit voraus. Besteht dann die Einschätzung, dass hinsichtlich einer erkannten Gefährdung Interventionsbedarf vorliegt, eröffnet sich das eigentliche Entscheidungsproblem: Die Entscheidungsfindung für das Kindeswohl.

Zu Entscheidungen, die Menschen treffen, gibt es in der Regel immer Alternativen. Wenn eine Person aus der Fülle von Möglichkeiten auswählt, so schließt sie Alternativen aus: Entscheiden heißt damit wählen und verzichten zugleich. Entscheidungen bei Kindeswohlgefährdungen und der Umgang mit ihnen bedeuten für die Entscheider stets, in welcher Weise Verantwortung hergestellt wird. Geht man von vielfältigen Entscheidungsmöglichkeiten aus, so ergeben sich daraus relevante Folgen. Drei miteinander verwandte nach-

> Wenn eine Person aus der Fülle von Möglichkeiten auswählt, so schließt sie Alternativen aus: Entscheiden heißt damit wählen und verzichten zugleich

teilige Effekte gehen nach Schwartz (2004) mit Entscheidungsvielfalt einher:

> *Drei miteinander verwandte nachteilige Effekte gehen mit Entscheidungsvielfalt einher*

1. Sie bedeutet, dass für Entscheidungen mehr Mühe aufgewandt werden muss.
2. Sie erhöht die Wahrscheinlichkeit von Fehlern.
3. Sie verleiht den psychologischen Konsequenzen von Fehlern mehr Gewicht.

Entscheidungen zum Kindeswohl bringen verantwortliche Personen hinsichtlich der genannten Vielfalt mit einem ausgesprochen komplexen Gegenstand in Kontakt. Es geht um die Abwendung konkreter und gegenwärtiger Gefahren und die Umsetzung geeigneter Lösungsstrategien. Hilfen sollen Verbesserungen für das betroffene Kind enthalten, zumindest jedoch keine weitere Verschlechterung erzeugen. Unterschiedliche institutionelle Handlungsregeln wirken sich auf den weiteren Fallverlauf aus, oftmals werden im Erstkontakt mit einer Institution bereits wesentliche Weichen für das weitere Vorgehen gestellt. Mit dem spezifischen pädagogischen, medizinischen, juristischen oder polizeilichen Blick auf Kindeswohlgefährdungen sind unterschiedliche Fallzugänge verbunden. „Vier verschiedene Spezialisten können ein Individuum in einem einzelnen Fall gleichzeitig als verrückt, böse, krank oder treu definieren" (Imber-Black, 2006, S. 44). Dies erzeugt einen Handlungskontext, in dem Konsens zu Problemverständnis, Risikobewertung und Interventionsentscheidungen nicht die Regel ist.

Entscheidungen spielen aber auch bei der Bewältigung alltäglicher Aufgaben eine große Rolle und sind interdependent mit Persönlichkeitsmuster und -stilen verknüpft. Gleichzeitig unterliegen sie – aus einer sozialpsychologischen Perspektive gesehen – sozialen Einflüssen (vgl. Aronson et al., 2004). Persönlichkeitsstil und soziale Einflüsse wirken so auf fachliche Entscheidungen, die schließlich aufgrund institutioneller und disziplinärer Handlungslogiken im jeweiligen Kontext unterschiedlich getroffen werden und demnach unterschiedliche Konsequenzen herbeiführen.

> *Der Blick auf die Forschungsergebnisse zum menschlichen Urteils-, Planungs- und Entscheidungsvermögen in komplexen Handlungssituationen zeigt zudem, dass Menschen Fern- und Nebenwirkungen ihres Verhaltens nur sehr eingeschränkt berücksichtigen können*

Der Blick auf die Forschungsergebnisse zum menschlichen Urteils-, Planungs- und Entscheidungsvermögen in komplexen Handlungssituationen (Dörner, 2000) zeigt zudem, dass Menschen Fern- und Nebenwirkungen ihres Verhaltens nur sehr eingeschränkt berücksichtigen können. Unter komplexen Handlungssituationen werden Aspekte verstanden, die auch bei Kindeswohlfällen relevant sind und denen daher in der Praxis mit einem sinnvollen Handlungsansatz begegnet werden muss: Intransparenz, Dynamik, Vernetztheit sowie Unvollständigkeit oder Falschheit der Kenntnisse über das jeweilige System (ebd.). Empirische Untersuchungen verdeutlichen, dass mit steigender Vernetztheit Systemwissen und Steuerungsleistungen sinken (Funke, 2003). Komplexe Kontexte sind häufig mit prinzipiellen Schwierigkeiten verbunden, die etwa das Systemmerkmal der zeitverzögerten Rückmeldung betreffen. Dies erschwert es, Eingriffseffekte sichtbar zu machen. Entsprechend sieht die Realität menschlicher Problemlösung aus: „Man löst nicht die Probleme, die man lösen soll, sondern die, die man lösen kann" (Dörner, 2000, S. 90). Dies lässt sich auch in Fallkonstellationen von Kindeswohlgefährdung beobachten.

Wir widmen uns daher im Folgenden den psychologischen Einflussfaktoren auf Entscheidungen, die in diesem Kontext getroffen werden. Dabei spielen u. E. (1) intuitive und körperbezogene Aspekte eine Rolle. Gleichzeitig zeigt (2) die wissenschaftliche Auseinandersetzung mit Persönlichkeitsstilen, dass diese nicht zu trennen sind von individuellen und fachlichen Entscheidungsmustern. Schließlich werden (3) organisationale und disziplinspezifische Einflussfaktoren in den Blick genommen, die Entscheidungen und fachliches Handeln im institutionellen Kontext strukturieren.

> Wir widmen uns daher im Folgenden den psychologischen Einflussfaktoren auf Entscheidungen, die in diesem Kontext getroffen werden

1. Intuitives und rationales Entscheiden

„Der Organismus hat einige Gründe, von denen die Vernunft Gebrauch machen muss" (Damasio, 2004, S. 272).

Fachliche Entscheidungsgüte zum Kindeswohl sollte aus unserer Sicht auch Kriterien wie Angemessenheit, Plausibilität und Transparenz beinhalten. Entscheidungen bei Kindeswohlgefährdung können daher keineswegs allein auf Basis indikatorengestützter Erfassungssysteme erfolgen bzw. nicht allein im Überschreiten einer vorher festgelegten formalen, arithmetisierten Schwelle bestehen. Diese Art „idealer Entscheidungsrationalität" erscheint attraktiv, sie ist jedoch in der Praxis schon deswegen kaum leistbar, weil der systemische Kontext mit vielen beteiligten Personen ein aushandlungs-, beteiligungs- und dialogorientiertes Vorgehen impliziert. Entscheidungsprozesse finden daher mit vielfältiger sozialer Wechselwirkung statt, sie werden zumeist auch nicht nur einmal, sondern wiederkehrend getroffen. Die Kenntnis und Anerkennung von Grenzen rationaler Entscheidung kann den hier dargestellten dialogischen Entscheidungsprozess bereichern, weil sie bei Entscheidern einen realistischen Wirkungsanspruch befördert und prinzipielle Grenzen rationaler Steuerbarkeit aufzeigt.

Interessante Befunde liefert die psychologische Entscheidungs- und Risikoforschung. Mit fachlicher Intervention wird in der Regel ein

> In der Erforschung von Entscheidungsprozessen und deren outcome erweist sich jedoch die Überlegenheit von Intuitionen, die sich nur auf einen guten Grund (oder Hinweis) stützen, gegenüber rationalen Strategien

rationaler Handlungszugang impliziert. In der Erforschung von Entscheidungsprozessen und deren outcome erweist sich jedoch die Überlegenheit von Intuitionen, die sich nur auf einen guten Grund (oder Hinweis) stützen, gegenüber rationalen Strategien. Intuitionen erscheinen insbesondere bei der zukunftsgerichteten Entscheidungsfindung ökonomisch und außerordentlich zutreffend, wenn diese Zukunft schwer vorhersehbar ist und die relevanten Informationen beschränkt sind. Dieser Zusammenhang ist für Kindeswohlfälle von Bedeutung, denn der damit in der Praxis einhergehende Entscheidungsbedarf ist zumeist mit Prognosebeurteilungen verbunden. Eine komplexe Analyse zahlt sich hingegen bei der Erklärung der Vergangenheit aus (Gigerenzer, 2007). Es wäre also hilfreich, wenn Kindeswohlfälle nachträglich analysiert, reflektiert und evaluiert werden.

Zwischen den bei rationalen Entscheidungen beteiligten kognitiven Prozessen und den Prozessen, die gemeinhin als „emotional" bezeichnet werden, besteht eine enge Partnerschaft. Der amerikanische Neurologe Antonio R. Damasio, dessen Ansatz uns hilfreich für das Verständnis von Entscheidungsprozessen erscheint, positioniert sich bzgl. des Leib-Seele-Problems sehr eindeutig: „Nicht nur die Trennung von Geist und Gehirn ist ein Mythos – auch die Trennung von Geist und Körper dürfte fiktiv sein. Der Geist ist in der ursprünglichen Bedeutung des Wortes verkörpert, nicht nur verhirnt" (Damasio, 2004, S. 166).

Eine Selektion von Entscheidungsoptionen erfolgt nach Damasio (2004) durch die Wirkung so genannter somatischer Marker: „Ein negativer somatischer Marker (…) wirkt (…) wie eine Alarmglocke (…) ein positiver somatischer Marker (…) wird (…) zu einem Startsignal" (ebd., S. 238). Einer Kosten-Nutzen-Analyse logischer Überlegungen eines rationalen Entscheidungsprozesses geht eine körperliche Reaktion auf den Entscheidungsgegenstand voraus, die den Ausgang des Prozesses bestimmt. „Wenn das unerwünschte Ergebnis, das mit einer gegebenen Reaktionsmöglichkeit verknüpft ist, in Ihrer Vorstellung auftaucht, haben Sie, und wenn auch nur ganz kurz, eine unangenehme Empfindung im Bauch. Da die Empfindung den Körper betrifft, habe ich dem Phänomen den Terminus somatischer Zustand gegeben (…); und da sie ein Vorstellungsbild kennzeichnet oder 'markiert', bezeichne ich sie als Marker. Dazu ist (…) festzustellen, dass ich somatisch im allgemeinsten Sinne verwende (das heißt, damit alles bezeichne, was zum Körper gehört) und sowohl viszerale wie nicht-viszerale Wahrnehmungen gemeint sind, wenn von somatischen Markern die Rede ist" (ebd., S. 237). Bestimmte Kategorien von Objekten oder Ereignissen werden auf neuronaler Ebene offenbar mit der Entfaltung eines angenehmen oder unangenehmen Körperzustandes verknüpft.

Das emotionale System unterstützt Entscheidungsprozesse durch positive somatische Marker und kann darüber Motivation und Willensakte auslösen. Zudem handelt es sich dabei um eine direkte Spiegelung dessen, was tiefstes Selbsterleben ausmacht (Storch & Krause, 2002, S. 48): Themen, Inhalte, Absichten und Pläne, die von dem Selbstsystem einer Person unterstützt werden, können mittels somatischer Marker identifiziert werden und in diesem Zusammenhang als diagnostisches Leitsystem für Selbstkongruenz eingesetzt werden (siehe dazu auch Kuhl, 2001). Sie markieren, wenn eine Person eine Entscheidung gefällt hat, die als zu sich selbst passend erlebt wird. Da somatische Marker auf Körperzuständen beruhen, haben sie den Vorteil, dass sie relativ einfach beobachtbar, messbar und damit objektivierbar sind.

Wesentlicher Vorteil der Nutzung körperlicher Marker ist es, schnelle Entscheidungen treffen zu können und dafür ein wirkungsvolles biologisches Orientierungssystem zu nutzen: „Der Apparat der Rationalität, herkömmlicherweise im *Neo*cortex vermutet, scheint ohne biologische Regulation, traditionell als *sub*cortical eingestuft, nicht arbeiten zu können. Offenbar hat die Natur den Rationalitätsapparat nicht einfach auf den Apparat der biologischen Regulation gesetzt, sondern ersteren *aus* und *mit* letzterem geschaffen" (Damasio, 2004, S. 179, Hervorhebungen im Original).

Der weit reichende Einfluss körperlicher Empfindungen auf rationales Entscheiden erklärt sich somit auch neurobiologisch. Im Zusammenwirken der kortikalen mit der subkortikalen Ebene sind „die Wirkungen von unten nach oben stärker als in umgekehrter Richtung" (Roth, 2001, S. 321). „Es gibt sehr viel mehr Verbindungen von dem kleinen, für Emotionen zuständigen limbischen Zentrum zu den großen, für logisches und rationales Denken zuständigen Zentren der Hirnrinde, als umgekehrt" (Ratey, 2001, S. 273).

Für die Entscheidungspraxis bei Kindeswohlgefährdungen erweisen sich die hier skizzierten Zusammenhänge als beachtenswert. Die jeweiligen positiven oder negativen mit den somatischen Markern verknüpften Basisaffekte wirken sich auf den Denkprozess maßgeblich aus: Ein als positives bzw. negatives Merkmal fungierender Körperzustand wird von einer entsprechenden Denkweise begleitet und ergänzt: rasch und ideenreich, wenn sich der Körperzustand im positiven und angenehmen Bereich des Spektrums befindet, langsam und repetitiv, wenn er in den unangenehmen Bereich driftet (Damasio, 2004, S. 16). „Bei negativen Körperzuständen folgen die Vorstellungsbilder langsam aufeinander, ist ihre Vielfalt gering und der logische Prozeß nicht sehr wirksam" (ebd., S. 203). Anders bei positivem Affekt: So erlaubt „der kognitive Stil, der eine euphorische Empfindung begleitet, die rasche Erzeugung vielfältiger Vorstellungsbilder,

> Ein als positives bzw. negatives Merkmal fungierender Körperzustand wird von einer entsprechenden Denkweise begleitet und ergänzt: rasch und ideenreich, wenn sich der Körperzustand im positiven und angenehmen Bereich des Spektrums befindet, langsam und repetitiv, wenn er in den unangenehmen Bereich driftet

so dass der assoziative Prozeß flexibler wird und Assoziationen zu einer Fülle von Hinweisreizen in den betrachteten Vorstellungen hergestellt werden (ebd., S. 224)."

Maurer und Täuber (2009) beschreiben u. a. auf der Grundlage von Damasios Forschungsergebnissen wahrnehmbare Reaktionen des eigenen Körpers auf soziale Situationen als sog. „somatische Resonanz". Dabei spielt zum einen die Wahrnehmung des eigenen Körpers und zum anderen die Interaktion mit einem Gegenüber oder einer Situation (wie bspw. einer Entscheidungssituation) eine bedeutende Rolle. Dieser Ansatz ist noch relativ neu im Bereich der Sozialen Arbeit (wenn auch nicht in der Psychologie) und verschränkt neurowissenschaftliche Erkenntnisse mit pädagogischem Denken. Maurer und Täuber verweisen damit ebenso auf ein bestimmtes implizites „verkörpertes" Wissen, das Einflüsse auf unser Handeln ausübt. Die Beschäftigung mit Körperwahrnehmungen und Körperrückmeldungen lohnt, weil „die bewusste Wahrnehmung von Körperrückmeldungen, das Spüren des eigenen körperlichen Zustandes, eine wertvolle Informationsquelle darstellen kann, zumal auch die interpersonelle 'somatische Resonanz' auf diesen Prozessen beruht" (ebd., S. 158).

Bei der in Hilfeplanprozessen in der Jugendhilfe inzwischen beliebten outputorientierten Steuerung bevorzugt man die Orientierung an operationalen, z. B. SMART-Zielen (spezifisch, messbar, attraktiv, realistisch, terminbezogen) (z. B. Freigang, 2007, S. 113). Aus psychologischer Sicht ist einerseits entscheidend, inwieweit Ziele nicht alleine als bewusste Absichten gespeichert werden, sondern vom Selbst der Person unterstützt werden und ferner, ob Ziele als Annäherungsziele an einen erwünschten Zustand formuliert sind oder als Vermeidungsziele unerwünschter Zustände. Auch hier spielen die Basisaffekte eine entscheidende Rolle: Kuhl (2001, S. 754) geht davon aus, dass bei Vermeidungszielen die zu dem entsprechenden Vorstellungsbild gehörige negative Emotion „antizipatorisch aktiviert" wird. Damit sinkt die Chance, dass Vermeidungsziele jemals so viel innerpsychische Unterstützung erfahren wie Annäherungsziele, deren Vorstellungsbilder positive Emotionen erzeugen.

2. Persönlichkeitspsychologische Aspekte des Entscheidungsverhaltens

Wir hatten eingangs auf den unbestimmten Charakter des Phänomens einer Kindeswohlgefährdung hingewiesen. Entscheidungen zum Kindeswohl werden von Menschen mit bestimmten Berufen in bestimmten Institutionen getroffen. Daher liegt es nahe, anzunehmen, dass die Persönlichkeit des Entscheiders ein wesentlicher Faktor ist. Dies wird empirisch unterstützt, etwa in der qualitativ psychologischen Arbeit von Rietmann (2007). Dort finden sich Hinweise auf differentielle Stile, beispielsweise in Jugendämtern, bei denen Fallverantwortliche „das Gras wachsen hören" und hochsensibel auf mögliche Anzeichen einer Kindeswohlgefährdung ansprechen, während ein dazu kontrastierender Stil durch das Anlegen von „Scheuklappen" beschrieben wurde. Diese Formen des Fallumgangs weisen auf differentielle Strategien im Umgang mit verunsichernden Konstellationen, so dass sich ein Blick auf Erkenntnisse der differentiellen und der Persönlichkeitspsychologie lohnt.

Diese Formen des Fallumgangs weisen auf differentielle Strategien im Umgang mit verunsichernden Konstellationen, so dass sich ein Blick auf Erkenntnisse der differentiellen und der Persönlichkeitspsychologie lohnt

Zum Verständnis von Persönlichkeit und deren Einfluss auf Entscheidungen scheint uns die PSI-Theorie[1] des renommierten Persönlichkeitsforschers Julius Kuhl (2001; 2010) wegweisend. In seinem in jahrzehntelanger Grundlagenforschung entwickelten Ansatz integriert er neurobiologische Befunde, bekannte Persönlichkeitstheorien (z. B. Jung, Freud, Cattell) und moderne Motivationstheorien zu einer komplexen Systemtheorie der Persönlichkeit. Im Gegensatz zu mentalistischen und intentionalistischen Ansätzen wird Persönlichkeit in der Theorie von Kuhl funktionsanalytisch erklärt. Dabei wird eine „funktionale Korrespondenz zwischen Bindungs- und Persönlichkeitsmustern" (Kuhl, 2001, S. 982) postuliert: Persönlichkeit entsteht aus frühen Entwicklungsbedingungen der affektiven Sensibilität und der Affektregulation, quasi von der Fremdregulation zur Selbstregulation. Kuhl sieht das Belohnungs- und das Bestrafungssystem als grundlegend, für die er vielfältige neurobiologische Entsprechungen aufzeigt: „Entwicklungspsychologisch ist die PSI-Theorie deshalb besonders interessant, weil sie die Vielfalt von Persönlichkeitsstilen und -störungen aus frühen Prägungen von nur zwei affektiven Dimensionen abzuleiten gestattet" (Kuhl, 2001, S. 954). Trotz früher Prägung wird von einer lebenslangen Plastizität und Veränderbarkeit ausgegangen, wenngleich frühe Einflüsse durchaus nachhaltig wirken. So greift die Wirkung der affektiven Dimension des Belohnungssystems bereits in der frühen Kindheit, denn die Information, die eine Bezugsperson durch positiven Affekt vermittelt, ist Kooperationsbereitschaft. Schon in den ersten Lebensmonaten lernt ein Kind, ob und inwieweit enge soziale Kommunikation Belohnungswert hat.

Diese beiden Systeme werden als wesentliche Voraussetzung für die spätere Persönlichkeitsentwicklung verstanden, die sich dann ab der Adoleszenz in den für die individuelle Persönlichkeit charakteristi-

---

[1] Theorie der Persönlichkeits-Systeme-Interaktionen (PSI-Theorie)

schen Dominanzverhältnissen von vier kognitiven Systemen manifestiert:
- Die holistische und kongruenzsensitive Fühlfunktion: Extensionsgedächtnis (EG),
- Die analytisch-sequentielle Denkfunktion: Intentionsgedächtnis (IG),
- Die Funktion des unstimmigkeitssensitiven Empfindens: Objekterkennungssystem (OES) und
- Die intuitive Funktion: Intuitive Verhaltenssteuerung (IVS) (s. Tab. 1).

Persönlichkeitsstile gehen nach den Annahmen der PSI-Theorie mit unterschiedlichen Basisaffekten und verschiedenem Zugriff auf die vier kognitiven Funktionen einher

Persönlichkeitsstile gehen nach den Annahmen der PSI-Theorie mit unterschiedlichen Basisaffekten und verschiedenem Zugriff auf die vier kognitiven Funktionen einher. Wir hatten eingangs unseres Beitrages festgestellt, dass das unbestimmte Phänomen einer Kindeswohlgefährdung der Konkretisierung und Spezifizierung im Einzelfall bedarf. Hier wirken Filter wie Profession und Persönlichkeit des Entscheiders. Persönlichkeitsstile sind für Entscheidungen zum Kindeswohl hochrelevant, sowohl auf Seiten eines Problemmelders, wie auch auf Seiten betroffener Familien oder der verantwortlichen Entscheider (z. B. der fallführenden Fachkraft im ASD). Für die Zwecke dieses Beitrags sei exemplarisch auf unterschiedliche Verarbeitungsstile extravertierter und introvertierter Menschen hingewiesen, bei denen die Bedeutung von Belohnungs- und Bestrafungssystem differieren. „Introvertierte wenden (…) bevorzugt das Aufmerksamkeitssystem an, das nicht auf Schnelligkeit, sondern auf Präzision der Objekterkennung und Inkongruenzentdeckung zur bewussten Weiterverarbeitung ausgelegt ist. Extravertierte registrieren Umweltereignisse ungenau, dafür aber breit und schnell: Das ist für eine handlungsorientierte Bewältigungsform, die allen auftretenden Schwierigkeiten unter Anwendung der vorhandenen Kompetenzen in Echtzeit begegnen muss, eine sinnvolle Konfiguration" (Kuhl, 2001, S. 948).

Tab. 1: Klassifikation der vier mentalen Funktionen nach der Komplexitätsebene innerhalb des Systems und der Art der Schnittstelle mit der Außenwelt (Kontaktseite)

Komplexitätsebene	Kontaktseite	
	Reizaufnahme (Erleben)	Reaktion (Verhalten)
Komplex	Fühlen (EG)	Denken (IG)
Elementar	Objekterkennung (OES)	Intuitive Verhaltenssteuerung (IVS)

aus: Kuhl, 2001, S. 865

Kuhl (2001) stellt auf Grundlage der Basisaffekte (d.h. Belohnungs- und Bestrafungssensitivität) die Funktionsarchitektur bevorzugter Systemkonfigurationen dar. Exemplarisch stellen wir zur Veranschaulichung hier zwei ausgewählte Stile vor, die einen unterschiedlichen Problemumgang und anderes Entscheidungsverhalten erwarten lassen.

- Sorgfältiger Stil: Selbstkontrolle durch zielfixierte Handlungsbahnung (Kuhl, 2001, S. 823 ff.). Bei diesem Stil kombiniert sich eine mittlere Ausprägung des Belohnungssystems mit einer Aktivierung des Bestrafungssystems. Dieser Stil beschreibt gewissenhafte Personen, bei denen mit einer besonderen Präferenz für vertraute Handlungsbereiche mit klar definierten Zielen und Routinen gerechnet werden kann. Vielfach findet man eine zielfixierte, volitionale (motivational und absichtsgesteuerte) Handlungsbahnung im Stil der Selbstkontrolle. Es werden bei dieser autoritären Form der Selbststeuerung Prozesse unterdrückt, die die aktuelle Absicht nicht unterstützen. Dieser Stil verfügt damit über ein stark verengtes Spektrum positiver emotionaler Ressourcen und kann deshalb die aktuelle Absicht nur unter relativ hohem Anstrengungsaufwand durchsetzen. Ein flexibler Wechsel auf alternative Ziele ist daher weitgehend unterbunden. In der extremen Verfestigung dieses adaptiven Stils läge eine zwanghafte Persönlichkeitsstörung vor.
- Selbstorganisierter und intuitiv-liebenswürdiger Stil (Kuhl, 2001, S. 837 ff.). Hier liegt ein mentaler Zustand vor, der sich kombiniert aus mittlerer Aktivierung des Bestrafungssystems und einer hohen Aktivierung des Belohnungssystems. Dieser Stil imponiert durch das spontane Umsetzen eigener Gefühle, Bedürfnisse, Selbstaspekte und Empfindungen in geeignete Ausdrucks- und Verhaltensformen. Man findet beim liebenswürdigen Stil typischerweise eine immerzu fröhliche, sprudelnde, kindlich neugierige bis hin zu einer schönfärberischen Persönlichkeit, mit besonderer Risikoneigung. Eine aktive Auseinandersetzung mit Angst auslösenden Situationen findet nicht statt, es liegt ein Stil vor, der bei Belastungen mit hoher Anfangs- und niedriger Endstabilität reagiert. Als rigide-verfestigter Stil läge eine rhapsodisch-histrionische Persönlichkeitsstörung[2] vor.

> Exemplarisch stellen wir zur Veranschaulichung hier zwei ausgewählte Stile vor, die einen unterschiedlichen Problemumgang und anderes Entscheidungsverhalten erwarten lassen:
> - Sorgfältiger Stil
> - Selbstorganisierter und intuitiv-liebenswürdiger Stil

---

[2] Nach dem STAR-Modell (Kuhl & Kazén, 2009) zeigen derartige Persönlichkeitsstile eine Tendenz, die eigene Leistung als übertrieben großartig wahrzunehmen, eigene persönliche Probleme als exklusiv anzusehen, die Suche nach ständiger Aufmerksamkeit und dem Mangel an Empathie und „Schwingungsfähigkeit". Dieser Stil hat Schnittmengen zum narzisstischen Persönlichkeitsstil.

Es liegt nahe, anzunehmen, dass diese Stile im Umgang mit Kindeswohlgefährdungen zu deutlich verschiedenen Bearbeitungsprozessen führen können und damit das Fallgeschehen in differentieller Weise entscheiden.[3]

Personen, die an Entscheidungsprozessen bei Verdacht auf Kindeswohlgefährdung beteiligt sind, sind allerdings hinsichtlich der Systemkonfigurationen keineswegs als „Gewinner"- oder „Verlierer"-Typen zu klassifizieren. Vielmehr wäre zu berücksichtigen, das Chancen-Risiko-Feld der Stile kompetent zu gestalten. „Es geht (…) weniger um die Frage, welcher Typus oder welche Umgebung die bessere sei, sondern um die Frage, unter welchen Bedingungen welcher Typus welche Aufgabe am besten erfüllt und wie man die verschiedenen Funktionen und die unterschiedlichen Menschentypen am besten kooperieren lassen kann" (Kuhl, 2001, S. 529).

> **Aus diesen Ausführungen ergibt sich für die Praxis die Erfordernis zur kontinuierlichen Reflektion der Chancen und Grenzen der handelnden Personen durch externes Coaching oder Supervision, um individuelle Einseitigkeiten oder Übertreibungen zu neutralisieren**

Aus diesen Ausführungen ergibt sich für die Praxis die Erfordernis zur kontinuierlichen Reflektion der Chancen und Grenzen der handelnden Personen durch externes Coaching oder Supervision, um individuelle Einseitigkeiten oder Übertreibungen zu neutralisieren. Überdies empfiehlt sich die Zusammenstellung gemischter Teams, in denen individuelle Stile sich günstig ergänzen, etwa wie in unserem obigen Beispiel ein intuitiv-liebenswürdiger mit einem sorgfältigen Stil. Merchel (2008, S. 117) verweist vor allem hinsichtlich der kollegialen Kinderschutzarbeit im Jugendamt (ASD) auf die Notwendigkeit einer kollegialen „Bewertungskultur" eigener Fehler sowie der Entwicklung einer „reflexiven Organisationskultur". Reflexive Impulse für den Entscheidungsprozess können durch die Zusammenführung unterschiedlicher Persönlichkeitsstile in einem Team gefördert werden.

---

[3] Neben diesen beiden Stilen werden von Kuhl (2001) noch sechs weitere beschrieben, für die entsprechende Vielfalt des Zugangs gilt. Das Kürzel „A" steht für gebahnten, „(A)" für gehemmten Affekt. Selbstregulation und selbstbestimmter Stil: A{+} & A(-), Reflektives Problemlösen und eigenwilliger Stil: A (+) & A(-), Ungewissheit und zurückhaltend-analytischer Stil: A(+) & A{-}, Selbstrevision: Selbstkritisches Denken: A(+) & A-, Träumen und Ahnen: Plan- und kontextfreies Empfinden und Probehandeln: A+ & A- sowie Kontaktorientierung: Ehrgeizig-Selbstzentriertes Handeln A+ & A(-). An dieser Stelle sei darauf hingewiesen, dass die dargestellten Stile adaptive Systemkonfigurationen darstellen. Persönlichkeitsstörungen werden in der PSI-Theorie im Gegensatz dazu als extreme Verfestigungen sonst adaptiver Systemkonfigurationen verstanden.

3. Institutionelle und disziplinäre Perspektiven der Entscheidungsfindung

In einer Untersuchung interdisziplinärer Interventionsstrategien haben sich Entscheidungs- und Handlungsanforderungen bei Kindeswohlgefährdungen wie folgt dargestellt (Rietmann, 2007): Kindeswohlgefährdungen als schwierige, komplexe und chronifizierte Konfliktlagen erweitern ein familiäres Problemsystem um ein heterogenes Interventionssystem. Entsprechend der inhaltlichen Offenheit und Unbestimmtheit des Begriffes der Kindeswohlgefährdung (siehe Schone & Hensen in diesem Band) besteht die Notwendigkeit, das Problem innerhalb der eigenen Aufgabenstellung fachlich zu kodieren. Wir verstehen Kindeswohlgefährdungen in der Sprache der Denkpsychologie als komplexe Ermessensprobleme, denn in den meisten Fällen dürfte es wohl mehr als den einen „richtigen" Weg geben. Vielmehr ist es so, dass infolge widersprüchlicher Ziele und unterschiedlicher Lösungsoptionen innerhalb eines Interventionssystems in jedem Einzelfall Aushandlungsbedarf über das konkrete Vorgehen besteht. Auf diesem diskursiven Weg wird durch Fachstellen Verantwortlichkeit für einen Fall hergestellt, begrenzt oder zurückgewiesen.

Die interpretativen Spielräume des Fallverständnisses liegen in der Natur des unbestimmten sozialen Phänomens einer Kindeswohlgefährdung: Ein Fall kann hinsichtlich seiner Gefährdungs- und Ressourcendynamik immer auch anders gesehen und beschrieben werden. Dies bedeutet auch, dass individuelle, professionelle und institutionelle Deutungsweisen mit wechselseitigen Beeinflussungsversuchen und in vielen Fällen auch mit dem Ringen um Definitionsmacht einhergehen. Hier wirkt sich auch aus, dass an Institutionen eine Erwartung an Problemlösung gerichtet ist, der Fachleute entsprechen wollen. Aus diesem Kontext erwächst einerseits eine hohe, unvorhersehbare Dynamik des Einzelfalls, andererseits erzeugt sich an dieser Stelle das Dilemma unvereinbarer Handlungsziele. Fachleute haben wegen der Prozesshaftigkeit der Fälle üblicherweise nur einen unvollständigen und damit stets vorläufigen Erkenntnisstand. Diese anhaltende epistemische Unsicherheit verunmöglicht rationale Steuerung und wirkt sich auch auf die Güte getroffener Entscheidungen aus, die sich in jedem Einzelfall erst zeitverzögert offenbart.

In der Untersuchung von Rietmann (2007) zeigten sich vier Formate, die den fachlichen Zugang zur Kindeswohlgefährdung im Sinne grundlegender Entscheidungsrationalitäten strukturierten. Als jeweilige strukturierende Bezugsperspektive ermöglichen sie Orientierung, indem sie die prinzipielle Vielfalt individueller Entscheidungsmöglichkeiten begrenzen und Handlungskorridore für angestrebtes

> Ein Fall kann hinsichtlich seiner Gefährdungs- und Ressourcendynamik immer auch anders gesehen und beschrieben werden

Handeln markieren. Die Wirkung der Entscheidungsrationalitäten kann man im Sinne von Leitplanken denken, die markieren, was fachlich eher erwünscht und erlaubt bzw. unerwünscht und unerlaubt ist. Die Fallzugänge unterscheiden sich vor allem hinsichtlich verschiedener Prioritätenbildungen, zum Beispiel:
- Verbindlichkeit subjektiver Glaubenssätze vs. objektiver Glaubenssätze,
- Interventionsabstand, d. h. die erlaubte Nähe zur Person bzw. zum Fall vs. die vorgeschriebene Distanz,
- Fokus und Ziel der Entscheidung; hier geht es um den Aspekt, inwieweit ein Entscheider das Ziel einer hohen individuellen Entscheidungssicherheit verfolgt oder ob er ein von ihm angenommenes Entscheidungsoptimum für das Kind anstrebt und dabei eigene Unsicherheit und Risiken in Kauf nimmt.
- Handlungsregulation, d. h. wird eher automatisiert und anhand feststehender Routinen entschieden oder folgt man prozessorientierter Reflexivität und diskursiven Schleifen,
- Formalisierung vs. Individualisierung des Fallzugangs.

Die vier nachstehend dargestellten Referenzen geben einen Korridor für offiziell erlaubtes und angestrebtes Handeln an und markieren, was verhindert werden soll, welches individuelle Handlungsrisiko nach Möglichkeit vermieden werden soll:

a) Selbstreferenzen: Zwischen Verbandelung und Verwicklung

„Diese Grauzone zwischen professionellem Tun und Handeln und gleichzeitig auch dem Einbringen von sehr, sehr viel Persönlichkeit und Persönlichem (...)." (Sozialpädagoge im Jugendamt)

In diesem Stil fällt als Alleinstellungsmerkmal auf, dass die persönliche und professionelle Identität eng verwoben sind. Es überwiegt eine Orientierung an subjektiven, eigenbiographischen Erfahrungen. Gesprächspartner beschreiben für diesen Stil eine internal determinierte Handlungssteuerung, die mit Aspekten wie Selbsteinbringung, interpersoneller Sensibilität und emotionaler Schwingungs- und Resonanzfähigkeit einhergeht. Man fokussiert in diesem Stil auf ideale Sozialisationsbedingungen, optimale Chancen und dem für ein Kind Wünschenswerten. Hohes persönliches Anspruchsniveau und hohe Wirkungsziele ermöglichen engagiertes Handeln, gehen jedoch mit einer Tendenz zu unscharfen Grenzen zwischen Profession und individueller Persönlichkeit einher. Dieser Stil findet sich vielfach in psychosozialen und therapeutischen Feldern.

b) Referenz auf die Norm: Zwischen Verdacht und Tatbestandsvoraussetzung

„Eigentlich ist alles das, was Eltern machen, tolerierbar, es sei denn, es führt wirklich zu einer Schädigung des Kindes." (Familienrichter)

Hier überwiegen Objektivierung und Versachlichung der Fallbetrachtung innerhalb eines rationalen, streng formalisierten und überpersönlich automatisierten Zugangs. Normorientierung richtet sich am Ideal der Wahrheit aus und strebt ein Labeling des Einzelfalls an; es überwiegen tendenziell klare, dichotomisierte Vorstellungen über die Grenzen zwischen „richtig" und „falsch", was individuelle Ambivalenzen verringert, Allzuständigkeit verhindert und Klarheit, Bestimmtheit und Entschlossenheit erzeugt. Korrektheit von Handlungs-, Verfahrens- und Entscheidungsnormen gilt als Gütekriterium. Im normorientierten Zugang geht es um Prinzipien wie Legalität, Kontrolle, Ordnung und Normstabilisierung. Die maßgebliche und im Vordergrund agierende Identität ist die jeweilige Institution, deren Handlungsspektrum der Entscheider anwendet und dabei als Experte mit gegenüber der Familie asymmetrischen Machtressourcen versehen ist: die Polizei, das Gericht, die Kinderstation, das Jugendamt.

> Hier überwiegen Objektivierung und Versachlichung der Fallbetrachtung innerhalb eines rationalen, streng formalisierten und überpersönlich automatisierten Zugangs

c) Referenz auf den Kontrakt: Zwischen Interessenvertretung und Parteiverrat

„Ist manchmal schwierig, aber meine Aufgabe ist es, Interessen zu vertreten." (Fachanwalt für Familienrecht)

Kontraktorientierung ist ein aufgabenorientiertes, pragmatisch-rationales, sowie formal und inhaltlich klar umgrenztes Fallzugangsmuster: Es gilt der Kontrakt. Hier besteht eine Zuständigkeit für eine im Kontrakt vereinbarte Aufgabe, die eine Ermächtigung für fachliches Handeln darstellt und erfüllt werden muss. Es finden daher Parteilichkeit, Interessenvertretung und die Amplifizierung von Einzelinteressen statt. Fachkräfte arbeiten in diesem Stil machbarkeitsbezogen, sie messen fachliches Handeln an Kriterien wie Professionalität, Kompetenz, Seriosität, Angemessenheit, Kontrolle, Anständigkeit, Akzeptanz oder Zumutbarkeit. Die entscheidungsleitende Identität ist die Profession, auf deren feldtypische Standards man sich verpflichtet. Das Primat der kontraktierten Aufgabe, oftmals auch das Prinzip der Freiwilligkeit und Möglichkeit, Verantwortung niederzulegen, erleichtern individuelle Belastungs- und Komplexitätsreduktion. Es bestehen somit für Fachleute hohe wahrgenommene Kontrolle, Autonomie und Möglichkeiten zur Distanzierung, wie man sie

> Hier besteht eine Zuständigkeit für eine im Kontrakt vereinbarte Aufgabe, die eine Ermächtigung für fachliches Handeln darstellt und erfüllt werden muss

beispielsweise in Tätigkeitsfeldern wie denen von Rechtsanwälten, Verfahrenspflegschaften und Beratungsstellen findet.

d) Referenz auf die Krise: Zwischen Kindeswohl und Selbstschutz

„Also wir werden bezahlt, um zu leiden." (Sozialarbeiterin im Jugendamt)

> Die Entscheider agieren situations-, krisen- und reaktionsorientiert und berichten vielfach von Überforderung, Ratlosigkeit und vehementen Widerständen. Besondere Merkmale der Entscheidungssituation sind Dynamik und Zeitdruck bei gegebener Entscheidungs- und Handlungsträchtigkeit

Dieser Zugang ereignet sich vor allem in zugespitzten, eskalierten Situationen, wie in Krisen, Notsituationen oder an markanten Kipp- und Wendepunkten. Die Entscheider agieren situations-, krisen- und reaktionsorientiert und berichten vielfach von Überforderung, Ratlosigkeit und vehementen Widerständen. Besondere Merkmale der Entscheidungssituation sind Dynamik und Zeitdruck bei gegebener Entscheidungs- und Handlungsträchtigkeit. Trotz undurchschaubarer, unvorhersehbarer und letztlich nicht rational steuerbarer Situationen, besteht ein Ad-hoc-Bedarf, Entscheidungen von großer Reichweite zu treffen. Dies geht für zuständige Entscheider mit einer Verdichtung von Mehrdeutigkeits-, Konflikt- und Stress-Erleben einher. Misslungene Krisenbewältigung für das Kind lässt eine fremde Krise schnell zur eigenen werden, die Grenzen sind mitunter fließend. Entscheider fokussieren daher stets auch auf den Schutz ihrer eigenen Integrität, was angesichts der in der Untersuchung berichteten tätlichen Angriffe, hohem berufsinduzierten Stress oder der Sorge vor strafrechtlicher Sanktion nachvollziehbar ist. Grenzen zwischen institutionellen, professionellen und persönlichen Zielen verwischen hier schnell. In der Untersuchung hat sich dieses Muster vor allem im Kontext Jugendamt gezeigt.

4. Unerwünschte Nebenwirkung? Zum Einfluss von Familien auf Interventionssysteme

Von Bedeutung ist an dieser Stelle auch, dass Familienmitglieder sich an dem Aushandlungsgeschehen mit eigenen Interessen und Zielen beteiligen und ihrerseits Einfluss auf Fachsysteme ausüben (z. B. Imber-Black, 2006). Durchaus charakteristisch ist, dass sich familiale Problemdynamiken im Interventionssystem abbilden können („Isomorphismus"). Unterstützende Handlungen scheinen durch widersprüchliche Anforderungen behindert, zum Beispiel wenn Hilfesettings, die geprägt sind von Vertrauen und Zugewandtheit (z. B. bei der Beratung) in einem Kontext sozialer und fachlicher Kontrolle (z. B. durch hoheitliche Aufgaben der Jugendhilfe oder das Familiengericht) verwertet werden sollen (siehe z. B. Schone, 2008). Zwischen

Institutionen bestehen meist keine klar erkennbaren Absichten von Delegationen und Aufträgen, z. B. werden Konsultationen und Überweisungen teilweise als Bestandteil institutioneller „Verteilungskämpfe" gesehen (vgl. Rietmann, 2007). Auf verschiedenen Systemebenen (Familie, Fachsystem, Politik) spiegeln sich dabei ähnliche Verhaltensmuster wider, die einem Angleichungsprozess (Imber-Black, 2006, S. 93) entsprechen. Ausgehend von einer systemischen Perspektive wird hier deutlich, dass sich bestimmte Handlungsmuster von Familien in schwierigen Lebenssituationen im Verhalten von professionellen Helfern spiegeln: Geheimhaltungsdruck oder unklare Benennung von Schwierigkeiten (im Rahmen der Arbeit mit Familien) führt beispielsweise häufig dazu, dass eben dieses Verhalten auch auf Fachkräfteebene übernommen wird und nicht durch klare, abgestimmte Handlungsrationalitäten durchbrochen wird.

Aber auch ausgehend von Institutionen und fachlichen Systemen ist dieses Angleichungsphänomen in Richtung von Familien zu beobachten. Wenn bspw. eine psychologische Beratungsstelle oder ein Jugendamt wiederkehrend symmetrische Auseinandersetzungen darüber führt, wer kompetenter im Umgang mit Familien ist, kann sich diese „Symmetrie" im Verhalten der Familie spiegeln (ebd.).

Es ist also keineswegs so, dass Interventionseffekte nur unidirektional vom Interventionssystem zur Familie hin erfolgen. Dieser Umstand ist in der Praxis dann häufig eine Basis für Kränkungsempfindungen professioneller Akteure, etwa, wenn gut gemeinte und qualifizierte Intervention scheitert und Familien trotz aller Bemühungen „Widerstand" gegen Fachsysteme und deren Vorgaben und Vorhaben zeigen oder nicht wie gewünscht kooperieren.

Diese Dimension wird aus unserer Sicht bei der Betrachtung fachlicher Intervention und deren Effekten – unverständlicherweise – vielfach vernachlässigt. Für effektive Zusammenarbeit verschiedener Fachsysteme ergibt sich daraus die Aufgabe, ein durchdachtes Schnittstellenmanagement professioneller Systeme zu den Eltern bzw. Familien zu organisieren. Zudem sollte sich reflexive Intervention die Grenzen rationaler Steuerbarkeit komplexer sozialer Prozesse klar machen.

5. Entscheidungshandeln zwischen persönlichen und organisationalen Einflüssen

Entscheidungen um das Kindeswohl folgen nach unserer Erfahrung – unterhalb der als öffentliche Zielebene reflexartig geäußerten Ausrichtung allen Handelns am Kindeswohl – üblicherweise pragmatischen und grundsätzlichen Zielen und Interessen der beteiligten

> **Auf verschiedenen Systemebenen (Familie, Fachsystem, Politik) spiegeln sich dabei ähnliche Verhaltensmuster wider, die einem Angleichungsprozess (Imber-Black, 2006, S. 93) entsprechen**

Akteure. In der oben genannten Untersuchung (Rietmann, 2007) spielten auch bei qualifizierten Fachkräften und Professionellen kindeswohlferne Aspekte eine Rolle, wie „der gute Ruf" einer Fachkraft, die Frage, wie die eigene Entscheidung „von außen, mit anderen Augen bewertet wird", oder dass man „leere Kassen schonen" müsse. Neben diesen Selbstauskünften wurde anderen Fachleuten in der Fremdbeurteilung unterstellt, diese neigten zur „aggressiven Überweisung", sie würden ihren „Müll abladen" oder wollten „Fälle akquirieren", um die eigenen Karriereplanungen zu unterstützen.

In diesen und vielen ähnlichen Schilderungen zeigt sich eine Tendenz zur Personalisierung strukturell angelegter Konflikte. Organisatorische, institutionelle und konzeptionelle Defizite erzeugen auf Seiten der Verantwortungsträger oftmals Überforderung, Verunsicherung und Betroffenheit. Im weitesten Sinne schwingt bei der Mehrheit der Kindeswohlfälle mit, dass sich Entscheidungsträger parallel zum Kindeswohl um die eigene professionelle und persönliche Unversehrtheit kümmern müssen.

Wir haben aufgezeigt, dass die Ideale rationalen Entscheidens und rationaler Fallsteuerung bei Kindeswohlgefährdungen wegen der wechselseitigen sozialen Einflussnahmen auf der einen und der persönlichen Entscheidungsrationalität auf der anderen Seite nur sehr eingeschränkt möglich sind. Es besteht vielmehr eine ausgeprägte Interdependenz zwischen den Beteiligten, eine unvorhersehbare Falldynamik sowie Probleme, die Fern- und Nebenwirkungen eigenen und fremden Handelns zweifelsfrei einzuschätzen. Es liegen also Bedingungen vor, wie sie für komplexe Systeme charakteristisch sind.

Werden Organisationen als informationsverarbeitende Sozialsysteme betrachtet, treten Transparenzverluste und Vermittlungsschwierigkeiten vor allem dann auf, wenn mehrdeutige Informationen transportiert werden müssen. Gerade bei möglichen Fällen von Kindeswohlgefährdungen besteht ein Bedarf an reichhaltigen Informationen, die als Entscheidungsgrundlage und zur Bildung von Alternativhypothesen dienen. So tritt das Problem und gleichzeitige Erfordernis auf, dass Informationen nicht nur mitgeteilt und von einzelnen Empfängern verstanden werden müssen, „sondern – sofern sie mehrdeutig sind – auch organisatorisch verarbeitet, d. h. in ihrer Mehrdeutigkeit reduziert werden" (Tacke & Borchers, 1993, S. 133). In komplexen Umwelten, wie sie meist in Fällen von Kindeswohlgefährdungen anzufinden sind, ist nicht immer davon auszugehen, dass alle Informationen vorhanden oder zugänglich sind, sei es aus zeitlichen oder rechtlich-administrativen Gründen. In diesem Fall erfordert die entstehende Intransparenz vom Handelnden, so Funke (2004, S. 23), „einerseits ein Nachdenken darüber, welche Informationen noch beschafft werden könnten, andererseits werden Entscheidungen unter Unsicherheit verlangt." Mit Verweis auf die Arbeiten von Gigerenzer (2007) können bei verlangten Entscheidungen, die im Rahmen von Unsicherheit und Unbestimmtheit der Konsequenzen erwartet werden und maßgeblich den weiteren Hilfeverlauf beeinflussen können, sog. Heuristiken relevant werden, die für den Entscheider eine Art intuitive „Faustformeln" für rationales Handeln darstellen. Heuristiken (etwa die Formel: „Entscheide dich bei zwei Alternativen für diejenige, die dir am vertrautesten vorkommt!") dienen der individuellen Entscheidungsfindung in komplexen Situationen und schließen häufig die Lücken der Entscheidungsgrundlage, die durch einen Mangel von Information und durch Intransparenz entstehen können. Das schließt nicht aus, dass diese einfachen Algorithmen gemäß wissenschaftlicher Erkenntnis auch nicht zielführend sein können. Sie sind evolutionsbiologisch begründbar und zielen auf eine erfolgreiche Lebensbewältigung (vgl. Todd & Gigerenzer, 2000). Sie ersetzen aber keinen umfassenden prospektiv orientierten Risikoeinschätzungsprozess (vgl. Deegener & Körner, 2006), sondern sichern eine zeitnahe und für den Entscheider kohärente Grundlage für den Umgang mit Unsicherheit und Komplexität.

Das schließt nicht aus, dass diese einfachen Algorithmen gemäß wissenschaftlicher Erkenntnis auch nicht zielführend sein können. Sie sind evolutionsbiologisch begründbar und zielen auf eine erfolgreiche Lebensbewältigung (vgl. Todd & Gigerenzer, 2000). Sie ersetzen aber keinen umfassenden prospektiv orientierten Risikoeinschätzungsprozess (vgl. Deegener & Körner, 2006), sondern sichern eine zeitnahe und für den Entscheider kohärente Grundlage für den Umgang mit Unsicherheit und Komplexität

6. Schlusswort

Die beschriebenen mehrdimensionalen psychologischen Einflüsse bei komplexen Entscheidungsprozessen verdeutlichen, dass es sich bei Erfassung und Assessment von Hinweisen auf eine Kindesmisshandlung oder -vernachlässigung in der Regel um vielschichtige Ursachenzusammenhänge und Folgeprobleme handelt, die sich einem linear-kausalen Problemverständnis entziehen. Instrumente und Skalen zur Einschätzung von Gefährdungssituationen dienen Fachleuten vor allem als Hilfsmittel zur Strukturierung von Wahrnehmungs- und Bewertungsprozessen und damit zur Entscheidungsvorbereitung. Sie können dazu beitragen, Fakten und Informationen zu sortieren, zu systematisieren, zu vervollständigen und ggf. zu gewichten. Grundsätzlich beinhaltet dieses Vorgehen aber – vergleichbar eines nomothetischen Forschungsverständnisses – eine Paradoxie: „Je mehr 'Wissen' auf diese Weise erschlossen wird, desto unsicherer wird dieses Wissen, desto unsicherer werden die Zusammenhänge zwischen den verschiedenen Elementen des Wissens, desto weiter und größer werden die Räume des Nicht-Wissens" (Liebau & Zierfas, 2006, S. 237).
Bei der Erstellung von Prognosen ist eine beteiligungsorientierte Herangehensweise sinnvoll, die möglichst interdisziplinär (ggf. auch

mit den betroffenen Eltern) gemeinsam Einschätzungen und Schlussfolgerungen vornimmt. Dies beinhaltet auch eine gegen den Willen der Eltern gerichtete Einschätzung und Entscheidung, die den Eltern gegenüber nachvollziehbar darzulegen und zu vermitteln ist. Die fachliche Entscheidung bei Kindeswohlgefährdung sollte nicht allein auf dem Ergebnis indikatorengestützter Erfassungssysteme erfolgen bzw. nicht allein auf dem Überschreiten einer vorher festgelegten formalen (arithmetisierten) Schwelle basieren. Die Beachtung

a) intuitiver Hinweise (Gigerenzer) sowie körperbezogener Rückkopplungseffekte kognitiver Prozesse (Damasio),
b) der unterschiedlichen Persönlichkeitsstile der beteiligten Fachkräfte und ihre Auswirkungen auf Handlungsentscheidungen sowie
c) der Logik institutioneller und organisationaler Rationalitäten

kann den dialogischen Entscheidungsprozess bei Verdacht und Hinweisen auf eine Kindeswohlgefährdung bereichern, vor allem dann, wenn die technologisierte Erfassung an seine Grenzen stößt.

Schwierige Entscheidungen in Kindeswohlfällen sind aus unserer Sicht ohne eine kontinuierliche Reflektion unter externer Beratung oder Supervision nicht sinnvoll, um die dargestellten Einflussfaktoren und Fallen zu erkennen und Chancen der Intervention empathisch und intelligent zu nutzen. Dies schließt die Unterstützung in laufenden Fällen ein sowie Evaluationen abgeschlossener Fälle und fachliche Analysen fehlerhafter Interventionen außerhalb strafrechtlicher Betrachtungen. Diese Forderungen werden immer wieder erhoben (z. B. Rietmann, 2007; Merchel, 2008); die Nutzung dieser Instrumente gehört jedoch bedauerlicherweise immer noch nicht zum flächendeckenden Standard.

Literatur

Aronson, E., Wilson, T. D. & Akert, R. M. (2004). Sozialpsychologie (4. Aufl.). München: Pearson Studium.

Damasio, A. (2004). Descartes' Irrtum. Fühlen, Denken und das menschliche Gehirn. München: List.

Deegener, G. & Körner W. (2006). Risikoerfassung bei Kindesmisshandlung und Vernachlässigung. Theorie, Praxis, Materialien. Lengerich: Pabst Science Publishers.

Dörner, D. (2000). Die Logik des Misslingens. Strategisches Denken in komplexen Situationen. Reinbek bei Hamburg: rororo science.

Freigang, W. (2007). Hilfeplanung. In B. Michel-Schwartze (Hrsg.), Methodenbuch soziale Arbeit. Basiswissen für die Praxis (S. 103-120). Wiesbaden: VS Verlag.

Funke, J. (2003). Problemlösendes Denken. Stuttgart: Kohlhammer

Funke, J. (2004). Psychologische Erkenntnisse zum Umgang mit komplexen Problemstellungen und zu Bedingungen kreativer Problemlösungen. In R. Fisch & D. Beck (Hrsg.), Komplexitätsmanagement. Methoden zum Umgang mit komplexen Aufgabenstellungen in Wirtschaft, Regierung und Verwaltung (S. 21-34). Wiesbaden: VS Verlag.
Gigerenzer, G. (2007). Bauchentscheidungen. Die Intelligenz des Unbewussten und die Macht der Intuition (4. Aufl.). München: C. Bertelsmann.
Imber-Black, E. (2006). Familien und größere Systeme: Im Gestrüpp der Institutionen (5. Aufl.). Heidelberg: Carl-Auer-Verlag.
Kuhl, J. (2001). Motivation und Persönlichkeit. Interaktionen psychischer Systeme. Göttingen: Hogrefe.
Kuhl, J. & Kazén, M. (2009). Persönlichkeits-Stil-und-Störungs-Inventar (PSSI). Manual (2., überarbeitete und neu normierte Auflage). Göttingen: Hogrefe.
Kuhl, J. (2010). Lehrbuch der Persönlichkeitspsychologie: Motivation, Emotion und Selbststeuerung. Göttingen: Hogrefe.
Liebau, E. & Zierfas, J. (2006). Erklären und Verstehen. Zum Streit zwischen Bio- und Kulturwissenschaften. Zeitschrift für Erziehungswissenschaft, 9 (Beiheft 5/2006), 231-244.
Maurer, S. & Täuber, L. (2009). Körperbezogene Wahrnehmung. Zur Übersetzung neurowissenschaftlicher Erkenntnisse in die (sozial)pädagogische Praxis. In M. Behnisch & M. Winkler (Hrsg.), Soziale Arbeit und Naturwissenschaft. Einflüsse, Diskurse, Perspektiven. (S. 153-166). München: Reinhardt.
Merchel, J. (2008). Kinderschutz: Anforderungen an die Organisationsgestaltung im Jugendamt. In Institut für Sozialarbeit und Sozialpädagogik e.V. (ISS) (Hrsg.), Vernachlässigte Kinder besser schützen. Sozialpädagogisches Handeln bei Kindeswohlgefährdung (S. 89-128). München: Reinhardt.
Omer, H., Alon, N. & von Schlippe, A. (2007). Feindbilder. Psychologie der Dämonisierung. Göttingen: Vandenhoeck & Ruprecht.
Ratey, J. J. (2001). Das menschliche Gehirn. Eine Gebrauchsanweisung. Düsseldorf, Zürich: Walter.
Rietmann, S. (2007). Aushandlungen bei Kindeswohlgefährdung. Entscheidungsrationalitäten, Risikokommunikation, Interventionsstrategien. Saarbrücken: VDM Verlag Dr. Müller.
Roth, G. (2001). Fühlen, Denken, Handeln. Wie das Gehirn unser Verhalten steuert. Frankfurt a.M.: Suhrkamp.
Schwartz, B. (2004). The Paradox of Choice. Why More is Less. New York: Ecco, HarperCollins.
Storch, M. & Krause, F. (2002). Selbstmanagement – ressourcenorientiert. Grundlagen und Trainingsmanual für die Arbeit mit dem Zürcher Ressourcen-Modell. Bern: Verlag Hans Huber.
Tacke, V. & Borchers, U. (1993). Organisation, Information, und Risiko. Blinde Flecken mediatisierter und formalisierter Informationsprozesse. In H.-J. Weißbach & A. Poy (Hrsg.), Risiken informatisierter Produktion. Theoretische und Empirische Ansätze – Strategien zur Bewältigung (S. 125-151.). Opladen: Westdeutscher Verlag.
Todd, P. M. & Gigerenzer, G. (2000). Précis of Simple heuristics that make us smart. Bevavioral and Brain Sciences, 23 (5), 727-41; discussion 742-80.

Denkfehler und andere Praxisirrtümer im Kinderschutz: Eine persönlich gefärbte Übersicht

Heinz Kindler

1. Einleitung

In einem Teil meiner Schulzeit war ich stolzer Besitzer eines „Fehlerteufels". Entgegen dem eigentlichen Wortsinn zauberte dieser aber keine zusätzlichen Fehler in meine Hefte. Vielmehr handelte es sich um einen Stift, der Fehler ungeschehen machen sollte, indem falsch geschriebene Wörter oder unrichtige Rechenergebnisse durch Löschen der Tinte unsichtbar wurden. Eine gute Idee, wie ich fand. Leider war das tatsächliche Löschergebnis nicht sonderlich überzeugend. Zudem oder deswegen erhob auch mein damaliger Grundschullehrer Einwände. Deshalb blieb mir gar nichts anderes übrig, als die nach Korrekturen leider durchaus vorhandenen roten Striche des Lehrers als ernst zu nehmenden Lernanreiz zu verstehen. Auch meine Eltern sahen das so und übten mit mir.

In mancherlei Hinsicht ist die Situation im Kinderschutz ähnlich. Über ein meinem Fehlerteufel ähnliches oder gar besseres Mittel verfügen wir bislang nicht. Zudem ist es angesichts der Komplexität der Aufgaben und Anforderungen im Kinderschutz unwahrscheinlich, dass durch gründliche Schulung und Vorbereitung alle Fehler in Ernstfallsituationen vermieden werden können. Die Idee, kinderschutzrelevante Entscheidungen nur im Zusammenwirken mehrerer Fachkräfte zu treffen, stellt zwar einen gewissen Schutz dar. Werden mehrere Teams mit der gleichen Fallgrundlage befasst, scheint jedoch trotzdem eine große Vielfalt von Bewertungen übrig zu bleiben (Pothmann & Wilk, 2009), die nicht alle gleichermaßen zutreffend sein können. Also ist es auch hier notwendig und sinnvoll, Fehler und Praxisirrtümer als Lernanreiz zu nutzen.

Natürlich gibt es erhebliche Unterschiede zu meiner damaligen Situation als Grundschüler. Vor allem liegen im Kinderschutz wesentlich ernstere Situationen zugrunde, in denen das Handeln der Fachkräfte von großer Bedeutung für betroffene Kinder und Eltern sowie in manchen Fällen auch für sie selbst ist. Weiterhin stehen hinter den Fachkräften keine Eltern, die sich direkt ansprechen lassen, sondern ganze Organisationen, die vielfältige, manchmal auch etwas widersprüchliche Ziele verfolgen. Zudem gibt es (auch wenn manche Experten das vielleicht etwas anders sehen) im Kinderschutz keine Lehrer, die ganz genau Bescheid wissen, d. h. die Diskussion um Irrtümer muss eher kollegial geführt werden. Zuletzt ist es im Kinderschutz häufig nicht möglich oder jedenfalls nicht ganz einfach zu bestimmen, was genau als Fehler angesehen werden soll.

Für das Problem, welche fachlichen Bewertungen bzw. Handlungen oder Fallverläufe als fehlerhaltig anzusehen sind oder lohnenderweise auf Fehler hin untersucht werden können, gibt es im Kinderschutz mindestens drei grundlegend mögliche, einander gegenseitig nicht ausschließende Vorgehensweisen:

- Ein erster Ansatz definiert Fehler als Abweichung und zwar von verbindlichen rechtlichen Regelungen (z. B. den Vorschriften des § 8a SGB VIII) oder von weniger verbindlichen fachlichen Standards (z. B. Inaugenscheinnahme des Kindes nach Gefährdungsmiteilungen, die nicht offensichtlich unbegründet sind) bzw. von Folgerungen, die sich aus gesicherten Wissensbeständen ergeben (z. B. Berücksichtigung zentraler Risikofaktoren bei Gefährdungseinschätzungen). Nach solchen Fehlern kann, unabhängig davon, ob es sich um folgenreiche Fehler gehandelt hat, in Aktenanalysen oder Fallrekonstruktionen gesucht werden und an die Praxis rückgemeldete Ergebnisse können als Anlass und (bei wiederholten Untersuchungen) als Ergebnisindikator in der Qualitätsdiskussion dienen.
- Bei einem zweiten Ansatz werden Fälle ausgewählt und analysiert, die mit einer erhöhten Wahrscheinlichkeit Fehler enthalten. Häufig werden hierfür Fälle herangezogen, in denen ein Kind trotz Beteiligung von Institutionen, die dem Kinderschutz verpflichtet sind, durch Gefährdungsereignisse zu Schaden bzw. zu Tode gekommen ist. Prinzipiell können aber natürlich auch Fälle betrachtet werden, in denen kein dramatisches Ereignis aufgetreten ist, aber andere Umstände darauf hindeuten, dass Fehler passiert sein könnten. Zu denken wäre etwa an langjährig stagnierende Fallverläufe, verwaltungs- oder familiengerichtliche Entscheidungen, in denen zentralen Einschätzungen bzw. Handlungsabsichten der Jugendhilfe widersprochen wird, oder an Fälle, in denen Betroffene sich ungerecht behandelt fühlen und daher beschweren. In all diesen Fällen ist, zumindest anfänglich, nicht sicher, dass tatsächlich Fehler geschehen sind, da es nicht zu verhindernde Fehlschläge (Munro, 1996) und nicht gerecht oder für alle Seiten akzeptabel auflösbare Konflikte im Kinderschutz gibt. Es ist aber zumindest plausibel, dass in diesen Fallgruppen mit

einer erhöhten Wahrscheinlichkeit von Fehlern zu rechnen ist und eine Analyse daher sinnvoll sein kann. Das methodische Vorgehen kann verschieden aussehen. Häufig wird versucht mit einer Gruppe von Expertinnen und Experten zunächst den tatsächlichen Fallablauf und mitunter auch die Perspektiven der Beteiligten zu rekonstruieren, um dann unter Rückgriff auf etablierte Standards und Wissensbestände mehr oder weniger konsensorientiert Fehler zu identifizieren oder aber, was eine gewisse Verschiebung des Schwerpunktes darstellt, alternative Routen fachlichen Handelns aufzuzeigen. In manchen Ansätzen (z. B. Fish et al., 2008) wird ausgehend von problematischen Vorgehensweisen einzelner Fachkräfte zudem der Blick auf das Kinderschutzsystem insgesamt gerichtet und es wird danach gefragt, welche Faktoren in der Organisation bzw. im System die erkannten Fehler begünstigt haben.

– Eine dritte Möglichkeit besteht darin, aus der Fehlerforschung bekannte Fehlerquellen mit Bedeutung für viele Handlungsfelder heranzuziehen und auf ihre Bedeutung für die Kinderschutzpraxis hin zu untersuchen bzw. ihre Bedeutung für dieses Feld zu diskutieren. Mit diesem eher präventiven Ansatz können Fehler begünstigende gedankliche und emotionale Prozesse thematisiert werden, die sich bei normorientierten wie fallrekonstruktiven Ansätzen gleichermaßen eher schwer erschließen, da zum einen der erforderliche Detaillierungsgrad nicht erreicht wird, zum anderen sich innere Prozesse einem noch dazu verzögerten Zugriff von Außen eher entziehen.

Natürlich können sich Bemühungen um eine Verbesserung des Kinderschutzes in Deutschland keinesfalls in einem Lernen aus tatsächlichen oder möglichen Fehlern erschöpfen

Natürlich können sich Bemühungen um eine Verbesserung des Kinderschutzes in Deutschland keinesfalls in einem Lernen aus tatsächlichen oder möglichen Fehlern erschöpfen. Prinzipielle andere Möglichkeiten umfassen etwa die Untersuchung der Praxis erfahrener Fachkräfte mit einem hohen Anteil gut verlaufener Fälle. Ein solcher Ansatz wird als Expertiseforschung bezeichnet (Gruber, 1994, 2007) und wurde etwa auf Hausbesucherinnen im Rahmen Früher Hilfen (Schäfer, 2010) oder Fachkräfte in der Erziehungsberatung (Strasser, 2006; Strasser & Gruber, 2003) angewandt. Weiterhin lassen sich Erfahrungen anderer Länder mit Strategien zur Verbesserung des Kindesschutzes (Kindler im Druck-a) ebenso auswerten wie empirische Studien zur Wirksamkeit verschiedener Hilfeansätze (Kindler & Spangler, 2005) bzw. zur Aussagekraft verschiedener diagnostischer Vorgehensweisen in Gefährdungsfällen (Kindler, im Druck-b, 2009b). Grundlegend für alle Arten von Verbesserungsstrategien wäre jedoch, dass im Kinderschutzsystem lokal und national damit begonnen wird, wiederkehrend Daten und Eindrücke zum Grad der

Erreichung von Systemzielen (z. B. nach einer bekannt gewordenen Gefährdung sollen betroffene Kinder zuverlässig vor erneuten Gefährdungsereignissen geschützt werden) zu sammeln, da sich nur so bestimmen lässt, inwieweit Verbesserungsanstrengungen im Kontext sich wandelnder gesellschaftlicher Rahmenbedingungen erfolgreich sind oder scheitern (Kindler, 2007a).
Welchen Stellenwert die verschiedenen Ansätze des Fehlerlernens im Rahmen einer Gesamtstrategie zur Verbesserung des Kinderschutzes einnehmen können, ist noch weitgehend offen. Belastbare empirische Befunde, wonach sich aus Fehleranalysen messbare Fortschritte im Kinderschutz ergeben haben, liegen bislang nicht vor. Allerdings berichten Experten aus Ländern, in denen gravierende Fehlschläge im Kinderschutz standardmäßig untersucht werden, dass dies als nützlich und selbstverständlich wahrgenommen wird, auch wenn mit dem methodischen Vorgehen, beispielsweise mit aus Fallanalysen abgeleiteten, eher praxisfernen Verbesserungsvorschlägen, teilweise Unzufriedenheit besteht (z. B. Axford & Bullock, 2005; Care and Social Services Inspectorate Wales, 2009).
In Deutschland wurde beim Nationalen Zentrum Frühe Hilfen (NZFH) ein Aufgabenbereich „Lernen aus problematischen Kinderschutzverläufen" eingerichtet, um ausgehend von mehreren lokalen Versuchen, Todesfälle im Kinderschutz aufzuarbeiten, Konzepte und eine Plattform für ein Fehlerlernen im Kinderschutz zu organisieren. Im Hinblick auf zwei der drei eingangs erwähnten methodischen Zugänge konnte dabei auf Erprobungen an einzelnen Orten zurückgegriffen werden. So wurde in der Hansestadt Lüneburg ein Todesfall zum Anlass genommen, um in einer Fallstichprobe die Einhaltung bzw. Abweichung von rechtlichen Regelungen und fachlichen Standards sowie den Grad der Berücksichtigung von zentralen Wissensbeständen zu analysieren und die Ergebnisse in eine lokale Qualitätsdiskussion einzuspeisen (Kindler et al., 2008). In der Hansestadt Hamburg wurde nach dem Tod der Jugendlichen Morsal ein Expertengespräch geführt, dessen Ergebnisse (NZFH, 2009), ähnlich wie der Bericht des Untersuchungsausschusses der Bremischen Bürgerschaft zum Tod des Kindes Kevin (Bremische Bürgerschaft, 2007), den Blick zukunftsorientiert auf mögliche Schritte zur Weiterentwicklung des Kinderschutzes lenken.
In diesem Buchbeitrag wird nun der dritte mögliche Ansatz zur Anregung von Fehlerlernen verfolgt, d. h. aus der Forschung bekannte Fehlerquellen und -risiken mit Bedeutung für viele Handlungsfelder werden vorgestellt und in Fallbeispielen auf den Bereich des Kinderschutzes übertragen. Weiterhin werden mögliche Gegenstrategien diskutiert. Der Beitrag ist als persönlicher Überblick überschrieben, weil den vorgestellten Fehlerquellen und -risiken eine subjekti-

In diesem Buchbeitrag wird nun der dritte mögliche Ansatz zur Anregung von Fehlerlernen verfolgt, d. h. aus der Forschung bekannte Fehlerquellen und -risiken mit Bedeutung für viele Handlungsfelder werden vorgestellt und in Fallbeispielen auf den Bereich des Kinderschutzes übertragen

Gegliedert ist das Kapitel in drei Abschnitte:
– Risiken, die sich aus fehlerhaften Alltagstheorien oder missverstandenen Forschungsergebnissen ergeben können;
– Fehlerrisiken, die aus kognitiven Verzerrungen bei der Aufnahme und Bewertung von Fallinformationen resultieren können;
– Fehlerrisiken, die aus Mängeln bei Arbeitsmitteln, vor allem diagnostischen Verfahren, erwachsen können

ve Auswahl des Autors zugrunde liegt. Gegliedert ist das Kapitel in drei Abschnitte:
– Risiken, die sich aus fehlerhaften Alltagstheorien oder missverstandenen Forschungsergebnissen ergeben können;
– Fehlerrisiken, die aus kognitiven Verzerrungen bei der Aufnahme und Bewertung von Fallinformationen resultieren können;
– Fehlerrisiken, die aus Mängeln bei Arbeitsmitteln, vor allem diagnostischen Verfahren, erwachsen können.

2. Risiken aus fehlerhaften Alltagstheorien und missverstandenen Forschungsergebnissen

Aus der historischen Ferne heraus fällt es oft leicht, Irrtümer in der älteren wissenschaftlichen Literatur aufzuspüren. Beispielsweise wurden in der ersten Hälfte des vergangenen Jahrhunderts in Deutschland eine ganze Reihe von Abhandlungen über „verwahrloste", also vernachlässigte Kinder und Jugendliche, veröffentlicht (z. B. Gregor & Voigtländer, 1918; Opitz, 1959). Zumindest in einigen der damals aufgezeichneten Fallgeschichten ist auch so etwas wie Verzweiflung über die generationenübergreifende Beharrlichkeit des Phänomens spürbar. Was dann aber aus heutiger Sicht nicht nur erschreckt, sondern auch wissenschaftlich unhaltbar erscheint, ist die Bereitschaft, hierin einen klaren Beleg für eine wesentliche genetische, Eltern und Kinder betreffende Komponente zu sehen, was dann wieder als Rechtfertigung für Ausgrenzung und Unterdrückung diente. Unhaltbar sind diese Schlussfolgerungen, jenseits ihrer ethischen Verwerflichkeit, aus drei Gründen:
– Alternative Erklärungen, etwa im Hinblick auf die Bedeutung von Lebensumständen und -erfahrungen, wurden nicht geprüft,
– angenommene genetische Einflüsse wurden als unveränderlich missverstanden (für eine Forschungsübersicht zu Umwelteinflüssen auf Geneffekte siehe Meaney, 2010),
– aus der Erfolglosigkeit „schwarzer Pädagogik" (Rutschky, 1977) wurde nicht nur auf deren Scheitern, sondern gleich generell auf das Scheitern aller Arten von Intervention geschlossen.

Natürlich ist es in der zeitgenössischen wissenschaftlichen Literatur oder deren Rezeption schwerer, Irrtümern auf die Spur zu kommen. Als System, das auf die methodisch geleitete, kritische Überprüfung von Behauptungen abzielt, hat die Wissenschaft selbst jedoch immer mehr Vorgehensweisen entwickelt, die die Gefahr von Fehlschlüssen verringern sollen. Beispielsweise gibt es mittlerweile gut durchdachte Zusammenstellungen möglicher Fehlerquellen in Studien, die die

Wirksamkeit von Interventionen prüfen sollen (z. B. Wortman, 1994). Eine Folge davon war die Einsicht, dass nicht alle Fehlerquellen in einer Studie ausgeschlossen bzw. kontrolliert werden können, sondern bei der Entwicklung von empirisch überprüften Hilfekonzepten mehrere, unterschiedlich angelegte Studien benötigt werden (vgl. Kindler & Suess, im Druck). Ebenso liegen differenzierte Forschungsmethodiken vor, um empirisch-belastbare Anhaltspunkte für Ursachen und Prozesse der Entwicklung von Verhaltens- und Beziehungsproblemen zu gewinnen (z. B. Rutter et al., 2001). Natürlich gibt es trotzdem immer wieder Befunde, die überzogene Interpretationen auf sich ziehen. Ein schönes Beispiel hierfür sind in der Forschung zunehmend deutlich werdende neurophysiologische Effekte fehlender früher Förderung und früher belastender Erfahrungen (für Forschungsübersichten siehe Twardosz & Lutzker, 2010; Fusaro & Nelson, 2009). Dass sich Belastungen und fehlende Förderung im Gehirn niederschlagen, wird manchmal ausdrücklich, häufiger aber noch unausgesprochen, als Beleg für die Irreversibilität dieser Effekte missverstanden (für eine ähnliche Kritik siehe Thompson & Nelson, 2001). Glücklicherweise gibt es aber mehrere Studien an schwer vernachlässigten Kindern, die später adoptiert oder in Pflegefamilien untergebracht wurden (z. B. Duyme et al., 1999) und die eine erstaunliche, wenn auch bei weitem nicht unbegrenzte Plastizität in der kindlichen Entwicklung aufzeigen und so zu einem ausgewogeneren Bild beitragen.

Selbst wenn solche Studien prinzipiell vorliegen, ist es allerdings für interessierte Fachkräfte aus der Praxis sehr schwer, sich ein eigenes Bild von der Befundlage zu machen, wobei mangelnde Zeit, fehlender Zugriff auf wissenschaftliche Literatur, Motivationsprobleme aufgrund „schlechter" Erfahrungen mit wenig praxisrelevanter Forschung und eine eingeschränkte Forschungsliteralität, d. h. ein eingeschränktes Verständnis von Forschung, wesentliche Hinderungsgründe darstellen. Zwar lassen sich einige Schwierigkeiten durch „Brückeninstitutionen" mindern, die qualifizierte, leicht zugängliche und auf die Praxis hin geschriebene Forschungsübersichten zur Verfügung stellen. Beispiele hierfür wären etwa generell für den Bereich der sozialen Arbeit das Social Care Institute for Excellence (SCIE) oder speziell im Bereich Kinderschutz das Australian Domestic and Family Violence Clearinghouse. In Deutschland entwickeln sich das Nationale Zentrum Frühe Hilfen (NZFH) und das Informationszentrum Kindesvernachlässigung/Kindesmisshandlung (IzKK) in die Richtung solcher Brückeninstitutionen.

Da allerdings selbst verfügbare wissenschaftliche Informationen nicht alle Fachkräfte erreichen und sie zudem manchmal fehlerhaft aufgefasst werden, kommt es in der Praxis immer wieder zu Problemen

Selbst wenn solche Studien prinzipiell vorliegen, ist es allerdings für interessierte Fachkräfte aus der Praxis sehr schwer, sich ein eigenes Bild von der Befundlage zu machen, wobei mangelnde Zeit, fehlender Zugriff auf wissenschaftliche Literatur, Motivationsprobleme aufgrund „schlechter" Erfahrungen mit wenig praxisrelevanter Forschung und eine eingeschränkte Forschungsliteralität

mit falsch verstandener empirischer Forschung oder aber prinzipiell vorhandene wissenschaftliche Erkenntnisse werden zugunsten nicht belegter bzw. falscher Alltagstheorien ignoriert. Vergleichbare Fehlerrisiken finden sich grundsätzlich in allen Handlungsfeldern, die humanwissenschaftliche Forschung anwenden, also etwa in der Medizin oder in der Psychologie. Die Soziale Arbeit ist hier allenfalls insofern in einer besonderen Situation, als sich Teile der Disziplin aus historischen Gründen besonders schwer damit tun, nicht allein auf Plausibilität, Einfühlung, Engagement und Praxis- bzw. Lebenserfahrung zu vertrauen. Im Hinblick auf den Kinderschutz gibt es aber keinen Hinweis darauf, dass Studienabsolventen in einer der beteiligten Disziplinen besonders intensive Kenntnisse der empirischen Befundlage vermittelt bekommen würden, d.h. von einzelnen Studienorten abgesehen, stehen die meisten Fachkräfte aus allen Disziplinen zu Beginn einer Tätigkeit im Kinderschutz vor der Schwierigkeit, sich den Kenntnisstand zu Entstehungsweisen, Folgen, diagnostischem Vorgehen und Intervention bei Vernachlässigung, Misshandlung und Missbrauch erst aneignen zu müssen. Dies stellt eine nicht unerhebliche Herausforderung dar, obwohl einige in Deutschland mittlerweile vorliegende systematische Einführungen bzw. Übersichten den Zugang erleichtern (Deegener & Körner, 2005; Kindler et al., 2006; Herrmann et al., 2008; Jacobi, 2008).

Da bislang empirische Studien zur Häufigkeit, mit der Forschungsergebnisse falsch verstanden werden, oder zur Verbreitung problematischer Alltagstheorien bezogen auf die Kinderschutzarbeit in Deutschland nicht vorliegen, sind die nachfolgenden Beispiele nur als Beispiele anzusehen, deren Verbreitung im Feld insgesamt nur vermutet werden kann. Für den Bereich manchmal *falsch verstandener Forschungsergebnisse* wurden die folgenden beiden möglichen Missverständnisse ausgewählt:

1) *Aus Befunden zu sexualisiertem Verhalten bei sexuell missbrauchten Kindern werden falsche Überzeugungen zu sexuellem Missbrauch bei Kindern mit sexualisiertem Verhalten:* Viele Fachkräfte sind darüber informiert, dass sexuell missbrauchte Kinder als Gruppe betrachtet zum Teil sexuelle Verhaltensweisen zeigen, die nach Art, Intensität, Häufigkeit oder Sichtbarkeit untypisch für ihr Alter sind. Besonders betroffen scheinen Kindergarten- und Jugendalter. Tatsächlich fanden beispielsweise Kendall-Tackett et al. (1993) in einer Zusammenfassung von sechs Studien bei 35% sexuell missbrauchter Kindergartenkinder ein auffällig sexualisiertes Verhalten. Um den unscharfen Begriff sexualisierten Verhaltens klarer zu fassen, formulierten Friedrich et al. (1992) eine Liste mit spezifischen Verhaltensweisen (z. B. Geschlechtsverkehr nachspielen), wobei mehrere Punkte auf der Liste bei weniger als 1% nicht missbrauchter jün-

gerer Kinder, aber bei mehr als 10% sexuell missbrauchter Kinder beobachtet wurden. Ein für Fachkräfte sichtbar imitierter Geschlechtsverkehr wurde etwa bei 14% missbrauchter vorpubertärer Kinder, aber nur bei 1% nicht-missbrauchter Kinder beschrieben. Diese deutlichen Unterschiede haben dazu geführt, dass sexualisiertes Verhalten in der Praxisliteratur und auf Fortbildungen häufig und zutreffend als Anhaltspunkt für einen sexuellen Missbrauch benannt wurde. Falsch wäre es hingegen, wenn eine Fachkraft bei einem Kind, das im Kindergarten deutlich erkennbar einen Geschlechtsverkehr nachgespielt hat, annehmen würde, die Chancen für einen vorliegenden sexuellen Missbrauch lägen bei 14:1, wären also recht hoch. Der Grund dafür liegt darin, dass die Wahrscheinlichkeit, mit der sexuell missbrauchte Kinder ein bestimmtes Verhalten zeigen, nicht identisch mit der Wahrscheinlichkeit ist, dass Kinder, bei denen ein bestimmtes Verhalten auftritt, missbraucht wurden. Mathematisch ergibt sich dies aus dem so genannten „Bayes Theorem", dessen Bedeutung für die Verdachtabklärung wiederholt beschrieben wurde (z. B. Wood, 1996). Nach dieser Formel kann zwar prinzipiell die Wahrscheinlichkeit sexualisierten Verhaltens unter der Bedingung eines erfolgten sexuellen Missbrauch in die Wahrscheinlichkeit eines erfolgten sexuellen Missbrauchs unter der Bedingung sexualisierten Verhaltens umgerechnet werden, allerdings sind dafür zusätzliche Informationen erforderlich. Diese betreffen die generelle Häufigkeit von sexuellem Missbrauch unter Kindergartenkindern sowie die Häufigkeit, mit der missbrauchte bzw. nicht-missbrauchte Kinder im Durchschnitt bestimmte sexualisierte Verhaltensweisen zeigen. Werden die entsprechenden Werte in Anlehnung an Finkelhor et al. (2005) bzw. Friedrich et al. (1992) mit 4% für die Häufigkeit erlebten sexuellen Missbrauchs durch eine vertraute Person im Kindergartenalter und mit 14% bzw. 1% für die Häufigkeit, mit der missbrauchte bzw. nicht-missbrauchte Kinder im Durchschnitt Geschlechtsverkehr sichtbar imitieren, geschätzt, ergibt sich bei einem betroffenen Kindergartenkind ohne weitere Fallinformation eine Wahrscheinlichkeit von 38%, dass ein sexueller Missbrauch erfolgt ist. Natürlich werden mit der Aufgabe der Verdachtsabklärung betraute Fachkräfte keine exakten Wahrscheinlichkeiten berechnen wollen. Gröbere Wahrscheinlichkeitskategorien wie „Missbrauch eher wahrscheinlich" oder „fifty-fifty Chance, dass Missbrauch vorliegt" sind aber alltäglich und bei ähnlicher Fallgrundlage im Rahmen von Besprechungen oder Fortbildungen auch zu hören. Eine realistischere Einschätzung kann nun nicht bedeuten, dass sexualisierte Verhaltensweisen ignoriert werden. Es ist aber wichtig, sie zutreffend als gewichtigen Anhalts-

> Der Grund dafür liegt darin, dass die Wahrscheinlichkeit, mit der sexuell missbrauchte Kinder ein bestimmtes Verhalten zeigen, nicht identisch mit der Wahrscheinlichkeit ist, dass Kinder, bei denen ein bestimmtes Verhalten auftritt, missbraucht wurden. Mathematisch ergibt sich dies aus dem so genannten „Bayes Theorem", dessen Bedeutung für die Verdachtabklärung wiederholt beschrieben wurde

punkt entsprechend § 8a SGB VIII einzustufen, damit sie als Anfangs-, nicht etwa als Endpunkt einer Verdachtsabklärung verstanden werden (für eine Übersicht zu möglichen Vorgehensweisen bei der Verdachtsabklärung siehe Unterstaller, 2006). Weiterhin ist es für die Fachkräfte praktisch bedeutsam, eine innere Offenheit für verschiedene Erklärungsmöglichkeiten zu bewahren. Im Fall eines erkennbar nachgespielten Geschlechtsverkehrs wäre beispielsweise bei einem Kindergartenkind auch an zufällige Beobachtungen oder an ein vernachlässigendes familiäres Milieu zu denken. Die Bedeutung der Offenheit für verschiedene Erklärungen wird durch Befunde unterstrichen, wonach selbst bei Kindern, deren sexualisiertes Verhalten so schwerwiegend war, dass eine therapeutische Behandlung eingeleitet werden musste, überwiegend kein sexueller Missbrauch vorlag (für eine Forschungsübersicht siehe Friedrich, 2007). Ähnliche Ergebnisse fanden sich bei männlichen Jugendlichen mit sexuell grenzverletzenden Verhaltensweisen. In einer größeren schwedischen Studie gingen einem solchen Verhalten bei 18-25% der Jugendlichen selbst erlittene sexuelle Übergriffe voraus (Seto et al., in press).

2) *Aus wissenschaftlich nachweisbaren Unterschieden bei Risiken für oder Folgen von Gefährdung werden falsche Überzeugungen zur Größe dieser Unterschiede:* Zu den üblichen Vorgehensweisen in der Forschung zählen Vergleiche. So können etwa Entwicklungsverläufe von Kindern mit und ohne bestimmte Belastungserfahrungen miteinander verglichen werden, um etwas über deren Auswirkungen zu erfahren. Ebenso kann die Häufigkeit ernsthafter Erziehungsprobleme bei Eltern mit und ohne bestimmte Risiken verglichen werden, um einen Eindruck von deren Bedeutung zu erhalten. Wenn Gruppen miteinander verglichen werden, ist es allerdings selbst bei völlig willkürlich gebildeten Gruppen selten, dass sie sich im Hinblick auf Vergleichsmerkmale völlig gleichen. In der Wissenschaft musste daher ein Weg gefunden werden, um zufällig auftretende von bedeutsamen Unterschieden zu trennen. Dieser Weg wird als Signifikanztestung bezeichnet. Im ersten Schritt wird dafür eine Unterstellung vorgenommen. Es wird unterstellt, dass in Wirklichkeit zwischen den beiden Gruppen kein Unterschied hinsichtlich eines ausgewählten Vergleichsmerkmals besteht. Werden also beispielsweise Eltern mit und ohne den Risikofaktor „Misshandlungen in ihrer eigenen Kindheit" miteinander verglichen und zwar im Hinblick auf den Anteil derjenigen Eltern, die ihrerseits ihre Kinder misshandeln, so wird zunächst unterstellt, eine Vollerhebung aller Eltern mit und ohne den Risikofaktor würde keinen Unterschied zu Tage fördern. Wird eine Stichprobe untersucht, die naturgemäß nur einen Teil aller Eltern mit bzw. ohne den Risi-

kofaktor umfasst, so sollten, wenn die Unterstellung zutrifft, keine oder allenfalls zufällige Unterschiede gefunden werden. Im zweiten Schritt wird dann die Wahrscheinlichkeit für die in der Stichprobe konkret beobachteten Unterschiede unter der Annahme berechnet, in Wirklichkeit gebe es in der Grundgesamtheit keinen Unterschied. Ist diese Wahrscheinlichkeit sehr klein, wobei die Grenze meist bei einem Prozent gesetzt wird, wird gefolgert, dass der in der Stichprobe gefundene Unterschied sehr wahrscheinlich nicht zufällig ist, sondern reale Gruppenunterschiede widerspiegelt und daher inhaltlich interpretiert werden kann (für eine vertiefende Beschreibung des Vorgehens bei der Signifikanztestung für die soziale Arbeit siehe Rubin & Babbie, 2010). Es wird von einem signifikanten, d.h. statistisch gegen den Zufall abgesicherten und daher bedeutsamen Ergebnis gesprochen. Ein großer Teil wissenschaftlicher Informationen, die Fachkräfte über Bücher oder Fortbildungen erreichen, beruhen auf signifikanten Gruppenunterschieden. So finden sich etwa bei Herrmann et al. (2008) oder Meysen et al. (2008) Auflistungen von Faktoren, die in vorliegenden Studien mit einer signifikant erhöhten Wahrscheinlichkeit von familiären Gefährdungsereignissen einhergegangen sind.

Wichtig zu verstehen ist nun, dass signifikante Gruppenunterschiede nicht zwingend sehr groß sind. Vielmehr hängt die Frage, ob ein Unterschied zwischen zwei Gruppen gegen den Zufall abgesichert werden kann, sowohl von der Größe des Unterschiedes zwischen den beiden Gruppen als auch von der Größe der Stichprobe ab. Je größer die Stichprobe, desto kleiner können noch signifikant werdende Unterschiede sein. Wie groß die beobachteten Unterschiede, die auch als Effektstärken bezeichnet werden, tatsächlich waren, wird aber in Veröffentlichungen oder Fortbildungen häufig nicht angegeben oder mit sehr allgemeinen Begriffen wie „hoch", „sehr groß", „massiv erhöht" oder Ähnlichem umschrieben. Beispielsweise heißt es zum Risikofaktor von den Eltern selbst als Kind erlittener Misshandlungen bei Herrman et al. (2008): *„Zwar führen eigene Gewalterfahrungen nicht zwangsläufig zu Gewalthandeln, sie erzeugen diesbezüglich jedoch ein hohes Risiko"* (S.196). Fehlen Informationen über die Größe von Gruppenunterschieden, werden diese Leerstellen tendenziell von Anwendern mit Phantasien gefüllt. Nicht als solche erkannt, können diese zu ernsthaft verzerrten Fallwahrnehmungen führen. So habe ich es etwa schon erlebt, dass in einem familiengerichtlichen Verfahren vorgetragen wurde, die Mutter eines Kleinkindes sei nicht erziehungsfähig, da sie selbst als Kind schwer misshandelt worden sei, sich einer Psychotherapie aber verweigere. Richtig an dieser Argumentation ist, dass in der Kindheit von den Eltern erlebte

Misshandlungen einen belegten Risikofaktor für frühe Gefährdungsereignisse darstellen. Richtig ist auch, dass dieser Risikofaktor an Vorhersagekraft verliert, wenn eine betroffene Person im weiteren Verlauf korrigierende positive Beziehungserfahrungen, beispielsweise im Rahmen einer Therapie, macht (z. B. Egeland et al., 1988). Eine Verzerrung ist es hingegen, wenn die mit dem Risikofaktor verbundene Effektstärke als so groß wahrgenommen wird, dass ohne angenommenes Hilfeangebot mit ziemlicher Sicherheit von bevorstehenden erheblichen Erziehungsschwierigkeiten oder einer Misshandlung ausgegangen werden und daher eine zwangsweise Trennung des Kindes von der Mutter als notfalls gerechtfertigt beurteilt werden muss. Tatsächlich zeigen die bislang vorliegenden Befunde bei in der Kindheit misshandelten Eltern als Gruppe im Vergleich zu Eltern ohne diese Belastung eine drei- bis sechsfache Erhöhung des Misshandlungsrisikos, was im Mittel der Studien auf eine Misshandlungsrate von etwa 30% hinausläuft (für eine Zusammenfassung der vorliegenden Studien siehe Ertem et al., 2000).

Ähnliche Über- oder Unterschätzungen der Vorhersagekraft, die mir in den vergangenen Jahren in Einzelfällen begegnet sind, haben beispielsweise Partnerschaftsgewalt im Hinblick auf Kindesmisshandlung (Unterschätzung), Armut im Hinblick auf Vernachlässigung (Überschätzung) und sexuellen Missbrauch eines Jungen im Hinblick auf dessen Risiko, selbst Missbrauchsverhalten zu entwickeln (Überschätzung), betroffen. Zur Vermeidung solcher Verzerrungen erscheinen drei Dinge sinnvoll:

Erstens sollte in Veröffentlichungen oder Fortbildungen für die Praxis darauf geachtet werden, dass die Fachkräfte die besten verfügbaren Informationen erhalten. Häufig ist dies derzeit eine Kombination aus internationalen empirischen Befunden und Anwendungserfahrungen aus Deutschland. Bezogen auf empirische Befunde sollten auch Angaben zu beobachteten Effektstärken, also etwa der Vorhersagekraft eines Risikofaktors, gemacht werden. Als Maße für Effektstärken scheinen dabei Unterschiede in Prozentzahlen (z. B. in der Anzahl der Eltern, bei denen innerhalb eines bestimmten Zeitraums eine Misshandlung bekannt wird) geeignet, ebenso aus der Epidemiologie kommende Maße wie zum Beispiel das „Risk Ratio", das angibt, um welchen Faktor die Misshandlungsrate bei Personen mit Risiko im Verhältnis zu Personen ohne erhöht ist. Soweit Schätzungen zur Effektstärke auf der Grundlage mehrerer Längsschnittstudien vorliegen, ist es sinnvoll vor allem diese zu berichten.

Zweitens sollten Fachkräfte immer darüber informiert werden, dass solche Zahlen der Hintergrundinformation dienen und nicht einfach auf Einzelfälle übertragen werden können. Was abgeleitet werden kann, ist eine Groborientierung, die etwa stark, moderat und gering vorhersagekräftige Risikofaktoren unterscheidet. Feste Einteilungskriterien gibt es nicht. Als Daumenregel wird aber ab einer 6-fachen Erhöhung des Risikos häufig von einem stark vorhersagekräftigen Faktor, ab einer 3-fachen Erhöhung von einem moderat vorhersagekräftigen und im Bereich einer 1,5-fachen bis 3-fachen Erhöhung von einem gering vorhersagekräftigen Faktor gesprochen (vgl. Chen et al., 2010). Würde eine solche Einteilung zugrunde gelegt, wäre beispielsweise eine Lebenssituation mit wiederholter und anhaltender Partnerschaftsgewalt als starker Risikofaktor im Hinblick auf Kindesmisshandlung anzusehen, während Misshandlungen in der Kindheit der Eltern als moderate Risikofaktoren gelten könnten und eine relative, aber nicht absolute Armut als schwacher Risikofaktor im Hinblick auf Kindesvernachlässigung anzusehen wäre (für an Effektstärken orientierte Forschungsübersichten siehe Stith et al., 2009; Kungl et al., 2010a, 2010b).

Drittens sollte sichergestellt sein, dass Fachkräfte methodische Grundlagen der Risikoeinschätzung beherrschen. Dies betrifft etwa die Regel, dass stets die Gesamtsituation eines Kindes bzw. einer Familie erfasst werden muss, während einzelne Faktoren in der Regel nicht aussagekräftig genug sind, weiterhin den Umstand, dass das Wiederholungsrisiko nach belegten oder wahrscheinlichen Gefährdungsereignissen in der Vorgeschichte genauer beurteilt werden kann, als die Wahrscheinlichkeit des erstmaligen Auftretens von Vernachlässigung bzw. Misshandlung. Im letzteren Fall ist eher mit einer Überschätzung des Risikos zu rechnen, weshalb Eingriffe in die elterliche Sorge ohne vorangegangene belegte oder wahrscheinliche Gefährdungsereignisse selten sind und sein müssen.

Ähnlich wie falsch verstandene Informationen über Forschungsergebnisse Fehleinschätzungen begünstigen können, können auch Alltagstheorien, die Befundlagen ignorieren, zu gravierenden Fehleinschätzungen in Fällen beitragen. Als Alltagstheorien werden hierbei Annahmen oder Vorstellungen bezeichnet, die Fachkräfte ihren Einschätzungen und Vorgehensweisen zwar de facto zugrunde legen, die aber, wenn sie zum Thema werden, fachlich nicht oder nur bruchstückhaft begründet werden können, obwohl sie manchmal, wenngleich nicht immer, subjektiv als relativ selbstverständlich empfunden werden. Zwei Beispiele für Alltagstheorien, die in manchen Fällen im Kinderschutz eine problematische Rolle spielen können, wären:

> **Zweitens sollten Fachkräfte immer darüber informiert werden, dass solche Zahlen der Hintergrundinformation dienen und nicht einfach auf Einzelfälle übertragen werden können. Was abgeleitet werden kann, ist eine Groborientierung, die etwa stark, moderat und gering vorhersagekräftige Risikofaktoren unterscheidet**
>
> **Als Daumenregel wird aber ab einer 6-fachen Erhöhung des Risikos häufig von einem stark vorhersagekräftigen Faktor, ab einer 3-fachen Erhöhung von einem moderat vorhersagekräftigen und im Bereich einer 1,5-fachen bis 3-fachen Erhöhung von einem gering vorhersagekräftigen Faktor gesprochen**

Zwei Beispiele für Alltagstheorien, die in manchen Fällen im Kinderschutz eine problematische Rolle spielen können, wären:

1) Kinder werden überwiegend von Müttern versorgt und erzogen, deshalb ist es in Ordnung, sich bei der Fallanalyse und Hilfe überwiegend auf die Mutter zu konzentrieren

2) Eltern bestimmen die Entwicklung ihrer Kinder maßgeblich. Zeigen Kinder einen problematischen Entwicklungsverlauf, so lässt sich daraus auf eine unzureichende Fürsorge und Erziehung durch die Eltern schließen

Kinder werden überwiegend von Müttern versorgt und erzogen, deshalb ist es in Ordnung, sich bei der Fallanalyse und Hilfe überwiegend auf die Mutter zu konzentrieren. Kaum eine Fachkraft würde sich explizit im Sinn dieser Alltagstheorie äußern. Trotzdem gibt es in der Kinderschutzarbeit nicht selten Fälle, in denen Väter bzw. männliche Partner weder als mögliche Gefahrenquelle noch als mögliche Ressource ausreichend in den Blick geraten bzw. aus verweigerten Kontakten nicht der nach § 8a Abs. 3 häufig notwendige Schluss einer Anrufung des Familiengerichts gezogen wird. Eine Untersuchung von Gefährdungseinschätzungen in zwei westdeutschen Großstadtjugendämtern erbrachte beispielsweise den Befund, dass bei 70% der in der Familie lebenden Väter bzw. Partner keine oder im Vergleich zu den Müttern deutlich weniger Informationen zu Risiken, Ressourcen, Erziehungsfähigkeiten und zur Veränderungsbereitschaft erhoben wurden (Strobel et al., 2008). Bei dem eindrucksvollsten mir persönlich bislang begegneten Fall wurde nach einer Misshandlung, die allerdings nicht zu einer schweren Verletzung des Kindes geführt hatte, ein halbes Jahr lang eine Hilfe zur Erziehung mit einer Mutter durchgeführt, die angab, ihr im Kleinkindalter befindlicher Sohn werde ausschließlich von ihr versorgt und ihr Partner, der nicht Vater des Kindes war, sei berufsbedingt ausschließlich am Wochenende anwesend. Die Hilfe für die Mutter erschien insofern begründet und sinnvoll, als Unsicherheiten in der Erziehung deutlich erkennbar waren. Ein Kontakt mit dem Partner fand nicht statt. Erst als das Kind erneut verletzt wurde, stellte sich heraus, dass auch die frühere Verletzung schon durch den Partner verursacht worden war, der gravierend abweichende Erziehungsvorstellungen vertrat. Jenseits dieses außergewöhnlichen Einzelfalls sind Alltagstheorien von Gefährdung, die Väter bzw. Partner ausblenden, ein Problem, da Misshandlungen fast zur Hälfte von Vätern bzw. Partnern begangen werden (für eine Forschungsübersicht siehe Guterman & Lee, 2005) und Väter positiv wie negativ auch bei Vernachlässigung vielfach eine bedeutsame Rolle spielen (z. B. Dubowitz et al., 2000).

Eltern bestimmen die Entwicklung ihrer Kinder maßgeblich. Zeigen Kinder einen problematischen Entwicklungsverlauf, so lässt sich daraus auf eine unzureichende Fürsorge und Erziehung durch die Eltern schließen. In einem Fall mit einer lernbehinderten Mutter zeigte die 2-jährige Tochter deutliche Rückstände in der Entwicklung. In einem anderen Fall lagen bei einer alleinerziehenden Mutter deutliche Hinweise auf eine psychische Erkrankung vor. Zugleich wurde die neunjährige Tochter von der Schule als psychisch sehr auffällig und sozial nicht integriert beschrieben. Gemeinsam ist beiden Fällen, dass von den zuständigen Fachkräften bzw. einem Sachverständigen der Schluss auf ein elterliches Erziehungsversagen für offenkundig und daher nicht weiter begründungsbedürftig gehalten wurde. Tatsächlich sind die Dinge jedoch nicht immer so einfach, und zwar aufgrund eines als passive Gen-Umwelt-Korrelation bezeichneten Phänomens. Damit wird der Umstand bezeichnet, dass biologische Eltern ihre Kinder nicht nur durch Fürsorge und Erziehung, sondern auch über die Weitergabe von Genen beeinflussen, so dass es von Außen schwer bis unmöglich sein kann, zu erkennen, worauf im Einzelfall Ähnlichkeiten zwischen Eltern und Kindern beruhen. Zwar gibt es einige Aspekte kindlicher Entwicklung, wie etwa die Bindungsentwicklung, die ganz überwiegend auf der Qualität der erfahrenen Fürsorge beruhen (für eine Forschungsübersicht siehe Roisman & Fraley, 2008), so dass in diesem Bereich beispielsweise Rückschlüsse von der Bindungsqualität auf die Qualität der erfahrenen Fürsorge möglich sind. Auf andere Bereiche, wie Entwicklungsrückstände oder psychische Erkrankungen im Kindesalter, trifft dies jedoch nicht zu. Hier mischen sich bei der Entstehung von Auffälligkeiten erfahrene Fürsorge bzw. Förderung und genetische Einflüsse in einer im Einzelfall unbekannten Weise. Entsprechend kann rückblickend in der Regel nicht aufgeklärt werden, welche Ursachen einer einmal entstandenen Auffälligkeit zugrunde liegen. In manchen Fällen können Veränderungen nach einem Milieuwechsel (z. B. ein Entwicklungsschub nach der Unterbringung in einer Pflegefamilie) für etwas mehr Klarheit sorgen. Ist die Erforderlichkeit eines solchen Milieuwechsels jedoch gerade strittig, was bei familiengerichtlichen Verfahren nicht selten der Fall ist, ist es notwendig einen anderen Weg zu gehen. Dieser besteht darin, die Auffälligkeit des Kindes als Ausgangspunkt zu verwenden, um hieraus Folgerungen für die jetzt notwendige Art von elterlicher Fürsorge bzw. Förderung zu ziehen. Die Fähigkeit der Eltern, diesen fachlichen Empfehlungen zu folgen und sie (unter Umständen mit ambulanter Hilfe) umzusetzen, ist dann der Beurteilung der Erziehungsfähigkeit zugrunde zu legen.

> Gemeinsam ist beiden Fällen, dass von den zuständigen Fachkräften bzw. einem Sachverständigen der Schluss auf ein elterliches Erziehungsversagen für offenkundig und daher nicht weiter begründungsbedürftig gehalten wurde

Vermutlich könnten die meisten mit einer großen Bandbreite an Entscheidungen konfrontierten Fachkräfte noch weitere Hypothesen über in der Praxis vorfindbare Alltagstheorien formulieren. Diskussionswürdig werden diese Alltagstheorien vor allem dann, wenn sie sich wiederkehrend in Fällen zeigen und zudem vertrauenswürdigen empirischen Befunden widersprechen bzw. sie ignorieren. Wesentliche Ingredienzien, um problematische Alltagstheorien diskutieren zu können, sind vor allem die Bereitschaft und Fähigkeit, Reflexionen an manchen Stellen vom Bemühen um ein angemessenes Fallverständnis abzulösen und auf eigene Prozesse des Schlussfolgerns und Bewertens zu lenken, sowie die Möglichkeit, eigene Einschätzungsmuster mit empirischen Befundlagen konfrontieren zu können. Beides sind Gründe, warum im Kinderschutz Investitionen in die kontinuierliche Qualifikation der Fachkräfte, also in Supervision und Fortbildung, sehr gerechtfertigt sind und durch Personalaufstockung bzw. qualifizierte Verfahrensstandards nicht ersetzt werden können.

3. Risiken aus kognitiven Verzerrungen bei der Aufnahme und Bewertung von Fallinformationen

Die letzten Jahrzehnte haben erneut wichtige Fortschritte beim Verständnis grundlegender menschlicher Fähigkeiten in der Wahrnehmung, beim Lernen, Schlussfolgern und Entscheiden mit sich gebracht. So ist etwa deutlicher hervorgetreten, dass Menschen über mindestens zwei, wenigstens teilweise neurophysiologisch lokalisierbare Systeme des Schlussfolgerns verfügen (für eine Forschungsübersicht siehe Evans, 2008): Ein schnelles, als intuitiv und emotional empfundenes System der ganzheitlichen Eindrucksbildung, das auf dem Wiedererkennen von Mustern und assoziativem Lernen beruht, sowie ein langsameres, bewusstes und analytisches System, das abstrakte Informationen einbeziehen kann. Eine wichtige Erkenntnis war es auch, dass beide Systeme Anpassungsleistungen darstellen und eine alleinige Betonung analytischen Denkens kein geeignetes Leitbild darstellt (z. B. Gigerenzer, 2007; Gigerenzer et al., 1999). Zudem würde ein solches Leitbild auch nicht der tatsächlichen Praxis erfahrener Experten, etwa im Bereich der Medizin, entsprechen, die im Kontakt mit Patienten häufig sehr rasch eine erste intuitive und überwiegend korrekte Diagnose stellen können, die dann freilich der analytischen Überprüfung bedarf.

Wird es als Ziel verstanden, dass Fachkräfte in der Kinderschutzarbeit beides, Intuition und Analyse, miteinander verbinden können, so sind dafür einige Voraussetzungen notwendig

Wird es als Ziel verstanden, dass Fachkräfte in der Kinderschutzarbeit beides, Intuition und Analyse, miteinander verbinden können, so sind dafür einige Voraussetzungen notwendig. Zu den Voraussetzungen zutreffender Analysen zählen etwa zeitliche Spielräume, da analytisches Denken aufwendig ist, und geeignete, also praxisnahe und zugleich aussagekräftige, d.h. durch valide Forschung oder Fallauswertungen gestützte Analysekategorien, sonst kann es, wie bereits vor einigen Jahren von Hammond (1996) beschrieben, zu dem Phänomen kommen, dass falsche oder unvollständige Analysen, die aber gegen Fallintuitionen durchgesetzt werden, eher schaden denn nutzen. Die Ausbildung von Intuitionen wiederum hängt von der Qualität von Erfahrung ab, also der Durchdringung einer beschränkten Anzahl subjektiv wichtig gewordener Fälle. Für die Intuition wichtiges Lernen läuft hier ins Leere, wenn Rückmeldungen über den langfristigen Fallverlauf nur selten oder nur sehr selektiv zur Verfügung stehen (Bickman, 1999). Schließlich ist es für die Schulung von Fallintuitionen auch von großer Bedeutung, inwieweit sich die Vielfalt verschiedener Ursachen und Formen von Gefährdung in den Fällen der Fachkräfte spiegelt, d.h. aufbauend auf nur wenigen Fällen oder einer nur sehr eingeschränkten Bandbreite an Gefährdungsursachen und Fallverläufen können Intuitionen ihr Potenzial nur schwer entfalten. Ein hierzu passender Befund aus dem Feld der Medizin (Norman, 2009) besagte etwa, dass Fehldiagnosen häufig dann gestellt wurden, wenn die tatsächlich zutreffende Diagnose nicht früh im diagnostischen Prozess als eine der intuitiv gebildeten Hypothesen auftauchte, beispielsweise weil die Ärztin oder der Arzt mit der zutreffenden Diagnosekategorie bislang noch nicht zu tun gehabt hatte. Auch wenn vermutlich jeder Fall einige einzigartige Merkmale aufweist und das Lernen aus (Fall-)Erfahrung niemals abgeschlossen ist, ist für Schulung von Fallintuitionen doch keine unbegrenzte Anzahl an bearbeiteten Fällen erforderlich. Dies ergibt sich aus dem Umstand, dass die Anzahl grundlegender Risiko- und Schutzmechanismen bei Gefährdung ebenso begrenzt ist wie die Anzahl aussagekräftiger diagnostischer Strategien bzw. Erfolg versprechender Hilfekonzepte (z. B. für Risikomechanismen siehe Kindler et al., 2008, für diagnostische Aufgaben im Kinderschutz siehe Kindler, 2006, für Vorgehensweisen bei der Verdachtsabklärung siehe Unterstaller, 2006).

Wie Intuition und Analyse vor allem in der Phase der anfänglichen Fallbearbeitung zeitlich und konzeptuell günstig miteinander verschränkt werden können, scheint in der Kinderschutzarbeit noch weitgehend ungeklärt. Entsprechend ist unklar, inwieweit in der Medizin entstandene Modelle (z. B. Elstein et al., 1978; Elstein, 2009) übertragen werden können. Nach einem solchen, auf Fallanalysen aufbauenden Modell müssen zunächst Symptome bzw. Probleme verstanden werden. Anschließend werden in einem häufig stark intuitiv geprägten Prozess Verdachtsdiagnosen im Hinblick auf zugrundeliegende Krankheitsprozesse formuliert, deren Absicherung durch Befunde bzw. den weiteren Fallverlauf einen dritten Schritt darstellt. Die Auswahl des Behandlungsansatzes erfolgt dann wie in einem Trichter unter Berücksichtigung der Wünsche des Patienten, vorliegender Informationen über Wirkungen verschiedener Ansätze und intuitiver Bewertungen.

Wie im Verhältnis hierzu in der Kinderschutzarbeit bzw. in der Jugendhilfe insgesamt Hilfeansätze gefunden werden, ist empirisch kaum untersucht. Mein subjektiver Eindruck ist, dass hier häufig relativ direkt von einem Erfassen aktuell wichtiger Bedürfnisse und Probleme der Klienten zu einer Hilfeauswahl gesprungen wird. Analyse

Wie Intuition und Analyse vor allem in der Phase der anfänglichen Fallbearbeitung zeitlich und konzeptuell günstig miteinander verschränkt werden können, scheint in der Kinderschutzarbeit noch weitgehend ungeklärt

wird in einem solchen Modell in erster Linie bei der Systematisierung von Bedürfnissen und Problemen der Familie bzw. des Kindes ansetzen, während sich Fallintuitionen auf die Auswahl und Verhandlung vorgeschlagener Hilfen bzw. unfreiwilliger Interventionen mit der Familie fokussieren werden.

Beispiel: Im Rahmen einer Fortbildung werden die Fachkräfte gebeten, subjektiv als schwierig empfundene Kinderschutzfälle vorzustellen, die dann gemeinsam besprochen werden sollen. Die qualifiziert und neutral vorgetragene Beschreibung des ersten Falles fokussiert auf die (eher schlechte) Verfassung des Kindes und des Haushaltes bei zwei Hausbesuchen, auf den Inhalt früherer Gefährdungsmitteilungen sowie auf die wahrgenommene Kooperationsbereitschaft der alleinerziehenden Mutter. Die Nachfragen der kollegialen Runde schließen Lücken im Hinblick auf noch nicht erwähnte Bedürfnisbereiche des Kindes (z. B. die körperliche Gesundheit). Zudem werden mehrere Fragen zum sozialen und verwandtschaftlichen Netz der Mutter gestellt. Danach beginnt die Runde zunehmend über mögliche Hilfen bzw. die Notwendigkeit einer Anrufung des Familiengerichtes zu diskutieren. Bei der Abwägung von Hilfen kommen spontan vor allem die Akzeptabilität für die Mutter, die Verfügbarkeit der Hilfe sowie das Gewährleistungspotenzial der Maßnahme im Hinblick auf den Schutz des Kindes zur Sprache. Im Verhältnis zur tatsachennahen Beschreibung der Situation des Kindes werden bei der Begründung vorgeschlagener Hilfen aber viele Begriffe verwandt, die auf Intuitionen hindeuten (z. B. „meine erste Idee wäre..", „ich hätte die Phantasie…" oder „meiner Erfahrung nach…").

Ein solches, aus zwei Schritten bestehendes Grundmodell ist für viele in der Geschichte der Sozialen Arbeit wichtige Situationen, die durch akut unbefriedigte Bedürfnisse bzw. akute Gefahren gekennzeichnet waren, mehr als plausibel, da in solchen Situationen ein Erfassen von Bedürfnissen sowie ein grundlegendes Verständnis des Fallhintergrundes eine ausreichende Grundlage für ein angemessenes Hilfehandeln geschaffen haben. In komplexeren Situationen mit verdeckten Ursachen und einer Notwendigkeit nachhaltiger Veränderung könnte jedoch eine Erweiterung des Grundmodells sinnvoll sein. In jedem Fall sehen sich die Fachkräfte im Kinderschutz mit mehreren Vorschlägen für solche Anreicherungen konfrontiert. Hierzu zählt etwa der Vorschlag, subjektive Prozesse der Wahrnehmung, Sinngebung und Zielformulierung durch die Beteiligten wesentlich intensiver einzubeziehen (für eine Übersicht siehe Heiner, im Druck). Ein zweiter Vorschlag zielt auf die systematische Erfassung von Risiken, die für die Prognose, also den vorhersehbaren weiteren Fallverlauf von belegbarer Bedeutung sind (Kindler, 2007b). Schließlich gibt es auch die Idee, relativ ähnlich zum medizinischen Modell, Hypothesen über die Ursachen der in der Familien aufgetretenen

Gefährdungsanzeichen zu formulieren und hieraus Vorschläge für geeignete Hilfen zu entwickeln (Kindler et al., 2008). Allen drei Vorschlägen kann sicher eine gewisse Plausibilität zugebilligt werden. Die empirische Befundlage, inwieweit hierdurch tatsächlich Vorteile im Sinne wirksamerer Hilfen und zielgenauerer Schutzmaßnahmen erreicht werden können, ist jedoch überwiegend schwach. Für den Einbezug von subjektiven Deutungsmustern sprechen in erster Linie einzelne veröffentliche Fallberichte zu schwierigen Fällen (z. B. Uhlendorff, 2010). Die Analyse ursächlicher Prozesse hinter auftretender Gefährdung kann sich allein auf empirische Belege aus der Grundlagenforschung stützen, die Anwendbarkeit in der Praxis ist hingegen ungesichert. Für die Erhebung prognoserelevanter Risiken sprechen Befunde zur Vorhersagekraft dieser Faktoren auch unter Praxisbedingungen (z. B. Kindler et al., 2008). Zudem liegt eine kleine Studie vor, die einen statistisch signifikanten Zusammenhang zwischen der Güte der Risikoanalyse und dem Gelingen nachfolgend ausgewählter Hilfe- und Schutzkonzepte berichtet (Kindler et al., 2008).

Für die Theoriebildung zu erfolgreichem Kinderschutz bzw. zur Vermeidung von Fehlschlägen stellt sich an dieser Stelle die Frage, welche Bestandteile ein angemessenes Verständnis der Situation in einem Fall bei den Fachkräften aufweisen sollte. Identische Fragen wurden in vielen Handlungsfeldern, in denen Fehleinschätzungen zu gravierenden negativen Ereignissen führen können, gestellt. Hieraus hat sich das Konzept der „situational awareness" (für eine Forschungsübersicht siehe Endsley & Garland, 2000) entwickelt und es wurde festgestellt, dass gravierende Lücken oder Verzerrungen in der Wahrnehmung und Zusammenfassung der aktuellen Fallsituation auf Seiten der Fachkräfte eine wichtige Ursache für Fehlentscheidungen darstellen. Ob sich dieses ursprünglich aus dem Bereich des Ingenieurswesens und der Luftfahrt stammende Konzept auch bei der Analyse der im Kinderschutz bestehenden Anforderungen bewährt, bleibt abzuwarten.

Nehmen Fachkräfte auf der Grundlage von Intuitionen und Analyse Gefährdungseinschätzungen vor, so kann ein gewisses Maß an kritischem Selbstverständnis eigener Fehlerrisiken vor einigen Fallen schützen. Die Erforschung von häufigen Schwachstellen in menschlichen Bewertungsprozessen stellt ein notwendiges Gegenstück zur Analyse der vielen Stärken von Fachkräften dar und hat bereits eine längere Geschichte. Derzeit sind etwas mehr als 40 Schwachstellen bekannt, an denen menschliche Intuitionen oder Schlussfolgerungen unter manchen Umständen leicht in die Irre gehen (für eine Übersicht siehe Krueger & Funder, 2004). Drei solche Schwachstellen mit vermuteter Bedeutung in manchen Kinderschutzfällen wären die

> **Hieraus hat sich das Konzept der „situational awareness" entwickelt und es wurde festgestellt, dass gravierende Lücken oder Verzerrungen in der Wahrnehmung und Zusammenfassung der aktuellen Fallsituation auf Seiten der Fachkräfte eine wichtige Ursache für Fehlentscheidungen darstellen**

Verfügbarkeitsheuristik, die einseitige Suche nach Bestätigung und die negative Mobilisierung.

- Als *Verfügbarkeitsheuristik* (availability heuristic) wird das Phänomen bezeichnet, dass sehr eindrückliche Fälle, die einer Fachkraft beim Überlegen rasch vor Augen stehen, also leicht verfügbar sind, die Wahrnehmung anderer Fälle kolorieren und zwar auch dann, wenn es keinen oder nur einen schwachen inhaltlichen Zusammenhang zwischen beiden Fällen gibt. Das klassische Beispiel hierfür ist sicherlich eine größere Vorsicht und Bereitschaft zu Zwangsmaßnahmen nach einem Todesfall im Kinderschutz.
- Von einer einseitigen *Suche nach Bestätigung* (confirmation bias) wird gesprochen, wenn Fachkräfte für sich eine Hypothese annehmen (z. B. dieses Kind wurde misshandelt oder diese Mutter ist psychisch krank) und nachfolgend bestätigende Informationen eher gesucht und eher beachtet werden, während zu einem anderen Schluss führende Informationen eher übersehen oder abgewertet werden. Im Fallverlauf können kettenartige Prozesse der einseitigen Suche nach Bestätigung zu Einschätzungen führen, die von außen betrachtet nur noch schwer nachzuvollziehen sind.
- *Negative Mobilisierung* bezeichnet schließlich den Umstand, dass Informationen über Risiken vielfach mehr Beachtung erfahren als Informationen über Chancen oder Stärken. Dem liegt ein grundlegender Wahrnehmungsmechanismus zugrunde, der im Alltagsleben etwa dazu führt, dass eine Operation mit 10% Sterbewahrscheinlichkeit für gefährlicher eingeschätzt wird als eine Operation mit 90% Überlebenswahrscheinlichkeit, obwohl beide Informationen offensichtlich spiegelbildlich sind. Negative Mobilisierung ist einerseits sinnvoll, da Gefährdung zu nicht mehr rückholbaren Schädigungen bei Kindern führen kann. Auf der anderen Seite ist ein solches Denken (z. B. „lieber einmal zu oft ein Kind Inobhut nehmen als einmal zu wenig") hochproblematisch, wenn zwar mildere, aber dafür häufiger auftretende Belastungsfolgen einer Herausnahme bei betroffenen Kindern und Eltern kein ausreichendes Gewicht im Entscheidungsprozess mehr erhalten.

Es gibt keine Möglichkeit, um kognitiven Verzerrungen, wie den drei genannten, sicher zu entgehen. Es lassen sich aber Vorkehrungen treffen, die Fehleinschätzungen aufgrund von kognitiven Verzerrungen deutlich unwahrscheinlicher machen. Zu diesen Vorkehrungen zählt zunächst die Taktik, Fälle routinemäßig auch unter einer anderen Perspektive zu betrachten bzw. Gegenargumente zur eigenen Position zu suchen oder mehrere Fallhypothesen zu formulieren. Eine andere mögliche Vorkehrung besteht darin, Fälle routinemäßig mit mehreren Fachkräften zu besprechen. Dies kann insbesondere dann verzerrten Wahrnehmungen entgegenwirken, wenn zum einen die für den Fall relevanten Informationen nicht nur einer Fachkraft vertraut sind, sondern beispielsweise zwei Fachkräfte den Hausbesuch durchgeführt haben oder zwei Fachkräfte die Gefährdungseinschätzung oder die Akte gelesen haben. Zum anderen wirkt ein kollegialer Austausch möglichen Verzerrungen dann eher entgegen, wenn im Team das Formulieren zusätzlicher Sichtweisen wertgeschätzt und nicht als Störung empfunden wird. Schließlich können auch strukturierte Verfahren, die einen Schwerpunkt auf Fakten und belegbaren Einschätzungsfaktoren legen, verzerrten Wahrnehmungen entgegenwirken. Wie alle Arbeitsmittel können Verfahren aber auch zu Problemen führen.

> Zum anderen wirkt ein kollegialer Austausch möglichen Verzerrungen dann eher entgegen, wenn im Team das Formulieren zusätzlicher Sichtweisen wertgeschätzt und nicht als Störung empfunden wird. Schließlich können auch strukturierte Verfahren, die einen Schwerpunkt auf Fakten und belegbaren Einschätzungsfaktoren legen, verzerrten Wahrnehmungen entgegenwirken

4. Fehlerrisiken, die sich aus Schwachstellen bei eingesetzten Verfahren ergeben

Der Einsatz strukturierter Einschätzungsverfahren als Teil der Bearbeitung von Fällen einer möglichen Kindeswohlgefährdung hat vor allem im Bereich der öffentlichen Jugendhilfe in Deutschland erheblich zugenommen. Im Rahmen einer Befragung aller Jugendämter zu Angeboten Früher Hilfen berichtete bei einer Rücklaufquote von 62% knapp die Hälfte der Ämter (46,6%) vom Einsatz von Screeninginstrumenten zur Einschätzung von Belastungen und Risiken. In einem weiteren Drittel der Ämter war die Entwicklung bzw. Einführung entsprechender Verfahren geplant (Landua et al., 2009). Unabhängig davon wurden in einer anderen Untersuchung etwa 130 Landesjugend- und Landesgesundheitsämter, Kinderschutzzentren, Jugend- und Gesundheitsämter sowie freie Träger angeschrieben. In der Teilstichprobe der Jugendämter übersandten drei Viertel ein Risikoeinschätzungsverfahren (Metzner & Pawils, 2009; *und in diesem Band*).
Mit dem Einsatz von Verfahren können im Kinderschutz verschiedene Absichten verfolgt werden, etwa die Vermeidung von Lücken bei der Erhebung von Fallinformationen (z. B. bei der Inaugenscheinnahme des Kindes), die Qualifizierung von Bewertungen, die Vereinheitlichung von Beurteilungskriterien im Amt oder die Sicherstellung einer standardisierten Dokumentation wichtiger Fallinformationen. Das verbindende übergeordnete Anliegen ist dabei die Qualifizierung von Einschätzungsprozessen, die von erheblicher Bedeutung für betroffene Kinder und Eltern sind und bei denen sich eben darum auch Fachkräfte und Ämter als unter einem besonderen Druck stehend empfinden. Umso erstaunlicher ist es, dass trotz dieses generel-

Umso erstaunlicher ist es, dass trotz dieses generellen Qualifizierungsanliegens das Qualitätsbewusstsein im Hinblick auf die Verfahren selbst sehr gering ausgeprägt ist. Mehrere Qualitätskriterien für Verfahren im Kinderschutz lassen sich beschreiben. Kindler & Lillig (2006) führen insgesamt sieben Kriterien an:

- *Klarheit hinsichtlich der Anwendungsbedingungen,* d.h. inwieweit wird angegeben, für welche Fälle (z. B. Verdachtsfälle für Vernachlässigung und Misshandlung, nicht aber Missbrauch) und Fallsituationen (z. B. Aufnahme einer Gefährdungsmitteilung vs. Dokumentation der Inaugenscheinnahme eines Kindes) das Verfahren geeignet ist und worauf die Anwendung abzielt (z. B. Beurteilung des gegenwärtigen Versorgungszustandes eines Kindes vs. Einschätzung der mittelfristigen Gefahr von Misshandlung bzw. Vernachlässigung). Sind die Anwendungsbedingungen unklar, besteht die Gefahr von Fehlanwendungen oder -interpretationen der Ergebnisse.
- *Inhaltsvalidität.* Dieses Kriterium behandelt die Frage, inwieweit die im Verfahren zusammengeführten Aspekte, Faktoren oder Kriterien den Stand der Forschung zum Einschätzungszweck widerspiegeln. Ein Bogen zur Beschreibung der gegenwärtigen Befriedigung grundlegender Bedürfnisse eines Kindes ist etwa dann inhaltsvalide, wenn die in der Forschung bislang herausgearbeiteten Grundbedürfnisse von Kindern alle angeführt werden. Eine Liste mit Risikofaktoren für das erneute Auftreten von Misshandlung bzw. Vernachlässigung ist dann inhaltsvalide, wenn alle oder eine repräsentative Auswahl empirisch belegter Vorhersagefaktoren für wiederholte Misshandlungs- oder Vernachlässigungsereignisse abgefragt werden und nicht belegte Faktoren fehlen. Nicht inhaltsvalide Verfahren können zu verzerrten, unvollständigen oder falschen Einschätzungen führen und damit mehr Schaden als Nutzen anrichten.
- *Zuverlässigkeit (Reliabilität):* Die Reliabilität beschreibt, inwieweit verschiedene Fachkräfte bei einer Anwendung des Verfahrens auf einer gleichen Fallgrundlage zu ähnlichen Informationen bzw. Einschätzungen gelangen. Natürlich ist die Reliabilität nicht allein ein (feststehendes) Merkmal eines Verfahrens. Vielmehr hängt sie auch von der Schulung und den Fähigkeiten der Anwender ab. Bei einem unter Praxisbedingungen wenig reliablen Verfahren besteht aber die Gefahr einer Vorspiegelung von Scheinobjektivität. Zudem wird die Aussagekraft zwangsläufig in Frage gestellt.
- *Prädiktive Validität und Kriteriumsvalidität:* Bei manchen Einschätzungsaufgaben im Bereich Kindeswohlgefährdung (z. B. bei der Einschätzung des Risikos wiederholter Misshandlung bzw. Vernachlässigung, der Einschätzung der Erziehungsfähigkeit oder

bei der Einschätzung elterlicher Veränderungsbereitschaft bzw. -fähigkeit) stellt die Überprüfung der Vorhersagekraft eines Verfahrens den eigentlichen Lackmustest für seine Güte und Eignung dar. Zugleich ist diese Prüfung methodisch aber aufwendig. Sie kann nur in wissenschaftlichen Untersuchungen erfolgen. Geht es nicht um eine Vorhersage, so lässt sich die Aussagekraft eines Einschätzverfahrens (z. B. zur Bestimmung der gegenwärtigen Qualität der Versorgung eines Säuglings) eher durch einen Abgleich mit den Ergebnissen anderer Einschätzungen prüfen, die ein gewisses Maß an Übereinstimmung zeigen sollten (z. B. medizinische Untersuchung des Säuglings, psychologische Untersuchung des Entwicklungsstandes) und die daher als „Kriterien" für die Aussagekraft fungieren.

- *Inkrementelle Validität und Praktikabilität in der Anwendung:* Bei der inkrementellen Validität geht es um den relativen Nutzen des Einsatzes eines Verfahrens im Vergleich zur Praxis ohne dieses Verfahren oder mit einem anderen Verfahren. Bei der Praktikabilität wiederum steht der mit einem Verfahren verbundene Aufwand (z. B. der zeitliche Aufwand) im Mittelpunkt. Generell hat sich in der Implementationsforschung international gezeigt, dass die Bedeutung des Kriteriums der Praktikabilität nicht unterschätzt werden darf. Über mehrere Jahre hinweg gesehen, konnten sich Verfahren mit zu hohem wahrgenommenen Aufwand oder mit zu geringem erkennbaren Nutzen in der Praxis meist kaum halten.

Die große Mehrzahl der derzeit in der Jugendhilfe in Deutschland in Fällen einer möglichen Kindeswohlgefährdung eingesetzten Verfahren muss im Hinblick auf die genannten Qualitätskriterien als gänzlich ungeprüft beurteilt werden. Am ehesten kann vielen Verfahren noch eine gewisse Inhaltsvalidität zugebilligt werden (Metzner & Pawils, 2009). Im Hinblick auf die Zuverlässigkeit (Reliabilität), die relevanten Teile der Aussagekraft (Validität) und die Praktikabilität liegen jedoch nur sehr vereinzelt positive Befunde vor (Kindler et al., 2008; Macsenaere et al., 2008). Erstaunlicherweise fehlen solche zentralen Angaben zu Gütekriterien auch bei Verfahren, die von zentralen Akteuren im Feld, etwa dem Deutschen Städtetag (2003), empfohlen werden. Zwar sind bislang keine Fälle bekannt geworden, in denen grob fehlerhafte Verfahren zu gravierenden Fehleinschätzungen beigetragen haben. Zumindest aber können wenig vertrauenswürdige und teilweise deutlich verbesserungsbedürftige Verfahren ihr Potenzial für eine Qualifizierung der Praxis nicht entfalten.

> Erstaunlicherweise fehlen solche zentralen Angaben zu Gütekriterien auch bei Verfahren, die von zentralen Akteuren im Feld, etwa dem Deutschen Städtetag (2003), empfohlen werden

5. Ausblick

Wenn so viel von Fehlerrisiken die Rede ist, stellt sich unter Umständen der Eindruck ein, in der deutschen Kinderschutzpraxis komme es im Alltag nur mit viel Glück nicht täglich zu mehreren schwerwiegenden Fehlschlägen. Dies wäre aber eine bei weitem übertrieben negative Sichtweise. Nicht vergessen werden darf, dass hier nur von bestimmten Fehlerrisiken die Rede war, die Wahrnehmungs- und Bewertungsprozesse bei Fachkräften oder kleinen Teams mit und ohne den Einsatz von strukturierten Verfahren betreffen. Das Kinderschutzsystem kennt aber, vor allem bei schwerwiegenden Eingriffen, die Grundrechte von Kindern und Familien berühren, durch dann notwendige gerichtliche Verfahren übergeordnete Prüfstrukturen, die zusätzliche Sicherheit schaffen. Zwar arbeiten auch dort „nur" Fachkräfte, denen Fehleinschätzungen unterlaufen können. Das Gleiche gilt für die Kooperationspartner der Jugendhilfe, etwa im Gesundheitswesen. Im Zusammenwirken gelingt es jedoch in der Regel, Fehleinschätzungen Einzelner zu korrigieren. Allerdings ist dies nicht garantiert, weshalb organisations- und netzwerkbezogene Anstrengungen zur Entwicklung einer Fehler- und Sicherheitskultur (Reason, 1997) nicht gegen Qualifizierungsanstrengungen bei den einzelnen Fachkräften ausgespielt werden dürfen. Der Fehlerteufel, diesmal im Unterschied zur Einleitung im Wortsinn gebraucht, wird bei der schwierigen und mit vielen Unsicherheiten behafteten Kinderschutzarbeit vorhersehbar immer wieder zuschlagen. Auch wenn wir sie nicht gänzlich vermeiden können, ist es doch unsere gemeinsame Verantwortung, sie so unwahrscheinlich wie möglich zu machen.

6. Literatur

Axford N. & Bullock R. (2005). Child Death and Significant Case Reviews: International Approaches. Report to the Scottish Executive. Dartington: Dartington Social Research Unit.

Bickman L. (1999). Practice Makes Perfect and Other Myths About Mental Health Services. American Psychologist, 54, 965-978.

Bremische Bürgschaft (2007). Bericht des Untersuchungsausschusses zur Aufklärung von mutmaßlichen Vernachlässigungen der Amtsvormundschaft und Kindeswohlsicherung durch das Amt für Soziale Dienste. Drs. 16/1381 (www.kindesschutz.de/Externes/bericht_untersuchungsausschuss_bremen_kevin.pdf).

Care and Social Services Inspectorate Wales (2009). Improving Practice to Protect Children in Wales: An Examination of the Role of Serious Case Reviews. Cardiff: CSSIW.

Chen, H., Cohen, P. & Chen, S. (2010). How Big is a Big Odds Ratio? Interpreting the Magnitudes of Odds Ratios in Epidemiological Studies. Communications in Statistics – Simulation and Computation, 39, 860-864.

Deegener, G. & Körner, W. (Hrsg.) (2005). Kindesmisshandlung und Vernachlässigung. Ein Handbuch. Göttingen: Hogrefe.

Deutscher Städtetag (2003). Empfehlungen zur Festlegung fachlicher Verfahrensstandards in den Jugendämtern bei akut schwerwiegender Gefährdung des Kindeswohls. Köln: DST.

Dubowitz, H., Black, M., Kerr, M., Starr, R. & Harrington, D. (2000). Fathers and child neglect. Archives of Pediatrics and Adolescent Medicine, 154, 135-141.

Duyme M., Dumaret A.-C. & Tomkiewicz S. (1999). How can we boost IQs of "dull children"? A late adoption study. Proceedings of the National Academy of Sciences, 96, 8790-8794.

Egeland, B., Jacobvitz, D. & Sroufe, L. A. (1988). Breaking the Cycle of Abuse. Child Development, 59, 1080-1088.

Elstein, A. (2009). Thinking about diagnostic thinking: A 30-year perspective. Advances in Health Science Education, 14, 7-18.

Elstein, A., Shulman, L. & Sprafka, S. (1978). Medical problem solving: An analysis of clinical reasoning. Cambridge: Harvard University Press.

Endsley, M. & Garland, D. (2000). Situation Awareness, Analysis and Measurement. Mahwah: Erlbaum.

Evans, J. (2008). Dual processing accounts of reasoning, judgement and social cognition. Annual Reviews of Psychology, 59, 255-278.

Finkelhor, D., Ormrod, R., Turner, H. & Hamby, S. (2005). The Victimization of Children and Youth: A Comprehensive, National Survey. Child Maltreatment, 10, 5-25.

Fish, S., Munro, E. & Bairstow, S. (2008). Learning together to safeguard children: developing a multi-agency systems approach for case reviews. Report No. 19. London: Social Care Institute for Excellence (SCIE).

Friedrich, W. N. (2007). Children with sexual behaviour problems. New York: Norton.

Friedrich, W. N., Grambsch, P., Damon, L., Hewitt, S. K., Koverola, C., Lang, R. A., Wolfe V. & Broughton D. (1992). Child Sexual Behavior Inventory: Normative and Clinical Comparisons. Psychological Assessment, 4, 303-311.

Fusaro, M. & Nelson, C. (2009). Developmental Cognitive Neuroscience and Education Practice. In O. Barbarin & H. Wasik (Eds.), Handbook of Child Development and Early Education. Research to Practice (pp. 57-76). New York: Guilford.

Gigerenzer, G. (2007). Bauchentscheidungen: Die Intelligenz des Unbewussten und die Macht der Intuition. München: Bertelsmann.

Gigerenzer, G., Todd, P. & the ABC Group (1999). Simple heuristics that make us smart. New York: Oxford University Press.

Gregor, A. & Voigtländer, E. (1918). Die Verwahrlosung: Ihre klinisch-psychologische Bewertung und ihre Bekämpfung. Für Pädagogen, Ärzte, Richter. Berlin: Karger.

Gruber, H. (1994). Expertise. Modelle und empirische Untersuchungen. Opladen: Westdeutscher Verlag.

Gruber, H. (2007). Bedingungen von Expertise. In K. A. Heller & A. Ziegler (Hrsg.), Begabt sein in Deutschland (S. 93-112). Münster: Lit.

Guterman, N. & Lee, Y. (2005). The role of fathers in risk for physical child abuse and neglect. Child Maltreatment, 10, 136-149.

Hammond, K. R. (1996). Human Judgement and Social Policy. Irreducible Uncertainty, Inevitable Error, Unavoidable Injustice. Oxford: Oxford University Press.

Heiner, M. (im Druck). Diagnostik in der Sozialen Arbeit. In H.-U. Otto & H. Thiersch, (Hrsg.), Handbuch Sozialarbeit/Sozialpädagogik (4. Aufl.). München: Reinhardt Verlag.

Herrmann, B., Dettmeyer, R., Banaschak, S. & Thyen, U. (2008). Kindesmisshandlung. Medizinische Diagnostik, Intervention und rechtliche Grundlagen. Heidelberg: Springer.

Jacobi, G. (2008). Kindesmisshandlung und Vernachlässigung. Epidemiologie, Diagnostik und Vorgehen. Bern: Hans Huber.

Kendall-Tackett, K. A., Williams, L. M. & Finkelhor, D. (1993). Impact of sexual abuse on children: A review and synthesis of recent empirical studies. Psychological Bulletin, 113, 164-180.

Kindler, H. (im Druck-a). Empirisch begründete Strategien zur Verbesserung des deutschen Kinderschutzsystems. In G. Suess & W. Hammer (Hrsg.), Kinderschutz. Risiken erkennen, Spannungsverhältnisse gestalten. Stuttgart: Klett-Cotta.

Kindler, H. (im Druck-b). Risikoscreening als systematischer Zugang zu Frühen Hilfen: Ein gangbarer Weg? Bundesgesundheitsblatt.

Kindler, H. (2009). Risikoeinschätzung bei Kindeswohlgefährdung und Umgang mit Verdachtsfällen. In W. Kirch, M. Middeke & R. Rychlik (Hrsg.), Aspekte der Prävention (S. 100-110). Stuttgart: Thieme.

Kindler, H. (2007a). Kinderschutz in Deutschland stärken. Analyse des nationalen und internationalen Forschungsstandes zu Kindeswohlgefährdung und die Notwendigkeit eines nationalen Forschungsplanes zur Unterstützung der Praxis. Eine Expertise im Auftrag des Informationszentrums Kindesmisshandlung/Kindesvernachlässigung. München: DJI.

Kindler, H. (2007b). Empirisch gestützte Diagnostik und Intervention bei Kindeswohlgefährdung. In P. Sommerfeld & M. Hüttemann (Hrsg.), Evidenzbasierte Soziale Arbeit. Nutzung von Forschung in der Praxis (S. 92-115). Baltmannsweiler: Schneider Verlag.

Kindler, H. (2006). Welche Einschätzungsaufgaben stellen sich in Gefährdungsfällen? In H. Kindler, S. Lillig, H. Blüml, T. Meysen & A. Werner (Hrsg.), Handbuch Kindeswohlgefährdung nach § 1666 BGB und Allgemeiner Sozialer Dienst (ASD) (S. 358-363). München: DJI.

Kindler, H. & Lillig, S. (2006). Der Schutzauftrag der Jugendhilfe unter besonderer Berücksichtigung von Gegenstand und Verfahren zur Risikoeinschätzung. In E. Jordan (Hrsg.), Kindeswohlgefährdung. Rechtliche Neuregelungen und Konsequenzen für den Schutzauftrag der Kinder- und Jugendhilfe (S. 85-110). Weinheim: Juventa.

Kindler, H., Lillig, S., Blüml, H., Meysen, T. & Werner, A. (Hrsg.) (2006). Handbuch Kindeswohlgefährdung nach § 1666 BGB und Allgemeiner Sozialer Dienst (ASD). München: Deutsches Jugendinstitut.

Kindler, H., Lukasczyk, P. & Reich, W. (2008). Validierung und Evaluation eines Diagnoseinstrumentes zur Gefährdungseinschätzung bei Verdacht auf Kindeswohlgefährdung (Kinderschutzbogen). ZKJ – Zeitschrift für Kindschaftsrecht und Jugendhilfe, 94, 500-505.

Kindler, H., Pluto, L. & Strobel, B. (2008). Kinderschutz im Jugendamt der Hansestadt Lüneburg. Abläufe, Kommunikationswege und Handlungskriterien. München: DJI.

Kindler, H. & Spangler, G. (2005). Wirksamkeit ambulanter Jugendhilfemaßnahmen bei Misshandlung bzw. Vernachlässigung. Kindesmisshandlung und -vernachlässigung, 8, 101-116.

Kindler, H., Ziesel, B., König, C., Schöllhorn, A., Ziegenhain, U. & Fegert, J. (2008). Unterstützungsbogen für die Jugendhilfe: Bogen zur Unterstützung der Hilfeplanung im frühen Kindesalter. Das Jugendamt, 81, 467-470.

Krueger, J. & Funder, D. (2004). Towards a balanced social psychology: Causes, consequences and cures for the problem-seeking approach to social behavior and cognition. Behavioral and Brain Sciences, 27, 313-327

Landua, D., Arlt, M. & Sann, A. (2009). Ergebnisbericht (1. Teiluntersuchung) zum Projekt „Bundesweite Bestandsaufnahme zu Kooperationsformen im Bereich Früher Hilfen". Berlin: Deutsches Institut für Urbanistik (difu).

Macsenaere, M., Paries, G. & Arnold, J. (2008). Evaluation der Sozialpädagogischen Diagnose-Tabellen (EST!) – Abschlussbericht. Mainz: IKJ.

Meaney, M. (2010). Epigenetics and the Biological Definition of Gene x Environment Interactions. Child Development, 81, 41-79.

Metzner, F. & Pawils, S. (2009). Bundesweiter Einsatz von Risikoinventaren zur Kindeswohlgefährdung. Ergebnisse des Benchmarks 05/2009 – 09/2009. Hamburg: Universitätsklinikum Hamburg-Eppendorf.

Meysen, T., Schönecker, L. & Kindler, H. (2008). Frühe Hilfen im Kinderschutz. Weinheim und München: Juventa.

Munro, E. (1996). Avoidable and Unavoidable Mistakes in Child Protection Work. British Journal of Social Work, 26, 793-808.

Nationales Zentrum Frühe Hilfen (2009). Ergebnis des Expertinnen- und Expertengespräch zum „Fall Morsal" am 15.06.2009 im Deutschen Jugendinstitut in München (www.hamburg.de/contentblob/1891836/data/expertengespraech-morsal.pdf).

Norman, G. (2009). Dual processing and diagnostic errors. Advances in Health Science Education, 14, 37-49.

Opitz, E. (1959). Verwahrlosung im Kindesalter. Göttingen: Hogrefe.

Pothmann, J. & Wilk, A. (2009). Wie entscheiden Teams im ASD über Hilfebedarf? Untersuchung zur Gegenüberstellung von Strukturen, Prozessen und Ergebnissen des Fallmanagements kommunaler sozialer Dienste und sich daraus ergebende Konsequenzen für Praxisentwicklung. Abschlussbericht für die Stiftung Jugendmarke. Dortmund: Forschungsverbund Deutsches Jugendinstitut/Technische Universität Dortmund.

Reason, J. (1997). Managing the risk of organisational accidents. Aldershot: Ashgate.

Roisman, G. & Fraley, C. (2008). A behavior-genetic study of parenting quality, infant attachment security, and their covariation in a nationally representative sample. Developmental Psychology, 44, 831-839.

Rubin, A. & Babbie, E. (2010). Research Methods for Social Work (7th Ed). Belmont: Wadsworth.

Rutschky, K. (1977). Schwarze Pädagogik. Quellen zur Naturgeschichte der bürgerlichen Erziehung. Frankfurt u.a.: Ullstein.

Rutter, M., Pickles, A., Murray, R. & Eaves, L. (2001). Testing hypotheses on specific environmental causal effects on behaviour. Psychological Bulletin, 127, 291-324.

Schaefer, J. (2010). Child Abuse Prevention By Home Visitors: A Study of Outstanding Home Visitors Using Mixed Methods. Indianapolis: Indiana University.

Seto, M., Kjellgren, C., Priebe, G., Mossige, S., Svedin, C. G. & Långström, N. (in press). Sexual coercion experience and sexually coercive behavior: a population study of Swedish and Norwegian male youth. Child Maltreatment.

Stith, S. M., Liu, T., Davies, C., Boykin, E., Alder, M., Harris, J., Som, A., McPherson, M. & Dees, J. (2009). Risk factors in child maltreatment: A meta-analytic review of the literature. Aggression and Violent Behaviour, 14, 13-29.

Strasser, J. (2006). Erfahrung und Wissen in der Beratung. Theoretische und empirische Analysen zum Entstehen professionellen Wissens in der Erziehungsberatung. Göttingen: Cuvillier.

Strasser, J. & Gruber, H. (2003). Kompetenzerwerb in der Beratung. Eine kritische Analyse des Forschungsstands. Psychologie in Erziehung und Unterricht, 50, 381-399.

Strobel, B., Liel, C. & Kindler, H. (2008). Validierung und Evaluierung des Kinderschutzbogens. Ergebnisbericht. München: DJI.

Thompson, R. & Nelson, C. (2001). Developmental science and the media: Early brain development. American Psychologist, 56, 5-15.

Twardosz, S. & Lutzker, J. R. (2010). Child maltreatment and the developing brain: A review of neuroscience perspectives. Aggression and Violent Behavior, 15, 59-68.

Uhlendorff, U. (2010). Sozialpädagogische Diagnosen III. Ein sozialpädagogisch-hermeneutisches Diagnoseverfahren für die Hilfeplanung (3. Aufl.). Weinheim: Juventa.

Unterstaller, A. (2006) Wie kann ein Verdacht auf sexuellen Missbrauch abgeklärt werden? In H. Kindler, S. Lillig, H. Blüml, T. Meysen & A. Werner (Hrsg.), Handbuch Kindeswohlgefährdung nach § 1666 BGB und Allgemeiner Sozialer Dienst (ASD) (S. 430-438). München: DJI,.

Wood, J. M. (1996). Weigthing Evidence in Sexual Abuse Evaluations: An Introduction to Bayes's Theorem. Child Maltreatment, 1, 25-36.

Wortman, P. M. (1994). Judging Research Quality. In H. Cooper & L. V. Hedges (Eds.), The handbook of research synthesis (pp. 97-109). New York: Russell.

Risiko- und Schutzfaktoren – Grundlagen und Gegenstand psychologischer, medizinischer und sozialpädagogischer Diagnostik im Kinderschutz

Günther Deegener, Wilhelm Körner

Kenntnisse über Risiko- und Schutzfaktoren und deren Wechselwirkung sind eine unerlässliche, aber keine hinreichende Bedingung für eine seriöse Diagnostik von Kindesmisshandlung und Vernachlässigung und sollten Bestandteil jeder einschlägigen Handlungsanleitung sein (vgl. Körner et al., 2011).

1. Risiko- und Schutzfaktoren von Kindeswohlgefährdungen und Kindesmishandlungen

1.1 Grundlegende Modellvorstellungen

Belsky (1980) ordnete auf der Basis eines Modells von Garbarino (1977) die Ursachen von Kindesmisshandlungen auf vier Ebenen in ein übergreifendes Bezugssystems ein und betonte die zahlreichen Wechselwirkungen auf und zwischen den Ebenen, denen zufolge im Gesamtzusammenhang spezifische Faktorenkombinationen die Wahrscheinlichkeit von Misshandlungen erhöhen bzw. verrringern können. Kein Faktor sei allerdings typisch für Kindesmisshandlungen, jeder könne auch in Familien auftreten, in denen keine Misshandlungen stattfinden:

– *Individuelle Ebene:*
z. B. Merkmale der Biografie und Persönlichkeit wie belastete Kindheit, psychische Störungen, Drogen- oder Alkoholmissbrauch, Minderbegabungen, mangelnde Fähigkeiten im Umgang mit Stress und bei der Lösung von Konflikten, mangelndes Wissen über die Entwicklung von Kindern

Werden nicht nur die Risikofaktoren berücksichtigt, durch die sich die Wahrscheinlichkeit zur Gewalt erhöht, sondern auch die Schutzfaktoren erfasst, welche die Wahrscheinlichkeit zur Gewalt und auch die Folgen von Gewalt vermindern können, so ergibt sich folgendes Bild:

– *Familiäre Ebene:*
u. a. Partnerkonflikte, gestörte Eltern-Kind-Beziehungen, beengte Wohnverhältnisse
– *Soziale/kommunale Ebene:*
z. B. kein sozial unterstützendes Netzwerk der Familie, Kriminalitätsrate in der Gemeinde, sozialer Brennpunkt
– *Gesellschaftlich-kulturelle Ebene:*
z. B. hohe Armutsquote, Toleranz gegenüber Erziehungsgewalt und aggressiven/gewaltförmigen Konfliktlösungen).

Werden nicht nur die Risikofaktoren berücksichtigt, durch die sich die Wahrscheinlichkeit zur Gewalt erhöht, sondern auch die *Schutzfaktoren* erfasst, welche die Wahrscheinlichkeit zur Gewalt und auch die Folgen von Gewalt vermindern können, so ergibt sich folgendes Bild:

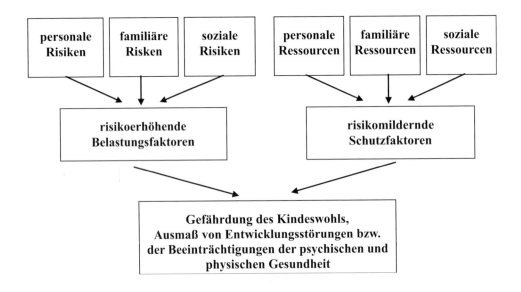

Auf der einen Seite sind die Risikofaktoren im personalen, familiären und sozialen Bereich aufgeführt, auf der anderen Seite die entsprechenden Ressourcen, die zu risikoerhöhenden Belastungsfaktoren bzw. zu risikomildernden Schutzfaktoren zusammengefasst werden. Deren Wechselwirkungen bestimmen das Ausmaß der Kindeswohlgefährdung bzw. der Entwicklungsstörungen sowie Beeinträchtigungen der psychischen und physischen Gesundheit.
Die nachfolgende Abbildung gibt eine *weitere Differenzierung* solcher Modellvorstellungen wieder (siehe Petermann et al., 2000; Bettge, 2004; Bender & Lösel, 2000, 2005):

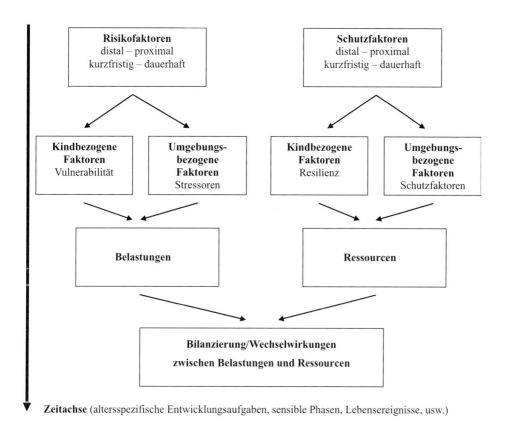

Zeitachse (altersspezifische Entwicklungsaufgaben, sensible Phasen, Lebensereignisse, usw.)

Nach dieser Einteilung können die Risiko- und Schutzfaktoren danach unterschieden werden, ob sie eher als a) *distal* (weiter entfernt) oder *proximal* (zentral gelegen) sowie b) mehr *dauerhaft* (kontinuierlich) oder eher *kurzzeitig-vorübergehend* sind. Zum Beispiel können als distale Faktoren der sozioökonomische Status einer Familie oder die Wohngegend angesehen werden, als proximale Faktoren der Erziehungsstil der Eltern oder Paarkonflikte, als dauerhafter Faktor chronische Erkrankungen sowie als kurzzeitige Faktoren Lebensereignisse wie Tod eines Verwandten oder andere traumatische Belastungen. Kombinationen ergeben sich dann bezüglich dauerhafter distaler Risikofaktoren (z. B. Armut, Langzeitarbeitslosigkeit), dauerhafter proximaler Schutzfaktoren (z. B. langfristig gute, sichere Bindung des Kindes an die Eltern oder eine andere Bezugsperson), kurzfristiger proximaler Risikofaktoren (z. B. vorübergehende Trennung der Eltern) sowie kurzfristiger distaler Schutzfaktoren (zeitlich begrenzte Aufnahme eines Kindes bei Pflegeeltern).

Die kindbezogenen Risikofaktoren bezeichnet man auch als primäre *Vulnerabilitäts-/Verletzbarkeits-Faktoren* oder *fixe/strukturelle Marker*, d. h.

Nach dieser Einteilung können die Risiko- und Schutzfaktoren danach unterschieden werden, ob sie eher als a) *distal* **(weiter entfernt) oder** *proximal* **(zentral gelegen) sowie b) mehr** *dauerhaft* **(kontinuierlich) oder eher** *kurzzeitig-vorübergehend* **sind**

diese Bedingungen verändern sich nicht (z. B. Geschlecht, genetisch bedingte Erkrankungen). *Sekundäre Vulnerabilitäts-Faktoren* entstehen dagegen im Verlaufe der Zeit sowie dabei auftretenden Phasen erhöhter Vulnerabilität in der Auseinandersetzung mit der Umwelt (z. B. Teenager-Mütter, Drogenabhängigkeit des Vaters). Das Gesamt der auftretenden Risikofaktoren kann dann den Belastungen eines Individuums zugeordnet werden.

> Die kindbezogenen risikomildernden Faktoren sowie die umgebungsbezogenen risikomildernden Bedingungen führen in ihren Wechselwirkungen beim Kind zur Resilienz

Die kindbezogenen risikomildernden Faktoren (z. B. gute Intelligenz, ausgeglichenes Temperament in der frühen Kindheit) sowie die umgebungsbezogenen risikomildernden Bedingungen (= Schutzfaktoren; z. B. erfahrene Eltern, viele Entwicklungs- und Lernanreize) führen in ihren Wechselwirkungen beim Kind zur Resilienz (= Widerstandsfähigkeit, „Unverwundbarkeit", d. h. die Fähigkeit, auch ausgeprägtere Lebensbelastungen mehr oder weniger erfolgreich bewältigen/überstehen zu können) und zur Erweiterung vielfältiger Kompetenzen (z. B. kognitive und psychosoziale Kompetenzen, Problemlösungs-Fähigkeiten), was dann insgesamt den Bereich der Ressourcen eines Kindes ergibt.

Mit Sturzbecher und Dietrich (2007, S. 8) verweisen wir in diesem Zusammenhang weiter auf die wichtige Beziehung zwischen *Belastungs- bzw. Risikoniveaustufen* einerseits sowie auf die *Entwicklungs-Outcomes* andererseits (nach Masten & Reed, 2002). Dabei können vier Personengruppen unterschieden werden:

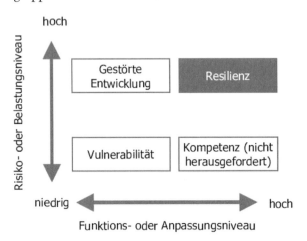

Danach ist der Begriff *Resilienz* denjenigen Personen vorbehalten, die ein hohes Funktions- oder Anpassungsniveau trotz hoher (bedeutsamer) Risiken erreichen, während Personen, die ebenfalls ein hohes Funktions- oder Anpassungsniveau aufweisen, aber nur geringen Risiken ausgesetzt sind, als *kompetent* (aber noch nicht aufgrund von Risiken herausgefordert) bezeichnet werden. Personen, die trotz eines nur geringen Risikoniveaus ein geringes Funktions- und Anpassungsniveau aufweisen, werden als mehr oder weniger vulnerabel gekennzeichnet.

1.2 Risikofaktoren

Aufgrund der Forschung (Überblick bei Egle & Hoffmann, 2000; siehe auch die Forschungsübersicht von Krahé & Greve, 2002, zu den Ursachen von Aggression und Gewalt sowie die Übersichten des Deutschen Jugendinstituts zu situativen, kindlichen, elterlichen und sozialen Risikofaktoren von Kindeswohlgefährdungen von Reinhold & Kindler, 2005a,b,c sowie Seus-Seberich, 2005) können *folgende Risikofaktoren* für eine – hier zunächst ganz allgemein – positive, gesunde Entwicklung von Kindern als *gesichert* angesehen werden:

- Niedriger sozioökonomischer Status
- Große Familie und beengte Wohnverhältnisse, soziale Ghettos
- Belastungen der Eltern mit
  - psychischen Störungen
  - schlechter Schulbildung
  - schwerer körperlicher Erkrankung/Behinderung
  - Alkohol- oder Drogenabhängigkeit
  - starker beruflicher Anspannung (beider Eltern oder des alleinerziehenden Elternteils)
- Trennungen/Verluste von Elternteilen durch
  - Scheidung, Tod
  - frühe mütterliche Berufstätigkeit (außer Haus) im 1. Lebensjahr ohne feste, dauerhafte Bezugsperson für das Kind
  - Trennungen von anderen wichtigen Bezugspersonen, z. B. Geschwistern, engen FreundInnen, Großeltern
- Chronische Disharmonie in der Familie
  - Ehekonflikte, Erziehungsprobleme, Gewaltklima
  - Kriminalität in der Familie
- Mütter-Merkmale
  - Alleinerziehende
  - Teenager-Mütter
  - sehr alte Mütter
  - nicht verheiratete Mütter
  - schlechte Schulbildung
- Väter-Merkmale
  - permanente Abwesenheit in der frühen Kindheit
  - autoritäre Väter
  - Arbeitslosigkeit
  - sehr junge oder sehr alte Väter
  - schlechte Schulbildung

Aufgrund der Forschung können folgende Risikofaktoren für eine – hier zunächst ganz allgemein – positive, gesunde Entwicklung von Kindern als gesichert angesehen werden

- Häufig wechselnde Beziehungen im Zusammenhang von
  - Umzügen, Schulwechseln, Trennung von Elternteilen, Stiefeltern, Heimaufenthalten usw.
- Kindesmisshandlung (körperliche, seelische, sexuelle, vernachlässigende)
- Mangelnde soziale Unterstützung
  - soziale Isolierung der Familie
  - mangelnde familiäre Bindungen bzw. soziale Unterstützung in der Verwandtschaft
  - schlechte Kontakte zu Gleichaltrigen
- Geringer Altersabstand zum nächstjüngeren Kind (kleiner 18 Monate)
- Erhebliche Belastungen durch Geschwister
- Uneheliche Geburt
- Geschlecht: Jungen sind vulnerabler als Mädchen

Wustmann (2007, S. 131) ordnet in der folgenden Tabelle die Risikofaktoren nach den *primären* und *sekundären Vulnerabilitätsfaktoren*:

Risikoeinflüsse im Kindes- und Jugendalter nach Wustmann (2007)	
Primäre Vulnerabilitätsfaktoren	**Sekundäre Vulnerabilitätsfaktoren**
- Prä-, peri- und postnatale Faktoren (z. B. Frühgeburt, Geburtskomplikationen, niedriges Geburtsgewicht, Erkrankung des Säuglings) - Neuropsychologische Defizite - Psychophysiologische Faktoren (z. B. sehr niedriges Aktivationsniveau) - Genetische Faktoren (z. B. Chromosomenanomalien) - Chronische Erkrankungen (z. B. Asthma, Neurodermitis, schwere Herzfehler, hirnorganische Schädigungen) - Schwierige Temperamentsmerkmale, frühes impulsives Verhalten, hohe Ablenkbarkeit - Unsichere Bindungsorganisation - Geringe kognitive Fertigkeiten: niedriger Intelligenzquotient, Defizite in der Wahrnehmung und sozial-kognitiven Informationsverarbeitung - Geringe Fähigkeiten zur Selbstregulation von Anspannung und Entspannung	- Niedriger sozioökonomischer Status, chronische Armut - Aversives Wohnumfeld - Chronische familiäre Disharmonie - Elterliche Trennung und Scheidung - Wiederheirat eines Elternteils, häufig wechselnde Partnerschaften der Eltern - Arbeitslosigkeit der Eltern - Alkohol-/Drogenmissbrauch der Eltern - Psychische Störungen oder Erkrankungen eines bzw. beider Elternteile - Niedriges Bildungsniveau der Eltern - Erziehungsdefizite/ungünstige Erziehungspraktiken der Eltern (z. B. inkonsequentes, zurückweisendes oder inkonsistentes Erziehungsverhalten, körperliche Bestrafungen, mangelnde Feinfühligkeit und Responsivität) - Sehr junge Elternschaft (vor dem 18. Lebensjahr) - Häufige Umzüge, häufiger Schulwechsel - Migrationshintergrund - Soziale Isolation der Familie - Verlust eines Geschwisters, engen Freundes - Geschwister mit einer Behinderung, Lern- oder Verhaltensstörung - Mehr als vier Geschwister - Mobbing/Ablehnung durch Gleichaltrige

Die angeführten Risikofaktoren dürfen nun allerdings nicht einfach dahingehend interpretiert werden, dass ein einzelner Faktor als sicherer Hinweis für spätere Entwicklungsstörungen von Kindern angesehen wird.

Ein einzelner Faktor muss schon relativ ausgeprägt vorhanden sein, um die Wahrscheinlichkeit des Auftretens von Entwicklungsstörungen beim Kind stark zu erhöhen. In der Regel sind es mehrere Risikofaktoren, die gemeinsam wirken und dann zu einer verhängnisvollen Entwicklung für Eltern und Kinder führen. Aber auch diese Risikofaktoren müssen dann nicht jeder für sich ein sehr großes Ausmaß aufweisen, um zu ausgeprägt negativen Auswirkungen auf die Kinder zu führen. Laien fallen häufig nur herausragende, besonders erschütternde und stark traumatisierende Ereignisse ein, wenn sie an Kinder denken, die sehr stark unter ihren Mitmenschen leiden. Nicht selten führen aber verschiedene Faktoren mit jeweils nur geringer Ausprägung aufgrund ihrer Wechselwirkungen schnell zur Eskalation.

Kindler (2006, Kap. 70-2) skizziert die Relevanz von Risikofaktoren folgendermaßen:

„Stehen keine erprobten Risikoeinschätzungsverfahren zur Verfügung, so müssen sich Fachkräfte bei der Abschätzung von Misshandlungs- und Vernachlässigungsrisiken auf ihre Kenntnis der Literatur über Risikofaktoren und die Gegebenheiten im Einzelfall verlassen. Ein fachlich angemessenes Vorgehen erfordert dabei eine Gesamtbewertung des Risikos auf der Grundlage einer Analyse von Risikofaktoren in verschiedenen Bereichen. Einzelne Risikofaktoren, wie etwa eine belegte Misshandlung in der Vergangenheit oder die psychische Erkrankung eines Elternteils, sind nur in seltenen Einzelfällen so aussagekräftig, dass sie für sich genommen die Annahme eines hohen zukünftigen Misshandlungs- oder Vernachlässigungsrisikos rechtfertigen.

In der Regel sei eine Kombination von drei und mehr bedeutsamen Risikofaktoren erforderlich, um ein fortbestehendes hohes Misshandlungs- bzw. Vernachlässigungsrisiko plausibel begründen zu können."

Zum Beleg seiner Position verweist der Autor auf eine Längsschnittstudie von Brown et al. 1998, in der „sich beispielsweise ein substanzieller Anstieg der Wahrscheinlichkeit des Auftretens einer Form der Kindeswohlgefährdung ab einem Vorliegen von vier oder mehr Risikofaktoren" (ebd., Kap. 70-9) zeigte.

Ähnliche Beschreibungen von Risikofaktoren finden sich nun auch in der spezifischen Literatur über Kindesmisshandlungen, wobei die folgende Auflistung sich weitgehend auf die umfassende Literatur-

> **In der Regel sei eine Kombination von drei und mehr bedeutsamen Risikofaktoren erforderlich, um ein fortbestehendes hohes Misshandlungs- bzw. Vernachlässigungsrisiko plausibel begründen zu können**

übersicht mit Schwerpunkt auf Risikofaktoren für körperliche Misshandlung von Bender und Lösel (2000) stützt:

1. Merkmale der Eltern

1.1 Demographische Variablen:
- Je jünger die Mütter bei der Entbindung, desto höher das Misshandlungsrisiko
- Jüngere Mütter höheres Misshandlungsrisiko als ältere Mütter
- Große Kinderzahl höheres Misshandlungsrisiko

1.2 Psychische Störungen und Persönlichkeitsmerkmale
- Misshandelnde Eltern überzufällig häufig depressiv
- Negative Befindlichkeiten wie erhöhte Ängstlichkeit, emotionale Verstimmung, Unglücklichsein können das Misshandlungsrisiko erhöhen
- Gleiches gilt für erhöhte Erregbarkeit, geringe Frustrationstoleranz, Reizbarkeit verbunden mit Impulskontroll-Störungen
- Stress und Gefühl der Überbeanspruchung erhöhen das Misshandlungsrisiko
- Erhöhtes Misshandlungsrisiko bei Alkohol- und Drogenproblemen
- Erziehungsstil mit vielen Drohungen, Missbilligungen, Anschreien erhöht das Risiko zur körperlichen Misshandlung
- Dissoziale, soziopathische bzw. psychopathische Eltern (uneinfühlsam, manipulativ, impulsiv, bindungsarm) neigen zu Kindesmisshandlungen
- Überhöhte Erwartungen an die Kinder, auch in Verbindung mit mangelnden Kenntnissen über die kindlichen Entwicklungsnormen, erhöhen das Misshandlungsrisiko
- Befürwortung körperlicher Strafen senkt die Schwelle zur körperlichen Kindesmisshandlung

1.3 Eigene Gewalterfahrungen
- Eigene Gewalterfahrungen in der Kindheit erhöhen das Risiko, diese auch selbst in der Erziehung auszuüben. Die Rate dieses Gewalttransfers wird auf etwa 30% geschätzt.

2. Merkmale des Kindes

2.1 Demographische Merkmale
- Tendenzen zu Häufigkeitsgipfeln für Misshandlungen in der frühesten Kindheit und der Pubertät
- Tendenzen zu häufigerer körperlicher Misshandlung von Jungen

Merkmale der Eltern:
- *Demographische Variablen*
- *Psychische Störungen und Persönlichkeitsmerkmale*
- *Eigene Gewalterfahrungen*

Merkmale des Kindes:
- *Demographische Merkmale*
- *Physische Merkmale*
- *Verhaltensprobleme*

2.2 Physische Merkmale
- Mangelgeburten, geringes Körpergewicht führt zu erhöhtem Misshandlungsrisiko
- Gleiches gilt für gesundheitliche Probleme, Entwicklungsverzögerungen, Behinderungen

2.3 Verhaltensprobleme
- Schwieriges Temperament bei Kleinkindern (schwer zu beruhigen, Schlafstörungen, Schreikinder, Fütterstörungen) erhöhen das Risiko zu Misshandlungen
- Bei Kindern mit Verhaltensproblemen (externalisierenden wie internalisierenden) erhöht sich das Misshandlungsrisiko

3. **Merkmale des direkten sozialen Umfeldes**

    3.1 Unterschicht und Arbeitslosigkeit
    - Geringe finanzielle Ressourcen und Abhängigkeit von staatlicher Unterstützung erhöhen das Risiko zu Misshandlung und Vernachlässigung
    - Arbeitslosigkeit bei Männern erhöht das Risiko für körperliche Misshandlung

    3.2 Wohngegend und Nachbarschaft
    - Wohngegend und Nachbarschaft mit hoher Gewaltrate und hoher Armutsrate erhöhen das Misshandlungsrisiko

    3.3 Soziales Netzwerk
    - Soziale Isolierung, wenig Kontakte zu Verwandten erhöhen das Misshandlungsrisiko
    - Das Gleiche gilt für Familien mit wenig sozialer Unterstützung, vielen Umzügen

4. **Kulturelle und gesellschaftliche Faktoren**

    In diesem Bereich müssen folgende Faktoren beachtet werden, die die Schwelle zu (körperlicher) Gewalt reduzieren können: Erziehungseinstellungen und -praktiken (auch in unterschiedlichen ethnischen Gruppen), hohe Armutsrate bzw. hohe Anzahl von Sozialhilfeempfängern, Normen/Gesetze der Gesellschaft gegenüber körperlichen Strafen, Ausmaß der staatlichen Hilfen/Jugendhilfemaßnahmen, gesellschaftliche Verbreitung von Gewalt und Ausmaß von Gewalterfahrungen in Kindheit und Jugend.

Kindler (2009) konnte aufgrund seiner Literaturrecherche von 15 Längsschnittstudien insgesamt *22 Faktoren extrahieren*, die sich in mindestens zwei dieser Studien als Vorhersagefaktoren für frühe Vernachlässigung und Misshandlung bewährt hatten und deren Rolle als Risikofaktor er als am ehesten „gesichert" ansieht. Er ordnet diese Faktoren den in der folgenden Tabelle aufgeführten acht Bereichen

Merkmale des direkten sozialen Umfeldes:
- Unterschicht und Arbeitslosigkeit
- Wohngegend und Nachbarschaft
- Soziales Netzwerk

Kulturelle und gesellschaftliche Faktoren

Kindler (2009) konnte aufgrund seiner Literaturrecherche von 15 Längsschnittstudien insgesamt *22 Faktoren extrahieren*, die sich in mindestens zwei dieser Studien als Vorhersagefaktoren für frühe Vernachlässigung und Misshandlung bewährt hatten und deren Rolle als Risikofaktor er als am ehesten „gesichert" ansieht

zu, wobei für inhaltlich eng verwandte, aber in verschiedenen Untersuchungen unterschiedlich benannte Risikofaktoren ein einheitlicher Begriff gewählt wurde:

Grobindikatoren der sozialen Lage der Familie	**Grobindikatoren der sozialen Lage der Familie:** - Medicaid (sozialhilfeartige Leistung in den USA zur Finanzierung medizinischer Behandlungskosten z. B. für Menschen mit geringem Einkommen/Armut) - Armut/Sozialeinkommen - Niedriger Bildungsstand
Lebenssituation der Familie	**Lebenssituation der Familie:** - Häufige Umzüge - Partnerschaftsprobleme/-gewalt - Sozial isoliert, wenig Unterstützung
Persönliche Voraussetzungen	**Persönliche Voraussetzungen von Mutter/Vater für die Bewältigung von Fürsorgeaufgaben:** - Geringer IQ - Sehr jung - Selbst Gefährdung erfahren - In Fremdbetreuung - Geringes Selbstvertrauen
Psychische Gesundheit	**Psychische Gesundheit Mutter/Vater:** - Psychisch auffällig - Depressive Anzeichen - Emotional instabil - Impulsiv/aggressiv
Schwangerschaft und Haltung gegenüber Schwangerschaft und dem Kind	**Verhalten während der Schwangerschaft und Haltung gegenüber Schwangerschaft und dem Kind:** - Unzureichende Vorsorge - Ungewolltes Kind, negativ gegenüber dem Kind - Negative Attributionen, unrealistische Erwartungen
Fürsorgeanforderungen	**Fürsorgeanforderungen durch Kind und Geschwister sowie Geschichte der Fürsorge für andere Kinder:** - Geringes Geburtsgewicht - Schwieriges Kind - Mehrere kleine Kinder versorgen
Beobachtbares Fürsorgeverhalten	**Beobachtbares Fürsorgeverhalten Mutter/Vater:** - Problematisches Fürsorgeverhalten

In der Literatur finden sich vielerlei Hinweise, dass eine *Zunahme von Risikofaktoren* zu einer erhöhten Wahrscheinlichkeit für *Entwicklungsstörungen* beim Kind/Erwachsenen oder für Kindesmisshandlungen führt:

> → siehe zum Beispiel die gewichtete Risikoliste von Dührssen, 1984 sowie Dührssen & Liebertz, 1999; diese Liste wurde von Egle & Hoffmann, 2000 um die Risikofaktoren der körperlichen Misshandlung und des sexuellen Missbrauchs erweitert, wobei ihre Untersuchung zeigen konnte, dass bei schweren psychischen Erkrankungen von Erwachsenen höhere Kindheitsbelastungswerte auftraten als bei leichten psychischen Erkrankungen.
> → Egle et al. (2002, S. 124) fassen ihren Forschungsüberblick folgendermaßen zusammen: Wissenschaftliche Langzeitstudien erbrachten in den letzten 20 Jahren, dass die Wahrscheinlichkeit, im Erwachsenenalter eine psychische oder psychosomatische Erkrankung zu entwickeln, durch das Einwirken psychosozialer Belastungen in der Kindheit (bis zum 14. Lebensjahr) um das 5- bis 20fache erhöht wird.
> → Siehe auch die empirische Untersuchung von Hardt, 2003, zu den psychischen Langzeitfolgen manifester Kindheitsbelastungen.

Bender und Lösel (2005) weisen bei diesen Risikofaktoren weiter auf die folgenden vielfältigen möglichen Wechselwirkungen und Ursachenzusammenhänge hin:
- „Das Misshandlungsrisiko dürfte gerade dann erhöht sein, wenn Kinder mit schwierigem Temperament auf überlastete, impulsive und wenig kompetente Eltern treffen" (S. 329).
- Letzteres trifft zum Beispiel vermehrt auf Familien der Unterschicht zu: „Geringe finanzielle Ressourcen und die Abhängigkeit von staatlicher Unterstützung erwiesen sich in verschiedenen prospektiven Studien als signifikante Prädiktoren von Misshandlung und Vernachlässigung" (S. 330).
- Dabei kann dann auch „das Risiko für Entwicklungs- und Gesundheitsprobleme der Kinder" in unteren sozialen Schichten erhöht sein (S. 330), weiter kann zusätzlich „weniger Kenntnis von kindlichen Entwicklungsnormen" (S. 322) bestehen, was wiederum zu unangemessenen Erwartungen an das kindliche Verhaltens sowie negativem Erziehungsverhalten führen kann.
- Auch ist an das soziale Umfeld von Familien der unteren sozialen Schicht zu denken: „Ist die Nachbarschaft eher depriviert, arm und durch hohe Gewaltrate gekennzeichnet, erhöht sich das Ausmaß an Gewalt in Familien generell" (S. 330).
- Dies wiederum kann zu einer erhöhten Rate der Weitergabe von familiärer Gewalt und Kindesmisshandlung von Generation zu Generation führen. Wenn dann Misshandlung in der Familie auftritt, führt dies zu einem erhöhten Risiko, „dass misshandelnde Familien sozial isolierter sind, kleinere Netzwerke haben und

Das Misshandlungsrisiko dürfte gerade dann erhöht sein, wenn Kinder mit schwierigem Temperament auf überlastete, impulsive und wenig kompetente Eltern treffen

Lösel et al. (2004) untersuchten in diesem Zusammenhang die Auswirkungen der Kumulation von Risikofaktoren auf das Ausmaß der Verhaltensauffälligkeiten der Kinder, und zwar in Bezug auf ungünstige Erziehungsmerkmale, wobei jeweils als ein Risiko gezählt wurde, „wenn Mütter oder Väter zu jenen 10 Prozent der Eltern gehörten, die am meisten körperlich straften, am wenigsten engagiert waren, am inkonsistentesten erzogen, am wenigsten mit ihrer Erziehung zufrieden waren oder in anderen Erziehungsmerkmalen ungünstige Ausprägungen berichteten"

weniger Kontakte zu ihren Verwandten aufweisen und sich insgesamt weniger unterstützt fühlen" (S. 331).

- Schwieriges Temperament des Kindes kann dann bei Müttern dazu führen, dass sie „auf kindliches Schreien stärker physiologisch" reagieren und auch längere Zeit brauchen, um sich wieder zu beruhigen (S. 321), aber misshandelnde Mütter können zusätzlich eine Reihe von Merkmalen aufweisen, die sie „anfällig für eskalierende Eltern-Kind-Interaktionen" machen können (S. 321) wie z. B.: „Sie disziplinierten ihre Kinder häufiger mit feindseligen, verbalen Reaktionen" (S. 321), „befürworteten häufiger körperliche Bestrafungen als Erziehungsmittel" (S. 322), „hatten geringere erzieherische Kontrollüberzeugungen ... und ein negativeres Selbstkonzept" (S. 322).

Lösel et al. (2004) untersuchten in diesem Zusammenhang die Auswirkungen der Kumulation von Risikofaktoren auf das Ausmaß der Verhaltensauffälligkeiten der Kinder, und zwar in Bezug auf ungünstige Erziehungsmerkmale, wobei jeweils als ein Risiko gezählt wurde, „wenn Mütter oder Väter zu jenen 10 Prozent der Eltern gehörten, die am meisten körperlich straften, am wenigsten engagiert waren, am inkonsistentesten erzogen, am wenigsten mit ihrer Erziehung zufrieden waren oder in anderen Erziehungsmerkmalen ungünstige Ausprägungen berichteten":

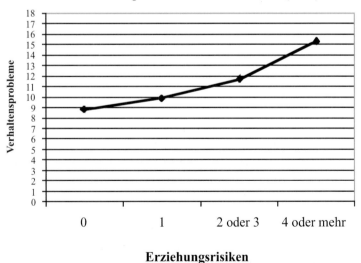

Zusammenhang zwischen der Anzahl von Erziehungsrisiken und der Intensität kindlicher Verhaltensprobleme nach Lösel et al. (2004)

In der Gruppe mit keinem Erziehungsrisiko fanden sich im Mittel fast 9 kindliche Verhaltensprobleme, während in der Gruppe mit vier und mehr Erziehungsrisiken im Mittel ungefähr 15 kindliche Verhaltensprobleme auftraten.

Wie hoch die Belastung mit Risikofaktoren in der psychosozialen Praxis ist, soll an einem Beispiel aufgezeigt werden: Vizard et al. (2007a) untersuchten 280 junge Menschen mit sexuell übergriffigem, aggressivem Verhalten im Alter von 5 bis 21 Jahren bei einem mittleren Alter von 13;9 Jahre. In Bezug auf die Häufigkeit von selbst erlittener Misshandlung ergaben sich extrem hohe Werte:

- Sexueller Missbrauch   71 %
- Körperliche Misshandlung   66 %
- Seelische Misshandlung   74 %
- Körperliche Vernachlässigung   59 %
- Mangelnde elterliche Beaufsichtigung   49 %

Darüber hinaus lagen u. a. folgende Belastungsfaktoren vor:
- Psychische Störung der Mutter   35 %
- Misshandlung/Vernachlässigung der Mutter in der Kindheit   35 %
- Erleiden der Mutter von Gewalt durch den Partner   44 %
- Vorstrafen des Vaters   29 %
- Kinder leben mit leiblichen Eltern zusammen   5 %
- Tod eines Familienmitglieds/bedeutsamer Bezugsperson   30 %
- Inkonsistente elterliche Erziehung   44 %
- Übermäßig strenge elterliche Erziehung   53 %
- Sexualisierendes familiäres Klima   44 %
- Außerhäusliche Unterbringung des Kindes/Jugendlichen   76 %
- Wechselnde Wohnsitze (2- bis 5-mal)   45 %
- 1 bis 5 Schulwechsel   63 %

Je stärker ausgeprägt und früher nun multiple bis chronische und sich überlagernde Belastungsfaktoren vorliegen, umso eher müssen komplexere, tief greifende Störungen der kognitiven, emotionalen, sozialen und neurobiologischen Entwicklung erwartet werden. Dabei erscheinen die entstehenden unsicheren oder desorganisierten Bindungsmuster/mentalen Bindungsrepräsentationen mit ihren wiederum vielfältigen negativen – kognitiven, emotionalen, sozialen – Folgen besonders wichtig, die Vizard et al. (2007b) auch untersuchten:

Je stärker ausgeprägt und früher nun multiple bis chronische und sich überlagernde Belastungsfaktoren vorliegen, umso eher müssen komplexere, tief greifende Störungen der kognitiven, emotionalen, sozialen und neurobiologischen Entwicklung erwartet werden

	Vizard et al., 2007b			
	Beginn sexuell missbrauchenden Verhaltens		Ausgeprägte Persönlichkeits- und Verhaltensstörungen	
	≤ 10 Jahre N = 93	≥ 11 Jahre N = 120	Ja N = 54	Nein N = 149
Unsichere Bindung	68 %	33 %**	72 %	44 %**

** p < 0.01

Begann das sexuell missbrauchende Verhalten früh (≤ 10 Jahre), so wurde in 68% der Fälle eine unsichere Bindung festgestellt gegenüber 33% bei späterem Beginn des missbrauchenden Verhaltens (≥ 11 Jahre). Ähnliche Unterschiede traten auf bei der Aufteilung „Ja/Nein" bezüglich ausgeprägter Persönlichkeits- und Verhaltensstörungen (72 gegenüber 44% unsicherer Bindung) – wobei alle Prozentzahlen insgesamt als sehr hoch anzusehen sind.

Zu fragen ist nun weiter, ob es *differentielle Risikofaktoren* für verschiedene Formen der Kindesmisshandlung gibt. Grundlegend muss davon ausgegangen werden, dass es keine Ursachenfaktoren gibt, von denen gesagt werden kann, dass sie bei spezifischen Kindesmisshandlungen im Vergleich mit anderen Misshandlungsformen eine wirklich herausragende, eindeutig überwertige Bedeutung aufweisen würden. In der Literatur werden zwar immer wieder z. B. Risikofaktoren der Vernachlässigung wie depressive Mütter oder Teenager-Mütter oder väterliches Suchtverhalten, chronisch-kranke und behinderte Kinder sowie Armut aufgelistet, aber solche Risikofaktoren können – jeder für sich wie in Kombination miteinander – auch bei den anderen Formen der Kindesmisshandlung sowie in nicht-misshandelnden Familien auftreten.

Anhand von zwei Veröffentlichungen sei exemplarisch auf die bei *Vernachlässigung* empirisch gefundenen Risikofaktoren eingegangen.
1. Mayer et al. (2007) werteten die Quebec Incidence Study danach aus, ob sich Merkmale finden lassen, die vernachlässigte Kinder von Kindern mit anderweitigen Misshandlungsformen unterscheiden. Bei den vernachlässigten Kindern (N = 1172) kam es zur alleinigen Misshandlung durch Vernachlässigung lediglich in der 43% der Fälle, d. h. 57% wiesen nach Angaben der Autoren auch weitere Misshandlungsformen oder aber Verhaltensauffälligkeiten auf, welche Interventionen nötig machten. In der Vergleichsgruppe mit anderweitigen Misshandlungsformen (N = 1769) lag in keinem Fall auch eine Vernachlässigung vor.

Zusammengefasst ergaben univariate und multivariate statistische Analysen, dass die vernachlässigten Kinder gegenüber der Vergleichsgruppe

> → signifikant jünger waren,
> → häufiger schon früher den Kinderschutzdiensten bekannt waren,
> → häufiger aus Familien mit Alleinerziehenden stammten und
> → mehr Geschwister aufwiesen.
> → Ihre Eltern erlitten gegenüber den Eltern der Vergleichsgruppe in der Kindheit häufiger Misshandlungen,
> → wiesen häufiger Alkohol- und Drogenmissbrauch, psychische Störungen und Minderbegabungen auf,
> → lebten häufiger in Armut
> → und hatten weniger soziale Unterstützung.

2. Stith et al. (2009) bezogen in ihre Meta-Analyse 155 Studien mit 39 Risikofaktoren ein, um bedeutsame Risikofaktoren für die Entstehung körperlicher Misshandlung oder aber Vernachlässigung zu identifizieren. Die größten und als sehr ausgeprägt einzustufenden Effektstärken bei der Vernachlässigung fanden sich bei folgenden Faktoren, wobei in der rechten Spalte die in den jeweiligen Studien erfassten Merkmale zu diesen Faktoren aufgeführt sind:

Stith et al. (2009) bezogen in ihre Meta-Analyse 155 Studien mit 39 Risikofaktoren ein, um bedeutsame Risikofaktoren für die Entstehung körperlicher Misshandlung oder aber Vernachlässigung zu identifizieren. Die größten und als sehr ausgeprägt einzustufenden Effektstärken bei der Vernachlässigung fanden sich bei folgenden Faktoren

Faktoren	In den jeweiligen Studien u. a. erfasste Merkmale zu den Faktoren
Eltern-Kind-Beziehung	Negative Eltern-Kind-Interaktionen; geringe emotionale Zuwendung und Gefühlsbindung der Eltern gegenüber dem Kind; negative kindliche Emotionen gegenüber den Eltern; unsicheres Bindungsverhalten des Kindes
Eltern nehmen das Kind als Problem wahr	Hohe Anzahl kindlicher Verhaltensauffälligkeiten; überhöhte/überfordernde wie auch unterfordernde Erwartungen an das Kind
Elterlicher Stress	Hohe Anzahl von kritischen, belastenden Lebensereignissen; hohes Ausmaß täglicher Stressbelastung
Ärger/Hyperreagibilität der Eltern	Erhöhte elterliche Erregbarkeit und Aggressionsneigung; Neigung, anderen Personen zu misstrauen und sie als bedrohlich zu erleben; erhöhte physiologische Reaktivität; erhöhte Überzeugungen, sich bei vielen Ereignissen hilflos und ausgeliefert zu fühlen
Selbstwertgefühl der Eltern	Niedriges Selbstwertgefühl; negatives Selbstbild; geringe Wahrnehmung psychosozialer Zuwendung und Unterstützung; Gefühl der Unzulänglichkeit und Wertlosigkeit als Familienmitglied

Weiter zeigte sich in dieser Meta-Analyse, dass z. B. die Faktoren „Eltern nehmen das Kind als Problem wahr" sowie „Ärger/Hyperreagibilität der Eltern" auch sehr bedeutsame Risikofaktoren für die körperliche Misshandlung waren. Es geht also immer nur um die relative Bedeutsamkeit von Risikofaktoren als Ursache einer bestimmten Form der Kindesmisshandlung. Für die Vernachlässigung kann dann beispielhaft formuliert werden, dass je mehr, je stärker ausgeprägt und zeitlich überdauernd deren angeführte Risikofaktoren in einer Familie vorliegen, umso mehr steigt die Wahrscheinlichkeit für Vernachlässigung – aber dies darf nicht dazu führen, bei einer solchen Kumulation von Risikofaktoren das Gefährdungspotential für andere Misshandlungsformen zu unterschätzen. Allgemein wäre es wünschenswert, wenn es in Forschung und Praxis endlich Standard würde, bei jedem Einzelfall Hinweisen nach allen Formen der Kindesmisshandlung nachzugehen sowie umfassend die personalen, familiären und sozialen Risikofaktoren abzuklären – bei ebenso sorgfältiger Erfassung der risikomildernden personalen, familiären und sozialen Ressourcen und Schutzfaktoren.

1.3 Schutzfaktoren und Ressourcen

In den als aussagekräftig anzusehenden Untersuchungen werden vor allen Dingen die folgenden biographischen Schutzfaktoren von Entwicklungsstörungen (nach Egle und Hoffmann, 2000, S. 21; eine Übersicht zu diesem Bereich bietet das Themenheft „Resilienz, Ressourcen, Schutzfaktoren – Kinder, Eltern und Familien stärken" der Zeitschrift Kindesmisshandlung und Vernachlässigung, 10, 2007) aufgelistet:

- dauerhafte gute Beziehung zu mindestens einer primären Bezugsperson
- seelisch gesunde Eltern
- sicheres Bindungsverhalten in der frühen Kindheit
- Großfamilie, kompensatorische Elternbeziehungen, Entlastung der Mutter
- gutes Ersatzmilieu nach frühem Mutterverlust
- wenig konflikthaftes, offenes und auf Selbständigkeit orientiertes Erziehungsklima
- überdurchschnittliche Intelligenz
- robustes, aktives und kontaktfreudiges Temperament
- internale Kontrollüberzeugungen, hohe Selbstwirksamkeits-Erwartungen (d.h. das Gefühl, die Probleme und Konflikte und zukünftigen Lebensaufgaben bewältigen zu können)
- sicheres Bindungsverhalten
- wenig kritische Lebensereignisse

- positive Schulerfahrungen
- soziale Förderung (z. B. Jugendgruppe, Schule, Kirche)
- verlässlich unterstützende Bezugsperson(en) im Erwachsenenalter.

Vergleichbare Schutzfaktoren wurden auch in der Forschung zu der Frage gefunden, wodurch die negativen Folgen für Kinder, die in der Kindheit häufiger misshandelt oder stark vernachlässigt wurden, gemindert werden können. Nach Bender und Lösel (2000, S. 58) kann diese Reduzierung erreicht werden,
- wenn Kinder eine gute und dauerhafte Versorgung durch eine andere Person erhalten,
- wenn sie eine positive emotionale Beziehung zu einem anderen Erwachsenen (z. B. Verwandte, Lehrer) haben, der auch als ein Modell für die positive Problembewältigung dienen kann,
- wenn sie lern- und anpassungsfähig bzw. gute soziale Problemlöser sind,
- wenn sie einen Bereich haben, in dem sie Erfahrungen der Kompetenz und Selbstwirksamkeit entwickeln können (z. B. akademischer, sportlicher, künstlerischer oder handwerklicher Natur),
- wenn sie emotionale Unterstützung, Sinn und Struktur auch außerhalb der Familie finden (z. B. in Schule, Heim oder Kirche).

Ähnlich fasst Dornes (2000, S. 81) *drei Hauptunterschiede* zusammen, welche die Gefahr mindern, dass misshandelte Kinder zu misshandelnden Eltern werden: „Nichtwiederholer hatten in der Kindheit mindestens eine Person, an die sie sich mit ihrem Kummer wenden konnten und/oder hatten irgendwann in ihrem Leben eine längere (mehr als 1 Jahr) Psychotherapie absolviert und/oder lebten gegenwärtig häufiger in einer befriedigenden Beziehung mit Ehepartner/Freund. Ohne die Bedeutung der aktuell befriedigenden Beziehung schmälern zu wollen ..., kann doch die Fähigkeit, eine solche einzugehen, zum großen Teil auf den unter Punkt 1 und 2 beschriebenen Einfluss zurückgeführt werden: Die in der Kindheit oder der Therapie gemachte Erfahrung, dass es auch menschliche Beziehungen gibt, die befriedigend sind, erlauben es dem Betroffenen, ihre Misshandlungsschicksale zu relativieren. Theoretisch gesprochen sind ihre Selbst- und Objektrepräsentanten (in Bowlbys Terminologie die 'inneren Arbeitsmodelle' vom Selbst, vom anderen und von der Beziehung) flexibler und reichhaltiger, weil sie auch Erfahrungen mit Bindungsfiguren einschließen, die verfügbar waren, und ebenso Vorstellungen von sich selbst als liebenswert beinhalten. Dies erhöht die Bereitschaft, eine Beziehung einzugehen, bzw. die Fähigkeit, sie erfolgreich zu gestalten."

Aufgrund der *Resilienzforschung* ordnet Wustmann (2007, S. 16) die Ressourcen und Schutzfaktoren nicht nur nach Kind, Familie und engerem sozialem Umfeld, sondern auch nach Bildungsinstitutionen, dem weiteren sozialen Umfeld und den gesellschaftlichen Normen und Werten folgendermaßen:

Personale Ressourcen	**Soziale Ressourcen**
Kindbezogene Faktoren - Positive Temperamentseigenschaften, die soziale Unterstützung und Aufmerksamkeit bei den Betreuungspersonen hervorrufen (flexibel, aktiv, offen) - Erstgeborenes Kind - Weibliches Geschlecht (in der Kindheit)	*Innerhalb der Familie* - Mindestens eine stabile Bezugsperson, die Vertrauen und Autonomie fördert - Emotional positives, unterstützendes und strukturierendes Erziehungsverhalten - Zusammenhalt, Stabilität und konstruktive Kommunikation in der Familie - Enge Geschwisterbindungen - Unterstützendes familiäres Netzwerk (Verwandtschaft, Freunde, Nachbarn) *In den Bildungsinstitutionen* - Klare, transparente, konsistente Regeln und Strukturen - Wertschätzendes Klima (Wärme, Respekt und Akzeptanz gegenüber dem Kind) - Hoher, aber angemessener Leistungsstand/Positive Verstärkung der Anstrengungsbereitschaft des Kindes - Positive Peerkontakte/Positive Freundschaftsbeziehungen - Förderung der Basiskompetenzen (Resilienzfaktoren) *Im weiteren sozialen Umfeld* - Kompetente und fürsorgliche Erwachsene außerhalb der Familie, die Vertrauen und Zusammengehörigkeitssinn fördern und als positive Rollenmodelle dienen (z. B. Großeltern, Nachbarn, Freunde, Lehrer - Ressourcen auf kommunaler Ebene (z. B. Angebote der Familienbildung, Gemeindearbeit) - Vorhandensein prosozialer Rollenmodelle, Normen und Werte in der Gesellschaft (gesellschaftlicher Stellenwert von Kindern/Erziehung/Familie)

Trotz des Vorhandenseins von z. T. erheblichen Risikofaktoren können diese Schutzfaktoren eine gesunde Entwicklung ermöglichen, sogar bei ausgeprägten Traumatisierungen, wie sie schwere und langwährende Kindesmisshandlungen darstellen. Sie bewirken dies offensichtlich durch den Aufbau u. a. der folgenden Eigenschaften:
- hohes Selbstwertgefühl
- sicheres Bindungsverhalten
- geringes Gefühl der Hilflosigkeit
- starke Selbstwirksamkeitsüberzeugungen
- positive Sozialkontakte und soziale Unterstützung
- hohe soziale Kompetenz, gute Kooperations- und Kontaktfähigkeit
- gutes Einfühlungsvermögen
- hohe Kreativität, viele Interessen, Talente, Hobbys
- gute kognitive Funktionen
- geringes Gefühl der Hilflosigkeit bzw. starke Überzeugung, das eigene Leben und die Umwelt zu kontrollieren
- optimistische Lebenseinstellung

In der *Transitionsforschung*, welche die Faktoren für eine positive Bewältigung von Übergängen zwischen verschiedenen Institutionen der Bildung, Betreuung und Erziehung untersucht (z. B. von der Familie in die Krippe, von der Krippe in den Kindergarten, vom Kindergarten in die Grundschule und von dort in die weiterführenden Schularten), wurden vergleichbare Faktoren gefunden. Sie werden von Griebel und Minsel (2007) als Basiskompetenzen bezeichnet, d. h. „grundlegende Fertigkeiten und Persönlichkeitsmerkmale sowie Erlebensqualitäten, die erfolgreiche Interaktionen mit anderen Kindern und Erwachsenen und Auseinandersetzung mit der Lebensumwelt des Einzelnen ermöglichen" (a.a.O., S. 56). Von den Autoren werden folgende Basiskompetenzen angeführt:
- Selbstwertgefühl
- Selbstkonzept (Wissen über die eigene Person)
- Autonomie
- Selbstwirksamkeit
- Kontrollüberzeugungen
- Selbstregulation und selbstgesteuertes Lernen
- Problemlösefähigkeit
- Soziale Kompetenz
- Empathie
- Kooperationsfähigkeit, kooperatives Lernen

In der folgenden Tabelle nach Wustmann (2007, S. 177) werden Handlungsstrategien aufgezeigt, mit denen die Entwicklung von Resilienzfaktoren angeregt wird:

Resiliente Verhaltensweisen können gefördert werden, indem man...	Förderung von:
- das Kind ermutigt, seine Gefühle zu benennen und auszudrücken;	→ Gefühlsregulation/Impulskontrolle
- dem Kind konstruktives Feedback gibt (Kind konstruktiv lobt und kritisiert);	→ Positive Selbsteinschätzung/Selbstwertgefühl
- dem Kind keine vorgefertigten Lösungen anbietet (vorschnelle Hilfeleistungen vermeidet);	→ Problemlösefähigkeit/Verantwortungsübernahme
- das Kind bedingungslos wertschätzt und akzeptiert;	→ Selbstwertgefühl/Geborgenheit
- dem Kind Aufmerksamkeit schenkt (aktives Interesse an den Aktivitäten des Kindes zeigt; sich für das Kind Zeit nimmt);	→ Selbstwertgefühl/Selbstsicherheit
- dem Kind Verantwortung überträgt;	→ Selbstwirksamkeitsüberzeugungen/Selbstvertrauen/Selbstmanagement
- das Kind ermutigt, positiv und konstrukiv zu denken;	→ Optimismus/Zuversicht
- dem Kind zu Erfolgserlebnissen verhilft;	→ Selbstwirksamkeits-Überzeugungen/Selbstvertrauen/Kontrollüberzeugung
- dem Kind dabei hilft, eigene Stärken und Schwächen zu erkennen;	→ Positive Selbsteinschätzung
- dem Kind hilft, soziale Beziehungen aufzubauen;	→ Soziale Perspektivenübernahme/Kooperations- und Kontaktfähigkeit
- dem Kind hilft, sich erreichbare Ziele zu setzen;	→ Kontrollüberzeugung/Zielorientierung Durchhaltevermögen
- realistische, altersangemessene Erwartungen an das Kind stellt;	→ Selbstwirksamkeitsüberzeugungen/Kontrollüberzeugung
- das Kind in Entscheidungsprozesse einbezieht;	→ Kontrollüberzeugung/Selbstwirksamkeit
- dem Kind eine anregungsreiche Umgebung anbietet;	→ Explorationsverhalten
- Routine in den Lebensalltag des Kindes bringt;	→ Selbstmanagement/Selbstsicherheit
- das Kind nicht vor Anforderungssituationen bewahrt;	→ Problemlösefähigkeit/Mobilisierung sozialer Unterstützung
- dem Kind hilft, Interessen und Hobbys zu entwickeln;	→ Selbstwertgefühl
- ein „resilientes" Vorbild ist (dabei aber authentisch bleibt)	→ Effektive Bewältigungsstrategien

Klemenz (2003a,b) konkretisiert und differenziert die Erfassung wie auch die Stärkung von Ressourcen weiter, wobei er das individuelle Ressourcenpotential (hier: eines Kindes oder Jugendlichen) folgendermaßen veranschaulicht:

Klemenz (2003a,b) konkretisiert und differenziert die Erfassung wie auch die Stärkung von Ressourcen weiter, wobei er das individuelle Ressourcenpotential folgendermaßen veranschaulicht:

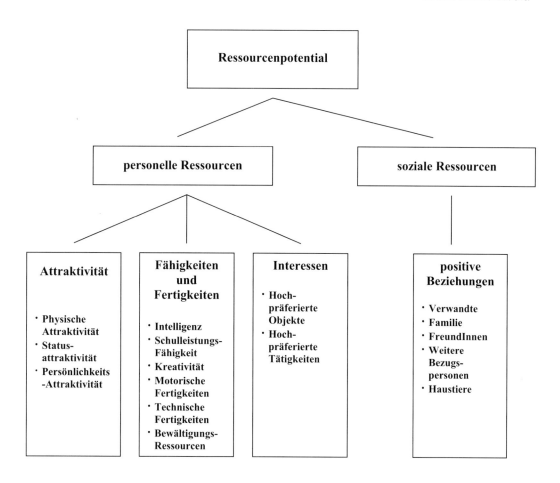

Grundlegend geht es um die folgenden vier Komponenten der Förderung personeller Ressourcen

Grundlegend geht es (weiter am Beispiel von Kindern und Jugendlichen, und zwar im Rahmen einer Kindertherapie, nach Klemenz, 2003b, S. 302f.) um die folgenden vier Komponenten der Förderung personeller Ressourcen:

> → Aktivierung verfügbarer Ressourcen: (z. B. Lieblingsbeschäftigungen, Hobbys, besondere Fähigkeiten)
>
> → Nutzbarmachung nicht wahrgenommener Personenressourcen (z. B. Sensibilisierung für nicht wahrgenommene oder unterschätzte Fähigkeiten)
>
> → Allgemeine Optimierung der Ressourcennutzung (z. B. Förderung, Training, Fortbildung bezüglich nicht optimal genutzter Personenressourcen oder Kompensation von Defiziten durch selektive Optimierung verfügbarer Ressourcen oder Beratung zur äußeren Erscheinung und Hygiene)
>
> → Entwicklung/Aufbau personaler Ressourcen (z. B. Ressourcenaufbau durch Störungsabbau bzw. Entwicklungsförderung bei Kindern mit Lese-Rechtschreib-Schwäche mittels spezifischer Lernhilfen oder sozial ängstlichen Kindern mit geringem Selbstwertgefühl mittels Trainingsprogramm zum Erlernen sozialer Kompetenz; Aufbau neuer Interessen/Aktivitäten bei einseitiger Beschäftigung mit Computerspielen; Aufbau von Selbstwirksamkeitsüberzeugungen durch Ermutigung und Hilfen zur Verwirklichung eigener Ideen, Wünsche, sich nicht zugetrauter künstlerischer/technischer/kreativer Fähigkeiten).

Bezüglich der sozialen (Umwelt-)Ressourcen führt Klemenz folgende Kategorien und mögliche Ressourcenaktivierungen an

Bezüglich der sozialen (Umwelt-)Ressourcen führt Klemenz (2003b, S. 308f.) folgende Kategorien und mögliche Ressourcenaktivierungen an:

1) Aktivierung sozialer Ressourcen
   a) Förderung und Entwicklung von Familienressourcen
      - Solidaritäts- und bewältigungsfördernde Familienrituale zum Aufbau von bewusst zu pflegenden, haltgebenden und nicht einengenden Familienritualen oder -traditionen wie z. B. Zubettgeh- oder Entspannungsrituale, gemeinsame Planung und Gestaltung von (Kinder-)Geburtstagen oder anderen Höhepunkten im Leben des Kindes oder gemeinsamen Aktivitäten an den Wochenenden oder in den Ferien, Familienkonferenzen zur Konfliktbewältigung und Regelung der Pflichten im Haushalt)
      - Optimierung elterlicher Erziehungskompetenz durch Erziehungsberatung, Elternkurse, sozialpädagogische Familienhilfe, usw.

b) Aktivierung von Netzwerkunterstützung
   - Aktivierung von Netzwerkunterstützung durch Eltern: zum Beispiel Nachhilfeunterricht für das Kind, Aufnahme des Kindes in eine Schülerhilfe oder Nachmittagsbetreuung, Reduzierung der mütterlichen oder väterlichen (Berufs-, Freizeit-)Tätigkeiten zugunsten Kontakten mit dem Kind, Betreuung des Kindes durch Großeltern, Inanspruchnahme einer Tagesmutter, Bahnung von Nachbarschaftskontakten (sowohl zwischen Eltern wie auch Kindern), Förderung von Wochenendbesuchen zwischen Schulkindern, Förderung von Mitgliedschaft in Vereinen, Unterstützung von gemeinsamen Hobbys und Aktivitäten mit Gleichaltrigen
   - Aktivierung von Unterstützungsressourcen durch andere HelferInnen oder Hilfsangebote z. B. nach Scheidungen, nach Tod eines Elternteils, bei psychisch kranken oder straffälligen Eltern, bei Eltern mit Drogen- oder Alkoholmissbrauch
   - Mobilisierung von Unterstützungsressourcen durch Kinder/Jugendliche, z. B. durch Kompetenzentwicklung zur Selbstmobilisierung benötigter Unterstützung (u.a. Bestimmung des richtigen Zeitpunktes zum Erhalt benötigter Hausaufgabenhilfe oder emotionaler Unterstützung bei überlasteten Eltern), durch verbesserte Beziehung zum Lehrer durch Erlernen einer ordentlicheren Heftführung und vollständigeren Hausaufgabenerledigung und verringerten Störung des Unterrichts, durch Hilfen zur positiveren Beziehung zu Geschwistern

c) Nutzung/Nutzbarmachung ökonomischer Ressourcen
   - Erlernen eines vernünftigen Umgangs mit Geld und Besitz (Stichworte: Verzichten lernen; Abwarten/Bedürfnisaufschub und Sparen; „Erkaufen" von Anerkennung und Beziehungen; Kaufhausdiebstähle; Teilen mit anderen lernen; Geld einteilen lernen; teuere Status-Kleidung)

d) Nutzung ökologischer Ressourcen
   - Optimierung bezüglich Wohnung und Wohnumfeld bezüglich des Gefühls, sich „zuhause" wohl zu fühlen, sein „Zuhause" zu haben, sich „zuhause" zu fühlen, von dem sicheren „Zuhause" aus die Welt zu erobern.
   - Sichern der Privatheitszone des eigenen Zimmers, des privaten Refugiums
   - Aushandeln der Privatheit und gegenseitigen Rücksichtnahme im mit Geschwistern geteilten Zimmer bezüglich

Besuche, Ordnung, Lärmbelästigung bei Schularbeiten, usw.
- Mitgestaltungsmöglichkeiten/Selbstbestimmung/Erprobung der Selbstgestaltungskräfte bezüglich eigenem Zimmer, Wohnungsrenovierung, besonderen Anschaffungen der Familie, eigener Bereich im Garten, Basketballkorb an der Garage, usw.

Zum Schluss dieses Abschnittes seien noch einige Ergebnisse von Bettge et al. (2007) aus dem bundesweiten Kinder- und Jugendgesundheitssurvey angeführt, in der ein Fragebogen zur Erfassung von Schutzfaktoren an 883 Kindern und Jugendlichen erprobt wurde. Wie die nachfolgende Abbildung (aus Bettge et al., 2007, S. 137) zeigt, waren – mit Ausnahme der gesundheitsbezogenen Kontrollüberzeugung – die Schutzfaktoren bei den psychisch nicht auffälligen Jugendlichen am stärksten ausgeprägt, bei den Auffälligen dagegen am niedrigsten, wobei die Unterschiede in der Schutzfaktoren-Ausprägung zwischen psychisch unauffälligen, grenzwertigen und auffälligen Jugendlichen für sechs der acht Skalen statistisch signifikant waren:

Wie die nachfolgende Abbildung zeigt, waren – mit Ausnahme der gesundheitsbezogenen Kontrollüberzeugung – die Schutzfaktoren bei den psychisch nicht auffälligen Jugendlichen am stärksten ausgeprägt

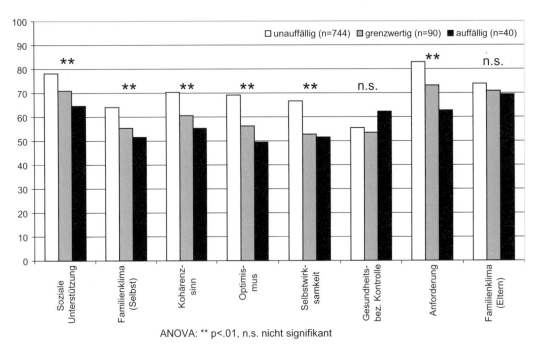

Außerdem wurde anhand eines kumulativen Risikoindex untersucht, wie sich der Anteil psychisch auffälliger oder grenzwertiger Kinder und Jugendlicher mit zunehmender Zahl vorhandener Risiken verändert (Abbildung von Bettge et al., 2007, S. 139):

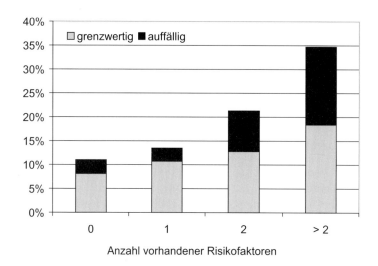

Dazu führen die Autorinnen aus (a.a.O., S. 138): „Während von den Befragten ohne Risiken nur 8 % als grenzwertig und 3 % als psychisch auffällig klassifiziert werden, steigt dieser Anteil bei Jugendlichen mit zwei Risikofaktoren auf 13 % (grenzwertig) bzw. 9 % (auffällig) und beträgt in der Gruppe mit drei und mehr Risikofaktoren sogar 18 % grenzwertige und 16 % psychisch auffällige Kinder und Jugendliche. Das bedeutet, dass in der Gruppe der am stärksten von Risiken betroffenen Kinder und Jugendlichen mehr als ein Drittel einen psychischen Gesundheitszustand aufweist, der Anlass zur Sorge gibt. Die Unterschiede zwischen den Gruppen mit unterschiedlicher Zahl von Risikofaktoren sind statistisch signifikant (Chi^2 = 33,55, df = 6, p < .01)".

2. Erfassung der Risiko- und Schutzfaktoren in der psychosozialen Praxis

In den letzten Jahren wurde eine Vielzahl von Risikoinventaren, Leitfäden, sozialpädagogischen Diagnoseschemata, Kinderschutzbogen usw. entwickelt (siehe z. B. den kritischen Überblick im Kapitel von Metzner und Pawls in diesem Band), in denen sich die angeführten Risiko- und Schutzfaktoren in höchst unterschiedlichem

Ausmaß widerspiegeln. Dabei wird die Gefahr gesehen, dass z. B. in den extrem umfangreichen Diagnose- bzw. Einstufungsverfahren zwar „quantitativ" sehr differenziert und umfassend die Risiko- und Schutzfaktoren „inventarisiert" werden, dabei aber die Kunst der „qualitativen" Bewertung sowie der psychodynamische Prozess des „Umgangs" mit der Datensammlung und den hilfebedürftigen Familien zu kurz kommt (letzteres wird z. B. in dem Beitrag von Cinkl und Uhlendorff im vorliegenden Band über sozialpädagogische Familiendiagnosen bei Kindeswohlgefährdung vermittelt). So entsteht fast der Eindruck, dass durch solch extrem umfangreiche Diagnose- bzw. Einstufungsverfahren das nachgeholt wird, was in der Ausbildung nicht hinreichend vermittelt (und verinnerlicht) wurde.

Sturzbecher und Dietrich (2007) betonen in diesem Zusammenhang zu Recht, dass die Genese psychopathologischer und devianter Entwicklungsverläufe besser erklärt (und verstanden) werden kann, wenn die *Unterscheidung* von Rutter (2001) nach *„Risiko-Indikatoren"* und *„Risiko-Mechanismen"* beachtet wird. Dabei wird davon ausgegangen, dass *Risikofaktoren* nicht per se die Entwicklung beeinflussen, sondern eher *Indikatoren* für komplexere Entwicklungsmechanismen sind. Dies bedeutet auch, dass die „Inventarisierung", also das Erkennen und Auflisten der Risikofaktoren zwar ein notwendiger erster Schritt sind, aber das Verstehen der komplexeren Entwicklungsmechanismen für den Zugang zur Familie und die Herausarbeitung gezielter Hilfestellungen von sehr viel entscheidender Bedeutung sind. Zur Erläuterung (Sturzbecher und Dietrich, 2007, S. 9 f.): „Nach dieser Differenzierung wäre beispielsweise der Risikofaktor 'Trennung der Eltern' als Risikoindikator zu betrachten. Risiko-Mechanismen für die kindliche Entwicklung können sich in dieser Situation – wie die Scheidungsfolgenforschung gezeigt hat – beispielsweise über anhaltende elterliche Konflikte und dysfunktionale Erziehungsstile entfalten. Die isolierte Betrachtung einzelner Risikoindikatoren reicht also nicht aus, um tatsächliche Gefährdungen zu erkennen; das Risikopotential ergibt sich erst aus der Kumulation von Risikofaktoren und ihrer spezifischen Beziehung zueinander. So können Armut ... und Elterntrennung für Kinder beispielsweise nur im Verbund mit einem vernachlässigenden Erziehungsstil bedrohlich werden, insbesondere wenn eine spezielle Vulnerabilität des Kindes gegeben ist."

Wie vielfältig die zu beachtenden möglichen Wechselwirkungen zwischen verschiedenen Risiko-Mechanismen sein können, sei an Beispielen von Forschungsergebnissen zum Risiko-Indikator *Teenager-Mütter* verdeutlicht (aus Deegener & Körner, 2006, S. 28f.):

- Bei Teenager-Müttern war das Ausmaß, in welchem sie soziale Unterstützung und Hilfe suchten, abhängig von ihrer familiären

Sozialisation, also z. B. Haltungen der eigenen Eltern wie: „Wir brauchen niemanden, das können wir allein, wir fragen nicht um Hilfe".
- Teenager-Mütter, welche unzufrieden waren mit dem gesamten Ausmaß ihrer sozialen Unterstützung, verhielten sich feindseliger und zurückweisender gegenüber ihren Kindern als Teenager-Mütter, welche mit ihrer sozialen Unterstützung zufrieden waren.
- Teenager-Mütter wachsen häufiger in gestörten familiären Verhältnissen auf.
- Teenager-Mütter fliehen nicht selten aus ihren Familien in eine frühe Heirat sowie Schwangerschaft und suchen dann Halt und Geborgenheit beim „nächstbesten" Mann.
- Misshandelnde Mütter stammen häufig aus einem Misshandlungsmilieu und binden sich sehr früh sowie dann an gestörte, auch gewaltsame Partner.
- Minderjährige Vaterschaft korrespondiert mit einer Reihe von typischen Problemen wie z. B. häufiger Ausbildungsabbruch, schlechtere Arbeits- und Einkommensverhältnisse, instabilere Ehen der Eltern.
- Mütter, die in ihrer Kindheit frühe Trennungen/Heimaufenthalte erlitten, weisen eine bessere Qualität der Erziehung ihrer Kinder auf, wenn eine positive Partnerbeziehung besteht und/oder sie mit einem Partner zusammenleben, bei dem keine psychosozialen Probleme auftreten (wie psychiatrische Störungen, Kriminalität, Alkohol- und Drogensucht, langwährende Schwierigkeiten in Beziehungen).
- Mütter 'mit Lebensplan' (definiert als Mütter, welche ihren Partner mindestens 6 Monate vor dem Zusammenziehen kannten sowie für die Partnerschaft positive Gründe aufführten – also nicht z. B. Flucht aus dem Elternhaus/Heim oder ungewollte Schwangerschaft), wählten häufiger einen Partner ohne psychosoziale Probleme als Mütter 'ohne Lebensplan', wobei Mütter 'mit Lebensplan' weniger frühe Heimaufenthalte aufwiesen. Wenn Mütter 'mit Lebensplan' früher im Heim gewesen waren, so wurde zu 0 Prozent eine schlechte Qualität der Erziehung ihrer Kinder gefunden, wenn gleichzeitig positive Unterstützung durch den Partner vorhanden war – ohne diese positive Partnerbeziehung stieg der Prozentsatz der schlechten Erziehungsqualität auf 53.
- Depressive Teenager-Mütter waren häufig unzufrieden mit ihrer Mutterrolle und zeigten wenig Verständnis für die Entwicklungsbedürfnisse ihres Kindes.

Misshandelnde Mütter stammen häufig aus einem Misshandlungsmilieu und binden sich sehr früh sowie dann an gestörte, auch gewaltsame Partner

- Mütter, die erhöht nervös und angespannt waren sowie geringes Selbstbewusstsein aufwiesen, waren weniger effektiv, ihr Kind zu beruhigen, und zeigten weniger Interesse an dem Kind.
- Jüngere Mütter waren im Vergleich zu älteren Müttern weniger an ihren Neugeborenen interessiert und zugewandt, zeigten weniger positive Affekte und Sprachkontakte gegenüber ihren 8 Monate alten Kindern, wiesen unrealistischere Erwartungen an die kindliche Entwicklung auf.
- Frauen, die im Verlauf ihrer Schwangerschaft besonders starken Belastungen unterworfen waren, jedoch emotionale Unterstützung bekamen, wiesen weniger Komplikationen während Schwangerschaft und Geburt auf sowie eine sehr viel geringere Geburtsdauer als Frauen mit gleich starken Belastungen, aber ohne sozial-emotionale Unterstützung.
- Mütter mit Trennungserlebnissen in der eigenen Kindheit verhielten sich weniger einfühlsam beim Stillen und Füttern ihrer Kinder, ihre Kinder wiesen mehr Verhaltensauffälligkeiten auf, erlitten mehr Unfälle und hatten mehr Krankenhausaufenthalte.
- Kinder mit einer guten, sicheren, positiven Bindung an die Mutter wiesen mehr Neugierverhalten auf, weiter einen höheren aktiven Wortschatz, geringeres Ausmaß an aggressiven Phantasien, mehr prosoziales Verhalten, waren aufgeschlossener, empathischer, dem Leben zugewandter, wiesen mehr Selbstwertgefühl auf, usw.

> **Auch in der Forschung zur Frage der Konstrukt-Validität des Child Abuse Potential Inventory (CAPI) von Milner (1986) ergaben sich aufgrund einer Übersicht von Milner bereits aus 1986 (!) Befunde, die auf eine *Vielzahl von möglichen Risiko-Mechanismen* und deren Wechselwirkungen bei MisshandlerInnen hinweisen**

Auch in der Forschung zur Frage der Konstrukt-Validität des Child Abuse Potential Inventory (CAPI) von Milner (1986), dem weltweit am besten empirisch überprüften und am meisten verbreiteten Screening-Fragebogen zur Erfassung des Risikos zukünftiger (körperlicher) Kindesmisshandlung, ergaben sich aufgrund einer Übersicht von Milner bereits aus 1986 (!) Befunde, die auf eine *Vielzahl von möglichen Risiko-Mechanismen* und deren Wechselwirkungen bei MisshandlerInnen hinweisen.

ProbandInnen, die in der Misshandlungs-Skala des CAPI erhöhte Werte erzielten,

- wiesen gehäuft eine Vorgeschichte mit selbst erlittener Kindesmisshandlung auf, wobei mit steigendem Wert in der Misshandlungs-Skala auch eine Tendenz bestand, dass diese selbst erlittene Misshandlung zeitlich länger andauerte;
- besaßen weniger oft einen liebevollen Erwachsenen oder liebevollen Freund in ihrer früheren Kindheit;
- hatten zurückweisende und feindselige Eltern, die keine Wärme/Herzlichkeit zeigen konnten und in ihrem Erziehungsverhalten inkonsequent und nicht vorhersagbar waren;

- hatten wenig Selbstwertgefühl und eine geringe Ich-Stärke;
- wiesen ein negatives Selbstbild auf und empfanden wenig persönlichen Wert;
- fühlten sich anderen gegenüber unterlegen, fühlten sich schuldig, sahen persönlichen Schmerz und persönlichen Kummer als förderlich an und glaubten an die Notwendigkeit von Bestrafung bei Missetaten;
- zogen sich sozial eher zurück und lebten isoliert;
- berichteten über wenig soziale Unterstützung, über eine geringe Zufriedenheit mit dem Leben sowie über mehr Stressbelastung im Leben;
- gaben mehr „Hassles" (irritierende, frustrierende, Besorgnis erregende Anforderungen, die bis zu einem gewissen Grad den Alltag durchziehen sowie Auseinandersetzungen und Enttäuschungen und finanzielle und familiäre Probleme mit einschließen) als „Uplifts" (definiert als Vergnügen, einschließlich gute Beziehung zu anderen, gerne etwas unternehmen, lernen, und positive Einstellung gegenüber der Natur, dem Wetter und Glück haben) an;
- wiesen eine Tendenz zu mehr somatischen Beschwerden auf, berichteten über häufigere körperliche Erkrankungen und wiesen gehäuft eine Vorgeschichte mit psychischen Problemen auf;
- waren eher unreif, missgelaunt, ruhelos und ichbezogen, sie wichen vor Verantwortung aus, waren einsam und frustriert;
- machten sich im Allgemeinen mehr Sorgen, waren pessimistisch und depressiv;
- waren ängstlicher und berichteten über mehr unangenehme, beunruhigende Gefühle;
- waren reizbarer, irritierbarer und überempfindlich/überreagierend;
- hatten eine geringe Frustrationstoleranz sowie Impuls-Kontrolle und reagierten emotional auf Frustration. Sie reagierten empfindsamer bzw. stärker auf angsterregende oder bedrohliche Reize;
- neigten nicht nur zu einer erhöhten Labilität, sondern sie kehrten auch langsamer in einen normalen Zustand nach emotionaler Erregung zurück;
- zeigten häufiger verwirrtes Denken und einzigartige Wahrnehmungen der Welt;
- wiesen mehr Schwierigkeiten in interpersonalen Beziehungen auf, und auch in den Familien herrschte mehr Dissonanz; reagierten auch gestresster auf Eltern-Kind-Interaktionen;
- wiesen stärkere physiologische Erregung gegenüber Kindern auf, nahmen mehr Verhaltensprobleme bei ihren Kindern wahr und schrieben ihnen weniger Fügsamkeit/Folgsamkeit zu;

- berichteten mehr physische Maßnahmen zur Disziplinierung ihrer Kinder;
- waren für ihre Kinder weniger verfügbar, reagierten weniger angepasst auf zeitliche Veränderungen im Verhalten ihrer Kinder und stellten weniger adäquate Beziehungen/Bindungen zu ihren Kindern her;
- waren unglücklich bzw. unzufrieden mit dem Ausmaß, in dem sie bekamen, was sie sich wünschten, und in dem sie den Anforderungen des Leben gewachsen waren;
- waren sozial wenig kompetent und hatten eine geringe Selbstkontrolle;
- zeigten wenig Anpassungsfähigkeit, besaßen wenig persönliche Ressourcen und fühlten sich gestresst aufgrund ihrer Unfähigkeit, Situationen zu meistern;
- hatten gering entwickelte kognitive und Coping-Fähigkeiten;
- waren aufgrund ihres geringen Selbstbewusstseins und ihrer geringen Selbstbehauptung aggressiver, angriffslustiger, neigten zu Temperamentsausbrüchen und zu Streit/Kampf.

Auch die weitere empirische Forschung mit dem CAPI von 1986 bis 2008 ergab vergleichbare Befunde: Eine Übersicht dazu findet sich im Eltern-Belastungs-Screening zur Kindeswohlgefährdung (EBSK), der deutschen Form des CAPI von Deegener et al. (2009, S. 46-58).

Auch die weitere empirische Forschung mit dem CAPI von 1986 bis 2008 ergab vergleichbare Befunde: Eine Übersicht dazu findet sich im Eltern-Belastungs-Screening zur Kindeswohlgefährdung (EBSK), der deutschen Form des CAPI von Deegener et al. (2009, S. 46-58).

Die Erfassung von (Risiko- und Schutzfaktoren bei) Kindeswohlgefährdungen wird erschwert durch eine Vielzahl von Problemen (bis hin zu sekundären Traumatisierungen der zu helfenden Kinder) der Helferszene bei Vernetzung, Kooperation und Erfassung der Kindeswohlgefährdung. Hierauf soll im Folgenden knapp eingegangen werden (ausführlich u. a. in Blank und Deegener, 2004 sowie Deegener et al., 2009).

Einleitend seien die Geschichte vom Elefanten und den Blinden nach Reifarth und Scherpner (1993) sowie ein Gedicht von Ringelnatz mit einer Erläuterung von Schweitzer-Rothers (2002) wiedergegeben:

Zur Geschichte vom Elefanten und den Blinden:

„[Blinde]Mönche waren begierig, mehr über[einen]Elefanten zu erfahren, und [sie]liefen in die Gegend, wo sie den Elefanten vermuteten. Dort angekommen betasteten sie die Teile des mächtigen Tieres, die ihnen erreichbar waren. Und da sie über den Elefanten nichts wussten, waren sie überzeugt, nun die wahren Tatsachen zu kennen. In [ihre]Stadt zurückgekehrt, wurden sie von Neugierigen umringt, die gespannt waren, die Wahrheit über Aussehen und Gestalt [eines]Elefanten zu erfahren. Der Mann, dessen Hand ein Ohr betastet hatte, sagte: 'Er ist groß und rauh, so breit und ausgedehnt wie ein Teppich.' Einer, der den Rüssel berührt hatte, sagte 'Ich kenne die wahren Tatsachen. Er ist eine gerade und hohle Röhre, schrecklich und zerstörerisch'. Ein anderer, der Füße und Beine des Elefanten berührt hatte, rief: 'Ich sage Euch, er ist ein mächtiger und starker Pfeiler'. Und der Blinde, der den Schwanz des Elefanten in seinen Händen gehalten hatte, sagte: 'Er ist ein riesiger Pinsel.' Und der schließlich, der den Leib des Elefanten betastet hatte, meinte: 'Glaubt mir, er ist eine wuchtige Tonne'."

Das Gedicht von Ringelnatz lautet folgendermaßen:

Es war eine Schnupftabakdose
Die hatte Friedrich der Große
Sich selbst geschnitzt aus Nussbaumholz
Und darauf war sie natürlich stolz.
Da kam ein Holzwurm gekrochen.
Der hatte Nussbaum gerochen.
Die Dose erzählte ihm lang und breit
Von Friedrich dem Großen und seiner Zeit.
Sie nannte den alten Fritz generös.
Da aber wurde der Holzwurm nervös
Und sagte, indem er zu bohren begann:
„Was geht mich Friedrich der Große an!"

Schweitzer-Rothers schreibt dazu (2002, S. 13): „Holzwurm und Schnupftabakdose finden nicht zu einer beiderseits befriedigenden Kooperation, weil der Holzwurm nicht weiß, was ihn Friedrich der Große angehen soll. Er verweigert jegliche Zielabsprachen, pfeift auf mögliche Synergieeffekte [also einem sich wechselseitig fördernden Zusammenwirken], unterwirft sein Tun keinem Quality Review [Qualitätsprüfung] und bohrt ohne jegliche Langzeit- und Nebenwirkungsanalyse seiner Tätigkeit einfach drauf los".

Wenn nun solche „Binsenweisheiten" nicht genügend gelehrt bzw. vor allen Dingen verinnerlicht werden, kann schwerlich mit genügend Achtung und Respekt gegenüber VertreterInnen anderer Institutionen und Professionen eine hinreichende Vernetzung und Kooperation zum Wohle der Kinder und ihrer Familien gelingen, und ihre stetige Betonung verkommt zu Lippenbekenntnissen.

Vor diesem Hintergrund besteht die Gefahr, dass die vor vielen Jahren entstandenen vielfältigen Ansätze zur Vernetzung/Kooperation eher zu einer Art „Beschäftigungstherapie" von HelferInnen gerinnen, die im Verlauf der Zeit nicht müde werden, einander in Arbeitskreisen, an runden Tischen usw. sich selbst, ihre Institution, ihre

> Vor diesem Hintergrund besteht die Gefahr, dass die vor vielen Jahren entstandenen vielfältigen Ansätze zur Vernetzung/Kooperation eher zu einer Art „Beschäftigungstherapie" von HelferInnen gerinnen

Armbruster und Bartels (2005) schildern in diesem Zusammenhang einen Fall mit Verdacht auf Kindesmisshandlung, der PraktikerInnen „im Alltag immer wieder unterkommt", hinter dem sich aber „ein Organisations-Ungeheuer, eine Hydra mit einer schier unübersichtlichen Anzahl von Köpfen" verbirgt

theoretischen Ansätze und praktischen Arbeitsweisen mitzuteilen und zu erklären, aber letztlich in ihren alten Rollen und Beziehungsmustern verharren sowie miteinander verstrickt bleiben. Dabei sind im Laufe der Zeit die Arbeitskreise u. a. im Rahmen der in jüngster Zeit entstandenen Projekte zu den „frühen Hilfen" bzw. den Früherkennungen von Kindeswohlgefährdungen immer größer geworden mit z. B. 20 bis 30 verschiedenen Institutionen bzw. Professionen, die sich kaum mehr als drei, vier Mal im Jahr treffen können.

Armbruster und Bartels (2005) schildern in diesem Zusammenhang einen Fall mit Verdacht auf Kindesmisshandlung, der PraktikerInnen „im Alltag immer wieder unterkommt", hinter dem sich aber „ein Organisations-Ungeheuer, eine Hydra mit einer schier unübersichtlichen Anzahl von Köpfen" verbirgt (S. 409):

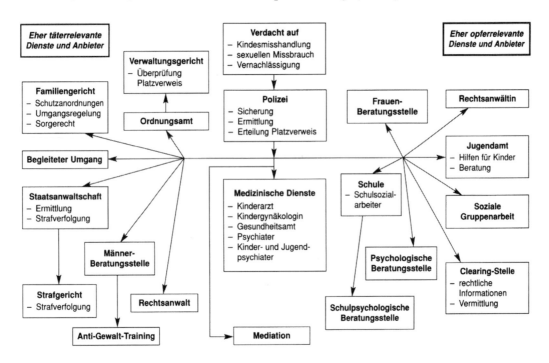

Vergleichbar hochdifferenziert sowie noch verwirrender ist z. B. das „Kalker Netzwerk für Familien", ein Verbund von 12 Kindertagesstätten und 18 freien und öffentlichen Trägern von Einrichtungen der Erziehungshilfe und des Gesundheitswesens im Kölner Bezirk Kalk (siehe die Grafik unter http://www.f01.fh-koeln.de/imperia/md/content/imos/sigridleitner/petri.pdf).

Wie sich nun zurechtfinden bei einer solchen Hydra?! Natürlich bedarf es eines ersten Schrittes der Zusammenarbeit im Sinne eines fachlichen Dialogs, um Verständnis für die Perspektiven, Aufgabenfelder und Handlungsweisen der jeweils anderen Institutionen und Professionen zu gewinnen und die Möglichkeiten und Grenzen der Kooperation auszuloten, aber es ist zu fragen, ob nicht eine kleine Gruppe des Arbeitskreises in sehr viel kürzerer Zeit einen umfassenden Überblick über die verschiedenen Institutionen und Professionen erstellen kann, der dann z. B. im Rahmen eines eintägigen „Marktplatzes der Institutionen und Professionen" im Plenum vorgestellt und diskutiert wird, um danach an Info-Ständen oder Posterpräsentationen der einzelnen Vernetzungspartner die Beziehungen im persönlichen Gespräch weiter abzuklären und zu vertiefen.

Dies wäre ein erstes Steuerungsinstrument, damit man sich nicht im Dschungel der Institutionen verirrt und immer wieder im Kreis läuft. Das erwähnte Plenum, also ein Treffen der VertreterInnen aller Einrichtungen mindestens zwei Mal im Jahr, sollte weiter dem Aufbau, der Weiterentwicklung und der Stärkung der Zusammenarbeit zu Kernfragen des Netzwerkes dienen bei demokratischen Grundentscheidungen.

Neben dem Plenum kann bezüglich der Steuerungsinstrumente gedacht werden
- an eine gewählte Steuerungsgruppe im Sinne einer Vertretung und Leitung des gesamten Netzwerkes,
- an Arbeitskreise, die schwerpunktmäßig z. B. die Zusammenarbeit innerhalb des Jugendamtes oder zwischen Jugendamt und freien Trägern oder zwischen Jugendamt/freien Trägern und Polizei, Gerichten, Kliniken, niedergelassenen TherapeutInnen usw. betrachten oder aber spezifische Projekte vorbereiten, z. B. ein gemeinsames Frühwarnsystem des Netzwerkes,
- an Bildungsbeauftragte, die den im Plenum abgestimmten Fort- und Weiterbildungsbedarf verwirklichen,
- an Öffentlichkeitsbeauftragte, die dem Plenum Entwürfe für konzertierte Öffentlichkeitsarbeit zur Entscheidung vorlegen,
- usw.

Häufig entstehen am Anfang der Arbeit von Netzwerken Flyer, in denen die einzelnen Einrichtungen und Professionen knapp aufgeführt und erläutert werden, und zwar nicht nur für die Fachwelt, sondern auch für die KlientInnen. Ob letztere daraus wirklich schlau werden sowie die jeweiligen Arbeitsweisen und Arbeitsschwerpunkte durchschauen und verstehen können, bezweifeln wir, zumal unsere Erfahrungen darauf hinauslaufen, dass die schriftlich fixierten Konzepte und Vorgehensweisen nur die eine (theoretische) Seite der

Es ist zu fragen, ob nicht eine kleine Gruppe des Arbeitskreises in sehr viel kürzerer Zeit einen umfassenden Überblick über die verschiedenen Institutionen und Professionen erstellen kann

Dies wäre ein erstes Steuerungsinstrument, damit man sich nicht im Dschungel der Institutionen verirrt und immer wieder im Kreis läuft

Münze sind – die andere (praktische) Seite der Münze, wie diese Konzepte im Alltag tatsächlich verwirklicht und in der Beziehung zu den KlientInnen, den Eltern und Kindern, gelebt werden, hängt in hohem Ausmaß von den individuellen Persönlichkeiten ab. Und im Übrigen: KlientInnen geht es im Dschungelnetzwerk schlechter als Fachleuten. Nur ein Beispiel: Fegert et al. (2001, S. 154 und 185) berichten, dass von 47 sexuell missbrauchten Mädchen und Jungen aus Berlin und Köln während der Aufdeckungsphase bereits 45 % vier bis sechs Institutionen und 26 % sieben bis zehn Institutionen kontaktiert hatten. Zum zweiten Untersuchungszeitpunkt eineinhalb Jahre später hatten sogar bereits fast 60% der Kinder mehr als sieben Institutionen aufgesucht. Benötigt wird also ein Netzwerk, in dem unsere Klientel durch den Dschungel der Institutionen geführt und begleitet wird ohne Verwirrungen, Umwege, Zeitverschwendung und lange Wege.

Aber auch für den Hilfeverbund soll sich die Vernetzung und Kooperation lohnen. Armbruster und Bartels (2005) führen folgende Indikatoren auf, die als Prüfkriterien für einen effektiven Hilfeverbund dienen können und mittelfristig mit Ja beantwortet werden sollten (S. 414f.):

„Gibt es
- eine Zeitersparnis für Klienten und Fachleute?
- eine Reduzierung bürokratischer Vorgänge?
- eine Reduzierung von Delegationen?
- Vermeidung von Redundanzen?
- einen gezielteren und wirkungsvolleren Ressourceneinsatz?
- eine gesteigerte Kompetenz in der Fallarbeit und höhere fachliche Qualität?
- höhere Arbeitszufriedenheit – und mehr Spaß?

Die Zugewinne sollten im Idealfall dazu verhelfen, so etwas wie ein neues Selbstverständnis, eine „corporate identity" des Netzwerkes zu entwickeln: Der kollektive Orientierungs- und Handlungsrahmen ermöglicht ein umfassenderes Bewusstsein, ein Gemeinschaftsgefühl, das getragen ist von dem Stolz, im regionalen Kontext eine effektive Kinderschutzarbeit aufzubauen und zu tragen."

Ein effektiver Hilfeverbund erfordert allerdings auch ein Mehr an Investitionen in zeitliche und personelle Ressourcen und lässt sich daher z. B. mit Stellenabbau und Arbeitsüberlastung nicht vereinbaren: Er ist nicht zum Nulltarif zu haben. Dies sei erläutert am Beispiel der *telefonischen Erreichbarkeit* von JugendamtsmitarbeiterInnen, zugegeben etwas satirisch-übertrieben formuliert, und auch auf MitarbeiterInnen anderer Institutionen übertragbar (nach Blank und Deegener, 2004, S. 135 f.): Sie sind eigentlich nie erreichbar, da sich gewöhnlich auch bei mehrfachen Anrufversuchen niemand meldet oder der Anrufbeantworter eingeschaltet ist. Wird dennoch abgehoben, ist meist der/die zuständige MitarbeiterIn gerade im Außendienst, in Urlaub, krank oder auf Fortbildung. Wird er/sie dennoch erreicht, wird entweder gerade ein Beratungsgespräch geführt bzw. an einer Teamsitzung teilgenommen, oder aber es wurden vor kurzem die Bezirkszuständigkeiten geändert bzw. der/die MitarbeiterIn mit neuen Aufgaben betraut. Ist trotzdem der/die zuständige MitarbeiterIn erreicht worden und hat auch für ein (kurzes) Telefongespräch Zeit, so wird eine notwendige Entscheidung auf eine anzustrebende HelferInnen-Konferenz vertagt, wodurch sich nicht nur die Probleme der telefonischen Erreichbarkeit vervielfachen, sondern auch die der Terminvereinbarung, um alle HelferInnen für die Helferkonferenz unter einen Hut zu bringen.

Dies alles bedeutet weiter, dass Institutionsleitungen verbesserte Rahmenbedingungen für eine gelingende Vernetzung und Kooperation schaffen müssen, also Zeit für die gemeinsamen Plenumssitzungen, für Besuche anderer Einrichtungen, für Team- und (auch anonyme) Fallsupervision/Fallberatung, für Termine von Arbeitsgruppen, für Fortbildungen, usw.

Dies alles bedeutet weiter, dass Institutionsleitungen verbesserte Rahmenbedingungen für eine gelingende Vernetzung und Kooperation schaffen müssen

Wird finanziell, personell und konzeptionell ein krasser Sparkurs gefahren, so zeigen sich die negativen Auswirkungen in einigen Auszügen aus dem „Bericht des Untersuchungsausschusses zur Aufklärung von mutmaßlichen Vernachlässigungen der Amtsvormundschaft und Kindeswohlsicherung durch das Amt für Soziale Dienste" (18.04.2007, Bremische Bürgerschaft, Landtag, http://www.bremische-buergerschaft.de/uadocs/BerichtUAKindeswohl_5cc.pdf):

- „Der Ausschuss kommt ... zu dem Ergebnis, dass politischer und verwaltungsinterner Spardruck stark auf den Bereich der Jugendhilfe gewirkt hat und dass es unzureichende Haushaltsansätze gab. Es kann nicht ausgeschlossen werden, dass Ermessensentscheidungen über Hilfen zugunsten hilfsbedürftiger Kinder und Jugendlicher negativ beeinflusst wurden. Das Klima im Amt für Soziale Dienste war stark durch die unzureichenden Haushaltsansätze und erhebliche Sparerwartungen geprägt" (S. 318).
- „Es kann somit davon ausgegangen werden, dass die Controllinggespräche sowie die regelmäßigen Einwendungen der Fachabteilungen gegen kostenintensive Maßnahmen bei den einzelnen Mitarbeitern deutlich Wirkung gezeigt haben und diese nicht zu Unrecht von einer 'Schere im Kopf' gesprochen haben" (S. 322).
- „Die personelle und sachliche Ausstattung des Amtes für Soziale Dienste lässt eine qualifizierte Arbeit nach der Methode des Casemanagements nicht zu. So fehlen im Ambulanten Sozialdienst „Junge Menschen" nach einem dem Untersuchungsausschuss

vorliegenden Gutachten gesamtbremisch insgesamt 15,47 Stellen. Gearbeitet wird mit veralteter Hard- und Software. Eine elektronische Fallakte, die die Arbeit der Casemanager wesentlich erleichtern würde und in anderen Städten bereits seit Jahren eingesetzt wird, gibt es in Bremen noch nicht (S. 319).

„Nach dem Eindruck des Ausschusses werden die Durchführung und die Effektivität der eingeleiteten Maßnahmen wenig bis gar nicht kontrolliert" (S. 319).

– „Die fachliche Kontrolle wird vernachlässigt. Dies mag begünstigt werden durch die im Amt für Soziale Dienste weit verbreitete Fehlvorstellung, Kontrolle habe ausschließlich mit Misstrauen zu tun und sei daher der guten Zusammenarbeit im Team abträglich" (S. 320).

Damit soll zu weiteren Ausführungen übergeleitet werden, inwieweit das gesamte Helfersystem „vernachlässigende Haltungen und Risikofaktoren" gegenüber der Klientel aufweist und dadurch häufig zu deren sekundären Traumatisierungen im Kinderschutz beiträgt

Damit soll zu weiteren Ausführungen übergeleitet werden, inwieweit das gesamte Helfersystem „vernachlässigende Haltungen und Risikofaktoren" gegenüber der Klientel aufweist und dadurch häufig zu deren sekundären Traumatisierungen im Kinderschutz beiträgt.

Schon 1978 schrieben Kempe und Kempe in ihrem Buch „Child Abuse" (deutsche Ausgabe 1984): „In manchen Fällen bedeuten unsere Interventionen unbeabsichtigte Misshandlungen". Unter Verwendung der Vernachlässigungsdefinition von Schone et al. (1997, S. 21) könnte man statt von „unbeabsichtigten Misshandlungen" auch von einer 'Unterlassung fürsorglichen Handelns sprechen, die aktiv oder passiv (unbewusst) sein oder aufgrund unzureichender Einsicht oder unzureichenden Wissens erfolgen kann'.

Schmitt (1999) vom Kinderschutzzentrum Wien konkretisiert dies mit folgender Aufzählung der Ursachen sekundärer Traumatisierungen durch das Helfersystem:

Aufzählung der Ursachen sekundärer Traumatisierungen durch das Helfersystem

- ungenügende Ausbildung und mangelndes Fachwissen
- mangelnde Qualitäts- bzw. Fehlerkontrolle des eigenen Tuns
- bürokratische Mühlen
- vorschnelles Handeln im Affekt
- Vorurteile
- mangelnde Einsicht in die Auswirkungen des eigenen ideologischen und ethischen Hintergrundes
- misstrauensbildender Umgang mit Betroffenen
- Unerreichbarkeit und Desinteresse im Einzelfall
- mangelnder Erfahrungs- und Wissensaustausch
- Rückgang finanzieller und personeller Mittel bei gleichzeitig vermehrter Inanspruchnahme

Hinzu kommen mit Kindler vom Deutschen Jugendinstitut in München (2007, S. 22) u.a.:

- Nicht-aussagekräftige Formen der Risikoeinschätzung
- Missachtung neuer und wichtiger Informationen, nachdem eine Entscheidung getroffen wurde
- uneindeutige Risikokommunikationen
- Informationsverluste und Beziehungsabbrüche an Schnittstellen im System
- Verantwortungsdiffusion in Kooperationsnetzwerken

Fegert et al. (2008, S. 128) ergänzen aufgrund ihrer Expertise über „Lernen aus problematischen Kinderschutzverläufen" folgende Punkte:

Tunnelblick, Haltungsmängel, Einstellungsmängel, „cognitive shut down" [etwa kognitiv abschalten], Angst, Fehler zu machen, überzogene Optimalitätsansprüche, Abkapselung, Intransparenz, hohe Kränkbarkeit, rein auf Besprechungen ohne schriftliche Fixierung beruhende Arbeit, Überbetonung aktiver Hilfe und Handelns, Missachtung des „Schriftkrams" etc. führen zu riskanten, nicht kontrollierbaren Situationen, die den Einzelnen aus dem System herauslösen. Hierzu gehören auch familiäre Belastungen, Sucht oder psychische Probleme von Mitarbeitern im Hilfesystem, die die Leistungsfähigkeit beeinträchtigen können.

Insgesamt bedeuten diese strukturellen und persönlichen Risikofaktoren, dass wir HelferInnen – durchaus vergleichbar mit unserer Klientel – immer wieder hinreichende Supervision und/oder Selbsterfahrung und/oder soziale Unterstützung und/oder Lernanregungen und Wissensvermittlung – und/oder gelegentlich auch Therapie und Interventionen – benötigen. Anders ausgedrückt: Was wir an Respekt, Würde, Partnerschaftlichkeit u. ä. den Hilfesuchenden entgegenbringen können, hängt nicht unwesentlich ab von einem hinreichenden Ausmaß an gesundem Selbstzweifel und natürlicher Bescheidenheit in die eigenen Fähigkeiten, die eigene Gesundheit, die eigenen Erkenntnismöglichkeiten, die eigenen Theorien und Therapiekonzepte der Helfenden. Oder, bezogen auf die Vernetzung: Wenn die Schwächen, Nachteile, Scheuklappen, blinden Flecke usw. der eigenen Person und Institution zu wenig er- und anerkannt werden, kann man sich schwerlich öffnen für die Stärken, Vorteile, Weitsichtigkeiten, neuen Erfahrungen usw. von anderen Personen und Institutionen. Wenn nun aufgrund der Forschung über das „Allgemeine Modell von Psychotherapie" von Orlinsky und Howard (Orlinsky &

Wenn die Schwächen, Nachteile, Scheuklappen, blinden Flecke usw. der eigenen Person und Institution zu wenig er- und anerkannt werden, kann man sich schwerlich öffnen für die Stärken, Vorteile, Weitsichtigkeiten, neuen Erfahrungen usw. von anderen Personen und Institutionen

Howard, 1988; Orlinsky, 1994) angenommen werden kann, dass etwa 30 % der posttherapeutisch erfassten Veränderungsvarianz von PatientInnen durch die Qualität der therapeutischen Beziehung aufgeklärt wird (Asay & Lambert, 1999; Lambert & Bergin, 1994), so sollten wir nicht wie häufig üblich Misserfolge und Probleme einseitig auf die „schwierigen" PatientInnen oder KlientInnen projizieren, sondern viel öfter auch von „schwierigen" TherapeutInnen und HelferInnen und ihren Misserfolgen und Problemen sprechen, den richtigen Schlüssel zum Zugang zu den Hilfesuchenden zu finden.

Für eine „gute" Klient-HelferInnen-Beziehung könnten folgende Merkmale aufgezählt werden: Empathie; Zuwendung; menschliche Wärme; Sinngebung; positive Wertschätzung und Interesse; sinnstiftende Ausdeutung der Problemursachen; Stärkung der Selbstheilungskräfte und Ressourcen; Echtheit im Verhalten; aktive Hilfen und Unterstützung. In den vergangenen Jahren konnte zunehmend den Eindruck entstehen, dass solche Merkmale in der alltäglichen Praxis auch des Kinderschutzes zu sehr verkümmern, z. B. im Rahmen hochstrukturierter, manualbasierter Interventionsprogramme mit ihrer Vielzahl von Verhaltensplänen, Problemlisten, Regeln, Belohnungssystemen, Haus- und Trainingsaufgaben, festgelegten Konsequenzen, Checklisten, Basis- und Verhaltenseinstufungen usw. sowie im Rahmen der zunehmenden Standardisierung, Strukturierung, vorgeschriebenen Verfahrensabläufe der Erfassung von Kindeswohlgefährdungen in der Jugendhilfe. Anders formuliert, in Anlehnung an Laing (1977): Einen Menschen kann man mit einem Gemenge von Symptomen, Störungen, Delikten, Defiziten und Diagnosen letztlich nicht hinreichend verstehen und damit helfen. Wenn man aber einen Menschen nicht verstehen kann, ist man auch kaum in der Lage, anzufangen, ihn auf irgendeine effektive Weise im weitesten Sinne zu lieben, eine tragfähige und würdevolle Beziehung zu ihm aufzubauen sowie ihm zu helfen.

In diesem Zusammenhang werden durchaus wichtige lerntheoretische Grundlagen im Erziehungsprozess nicht selten überwertig, schablonenhaft und fast dressurartig vermittelt, wobei die Gefahren für die Eltern-Kind-Beziehung anscheinend kaum gesehen werden. Zwei Beispiele:

1. Im Erziehungsprogramm Triple P finden sich 2002 folgende Empfehlungen in den für die primäre Prävention vorgesehenen so genannten „Kleinen Helfern" für Eltern von Kleinkindern mit Problemen beim Schlafengehen und (alleine) Einschlafen: „In der ersten Nacht weint Ihr Kind vielleicht einige Minuten oder sogar Stunden. Es wird sich in den Schlaf weinen". Oder: „Sie können die Tür abschließen [wenn das Kind erneut ins Elternbett kommt]

oder durch einen Gegenstand (z. B. einen untergeschobenen Besenstiel) verhindern, dass Ihr Kind die Tür öffnet".
2. Im „Therapieprogramm für Kinder mit hyperkinetischem und oppositionellem Problemverhalten" von Döpfner et al. (2002) werden den Eltern während der so genannten Auszeit mehr direkt als indirekt auch Schläge und Klapse erlaubt: „Wenn die Eltern zu körperlicher Bestrafung neigen, dann sollte unbedingt vermieden werden, dass das Schlagen ins Prügeln übergeht. Erklären Sie den Eltern, dass ein kurzer Klaps auf den Oberarm oder den Po genügt und dass heftiges Schlagen eher der Abfuhr der eigenen Wut dient und nicht als Erziehungsmaßnahme geeignet ist" (S. 319).

In Analogie zu den diagnostischen und therapeutischen Maßnahmen bei frühkindlichen Regulationsstörungen drängt sich uns in diesem Zusammenhang in den letzten Jahren zunehmend die Vorstellung auf, mit u. a. Videoaufzeichnungen auch bei uns HelferInnen und TherapeutInnen einmal so etwas wie die Feinfühligkeit, die gefühlsmäßige Reagibilität bzw. Affektabstimmung, die Bindungsqualität, die intuitiven Kompetenzen, die Kommunikationsmuster, die Empathiefähigkeit, die Feinabstimmung des affektiven Austausches, die Erfüllung der Grundbedürfnisse usw. gegenüber den uns anvertrauten Kindern und Eltern zu erfassen, letztlich also unsere Risiko- und Schutzfaktoren für eine gesunde Entwicklung dieser Familien.
Wolff (2007) wünscht sich in diesem Zusammenhang, dem Hilfesystem „eine neue Feinfühligkeit und Selbstreflektion zu ermöglichen, die Eltern und Fachkräften gut tut". Dabei ginge es auch darum, „uns als Fachleute um einen solidarischen Umgang gerade mit schwierigen, komplizierten Menschen in zugespitzten Konflikten und in komplexen, bedrohlichen gesellschaftlichen und lebensgeschichtlichen Situationen zu bemühen" und dabei die in der folgenden Tabelle (nach Wolff und ergänzt) in der linken Spalte angeführten Merkmale verstärkt zu verkörpern:

Feinfühligkeit/Zartheit	Gefühllosigkeit/Grobheit
Kontaktaufnahme	Intervention
Dialog	Monolog
Verständigung	Ermittlung
Experiment	Festgelegter Ablauf
Hilfe/Unterstützung	Repression/Kontrolle
Großzügigkeit	Geiz
Partnerschaftlichkeit	Autoritäre, hoheitsvolle Behandlung
Beachtung der Würde der Klienten	Entwürdigung, Entwertung

Im Folgenden soll in Anlehnung an Deegener und Körner (2006, S. 72 ff.) darauf eingegangen werden, wie bisher im Hilfesystem mit Fehlern und Irrtümern umgegangen wurde und wie in Zukunft damit umgegangen werden sollte. 1984 formulierten Kempe und Kempe (S. 159): „Kinderschutz-Mitarbeiter müssen ihre Arbeit, ihre Effizienz ständig und routinemäßig überprüfen. Statt Sündenböcke für einzelne Misserfolge zu suchen, sollte jeder sich fragen: 'Wie hätten wir es besser machen können, und was werden wir auf Grund dieser Erfahrungen ändern?'"

Mit Bostock et al. (2005) geht es vor allen Dingen um „beinahe Fehler/beinahe Misserfolge", d. h.: a) Ereignisse, deren schlechter Ausgang noch verhindert werden konnte sowie b) Ereignisse, die zwar schlecht ausgingen, aber keinen großen Schaden anrichteten. Ziel ist es, bereits aus solchen „beinahe Fehlern" bzw. kleineren Fehlleistungen/Fehleinschätzungen zu lernen, und nicht nur solche Ereignisse zu untersuchen, bei denen großer Schaden (z. B. schwere körperliche Misshandlung, Vernachlässigung mit Todesfolge, Herausnahme eine Kindes aus dem Elternhaus bei letztlich nicht bestätigtem sexuellem Missbrauchsverdacht) entstand. Dabei wird davon ausgegangen, dass Fehler letztlich nicht vermeidbar sind, jedoch Organisationen ihre Fähigkeiten dahingehend verbessern können, dass die Häufigkeiten und Folgen von Fehlern/Versäumnissen so gering wie möglich werden.

> Zur Veranschaulichung der Fehlerquellen greifen Bostock et al. das „Schweizer-Käse-Modell" von Reason (1990, 1997, 2000) auf, mit welchem z. B. Fehler in Krankenhäusern oder bei Flugzeugunglücken aufgrund der vorgegebenen Organisationsstrukturen und Entscheidungsabläufe untersucht wurden

Zur Veranschaulichung der Fehlerquellen greifen Bostock et al. das „Schweizer-Käse-Modell" von Reason (1990, 1997, 2000) auf, mit welchem z. B. Fehler in Krankenhäusern oder bei Flugzeugunglücken aufgrund der vorgegebenen Organisationsstrukturen und Entscheidungsabläufe untersucht wurden. In Anlehnung an Bostock et al. (2005; S. 4; deren Abbildung beruht auf Reason, 2000, S. 768) sieht dieses Modell folgendermaßen aus:

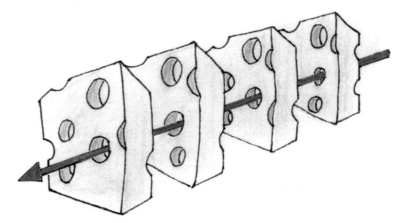

Die einzelnen Käsescheiben können nun – z. B. bezogen auf die hier interessierende Erfassung der Kindeswohlgefährdung – die aufeinanderfolgenden Tätigkeiten repräsentieren, die von der Erstmeldung einer Familie durch einen Kindergarten sowie die vernetzte Risikoeinschätzung von einem Sozialarbeiter bis hin zu den im weiteren Verlauf durchgeführten Hilfemaßnahmen vorgenommen werden. Wenn nun Fehler ungehindert durch die Löcher aller Scheiben dringen, so können die negativen Auswirkungen beträchtlich sein, wobei allerdings Fehler sowohl auf Seiten einzelner Personen als auch auf Seiten der Organisationsstrukturen einer Institution oder der Vernetzung von Institutionen 'vorprogrammiert' sein können.

Wird nun dieses Modell auf verschiedene inhaltliche Bereiche der Risikoabklärung von Kindeswohlgefährdung oder Kindesmisshandlung übertragen, so ergibt sich folgende Veranschaulichung:

Wird nun dieses Modell auf verschiedene inhaltliche Bereiche der Risikoabklärung von Kindeswohlgefährdung oder Kindesmisshandlung übertragen, so ergibt sich folgende Veranschaulichung

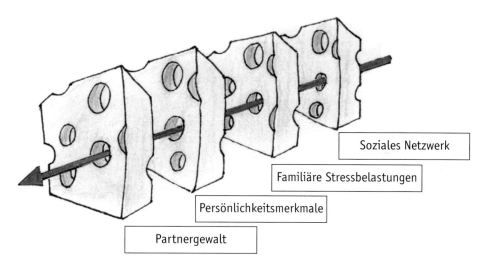

Soziales Netzwerk
Familiäre Stressbelastungen
Persönlichkeitsmerkmale
Partnergewalt

Die Löcher, durch die Fehler ungehindert passieren können, können u. a. Folgendes darstellen:
- Mangelnde Beachtung spezifischer Bereiche bei der Abklärung der Kindeswohlgefährdung
- Unzureichend umfassende Abklärung innerhalb eines Bereiches
- Falsche Gewichtungen spezifischer Merkmale innerhalb eines Bereiches
- Falsche Einschätzung der Wechselwirkungen zwischen verschiedenen Merkmalen/Risikofaktoren mehrerer Bereiche
- Falsche Einschätzungen der Schutz-/Resilienzfaktoren innerhalb eines Bereiches und deren Gewichtung auch zwischen mehreren Bereichen.

Auf die Ebene der Institutionen bezogen ergibt sich folgende Veranschaulichungsmöglichkeit:

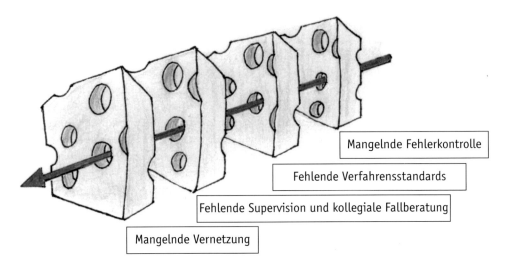

Mangelnde Fehlerkontrolle
Fehlende Verfahrensstandards
Fehlende Supervision und kollegiale Fallberatung
Mangelnde Vernetzung

Wichtig ist außerdem der Aspekt, dass zwar bei bestimmten Fallkonstellationen weitgehend nach vorgegebenen Regeln/Verfahrensstandards gehandelt werden kann, aber im Bereich der Erfassung der Kindeswohlgefährdung davon auszugehen ist, dass solche „klassischen" Fallkonstellationen eher selten sowie meist viel zu komplex sind und im Verlaufe der Zeit dynamischen Veränderungen unterliegen, so dass sie nicht allein durch *Routinehandlungen* nach bestimmten Standards abgearbeitet werden können. Neben aller Strukturierung und Standardisierung der Erfassung von Kindesmisshandlung/Vernachlässigung verbleibt die Risikoerfassung der Kindeswohlgefährdung letztlich ein sehr (psycho-)dynamischer Prozess, der auch äußerst viel Flexibilität und Kreativität (in den Konzepten, in der Vernetzung, in den Reaktionen, in den Entscheidungsprozessen, in der sich selbst evaluierenden und weiterentwickelnden Praxis) erfordert.

Die Forderung, auch aus den „beinahe Fehlern"/"beinahe Schäden" zu lernen, stößt in der Praxis auf viele Widerstände, da viel zu oft nach Sündenböcken gesucht wird und deswegen menschliche Schwächen, Fehlentscheidungen, kleinere Versäumnisse usw. u. a. aus Angst vor Sanktionen, Verlust an Ansehen, Sorge um Aufstiegschancen, mangelnder persönlicher Kritikfähigkeit usw. geheim gehalten werden. Schmitt (1999, S. 413, 422) ergänzt solche Überlegungen dahingehend, dass die „inneren Widerstände gegen die Wahrnehmung eigener Fehler ... zu einer hohen Empfindsamkeit gegenüber fremden Fehltritten führen. Die äußert sich in der starken Neigung, über anderer Fehler zu klatschen, Informationen zu sammeln, etc. ... Nützliche Schadenskontrolle und -behebung beinhaltet einen offenen, aufrichtigen und wahrhaftigen Umgang mit Fehlern sowie eine konsequente Politik der Selbstreparatur. Dies ist leider nicht die übliche Vorgehensweise, ... [Die] Scheuklappen- und Schulterschlusspolitik der Schadensbegrenzung ist extrem kurzsichtig, da sie – auf dem Rücken der KlientInnen ausgetragen – die Misstrauensspirale anheizt, Verbesserungen im System behindert und zu Reaktionsbildungen in der Öffentlichkeit führt (Medien fordern Kontrolle und Reduktion finanzieller Mittel, Politiker installieren Evaluatoren ähnlich Terminatoren)."

Bei der zu fordernden Analyse der angeführten „beinahe Fehler" kann es deswegen hilfreich sein, wenn deren Meldungen auch anonym erfolgen können und damit negative Sanktionen vermieden werden können. So können diese Beinahe-Fehler von dem gesamten Team im Sinne positiver Lernanstöße aufgefasst werden, die auch bei einer Ausübung der Tätigkeit „nach bestem Wissen und Gewissen" jedem unterlaufen können. Dies bedeutet eine Fehlerkultur, die sich offen, vorurteilsfrei und vorbeugend mit Schwächen und Fehlern und deren kompliziertem Entstehungskontext auseinandersetzt – für „Nullfehler-Denk-und-Verhaltensmuster" sollte die Zeit abgelaufen sein.

Die folgende Tabelle von Fegert et al. (2008, S. 30) fasst die Eigenschaften erfolgreicher Fehlerberichtssysteme nach verschiedenen Literaturangaben zusammen.

Für eine externe Fehlerkontrolle formulieren Lamm und Treeß (2002, S. 7) weiter folgende konkrete Ziele: „Die Hamburger Jugendhilfe sollte sich der Überprüfung einer breit akzeptierten externen Expertengruppe, die jährlich in zufälligen Stichproben überprüft, wie gut und effektiv die Hamburger Erziehungshilfe arbeitet, stellen. (...) Die Expertengruppe hätte die Aufgabe, Hilfeverläufe zu analysieren, die Einrichtungen zu besuchen, mit Kindern, Jugendlichen, den zuständigen Mitarbeitern und Mitarbeiterinnen der Jugendämter und Einrichtungen zu sprechen. Nah an der Praxis sollte so überprüft werden, wo Erziehungshilfe gelingt und wo sie noch besser werden muss. Statt wie bisher über nachträgliche Aktenanalysen Stärken und Schwachstellen zu benennen, sollte die Überprüfung bereits dann einsetzen, wenn die Kinder und Jugendlichen noch betreut werden, um auch im individuellen Fall, falls es notwendig ist, wissenschaftlichen Rat zum Wohle der Kinder und Jugendlichen nutzbar machen zu können."

Bei der zu fordernden Analyse der angeführten „beinahe Fehler" kann es deswegen hilfreich sein, wenn deren Meldungen auch anonym erfolgen können und damit negative Sanktionen vermieden werden können

Eigenschaften	Erklärung
Freiwilligkeit	Die Erstattung eines Berichts erfolgt freiwillig, es gibt keine Meldepflicht.
Anonymität bzw. strenge Vertraulichkeit	Rückschlüsse auf den Berichterstattenden sind nicht möglich, da das Berichterstattungssystem anonym oder streng vertraulich ist. Es werden keine Daten an Dritte weitergegeben.
Sanktionsfreiheit	Die Berichterstattung zieht keine Sanktionen nach sich.
Unabhängigkeit	Das Berichtsprogramm sowie die analysierenden Experten sind von jeglicher Autorität, die Berichtende/Nutzer bestrafen oder Einfluss auf die Auswertung der Berichte nehmen könnte, unabhängig.
Analyse durch ein Expertenteam	Die eingegangenen Berichte werden von einem Expertenteam analysiert, das sowohl mit den spezifischen Umständen des Umfelds des Meldenden vertraut ist als auch die zugrunde liegenden Systemfehler erkennen kann.
Zeitnahe Rückmeldung an die Berichterstatter und Umsetzung der evaluierten Empfehlungen	Die Berichte werden zügig analysiert und die Ergebnisse bzw. Empfehlungen dem Berichterstatter bzw. der Allgemeinheit der Nutzer bekannt gegeben. Ferner werden die durch die Analyse evaluierten Empfehlungen zügig umgesetzt.
Systemorientiertheit	Die Empfehlungen haben Veränderungen von Systemen, Prozessen oder Produkten im Blick.
Einfachheit	Das Formular zur Berichterstattung ist einfach auszufüllen und für jeden zugänglich.
Freitextfelder	Das Berichtsformular lässt ausreichend Raum für Freitext.

Zusammengefasst geht es um die Beachtung von drei Qualitätsbereichen der Hilfearbeit:
- **Strukturqualität**
- **Prozessqualität**
- **Ergebnisqualität**

Zusammengefasst geht es um die Beachtung von drei Qualitätsbereichen der Hilfearbeit:
- *Strukturqualität:* Sie beinhaltet unter anderem die Rahmenbedingungen des Leistungsprozesses, insbesondere die personelle, räumliche und sachliche Ausstattung, also Fragen zu den Institutionen und Professionen im Netzwerk und deren problematischen Schnittstellen, zur personellen Ausstattung und Qualifikation von MitarbeiterInnen der Institutionen, zu den Ressourcen im gesamten Netzwerk, zur Infrastruktur, zu den finanziellen Voraussetzungen, zur Gebäude- und Technikausstattung, zu den Systemen der Qualitätssicherung, usw. Fegert et al. (2008, S. 125): „Unsere Forschung hat z. B. gezeigt, dass vielerorts die Arbeitsverwaltung, die psychiatrischen Kliniken und teilweise die Frühförderung in den Köpfen derer, die das Versorgungsnetz bilden, nicht repräsentiert sind."
- *Prozessqualität:* Darunter versteht man die Leistungsprozesse, also u.a.: Abschätzen des Gefährdungsrisikos, Verantwortlichkeiten, Supervision, Beendigung der Beratung, Motivationsarbeit mit den Personensorgeberechtigten, Information des Jugendamtes, soziale Betreuung. Fegert et al. (2008, S. 126f.): „Zum Thema Prozess-

qualität ist es wichtig, Abläufe stärker zu strukturieren, getroffene Entscheidungen in einen Verlauf einzubetten und den weiteren Verlauf zu verfolgen und damit auch die Richtigkeit von einmal getroffenen Entscheidungen in adäquaten Zeiträumen neu zu überprüfen. ... Handwerklich gehören zur Prozessqualität z. B. die Definition „sinnvoller" Wiedervorlagen zur Überprüfung von Hilfen, die Definition altersentsprechender, zeitlicher Spielräume, die bei Säuglingen sehr kurz sein müssen etc.".
- *Ergebnisqualität:* Sie bedeutet die Evaluation der erbrachten Leistungen in einer Einrichtung oder im gesamten Netzwerk, also Fragen der Dokumentation, internen Evaluation, Wirksamkeitserforschung, Klientelzufriedenheit, Entwicklungsfortschritte, Rückfälle, usw. Fegert et al. (2008, S. 127): „Festzustellen ist ein genereller Mangel an Daten, sowohl im Gesundheitsbereich als auch im Bereich der Jugendhilfe".

Fegert et al. (2008, S. 125) betonen in diesem Zusammenhang die grundlegend notwendige gemeinsame Erarbeitung von Werten und Haltungen: „Da die Übersicht sowohl der nationalen Krisenfälle wie der internationalen Literatur gezeigt hat, dass häufig Überzeugungen, Einstellungen – letztendlich Werte und Wertungen – dazu geführt haben, dass bestimmte Informationen nicht wahrgenommen oder ausgeblendet wurden, ist es auch wichtig im Sinne der Leitbildentwicklung, die Frage von Werten und Grundsätzen stärker zu diskutieren. Ein zentraler Wertekonflikt, der in der Diskussion der Jugendhilfe scheinbar lähmend wirkt, ist die Vorstellung des Paradigmenwechsels, weg von einem Jugendwohlfahrtsgesetz als 'Überwachungsgesetz' und hin zu einem Dienstleistungsgesetz mit partizipativen Aushandlungsprozessen mit den Sorgeberechtigten im KJHG. Offensichtlich werden teilweise die Familienorientierung des KJHG und der wichtige Grundsatz der Teilhabe von Familien als Grenze oder Widerspruch in Bezug auf Kinderschutzmaßnahmen angesehen. Die individuell auszutarierende Balance zwischen momentaner Erziehungsfähigkeit und den Aufgaben der staatlichen Gemeinschaft, entsprechend Art. 6 Grundgesetz, auch mit Blick auf die Entwicklungsprognose von Kindern und ihren Förderbedarf, muss stärker als positives Alleinstellungsmerkmal der Fachlichkeit ausformuliert und in Leitbildern verankert werden und darf nicht weiter als unlösbarer Widerspruch oder als ideologischer Streit aufgefasst werden. So müssen antagonistische Debatten über Ressourcenorientierung versus Interventionen, Auflagen etc. teilweise in neue, ergänzende Ansätze, Entwicklung von Ressourcen, Stärkung von Autonomie z. B. durch Auflagen übergeführt werden. Sowohl im psychotherapeutischen Bereich als auch z. T. im Bereich der Arbeitsverwaltung hat sich deut-

> **Offensichtlich werden teilweise die Familienorientierung des KJHG und der wichtige Grundsatz der Teilhabe von Familien als Grenze oder Widerspruch in Bezug auf Kinderschutzmaßnahmen angesehen**

lich gezeigt, dass man nicht nur auf Motivation setzen kann, wenn es um Veränderungen geht, sondern dass manchmal auch Druck nötig ist, um erste Schritte einzuleiten, die dann zu einer stärkeren Selbstständigkeit und Weiterentwicklung führen."

Mit anderen Worten bedeutet dies, dass es sehr bedenkenswert ist, ob Fachleute im Kinderschutz- und Jugendhilfebereich nicht von einer autoritären, rigiden Fürsorgepraxis der 50er und 60er Jahre zu häufig auch in das völlige Gegenteil umkippten. Der Erstautor kennt jedenfalls zunehmend Familien, bei denen z. T. jahrelang überzogen und unrealistisch und engelsgeduldig auf Veränderungen gehofft wird, welche trotz Ausschöpfung verschiedenster Hilfsangebote letztlich nicht eintreten, und sich so die familiäre Situation sowie das Erleben und Verhalten von Kindern, Jugendlichen und Erwachsenen dramatisch verschlimmerten – weil (grundsätzlich natürlich positive) Begriffe wie Freiwilligkeit, Selbstverantwortung, Einsichtsfähigkeit, Mitwirkungsbereitschaft, Selbsthilfepotentiale verabsolutiert wurden sowie die vernünftige Umsetzung von Begriffen wie Grenzsetzung oder Verpflichtung oder Verantwortungsübernahme oder Konsequenzen schon gleichgesetzt werden mit völligen Rückfällen in eine – Gott sei Dank überwundene – autoritäre, rigide, fremdbestimmende und unwürdige Fürsorgepraxis.

Zum Schluss ein deprimierendes Fazit von Kindler (2007, S. 8) zum Kinderschutz in Deutschland: „Das in Deutschland nahezu vollständige Fehlen von tragfähigen Informationen zur Anzahl der Kindeswohlgefährdung erlebenden Kinder und der Fähigkeit des Kinderschutzsystems, diese Kinder zu erkennen, wirksam zu schützen und in ihrer Entwicklung nachhaltig zu unterstützen, hat natürlich zur Folge, dass auch aktuelle Trends und Verbesserungen oder Verschlechterungen in der Ergebnisqualität des Kinderschutzsystems nicht erkannt werden können. Damit befindet sich das Kinderschutzsystem in der Bundesrepublik in einer Art 'Blindflugsituation'."

Dies bedeutet auch, dass das Helfersystem mit seinen vielfältigen Institutionen und Verbänden es weder regional noch überregional erreicht hat, eine hinreichend einflussreiche und durchsetzungsstarke Lobby für den Kinderschutz und dessen Klientel gegenüber der Politik zu sein.

Literatur

Armbruster, M. & Bartels, V. (2005). Kooperation der verschiedenen Dienste bei Kindesmisshandlung, -vernachlässigung und sexuellem Missbrauch. In G. Deegener & W. Körner (Hrsg.), Kindesmisshandlung und Vernachlässigung. Ein Handbuch (S. 405-417). Hogrefe: Göttingen.

Asay, T. P. & Lambert, M. J. (1999). The empirical case for the common factors in therapy: Quantitative findings. In M. A. Hubble, B. L. Duncan & S. D. Miller (Eds.), The heart and soul of change: What works in therapy (pp. 33-56). Washington, D. C.: American Psychological Association.

Belsky, J. (1980). An ecological integration. Amer. Psychologist, 35, 320-335.

Bender, D. & Lösel, F. (2000). Risikofaktoren, Schutzfaktoren und Resilienz bei Misshandlung und Vernachlässigung. In U. T. Egle, S. O. Hoffmann & P. Joraschky (Hrsg.), Sexueller Missbrauch, Misshandlung, Vernachlässigung (S. 85-104). Stuttgart: Schattauer.

Bender, D. & Lösel, F. (2000). Misshandlung von Kindern: Risikofaktoren und Schutzfaktoren. In G. Deegener & W. Körner (Hrsg.), Kindesmisshandlung und Vernachlässigung. Ein Handbuch (S. 317-346). Göttingen: Hogrefe.

Bettge, S. (2004). Schutzfaktoren für die psychische Gesundheit von Kindern und Jugendlichen. Charakterisierung, Klassifizierung, Operationalisierung. Dissertation an der Fakultät VII – Wirtschaft und Management/Institut für Gesundheitswissenschaften – der Technischen Universität Berlin. Verfügbar unter: http://opus.kobv.de/tuberlin/volltexte/2005/920/pdf/bettge_susanne.pdf [11.06.2010].

Bettge, S., Ravens-Sieberer, U. & Wille, N. (2007). Die Erfassung von Schutzfaktoren mittels Fragebogenverfahren. Kindesmisshandlung und -vernachlässigung, 10 (2), 124-143.

Blank, U. & Deegener, G. (2004). Kooperation und Vernetzung von Institutionen zur Abschätzung der Risiko- und Schutzfaktoren bei Kindeswohlgefährdung. In Verantwortlich handeln – Schutz und Hilfe bei Kindeswohlgefährdung. Saarbrücker Memorandum. Köln: Bundesanzeiger Verlag.

Bostock, L., Bairstow, S., Fish, S. & Macleod, F. (2005). Managing risk and minimising mistakes in services to children and families. Children and Families' Services Report 6, Social Care Institute for Excellence, Bristol: The Policy Press. Internetseite: http://www.scie.org.uk/publications/reports/report06.pdf [11.06.2010].

Deegener, G. & Körner, W. (2006). Risikoerfassung bei Kindeswohlgefährdung und Vernachlässigung. Theorie, Praxis, Materialien. Lengerich: Pabst Science Publishers.

Deegener, G., Spangler, G., Körner, W. & Becker, N. (2009). Eltern-Belastungs-Screening zur Kindeswohlgefährdung. Göttingen: Hogrefe.

Döpfner, M., Schürmann, S. & Frölich, J. (2002). Therapieprogramm für Kinder mit hyperkinetischem und oppositionellem Problemverhalten. THOP. Beltz: Weinheim.

Dornes, M. (2000). Vernachlässigung und Misshandlung aus der Sicht der Bindungstheorie. In U. T. Egle, S. O. Hoffmann & P. Joraschky (Hrsg.), Sexueller Missbrauch, Misshandlung, Vernachlässigung (S. 70-83). Stuttgart: Schattauer.

Dührssen, A. (1984). Risikofaktoren für die neurotische Kindheitsentwicklung. Ein Beitrag zur psychoanalytischen Geneseforschung. Z. psychosom. Med., 30, 18-42.

Dührssen, A. & Liebertz, K. (1999). Der Risiko-Index. Ein Verfahren zur Einschätzung und Gewichtung von psychosozialen Belastungen in Kindheit und Jugend. Göttingen: Vandenhoek & Rupprecht.

Egle, U. T. & Hoffmann, S. O. (2000). Pathogene und protektive Entwicklungsfaktoren in Kindheit und Jugend. In U. T. Egle, S. O. Hoffmann & P. Joraschky (Hrsg.), Sexueller Missbrauch, Misshandlung, Vernachlässigung (S. 3-22). Stuttgart: Schattauer.

Fegert, J. M., Berger, C., Klopfer, U., Lehmkuhl, U. & Lehmkuhl, G. (2001). Umgang mit sexuellem Missbrauch. Institutionelle und individuelle Reaktionen. Forschungsbericht. Münster: Votum.

Fegert, J. M., Schnoor, K., Kleidt, S., Kindler, H. & Ziegenhain, U. (2008). Lernen aus problematischen Kinderschutzverläufen. Machbarkeitsexpertise zur Verbesserung des Kinderschutzes durch systematische Fehleranalyse. http://www.bmfsfj.de/bmfsfj/generator/BMFSFJ/Service/Publikationen/publikationen,did=114994.html [11.06.2010].

Garbarino, J. (1977). The human ecology of child maltreatment: A conceptual model for research. Journal of Marriage and the Family, 39, 721-736.

Hardt, J. (2003). Psychische Langzeitfolgen manifester Kindheitsbelastungen: Die Rolle von Eltern-Kind-Beziehungen. Lengerich: Pabst Science Publishers.

Kempe, R. S. & Kempe, C. H. (1984). Kindesmisshandlung. Stuttgart: Klett-Cotta.

Kindler, H. (2007). Kinderschutz in Deutschland stärken. Analyse des nationalen und internationalen Forschungsstandes zu Kindeswohlgefährdung und die Notwendigkeit eines nationalen Forschungsplanes zur Unterstützung der Praxis. DJI: München. http://dji.de/bibs/KindlerExpertiseGesamt.pdf [11.06.2010].

Kindler, H. (2009). Wie könnte ein Risikoinventar für frühe Hilfe aussehen? In T. Meysen, L. Schönecker & H. Kindler (Hrsg.), Frühe Hilfen im Kinderschutz. Rechtliche Rahmenbedingungen und Risikodiagnostik in der Kooperation von Gesundheits- und Jugendhilfe (S. 173-226). Weinheim: Juventa.

Klemenz, B. (2003a). Ressourcenorientierte Diagnostik und Intervention bei Kindern und Jugendlichen. Tübingen: DGVT-Verlag.

Klemenz, B. (2003b): Ressourcenorientierte Kindertherapie. Praxis der Kinderpsychologie und Kinderpsychiatrie, 52 (5), 297-315.

Körner, W., Deegener, G. & Heuer, F. (2011). Diagnostik von Kindesmisshandlung und Vernachlässigung. Ein Leitfaden. Göttingen: Hogrefe (i.V.).

Krahé, B. & Greve, W. (2002). Aggression und Gewalt: Aktueller Erkenntnisstand und Perspektiven künftiger Forschung. Zeitschrift für Sozialpsychologie, 33 (3), 123-142.

Laing, R. D. (1977). Das geteilte Selbst. Rowohlt: Reinbek.

Lambert, M. J. & Bergin, A. E. (1994). The effectiveness of psychotherapy. In A. E. Bergin & S. L. Garfield (Eds.), Handbook of psychotherapy and behavior change (4th ed., pp. 143-189). New York: Wiley.

Lösel, F., Beelmann, A., Jaursch, S. & Stemmler, M. (2004). Soziale Kompetenz für Kinder und Familien. Ergebnisse der Erlangen-Nürnberger Entwicklungs- und Präventionsstudie. Bundesminisiterium für Familie, Senioren, Frauen und Jugend (Hrsg.). Berlin. Internet: http://www.bmfsfj.de/RedaktionBMFSFJ/Abteilung2/Pdf-Anlagen/soziale-kompetenz-f_C3_BCr-kinder-und-familien,property=pdf.pdf [11.06.2010].

Masten, A. S. & Reed, M.-G. (2002). Resilience in development. In C. R. Snyder & S. J. Lopez (Eds.), The handbook of positive psychology (pp. 74-88). Oxford: University Press.

Mayer, M., Lavergne, C., Tourigny, M. & Wright, J. (2007). Characteristics Differentiating Neglected Children from Other Reported Children. Journal of Family Violence, 22, 721-732.

Milner, J. S. (1986). The Child Abuse Potential Inventory. Manual, 2nd Edition. Webster, NC: Psytec Corporation.

Orlinsky, D. E. & Howard, K. I. (1988). Ein allgemeines Psychotherapiemodell. Integrative Psychotherapie, 4, 281-308.

Orlinsky, D. E. (1994). Learning from many masters. Psychotherapeut, 39, 2-9.

Petermann, F., Niebank, K. & Scheithauer, H. (Hrsg.) (2000). Risiken der frühkindlichen Entwicklung. Entwicklungspsychopathologie der ersten Lebensjahre. Göttingen: Hogrefe.

Reason, J. (1990). Human error. New York: Cambridge University Press.

Reason, J. (1997). Managing the risks of organisational accidents. Aldershot: Ashgate.

Reason, J. (2000). Human error: Models and management. British Medical Journal, 320, No 7237, 768-770.

Reifarth, W. & Scherpner, M. (1994). Der Elefant. Texte für Beratung und Fortbildung. Freiburg: Lambertus.

Reinhold, C. & Kindler, H. (2005a). In welchen Situationen kommt es vor allem zu Kindeswohlgefährdungen? In Handbuch Kindeswohlgefährdung nach § 1666 BGB und Allgemeiner Sozialer Dienst (ASD). München: Deutsches Jugendinstitut. http://213.133.108.158/asd/20.htm [11.06.2010].

Reinhold, C. & Kindler, H. (2005b). Gibt es Kinder, die besonders von Kindeswohlgefährdungen betroffen sind? In Handbuch Kindeswohlgefährdung nach § 1666 BGB und Allgemeiner Sozialer Dienst (ASD). München: Deutsches Jugendinstitut. http://213.133.108.158/asd/17.htm [11.06.2010].

Reinhold, C. & Kindler, H. (2005c). Was ist über Eltern, die ihre Kinder gefährden, bekannt? In Handbuch Kindeswohlgefährdung nach § 1666 BGB und Allgemeiner Sozialer Dienst (ASD). München: Deutsches Jugendinstitut. http://213.133.108.158/asd/18.htm [11.06.2010].

Rutter, M. (2001). Psychological adversity: Risk, resilience and recovery. In J. M. Richman & M. W. Fraser (Eds.), The context of youth violence: resilience, risk, and protection (pp. 13-41). Westport: Praeger Publishers.

Schmitt, A. (1999). Sekundäre Traumatisierungen im Kinderschutz. Prax. Kinderpsychol. Kinderpsychiat., 48, 411-421.

Schone, R., Gintzel, U., Jordan, E., Kalscheuer, M. & Münder, J. (1997). Kinder in Not. Vernachlässigung im frühen Kindesalter und Perspektiven sozialer Arbeit. Münster: Votum Verlag.

Schweitzer-Rothers, J. (1998). Gelingende Kooperation. Systemische Weiterbildung in Gesundheits- und Sozialberufen. Juventa: Weinheim.

Seus-Seberich, E. (2005). Welche Rolle spielt soziale Benachteiligung in Bezug auf Kindeswohlgefährdung? In Handbuch Kindeswohlgefährdung nach § 1666 BGB und Allgemeiner Sozialer Dienst (ASD). München: Deutsches Jugendinstitut. http://213.133.108.158/asd/21.htm [11.06.2010]

Stith, S. M., Liu, T., Davies, L. C., Boykin, E. L., Alder, M. C. et al. (2009). Risk factors in child maltreatment: a meta-analytic review of literature. Aggression and Violent Behavior, 14, 13-29.

Sturzbecher, D. & Dietrich, P. S. (2007). Risiko- und Schutzfaktoren in der Entwicklung von Kindern und Jugendlichen. Kindesmisshandlung und -vernachlässigung, 10, 3-30.

Triple, P. (2010). Positives Erziehungsprogramm. http://www.triplep.de/pages/startseite/willkommen.htm Kleine Helfer für Kleinkinder: https://ssl.kundenserver.de/triplep.de/pages/shop/shop.htm?category=KH/ [11.06.2010].

Vizard, E., Hickey, N., French, L. & McCrory E. (2007a). Children and adolescents who present with sexually abusive behavior: A UK descriptive study. The Journal of Forensic Psychiatry & Psychology, 18 (1), 59-73.

Vizard, E., Hickey, N. & McCrory E. (2007b). Developmental trajectories associated with juvenile sexually abusive behavior and emerging severe personality disorder in childhood: 3-year study. British Journal of Psychiatry, 190 (suppl. 49), s27-s32.

Wolff, R. (2007). Demokratische Kinderschutzarbeit – zwischen Risiko und Gefahr. http://www.agsp.de/html/a84.html [11.06.2010].

Wustmann, C. (2007). Resilienz. In Bundesministerium für Bildung und Forschung (Hrsg.), Auf den Anfang kommt es an: Perspektiven für eine Neuorientierung frühkindlicher Bildung (S. 119-189). Berlin. http://www.bmbf.de/pub/bildungsreform_band_16.pdf [11.06.2010].

Zum Einsatz von Risikoinventaren bei Kindeswohlgefährdung

Franka Metzner, Silke Pawils

1. Theoretische und praktische Hintergründe der Risikoeinschätzung

Zur Sicherstellung des Kindeswohls ist das frühzeitige Identifizieren von Familien mit psychosozialer Belastung im Sinne eines Frühwarnsystems und die Implementierung präventiver Unterstützungsangebote nach Möglichkeit von Geburt an notwendig. Während international die Entwicklung von Instrumenten zur Risikobewertung, wie das *Child Abuse Potential Inventory* (CAPI) von Milner, in den 1980ern begann und insbesondere in den USA etabliert wurde, gab es in Deutschland mit der Veröffentlichung des „Glinder Manuals" 1997 eines der ersten deutschen Verfahren. Weitere standardisierte Instrumente wurden daraufhin in Deutschland zur Risikodiagnostik in Gefährdungsfällen entwickelt und eingesetzt. Im Jahr 2003 veröffentlichte der Deutsche Städtetag seine Empfehlungen zur Risikoeinschätzung bei Kindeswohlgefährdung, die Handlungsempfehlungen für die Aufnahme einer Gefährdungsmeldung, für die erste Risikoeinschätzung nach der Kontaktaufnahme sowie für die Einschätzung der Gefährdungslage nach der vertiefenden Informationssammlung beinhaltet. Der Deutsche Städtebund weist dabei u.a. ausdrücklich auf den Einsatz standardisierter Skalen zur transparenten Risikoabschätzung hin (Deutscher Städtetag, 2003).

Mit der Erweiterung des „Schutzauftrags bei Kindeswohlgefährdung" des § 8a SGB VIII durch das Gesetz zur Weiterentwicklung der Kinder- und Jugendhilfe (KICK) 2005 wurde der Auftrag an die öffentlichen und freien Träger der Jugendhilfe formuliert, vereinheitlichte Verfahren zum frühzeitigen Identifizieren von Gefährdungsrisiken als ersten Schritt einer Handlungskette vom Erkennen bis zum Eingreifen in ihrer Arbeit ein- und umzusetzen. Im Spannungsfeld zwischen möglicher Stigmatisierung und Wächterfunktion wurden daraufhin deutschlandweit sowohl von den Behörden initiiert als auch in verschiedenen Projekten der Kinder- und Jugendhilfe und

> Mit der Erweiterung des „Schutzauftrags bei Kindeswohlgefährdung" des § 8a SGB VIII durch das Gesetz zur Weiterentwicklung der Kinder- und Jugendhilfe (KICK) 2005 wurde der Auftrag an die öffentlichen und freien Träger der Jugendhilfe formuliert, vereinheitlichte Verfahren zum frühzeitigen Identifizieren von Gefährdungsrisiken als ersten Schritt einer Handlungskette vom Erkennen bis zum Eingreifen in ihrer Arbeit ein- und umzusetzen

der Frühen Hilfen diagnostische Instrumente zur standardisierten Risikoeinschätzung entwickelt.

Die im Gesetz als „gewichtige Anhaltspunkte" beschriebenen Indikatoren oder Symptome für eine bestehende oder zukünftige Gefährdung des Wohls eines Kindes oder Jugendlichen tauchen in den Instrumenten neben den Risiko- und Schutzfaktoren für Kindeswohlgefährdung auf. Als Risikofaktoren oder „potentiating factors" im engeren Sinne werden dabei Faktoren bezeichnet, die die Wahrscheinlichkeit einer Kindeswohlgefährdung durch chronisch vorhandene Überforderungssituationen oder „eingeschränkte elterliche Beziehungs- und Erziehungskompetenzen" (Ziegenhain & Fegert, 2009, S. 13) erhöhen, während unter Schutzfaktoren oder „compensating factors" die Wahrscheinlichkeit von Misshandlung, Vernachlässigung bzw. Missbrauch vermindernde Faktoren zu verstehen sind (Deegener & Körner, 2006). Laut Deegener und Körner kommt es neben der „Notwendigkeit einer präzisen Interpretation" (2006, S. 25) der einzelnen Faktoren darauf an, die Wirkung der Risiko- und Schutzfaktoren als ein komplexes additives, multiplikatives oder exponentielles Zusammenspiel zu verstehen, so dass sich Kindeswohlgefährdung durch einzelne Faktoren weder sicher vorhersagen noch ausschließen lässt. Sie geben weiter an, dass kongruent zur Anzahl der vorliegenden belastenden Risikofaktoren die Zahl der kompensierenden Schutzfaktoren steigen muss, damit eine positive Entwicklung des Kindes möglich ist. Bezug nehmend auf den aktuellen Stand der Forschung durch die Replikation in mehreren unabhängigen Studien kann eine Reihe von Risiko- und Schutzfaktoren, die eine entscheidende Rolle für das gesunde Aufwachsen von Kindern einnehmen, als gesichert angenommen werden (Deegener & Körner, 2006; Deegener, Spangler, Körner, & Becker, 2009; Kindler, 2009a). Grob unterschieden wird bei den Belastungen und Ressourcen zwischen kind- und umgebungsbezogenen, distalen (weiter entfernten) und proximalen (zentral gelegenen) sowie zwischen dauerhaften und kurzfristigen Faktoren. Die komplexen Zusammenhänge und Wechselwirkungen zwischen den einzelnen Faktoren sind dabei nicht endgültig aufgeklärt, so dass durch den Einsatz standardisierter Diagnostik der Unsicherheitsbereich bei der Gefährdungseinschätzung, und damit das Risiko für schwerwiegende falsch negative oder falsch positive Einschätzungen, erheblich verringert, aber nicht vollkommen beseitigt werden kann.

Grundsätzlich konnte durch systematische Untersuchungen die Überlegenheit von Risikoinventaren gegenüber unstrukturierten, intuitiven Einschätzungen durch Fachkräfte nachgewiesen werden, wenn auch eher eine Koexistenz beider Vorgehensweisen und nicht das völlige Entwerten der emotional geprägten Risikowahrnehmung durch Fachkräfte zugunsten der analytischen Verfahren angestrebt wird (Kindler, 2009a, 2009b). Bei der Gefährdungseinschätzung mit Hilfe von standardisierten Instrumenten und Kriterienlisten müssen stets methodische Schwachstellen der Risikoinventare wie in Bezug auf die Herausforderung, gleichzeitig sensibel und spezifisch zwischen „gefährdet" und „nicht gefährdet" zu klassifizieren, und damit einhergehend das Risiko von Fehlklassifikationen Beachtung finden (Deegener & Körner, 2006). Ein sensibler Umgang mit dem Ergebnis der Gefährdungseinschätzung ist notwendig, da die Diagnostik nicht zur Stigmatisierung durch das Filtern von „potentiellen Kindesmisshandlern" eingesetzt werden soll, sondern um zielgerichtet und möglichst frühzeitig Unterstützungsangebote zum Umgang mit schwierigen Lebenssituationen anbieten zu können.

Da in Deutschland abgesehen von institutionellen Regelungen bisher keine übergreifende verbindliche Festlegung bestimmter Kriterien und Bewertungsregeln für die Risikobestimmung vorliegt, ist eine Vielzahl von Instrumenten mit unterschiedlichem inhaltlichen Fokus bzw. mit unterschiedlicher wissenschaftlicher Ausrichtung bundesweit im Einsatz. Deegener und Körner betonen grundsätzlich die Unterscheidung zwischen Screening- und Diagnostik-Verfahren. Kurze Screening-Instrumente werden zumeist als unkompliziertes und kostengünstiges Auswahlkriterium für Interventionen oder am Beginn eines Beurteilungsprozesses eingesetzt, um das Vorhandensein von bestimmten, als relevant angesehenen Eigenschaften, Risiken oder Verhaltensweisen des Kindes bzw. der Eltern zu bestimmen. Mit Hilfe der umfassenderen Diagnose-Verfahren können dagegen die Ergebnisse ausführlicher Beurteilungsprozesse abgebildet werden (Deegener & Körner, 2006; Kindler, 2009a).

Darüber hinaus lässt sich die Vielzahl an Verfahren laut einer Studie des Deutschen Jugendinstituts zu „Messverfahren in der sozialen Arbeit am Beispiel der Kindeswohlgefährdung" (2004) sowohl hinsichtlich ihrer Einschätzungsaufgaben und Fragestellungen im zeitlichen Verlauf als auch in Bezug auf die Verfahrensweise bei der Informationssammlung und Risikoabschätzung differenzieren. Je nach Fragestellung werden zum einen Verfahren zur Gefährdungseinschätzung unmittelbar nach dem Meldungseingang, nach dem ersten Kontakt oder nach umfassender Datenerhebung eingesetzt. Darüber hinaus kann der Fokus der Instrumente auf der Bewertung von Erziehungsfähigkeit, Veränderungsmotivation und Kooperationsbereitschaft der Hauptbezugspersonen liegen oder die „Gefahr zukünftiger kindeswohlgefährdender Handlungen bzw. Unterlassungen durch die Sorgeberechtigten" im Vordergrund stehen. Bei dem Vergleich ihrer generellen Methoden hinsichtlich der Erfassung und der Bewertung erhobener Informationen zu den in der Familie vorlie-

Ein sensibler Umgang mit dem Ergebnis der Gefährdungseinschätzung ist notwendig, da die Diagnostik nicht zur Stigmatisierung durch das Filtern von „potentiellen Kindesmisshandlern" eingesetzt werden soll, sondern um zielgerichtet und möglichst frühzeitig Unterstützungsangebote zum Umgang mit schwierigen Lebenssituationen anbieten zu können

genden Risiko- und Schutzfaktoren lässt sich eine vereinfachte Unterteilung in empirische Prädiktor-Verfahren (actuarial models) unter Verwendung wissenschaftlich ermittelter und gewichteter Faktoren, in konsensbasierte Verfahren durch von erfahrenen Fachkräften gemeinsam ermittelte Bewertungsfaktoren sowie in strukturierende und einschätzende Verfahren als Mischung zwischen konsensbasierten und empirischen Prädiktor-Verfahren, in denen die zu beachtenden Faktoren und die Verfahrensweise zur Bewertung der Belastungsfaktoren vorgegeben sind, vornehmen (Deutsches Jugendinstitut, 2004; Kindler, 2005).

Erste Ansätze für eine Vereinheitlichung der Risikoinventare sind Qualitätskataloge einzelner Städte oder Träger, die versuchen, zumeist noch als unverbindliche Empfehlung formulierte oder nur mit regionaler Verbindlichkeit verbundene Kriterien für eine standardisierte und umfassende Gefährdungseinschätzung durchzusetzen. Beispielhaft lässt sich der Dormagener Qualitätskatalog der Jugendhilfe zur Programm- und Prozessqualität im Kinderschutz mit den vier vorgeschlagenen Hauptkriterien Gewährleistung des Kindeswohls, Problemakzeptanz, Problemkongruenz und Hilfeakzeptanz für eine „gründliche Einschätzung des eventuell vorhandenen Risikos in einer Familie" anführen (Stadt Dormagen, 2001, S. 65).

Dem gegenüber steht die vielfach formulierte Forderung nach Qualitätsstandards und -kontrolle im Bereich der Kinder- und Jugendhilfe durch empirische Absicherung und Analyse der Jugendhilfearbeit im Allgemeinen und der Fallarbeit bei Kindeswohlgefährdung im Speziellen

Dem gegenüber steht die vielfach formulierte Forderung nach Qualitätsstandards und -kontrolle im Bereich der Kinder- und Jugendhilfe durch empirische Absicherung und Analyse der Jugendhilfearbeit im Allgemeinen und der Fallarbeit bei Kindeswohlgefährdung im Speziellen (Deegener & Körner, 2006; Fegert, Schnoor, Kleidt, Kindler, & Ziegenhain, 2008).

Qualitätsstandards und -kontrollen im weiten Gebiet der Kinder- und Jugendhilfe bewirken durch die Systematisierung der Verfahrensabläufe in Verdachtsfällen mehr Handlungssicherheit für alle Beteiligten, die in ihrem Arbeitsfeld mit Kindern und Jugendlichen im täglichen Kontakt sind, und sensibilisieren zudem durch das Lernen aus abgeschlossenen Fällen für Fehlerquellen in der Arbeitsroutine. Mit der Veröffentlichung der „Merkmale eines 'idealen' Instruments zur Risikoabschätzung" sprach sich das Deutsche Jugendinstitut für Qualitätsstandards in der Risikodiagnostik aus (2004). Kindler schlägt für den Bereich der Diagnostik, orientiert an den zwei Grundkriterien „wissenschaftlicher Integrität (scientific integrity)" und „praktischer Nützlichkeit (practical utility)" nach Baumann et al. (2005), fünf Qualitätsindikatoren vor, die sowohl bei der Entwicklung von Risikoinventaren als auch bei begleitenden Untersuchungen zur Qualitätssicherung in der Anwendung diagnostischer Instrumente Beachtung finden sollen. Die Qualität eines Screening- oder Diagnostik-Verfahrens im Einsatzgebiet der Frühen Hilfen richtet sich Kindler zufolge nach der Klarheit hinsichtlich der Anwendungsbedingungen beispielsweise durch ergänzende Erläuterungsbögen, nach der Inhaltsvalidität als Maß für die Übereinstimmung des Instruments mit allen nach dem aktuellen Forschungsstand prognostisch relevanten Risiko- und Schutzfaktoren für Kindeswohlgefährdung, nach guter Anwenderunterstützung bzw. Interrater-Reliablilität und nach der Vorhersagekraft durch eine möglichst hohe prädiktive Validität ebenso wie nach der Praktikablität des Instrumentes (Kindler, 2009a).

Der aktuelle Stand der Verwendung diagnostischer Instrumente zur Risikoeinschätzung in Hinblick auf die Inhalte, aber auch hinsichtlich von Verbreitung und Verbindlichkeit der Risikoinventare ist bundesweit schwer überschaubar. Die Einschätzung von Risiko- und Schutzfaktoren zur Kindeswohlgefährdung erscheint in Instrumenten zum Kurz-Screening, zur ausführlichen Diagnostik oder in Maßnahmen begleitenden Dokumentationsbögen der zuständigen Behörden und Freien Träger für den Bereich der Kinder- und Jugendhilfe sowie der Gesundheit qualitativ und quantitativ in großer Variation umgesetzt. Kindler et al. führten 2007 eine Untersuchung zu international eingesetzten Risikoinventaren aus Projekten im Bereich der Frühen Hilfen durch. Von den 85 befragten Projekten in Deutschland, England, Kanada, Neuseeland, den USA u.a. gaben 35 (41%) an, mindestens ein Instrument zur Risikobewertung zu verwenden; in mehr als der Hälfte der eingeschlossenen Projekte wurde entweder kein Risikoinventar verwendet (51%) oder lagen keine auswertbaren Angaben vor (8%). Die inhaltliche Analyse der insgesamt 23 verschiedenen, fast ausschließlich strukturierten und zu gleichen Teilen ein- und zweistufig angelegten Verfahren aus den 35 Projekten mit mindestens einem Instrument ergab, dass im Mittel in jedem der untersuchten Instrumente mindestens 50% der 13 aufgrund ihrer praktischen Handhabbarkeit und empirischen Bestätigung als prognostisch relevant festgelegten Risikofaktoren beinhaltet waren. Für die Auswertung der durch die Qualitätskriterien geforderten empirisch belegten Gütekriterien, wie die Interrater-Reliabilität und die prädiktive Validität bzw. Sensibilität und Spezifität der Risikoinventare, standen allerdings kaum Studienergebnisse zur Verfügung (Kindler, 2009a, 2009b). Kindler formuliert es in seiner Expertise „Kinderschutz in Deutschland stärken" für den Bereich der Diagnostik bei Kindeswohlgefährdung dementsprechend als „beunruhigend, dass (...) in der Bundesrepublik zahlreiche Verfahren entwickelt und ohne umfassende Prüfung in der Praxis eingesetzt werden" (2007, S. 39) und weist an anderer Stelle auf die in der Jugendhilfe vorzufindende „bemerkenswerte Mischung aus teilweise unreflektierter Ablehnung von Verfahren und teilweise naiver Akzeptanz ungeprüfter Verfahren"

Kindler formuliert es in seiner Expertise „Kinderschutz in Deutschland stärken" für den Bereich der Diagnostik bei Kindeswohlgefährdung dementsprechend als „beunruhigend, dass (...) in der Bundesrepublik zahlreiche Verfahren entwickelt und ohne umfassende Prüfung in der Praxis eingesetzt werden" und weist an anderer Stelle auf die in der Jugendhilfe vorzufindende „bemerkenswerte Mischung aus teilweise unreflektierter Ablehnung von Verfahren und teilweise naiver Akzeptanz ungeprüfter Verfahren" hin

(2009b, S. 200) hin. Nach Auskunft der Expertise „liegen bislang weder Befunde zur Qualität des diagnostischen Vorgehens von Fachkräften im Feld vor, noch wurden Forschungsanstrengungen unternommen, neu eingeführte Verfahren oder Protokolle auf ihre Zuverlässigkeit und Aussagekraft hin zu überprüfen und ein hinreichendes Qualitätsniveau sicherzustellen" (Kindler, 2007, S. 39).

Offen geblieben sind Fragen, wie sich die Verteilung von Inhalten und wissenschaftlichen Standards bundesweit für den gesamten Bereich der freien und öffentlichen Träger der Kinder- und Jugendhilfe sowie Gesundheit darstellt und welche Entwicklung der Einsatz von Risikoinventaren seit der Untersuchung 2007 genommen hat.

2. Benchmark-Untersuchung zum aktuellen Stand der Risikoinventare zur Kindeswohlgefährdung

Um die Verbreitung sowie die Inhalte und Formate der derzeit eingesetzten diagnostischen Verfahren zur Kindeswohlgefährdung im Überblick darstellen zu können, wurden öffentliche und freie Träger aus den Bereichen Frühe Hilfen, Kinder- und Jugendhilfe sowie Gesundheit nach den bei ihnen verwendeten Instrumenten befragt

Um die Verbreitung sowie die Inhalte und Formate der derzeit eingesetzten diagnostischen Verfahren zur Kindeswohlgefährdung im Überblick darstellen zu können, wurden im Zeitraum von Mai bis September 2009 öffentliche und freie Träger aus den Bereichen Frühe Hilfen, Kinder- und Jugendhilfe sowie Gesundheit nach den bei ihnen verwendeten Instrumenten befragt.

Die Stichprobe der $N=133$ angeschriebenen Institutionen setzt sich zusammen aus den Landesjugendämtern ($n=19$), den Landesgesundheitsämtern ($n=25$), den Landesverbänden des Deutschen Kinderschutzbundes ($n=16$), Projekten regionaler Behörden wie städtische Jugend- oder Gesundheitsämter ($n=35$) und (Modell-)Projekten freier Träger aus dem Bereich der Frühen Hilfen ($n=38$).

Insgesamt haben $N=89$ Behörden und Projekte eine Rückmeldung auf die Anfrage nach eingesetzten Risikoinventaren zur Kindeswohlgefährdung gegeben, so dass sich ein Gesamtrücklauf von 67% ergibt. Von 50% der Einrichtungen ($n=66$) wurden insgesamt 138 Verfahren als praxisrelevant angegeben. Im Durchschnitt wurden damit zwei Instrumente pro Einrichtung, die Risikoinventare verwendet oder empfiehlt, benannt. Von den 138 analysierten Verfahren lassen sich 74 als Original- oder Ausgangsformen der Risikoinventare bezeichnen, während es sich bei 64 um durch andere Behörden oder Projekte im unterschiedlichen Umfang übernommene bzw. weiterentwickelte Instrumente handelt.

Quantitative Unterschiede bezüglich der Rücklaufquote (RQ) zeigen sich sehr deutlich zwischen den Bundesländern und Regionen. Die Spitzenreiter sowohl beim Rücklauf als auch in Bezug auf die Anzahl genannter Risikoinventare befinden sind vor allem im Nord- und im

Südwesten Deutschlands und ausschließlich in den alten Bundesländern, während sich die geringen Rücklaufquoten in den neuen Bundesländern und in Mitteldeutschland konzentrieren.

Auffällig sind außerdem die im Vergleich mit den Jugendämtern ($RQ = 72\%$) und Freien Trägern ($RQ = 50\%$) deutlich geringeren Rücklaufquoten aus den Gesundheitsämtern ($RQ = 12\%$) und Verbänden des Deutschen Kinderschutzbundes ($RQ = 39\%$).

Für die inhaltliche und formale Analyse wurden alle eingegangenen Risikoinventare mit Hilfe des Cardbook-Verfahrens kategorisiert und vergleichbar gemacht. Dazu wurde jedes Risikoinventar von einem Rater nach 141 formalen und inhaltlichen Kriterien des Cardbooks bewertet. Die 73 Kriterien für die formale Analyse sind den Standards des Testaufbaus nach Lienert und Ratz (1998) entnommen und wurden teilweise selbst entwickelt, um auch den spezifischen Bereich der abschließenden Risikoeinschätzung systematisch erfassen zu können. Mit den 68 Kriterien zur inhaltlichen Analyse wurden die einreichende Einrichtung, das Format von Instrument, Fragen, Antworten und Auswertung sowie die konkreten Frageninhalte der Instrumente kategorisiert.

Für die Untersuchung der Frageninhalte wurden die von Deegener et al. (2009) aufgeführten wissenschaftlich fundierten Risikofaktoren und die Ressourcen nach Wustmann (2005) als empirisch belegte Prädiktoren für Kindeswohlgefährdung verwendet und diese um übergreifend genannte konsensbasierte Faktoren aus den verwendeten Instrumenten ebenso wie um einige grundlegende Kriterien zur Erfassung der personenbezogenen Frageninhalte ergänzt.

Um über die Gründe des Nicht-Einsetzens von standardisierten Instrumenten einen Überblick zu bekommen, wurden zusätzlich zu den eingereichten Risikoinventaren n=25 Antwortschreiben aus Einrichtungen, in denen nach eigenen Angaben kein Instrument zur Risikoeinschätzung in Verwendung ist, bezüglich angeführter Begründungen und alternativer Vorgehensweisen mit einer adaptierten Form des Cardbooks ausgewertet. Mit 15 Kriterien erfasst es vordergründig Informationen zu den Einrichtungen, die Begründung für die verneinende Rückmeldung sowie Informationen zur alternativen Verfahrensweise der Datenerhebung und Risikoeinschätzung. Die Kriterien für das Cardbook zur Auswertung der Antwortschreiben für Einrichtungen ohne Einsatz bzw. ohne Kenntnis von Risikoinventaren wurde für diese Untersuchung selbst entwickelt und nach einem ersten Durchlauf zur Einschätzung deren Praktikabilität teilweise modifiziert und ergänzt.

Für die Untersuchung der Frageninhalte wurden die von Deegener et al. (2009) aufgeführten wissenschaftlich fundierten Risikofaktoren und die Ressourcen nach Wustmann (2005) als empirisch belegte Prädiktoren für Kindeswohlgefährdung verwendet und diese um übergreifend genannte konsensbasierte Faktoren aus den verwendeten Instrumenten ebenso wie um einige grundlegende Kriterien zur Erfassung der personenbezogenen Frageninhalte ergänzt

3. Risikoinventare zur Kindeswohlgefährdung im bundesweiten Überblick

3.1 Ergebnisse der formalen Analyse

Die Kategorisierung in empirische Prädiktor-, konsensbasierte und Mischverfahren, in Anlehnung an das Deutsche Jugendinstitut, stellte sich in dieser Stichprobe als wenig aufschlussreich heraus, da es sich nur bei drei der 138 Verfahren um reine Prädiktor-Verfahren handelt und alle übrigen Instrumente als Mischform, zusammengesetzt aus wissenschaftlich fundierten Prädiktoren und konsensbasierten Faktoren, zu betrachten sind

Zur inhaltlichen und formalen Analyse lagen jeweils zur Hälfte wissenschaftlich entwickelte Instrumente (57%) und Eigenentwicklungen ohne entsprechende wissenschaftliche Begleitung (43%) vor. Die Einteilung erfolgte dabei unter Berücksichtigung von Informationen zum Entwicklungshintergrund der Instrumente, die mitgesandt oder in frei verfügbaren Quellen gefunden wurden. Die Kategorisierung in empirische Prädiktor-, konsensbasierte und Mischverfahren, in Anlehnung an das Deutsche Jugendinstitut, stellte sich in dieser Stichprobe als wenig aufschlussreich heraus, da es sich nur bei drei der 138 Verfahren um reine Prädiktor-Verfahren handelt und alle übrigen Instrumente als Mischform, zusammengesetzt aus wissenschaftlich fundierten Prädiktoren und konsensbasierten Faktoren, zu betrachten sind.

Mehr als die Hälfte (55%) der eingereichten Verfahren zur Risikoeinschätzung sind eher als Dokumentationsbögen zu klassifizieren und gehören somit nicht in die Gruppe der klassischen ausführlichen (32%) oder Kurz-Screeninginstrumente (9%). Methodisch unterschieden handelt es sich bei den Verfahren fast ausschließlich um Bewertungsbögen (96%) und nur in Ausnahmen um Fragebögen oder Interviewleitfäden.

Die etwa zur Hälfte von Jugend- oder Gesundheitsämtern benannten Instrumente werden entsprechend zu 52% von Mitarbeitern in den Behörden ausgefüllt. Häufig sind die Bögen außerdem von Projektmitarbeitern oder von medizinischem Personal wie Kinderärzten, (Familien-) Hebammen oder Krankenschwestern zu bearbeiten. Nur 1% der Instrumente wird von den Klienten selbst ausgefüllt. Die Stichprobe der Klienten stellen vor allem als gefährdet oder gefährdend gemeldete Personen dar, gefolgt von der unspezifischen Gruppe der ProjektteilnehmerInnen und PatientInnen von Geburtsstationen oder Arztpraxen.

Altersspezifische Module in vier unterschiedlichen Einteilungsvarianten sind in 17 der Instrumente (12%) enthalten.

Die meisten Instrumente beinhalten zwischen 26 und 100 Fragen; bei 50% der Instrumente liegt die Gesamtfragenanzahl bei maximal 50 Items. Das Risikoinventar mit den wenigsten Fragen besteht aus 8, das längste Instrument aus 351 Fragen. Jedes achte Instrument beinhaltet 100 oder mehr Items.

Die Einsatzorte sind neben der großen Gruppe der Behörden zu 37% in Projekten freier Träger und zu 9% in Kliniken oder Forschungsgruppen. Jeweils etwa ein Drittel der Verfahren ist innerhalb einer Stadt oder landesweit verbreitet. Nur wenige der benannten Risikoinventare finden in nur einem einzelnen Projekt Anwendung (9%) oder sind über die Landesgrenzen hinweg in mehreren Bundesländern eingeführt (4%).

Zu etwa gleichen Anteilen werden die eingereichten Instrumente verpflichtend oder unverbindlich als Empfehlung eingesetzt.

Über eine begleitende wissenschaftliche Evaluation der Projekte bzw. der eingesetzten Instrumente lagen nur für 20% der 138 benannten Instrumente Informationen vor.

Bei dem überwiegenden Teil der Instrumente handelt es sich um halb-strukturierte Verfahren, in denen die zu erhebenden Daten durch Stichwörter für die ausfüllende Person vorgegeben sind. Mit einem Anteil von 83% ist die halb-strukturierte Form insbesondere im Abschnitt der Daten, die nicht die Risiko- und Schutzfaktoren betreffen, vorzufinden. Während kein Instrument ganz ohne Textvorgaben für diesen v. a. die Gefährdungsmeldung oder das Projekt betreffenden Abschnitt vorlag, geben 9% der Verfahren dem Ausfüllenden weder ausformulierte Fragen noch Stichwörter zur Erfassung der Risiko- und Schutzfaktoren vor. Strukturierte Verfahren mit ausformulierten Fragen oder Aussagen zu allen Erhebungsinhalten wurden 23 Mal genannt (17%). Eine Erläuterung zum Ausfüllen des Instrumentes ist bei jedem zweiten Verfahren angehängt.

Bei 89% der Verfahren liegen die Daten zu den gefährdeten bzw. gefährdenden Personen personalisiert vor, bei 11% werden alle Angaben anonym über eine Code-Nummer erfasst oder die Anonymität angeboten.

Ähnlich verteilt ist der Einsatz von farbigen Illustrationen oder Auswertungsskalen. Etwa jedes achte Instrument ist coloriert, die Mehrzahl der eingereichten Verfahren ist ausschließlich in schwarz-weiß gestaltet.

Als häufigstes Fragenformat ist die Fremdeinschätzung in den untersuchten Verfahren zu finden. Etwa drei Viertel der Instrumente beinhaltet Items, in denen reportartig berichtet werden soll. Insgesamt 86% lassen sich in die Kategorien, selten bzw. häufig subjektive Fragen zu enthalten, einordnen.

Bei der Bewertung der Risikoinventare in Bezug auf ihre Verständlichkeit für die bildungsferne Bevölkerung auf einer 6-stufigen Likertskala über die Abstufungen zwischen „sehr gut" (1) und „ungenügend" (6) wurden die Formulierung der Items, der Einsatz von Fremdwörtern, Fachbegriffen und fachspezifischen Abkürzungen sowie die Komplexität im Satzbau berücksichtigt. Ein Großteil der

Instrumente (71%) wurde in ihrer Verständlichkeit als „befriedigend" (3) eingeschätzt.

Bewertet hinsichtlich der Auswertungsmethodik fanden sich bei 9% der Risikoinventare nachvollziehbare Auswertungsschemata. Bei 91% der genannten Verfahren war ein Auswertungsschema entweder nicht vorhanden oder aus den eingeschickten Materialien nicht nachvollziehbar. In über der Hälfte der 138 untersuchten diagnostischen Instrumente erfolgt die Auswertung über die persönliche Bewertung der gefundenen Risiko- und Schutzfaktoren durch die bearbeitende Fachkraft oder im Rahmen der kollegialen Beratung ohne standardisiertes Auswertungsverfahren (66%). Zweitgrößte Gruppe bilden mit 16% die Instrumente, die keine Auswertung enthalten. Bei 4% wird ein Summenscore über die erfassten Risiko- und Schutzfaktoren berechnet und die Einteilung „gefährdet" vs. „nicht gefährdet" in den verschiedenen Abstufungen über festgelegte Cut-off-Werte definiert. Die Einteilung der Familien hinsichtlich ihres Gefährdungsgrades wird sehr unterschiedlich vorgenommen. Keine (nachvollziehbare) Differenzierung ist bei etwa einem Drittel der Verfahren (30%) zu finden und damit bei 15% der Bögen, in denen aber grundsätzlich eine Auswertung der Risiko- und Schutzfaktoren durchgeführt wird. Der Gefährdungslage entsprechende Maßnahmen wurden bei einem Großteil der Risikoinstrumente vorgegeben (62%), wobei die Maßnahmen nur in 27% der Verfahren direkt an das Auswertungsergebnis, d. h. über die Zuordnung zu einer bestimmten Risikogruppe, geknüpft sind.

Nur ein geringer Teil der in Deutschland verwendeten Risikoinventare wird demnach standardisiert ausgewertet. Besonders etabliert erscheint der Einsatz halb-strukturierter Instrumente, durch die im teilweise selbst gestalteten Dialog sowohl auf die Individualität der betreffenden Personen und die Spezifität des vorliegenden Falles eingegangen werden kann, aber auch ein relativ hohes Maß an Standardisierung bei der Datenerhebung gewährleistet ist. Die persönliche Einzel- oder kollegiale Einschätzung des vorliegenden Falles ist weit verbreitet und deutlich häufiger als Verfahren, die beispielsweise über Summenwerte eine Standardisierung und Objektivierung bei der Auswertung von Risikoscreenings anstreben. Wenn eine Einteilung der Familien nach ihrem Gefährdungsgrad vorgenommen wird, werden Differenzierungen favorisiert, in denen die Familien in eine ungerade und möglichst geringe Anzahl von Untergruppen eingeteilt werden. Allerdings weist die fast homogene Verteilung der unterschiedlichen Kategorienanzahlen darauf hin, dass sich bisher keine grundsätzliche Risikoeinteilung durchsetzen konnte bzw. keine Differenzierung als Standard festgelegt und vereinheitlicht wurde. Mit einem Anteil von fast 40% werden bei einer relativ großen Anzahl an aktuell verwendeten Instrumenten den ausfüllenden Personen keine konkreten Maßnahmen vorgegeben.

3.2 Ergebnisse der inhaltlichen Analyse

Im Verlauf des Risikoscreenings stehen verschiedene Personen angefangen vom möglicherweise gefährdeten Kind und seinen Familienmitgliedern bis hin zur Meldeperson mit unterschiedlicher Häufigkeit im Blickpunkt. Zentral bei der Einschätzung der Gefährdungslage sind die Informationen zur Mutter, zum Vater und zum Kind, die jeweils nur in 1% der Verfahren unberücksichtigt bleiben. Nach der Mutter wird dabei in den meisten Fragebögen „häufig" (74%) gefragt. Sie ist damit die am stärksten beachtete Person in allen untersuchten Instrumenten mit der größten Spannweite in der zwischen 0 und 234 rangierenden Fragenanzahl. Mit fast übereinstimmender Häufigkeit werden in den Risikoinventaren Informationen zum Vater und zum Kind erfasst. Als wesentlich in den Instrumenten zeigen sich auch die Items, die auf die Familie und die Beziehungen zwischen den einzelnen Familienmitgliedern bezogen sind. Fragen zur Familie waren in 17% der untersuchten Verfahren „häufig" zu finden und wurden in einem Großteil der Instrumente „selten" gestellt (73%). Ähnlich verhält es sich mit den Informationen zu den Geschwisterkindern, die in wenigen Verfahren „häufig" (4%), aber in 57% der Instrumente „selten" aufgenommen werden. Die beiden Personengruppen „Außenstehende und Meldepersonen" sowie „Großeltern und Verwandte" blieben bei etwa der Hälfte der Verfahren unbeachtet (46% bzw. 58%). Die Kernfamilie bestehend aus Mutter, Vater und Kind wird als wesentlich für die Erfassung von Informationen zur Risikoeinschätzung angesehen und ist in nahezu allen Instrumenten von zentraler Bedeutung. Dabei spielen die Daten zur Mutter eine noch größere Rolle als die über den Vater oder das Kind selbst. Kindbezogene Daten zur Erfassung der Vulnerabilität bzw. der Resilienz des betreffenden Kindes haben damit insgesamt einen geringeren Stellenwert als die umgebungsbezogenen Daten, die Informationen über die sogenannten Stressoren bzw. Schutzfaktoren liefern.

In den Instrumenten sind die prozessbezogenen Items rund um das Meldeverfahren und zu Vorgängen in den Einrichtungen, die mit der Risikoeinschätzung in keinem direkten Bezug stehen, sondern eher aus organisatorischen Gründen enthalten sind, relativ stark verbreitet. Dies lässt einerseits Rückschlüsse auf die zusätzlichen Funktionen der Inventare, beispielsweise für die Dokumentation einer behördlich erfassten Gefährdungsmeldung, zu. Andererseits stellt sich angesichts von Verbreitung und Fragenanteil die Frage nach dem Wert

Im Verlauf des Risikoscreenings stehen verschiedene Personen angefangen vom möglicherweise gefährdeten Kind und seinen Familienmitgliedern bis hin zur Meldeperson mit unterschiedlicher Häufigkeit im Blickpunkt

und einem ausgewogenen Verhältnis bürokratischer Verpflichtungen im Rahmen einer möglichst fokussierten und sensiblen Risikoeinschätzung.

3.2.1 Verwendung empirischer Prädiktoren

Die in Anlehnung an English und Pecora (1984) von Kindler beschriebene Aufgabe der Risikoinventare, die „Wahrscheinlichkeit einer oder mehrerer spezifizierter Formen der Kindeswohlgefährdung in der Beziehung zwischen einem bestimmten Kind und einem oder mehreren Bezugspersonen" (2005, S. 386) einzuschätzen, wird v.a. durch die Bewertung der in den Instrumenten als Kriterien bzw. Bewertungsregeln aufgenommenen Risiko- und Schutzfaktoren umgesetzt.

Als empirische Prädiktoren werden die wissenschaftlich belegten Risikofaktoren bezeichnet, die zum aktuellen Stand der Forschung am ehesten eine Aussage über die Wahrscheinlichkeit einer bestehenden oder drohenden Kindeswohlgefährdung zulassen. Deegener et al. veröffentlichen im Jahr 2009 in dem Manual zum „Eltern-Belastungs-Screening zur Kindeswohlgefährdung" die bisher in wissenschaftlichen Studien belegten Risikofaktoren zur Kindeswohlgefährdung (Deegener & Körner, 2006; Deegener, et al., 2009; Kindler, 2009a).

Die Prädiktoren lassen sich demnach inhaltlich den Bereichen
- *demografische Faktoren*
- *Soziale Faktoren*
- *Physiologische Faktoren*
- *Kognitive und affektive Faktoren und*
- *Verhaltens-Faktoren zuordnen*

Die Prädiktoren lassen sich demnach inhaltlich den Bereichen
- demografische Faktoren (Alter, Geschlecht, Einkommen, Familienstand, ethnische Herkunft, Schulische Bildung)
- Soziale Faktoren (Vorgeschichte von Misshandlungen, soziale Isolierung, soziale Unterstützung, Familienkonflikte, Partnergewalt, Eltern-Kind-Beziehung/-Bindung, Nachbarschaft),
- Physiologische Faktoren (Physiologische Erregung),
- Kognitive und affektive Faktoren (Selbstwertgefühl, Ich-Stärke, Stress, Wissen über die Entwicklung von Kindern, Wahrnehmung/Bewertung des kindlichen Verhaltens, autoritäre Einstellung, negative Affekte, Intelligenz) und
- Verhaltens-Faktoren (Alkohol- und Drogenkonsum, Durchsetzungsfähigkeit/Selbstbewusstsein, Eltern-Kind-Interaktionen, Erziehungsmaßnahmen, Coping-Fähigkeiten)

zuordnen. In den untersuchten Verfahren wurden diese wissenschaftlich belegten Risikofaktoren mit sehr unterschiedlicher Häufigkeit aufgegriffen. Mit einem Anteil von 70% der Instrumente wurden die Altersangaben v. a. vom Kind, von den Eltern und von den Geschwisterkindern erhoben. Der Risikofaktor „Alkohol- und Drogenkonsum" ließ sich in der Stichprobe der 138 Risikoinventare mit nur einer Nennung weniger, aber einer deutlich größeren Spannweite identifizieren. Die „Soziale Isolierung" von Familien oder von einzelnen Familienmitgliedern wird in 92 Instrumenten (67%) als Prädiktor und damit ebenso häufig wie die „Schulische Bildung" abgefragt. Mit einem Anteil von 62% werden außerdem Familienkonflikte in einem Großteil der Instrumente als Risikofaktor thematisiert. Dagegen finden in weniger als einem Fünftel der Instrumente die Faktoren „Nachbarschaft" (19%), „Autoritäre Einstellung" (15%) sowie „Physiologische Erregung" (6%) Erwähnung und sind damit die am wenigsten aufgegriffenen Prädiktoren.

3.2.2 Verwendung konsensbasierter Prädiktoren

Neben den durch wissenschaftliche Studien erhobenen und belegten Risikofaktoren liegt in den Instrumenten eine große Anzahl an Bewertungskriterien vor, die von den Fachkräften in der Kinder- und Jugendhilfe übereinstimmend als wesentlich für die Risikoerfassung angesehen werden, ohne dass dies (bisher) empirisch belegt werden konnte. Entsprechend der Einteilung bei den Prädiktoren lässt sich eine Einteilung der 16 konsensbasierten Risikofaktoren in die Kategorien
- demografische Faktoren (Zustand der Wohnung),
- soziale Faktoren (Anbindung an Behörden, Delinquenz bzw. Gewalt, Sexualität bzw. Pornographie, Schutz bzw. Sicherheit),
- physiologische Faktoren (Gesundheitszustand, Ernährung und Sport, Zeichen (körperlicher) Misshandlung, Geburt und Schwangerschaft, Hygiene bzw. Versorgung, Erscheinungsbild),
- kognitive und affektive Faktoren (Psychopathologie, Persönlichkeit, Erziehungskompetenz bzw. Elternschaft, Alltagskompetenz) und
- Verhaltensfaktoren (Kooperation, Verhaltensauffälligkeiten)

vornehmen. Ähnlich wie bei den empirischen Prädiktoren handelt es sich dabei vor allem um umgebungsbezogene Risikofaktoren aus der näheren Umgebung des Kindes bzw. der Familien, wobei neben den kontinuierlichen Belastungen wie durch das Vorliegen einer psychischen Erkrankung überwiegend kurzzeitig-vorübergehende Stressoren, beispielsweise im Zeitraum der Schwangerschaft und der Geburt, als dauerhafte Stressoren aufgenommen wurden.

Die Anzahl der Risikoinventare, in denen die Faktoren jeweils benannt wurden, bewegt sich zwischen 127 (92%) und 23 (17%), wobei der größte Teil der 16 konsensbasierten Risikofaktoren in 50 bis 70% der Verfahren enthalten war. Die zusätzlich aufgenommenen Risikofaktoren zeigen damit eine höhere Anzahl an Nennungen in den eingereichten Risikoinventaren als die wissenschaftlich belegten Prädiktoren. Der in den Instrumenten mit 92% am häufigsten benannte konsensbasierte Risikofaktor umfasst den Bereich von

---

Entsprechend der Einteilung bei den Prädiktoren lässt sich eine Einteilung der 16 konsensbasierten Risikofaktoren in die Kategorien
- **demografische Faktoren**
- **soziale Faktoren**
- **physiologische Faktoren**
- **kognitive und affektive Faktoren und**
- **Verhaltensfaktoren vornehmen**

Gesundheitszustand, Ernährung und Sport. Zu diesen Themen werden in den Instrumenten bis zu 42 Fragen gestellt, wodurch dieser Bereich zu dem am differenziertesten erfassten Risikofaktoren insgesamt zählt. Der Faktor „Psychopathologie" taucht mit 105 Nennungen (76%) am zweithäufigsten in den untersuchten Verfahren auf, darauf zurückführbar, dass unter dem Faktor „Psychopathologie" alle psychischen Störungen einschießlich der Anzeichen auf Drogen- oder Alkoholsucht, die bereits als eigener Prädiktor mit einer Häufigkeit von 70% vorzufinden waren, zusammengefasst wurden. Eine hohe Anzahl an Nennungen in den Instrumenten findet sich auch für die konsensbasierten Risikofaktoren „Erscheinungsbild" (74%), „Delinquenz und Gewalt" (73%) und „Hygiene und Versorgung" (68%) aus dem Bereich der sozialen sowie der physiologischen Faktoren. Kaum relevant zeigten sich Items zur „Persönlichkeit", „Geburt und Schwangerschaft" und „Alltagskompetenz", die jeweils nur in einem Fünftel bzw. einem Viertel der untersuchten Verfahren enthalten waren.

Quantitativ betrachtet werden in jeweils der Hälfte der für das Benchmarking verglichenen Verfahren bis zu 10 der 25 empirisch belegten bzw. bis zu 9 der 16 konsensbasierten Risikofaktoren aufgegriffen. Im Vergleich zwischen wissenschaftlich und konsensbasierten Faktoren wird relativ ein größerer Anteil der nicht empirisch belegten Anhaltspunkte in die Risikoinventare aufgenommen, auch wenn die empirisch fundierten Faktoren durch ihre höhere Anzahl den größeren Anteil an der Gesamtanzahl der gefundenen Risikofaktoren in den Instrumenten einnehmen. Für beide Faktorengruppen wurde eine fast maximale Spannweite von 22 (Range 1 - 23 Faktoren) bzw. 15 (Range 0 - 15 Faktoren) gefunden.

3.2.3 Verwendung von Schutzfaktoren

Für eine umfassende Gefährdungsanalyse werden den Risikofaktoren für Kindeswohlgefährdung die in der Familie, beim Kind oder bei den Bezugspersonen vorliegenden Ressourcen gegenübergestellt. Diese protektiven Faktoren finden parallel zum ansteigenden Forschungsinteresse Eingang in die sozialpädagogische Diagnostik. Schutzfaktoren können „trotz des Vorhandenseins von z. T. erheblichen Risikofaktoren [...] eine recht gesunde Entwicklung ermöglichen" (Deegener & Körner, 2006, S. 31) oder die Folgen der Traumatisierung durch die Kindeswohlgefährdung kompensieren.

Eine grobe Einteilung der für die Risikobewertung relevanten Ressourcen wurde entsprechend den Ergebnissen aus der Resilienzforschung von Wustmann (2005) übernommen. Nach Wustmann lassen sich die wissenschaftlich belegten Schutzfaktoren den folgenden zwei Gruppen zuordnen, die wiederum als Oberbegriffe für bestimmte Gruppen von Ressourcen zu verstehen sind: personale Ressourcen (kindbezogene Faktoren, Resilienzfaktoren) und soziale Ressourcen (innerhalb der Familie, in den Bildungsinstitutionen, im weiteren sozialen Umfeld). Diese eher abstrahierende Form der Einteilung wurde für die Schutzfaktoren gewählt, da in den eingereichten Risikoinventaren insgesamt relativ wenig Ressourcen und selten explizit benannte Schutzfaktoren enthalten waren und das Zusammenfassen der Ressourcen zu Kategorien zumindest Aussagen über die Tendenzen bei der quantitativen und qualitativen Auswahl von Protektoren in der derzeitigen Praxis der Gefährdungsabschätzung ermöglicht.

Keine der beiden Gruppen von Ressourcen ist in mehr als einem Drittel der Instrumente vertreten. Mit am häufigsten wurden soziale Schutzfaktoren im Familienkern (25%) und im weiteren sozialen Umfeld des Kindes bzw. der Familie (32%) aufgenommen. Die Spannweiten zwischen 0 und 17 bzw. zwischen 0 und 16 Fragen zu diesen Ressourcen sind dabei vergleichbar mit denen der Risikofaktoren. Bei den sozialen Ressourcen fallen die Schutzfaktoren, die sich bei den Bildungsinstitutionen verorten lassen, durch die geringe Anzahl an Nennungen durch lediglich zwei Risikoinventare (1%) sowie durch die geringe Fragenanzahl von maximal zwei Fragen als am wenigsten gefundener Schutzfaktor heraus. Etwa in jedem dritten Risikoinventar und mit maximal 20 Fragen tauchen die nach Wustmann als Resilienzfaktoren zusammengefassten Ressourcen, wie z. B. Problemlösefähigkeiten oder sicheres Bindungsverhalten, in den ausgewerteten Verfahren auf (2005, S. 16). Die zweite Gruppe an Schutzfaktoren aus dem Bereich der personalen Ressourcen, die sich auf protektive Merkmale des Kindes (z. B. positive Temperamentseigenschaften) bezieht, ist nur halb so oft und auch mit deutlich weniger Fragen vorzufinden (*Range* 0 - 8).

> Keine der beiden Gruppen von Ressourcen ist in mehr als einem Drittel der Instrumente vertreten

Ergänzend zu den durch Wustmann aufgeführten Schutzfaktoren für Kindeswohlgefährdung müssen die beiden bereits als Risikofaktoren aufgeführten Bewertungskriterien „Kooperation" und „Coping-Fähigkeiten" genannt werden, die durch ihre auffallend häufige Nennung im Vergleich zu den anderen Ressourcen eine Sonderstellung einnehmen. Sie wurden daher nicht den sozialen Ressourcen innerhalb der Familie zugeordnet, sondern als eigenständige Faktoren gewertet, die als Risiko- und als Schutzfaktor eine bedeutsame Rolle in den Risikoinventaren einnehmen. Mit bis zu 20 Items wurde der Faktor „Kooperation" als Sammelkategorie für Fragen zur Kooperationsbereitschaft, zur Kooperationsfähigkeit und bereits gezeigtem kooperierenden Verhalten in 75 der 138 untersuchten Instrumente (54%) aufgenommen. Er ist damit der mit Abstand bedeutsamste und verbreitetste Faktor mit protektivem Einfluss. Coping-Fähigkeiten als potentieller Risiko- und Schutzfaktor sind in 28% der Risikoinventare zu finden und wurden damit häufiger aufgegriffen als die Gruppe der restlichen familienbezogenen Ressourcen (25%). Insgesamt zeigt sich für die Schutzfaktoren im Vergleich zu den Risikofaktoren eine deutlich geringere Verbreitung. Die meisten Ressourcen sind in der Mehrheit der 138 Risikoinventare mit nicht einmal einer Frage enthalten. Von den 138 Instrumenten enthalten 74 (54%) keinen empirisch erhobenen Schutzfaktor und 57 (41%) weder „Kooperation" noch „Coping-Fähigkeiten" als Ressource. Werden alle protektiven Faktoren im Überblick betrachtet, lassen sich etwa in einem Drittel der Verfahren (30%) keine Schutzfaktoren feststellen, während jedes Instrument mindestens einen Risikofaktor beinhaltet.

3.2.4 Zusammenfassung

Risikofaktoren, die häufig in Instrumenten zur Gefährdungseinschätzung aufgenommen wurden, sind diesen Ergebnissen zufolge tendenziell demografische Faktoren oder Faktoren aus dem Bereich der sozialen und Verhaltensvariablen. Der Fokus liegt dabei auf den Angaben zum sozioökonomischen Status der Familie sowie auf deren sozialer Integration, auf vorliegenden Interaktionsmustern bzw. auf den psychischen Auffälligkeiten des Kindes oder der Bezugspersonen. Diese Faktoren sind relativ leicht zu beobachten oder abzufragen und stehen in einem nachvollziehbar engen Zusammenhang zur Kindeswohlgefährdung. Auffällig ist insgesamt, dass kein Risikofaktor von mehr als zwei Dritteln der Instrumente aufgegriffen wurde, dass das Gros der Prädiktoren in weniger als 50% aller Verfahren erfasst wird und dass es einzelne Faktoren gibt, die nur in ausgewählten Instrumenten auftauchen, obwohl für all diese Faktoren vergleichbare wissenschaftliche Belege vorliegen. Wie bereits angedeutet wurde, liegen die Gründe dafür eventuell in der unterschiedlichen Praktikabilität bei der Datenerhebung im Behörden- oder Projektalltag, in unterschiedlichen grundsätzlichen Konzepten zu Ursachen von Kindeswohlgefährdung und in der unterschiedlichen Eingängigkeit der Faktoren, in der Risikokonstellation eine wesentliche Bedeutung zu haben.

Mit den physiologischen konsens-basierten Faktoren wird eventuell ein durch die Prädiktoren nicht ausreichend differenziert und umfangreich repräsentierter Bereich ausgeglichen und um für die Praxis der Kinder- und Jugendhilfe wesentliche und erfassbare Aspekte ergänzt. Übereinstimmend bei den wissenschaftlich gewonnenen und den in der Praxis etablierten, aber nicht empirisch belegten Risikofaktoren fand sich die häufige Nennung von Anhaltspunkten aus dem sozialen Bereich sowie die untergeordnete Rolle der kognitiven und affektiven Faktoren.

Durch die vielfältigen Kombinationen von unterschiedlich vielen Faktoren aus den beiden Faktorenkategorien sowie eine große Spannbreite in der Anzahl der Risikofaktoren zeichnet sich ein sehr inhomogenes Bild hinsichtlich der Anzahl und Wissenschaftlichkeit der verwendeten Risikofaktoren ab.

Die Berücksichtigung von Schutzfaktoren in Risikoinventaren zur Kindeswohlgefährdung hat mit der Etablierung der Faktoren „Kooperation" und „Coping-Fähigkeiten" erst begonnen und sich noch keineswegs im bundesdeutschen Alltag der sozialpädagogischen Diagnostik durchgesetzt. Die daraus abzuleitende Fokussierung auf die nicht funktionierenden, negativ abweichenden Bereiche in den betreffenden Familien ist damit noch dominierend bei der Risikoeinschätzung.

3.3 Stellungnahmen zum Nicht-Verwenden von Risikoinventaren

Ausgewertet wurden die Rückmeldungen von $N=25$ Einrichtungen ohne Risikoinventar als Reaktion auf die explizite Aufforderung in der Benchmarking-Anfrage, auch Gründe für das Nicht-Verwenden anzugeben. Die Mehrzahl der 25 Antworten „ohne Risikoinventar" wurde von Behörden und dabei insbesondere aus den Landesvertretungen (64%) eingesandt. Mit einem Anteil von 44% kamen die meisten Rückmeldungen, dass kein einheitliches Instrument verwendet bzw. empfohlen wird oder entsprechende Informationen nicht vorliegen, von Jugendämtern. Ein Drittel der Stellungnahmen stammen von Freien Trägern der Kinder- und Jugendhilfe und Frühen Hilfen. Von Vertretungen des Deutschen Kinderschutzbundes gingen keine Stellungnahmen ein. Die häufigste Begründung für eine Antwort „ohne Risikoinventar" war mit einem Anteil von 72%, dass die angeschriebene Einrichtung entweder für den Kinderschutz generell oder speziell für die Risikoeinschätzung nicht zuständig sei. Häufig stammten diese Antworten von Behörden auf der Landesebene. Die nicht verfügbaren Informationen wurden dabei vor allem mit dem nicht vorhandenen, rechtlich festgelegten landesweiten Standards erklärt, so dass keine Verpflichtung für die einzelnen Jugendämter bzw. die Allgemeinen Sozialen Dienste bestünde und über die Handhabung in den einzelnen Landkreisen und Städten kein Überblick vorläge:

Die häufigste Begründung für eine Antwort „ohne Risikoinventar" war mit einem Anteil von 72%, dass die angeschriebene Einrichtung entweder für den Kinderschutz generell oder speziell für die Risikoeinschätzung nicht zuständig sei. Häufig stammten diese Antworten von Behörden auf der Landesebene

> „Leider verfügen wir als Landesamt nicht über eine Übersicht der eingesetzten Standards bei Kindeswohlgefährdung in den Jugendämtern. Soweit mir bekannt ist, gibt es keine einheitlichen und organisierten Absprachen, sondern allenfalls punktuelle Zusammenarbeit bei derartigen Standards."

Zu 16% enthielten die Antwortschreiben keine Begründung. In ihnen wurde entweder unkommentiert über das Nicht-Verwenden von Risikoinventaren informiert oder der fehlende Kenntnisstand ohne Erklärung benannt:

> „Bei uns ist zurzeit kein Screening- bzw. Diagnoseinstrument im Einsatz. Wie dies in Zukunft gehandhabt werden wird, kann ich Ihnen zurzeit nicht sagen."

In 8% der Institutionen werden Risikoinventare aus ethischen Gründen in der fachlichen Praxis abgelehnt:

> „Bei uns ist bewusst auf ein Risikokonzept verzichtet worden. Unser Vorgehen orientiert sich dabei nicht an Risiken und Defiziten, sondern ist vielmehr salutogenetisch bestimmt. Dabei entscheiden allein die Familien, ob sie die Besuche durch die Patinnen und auch die Informationen, die von den Patientinnen geliefert werden, oder die Anregungen, Aufforderungen oder Ermunterungen annehmen wollen oder nicht."

Eine der 25 Einrichtungen gab als Grund für das Ablehnen von Instrumenten zur Gefährdungseinschätzung den zu hohen Aufwand für die beteiligten Fachkräfte an:

> „Auf einem dieser Treffen, an welchen Hebammen, Sozialarbeiter und Kinderärzte teilnehmen, haben wir das Für und Wider von Screening-Instrumenten diskutiert. Insbesondere die Kinderärzte sprachen sich dagegen aus, hier standardisierte Verfahren anzuwenden. Es gäbe schon genügend Formulare und Listen, die auszufüllen seien, es bräuchte keine weiteren – das war die mehrheitliche Einschätzung der beteiligten Planer."

Damit überwiegen die strukturellen Erklärungen, wie fehlende Zuständigkeit oder nicht vorhandene Informationen, vor den Begründungen, die sich konkret auf die Risikodiagnostik beziehen. Die Rückmeldungen machen auch deutlich, dass die Vereinheitlichung der Diagnostik in der Kinder- und Jugendhilfe in vielen Bundesländern noch nicht gelungen ist. Die Trennung der Zuständigkeiten und der entsprechenden Informationen führt insbesondere auf der Landesebene in den Jugend- und Gesundheitsämtern häufig dazu, dass außerhalb der jeweiligen spezialisierten Abteilung wenige Kenntnisse zum Thema „Risikodiagnostik" vorliegen.

Nur von wenigen Einrichtungen wurden Angaben dazu gemacht, ob bei ihnen die Einführung eines Risikoinstrumentes in Aussicht steht. In 92% der Antwortschreiben „ohne Instrument" wurden dazu keine Aussagen getroffen bzw. werden derzeit keine Aktivitäten für die Einführung eines Verfahrens betrieben. In je einer Institution wurde angegeben, dass die Einführung eines Risikoinventars derzeit in Bearbeitung bzw. in Planung ist. Erklären lassen sich diese Ergebnisse durch den hohen Anteil der nicht zuständigen Ansprechpartner, die dementsprechend keine Planungen für diesen Bereich vornehmen. Trotzdem haben mehr als zwei Drittel der Einrichtungen mit dem Verantwortungsbereich Kinderschutz, in denen bislang keine standardisierte Risikodiagnostik durchgeführt wird, die Einführung von Risikoinventaren nicht in Aussicht gestellt.

Nur von wenigen Einrichtungen wurden Angaben dazu gemacht, ob bei ihnen die Einführung eines Risikoinstrumentes in Aussicht steht. In 92% der Antwortschreiben „ohne Instrument" wurden dazu keine Aussagen getroffen bzw. werden derzeit keine Aktivitäten für die Einführung eines Verfahrens betrieben

3.4 Zusammenfassung der Ergebnisse

Die Ergebnisse zeigen die zwei dominierenden Einsatzbereiche von Risikoinventaren mit einer entsprechenden Charakteristik und Verteilung der Instrumente auf. Besonders etabliert sind die oft stadt- oder kreisweit einheitlichen Dokumentationsbögen in den zuständigen Ämtern, in denen die Gefährdungseinschätzung über gemeldete Personen durch die Risikoinventare zur Kindeswohlgefährdung von Behördenmitarbeitern erfasst wird. Außerdem nehmen Risikoinventare eine bedeutende Stellung in sozialen Frühwarnsystemen mit stadt- oder landesweiter Verbreitung ein.

Hinsichtlich des Fragenumfangs der Instrumente besteht eine sehr große Spannweite, wobei die meisten Risikoinventare zwischen 25 und 100 Items beinhalten. Die Daten der gefährdeten bzw. gefährdenden Person(en) werden in den Instrumenten zumeist ohne Codierung personalisiert und in halb-strukturierter Form mit Hilfe vorgegebener Stichwörter erfasst. Als Daten werden vor allem Fremdeinschätzungen und Berichterstattungen herangezogen und nur selten Selbsteinschätzungen abgefragt. Die Formulierungen der Fragen in den meisten Instrumenten wurden adäquat zu diesem Ergebnis bezüglich ihrer Verständlichkeit nur als „befriedigend" eingeschätzt. Die Auswertung der aufgenommenen Daten erfolgt oft über die persönliche Bewertung durch die Fachkräfte und nur zu einem geringen Anteil über standardisierte Auswertungsverfahren. Häufig werden auf den Risikoinventaren mögliche Handlungsschritte und Interventionen angegeben, wobei diese meistens nicht direkt an das Auswertungsergebnis geknüpft sind, sondern individuell für jeden Fall bestimmt werden.

Inhaltlich stehen die Informationen zur Kernfamilie, bestehend aus Mutter, Vater und Kind, im Vordergrund, von denen die Mutter am häufigsten und umfangreichsten in den Instrumenten erfasst wird. Ergänzend werden als eher periphere Anhaltspunkte Informationen zu den familiären Beziehungen, zu den Geschwisterkindern, aber auch in Bezug auf die Meldung und den weiteren Verlauf aufgenommen.

Bei den erhobenen, wissenschaftlich fundierten und konsensbasierten Risikofaktoren zeichnete sich eine Präferenz für soziale, verhaltensbezogene und demografische, den sozioökonomischen Status abbildende Faktoren ab

Bei den erhobenen, wissenschaftlich fundierten und konsensbasierten Risikofaktoren zeichnete sich eine Präferenz für soziale, verhaltensbezogene und demografische, den sozioökonomischen Status abbildende Faktoren ab. Der durch empirische Prädiktoren nur sehr rudimentär erfasste Bereich der physiologischen Risikofaktoren wird in vielen Instrumenten durch möglicherweise leichter zu erfassende, in der Praxis etablierte, aber nicht wissenschaftlich fundierte Anhaltspunkte ergänzt. Risikofaktoren aus dem kognitiven und affektiven Bereich nehmen in der Risikodiagnostik einen relativ geringen Stellenwert ein. Die konsensbasierten Risikofaktoren sind insgesamt vergleichbar häufig und mit einem ähnlichen Fragenumfang Inhalt von Diagnostikinstrumenten wie empirische Prädiktoren.

Der Bereich der Schutzfaktoren und Ressourcen wird durch einen weitaus geringeren Anteil an Verfahren zur Gefährdungseinschätzung abgedeckt. Dokumentiert werden am häufigsten die Schutzfaktoren im Familienkern und im weiteren sozialen Umfeld des gefährdeten Kindes mit einem besonderen Fokus auf die Faktoren „Kooperation" und „Coping-Fähigkeiten".

4. Good-practise-Hinweise

Hinter der Analyse in der Praxis verwendeter Instrumente zur Risikoeinschätzung bei vermuteter Kindeswohlgefährdung steht die Frage nach dem idealen, empfehlenswerten Verfahren, das inhaltlich und in Bezug auf Praktikabilität und Akzeptanz dem derzeitigen *State of the Art* der sozialpädagogischen Risikodiagnostik in Deutschland entspricht. Die Schwierigkeit einer solchen Einschätzung liegt dabei sowohl in dem Spannungsfeld zwischen theoretischem Wissen und praktischer Anwendbarkeit als auch in der nicht auszuschließenden Subjektivität beim Bewerten der einzelnen Instrumente und beim Festlegen der Bewertungskriterien.

Um trotzdem eine möglichst nachvollziehbare und aussagekräftige Empfehlung für den sehr inhomogenen Bereich der Risikoinventare zur Kindeswohlgefährdung abgeben zu können, wurde eine abschließende Bewertung aller untersuchten Verfahren hinsichtlich einer Auswahl an gut operationalisierbaren inhaltlichen und formellen Kriterien vorgenommen.

Die inhaltlichen Kriterien wurden dabei aus den vom Deutschen Jugendinstitut veröffentlichten „Merkmalen eines ‚idealen' Instrumentes zur Risikoeinschätzung" (2004) abgeleitet. Die Merkmale
- „Auswahl von Einschätzfaktoren, so dass alle bekannten prognostisch relevanten Bereiche und Zugangswege abgedeckt sind",
- „Auswahl von möglichst schnell und robust erkennbaren Einschätzfaktoren mit möglichst hoher Diagnostizität bzw. Potenz" und
- „Auswahl von Einschätzfaktoren, die über die statistische Vorsagekraft hinaus möglichst gut die tatsächlichen Risikomechanismen abbilden"

wurden in die folgenden inhaltlichen Bewertungskriterien operationalisiert, die sowohl den wissenschaftlichen Forschungsstand als auch den Erfahrungswert der Fachkräfte abbilden sollen:
- eine möglichst hohe Anzahl wissenschaftlich fundierter Risikofaktoren,
- das Vorhandensein inhaltlich ergänzender konsensbasierter Risikofaktoren und
- für das Abdecken des gesamten prognostisch relevanten Bereiches eine möglichst hohe Anzahl an Faktoren aus dem Bereich der Schutzfaktoren und Ressourcen.

Als Maß für die Praktikabilität der Verfahren wurden zudem die formellen Kriterien
- Grad der Strukturiertheit bei den Textvorgaben,
- dominierendes Antwortformat insbesondere in den Abschnitten zur Dokumentation von Risiko- und Schutzfaktoren und
- das Vorhandensein einer Erläuterung zum Ausfüllen bzw. zum Auswerten des Instrumentes

in die Bewertung einbezogen.

4.1 Good-Practise-Verfahren

Da sich die 138 untersuchten Verfahren je nach Einsatzgebiet in ihrem Fragenumfang sehr stark unterscheiden, erfolgte die Bewertung in den zwei Kategorien „Kurz-Screening-Verfahren" mit bis zu 25 Items und „Ausführliche Verfahren".

4.1.1 Kurz-Screening-Verfahren

Das „Einstufungsraster" des Modellprojekts „FrühStart – Familienhebammen in Sachsen-Anhalt" (Sachsen-Anhalt) erzielte im Vergleich aller eingereichter Kurzverfahren in Bezug auf die berücksichtigten Bewertungskriterien die besten Ergebnisse

Verfahren mit bis zu 25 Fragen finden vor allem in der Eingangsdiagnostik. z. B. als Kriterium für die Projektaufnahme, Einsatz. Die drei Kurz-Screening-Verfahren mit den besten Ergebnissen in den Kriterien für ein „ideales" Risikoinventar werden allesamt in der Eingangsphase im Rahmen von sozialen Frühwarnsystemen verwendet. Das „Einstufungsraster" des Modellprojekts „FrühStart – Familienhebammen in Sachsen-Anhalt" (Sachsen-Anhalt) erzielte im Vergleich aller eingereichter Kurzverfahren in Bezug auf die berücksichtigten Bewertungskriterien die besten Ergebnisse. In dem Instrument wird bei 25 Items neben 17 empirisch fundierten und 11 konsensbasierten Risikofaktoren auch ein Bereich an Schutzfaktoren abgedeckt. Durch die halb-strukturierte Vorgabe der zu bewertenden Anhaltspunkte und die Ja-Nein-Skala als durchgängiges Antwortformat entspricht das Instrument in formeller Hinsicht dem Standard der Risikoinventare. Eine ausführliche Erläuterung, wie das „Einstufungsraster" auszufüllen und auszuwerten ist, liegt dabei nicht vor; die Anwendung ist aber mit den vorgegebenen Hinweisen und dem selbsterklärenden Auswertungsschema zur Punktevergabe auch ohne Erläuterung verständlich. Auffällig ist bei dem Instrument die häufige Fokussierung auf die Lebensumstände der Mutter als Hauptbezugsperson des Kindes. In der von Kindler et al. (2009) überarbeiteten, etwas umfangreicheren Form des Rasters wird dem Kindsvater mehr Bedeutung in der Risikokonstellation beigemessen und väterliche Risikofaktoren teilweise explizit abgefragt.

Sehr gute Kurzverfahren im Sinne der ausgewählten Bewertungskriterien sind außerdem der „Anhaltsbogen für ein vertiefendes Gespräch" des Modellprojekts „Guter Start ins Kinderleben" (Baden-Württemberg, Bayern, Rheinland-Pfalz und Thüringen) und der „Risikoevalutionsbogen" von der Kinderklinik und dem Perinatalzentrum am Westpfalz-Klinikum Kaiserslautern (Rheinland-Pfalz)

Sehr gute Kurzverfahren im Sinne der ausgewählten Bewertungskriterien sind außerdem der „Anhaltsbogen für ein vertiefendes Gespräch" des Modellprojekts „Guter Start ins Kinderleben" (Baden-Württemberg, Bayern, Rheinland-Pfalz und Thüringen) und der „Risikoevalutionsbogen" von der Kinderklinik und dem Perinatalzentrum am Westpfalz-Klinikum Kaiserslautern (Rheinland-Pfalz). In beiden Risikoinventaren tauchen ähnlich viele empirisch fundierte und aus der Praxis gewonnene Risikofaktoren wie im Einstufungsraster, jedoch keine protektiven Faktoren auf. Die Fragen sind bei ihnen halb-strukturiert in Stichwörtern vorgegeben. Als Antwortformat bieten sie neben der Ja-Nein-Skala die Möglichkeit, freitextlich Ergänzungen oder Erläuterungen zu den Anhaltspunkten vorzunehmen. Während der „Risikoevaluationsbogen" ohne weiteres Informationsmaterial eingeschickt wurde und so beispielsweise die Verfahrensweise bei der Auswertung offen geblieben ist, liegen für den „Anhaltsbogen für ein vertiefendes Gespräch" umfangreiche Materialien zur Unterstützung beim Ausfüllen des Anhaltsbogens und bei der weiteren Hilfeplanung vor. Der Leitfaden zum Anhaltsbogen ist dabei ebenso hilfreich wie notwendig, da die Risikofaktoren im Risikoinventar selbst in relativ weit gefassten, wenig anschaulichen Kategorien abgefragt werden.

Der im Hamburger Frühwarnsystem „Babylotse Hamburg" eingesetzte und evaluierte „Erfassungsbogen" mit 9 empirisch belegten und 4 konsensbasierten Risikofaktoren lässt sich als sehr kurzes, klar strukturiertes Instrument mit dem Fokus auf wissenschaftlich fundierte Anhaltspunkte herausstellen. Das für das Kurzscreening zum Projekteinstieg konzipierte Verfahren fragt die über Stichwörter vorgegebenen Inhalte über eine Ja-Nein-Skala und einige ergänzende Feitextpassagen ab. Die Auswertung erfolgt standardisiert über die Bildung eines Summenscores, über den mit Hilfe von Cut-off-Werten die weiteren Maßnahmen abgeleitet werden können. Ein erläuternder Leitfaden für den „Erfassungsbogen" wird im Rahmen des zzt. verfassten Projekt-Manuals entwickelt.

4.1.2 Ausführliche Verfahren

Bei den ausführlichen Instrumenten zur Diagnostik bzw. zur Dokumentation in Fällen möglicher Kindeswohlgefährdung erzielten drei jeweils von einem Landesjugendamt empfohlene Verfahren die besten Ergebnisse. Die vom Landesjugendamt Brandenburg empfohlenen „DJI-Prüfbögen" decken insgesamt den weitreichendsten Bereich an Risiko- und Schutzfaktoren ab. Abgefragt werden 22 der 25 empirisch belegten Risikofaktoren, 15 der 16 konsensbasierten Risikofaktoren und Schutzfaktoren aus 6 der 7 Bereiche. Formal sind die Prüfbögen als strukturiertes Verfahren mit ausformulierten Items und Freitext als dominierendem Antwortformat gestaltet und insbesondere durch lange Textblöcke, in denen jeweils eine große Anzahl an Anhaltspunkten aufgeführt wird, hinsichtlich der praktischen Durchführbarkeit sowohl in der Aneignung als auch in der Durchführung als relativ aufwendig einzuschätzen. Die in Berlin überarbeitete und weiterentwickelte Version des Stuttgarter „Kinderschutzbogens" umfasst inhaltlich ähnlich viele wissenschaftliche fundierte und konsensbasierte Faktoren wie die „DJI-Prüfbögen". In Bezug auf seine formale Gestaltung erscheint der „Berliner Kinderschutzbogen" trotz der hohen Fragenanzahl durch den geringeren Textanteil und durch die Untergliederung in konkrete, eingegrenzte Bewertungskriterien praktikabel insbesondere in den Einsatzbereichen, in denen eine differenzierte Diagnostik und Dokumentation erforderlich sind. Vom Landesjugendamt Bayern wurde u.a. die „Sozialpädagogische Diagnosetabelle" in der 80 Merkmale abfragenden Langfassung eingesandt, die ebenfalls als ein sehr gutes Verfahren zur ausführlichen Risikodiagnostik zu bewerten ist. Die Diagnosetabelle, die außer in

---

Der im Hamburger Frühwarnsystem „Babylotse Hamburg" eingesetzte und evaluierte „Erfassungsbogen" mit 9 empirisch belegten und 4 konsensbasierten Risikofaktoren lässt sich als sehr kurzes, klar strukturiertes Instrument mit dem Fokus auf wissenschaftlich fundierte Anhaltspunkte herausstellen

Bei den ausführlichen Instrumenten zur Diagnostik bzw. zur Dokumentation in Fällen möglicher Kindeswohlgefährdung erzielten drei jeweils von einem Landesjugendamt empfohlene Verfahren die besten Ergebnisse. Die vom Landesjugendamt Brandenburg empfohlenen „DJI-Prüfbögen" decken insgesamt den weitreichendsten Bereich an Risiko- und Schutzfaktoren ab

der Langfassung noch in einer kürzeren und in einer weiter differenzierten Version vorliegt, ist ein halb-strukturiertes Instrument, in dem jeweils zur Hälfte als Risikofaktor und als Ressource formulierte Fragen mit Hilfe einer Ja-Nein-Skala beantwortet werden müssen. Die „Sozialpädagogische Diagnosetabelle" hebt sich durch ihren sehr klaren Aufbau und die Begrenzung auf 80 Items in Verbindung mit einer großen inhaltlichen Bandbreiteher hervor.

Gemeinsamkeit der sechs empfehlenswerten Verfahren in den beiden Kategorien kurze bzw. ausführliche Instrumente zur Gefährdungseinschätzung ist die wissenschaftliche Begleitung. Die Verfahren, die als State of the Art für den Bereich der Risikodiagnostik zur Kindeswohlgefährdung verstanden werden können, wurden in Kooperation mit wissenschaftlichen Einrichtungen entwickelt und werden für die weitere Überarbeitung in ihrer Anwendung evaluiert.

4.2 Zusammenfassung

Als empfehlenswert wurden Verfahren herausgestellt, in denen eine möglichst ganzheitliche Erfassung von empirisch belegten und konsensbasierten Risiko- und Schutzfaktoren in Verbindung mit einer praktikablen formalen Gestaltung gelungen ist. Bundesweit besteht in dieser Hinsicht aber noch einiges an Entwicklungsbedarf. Die Bedeutung eines wissenschaftlichen Hintergrundes bzw. einer begleitenden Evaluation wird durch die hohe inhaltliche und formale Qualität der empfohlenen Verfahren verdeutlicht, die alle in einer Kooperation von Praxis und Wissenschaft entstanden sind und in ihrer Anwendung wissenschaftlich begleitet werden. Die Standards für „ideale" Risikoinventare mit dem Ziel einer standardisierten und gleichzeitig sensiblen Erfassung von Lebenswelten werden dem Benchmark zufolge noch nicht in allen Einrichtungen und Behörden ausreichend umgesetzt. Insbesondere im Bereich der für die Gefährdungseinschätzung zentralen Risiko- und Schutzfaktoren sind viele Instrumente inhaltlich und formal noch nicht optimal gestaltet.

5. Fazit zum aktuellen Stand der Risikoeinschätzung in Deutschland

Die Ergebnisse der im Sinne eines Benchmarks durchgeführten Untersuchung zum aktuellen Stand der bundesweit eingesetzten diagnostischen Verfahren zur Kindeswohlgefährdung lassen sowohl Aussagen über die regionale und einrichtungsspezifische Verbreitung als auch über Inhalt und Format der im Einsatz befindlichen Instrumenten zu. Vorgefunden wurden mehrheitlich wissenschaftlich entwickelte Instrumente, die für Kurzscreenings, zur ausführlichen Diagnostik und für die begleitende Dokumentation in der Kinder- und Jugendhilfe, in Modellprojekten der Frühen Hilfen und im Bereich Gesundheit verwendet werden. Es konnten sowohl unter den Kurzscreening-Verfahren als auch unter den ausführlichen Diagnostik- und Dokumentations-Verfahren Instrumente herausgestellt werden, die in ihrer inhaltlichen und formalen Gestaltung als State of the Art der deutschen Risikoinventare zur Kindeswohlgefährdung angesehen werden können. Abbilden lassen sich aber auch Bereiche, in denen noch tendenziell Entwicklungsbedarf besteht und die zukünftig mehr Aufmerksamkeit bedürfen.

Nachholbedarf besteht damit zum einen in der Überarbeitung der bislang eingesetzten Diagnostik- und Dokumentationsverfahren und in der Anpassung an den vorliegenden Erkenntnisstand. Vorangetrieben werden sollte außerdem die Etablierung von Schutzfaktoren und Ressourcen, für die sowohl empirische Belege vorliegen und die als „compensating factors" zu den Risikofaktoren auch die Erfahrungswelt der Fachkräfte ganzheitlicher abbilden können.

Auch die bisher noch nicht standardmäßig erfassten empirischen Prädiktoren, wie die ethnische Herkunft, die elterliche Vorgeschichte von Misshandlungen oder die Nachbarschaft sollten stärker in das Blickfeld von Praxis und Wissenschaft gerückt werden. Forschungsbedarf besteht dabei vor allem für die Faktoren, bei denen die Mechanismen in der Risikokonstellation als ebenso potenzierend wie auch kompensierend angenommen werden können. So liegen beispielsweise über Bedeutung der ethnischen Herkunft bisher nur wenige Erkenntnisse und kaum kultursensitive Instrumente vor, obwohl Familien mit Migrationshintergrund einen nicht unwesentlichen Anteil der Klienten in der Kinder- und Jugendhilfe und in Projekten der Frühen Hilfen ausmachen.

Forschungsbedarf besteht dabei vor allem für die Faktoren, bei denen die Mechanismen in der Risikokonstellation als ebenso potenzierend wie auch kompensierend angenommen werden können

Weitere Forschungsfragen ergeben sich angesichts des sehr großen Bereiches der empirisch nicht belegten, konsensbasierten Risikofaktoren und in Bezug auf die gefährdende bzw. schützende Rolle des Vaters bei einer Kindeswohlgefährdung, die bisher noch nicht in dem gleichen Umfang wie die Rolle der Mutter beachtet wird.

Insgesamt ließ sich über die Benchmarking-Untersuchung die hohe Diversität der in Deutschland eingesetzten Risikoinventare zur Kindeswohlgefährdung darstellen. In den einzelnen Kreisen, Bezirken und Bundesländern ist in Bezug auf deren Qualität und Quantität eine hohe Heterogenität vorzufinden, abhängig vom Engagement und dem Verständnis der Verantwortlichen. Durchgesetzt haben sich bisher nur wenige Standards in der Risikodiagnostik, wodurch sowohl die Vergleichbarkeit als auch die Qualitätssicherung der Arbeit im Bereich der Kinder- und Jugendhilfe erschwert wird.

Insgesamt ließ sich über die Benchmarking-Untersuchung die hohe Diversität der in Deutschland eingesetzten Risikoinventare zur Kindeswohlgefährdung darstellen

Daraus lässt sich der Auftrag ableiten, in allen Landesteilen Deutschlands flächendeckend Verfahren einzusetzen, die vor einem wissenschaftlichen Hintergrund entwickelt wurden, und begleitend die Evaluation des Einsatzes von Rsikoinventaren als Standard zu etablieren. Strukturierte Gefährdungseinschätzungen bei Fragen des Kindeswohls sollten schnellstmöglich in den jeweiligen Bundesländern einheitlich Anwendung finden, damit die „Arbeit aus dem Bauchgefühl" in diesem sensiblen Bereich der Vergangenheit angehört, die längst geforderte Qualitätssicherung der Jugendhilfearbeit (Deegener & Körner, 2006; Fegert, et al., 2008) umgesetzt und migrationssensitiver Kinderschutz möglich wird.

Literatur

Baumann, D., Law, J. R., Sheets, J., Reid, G. & Graham, J. C. (2005). Evaluating the effectiveness of actuarial risk assessment models. Children and Youth Services Review, 27 (5), 465-490.

Deegener, G. & Körner, W. (2006). Risikoerfassung bei Kindesmisshandlung und Vernachlässigung. Theorie, Praxis, Materialien. Lengerich: Pabst Science Publishers.

Deegener, G., Spangler, G., Körner, W. & Becker, N. (2009). Eltern-Belastungs-Screening zur Kindeswohlgefährdung. Deutsche Form des Child Abuse Potential Inventory (CAPI) von Joel S. Milner. Göttingen: Hogrefe.

Deutscher Städtetag (2003). Strafrechtliche Relevanz sozialarbeiterischen Handelns. Empfehlungen zur Feststellung fachlicher Verfahrensstandards in den Jugendämtern bei akut schwerwiegender Gefährdung des Kindeswohls. Verfügbar unter: www.agsp.de/assets/applets/Empfehlungen_Staedtetag.pdf (29.04.2010)

Deutsches Jugendinstitut (2004). Messverfahren in der sozialen Arbeit am Beispiel der Kindeswohlgefährdung. Monatsthemen, 2. Verfügbar unter: http://www.dji.de/cgi-bin/projekte/output.php?projekt=482&Jump1= LINKS&Jump2=31 (29.04.2010)

English, D. J. & Pecora, P. J. (1984). Risk Assessment as a Practice Method in Child Protective Services. Child Welfare, 73, 451-473.

Fegert, J. M., Schnoor, K., Kleidt, S., Kindler, H. & Ziegenhain, U. (2008). Lernen aus problematischen Kinderschutzverläufen – Machbarkeitsexpertise zur Verbesserung des Kinderschutzes durch systematische Fehleranalyse. Berlin: Bundesministerium für Familie, Senioren, Frauen und Jugend.

Kindler, H. (2005). Verfahren zur Einschätzung der Gefahr zukünftiger Misshandlung bzw. Vernachlässigung: Ein Forschungsüberblick. In G. Deegener & W. Körner (Hrsg.), Kindesmisshandlung und Vernachlässigung. Ein Handbuch (S. 385-404). Göttingen: Hogrefe.

Kindler, H. (2007). Kinderschutz in Deutschland stärken. Analyse des nationalen und internationalen Forschungsstandes zu Kindeswohlgefährdung und die Notwendigkeit eines nationalen Forschungsplanes zur Unterstützung der Praxis. Eine Expertise im Auftrag des Informationszentrums Kindesmisshandlung/Kindesvernachlässigung. Verfügbar unter: http://www.dji.de/bibs/KindlerExpertiseGesamt.pdf (29.04.2010)

Kindler, H. (2009a). Wie könnte ein Risikoinventar für frühe Hilfen aussehen? In T. Meysen, L. Schönecker & H. Kindler (Hrsg.), Frühe Hilfen im Kinderschutz. Rechtliche Rahmenbedingungen und Risikodiagnostik in der Kooperation von Gesundheits- und Jugendhilfe (S. 173-243). Weinheim: Juventa.

Kindler, H. (2009b). Wie könnte ein Risikoinventar für Frühe Hilfen aussehen? Expertise für das Projekt „Guter Start ins Kinderleben". In Arbeitsgruppe Fachtagungen Jugendhilfe im Deutschen Institut für Urbanistik (Hrsg.), Frühe Hilfen interdisziplinär gestalten. Zum Stand des Aufbaus Früher Hilfen in Deutschland: Dokumentation der Fachtagung in Kooperation mit dem Nationalen Zentrum Frühe Hilfen und der Deutschen Gesellschaft für Sozialpädiatrie und Jugendmedizin e.V. vom 19. und 21. November 2008 in Berlin (S. 62-77). Berlin: Difu.

Lienert, G. & Ratz, U. (1998). Testaufbau und Testanalyse (Vol. 6). Weinheim: Psychologie Verlags Union.

Wustmann, C. (2005). „So früh wie möglich!" – Ergebnisse der Resilienzforschung. IKK-Nachrichten, 1-2, 14-18.

Stadt Dormagen (2001). Dormagener Qualitätskatalog der Jugendhilfe. Ein Modell kooperativer Qualitätsentwicklung. Verfügbar unter: http://www.die-linke-rlp.de/uploads/docs/dormagener%20modell.pdf (29.04.2010)

Ziegenhain, U. & Fegert, J. M. (2009). Frühe und präventive Hilfen für Eltern mit Säuglingen und Kleinkindern. In T. Meysen, L. Schönecker & H. Kindler (Hrsg.), Frühe Hilfen im Kinderschutz. Rechtliche Rahmenbedingungen und Risikodiagnostik in der Kooperation von Gesundheits- und Jugendhilfe (S. 11-22). Weinheim: Juventa.

Sozialpädagogische Familiendiagnosen bei Kindeswohlgefährdung

Stephan Cinkl, Uwe Uhlendorff

Wir plädieren für einen hermeneutischen Zugang zu der Lebenswelt der Familie, bei dem die sozialpädagogische Familiendiagnose einen Schlüssel bildet

Unser Beitrag geht von der These aus, dass die Entstehungs- und Begründungszusammenhänge von kindeswohlgefährdenden Handlungen ohne den Einbezug und die Interpretation der Selbstdeutungen der Familienmitglieder unverständlich bleiben. Wir plädieren für einen hermeneutischen Zugang zu der Lebenswelt der Familie, bei dem die sozialpädagogische Familiendiagnose einen Schlüssel bildet. Die hier genannte These ist nicht neu; schon Salvador Minuchin hat auf dieses Problem Mitte der 70er Jahre im Zusammenhang mit einer intensiven Kinderschutzdiskussion in Großbritannien hingewiesen. Deren Auslöser war die Tötung von Maria Kepples durch ihren Vater. Ähnlich wie im Fall „Kevin" in Bremen wurde ein Untersuchungsausschuss eingerichtet. Bei der Analyse des Ausschussberichtes kommt Minuchin zu folgender Einschätzung: *„Was können wir von Maria ... und den Kepples lernen? Die Untersuchung von Marias Tod begnügte sich mit Schlussfolgerungen für bürokratische Verfahren. Der Ausschuss untersuchte, in welcher Weise Fürsorge- und Aufsichtspflicht wahrgenommen worden waren oder nicht und wie die Behörden ihre Arbeit koordiniert hatten. Im Bericht ging es vor allem um die Kommunikation zwischen den Behörden, die Kommunikation innerhalb und zwischen den Schulen, zwischen den Schulen und den Abteilungen des Sozialamtes, zwischen dem Sozialamt und der Nationalen Gesellschaft zur Verhinderung von Kindesmisshandlungen, der Polizei, dem Wohnungsamt und so fort. Man prüfte, wie der Kontakt der Sozialarbeiter zu den betroffenen Kindern aussieht und wie sie Bericht führen. Das Ergebnis war eine Reihe von Vorschlägen zur Verbesserung des Systems, wobei man die bürokratischen Abläufe stärker am Wohl des Kindes ausgerichtet wissen wollte. Nirgends steht zu lesen, dass dem Wohl des Kindes besser gedient wäre durch Maßnahmen, die sich auf den Kontext richten, von dem das Kind abhängt. Wer seinen Augenmerk auf diesen größeren Kontext richtet, ist erstaunt, wie viel Informationen der Bericht unberücksichtigt lässt. Es gibt keine Hinweise auf die Beziehung zwischen Mr. und Mrs. Kepple. Wir werden kaum informiert über das Verhältnis zwischen Maria, ihren Eltern, den Geschwistern und der weiteren Familie. Alle Informationen über die Kepples oder Maria richten sich aus an ihrer inneren Dynamik, nicht* *an den Transaktionen zwischen ihnen. Über Mr. Kepple erfährt man sogar so gut wie gar nichts"* (Minuchin, 1988, S. 208f.).

Minuchins Interpretation des Untersuchungsausschussberichtes von 1974 kann für die deutsche Kinderschutzdiskussion im Jahre 2010 aktuelle Gültigkeit beanspruchen. Beispielsweise werden im „Handbuch Kindeswohlgefährdung" des Deutschen Jugendinstituts (Kindler et al., 2006) familiendynamische Faktoren nur ansatzweise dargestellt. In Deutschland wird die fachliche Entwicklung momentan durch einen kinderschutzorientierten Ansatz in Kooperation mit einem gemeinwesenorientierten Ansatz („Sozialraumorientierung") dominiert. Die Diskussionen über bürokratische Verfahren (Handlungsrichtlinien, Meldebögen etc.) und die Kommunikation zwischen Institutionen („Vernetzung") etc. stehen im Vordergrund, nicht das Verstehen der familiären Dynamik, der Sichtweisen und Lösungsideen der Betroffenen (auch die der „Täter" und „Täterinnen"). Die Instrumente zur Gefährdungseinschätzung richten sich *„auf einen klar konturierten Pool von Risikofaktoren für Kindeswohlgefährdungen ... Diese Faktoren werden dabei nicht nur als möglicherweise risikoreich für kindliches Aufwachsen begriffen, sondern im Sinne einer Kausallogik als Ursachen für Kindeswohlgefährdungen und damit als konkrete Ansatzpunkte für den Kinderschutz deklariert."* (Wohlgemuth 2010, S. 76). Diese Kausallogik *„impliziert ein relativ einfaches Reiz-Reaktionsschema, das mit dem Selbstverständnis erzieherischer Hilfen schwer vereinbar"* ist und in der Kinder *„ihren Subjektstatus ... einbüßen"* (ebenda) und – so möchten wir hinzufügen – auch ihre Eltern. Eine partizipativ ausgerichtete familienorientierte Betrachtungsweise, wie sie lange Zeit die Diskussion in den erzieherischen Hilfen dominiert hat, wird zunehmend von einer Position, die Eltern in erster Linie als Risiko für ihre Kinder ansieht, verdrängt. Vordergründig stellt sich die Frage: *Kann* man Familien mit Kindeswohlgefährdung verstehen? Aber eigentlich muss die Frage eher lauten: *Darf* man Familien mit Kindeswohlgefährdung verstehen?

Vordergründig stellt sich die Frage: Kann man Familien mit Kindeswohlgefährdung verstehen? Aber eigentlich muss die Frage eher lauten: Darf man Familien mit Kindeswohlgefährdung verstehen?

1. Darf man Familien mit Kindeswohlgefährdung verstehen?

Die aktuelle deutsche Diskussion um Kindeswohlgefährdung läuft in der Praxis auf eine Stigmatisierung bestimmter Bevölkerungsgruppen (diskriminierend als „Unterschicht" oder als „Prekariat" bezeichnet) und ihre Überwachung hinaus. In der fachlichen Diskussion um Kindeswohlgefährdung zeigt sich dies in der mehr oder weniger einseitigen Fokussierung auf die Identifizierung von Risikofaktoren und ihre Ermittlung durch diverse Kinderschutzbögen u. Ä. Dagegen ist an sich nichts einzuwenden, wenn nicht gleichzeitig deutlich gemacht werden würde, dass mit der objektivierenden Erfassung von kindeswohlgefährdenden Anhaltspunkten und Tatsachen sowie von familiären Risikofaktoren, wie psychischen Erkrankungen oder Suchtproblemen, nur Aussagen auf der Ebene der Fremddeutungen über die Betroffenen möglich sind. Um aber der Intention des Sozialgesetzbuches VIII gerecht zu werden, ist es im Sinne der Betroffenenbeteiligung notwendig, die Selbstdeutungen der Familienmitglieder, auch die der Erwachsenen, zu eruieren. Es muss daran erinnert werden, dass der im Jahr 2005 vom Gesetzgeber verabschiedete § 8a die Grundphilosophie des SGB VIII bestätigt hat, nämlich die Betroffenen so weit wie möglich einzubeziehen und nach Möglichkeit keine obrigkeitsstaatlichen Entscheidungen über die Köpfe der Betroffenen hinweg zu treffen. Nur in jeweils konkret zu begründenden Ausnahmefällen, wenn durch die Betroffenenbeteiligung das Kindeswohl gefährdet würde, können die Betroffenen von der Mitwirkung ausgeschlossen werden.

Es gilt also, die Sichtweisen der betroffenen Familienmitglieder, der Kinder, Jugendlichen und erwachsenen Familienmitglieder, also auch die der „Täter", zu erfassen und für den Hilfeprozess zu nutzen. Hier setzt die Sozialpädagogische Familiendiagnose an. Um den Stellenwert der Sozialpädagogischen Familiendiagnose bei der Analyse von Kindeswohlgefährdung zu verdeutlichen, schlagen wir das folgende „Diagnostische Dreieck" vor (vgl. Abb. 1).

Der Aspekt der Selbstdeutungen umfasst die Lebenswelt der Kinder und Erwachsenen, die sich in der subjektiven Konstruktion ihrer

Abb. 1: Diagnostisches Dreieck

Wirklichkeit darstellt. Hier ist die Sozialpädagogische Familiendiagnose anzusiedeln. Der diagnostische Aspekt der Fremddeutungen beinhaltet Risikofaktoren und Ressourcen (oder Coping-Strategien u.ä.) aus Sicht der Fachkräfte. Die Diagnose der „gewichtigen Anhaltspunkte" zielt auf die konkreten kindeswohlgefährdenden Tatsachen und Handlungen ab. Das Wissen um die „gewichtigen Anhaltspunkte" ermöglicht eine Risikoabschätzung sowie eine Bestimmung der Ziele der Hilfe. Die Recherche der Risikofaktoren auf der Ebene der fachlichen Fremddeutung erweitert die Risikoabschätzung in Hinblick auf das Gefährdungsausmaß. Ohne den Einbezug der Selbstdeutungen der Familienmitglieder bleiben aber die subjektiven Entstehungs- und Begründungszusammenhänge von kindeswohlgefährdenden Handlungen unberücksichtigt. Dadurch werden sozialpädagogische Interventionen im Hinblick auf das Elternsystem ausgeschlossen. Man kann das oben abgebildete Dreieck durch ein weiteres ergänzen (vgl. Abb. 2). Diagnosen sollten drei familiale Teilsysteme berücksichtigen: das Eltern- bzw. Erwachsenensystem, also die Interaktion zwischen den Eltern, das Eltern-Kind-System, d.h. die Interaktion zwischen Eltern und Kindern, und das Kindersystem. Mit letzterem ist das Interaktionsgefüge der Kinder mit Geschwistern und Gleichaltrigen gemeint. Es hat im Sinne einer „kindlichen Gegenwelt" eine gewisse Eigenständigkeit. Die Diagnose des Eltern-Systems wird in vielen Fällen von Kindeswohlgefährdung vernachlässigt.

Ohne den Einbezug der Selbstdeutungen der Familienmitglieder bleiben aber die subjektiven Entstehungs- und Begründungszusammenhänge von kindeswohlgefährdenden Handlungen unberücksichtigt

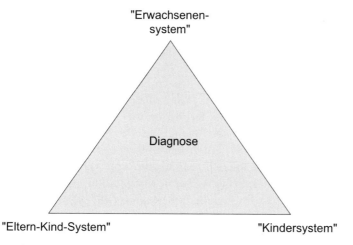

Abb. 2: Diagnostisch relevante Aufmerksamkeitsdimensionen

2. Kooperation mit Familien bei Kindeswohlgefährdung

Neben der Tatsache, dass Kooperation im Rahmen der Hilfeplanung (§ 36 SGB VIII) in Form der Betroffenenbeteiligung gesetzlich verankert ist, spricht für die Beibehaltung einer auf Kooperation und Partizipation ausgerichteten Grundhaltung, dass gelingende Zusammenarbeit offenbar eine entscheidende Voraussetzung für den Erfolg erzieherischer Hilfen ist: Dies haben die Jugendhilfe-Effekte-Studie (Schmidt et al., 2002) sowie die Bielefelder Wirkungsstudie (ISA, 2009) zeigen können. Bestätigt wird dieser Befund auch durch die schulenübergreifende Psychotherapieforschung (Hubble et al., 2001): Die therapeutische Beziehung nimmt für den Therapieerfolg einen zentralen Stellenwert ein. Diese zeichnet sich dadurch aus, dass sich Therapeut und Klient auf gemeinsame Sichtweisen und Ziele einigen können. Wie institutionelle Kooperationsformen mit Familien, bei denen Kindeswohlgefährdung vermutet wird, ermöglicht werden können, ist weitgehend unerforscht. In der wahrscheinlich einflussreichsten Publikation zum Thema „Kindeswohlgefährdung" seit der Verabschiedung des § 8a SGB VIII im Jahr 2005, dem „Handbuch Kindeswohlgefährdung nach § 1666 BGB und Allgemeiner Sozialer Dienst (ASD)" (Kindler et al. 2006), finden sich dazu kaum Anmerkungen. Eine Möglichkeit, die Kooperation mit den Eltern aufzubauen, ist die sozialpädagogische Familiendiagnose. Sie soll im Folgenden vorgestellt werden.

3. Das Konzept der Sozialpädagogischen Familiendiagnose

Die Sozialpädagogische Familiendiagnose stellt eine Weiterentwicklung der Sozialpädagogischen Diagnosen für Kinder und Jugendliche dar, die Anfang der 90er Jahre von Klaus Mollenhauer und Uwe Uhlendorff als eine Methode der strukturierten Fallbesprechung für Kinder und Jugendliche im Rahmen der Hilfeplanung entwickelt wurde (Uhlendorff, 1997). Sie wurde im Rahmen des Forschungsprojektes „Familien in der Jugendhilfe – sozialpädagogische Notlagen und Hilfekonzepte" entwickelt und erprobt (Cinkl et al., 2006). Seit 2005 wurden zahlreiche Mitarbeiter und Mitarbeiterinnen freier und einiger öffentlicher Träger in Kooperation mit der Internationalen Gesellschaft für erzieherische Hilfen (IGFH) in der Methode qualifiziert. Seit 2009 wird die Sozialpädagogische Familiendiagnose in einem von der Aktion Mensch geförderten Projekt unter Federführung des Kinderhauses Berlin – Mark Brandenburg e.V. in

Zusammenarbeit mit sechs Kooperationspartnern, die die Sozialpädagogische Familiendiagnose routinemäßig anwenden, unter der fachlichen Leitung von Stephan Cinkl evaluiert[1]. Darüber hinaus zielt das Projekt auf die Weiterentwicklung der Methode zur Anwendung bei Familien mit Kindeswohlgefährdung ab. Dazu werden 15 Familiendiagnosen bei Kindeswohlgefährdung auf ihre Wirkungen hin analysiert. Im Folgenden werden wir näher auf die Anwendungsmöglichkeiten der Sozialpädagogischen Familiendiagnose bei Kindeswohlgefährdung eingehen.

Die Sozialpädagogische Familiendiagnose zielt auf eine gemeinsame Situationsdefinition, die von Familienmitgliedern und den sozialpädagogischen Fachkräften auf der Basis der Selbstdeutungen der Familien geteilt wird. Das Konzept der Sozialpädagogischen Familiendiagnose beinhaltet folgende Elemente (vgl. ausführlich Cinkl et al., 2006): Im ersten Schritt wird von einer/einem MitarbeiterIn des Allgemeinen Sozialen Dienstes oder eines freien Trägers ein Interview mit den Familienangehörigen, die im Haushalt leben, durchgeführt: mit der Mutter, dem Vater, aber auch mit den Kindern, soweit sie dazu (von ihrem Alter her) in der Lage sind. Die Interviews werden auf Tonträger aufgezeichnet und orientieren sich an einem Leitfaden. Er enthält sowohl Impulsfragen im Sinne eines narrativen Interviews als auch Standardfragen, die aus unserer Erfahrung signifikante Antworten evozieren. Die Interviews mit den Elternteilen dauern in der Regel 60 bis 90 Minuten. Die Gespräche mit den Kindern sind kürzer (30 bis 60 Minuten).

Im zweiten Schritt werden die Interviewmitteilungen im Auswertungsteam protokolliert. Dazu werden die Tonträger abgehört und alle signifikanten Mitteilungen in folgenden 13 Kategorien in Form eines Protokolls bzw. auf Flip-Chart festgehalten:

1. Familiengeschichte und biografische Erfahrungen
2. Sozioökonomische Rahmenbedingungen
3. Informelles Unterstützungs- und Helfersystem
4. Erfahrungen mit öffentlichen Einrichtungen
5. Aktuelle Belastungen
6. Familiäre Arbeitsteilung
7. Familiäre Zeitstruktur
8. Erfahrungen mit der Kindererziehung
9. Selbstbilder und Personenentwürfe
10. Familiäre Interaktionserfahrungen, Bindungen, Fürsorge

> **Das Konzept der Sozialpädagogischen Familiendiagnose beinhaltet folgende Elemente**

---

[1] Projekt „Evaluation und Prozessdokumentation Sozialpädagogischer Familiendiagnosen unter besonderer Berücksichtigung von Familien mit Kindeswohlgefährdung" des Kinderhauses Berlin - Mark Brandenburg, gefördert von der Aktion Mensch e.V. (2009-2010)

11. Partnerschaftskonzepte
12. Subjektiver Hilfeplan
13. Ressourcen

In einem dritten Schritt werden die Deutungsmuster aus der Sicht der Familienangehörigen in den Dimensionen eins bis 13 identifiziert und die zentralen Konfliktthemen herausgearbeitet. Anschließend (vierter Schritt) werden anhand der Konfliktthemen sozialpädagogische Aufgabenstellungen und Handlungsvorschläge entwickelt, deren Bearbeitung zu einer Verbesserung der familiären Situation beitragen könnte.

Die ermittelten Konfliktthemen sowie die Aufgabenstellung und die Handlungsvorschläge werden schließlich den Familienangehörigen vorgestellt und als Grundlage für die weitere Arbeit vorgeschlagen. Im Unterschied zu anderen Diagnosen schließt sich an die Sozialpädagogische Familiendiagnose also kein Behandlungsplan an. Es findet vielmehr entlang der Ergebnisse der Diagnose ein Aushandlungsprozess zwischen den Fachkräften des Allgemeinen Sozialen Dienstes (bzw. des freien Trägers, soweit involviert) und den Familienangehörigen statt, in dem ein Hilfeplan entwickelt werden soll, der die Zustimmung aller Beteiligten findet. Da mit Hilfe der Sozialpädagogischen Familiendiagnose (im Sinne einer Prozessdiagnose) ein Dialog zwischen Fachkräften und Familienmitgliedern eröffnet wird, fördert ihre Anwendung die „Beteiligungsfähigkeit" (Wiesner) der Fachkräfte. Folgende Tabelle fasst die einzelnen Arbeitsschritte der Sozialpädagogischen Familiendiagnose zusammen:

---

1. Auswahl des Falls und Formulierung einer Fragestellung:
- Planung der Diagnose: Anzahl der Interviews, Diagnosedauer, Berücksichtigung des Handlungsdrucks: Ist die Diagnosedauer z. B. mit Interessen des Kinderschutzes vereinbar?
- Sicherstellung der Finanzierung: Haben beteiligte Fachkräfte einen Clearing-Auftrag oder ist die Diagnoseerstellung im Rahmen einer bestehenden Hilfe abrechenbar?
- Formulierung des Erkenntnisinteresses in Form einer zu beantwortenden Frage

2. Genogramm-Erstellung:
- Mit einem Erwachsenen wird ein Genogramm mit den wichtigsten Personendaten erstellt.

3. Leitfadengestützte Interviews:
- Mit den einzelnen Erwachsenen
- Je nach Fragestellung auch mit dem Kind/den Kindern

4. **Teamauswertung des Sprachmaterials nach Kategorien, Diagnose von Konfliktthemen und Erarbeitung von sozialpädagogisch-therapeutischen Handlungsvorschlägen:**
   - Aktuelle Belastungen; Ressourcen und Subjektiver Hilfeplan werden unmittelbar beim Hören aussagenah (nach Möglichkeit in Zitatform) auf 3 Flip-Chart-Bögen protokolliert
   - Die Aussagen zu den anderen 10 Auswertungskategorien werden von den Teammitgliedern einzeln notiert. Es werden dann die protokollierten Aussagen den Deutungsmustern der 12 Erfahrungsdimensionen zugeordnet
   - Aus den Aussagen der 3 Flip-Chart-Bögen und den Deutungsmustern werden die Konfliktthemen in Ich-Form-Sätzen gebildet und auf Flip-Chart notiert
   - Mit Hilfe der Konfliktthemen findet eine Zuordnung zu den Hilfethematiken und Aufgabentypen statt
   - Aus den Belastungen, den Ressourcen, dem subjektiven Hilfeplan sowie aus den Konfliktthemen werden sozialpädagogisch-therapeutische Handlungsvorschläge abgeleitet, Hilfethematiken und Aufgabentypen dienen als Anregung.

5. **Rückmeldung des Verstehensangebotes und der Handlungsvorschläge an die Familienmitglieder:**
   - Die Konfliktthemen auf Flip-Chart werden den Familienmitgliedern zunächst einzeln und dann gemeinsam präsentiert
   - „Haben wir Sie richtig verstanden?"
   - Erläuterung und Diskussion der sozialpädagogisch-therapeutischen Handlungsvorschläge

6. **Einbringen der Diagnose in das Hilfeplangespräch:**
   - Präsentation der Konfliktthemen und Handlungsvorschläge durch die Familie
   - Diskussion der Handlungsvorschläge und Formulierung eines Hilfeplans.

Unser Diagnosemodell soll im Folgenden anhand von zwei Fallbeispielen näher erläutert werden.

Praxisbeispiel 1: Hilfeplanung bei einer „Paarkonfliktfamilie"

Es handelt sich um eine „Paarkonfliktfamilie" (vgl. Cinkl et al., 2006, S. 152), bei der aus Sicht der erwachsenen Familienmitglieder ein intensiver Konflikt zwischen den Erwachsenen bzw. Eltern zu bewältigen ist. In „Paarkonfliktfamilien" kann es (nach unseren bisherigen Diagnoseerfahrungen) zu Gewalt gegenüber den Kindern kommen oder die Kinder werden in für sie bedrohlicher Weise Zeuge elterlicher Gewalt. Das folgende Beispiel eines Hilfplans einer „Paarkonfliktfamilie" stammt aus einer reorganisierten Familie mit drei Töchtern, die der Mann mit in die neue Beziehung eingebracht hatte. Die zwei jüngeren sechs und acht Jahre alten Mädchen wurden regelmäßig von beiden Erwachsenen misshandelt.

Aus den Konfliktthemen der Erwachsenen wurde folgender Hilfeplan, der in Form einer Aufsuchenden Familientherapie realisiert wurde, abgeleitet:

> **Hilfeplan für eine „Paarkonfliktfamilie"**
>
> 1. Klärung der Konflikte innerhalb der Partnerschaft einschließlich ihrer Auswirkungen auf die Sexualität; Stärkung der Paarbeziehung z. B. durch gemeinsame Aktivitäten ohne Kinder
>
> 2. Erarbeitung eines gemeinsamen Erziehungskonzeptes: Gerechtere Aufgabenteilung in Bezug auf die Grenzsetzung
>
> 3. Klärung der Rolle der „Stiefmutter", damit sie nicht nur „Erzieherin" der Kinder, sondern auch Freundin sein kann
>
> 4. Bearbeitung der individuellen Belastungen aus der Herkunftsfamilie und früheren Partnerschaften jeweils in Einzelarbeit
>
> 5. Veränderung der sozioökonomischen Situation: Arbeitssuche und Entspannung der Wohnsituation
>
> 6. Verantwortungsübernahme der Erwachsenen gegenüber den beiden jüngeren Mädchen
>
> 7. Einzelarbeit mit dem mittleren Mädchen

Sechs Fälle mit fünf Kindstötungen und einer schweren Körperverletzung wurden dem Typus „Beziehungsdramen und Sorgerechtsstreit" zugeordnet, in denen es zu eskalierenden Paarkonflikten bis hin zu Trennungskonflikten kam

Dass Paarkonflikte eine wichtige Bedeutung für dramatische Formen der Kindeswohlgefährdung haben, zeigt die Untersuchung der Fachstelle Kinderschutz im Land Brandenburg (Leitner et al., 2008) von 27 Kindstötungen und schweren Körperverletzungen von 2000 bis 2006 anhand von Staatsanwaltsakten: Sechs Fälle mit fünf Kindstötungen und einer schweren Körperverletzung wurden dem Typus „Beziehungsdramen und Sorgerechtsstreit" zugeordnet, in denen es zu eskalierenden Paarkonflikten bis hin zu Trennungskonflikten kam. Nur vier der 27 Familien waren der Familienform „Alleinerziehend" zuzuordnen, aber fast alle Partnerschaften waren konfliktträchtig oder mindestens instabil. Für die Verursachung einer Kindstötung durch einen eskalierenden Paarkonflikt gibt es ein klassisches Beispiel aus der griechischen Literatur, die Figur der Medea, die ihre

Kinder und die Geliebte ihres Mannes tötet, nachdem sie erfahren hatte, dass ihr Mann Jason eine Jüngere heiraten will:

MEDEA
Ich lasse mich nicht von meinen Feinden verhöhnen
als ich mein Vaterhaus verließ,
habe ich alles aufgegeben,
verführt vom Geschwätz des griechischen Mannes,
der mir jetzt, mit Hilfe der Götter,
seine Falschheit büßen soll.
Er soll die Kinder, die ich ihm geboren,
nicht mehr lebend sehen
und soll auch keine neuen Kinder zeugen
mit seiner neuen Frau, die durch mein Gift
einen grauenvollen Tod sterben wird,
das schreckliche Weib!
Niemand soll glauben, dass ich feige bin oder
dass ich mich nicht zu handeln traue
und alles geduldig hinnehme.
Nein, ich bin von anderer Art:
Freunden treu, aber Feinden ein Schrecken.
Meine Taten werden mich unsterblich machen.
(Euripides: Medea, bearbeitet von Heiner Müller)

Praxisbeispiel 2: Frau Schneider

Anhand des zweiten Praxisbeispiels soll die Wirkung einer Sozialpädagogischen Familiendiagnose bei Kindeswohlgefährdung näher erläutert werden. Die im Folgenden zitierten Wirkungen stammen aus evaluativen Interviews aus dem oben schon erwähnten Evaluationsprojekt. Evaluative Interviews sind leitfadengestützte Interviews; sie dienen zur Anregung von Bewertungen der Methode durch die Familienmitglieder, die Fachkräfte des freien Trägers sowie des Jugendamtes. Mit Hilfe der Interviews soll geprüft werden, ob die Sozialpädagogische Familiendiagnose dazu beigetragen hat, Familien – auch mit Kindeswohlgefährdung – zur Mitarbeit auf der Basis einer gemeinsamen Situationsdefinition zu motivieren und passgenaue Hilfen zu entwickeln, so dass ein Arbeitsbündnis der am Hilfeprozess Beteiligten entstehen konnte.

Bei Frau Schneider handelt es sich um eine allein erziehende Mutter mit einer sechsjährigen Tochter. Die Tochter, wir nennen sie Katja, wurde vom Lebenspartner der Mutter von Frau Schneider sexuell missbraucht. Nachdem die sexuellen Übergriffe bekannt geworden waren, war Frau Schneider nicht willens und auch nicht in der Lage,

Anhand des zweiten Praxisbeispiels soll die Wirkung einer Sozialpädagogischen Familiendiagnose bei Kindeswohlgefährdung näher erläutert werden

ihr Kind zu schützen. Sie überließ Katja weiterhin ihrer Mutter und dessen Lebenspartner. Da Katja schon vorher mehrfach aus Kinderschutzgründen aus der Familie genommen worden war, stellte das Jugendamt Frau Schneider vor die Wahl, entweder zusammen mit Katja in ein Familienwohnprojekt zu ziehen oder ihre Tochter alleine stationär unterbringen zu lassen. Frau Schneider entschied sich für das Familienwohnprojekt, das zu Beginn der Hilfe routinemäßig eine Sozialpädagogische Familiendiagnose erstellt. Es wurden Interviews mit Frau Schneider und Katja durchgeführt.

Die Auswertung des Interviews mit Frau Schneider ergab folgende Konfliktthemen:

> **Konfliktthemen Frau Schneider**
>
> 1. „Ich weiß nicht, ob ich mein Kind wiederkriege. Es gibt keine Garantie und keine Zuversicht, dass sie zurückkommt"
> 2. „Ich kann das nicht, das nicht, das nicht ... Ich glaube, ich habe alles falsch gemacht. Ich kann nicht sehen, was ich kann."
> 3. „Ich habe keine guten Erfahrungen mit Behörden gemacht. Ich fühle mich unterdrückt, wie in der Warteschleife. Es saugt meine Energie aus."
> 4. „Ich muss Katja alles zehn Mal sagen und auch beim zehnten Mal klappt es nicht. Ich wünsche mir manchmal, in Katjas Haut zu stecken, um zu wissen, was sie denkt, was sie sich wünscht."
> 5. „Ich will alles besser machen, als meine Mutter es gemacht hat." „Es ist nicht leicht, Mutter zu sein. Ich bin zufrieden, Mutter zu sein, ich bin nicht zufrieden, wie ich zurzeit als Mutter bin."
> 6. „Ich habe doch alles für meine Mutter gemacht. Meine Mutter hätte Mutter sein sollen. Ich glaube, meine Mutter war eifersüchtig auf mich."
> 7. „Mit dem Tod meiner Oma bin ich nicht wirklich klargekommen. Ich denke immer, dass sie eigentlich noch lebt."

Frau Schneider fand sich im Rückmeldegespräch in den Konfliktthemen wieder und betonte, wie stark der Tod der Großmutter, die für sie die Mutterrolle übernommen hatte, sie noch immer belastet. Nach der Diskussion der Konfliktthemen wurden zusammen mit Frau Schneider anhand ihrer Ressourcen, ihrer eigenen Hilfeideen (Subjektiver Hilfeplan) und der Hilfeideen aus der Teamauswertung des Interviews folgende Handlungsvorschläge erarbeitet:

> **Handlungsvorschläge Frau Schneider**
>
> 1. „Ich möchte eine Therapie machen, um die Themen in Angriff zu nehmen. Ich weiß, dass das nicht von heute auf morgen geht." Schwerpunkt der Psychotherapie soll die Beziehung zu ihrer Mutter und der Tod der Großmutter sein.
>
> 2. „Ich halte mich an meine Auflagen, lerne eine starke Mutter zu sein und beweise, dass ich mein Kind schütze. Ich frage im nächsten Hilfeplangespräch das Jugendamt, wie ich das beweisen kann." Dieser Handlungsvorschlag bezieht sich auf das erste und das dritte Konfliktthema.
>
> 3. „Ich lerne, meine Erfolge auch selbst zu sehen. Ich bitte die Betreuer, mir Rückmeldungen zu geben, wenn ich etwas gut mache."
>
> 4. „Ich lerne konsequenter zu sein. Ich werde einen Belohnungsplan entwerfen."
>
> 5. „Ich treffe mit Katja Absprachen und rede kindgerecht mit ihr über ihren Körper, was erlaubt ist und was nicht. Ich berate mich mit den Betreuern, wie ich dies am besten mache." Kindgerechte sexuelle Aufklärung.

Um das Konfliktthema *„Ich wünsche mir manchmal, in Katjas Haut zu stecken, um zu wissen, was sie denkt, was sie sich wünscht"* anzugehen, wurde Frau Schneider die Auswertung des Interviews mit Katja vorgestellt. Für Frau Schneider war die Vorstellung der Lebensthemen von Katja überraschend, weil sie erwartet hatte, dass ihre Tochter sie als schlechte Mutter ansieht. Ein zentrales Lebensthema von Katja lautete *„Ich finde an meiner Mama alles gut"*. Im evaluativen Familieninterview schildert Frau Schneider die Wirkung der Flipchart-Präsentation der Lebensthemen von Katja:

> „Was mir davor nicht so ganz deutlich war, ist, wie Katja sich fühlt, was sie empfindet und was sie denkt. Und ich habe immer das Gefühl gehabt, dass sie mich als schlechte Mutter sieht. Aber, nachdem ich es gelesen habe, das kann man gar nicht beschreiben, ich habe geweint, fürchterlich geweint. Dann hatte ich irgendwie ein schlechtes Gewissen. Ich weiß gar nicht wieso. Dadurch, dass ich sie schon öfter weggeben musste, hatte ich schon Angst gehabt, dass sie mich irgendwann nicht mehr akzeptiert als Mutter… Und es war schon ein schönes Gefühl auf jeden Fall, so etwas zu sehen. .. Ich glaube, nachdem ich die Auswertung von meiner Tochter bekommen habe, habe ich mich in der Mutterrolle ein Stück gestärkt gefühlt und dann, ich glaube, da habe ich auch angefangen, so richtig mitzuarbeiten und mehr auf sie einzugehen. Und auch öfter angefangen, mit ihr zu reden."

Für Frau Schneider war die Vorstellung der Lebensthemen von Katja überraschend, weil sie erwartet hatte, dass ihre Tochter sie als schlechte Mutter ansieht. Ein zentrales Lebensthema von Katja lautete „Ich finde an meiner Mama alles gut"

Im nächsten Schritt des Diagnoseprozesses wurden die Diagnoseergebnisse anhand der Flip-Charts mit den Konfliktthemen und den Handlungsvorschlägen den Fachkräften im Jugendamt präsentiert. Frau Schneider stellte die Diagnoseergebnisse selbständig vor. Zu dieser Form der Präsentation sagte Frau Schneider im evaluativen Familieninterview:

> „Es hat mir auf jeden Fall geholfen, so konnte ich beim Jugendamt nicht nur irgendwie, wenn mir irgendwelche Wörter ausgegangen sind oder so, dann konnte ich halt auf diese Flipcharts zeigen und einzelne Punkte benennen. Und es war jedenfalls eine große Hilfe für mich, dass ich diese Flipcharts hatte und selber noch darauf gucken konnte."

Frau Schneider konnte nach vier Monaten zusammen mit ihrer Tochter wieder in die eigene Wohnung ziehen. Das Jugendamt stimmte dem Auszug von Frau Schneider zu, da die Einrichtung einschätzte, dass Frau Schneider ihre Konfliktthemen erfolgreich bearbeitete

Die fallzuständige Sozialarbeiterin akzeptierte die Handlungsvorschläge von Frau Schneider, so dass diese Eingang in den Hilfeplan fanden. Frau Schneider konnte nach vier Monaten zusammen mit ihrer Tochter wieder in die eigene Wohnung ziehen. Das Jugendamt stimmte dem Auszug von Frau Schneider zu, da die Einrichtung einschätzte, dass Frau Schneider ihre Konfliktthemen erfolgreich bearbeitete. Für die Nachbetreuung wurde eine Sozialpädagogische Familienhilfe installiert. Als Gesamteinschätzung formulierte die Jugendamtsmitarbeiterin: *„Anfangs hat die Mutter nicht gesehen, dass sie ihr Kind nicht ausreichend schützen kann. Und jetzt kann man sagen, Frau Schneider ist dazu in die Lage versetzt worden, ihr Kind zu schützen. Und wird es nicht wieder solchen Gefahren aussetzen, wie es war."*

Warum war die Sozialpädagogische Familiendiagnose in diesem Fall erfolgreich?

Warum war die Sozialpädagogische Familiendiagnose in diesem Fall erfolgreich? Frau Schneider und die Jugendamtsmitarbeiterin machten in den evaluativen Interviews folgende Wirkungen dafür verantwortlich:

1. **Verbesserung der Arbeitsbeziehung zwischen Familie und Jugendamt**
   Auf die Frage, inwiefern sich die Zusammenarbeit mit der Familie durch die Diagnose verändert hat, antwortet die ASD-Mitarbeiterin: *„Na ja, dass Frau Schneider uns jetzt nicht mehr als Feind betrachtet, sondern, da wir sie ja unterstützt haben, dass sie jetzt wieder mit ihrer Tochter zusammen leben kann. Das war ja am Anfang ihre größte Sorge, dass sie nicht wusste, ob sie ihr Kind wiederkriegt."* Dazu Frau Schneider: *„Das Jugendamt – ich hatte davor aus meiner Sicht nur schlechte Erfahrungen, weil sie immer wieder mein Kind wegnehmen wollten. Und das ist für eine Mutter schlecht und dann, aber nachdem ich gezeigt habe, dass ich mitwirke und mithelfe und mitarbeite und mich einlasse, dass dann*

das Jugendamt mir auch ein Stück entgegenkommt. Und dann habe ich gesehen, die sind ja doch nicht so schlimm. Aber es war ein harter Weg bis dahin."

2. Förderung der Eigenaktivität

Auf die Frage, wie sich die Familiendiagnose auf das Hilfeplangespräch ausgewirkt hat, antwortet Frau Schneider: *„Das letzte Hilfeplangespräch, das war so ein positives Gefühl. Das war, ich weiß nicht, ich hatte da überwiegend gesprochen und ... ich glaube, ich habe meine Scheu überwunden und gesagt, so wie meine Vorstellungen sind und nicht nur die vom Jugendamt angehört, sondern auch selbst meine Vorstellungen gesagt. Ich habe ihr (der ASD-Mitarbeiterin, Anmerkung der Autoren) das alles gezeigt und habe auch Handlungsvorschläge gehabt. Ansonsten, wenn ich hingegangen bin, hatte ich ja überhaupt keine Handlungsvorschläge. Und dann habe ich mich einfach hingesetzt, habe sie erstmal reden lassen oder die Betreuer, und ich habe dann ein-, zweimal was gesagt, und diesmal habe ich dann komplett geredet. Ich denke, dass sie wirklich positiv überrascht war. Und ich bin danach mit einem Strahlen rausgegangen, das war ein wunderschönes Gefühl auf jeden Fall."*

3. Förderung der Problemeinsicht

Auf die Frage, welchen Einfluss die Diagnose auf die Problemeinsicht hatte und wie sich dies auf die Situationsdefinition ausgewirkt hat, antwortet die ASD-Mitarbeiterin: *„Wobei man in dem Fall auch sagen muss, es hat sich auch geändert. Es war am Anfang ein absoluter Kinderschutzfall, und zwar im Gefährdungsbereich. Und da arbeiten wir mit Auflagen und Aufträgen. Es gab auch Auflagen vom Familiengericht, die auch dokumentiert sind. Und das hat sich aber geändert insofern, dass Frau Schneider Selbstanteile erkannt hat. Sie wirkt mit, sie hat einen Willen. Und dann kann man aus dem Gefährdungsbereich einen Leistungsbereich machen... Sie hat immer anderen die Schuld gegeben. So, ihr seid ja Schuld, und sie hat dann nichts bei sich gesehen. Das ist gelungen mit dieser Methode, denke ich. Frau Schneider hat sich mit ihren Themen auseinandergesetzt, was vorher noch keiner geschafft hat."* Das Konfliktthema, das sich auf das Verhältnis zu ihrer Mutter bezieht, sieht sie als das relevanteste für die Kindeswohlgefährdung an. Da Frau Schneider ebenfalls diesen Zusammenhang thematisiert, gibt es zwischen Jugendamt und Familie in Hinblick auf die Kindeswohlgefährdung eine gemeinsame Ursachenbeschreibung.

Die Sozialpädagogische Familiendiagnose konnte sich nach Einschätzung von Jugendamt und betreuender Einrichtung aber nur positiv auswirken, weil sie eingebettet war in einen Zwangskontext, d. h. die Handlungsvorschläge wurden als Auflagen formuliert, deren Einhaltung und Umsetzung von der Einrichtung kontrolliert wurden. Frau

Die Sozialpädagogische Familiendiagnose konnte sich nach Einschätzung von Jugendamt und betreuender Einrichtung aber nur positiv auswirken, weil sie eingebettet war in einen Zwangskontext

Schneider war also bewusst, dass sie nur dann wieder in eigenem Wohnraum mit ihrer Tochter zusammenleben kann, wenn sie tatsächlich erfolgreich an ihren Konfliktthemen arbeitet.

4. Resümee

In unserem Beitrag haben wir versucht zu zeigen, dass die Sozialpädagogische Familiendiagnose die Mitwirkung der Familienmitglieder an der Hilfeplanung verbessern kann. Sie tut das, weil sie die lebensweltliche (subjektive) Perspektive der Familienmitglieder auf ihre Situation transparent macht und zu einem konstruktiven Dialog zwischen Fachkräften beiträgt. Voraussetzung für eine konstruktive Hilfe für Kinder und Eltern ist eine gemeinsame Situationsdefinition von Fachkräften, Eltern und Kindern. Inwieweit die Wirkungen der oben genannten Praxisbeispiele generalisierbar sind, muss die weitere Evaluation zeigen. Deutlich sollte geworden sein, dass eine kooperativ gestaltete Hilfeplanung auf der Basis eines dialogischen Diagnoseverfahrens Konflikte zwischen Familien und dem Helfersystem verringern kann. Die Mitwirkungsbereitschaft ist keine Eigenschaft von Familien, sondern abhängig von der an Methodenkompetenz gebundenen „Beteiligungsfähigkeit" der Fachkräfte.

Voraussetzung für eine sozialpädagogisch erfolgreiche Arbeit ist unserer Erfahrung nach eine klar umrissene Arbeitsteilung zwischen den Fachkräften des Jugendamts und der freien Träger. Das Jugendamt trägt die Gesamtverantwortung und ist als oberste Instanz für das Kindeswohl verantwortlich, die als letzte Konsequenz die Herausnahme des Kindes zur Folge haben kann. Die Fachkräfte der freien Träger versuchen mit den Eltern zusammenzuarbeiten und gemeinsam mit ihnen (und in Kooperation mit dem Jugendamt) Perspektiven zu erarbeiten und Hilfen durchzuführen, um eine Fremdunterbringung zu vermeiden. Längerfristig scheint es bei der sozialpädagogischen Arbeit mit Familien mit Kindeswohlgefährdung sinnvoll zu sein, die Kontrollfunktion und die Hilfefunktion gegenüber den Familien von unterschiedlichen Personen ausüben zu lassen. Dies müsste anhand von Pilotprojekten gründlicher untersucht und erprobt werden.

Literatur

Bremische Bürgerschaft (Hrsg.) (2007). Bericht des Parlamentarischen Untersuchungsausschusses „Kindeswohl". Drucksache 16/1381. Bremen: Eigenverlag.

Cinkl, S., Marthaler, T. & Uhlendorff, U. (2006). Sozialpädagogische Familiendiagnosen. Deutungsmuster familiärer Belastungssituationen und erzieherischer Notlagen in der Jugendhilfe. Weinheim und München: Juventa Verlag.

Duncan, B. L., Hubble, M. A. & Miller, S. D. (1998). „Aussichtslose Fälle". Die wirksame Behandlung von Psychotherapie-Veteranen. Stuttgart. Klett-Cotta.

Hubble, M. A., Duncan, B. L. & Miller, S. D. (2001). So wirkt Psychotherapie. Empirische Ergebnisse und praktische Folgerungen. Dortmund: Verlag Modernes Leben.

Institut für soziale Arbeit (2009). Wirkungsorientierte Jugendhilfe Bd. 9. Praxishilfe zur wirkungsorientierten Qualifizierung der Hilfen zur Erziehung. Münster: Votum Verlag.

Kindler, H., Lillig, S., Blüml, H., Meysen, T. & Werner, A. (Hrsg.) (2006). Handbuch Kindeswohlgefährdung nach § 1666 BGB und Allgemeiner Sozialer Dienst (ASD). München: DJI.

Leitner, H., Roth, K. & Troscheit, K. (2008). Fälle von Kindesvernachlässigung und -misshandlung mit Todesfolge und schwerer Körperverletzung im Land Brandenburg. Eine Untersuchung anhand von Staatsanwaltschaftsakten (2000 – 2005). Fachstelle Kinderschutz im Land Brandenburg, Start gGmbH. Oranienburg; Eigenverlag.

Minuchin, S. (1968). Familienszenen. Problemmuster und Therapien. Reinbek bei Hamburg: Rowohlt.

Müller, H. (1983). Verkommenes Ufer. Medeamaterial. Landschaft mit Argonauten. Berlin: BLB.

Schmidt, M., Schneider, K., Hohm, E., Pickartz, A., Macsenaere, M., Petermann, F., Flosdorf, P., Hölzl, H. & Knab, E. (2002). Effekte erzieherischer Hilfen und ihre Hintergründe. Schriftenreihe des BMFSFJ, Band 219. Stuttgart: Kohlhammer.

Uhlendorff, U. (2010). Sozialpädagogische Diagnosen III – Ein sozialpädagogisch-hermeneutisches Diagnoseverfahren für die Hilfeplanung. Weinheim/München: Juventa Verlag.

Wohlgemuth, K. (2010). Zwischen Rarität und Ressource. (Sozial-)politische Perspektiven auf Kinder und Kinderschutz: Forum Erziehungshilfen, 2, 73-77.

Kinderschutz – von der Checkliste zur persönlichen Fall- und Prozessverantwortung

Christine Gerber

1. Einleitung

Die Einführung des § 8a SGB VIII, aber auch die öffentlich gewordenen, tragischen Fälle, in denen Kinder zu Tode gekommen sind, haben zu einer breiten Diskussion über die Qualität des Kinderschutzes in Deutschland geführt. Neben vielen positiven Ansätzen und erfreulichen Entwicklungen – wie beispielsweise der gestiegenen Nachfrage nach Fortbildung im Kinderschutz sowie Initiativen zur Verbesserung der Vernetzung und Kooperation – fallen jedoch auch weniger erfreuliche Entwicklungen auf.

Während der 2005 in das SGB VIII eingefügte § 8a darauf abzielt, dass alle Beteiligten Verantwortung im Fall übernehmen (unter Federführung eines Beteiligten – i. d. R. des Jugendamtes), scheinen sich die in der Jugendhilfe tätigen Fachkräfte gleichzeitig immer mehr von der Verantwortung im und für den Fall ‚bedroht' zu fühlen. Dies wird zum Beispiel daran deutlich, dass die Frage der Fallverantwortung und Zuständigkeit zu einer zentralen Fragestellung in der Kooperation im Kinderschutz geworden ist, die mitunter die Frage, was im Prozess von Hilfe und Schutz der Eltern, Kinder und Jugendlichen fachlich notwendig ist, überlagert. So lautet eine der sehr häufig gestellten Fragen von Mitarbeiterinnen und Mitarbeitern aus Jugendämtern im Rahmen von Fortbildungen anlässlich der Einführung des §8a SGB VIII[1]: „Mit Abschluss der Vereinbarungen mit den Freien Trägern müssen deren MitarbeiterInnen in den Fällen jetzt erst mal selber ran und können die Fälle nicht gleich an das Jugendamt abgeben – oder?" Diese Frage klingt weder nach Kooperation mit dem Fokus auf der Frage „Was macht Sinn?" und „Was ist notwendig?" noch nach einem übermäßigen Interesse an gemeinsamer Fallverantwortung. Diese Frage scheint eher von der Hoffnung gespeist, endlich weniger Verantwortung zu haben und vielleicht sogar zunächst nicht „zuständig" zu sein. Die analoge Frage der Mit-

---

[1] Die Autorin ist freiberuflich tätig als Fortbildnerin mit Schwerpunkt Kinderschutz

arbeiterinnen und Mitarbeiter freier Träger lautete: „Wenn ich die Information dann aber an das Jugendamt weitergegeben habe, dann bin ich – auch wenn das Kind noch in meiner Einrichtung ist – raus aus der Verantwortung und die Kollegin vom Jugendamt ist zuständig – oder?" Diese Frage klingt genauso wenig nach großem Interesse an gemeinsamer Fallverantwortung.
Nun könnte man den Fachkräften per se Desinteresse gegenüber dem Wohl von Kindern und Familien unterstellen und die Behauptung aufstellen, dass Sozialarbeiterinnen und -sozialarbeiter in Deutschland ein sehr bürokratisch geprägtes Berufsverständnis haben. Dieses Fazit wäre wohl die schlichteste aller Betrachtungsweisen, denn es würde das Problem an den Personen festmachen. Gleichzeitig erscheint diese Art der Interpretation wenig befriedigend und v. a. wenig überzeugend, so dass an dieser Stelle stattdessen die These aufgestellt wird, dass beide Fragen in erster Linie den massiv gestiegenen Druck der Fachkräfte vor der großen Verantwortung im Kinderschutz zum Ausdruck bringen. Die öffentlich skandalisierten tragischen Einzelfälle sowie die damit einhergehenden Maßnahmen scheinen zur Folge zu haben, dass nicht mehr nur die Mitarbeiterinnen und Mitarbeiter in Jugendämtern von dem Gefühl getrieben werden, „mit einem Bein im Gefängnis" zu stehen, sondern nun auch die Mitarbeiterinnen und Mitarbeiter Freier Träger.
Woher kommt diese Angst?
Welcher Autofahrer steigt in sein Fahrzeug mit der Überzeugung, dass er mit einem Bein im Grab steht – obwohl dieses Risiko sicher höher ist als das des Sozialarbeiters, im Gefängnis zu enden. Und wie sicher wird sich dieser Autofahrer unter diesen Umständen im Straßenverkehr bewegen?
Rational lässt sich die Angst, mit einem Bein im Gefängnis zu stehen, nicht begründen, da es bisher in nur sehr wenigen Fällen zu einer Verurteilung eines Sozialarbeiters gekommen ist. Dennoch wird diese Angst zu einem den Kinderschutz beeinflussenden Faktor.
Hintergründe für die Sorge der Fachkräfte könnten sein:
- Die steigende fachliche Komplexität in der Arbeit des ASD erhöht die Anforderungen an die Arbeit der Mitarbeiterinnen und Mitarbeiter (vgl. Gissel-Palkovich, 2007). So beschreiben, im Rahmen einer bundesweiten Online-Befragung zwischen November 2007 und März 2008, fast alle der 328 teilnehmenden Jugendämter (98,2%) eine Verdichtung ihrer Arbeit in den letzten fünf Jahren (Seckinger, 2008). Gleichzeitig gelingt es offensichtlich nicht die Arbeitsbedingungen und v. a. die Ressourcenausstattung, unter denen die Kinderschutzarbeit geleistet wird, in gleichem Maße anzupassen. Hinweise darauf liefert z. B. die steigende Zahl von Überlastungsanzeigen (Seckinger et al., 2008).

> **Die öffentlich skandalisierten tragischen Einzelfälle sowie die damit einhergehenden Maßnahmen scheinen zur Folge zu haben, dass nicht mehr nur die Mitarbeiterinnen und Mitarbeiter in Jugendämtern von dem Gefühl getrieben werden, „mit einem Bein im Gefängnis" zu stehen, sondern nun auch die Mitarbeiterinnen und Mitarbeiter Freier Träger**

"Es hat also ein deutliches Job-Enlargement stattgefunden. Aus der Arbeitsforschung ist bekannt, dass ein Job-Enlargement nur dann nicht in negativem Stress mündet, wenn damit auch eine Ausweitung der Handlungs- und Entscheidungskompetenzen verbunden sind, also ein Job-Enrichment stattfinde. Für ein Job-Enrichment lassen sich jedoch keine empirischen Hinweise finden" (Seckinger, 2008, S. 43).

- Etwas über ein Viertel der im Rahmen einer bundesweiten Onlinebefragung befragten Leitungskräfte in ASDs gab an, dass sie in der hohen Arbeitsbelastung die Ursache für den Anstieg der Fehlquote sehen (Seckinger, 2008). Obwohl die Arbeitsbedingungen auch öffentlich immer häufiger thematisiert werden und im Rahmen von tragisch verlaufenen Einzelfällen am Rande Berücksichtigung finden, steht am Ende doch in erster Linie das persönliche Fehlverhalten einzelner Mitarbeiterinnen und Mitarbeiter und damit die Frage nach der „Schuld" im Mittelpunkt des Interesses (Bremische Bügerschaft, 2007; Fegert et al., 2008). Eine systematische Suche nach den Ursachen und Hintergründen für Fehler und Fehlentscheidungen Einzelner in Kinderschutzfällen, die auch die organisationalen Rahmenbedingungen mit einbeziehen („Organisationsverschulden"), gibt es in Deutschland bisher nicht (Gerber, 2009). Gleichzeitig erleben die Fachkräfte im Kinderschutz, wie tragische Einzelfälle medial aufbereitet werden und wie vergleichsweise wenig Bereitschaft es in vielen Organisationen und Institutionen zu geben scheint, sich hinter die Mitarbeiterinnen und Mitarbeiter zu stellen. Verfahren und Dienstanweisungen, die, z. B. durch aufwändige Gegenzeichnungs- oder Dokumentationsverfahren, in erster Linie auf die Kontrolle der Mitarbeiterinnen und Mitarbeiter setzen, signalisieren dagegen zusätzlich Misstrauen gegenüber den Fachkräften, insbesondere dann, wenn sie die Anpassung der Arbeitsbedingungen wie z. B. Anpassung der Fallzahlen, Supervision oder Verfügbarkeit von Hilfen, nicht berücksichtigen.
- Der Kinderschutz in Deutschland scheint vor allem von Seiten der Öffentlichkeit immer noch von Omnipotenzphantasien getrieben zu werden, dass der Tod von Kindern durch Misshandlung oder Vernachlässigung in jedem Einzelfall verhindert werden kann. So wurde im ZDF am 30.3.2010 (http://www.zdf.de/ZDFmediathek) von einem Fall in der Oberpfalz berichtet, bei dem ein zweijähriges Kind verhungert ist. Bisher war nur bekannt, dass ein Nachbar beim Jugendamt angerufen und mitgeteilt hatte, dass die Kinder schon länger nicht mehr im Garten spielen würden. Dieser Anruf wurde vom Jugendamt nicht als Gefährdungsmeldung bewertet. Das Fazit der Berichterstatterin

lautete trotz der wenigen bekannten Informationen: „Klar ist, der Tod der kleinen Lea hätte verhindert werden können!". Das Urteil lässt keinen Zweifel zu. Die Schuldfrage scheint – unabhängig von der Rolle der Eltern – geklärt: Das Jugendamt hätte den Tod des Mädchens verhindern können, rsp. müssen. Viele darüber hinausgehende Fragen werden dabei völlig unberücksichtigt gelassen: Gab es gute und berechtigte Gründe, warum die Fachkraft den Anruf nicht als „Gefährdungsmeldung" bewertet hat? Welche Rolle haben die Arbeitsbedingungen bei den Entscheidungen und ggf. Prioritätensetzungen gespielt? Selbst wenn die Fachkraft aufgrund des Anrufes beispielsweise umgehend einen Hausbesuch gemacht hätte – hätte der Tod des Kindes tatsächlich verhindert werden können? Stattdessen wird suggeriert, dass der Anruf des Nachbarn ein eindeutiger Hinweis für eine Kindeswohlgefährdung war und dass durch eine Kontaktaufnahme des Jugendamtes mit den Eltern der Tod des kleinen Mädchens auf jeden Fall verhindert worden wäre[2].

Die Liste der Faktoren, die einen Beitrag dazu leisten, dass das Handeln der Fachkräfte im Kinderschutz immer stärker von Angst und dem Wunsch nach persönlicher Absicherung geprägt ist, lässt sich sicherlich noch ergänzen: Die persönliche Unsicherheit einiger Fachkräfte, die hohe Zahl der Berufsanfängerinnen und -anfänger in diesem Feld, mangelhafte Qualifikation, aber auch fehlende Unterstützung innerhalb der Organisation, (über-)regulierte Prozesse und Verfahren sowie eine von Misstrauen geprägte Haltung der Organisation gegenüber ihren Mitarbeiterinnen und Mitarbeitern... Dies ist jedoch nicht Sinn und Zweck dieses Beitrages. Dennoch erscheint es vorab notwendig auch das „Klima", in dem die Weiterentwicklung des Kinderschutzes in den letzten Jahren vorangetrieben wurde, ins Bewusstsein zu rufen. Denn auch die Risikoinventare, Checklisten und standardisierten Verfahren, die in den letzten Jahren entwickelt wurden, sind in diesem Klima entstanden.

Die Liste der Faktoren, die einen Beitrag dazu leisten, dass das Handeln der Fachkräfte im Kinderschutz immer stärker von Angst und dem Wunsch nach persönlicher Absicherung geprägt ist, lässt sich sicherlich noch ergänzen

---

[2] Die Analyse von 40 sog. Serious Case Reviews (Untersuchungsberichten zu problematisch verlaufenen Kinderschutzfällen) aus England und Wales (1998-2001) hat gezeigt, dass 3% der Fallverläufe deutlich und 5% schwach vorhersehbar, 8% mit hoher und 18% mit geringer Wahrscheinlichkeit vermeidbar gewesen wären. Demgegenüber stehen 75% nicht vorhersehbare Fallverläufe und 60% in keinster Weise verhinderbare Fallverläufe (Sinclair & Bullock, 2002).

2. Risikoinventare und Checklisten im Kinderschutz

Die Forderungen nach standardisierten und verbindlichen Verfahren und Abläufen sind sicherlich an vielen Stellen berechtigt und zielen in erster Linie darauf ab, den Kinderschutz in Deutschland zu verbessern: Listen von Risikofaktoren sollen Fachkräfte sowohl auf „blinde Flecken" hinweisen als auch sicherstellen, dass bei der Beurteilung des Handlungsbedarfes aussagekräftige Risikofaktoren die Grundlage bilden. Gleichzeitig sollen die Entscheidungen objektiver, nachvollziehbarer, reflektierter und transparenter getroffen werden. Standardisierte Verfahren sollen den Fachkräften in komplexen Situationen Orientierung geben sowie Führungskräfte bei der Wahrnehmung der Fachaufsicht unterstützen. Die Entwicklung von Checklisten und standardisierten Verfahren ist vor diesem Hintergrund in vielen Organisationen nicht gegen den Willen der Fachkräfte, sondern auf deren Wunsch und mit deren Unterstützung vorangetrieben worden.

Neben der Qualifizierung der Kinderschutzarbeit wird der Wunsch nach Checklisten und Verfahren jedoch auch von der bereits beschriebenen Angst und Sorge der Fachkräfte und der Führungskräfte gespeist, Fehler oder sich schuldig zu machen. Die Instrumente und Verfahren sollen also nicht nur den Schutz von Kindern verbessern, sondern auch „menschliche Fehlbarkeiten" ausgleichen. Als eine Art Autopilot sollten sie im Idealfall Fachkräfte und Institutionen absichern und ein Stück weit die Verantwortung für die Ergebnisse des Prozesses übernehmen.

Mit der Entwicklung von Risikoinventaren, standardisierten Verfahren und Checklisten ist daher eine Vielzahl (bewusster und unbewusster) Erwartungen sowohl auf Seiten der Fach- als auch auf Seiten der Führungskräfte verbunden.

In erster Linie sollen Checklisten und Risikoinventare jedoch sicherstellen,
- dass bei der Abschätzung des Risikos für das Kind und damit bei der Entscheidung über den konkreten Handlungsbedarf vorhersagekräftige Faktoren (Prädiktoren) herangezogen werden und
- dass bei der Erstellung des Hilfe- und Schutzkonzeptes eine möglichst breite Palette an Informationen einbezogen wird.

Zu diesem Zweck werden in den Risikoinventaren und Checklisten in der Regel sowohl empirisch belegte Risikofaktoren, die Hinweise zur Auftretenswahrscheinlichkeit einer Misshandlung oder Vernachlässigung eines Kindes liefern, als auch so genannte konsensbasierte Einschätzfaktoren erhoben, deren Relevanz nicht von wissenschaftlichen Untersuchungen, sondern durch Empfehlungen und Erfahrungen aus der Praxis abgeleitet wird.

In den letzten Jahren wurde eine Vielzahl zum Teil sehr unterschiedlicher Risikoinventare und Checklisten entwickelt. Eine vom Institut für Medizinische Psychologie des Uniklinikums Hamburg-Eppendorf 2009 durchgeführte bundesweite Befragung von Jugend- und Gesundheitsämtern sowie freien Trägern ergab einen Rücklauf von 138 als praxisrelevant bezeichneten Verfahren, die v. a. von Jugendämtern, aber auch von Einrichtungen im Rahmen der Frühen Hilfe verwendet werden. Ein Vergleich der unterschiedlichen Risikoinventare ergab, dass jeweils die Hälfte der Verfahren bis zu 10 bis 25 empirisch belegte bzw. bis zu 9 bis 16 konsensbasierte Risikofaktoren aufgreifen. Der relative Vergleich zwischen wissenschaftlichen und nicht wissenschaftlichen Faktoren macht demnach deutlich, dass ein größerer Anteil der nicht wissenschaftlich fundierten Anhaltspunkte Bestandteil der Risikoinventare sind, auch wenn die empirisch fundierten Faktoren durch ihre höhere Anzahl den größeren Anteil an der Gesamtzahl der gefundenen Risikofaktoren in den Instrumenten einnehmen (Metzner et al., 2009; Metzner & Pawils in diesem Band).

Empirische Prädiktor-Verfahren, also Risikoinventare, die nur empirisch belegte Risikofaktoren verwenden, liefern bessere Ergebnisse bei der Vorhersage einer erneuten Misshandlung/Vernachlässigung als auf fachlichem Konsens basierte Inventare. Das haben Studien gezeigt (Grove et al., 2000; Grove & Meehl 1996). Für Checklisten, die ausschließlich zum Ziel haben, Fachkräfte bei der Einschätzung des Gefährdungsrisikos – also beim Erstellen einer Prognose über die Gefahr einer erneuten Misshandlung/Vernachlässigung – zu unterstützen, ist es daher sinnvoll den Schwerpunkt auf die Verwendung empirisch belegter Risikofaktoren zu legen.

Checklisten, die den Anspruch erheben sowohl die Risikoeinschätzung – im Sinne einer Prognose – als auch die Strukturierung der weiteren Fallbearbeitung – im Sinne der Hilfeplanung – unterstützen zu wollen, erheben dagegen in der Regel sowohl empirisch belegte Risikofaktoren als auch beschreibende Faktoren zur Problem- und Ressourcenanalyse, da sie neben der Vorhersage einer erneuten/andauernden Misshandlung/Vernachlässigung auch die Entwicklung geeigneter und notwendiger Hilfen unterstützen sollen.

Für den Prozess der Risikoabschätzung kann das bedeuten, dass bei Risikoinventaren, die beide Ziele verfolgen (Risikoeinschätzung & Hilfeplanung), unter Umständen in der Fülle der erhobenen Faktoren vorhersagekräftige Faktoren, wie z. B. das Vorliegen häuslicher Gewalt (vgl. dazu Kavemann et al., 2006), unterschätzt, weniger valide Faktoren, wie z. B. Armut (vgl. dazu Black et al., 2001; Schone et al., 1997) dagegen überschätzt werden.

> **Empirische Prädiktor-Verfahren, also Risikoinventare, die nur empirisch belegte Risikofaktoren verwenden, liefern bessere Ergebnisse bei der Vorhersage einer erneuten Misshandlung/Vernachlässigung als auf fachlichem Konsens basierte Inventare**

Bei der Entwicklung von Risikoinventaren ist es daher von besonderer Bedeutung, sich der Aussagefähigkeit und Aussagekraft der erhobenen Faktoren bewusst zu sein. Dabei gilt es insbesondere zwischen Prädiktoren, also den empirisch nachgewiesenen, auf ein statistisch erhöhtes Risiko für eine zukünftige/erneute/andauernde Misshandlung oder Vernachlässigung nachweisenden und den eher (problem- & ressourcen-) beschreibenden Faktoren – die für die Strukturierung der weiteren Fallbearbeitung und die Erstellung des Hilfeplans von Bedeutung sind – zu unterscheiden.

Die Untersuchung des Instituts für Medizinische Psychologie des Uniklinikums Hamburg-Eppendorf weist neben dem Verhältnis von empirisch belegten zu konsensbasierten Risikofaktoren auch darauf hin, dass nur die Hälfte der Instrumente unter wissenschaftlicher Begleitung entwickelt und ein noch geringerer Anteil auf ihre Wirksamkeit hin untersucht worden ist. Das bedeutet im Klartext, dass bei den meisten Instrumenten deren Anwendung häufig zur Pflicht gemacht und deren Einsatz als Maßstab für „gute Arbeit" und damit zur „Regel der Kunst" erhoben wurde, überhaupt nicht wissenschaftlich gesichert ist, dass sich die Verfahren positiv auf die Gefährdungseinschätzung oder den Hilfeprozess mit der Familie auswirken. Ein Phänomen, das kaum verständlich erscheint, wenn man bedenkt, dass mangelhafte Verfahren schnell auch negative Effekte erzeugen können. Ein eindrückliches Beispiel dafür ist Großbritannien. Hier haben sich die Effizienz und Qualität des Kinderschutzsystems trotz oder wegen einer Fülle an Vorgaben, standardisierten und computergestützten Verfahren und Regeln eher verschlechtert (Munro, 2009). Es stellt sich hier die Frage, ob Deutschland ebenfalls diesen Weg einschlagen will, oder ob wir in der Lage sind, aus den Erfahrungen anderer Länder zu lernen und einen eigenen Weg zu entwickeln.

Neben der Konzeption der Risikoinventare ist v.a. ein hohes Maß an Qualifikation und Erfahrung der Fachkräfte für eine sach- und fachgerechte Anwendung der Risikoinventare von Bedeutung. Denn werden Aussagefähigkeit und -kraft der Faktoren nicht berücksichtigt, so kann dies sowohl eine qualifizierte Einschätzung des zukünftigen Risikos für das Kind als auch die Prioritätensetzung beim Aufbau des Hilfe- und Schutzkonzeptes beeinträchtigen. Risikoinventare sind damit nicht dafür geeignet Unerfahrenheit und fehlende Qualifikation von Mitarbeiterinnen und Mitarbeitern auszugleichen.

Für standardisierte Verfahren heißt das:
Sowohl bei der Entwicklung als auch beim Einsatz von Checklisten bzw. Risikoinventaren muss klar sein, welches Ziel verfolgt wird. Je nachdem ob eher die Vorhersage einer (erneuten) Misshandlung und/oder die Strukturierung der weiteren Fallbearbeitung und Hil-

feplanung im Vordergrund steht, müssen unterschiedliche Informationen erhoben werden. Ohne Berücksichtigung der Aussagefähigkeit der einzelnen Informationen besteht ansonsten das Risiko, dass in der Masse der erhobenen Informationen einzelne Faktoren über- oder unterbewertet werden.

Risikoeinschätzverfahren können Fachkräfte bei der Abschätzung von Misshandlungs- und Vernachlässigungsrisiken und beim Erstellen des Hilfe- und Schutzkonzeptes unterstützen. Voraussetzung dafür ist, dass es sich um aussagekräftige, valide Verfahren handelt, die von geschulten und erfahrenen Fachkräften, unter besonderer Berücksichtigung der Möglichkeiten und Grenzen der Instrumentarien, angewandt werden. Risikoinventare eignen sich nicht dazu, die mangelnde Kompetenz unerfahrener Mitarbeiterinnen und Mitarbeiter oder schlechte Qualifikation auszugleichen. Im Gegenteil: Ein verantwortungsvoller Einsatz der Risikoinventare setzt qualifizierte, kritische und reflektierte Fachkräfte voraus, die sich der Möglichkeiten und Grenzen der Instrumentarien bewusst sind.

Erweist sich ein Verfahren über viele Einzelfälle hinweg als wenig vorhersagekräftig, so kann es u. U. großen Schaden verursachen (Kindler, 2006a). Die Forderung, dass nicht geprüfte Instrumente aus der Praxis möglichst bald wieder verschwinden sollten (Kindler et al., 2008), kann daher nur unterstrichen werden.

In folgenden Kapitel soll die Komplexität des Prozesses von Hilfe und Schutz im Kinderschutz dargestellt werden, um deutlich zu machen, an welchen Stellen der Standardisierung im Kinderschutz Grenzen gesetzt werden sollten.

> Risikoeinschätzverfahren können Fachkräfte bei der Abschätzung von Misshandlungs- und Vernachlässigungsrisiken und beim Erstellen des Hilfe- und Schutzkonzeptes unterstützen
>
> Risikoinventare eignen sich nicht dazu, die mangelnde Kompetenz unerfahrener Mitarbeiterinnen und Mitarbeiter oder schlechte Qualifikation auszugleichen

3. Kinderschutz: viel mehr als „nur" die Einschätzung des Gefährdungsrisikos

Das fachliche Handeln im Kinderschutz besteht insbesondere aus:
1. der Durchführung einer Risiko- und Ressourceneinschätzung
2. dem Aufbau einer vertrauensvollen beraterischen Beziehung zu den Eltern, Kindern und Jugendlichen
3. der Entwicklung eines Schutz- und Hilfekonzeptes für und mit dem Kind und seiner Familie
4. ggf. der Entscheidung über die Einleitung geeigneter und notwendiger Eingriffe in die elterlichen Rechte (Inobhutnahme, Anrufung des Familiengerichts)

Checklisten und Risikoinventare heben in erster Linie auf die Qualifizierung der Risikoeinschätzung ab. Wie die Fachkräfte zu den einzelnen Informationen, Beobachtungen und Bewertungen kommen und wie sie den Prozess mit der Familie gestalten, spielt dabei kaum eine Rolle. In der derzeitigen Debatte zum Kinderschutz ist zunehmend der Eindruck entstanden, als hänge erfolgreicher Kinderschutz in erster Linie von der Ermittlung von Sachverhalten, der Beobachtung der Familie (insbesondere in ihrem sozialen Umfeld) sowie einer möglichst lückenlosen Dokumentation der ermittelten Erkenntnisse ab. Diese Vorstellung wird dem komplexen Handeln im Kinderschutz keineswegs gerecht und vernachlässigt insbesondere die Anteile, die nach bzw. parallel zu einer qualifizierten Risikoeinschätzung schließlich zum konkreten Schutz des Kindes und zur konkreten Hilfe für die Familie führen.

3.1 Einschätzung des Gefährdungsrisikos als laufender Prozess

Bei einer Gefährdungseinschätzung handelt es sich nicht um einen einmaligen, zeitlich begrenzten Arbeitsschritt an einer bestimmten Stelle eines Gesamtprozesses. Vielmehr ist die Einschätzung des Gefährdungsrisikos ein integrierter und laufend reflektierter Bestandteil eines Beratungsprozesses, der Hand in Hand mit der konkreten Hilfe für die Familie verläuft. Mit jedem Kontakt mit den Eltern und Kindern und mit jeder neuen Information muss die Bewertung des Gefährdungsrisikos überprüft und kritisch hinterfragt werden, ob die durchgeführten und geplanten Schritte noch verhältnismäßig, geeignet, ausreichend bzw. notwendig sind.

Internationale Studien haben gezeigt, dass schlechte oder fehlerhafte Interpretation und Bewertung von (neuen) Informationen in problematischen Fallverläufen im Kinderschutz von zentraler Bedeutung sind. So hat eine Analyse aller zwischen 1973 und 1994 veröffentlichten Untersuchungsberichten nach tragischen Kinderschutzfällen[3] in England gezeigt, dass die Risikoeinschätzung der Fachkräfte häufig durch folgende Fehler in der Verarbeitung von Informationen verzerrt wurde (Munro, 1999):

- Leicht verfügbare Informationen fanden stärkere Berücksichtigung, bedeutsame Aussagen anderer am Fall beteiligter Institutionen wurden dagegen schneller übersehen/überhört;
- Informationen, die konkret, anschaulich oder mit Emotionen besetzt waren, aber auch die erste oder die letzte Information zum Fall blieben stärker im Gedächtnis als andere Informationen;
- fehlerhafte oder falsche Informationen von Dritten verzerrten ebenso die Risikoeinschätzung wie auch mangelhafte Kommunikation.

---

[3] Insgesamt 45 Fälle

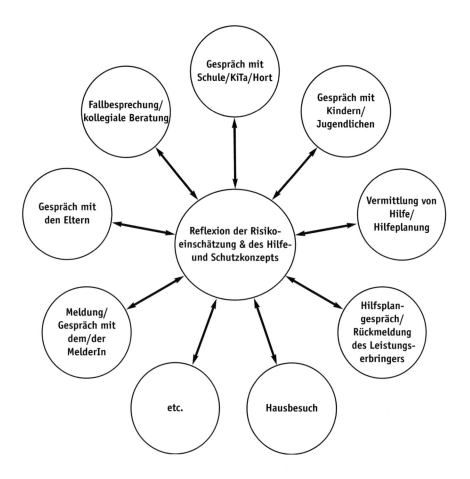

Gleichzeitig stellte sich heraus, dass viele Fachkräften dazu neigten an einer einmal getroffenen Einschätzung festzuhalten und dadurch die Korrektur und Anpassung einer Risikoeinschätzung erheblich verzögert wurde. Das Phänomen, Informationen so zu verarbeiten, dass die bestehende Hypothese bestätigt (statt überprüft) wird, ist in der Psychologie unter dem Begriff Bestätigungsfehler oder confirmation bias[4] bekannt (vgl. dazu auch Nickerson, 1998). Diese Form der kognitiven Verzerrung mag ein Stück weit erklären, warum es in der

Das Phänomen, Informationen so zu verarbeiten, dass die bestehende Hypothese bestätigt (statt überprüft) wird, ist in der Psychologie unter dem Begriff Bestätigungsfehler oder confirmation bias bekannt

[4] Der Bestätigungsfehler (confirmation bias) – oder die Bestätigungstendenz – ist die Neigung, eine vorgefasste Meinung beizubehalten, und eine korrespondierende Abneigung, sie zugunsten einer neuen Überzeugung aufzugeben. Eine Hypothese kann vorschnell bestätigt werden, wenn man von vornherein nur nach bestätigenden Informationen sucht, wenn man ambivalente Informationen, die sowohl für wie gegen die Hypothese sprechen können, konsequent als bestätigend auffasst, oder schließlich, wenn man zwar bestätigende wie nichtbestätigende Indizien beachtet, die nichtbestätigenden Indizien aber ungenügend gewichtet.

Praxis immer wieder Fälle gibt, die scheinbar in einer Bewertung „stecken geblieben" sind. Dieser Eindruck wird zum Beispiel auch im Bericht der Bremischen Bürgerschaft zum Fall Kevin vermittelt. Obwohl mit der Zeit immer mehr Informationen vorlagen, die auf eine akute Gefahr für das Kind hinwiesen, wurde an der Einschätzung einer eher langfristig gefährdenden Situation ohne sofortigen Handlungsbedarf festgehalten. Die gleiche Dynamik zeigt sich auch dann, wenn ein Kind seit der ersten Risikoabschätzung als gefährdet eingestuft wird, obwohl nach einiger Zeit bei kritischer Nachfrage keiner der Fachkräfte mehr genau sagen kann, worin die konkrete Gefahr im Sinne des § 1666 BGB eigentlich besteht.

Für standardisierte Verfahren heißt das:
Checklisten oder Verfahren, die sich nicht fortschreiben lassen und die nicht in der Lage sind, sich an einen flexibel gestalteten Prozess, der sich an der Notwendigkeit im Einzelfall orientiert, anzupassen, sind kritisch zu bewerten. Es besteht die Gefahr, dass mit dem Ausfüllen einer Checkliste suggeriert wird, dass der Prozess der Risikoeinschätzung abgeschlossen ist. Dies erschwert unter Umständen, dass wichtige neue Informationen, die im Fallverlauf hinzukommen, ausreichend Berücksichtigung finden. Risikoinventare, die nicht konsequent prozesshaft angelegt sind, laufen darüber hinaus Gefahr, die menschliche Neigung, an einer einmal getroffenen Einschätzung festzuhalten, zusätzlich zu unterstützen statt ihr entgegenzuwirken.

Viele der standardisierten Verfahren zur Risikoeinschätzung integrieren daher Fallbesprechungen oder kollegiale Beratungen als verbindlichen Bestandteil im Prozess

Viele der standardisierten Verfahren zur Risikoeinschätzung integrieren daher Fallbesprechungen oder kollegiale Beratungen als verbindlichen Bestandteil im Prozess. Kollegiale Beratung und Fallbesprechungen gehören ebenso wie Fallsupervisionen sicherlich zum elementaren Handwerkszeug sozialer Arbeit. Allerdings gilt es an dieser Stelle darauf hinzuweisen, dass nicht jede Fallbesprechung oder Fallreflexion automatisch einen qualitativen Beitrag zur Fallbearbeitung leistet. Ohne geeignete Methodik, ausreichend Schulung in ihrer Anwendung sowie ausreichend zeitliche Ressourcen besteht die Gefahr, dass Fallberatungen zur Formalie verkommen, die in erster Linie wertvolle Zeit sinnlos vergeuden.

3.2 Bestandteile einer Risikoeinschätzung

Checklisten und Risikoinventare müssen komplexe Zusammenhänge reduzieren, um im Alltag anwendbar zu sein. Um das Spannungsfeld zwischen Anwendbarkeit auf der einen Seite und Komplexität einer Risikoeinschätzung auf der anderen Seiten deutlich zu machen, folgt eine Darstellung der einzelnen Bausteine einer Risikoeinschätzung unter besonderer Berücksichtigung des Gesamtkontextes in dem und für den sie erhoben werden.

a) Risikofaktoren & deren Ausmaß

- Befriedigung der kindlichen Bedürfnisse (körperliches, geistiges und seelisches Wohl)
- Tun oder Unterlassen der Eltern oder Dritter
- Zeitweilige oder dauerhafte Belastungen und Risikofaktoren
- Zeitweilig oder dauerhaft vorhandenen Ressourcen und Schutzfaktoren
- Folgen bzw. erwartbare Folgen für die kindliche Entwicklung

sind die zentralen Dimensionen einer Gefährdungseinschätzung (Lillig, 2006). Um zu einer Einschätzung über das Ausmaß der Gefahr für das Kind zu kommen, ist darüber hinaus die qualitative Bewertung der einzelnen Risiken und Ressourcen und damit neben deren Erhebung an sich auch die Beschreibung von Art, Umfang und Ausmaß der jeweiligen Einzelfaktoren von zentraler Bedeutung. Schließlich macht es sowohl für die Risikoeinschätzung als auch für die Überlegungen zu geeigneten und notwendigen Hilfen/Schutzmaßnahmen einen grundlegenden Unterschied, ob ein Kind z. B. einmalig einnässt oder es dies über einen geraumen Zeitraum tut oder ob z. B. eine Wohnung „nur" als sehr unordentlich oder bereits als vermüllt bezeichnet werden kann.

Viele Verfahren verwenden jedoch dichotome Abfragen (ja, nein), die keinerlei Beschreibung oder differenziertere Bewertung zulassen, sodass die Gefahr besteht, dass die Bedeutung der einzelnen Faktoren für die Einschätzung des Gesamtrisikos nicht nachvollziehbar ist. Andere Verfahren wiederum verwenden ein Ampel- bzw. Skalensystem, das mehrere Abstufungen vorsieht[5] (Müller, 2009). Obwohl Ampel oder Skalensysteme eine Bewertung von Umfang und Ausmaß eines Risikofaktors bis zu einem gewissen Grad ermöglichen, bleibt die Zuordnung des wahrgenommenen Risikos jedoch häufig der subjektiven Einschätzung der Fachkraft überlassen, da in der Regel weder die Farben noch die Skalen in ihrer Wertigkeit objektiviert werden[6]. Die Einordnung des einzelnen Risikofaktors (z. B. Erziehungsfähigkeit, Mutter-Kind Bindung) erfolgt also – beeinflusst von den persönlichen Werten und Normen der einzelnen Fachkraft – auf der Grundlage einer subjektiven Einschätzung. Durch den Ska-

> **Obwohl Ampel oder Skalensysteme eine Bewertung von Umfang und Ausmaß eines Risikofaktors bis zu einem gewissen Grad ermöglichen, bleibt die Zuordnung des wahrgenommenen Risikos jedoch häufig der subjektiven Einschätzung der Fachkraft überlassen, da in der Regel weder die Farben noch die Skalen in ihrer Wertigkeit objektiviert werden**

---

[5] z. B. sehr schlecht, schlecht, ausreichend und gut
[6] Der Stuttgarter und Düsseldorfer Kinderschutzbogen versucht dieses Problem durch die Einführung sog. Ankerbeispiele zu beheben, mit deren Hilfe die Einwertung eines Risikofaktors auf einer Skala von -2 bis +2 objektiviert werden soll.

lenwert oder die Farbe wird jedoch der Eindruck von Objektivität geweckt, so dass die Gefahr besteht, dass notwendige Reflexionen und Überprüfungen einer Bewertung unterbleiben. Ob und in welchem Umfang dadurch das Ergebnis der Risikoeinschätzung beeinträchtigt wird, kann zwar bisher nicht eindeutig festgestellt werden, da es dazu in Deutschland bisher kaum empirische Untersuchungen gibt[7]. Um unzulässig verkürzte Darstellungen und eine Objektivierung subjektiver Bewertungen zu vermeiden und um die Nachvollziehbarkeit (z. B. im Vertretungsfall) zu sichern, erscheint es jedoch sinnvoll, dass die Risikoinventare grundsätzlich die Möglichkeit geben, die wahrgenommenen Einzelheiten ausreichend ausführlich, qualitativ zu beschreiben.

b) Kooperation/Mitwirkung/Veränderungsbereitschaft/ Hilfeakzeptanz der Eltern

Gemäß der gesetzlichen Definition einer Kindeswohlgefährdung (§1666 BGB) wird aus einer Gefahr für die Entwicklung eines Kindes erst dann eine Kindeswohlgefährdung, die ein Eingreifen von außen rechtfertigt, wenn die Eltern nicht bereit oder in der Lage sind, die Gefahr selbst zu beseitigen[8]. Damit wird die Beurteilung der Kooperation, Mitwirkung sowie die Veränderungsfähigkeit und Hilfeakzeptanz der Eltern zu wesentlichen Bestandteilen einer Risikoeinschätzung. Ob sich Eltern auf einen Beratungsprozess einlassen oder ob sie alle Energie in die Flucht vor dem Jugendamt investieren, hängt jedoch auch von der Gesprächsführungs- und Beratungskompetenz der jeweiligen Fachkraft ab. Gelingt es nicht, die notwendige Sensibilität gegenüber den Eltern zu entwickeln, kann es sein, dass die Veränderungsbereitschaft und Hilfeakzeptanz der Eltern zwar vorhanden gewesen wäre, durch die Art der Intervention jedoch verloren gegangen ist (Mörsberger, 2004). Bei der Bewertung der Kooperations- und Mitwirkungsbereitschaft bedarf es also immer auch der kritischen Betrachtungsweise der Intervention selbst.

---

[7] Bisher wurden überhaupt nur der Stuttgarter und Düsseldorfer Kinderschutzbogen (Strobel, 2008) und die Diagnosetabellen des Bayerischen Landesjugendamtes evaluiert (EST! Evaluation der Sozialpädagogischen Diagnose-Tabellen, Abschlussbericht; Hrsg. Bayerisches Landesjugendamt ISBN: 3-935960-16-6 oder als Download http://www.blja.bayern.de).

[8] Damit unterscheidet sich die Definition einer Kindeswohlgefährdung mit der in anderen Professionen, aber auch in der Öffentlichkeit verstandenen Definition, die eher in Richtung einer Entwicklungsgefährdung geht. Dies führt immer wieder zu Missverständnissen in der Kooperation mit anderen Professionen, wie z. B. Medizinern oder Schule.

c) Problem-, Ursachen- und Prioritätensicht der Eltern

§ 8a SGB VIII sieht entsprechend des Grundsatzes „Hilfe vor Eingriff" vor, zunächst (wenn es Art und Ausmaß der Gefährdung des Kindes zulassen) gemeinsam mit den Eltern über den Weg der Hilfe und Unterstützung die Gefährdung für das Kind zu beseitigen. Die Problem-, Ursachen- und Prioritätensicht der Eltern liefert dabei wichtige Hinweise auf die geeigneten und notwendigen Hilfen. Nur wenn die Hilfen an dem Bedarf der Eltern ansetzen, werden die Eltern sie mittragen und sich aktiv beteiligen. Je eher es also gelingt, die Perspektive der Eltern, inklusive ihrer Ängste und Sorgen, aber auch ihrer Widerstände, zu verstehen, umso eher kann es gelingen, Kontakt zu den Eltern aufzubauen und ihr Vertrauen für den Aufbau einer Hilfebeziehung zu gewinnen. Der Schutz von Kindern ist kein von dem Kontakt zu den Eltern und Kindern losgelöster Prozess. Ob und in welchem Ausmaß ein Kind gefährdet ist, lässt sich nicht durch die „Draufsicht" feststellen. Nur durch ein „Sich-Einlassen" auf den Kontakt und eine intensive Auseinandersetzung mit den Betroffenen kann es gelingen, die Ursachen zu verstehen, geeignete Hilfen zu vermitteln und so für den Schutz der Kinder zu sorgen und ihnen eine positive und förderliche Zukunft zu ermöglichen. Dies bedeutet auch, dass bei nachhaltig fehlender oder kritischer Problem- bzw. Prioritätensicht der Eltern die Anpassung des Schutzkonzeptes und eine Intervention, ggf. auch ohne Zustimmung, aber unter Wahrung von Offenheit und Transparenz gegenüber den Eltern, erfolgen muss.

> Ob und in welchem Ausmaß ein Kind gefährdet ist, lässt sich nicht durch die „Draufsicht" feststellen. Nur durch ein „Sich-Einlassen" auf den Kontakt und eine intensive Auseinandersetzung mit den Betroffenen kann es gelingen, die Ursachen zu verstehen, geeignete Hilfen zu vermitteln und so für den Schutz der Kinder zu sorgen

d) Ressourcen der Eltern

Die Anforderung „Kinder vor Gefahren zu schützen" impliziert, der Aufgabenstellung entsprechend, einen defizitorientierten Blick, weil zunächst Art und Umfang der Gefahr für das Kind im Vordergrund stehen. In der Folge ist die Wahrnehmung von Ressourcen und Stärken von Eltern und Kinder nach wie vor eine Schwachstelle im Kinderschutz. Der fehlende Ressourcenblick spiegelt sich auch in den Risikoinventaren wider. So hat der Vergleich der 138 Risikoinventare durch die Universität Hamburg-Eppendorf gezeigt, dass 74 (54%) der Instrumente keinen empirisch erhobenen Schutzfaktor (Wustmann, 2005) und 57 (41%) weder „Kooperation" noch „Coping-Fähigkeiten" als Ressourcen enthalten (Metzner & Pawils, 2009).

Die Konsequenzen einer (Über-)betonung der Defizite und Risiken und eines fehlenden Ressourcenblicks sollten für die Arbeit im Kinderschutz nicht unterschätzt werden. Werden Eltern nur mit ihren Schwächen konfrontiert und liegt der Fokus ausschließlich darauf, was nicht ausreichend gut funktioniert, kann dies dazu führen, dass Fachkräfte in Gesprächen mit Eltern zu einem sehr konfrontierenden, bisweilen sogar aggressiven Gesprächsstil neigen (Forrester, 2007, 2008). Dies wiederum beeinträchtigt den Aufbau einer guten und tragfähigen beraterischen Beziehung. Darüber hinaus beeinträchtigt eine von Hoffnungslosigkeit und dem Blick auf die Defizite geprägte Haltung der Fachkräfte auch die Möglichkeiten der Eltern, eigene Fähigkeiten zu entwickeln oder ihre Stärken wirksam werden zu lassen. „Was ist Ihnen in der letzten Zeit mit Ihren Kindern besonders gut gelungen ist?" „Gibt es Dinge, die Ihnen leichter fallen als andere?" „Gibt es Stellen, an denen Sie der Meinung sind, dass Sie hier Ihren Kindern eine (besonders) gute Mutter/Vater sind, worauf Sie vielleicht sogar stolz sind?" sind also Fragen, die sowohl Hinweise auf Ressourcen und Stärken liefern als auch Eltern in ihrer Veränderungsbereitschaft unterstützen und den beraterischen Kontakt fördern.

e) Perspektive der Kinder/Jugendlichen

Gespräche mit Kindern sind aus zwei Gründen wichtig:
Zum einen spielt die Perspektive des Kindes oder Jugendlichen – je nach Alter und Entwicklungsstand – bei der Einschätzung des Gefährdungsrisikos und vor allem bei der Entscheidung über die geeignete, verhältnismäßige Hilfe/Intervention eine erhebliche Rolle. Zum anderen erleben Kinder die Intervention des Jugendamtes häufig als Bedrohung für sich und ihre Familie und brauchen daher besondere Unterstützung.

Im Rahmen einer explorativen Studie zum Pflegekinderprojekt des Deutschen Jugendinstituts und des Deutschen Instituts für Jugendhilfe und Familienrecht wurden Pflegekinder im Altern von 10 bis 14 Jahren befragt, die bereits seit mindestens einem Jahr in der Pflegefamilie gelebt haben. Die Mehrzahl der Kinder war in Obhut genommen worden. „Sie beschreiben die Herausnahme aus ihrer Familie drastisch: Demnach wurden sie ohne Vorbereitung und ohne Begleitung einer vertrauten Person aus dem Unterricht oder dem Kindergarten geholt und dann in der Pflegefamilie abgeliefert. Sie konnten sich weder von ihren Eltern und Geschwistern verabschieden noch persönliche Sachen mitnehmen. Sie konnten den Vorgang auch nicht einschätzen und waren zunächst ziemlich ratlos, warum sie zu völlig fremden Menschen gebracht worden waren. Ihre Erzählungen erinnern eher an eine Entführung als an eine Aktion zu ihrem Schutz. Weder wurden sie in den Entscheidungsprozess einbezogen, noch war er ihnen transparent" (Sandmeier et al., 2010). Der Bericht dieser Kinder weist eindrücklich darauf hin, dass das Handeln im Kinderschutz immer auch mit Risiken für die Kinder verbunden ist. Schmitt schätzt, dass das Risiko bei Kindern (und Eltern), im Kinderschutzbereich sekundär traumatisiert zu werden, etwa bei 1:3 liegt (Schmitt, 1999).

Sozialarbeiterinnen und Sozialarbeiter sind daher neben der „Ermittlung" der Sichtweise des Kindes auch verpflichtet, dafür Sorge zu tragen, dass die Kinder durch das Handeln der Jugendhilfe nicht mehr als unbedingt nötig belastet werden. Um Kinder angemessen und entsprechend ihres Entwicklungsstandes bei der Risikoeinschätzung und Hilfeplanung einzubeziehen, um das Kind nicht in einen Loyalitätskonflikt zu bringen und um zusätzlichen Druck oder Schäden zu vermeiden, bedarf es eines hohen Maßes an methodischer Gesprächsführungskompetenz, Feinfühligkeit und Empathiefähigkeit. Nur durch gute Schulungen und intensives Training der Fachkräfte können Gespräche mit Kindern zu einer Selbstverständlichkeit werden, von der nur in (gut) begründeten Fällen abgesehen wird.

Sozialarbeiterinnen und Sozialarbeiter sind daher neben der „Ermittlung" der Sichtweise des Kindes auch verpflichtet, dafür Sorge zu tragen, dass die Kinder durch das Handeln der Jugendhilfe nicht mehr als unbedingt nötig belastet werden

f) Ressourcen der Kinder/Jugendlichen

Forschungen haben gezeigt, dass nicht alle Kinder, die sozialen und gesundheitlichen Belastungen ausgesetzt waren, in Art und Umfang gleichermaßen Schäden davontragen (Werner, 2000, 2001). Der Grund dafür sind Ressourcen oder Resilienzfaktoren, die sich insbesondere bei nicht schwerwiegenden Kindeswohlgefährdungen schützend auf die kindliche Entwicklung ausgewirkt und größere Schäden verhindert haben. Die Diagnostik in Fällen einer Kindeswohlgefährdung darf sich daher nicht nur auf die Defizite und Schwächen konzentrieren, sondern muss auch die vorhandenen Kompetenzen und Bewältigungsressourcen des jeweiligen Kindes einbeziehen. Resilienzförderung heißt in diesem Zusammenhang vor allem, jene wichtigen Grundlagen (Person- und Umweltressourcen) zu schaffen, zu festigen und zu optimieren, die es Kindern ermöglichen sich trotz der schwierigen Bedingungen positiv zu entwickeln (Wustmann, 2005).

g) Schützende Faktoren

Unter schützenden Faktoren werden hier Ressourcen im sozialen Umfeld der Familie oder im Hilfesystem verstanden. Dazu gehören sowohl Institutionen wie KiTa und Hort als auch private Ressourcen der Familie, wie beispielsweise Großeltern, Freunde oder Nachbarn, die bei der Versorgung des Kindes oder zur Unterstützung der Mutter/des Vaters von Bedeutung sind.

Schützende Faktoren müssen unter Umständen im Laufe des Beratungsprozesses als solche aktiviert werden. Dazu gehört sowohl, sich über die Einschätzung des Gefährdungsrisikos – insbesondere mit den professionellen Institutionen – auszutauschen als auch klare Absprachen über die weitere Zusammenarbeit und v. a. über die Rolle der Einzelnen im Schutzkonzept zu vereinbaren. Im Hinblick auf Transparenz und Verbindlichkeit ist es sinnvoll, die Eltern bei diesen Absprachen zu beteiligen und sie nicht nur darüber zu informieren. Je deutlicher den Eltern wird, dass nicht hinter ihrem Rücken über sie gesprochen wird, sondern dass Absprachen mit ihnen gemeinsam getroffen werden, umso eher gelingt es, eine vertrauensvolle Hilfebeziehung aufzubauen. Diesem Standard sind dann Grenzen gesetzt, wenn die Eltern den Kontakt verweigern oder wenn die Gefahr für das Kind durch die Einbeziehung der Eltern erhöht wird.

Für standardisierte Verfahren heißt das:
Eine differenzierte Risikoabschätzung besteht aus einer Vielzahl an Bausteinen, die weder gleichzeitig noch in einer vorgegebenen Reihenfolge bearbeitet werden können. Die Erkenntnisse zu jedem einzelnen Baustein müssen miteinander in Bezug und zu einem Gesamtbild zusammengesetzt werden. Risiken müssen entsprechend ihrer Art, ihres Umfangs sowie ihrer Auftretenshäufigkeit – jeweils vor dem Hintergrund des Alters oder besonderer Bedarfe des Kindes (z. B. Behinderung) – bewertet werden. Ressourcen und schützende Faktoren müssen den Defiziten gegenübergestellt werden und die so erlangte Einschätzung muss schließlich in Form einer Prognose über das zukünftige Risiko des Kindes – zum aktuellen Erkenntnisstand – zum Ausdruck gebracht werden.

Die Aussagekraft der erhobenen Informationen hängt häufig von einem vertieften 'Verstehen' der einzelnen Faktoren, im Gesamtzusammenhang aller Informationen, ab. Daraus entsteht ein Dilemma, das die Qualität der Risikoeinschätzung mit Hilfe standardisierter Instrumente und Verfahren erheblich beeinträchtigen kann. Denn Checklisten und Risikoinventare müssen komplexe Zusammenhänge reduzieren, um im Arbeitsalltag anwendbar zu sein. Je umfangreicher die Risikoinventare, umso mehr Zeit fließt, häufig auf Kosten des Kontaktes zu den Familien, in die Anwendung und Dokumentation standardisierter Verfahren.

Die Sichtweise der Eltern zu Ursachen und Hintergründen und die Sichtweise der Fachkräfte sind nicht immer deckungsgleich. Ebenso kann auch die Einschätzung der Fachkräfte untereinander divergieren. Um zu verhindern, dass eine subjektive Einschätzung mit der Zeit zur objektiven Tatsache wird, ist es notwendig, subjektive Einschätzungen auch als solche zu kennzeichnen und deutlich zu machen, um wessen Einschätzung es sich handelt. Ein Manko, mit dem einige Checklisten und Risikoinventare zu kämpfen haben, da sie zwar Angaben über das Vorliegen von Risikofaktoren vorsehen, jedoch häufig an keiner Stelle deutlich wird, auf wessen Einschätzung oder Beobachtung diese Angabe zurückgeht.

Risikoinventare können Fachkräfte bei der Risikoeinschätzung unterstützen. Die Art und Weise der Erhebung, die letztendliche Bewertung des Gesamtrisikos und die Ableitung geeigneter, verhältnismäßiger Hilfe/Intervention erfolgt jedoch integriert in einem Beratungsprozess zwischen Fachkräften, Eltern, Kindern und Jugendlichen. Grundsätzlich besteht die Gefahr, dass standardisierte Verfahren zur Risikoeinschätzung das sozialpädagogische Fallverstehen verändern, wenn die „Sachverhaltsermittlungen" und die Sammlung von Informationen zu Lasten der Kommunikation, Beratung sowie des Beziehungsaufbaus mit der Familie gehen.

3.3 Risikoeinschätzung als Bestandteil eines übergeordneten Beratungsprozesses

Das System der Kinder- und Jugendhilfe in Deutschland beruht auf dem Grundgedanken, dass alle Eltern den Anspruch und den Wunsch haben, ihren Kindern gute Eltern zu sein, dass jedoch die Fähigkeiten und Möglichkeiten der Eltern, dies umzusetzen, unterschiedlich sind. Aus diesem Grund soll die staatliche Gemeinschaft Unterstützungs- und Hilfsangebote vorhalten, die Eltern zur Unterstützung und Beratung in Anspruch nehmen können. Diese Grundannahme bleibt auch in den Fällen bestehen, in denen das Wohl der Kinder durch die Überforderung der Eltern gefährdet wird. Nicht nur aus Respekt gegenüber den Eltern, sondern auch aufgrund des Wissens, dass Eingriffe von außen in ein Familiensystem mit einem erhöhten Risiko für die Kinder verbunden sind, gilt für die Jugendhilfe und das Familiengericht der Grundsatz von „Hilfe vor Eingriff". Für die Fachkräfte in der Kinder- und Jugendhilfe heißt das, dass sie die Eltern sowohl mit schwierigen, u. U. schuldbelasteten Themen konfrontieren und gleichzeitig darum bemüht sein müssen, ihr Vertrauen und ihre Kooperationsbereitschaft zu gewinnen. Hilfe und Unterstützung sowie Schutz und Kontrolle sind also nicht als zwei konkurrierende, sondern als sich ergänzende Aufgabenbereiche angelegt. In der Konsequenz müssen Strategien zur Qualitätsentwicklung im Kinderschutz immer beide Aufgabenbereiche gleichermaßen bedenken und negative Wechselwirkungen prüfen.

Sowohl die Reflexion tragischer Fälle in Deutschland als auch internationale Untersuchungen (Axford, 2005) haben gezeigt, dass das

Hilfe und Unterstützung sowie Schutz und Kontrolle sind also nicht als zwei konkurrierende, sondern als sich ergänzende Aufgabenbereiche angelegt

systematische Erheben und die Interpretation von Informationen und Daten häufig Schwachstellen im Kinderschutz sind. Vor diesem Hintergrund ist die Strategie, den Prozess der Risikoeinschätzung im Kinderschutz durch die Entwicklung von standardisierten Verfahren und Instrumenten zu verbessern, sicherlich nachvollziehbar und richtig. Sowohl bundesweite als auch internationale Erfahrungen zeigen aber auch, dass in vielen Fällen, die in einer akuten Krise eskaliert sind, rückblickend festzustellen war, dass es im Fallverlauf insbesondere nicht gelungen ist, Kontakt im Sinne einer beraterischen Beziehung zu den Eltern aufzubauen und sie für eine Zusammenarbeit zu gewinnen. In der Folge investierten die Eltern alle Energie in die Flucht vor dem Helfersystem, wichtige Veränderungen in der familiären Situation und der Gefahr für das Kind blieben vom Helfersystem unbemerkt oder konnten durch die Eltern verheimlicht werden, eingesetzte Hilfen liefen ins Leere. Die Ursachen dafür sind sicherlich vielfältig. Neben den Personen (Eltern und Fachkräfte) spielen dabei auch die Rahmenbedingungen im System (z. B. häufig wechselnde Bezugspersonen) und in der Institution (z. B. fehlende zeitliche Ressourcen) eine wichtige Rolle. Der folgende Abschnitt wird sich allein auf die Gesprächsführungs- und Beratungskompetenzen der Fachkräfte in Wechselwirkung mit standardisierten Verfahren und Instrumentarien konzentrieren. Alle anderen Aspekte, deren Betrachtung zur Verbesserung der Chancen, in Kontakt mit den Familien zu kommen, gleichermaßen wichtig ist, werden im Hinblick auf den Gesamtkontext des Beitrages außen vor gelassen.

Hilfe und Schutz am Beispiel der Veränderungsbereitschaft der Eltern

Wie bereits unter 3.2 dargestellt, ist die Beurteilung der Veränderungsbereitschaft und -fähigkeit der Eltern ein wesentlicher Bestandteil der Risikoeinschätzung. Gleichzeitig ist die Veränderungsbereitschaft und -fähigkeit der Eltern aber auch ein zentrales Ziel im Beratungsprozess mit den Eltern. Der Prozess der Risikoeinschätzung und der Beratungsprozess sind daher besonders miteinander verwoben.
Um im Rahmen des Prozesses einer Risikoeinschätzung eine realistische Vorstellung von der Bereitschaft, den Möglichkeiten, aber auch den Grenzen der Eltern zu erhalten, reicht es nicht, die Eltern schlicht zu fragen: „Sind Sie bereit und in der Lage, an dieser Situation etwas zu verändern?" Allein schon aus Furcht vor den Konsequenzen oder in der Hoffnung, das Jugendamt endlich wieder loszuwerden, werden viele Eltern – auch in bester Absicht – Veränderungsbereitschaft und -fähigkeit beteuern. Als Grundlage für eine

realistische Einschätzung taugen die Antworten der Eltern auf die direkte Frage daher nicht.
Stattdessen müssen die Fachkräfte mit den Eltern über eine Vielzahl anderer Punkte ins Gespräch kommen, die wertvolle Hinweise für eine Veränderungsbereitschaft liefern können (Kindler, 2006c):
- Wie zufrieden sind die Eltern mit der gegenwärtigen Situation?
- Haben sie Selbstvertrauen und realistische Hoffnung auf Veränderung?
- Welche subjektiven Normen zur Hilfesuche herrschen vor?
- Welche Haltung gegenüber einer belegten Gefahr für das Wohl des Kindes zeigen die Eltern?
- Wie stellt sich die Geschichte der Inanspruchnahme und Wirkung von Hilfe dar?
- Konnten die Eltern von verfügbaren Hilfen profitieren?

Zwischen der zu erhebenden Veränderungsbereitschaft und -fähigkeit der Eltern und der Haltung bzw. dem Auftreten der Fachkräfte besteht ein enger Zusammenhang (Holland, 2004; De Boer et al., 2003). Bei einem ungünstigen Vorgehen durch die Fachkräfte, wie zum Beispiel einer sehr konfrontierenden Herangehensweise in Verbindung mit wenig Empathiefähigkeit können Veränderungsmöglichkeiten versperrt und die Kooperationsbereitschaft verschüttet werden. Forrester hat in einer Studie zu Kommunikationsfähigkeiten von Fachkräften im Kinderschutz festgestellt, dass die Reaktionen von Klientinnen und Klienten vor allem vom Grad der Empathiefähigkeit der Fachkraft abhängig sind (Forrester, 2008). Empathische Sozialarbeiterinnen und Sozialarbeiter erzeugen bei den Eltern weniger Widerstand und erhalten darüber hinaus mehr Informationen von den Eltern über die Lebenssituation der Familie. Ebenso wie Empathiefähigkeit leistet auch die Fähigkeit der Sozialarbeiterinnen und Sozialarbeiter, Ressourcen und Fähigkeiten zu benennen, einen wichtigen Beitrag zu einem erfolgreichen Beziehungsaufbau. Eltern, die nur auf ihre Schwächen und Defizite angesprochen werden und die keinerlei Wertschätzung erfahren, verlieren dagegen zusätzlich den Glauben in die eigene Veränderungsfähigkeit.

Für standardisierte Verfahren heißt das:
Standardisierte Verfahren und Checklisten zielen darauf ab, die Aufmerksamkeit der Fachkräfte zu fokussieren. Eine einseitige Betonung der Risiken und Gefahren innerhalb der Risikoinventare und Checklisten verstärkt daher den ohnehin „defizitlastigen" Blick der Fachkräfte. Je weniger jedoch die Ressourcen der Eltern gesehen werden, umso schwieriger wird es, in Kontakt mit den Eltern zu kommen und ihre Veränderungsbereitschaft und -fähigkeit zu stärken. Bera-

tungs- und Gesprächsführungskompetenzen sowie Empathie- und Reflexionsfähigkeit auf Seiten der Fachkräfte sind für die Arbeit im Kinderschutz ebenso wichtig wie eine qualifizierte Risiko- und Ressourceneinschätzung. Denn eine gute Risikoeinschätzung wird nur dann in dem konkreten Schutz des Kindes münden, wenn es den Fachkräften gelingt mit den Eltern in Kontakt zu kommen, ihnen die Belastungen und Sorgen bezüglich ihres Kindes zu „übersetzen", die Ressourcen der Eltern und Kinder zu aktivieren und sie so zu motivieren und zu unterstützen, dass sie mit Hilfe und Unterstützung durch Dritte das „Risiko eine Veränderung" eingehen.

Risikoinventare können Risikofaktoren und Ressourcen „abfragen" und die Fachkräfte darin unterstützen, welche Aspekte und Aussagen der Eltern Hinweise dazu liefern können. Dass überhaupt und in welchem Umfang Eltern sich öffnen und Auskunft geben, hängt jedoch vor allem von dem Geschick und den Fähigkeiten der Fachkraft ab. Kommunikative Fähigkeiten, sowohl schriftlich wie auch mündlich, sind essentiell, sowohl für den Aufbau einer vertrauensvollen und respektvollen Beziehung zu den Familien als auch für die Risikoeinschätzung, die Hilfeplanung sowie eine gute Kooperation im Hilfesystem (SCIE, 2004).

Checklisten und Risikoinventare vermitteln mitunter sehr technokratische Vorstellungen vom Prozess einer Risikoeinschätzung. In der Folge entsteht die Gefahr, dass die Bedeutung von Beratung und Kontakt zu den Betroffenen in den Hintergrund tritt. Um diesen unerwünschten Nebeneffekt zu vermeiden, sollten die Beratungs- und Gesprächsführungskompetenzen sowie die Empathie- und Reflexionsfähigkeit von Fachkräften mindestens genauso viel Beachtung und Förderung erhalten, wie die Qualifizierung der Risikoeinschätzung. Darüber hinaus sollten der zeitliche Aufwand, den Verfahren, standardisierte Instrumentarien und Falldokumentation in Anspruch nehmen, immer ins Verhältnis zur Zeit im direkten Kontakt mit den Eltern, Kindern und Jugendlichen gesetzt werden. Je mehr Zeit für die Einhaltung von Abläufen notwendig wird, umso kritischer sollten die Vorgaben und Verfahrensschritte geprüft werden.

Rollen- und Auftragsklärung als Bestandteil einer Risikoabschätzung
Wesentliche Grundlage für die Arbeit mit Familien – v. a. in schwierigen und belasteten Situationen – ist es, dass sich die Fachkräfte ihrer jeweiligen Rolle und ihres jeweiligen Auftrags bewusst sind. Nur wenn sie für sich Sicherheit und Klarheit haben, können sie ihren Auftrag gegenüber Familien klar zum Ausdruck bringen sowie den Sorgen und Ängsten, aber auch Widerständen von Eltern angemessen begegnen.

Fehlt der Fachkraft im Einzelfall diese Klarheit, dann hat dies negative Konsequenzen für die Art und Weise der Fallbearbeitung, weil
1. der Kontakt zu den Eltern geprägt ist von der Ambivalenz zwischen Auflage und Angebot, was sich u.a. negativ auf den Aufbau einer tragfähigen, vertrauensvollen Beziehung auswirken kann;
2. die Absprachen zwischen Jugendamt, Leistungserbringer und Eltern unklar und diffus bleiben, was sowohl die Kooperation als auch die Abstimmung des Hilfe- und Schutzprozesses erschwert und im Krisenfall fatale Folgen haben kann.

In vielen der öffentlich gewordenen tragischen Fälle, in denen Kinder zu Tode gekommen sind, obwohl die Familien in Kontakt mit dem Jugendamt standen, gibt es Hinweise auf fehlende Rollen- und Auftragsklärung. Dies wird insbesondere dann deutlich, wenn zwar Hilfen vermittelt wurden, jedoch weder verbindliche Absprachen mit den Eltern und den Leistungserbringern getroffen wurden, noch überprüft wurde, ob die Eltern die Hilfe in ausreichendem Maß und mit ausreichendem Erfolg im Hinblick auf die Abwendung der Kindeswohlgefährdung in Anspruch genommen haben.

Das Thema Rollen- und Auftragsklärung ist vor diesem Hintergrund im Hinblick auf die Qualitätsentwicklung im Kinderschutz und damit auch im Hinblick auf Checklisten und Risikoinventare von Bedeutung. Die Frage, die dabei im Vordergrund steht, ist, inwieweit Konzepte zur Risikoeinschätzung, Risikoinventare und Checklisten einen Beitrag zur Rollen- und Auftragsklärung der Fachkräfte leisten und unter welchen Umständen sie die Klärung von Rolle und Auftrag vielleicht sogar zusätzlich behindern.

Da das Thema Rolle und Auftrag der Jugendhilfe in Kindeswohlgefährdungsfällen jedoch auch kontrovers diskutiert wird, vorab einige grundsätzliche Anmerkungen zum hier vorliegenden Rollen- und Auftragsverständnis.

Das Thema Rollen- und Auftragsklärung ist vor diesem Hintergrund im Hinblick auf die Qualitätsentwicklung im Kinderschutz und damit auch im Hinblick auf Checklisten und Risikoinventare von Bedeutung

3.4.1 Rolle und Auftrag im Kinderschutz

Der Gesetzgeber hat der Jugendhilfe im Kinderschutz konkrete Aufgaben und Pflichten zugewiesen:
1. Bei „gewichtigen Anhaltspunkten" für eine Kindeswohlgefährdung sind die Fachkräfte der Jugendhilfe verpflichtet, eine Risikoabschätzung vorzunehmen (vgl. § 8a SGB VIII). Wird eine Risikoeinschätzung durch fehlende Mitwirkung der Eltern erschwert oder unmöglich, kann das Jugendamt das Familiengericht anrufen.
2. Wenn eine konkrete Gefahr im Sinne des §1666 BGB für das Kind festgestellt wurde, müssen geeignete und verhältnismäßige

Maßnahmen zur Abwendung dieser Gefahr getroffen werden. Sofern es Art und Umfang der Gefahr für das Kind zulassen, hat Hilfe Vorrang vor staatlichen Eingriffen.
3. Sind die Eltern nicht bereit Hilfen anzunehmen oder nicht ausreichend in der Lage, die Hilfe zu nutzen, so dass die Gefahr für das Kind nicht abgewandt werden kann, so ist das Jugendamt verpflichtet, das Familiengericht anzurufen (§8a Abs. 3 SGB VIII). Analog zur Pflicht des Jugendamtes sind die Träger der Jugendhilfe verpflichtet, in diesem Fall das Jugendamt hinzuzuziehen.

Die Pflichten zum Tätigwerden sind an bestimmte Eingangsvoraussetzungen gebunden (Münder, 2006). Diese sind entweder gewichtige Anhaltspunkte (also ein konkreter, erhärteter Verdacht) oder eine konkrete Gefahr für das Kind, die die Eltern nicht beseitigen wollen oder können. Die Handlungspflichten der Fachkräfte unterscheiden sich damit in einem Hilfeprozess im Falle einer Kindeswohlgefährdung grundlegend von einem „normalen" Hilfeprozess.

Der Gesetzgeber formuliert den Hilfeauftrag im Falle einer Kindeswohlgefährdung wie folgt: „Hält das Jugendamt zur Abwendung der Gefährdung die Gewährung von Hilfen für geeignet und notwendig, so hat es diese den Personensorgeberechtigten oder den Erziehungsberechtigten anzubieten" (§ 8a Abs. 1 SGB VIII). Gästen abends ein Glas Wein *anzubieten* ist eine gastfreundliche Geste und eine Ablehnung dieses Angebotes wird keine Konsequenzen für die Gäste haben. Auch auf die Annahme des Angebotes „hinzuwirken" (vgl. § 8a Abs. 2 SGB VIII), indem man betont, dass es sich um einen ganz besonders edlen Tropfen handelt, überlässt es immer noch der freiwilligen Entscheidung der Gäste, ob sie lieber Wasser, Bier oder eben auch gar nichts trinken wollen. Das „Anbieten von Hilfe" im Falle einer Kindeswohlgefährdung ist grundlegend anders zu verstehen und hat nichts mit einer (gast-)freundlichen Geste zu tun, da die Eltern die Hilfe nicht ohne weitere Konsequenzen ablehnen können. Im Gegenteil. Das Anbieten von Hilfe im Falle einer Kindeswohlgefährdung bedeutet für die Eltern, dass sie den Prozess, der zu einer Veränderung der Situation führt, „lediglich" mit gestalten können und sollen. Die grundsätzliche Entscheidung, dass die Situation für das Kind nicht tragbar ist und daher verändert werden muss, steht dagegen nicht zur Diskussion („Wie kann ich Ihnen helfen, mich wieder loszuwerden?" (Conen et al., 2009)). Darüber hinaus ist die Hilfe im Falle einer Kindeswohlgefährdung mit einem bestimmten Zweck und Ziel (Abwendung der Gefährdung) verknüpft und häufig als Alternative zu „anderen Maßnahmen" (z. B. Anrufung des Familiengerichtes oder Inobhutnahme) zu verstehen. In der Konsequenz muss nach der Annahme des Angebotes auch die Kontrolle erfolgen, ob Zweck und Ziel dadurch erreicht wurden und bei Ablehnung des Angebots bzw. Erfolglosigkeit müssen weitere Alternativen geprüft werden. Damit ist die Vermittlung von Hilfen auch mit der Kontrolle des anschließenden Hilfeprozesses (nicht dagegen mit der Kontrolle der Inhalte der Beratungsgespräche) verbunden. Dies erfolgt zum Beispiel durch konkrete Vereinbarungen zwischen Eltern, Leistungserbringer und Jugendamt. Rolle und Auftrag des Jugendamtes in Hilfeverläufen bei Kindeswohlgefährdung sind also mit einem Kontroll- und Schutzauftrag verbunden und unterscheiden sich damit grundlegend von anderen Hilfeverläufen, in denen Eltern jederzeit die Hilfe beenden können, ohne dass weitere Konsequenzen drohen.

Davon unberührt bleibt natürlich der Auftrag sowohl der freien als auch der öffentlichen Jugendhilfe, sensibel gegenüber Belastungen und Risiken für Familien und Kinder zu sein und entsprechend darauf zu reagieren, ohne dass damit automatisch ein Kontrollauftrag verbunden ist. So bemühen sich beispielsweise die Frühen Hilfen frühzeitig auf familiäre Belastungen aufmerksam zu werden, um den Eltern und Kindern aktiv, ggf. auch nachgehend und nachhaltig, Hilfe anzubieten. Dennoch sind die Frühen Hilfen nicht mit einem Kontrollauftrag ausgestattet und die Eltern können jederzeit die Hilfe ablehnen oder beenden. Stellt sich jedoch im laufenden Kontakt zu einer Familie heraus, dass das Ausmaß der Sorgen und Nöte der Familie so groß ist, dass die Schwelle einer Kindeswohlgefährdung überschritten ist, so ändern sich die Rolle und der Auftrag der Jugendhilfe gegenüber den Eltern und dem Kind und die Hilfe wird mit einem Kontroll- und Schutzauftrag verbunden.

Die speziellen Handlungspflichten der Jugendhilfe bei gewichtigen Anhaltspunkten für eine Kindeswohlgefährdung sind darüber hinaus mit speziellen Befugnissen verbunden.

Beispielsweise kann das Jugendamt im Falle von gewichtigen Anhaltspunkten für eine Gefährdung des Kindes auch ohne Einwilligung der Eltern mit der Lehrerin in der Schule sprechen, wenn das Gespräch notwendig ist, um weitere Informationen für die Einschätzung des Gefährdungsrisikos zu erhalten. Diese Form der Informationsgewinnung ist möglich, weil die Verpflichtung zur Abklärung eines Gefährdungsrisikos mit einer Befugnis zur Datenerhebung bei Dritten verbunden ist (vgl. § 62 SGB VIII). Gleichzeitig darf ein Jugendamt nicht bei allen Kindern, die eingeschult werden, „prophylaktisch" die Lehrerin über die Kinder, die Eltern und die familiären Verhältnisse befragen, um auf diesem Wege „gewichtige Anhaltspunkte für eine Kindeswohlgefährdung" überhaupt erst zu ermitteln. „Im demokratischen Rechtsstaat gibt es keinen Generalverdacht gegen Eltern und deshalb keine vorbeugende Überwachung nach dem Muster einer Röntgenreihenuntersuchung" (Wiesner, 2006, S. 7).

> Davon unberührt bleibt natürlich der Auftrag sowohl der freien als auch der öffentlichen Jugendhilfe, sensibel gegenüber Belastungen und Risiken für Familien und Kinder zu sein und entsprechend darauf zu reagieren, ohne dass damit automatisch ein Kontrollauftrag verbunden ist

Für die Fachkräfte der Jugendhilfe heißt das, dass es unterschiedlichen Vorzeichen, bzw. Rahmenbedingungen für den Beratungsprozess und der Kontakt zu Eltern, Kindern und Jugendlichen gibt:
– „Hilfeprozess": Trotz nachhaltiger Motivationsarbeit bleibt es am Ende den Eltern überlassen, ob sie Hilfe annehmen;
– „Hilfeprozess in Verbindung mit Kontrollauftrag": Das 'Anbieten' und 'Hinwirken' auf Hilfe ist Bestandteil eines Schutzkonzeptes, das beinhaltet, dass sowohl die Inanspruchnahme der Hilfe als auch deren Wirkung kontrolliert werden und ggf. weiter Maßnahmen eingeleitet werden müssen;

Im Hinblick auf Transparenz, Offenheit und Verbindlichkeit muss gegenüber den Eltern Klarheit bezüglich des jeweiligen Auftrags der Fachkräfte hergestellt werden

Im Hinblick auf Transparenz, Offenheit und Verbindlichkeit muss gegenüber den Eltern Klarheit bezüglich des jeweiligen Auftrags der Fachkräfte hergestellt werden. Eltern spüren versteckte Kontrollaufträge ebenso, wie sie früher oder später fälschlicherweise in den Raum gestellte Drohungen (z. B. einer Anrufung des Familiengerichtes), die letztendlich nie umgesetzt werden, erkennen. Offenheit und Transparenz über den Auftrag der Fachkräfte gegenüber den Eltern schafft dagegen Zuverlässigkeit, Vertrauen und Verbindlichkeit und wirkt sich förderlich auf den Kontakt zu den Eltern aus, auch wenn der Aufbau einer tragfähigen Beziehung im Rahmen eines Zwangskontextes eine Herausforderung bleibt.

3.2.2 Rollen- und Auftragsklarheit durch Risikoinventare und Checklisten?

Risikoinventare und Checklisten versuchen die Rollen- und Auftragsklärung häufig über farbliche Kategorien (rot = Gefährdung; grün = freiwilliges Angebot) oder Skalen zu unterstützen. Nachdem es im Alltag der Jugendhilfe häufig Fälle gibt, die sich nicht so einfach der „grünen" oder der „roten" Kategorie zuordnen lassen, wird in vielen standardisierten Verfahren eine dritte (Zwischen-)Kategorie – der sogenannte „Grau- oder Gelbbereich" – eingeführt. In dieser Kategorie werden Fälle zusammengefasst, die von Ambivalenz und Unsicherheit geprägt sind und mit „vielleicht gefährdet" überschrieben werden könnten. An der Einführung dieser Zwischenkategorie zeigt sich, wie schwer es ist, über die geeignete und notwendige Hilfe und/oder Intervention und über die Verhältnismäßigkeit der Mittel zu entscheiden. Einem unzweifelhaften Hilfebedarf steht die Unsicherheit, über die Sinnhaftigkeit und Berechtigung zur Not auch zu Zwangsmaßnahmen (über das Familiengericht) zu greifen, gegenüber. „Sind das schon gewichtige Anhaltspunkte für eine Kindeswohlgefährdung oder 'nur' Hinweise auf Hilfe- und Unterstützungsbedarf?" „Was tun, wenn die Eltern die Hilfe nicht annehmen?" „Ist es sinnvoll in diesem Fall das Familiengericht anzurufen und wenn ja, was könnte ich anregen?" „Was schadet dem Kind mehr: die familiäre Situation oder ein Eingriff von außen?" All das sind alltägliche Fragen, die jedoch gleichzeitig auch auf Unklarheiten in Rolle und Auftrag hinweisen.

Hinter dem „Graubereich" in der Risikoeinschätzung verbirgt sich daher im Grunde eine Fallkategorie „unklarer Auftrag". Unterstellt man, dass Rollen- und Auftragsklarheit Voraussetzung für gelingende Kinderschutzarbeit sind, so stellt sich die Frage, ob die Einführung einer Kategorie „unklarer Auftrag" in Konzepten zur Risikoeinschätzung tatsächlich hilfreich oder doch eher hinderlich im Hinblick auf die Unterstützung der praktischen Arbeit ist.

Dazu einige Anmerkungen bzw. Anregungen:

a) Wo fängt die Kategorie 'rot' an und wo hört sie auf?

Auslösender Moment für die Fallkategorie „Hilfeprozess in Verbindung mit einem Kontrollauftrag" (rot) ist nicht erst die gesicherte Diagnose „Gefährdung des Kindes im Sinne des § 1666 BGB". Auslöser sind bereits gewichtige Anhaltspunkte, also ein begründeter Verdacht. Das Jugendamt kann es sich nicht aussuchen, ob es den Anhaltspunkten nachgeht, sondern es ist ausdrücklich gesetzlich zur Untersuchung des Sachverhaltes – auch „Amtsermittlung" genannt – verpflichtet (Schindler, 2006). Rolle und Auftrag der Fachkräfte sind also klar beschrieben: Solange gewichtige Anhaltspunkte vorliegen – und damit ein Verdacht besteht und weitere Informationen für die abschließende Beurteilung fehlen – bleibt der Kontrollauftrag im Sinne „Abklärung des Gefährdungsverdachtes ggf. auch ohne Mitwirkung der Eltern und mit Unterstützung des Familiengerichtes" bestehen.

Der Kontrollauftrag und damit die Fallkategorie „rot" endet nicht bereits mit der Inanspruchnahme von Hilfe durch die Eltern. In den meisten Fällen ist eine abschließende Klärung, ob die Hilfe ausreichend war, um die Gefährdung zu beseitigen, erst nach einem längeren Hilfeprozess möglich, da erst dann Aussagen dazu getroffen werden können, ob die Eltern die notwendigen Veränderungen auch tatsächlich tragfähig umsetzen konnten. Hilfeprozesse – v. a. bei Kindeswohlgefährdung – sind nicht immer erfolgreich und selten stringent und geradlinig. Phasen des positiven Verlaufs und des Erfolgs werden u. U. immer wieder durch Rückschritte und Phasen des kritischen Verlaufs unterbrochen. In der Arbeit mit Familien heißt das für die Fachkräfte, einerseits gemeinsam mit den Eltern die Situation zu tragen, auch Unsicherheiten auszuhalten, und andererseits immer die Grenzen für das Kind – und damit den Kontrollauftrag – abzuwägen. Der Kontrollauftrag ist dann zwar nicht (mehr) das zentrale Thema

> **Das Jugendamt kann es sich nicht aussuchen, ob es den Anhaltspunkten nachgeht, sondern es ist ausdrücklich gesetzlich zur Untersuchung des Sachverhaltes – auch „Amtsermittlung" genannt – verpflichtet**

im Kontakt mit der Familie, im Sinne der Rollen- und Auftragsklarheit der Fachkraft ist es jedoch notwendig, laufend zu reflektieren, ob und in welchem Umfang der Kontrollauftrag weiter besteht.

b) Was tun, wenn sich Fälle nicht eindeutig zuordnen lassen?
'Gewichtige Anhaltspunkte für eine Kindeswohlgefährdung' (vgl. § 8a SGB VIII), 'Kindeswohlgefährdung' (vgl. § 1666 BGB), 'Erziehung zum Wohle des Kindes nicht gesichert' (vgl. § 27 SGB VIII) sind unbestimmte und damit nicht klar definierte Begriffe, die in jedem Einzelfall neu mit Inhalt gefüllt werden müssen. Wie bereits weiter oben beschrieben, ist dies mit einem differenzierten Abwägungsprozess verbunden. Vor allem in Fällen, die sich auf der Grenze zwischen „rot" und „grün" bewegen, kann es sein, dass die Bewertung der Situation im Einzelfall mit jedem Kontakt zur Familie oder mit jeder neuen Information in Frage gestellt wird. Ist das Kind schon gefährdet oder ist „nur" eine Erziehung zum Wohle des Kindes nicht gesichert? Diese Fälle einem Graubereich zuzuordnen sichert zwar deren Kategorisierung, hilft jedoch in der Ambivalenz und Unsicherheit in der Fallbearbeitung nicht weiter. Daher empfiehlt es sich in diesen Fällen (regelmäßige) Fallbesprechungen, kollegiale Beratungen oder aber auch eine Fallsupervision durchzuführen, deren zentrale Fragen die Klärung der Rolle und des Auftrages der Fachkraft ist. „Warum fällt es der Fachkraft in diesem Fall so schwer, sich für eine Rolle und einen Auftrag zu entscheiden?" „Was braucht sie, um sich entscheiden zu können?". Ziel der Beratung ist dabei nicht die abschließende Zuordnung des Falles zu einer Kategorie 'rot' oder 'grün' oder die Ermittlung der 'einzig wahren Lösung'. Vielmehr geht es um eine Standortbestimmung „Wie schätze ich den Fall *zum momentanen Zeitpunkt* ein - 'rot' oder 'grün'?" „Was ist der konkrete nächste (kleine!) Schritt?" „Was brauche ich, um mit dieser Unsicherheit im Moment umgehen zu können?". Gerade in den Fällen, die sich laufend auf der Grenze zwischen rot und grün zu bewegen scheinen, empfiehlt es sich „kleine Brötchen" zu backen und die Überlegungen im Hinblick auf die weitere Bearbeitungsstrategie und Hilfeplanung in kleinen Schritten durchzuführen. „Wir laden den Vater per Brief zum Gespräch ein" statt „der Vater muss in den Hilfeprozess integriert werden" oder „wir bitten die Eltern zu einem gemeinsamen Gespräch, um ihre Sicht der Dinge zu verstehen" statt „wir schlagen den Eltern die Hilfe XY vor".

Wenn sich Fälle nicht eindeutig zuordnen lassen, ist es nicht hilfreich, sie in einem Graubereich „abzulegen". Dies birgt die Gefahr, dass sich die Unklarheit und Ambivalenz des Falles eher verfestigen. Stattdessen brauchen die Fachkräfte sowohl die Möglichkeit, kurzfristig und ggf. in kurzen Abständen Fälle mit Kolleginnen und Kollegen oder Vorgesetzten zu reflektieren als auch kollegiale Strukturen, die die Fachkräfte darin unterstützen, die Unsicherheit und Ambivalenz auszuhalten und mit ihr verantwortungsvoll umzugehen.

Für standardisierte Verfahren heißt das:
Transparenz, Offenheit und Klarheit gegenüber Eltern schaffen Vertrauen. Eltern spüren unausgesprochene Kontrollbedürfnisse ebenso wie wechselnde Verbindlichkeit im Kontakt. Klarheit über Rolle und Auftrag fördern daher sowohl die Klarheit über die eigenen Handlungspflichten und Befugnisse als auch die Möglichkeiten, in guten Kontakt mit den Eltern zu kommen.

Risikoeinschätzung und Rollen- und Auftragsklarheit sind eng miteinander verknüpft. Je klarer das Risiko für das Kind benannt oder ausgeschlossen werden kann, umso einfacher ist es, Rolle und Auftrag der Fachkräfte zu definieren. Gleichwohl gibt es keinen Automatismus: Eine qualifizierte Risikoeinschätzung – z. B. mit Hilfe standardisierter Verfahren – führt nicht automatisch zu Rollen- und Auftragsklarheit. Standardisierte Verfahren, die Kategorien unabhängig von den in der Jugendhilfe existierenden Rollen und Aufträgen einführen, schaffen nur scheinbare Objektivität und Klarheit.

Ein Prüfkriterium für standardisierte Verfahren sollte daher neben der Reliabilität, Validität, Effizienz und Anwendbarkeit (Strobel et al., 2008) auch sein, ob das Verfahren z. B. die Rollen- und Auftragsklarheit unterstützt und welche Auswirkungen es auf den Beratungsprozess und die Gesprächsführung der Fachkräfte mit den Klientinnen und Klienten hat.

Ein Prüfkriterium für standardisierte Verfahren sollte daher neben der Reliabilität, Validität, Effizienz und Anwendbarkeit auch sein, ob das Verfahren z. B. die Rollen- und Auftragsklarheit unterstützt und welche Auswirkungen es auf den Beratungsprozess und die Gesprächsführung der Fachkräfte mit den Klientinnen und Klienten hat

4. Fazit

Die Arbeit im Kinderschutz gehört zu einem der schwierigsten Aufgabengebiete in der Sozialen Arbeit. Sowohl die Komplexität des Prozesses, das von Unsicherheiten geprägte Handeln und die Tatsache, dass Entscheidungen, die sich maßgeblich auf die Zukunft von Kindern und Eltern auswirken, auf der Grundlage von Prognosen getroffen werden müssen, stellen die tägliche Herausforderung dieser Arbeit dar. Im Kinderschutz geht es in der Regel nicht um die „beste Lösung", vielmehr steht häufig die Frage nach dem kleineren Übel im Vordergrund. Unter welchen Bedingungen sind die Schädigungen und Belastungen für das Kind am geringsten: die labilen, wenig fördernden familiären Verhältnisse oder die Trennung von der Familie und das Aufwachsen im Heim? Wird es gelingen, die Eltern mit der Forderung nach Veränderung zu konfrontieren und dennoch ihr Vertrauen zu gewinnen? Wie lange kann ich eine Situation mittragen?

Im Kinderschutz geht es in der Regel nicht um die „beste Lösung", vielmehr steht häufig die Frage nach dem kleineren Übel im Vordergrund

Sind bei allen Defiziten auch Fortschritte und Stärken zu erkennen? Reichen die kleinen Fortschritte oder ist die Grenze der nächsten Intervention überschritten? Kann ich die Situation noch verantworten? All das sind alltägliche Fragen, mit denen Fachkräfte im Kinderschutz umgehen können müssen. Der Druck, den Fachkräfte in diesem Arbeitsbereich verspüren, ist daher nachvollziehbar und dieser Arbeit immanent.

Viele der strukturellen und organisatorischen Maßnahmen, die in den letzten Jahren zur Verbesserung des Kinderschutzes eingeleitet wurden, sind aus diesem Grund auch auf Wunsch der Fachkräfte und mit dem Ziel, diesen Druck zu reduzieren, entstanden. Eine 100%ige Sicherheit wird es im Kinderschutz jedoch nie geben. Keine Qualitätsoffensive, kein Verfahren, kein Gesetz und kein Standard wird 100%ige Sicherheit gewährleisten und verhindern, dass Kinder – obwohl die Jugendhilfe in Kontakt mit den Familien steht – verletzt werden oder zu Schaden kommen. Ebenso wird es nicht gelingen, Fehler im Handeln der Fachkräfte gänzlich auszuschließen. Auch wenn diese Erkenntnis bis zu einem gewissen Grad entlastet, soll das nicht heißen, dass wir nicht laufend darum bemüht sein sollten, den Kinderschutz zu verbessern und aus den gemachten Fehlern zu lernen.

> Insbesondere die Verbesserung der Risikoeinschätzung – also der Vorhersage einer erneuten oder andauernden Misshandlung/Vernachlässigung oder eines Missbrauchs – ist in Deutschland in den letzten Jahren in das Zentrum der Diskussion um Qualitätsentwicklung im Kinderschutz gerückt

Insbesondere die Verbesserung der Risikoeinschätzung – also der Vorhersage einer erneuten oder andauernden Misshandlung/Vernachlässigung oder eines Missbrauchs – ist in Deutschland in den letzten Jahren in das Zentrum der Diskussion um Qualitätsentwicklung im Kinderschutz gerückt. Obwohl dies sicherlich ein berechtigtes Anliegen ist, scheint damit eine unzulässige Reduzierung des gesamten Kinderschutzes auf diesen einen Aspekt verbunden zu sein. Im Sinne von „Gefahr erkannt – Gefahr gebannt" scheint die Phantasie entstanden zu sein, dass das Erkennen von Risiken gleichzeitig auch den Schutz der Kinder sicherstellt. Diese These lässt sich sicherlich in den Fällen einer akuten Kindeswohlgefährdung bestätigen, in denen ein sofortiges Eingreifen, z. B. durch eine Inobhutnahme, notwendig ist. Diese Fälle sind jedoch in der Minderzahl. In der weit überwiegenden Zahl der Fälle handelt es sich um sogenannte „latente Gefährdungsfälle", also Fälle, in denen ein erhöhtes Risiko für das Kind besteht, jedoch ein sofortiges Eingreifen weder geeignet noch notwendig oder gar verhältnismäßig wäre. Im Zentrum dieser Fälle stehen der Kontaktaufbau zu den Eltern und das Bemühen, den Schutz des Kindes über Hilfe für die Familie zu gewährleisten. Die Risikoeinschätzung ist dabei ebenso wichtig wie Beratungs- und Gesprächsführungskompetenzen, ein differenziertes und verfügbares Hilfenetz, sowie – und insbesondere – genügend zeitliche und personelle Ressourcen. Der Aufbau einer vertrauensvollen Beziehung

und die Beratung der Eltern, der Prozess der Risikoeinschätzung und Reflexion sowie der Aufbau eines Schutz- und Hilfenetzes brauchen Zeit und Geduld. Die Lebenssituation von Familien hat sich in der Regel über Jahre, z. T. über Generationen hinweg, entwickelt und kann daher auch nicht innerhalb weniger Wochen grundlegend verändert werden. Fachkräfte, die im Kinderschutz tätig sind, brauchen daher ausreichend zeitliche Ressourcen für die Arbeit mit den Familien.
Checklisten und standardisierte Verfahren können die Fachkräfte in ihrer Arbeit im Kinderschutz unterstützen – Gefahren und Risiken beseitigen können sie nicht! Ohne zu verstehen, was Eltern bewegt, was ihnen Angst und Sorge bereitet und was ihre Widerstände provoziert, kann es zwar sein, dass man zu einer qualifizierten Risikoeinschätzung kommt, dass jedoch der Hilfeprozess scheitert. Nur wenn es gelingt Kontakt (Beziehung) zu den Eltern zu bekommen, können Hilfen und Maßnahmen zum Schutz der Kinder frühzeitig und erfolgreich eingeleitet werden. Checklisten und standardisierte Verfahren verändern das sozialpädagogische Fallverstehen, wenn sie den Fokus der Fachkräfte auf das Sammeln von Informationen lenken, ohne dabei die Notwendigkeiten und Nebenwirkungen für den Beziehungsaufbau zu berücksichtigen. Ein ebenso häufig angeführtes wie prägnantes Beispiel: der Hausbesuch. Zum Zwecke der Informationssammlung kann der Hausbesuch wertvolle Eindrücke und Einblicke liefern. Im Hinblick auf den Beziehungsaufbau kann ein sofortiger Hausbesuch jedoch auch kontraproduktiv sein. Ob ein Hausbesuch unter den gegebenen Umständen sinnvoll und notwendig ist, muss daher vor dem Hintergrund der Gegebenheiten des Einzelfalls von den Fachkräften überlegt und entschieden werden. Standardisierte Verfahren sollten nur so viel wie nötig und so wenig wie möglich regeln. Der „Rest" sollte der Entscheidung qualifizierter Fachkräfte überlassen bleiben. Mindestens genauso wichtig wie gute und erprobte Instrumentarien sind daher selbstbewusste, reflektierte und erfahrene Fachkräfte, die sich der Möglichkeiten und Grenzen dieser Instrumentarien bewusst sind. Vor diesem Hintergrund sollten genauso viel Energie, Aufwand und finanzielle Mittel in die Stärkung und Unterstützung der Fachkräfte, in ihre fachliche Kompetenz und Professionalisierung investiert werden, wie Mittel für die Entwicklung und Verfeinerung von Verfahren und Instrumentarien ausgegeben werden.
In Deutschland wurden bisher nur vergleichsweise wenige Verfahren empirisch überprüft. Eines der wenigen Beispiele davon ist der Stuttgarter und Düsseldorfer Kinderschutzbogen, der laufend weiterentwickelt wird, um den hohen Anforderungen gerecht zu werden (Strobel, et al., 2008). In vielen anderen Kommunen werden die

Fachkräfte verpflichtet, Risikoinventare zu verwenden oder sich an standardisierte Verfahren zu halten, obwohl es keinerlei gesicherte Erkenntnisse darüber gibt, inwieweit die Verfahren tatsächlich halten, was sie versprechen. Vor dem Hintergrund der Risiken und Nebenwirkungen, die Verfahren und Instrumentarien entfalten können, eigentlich ein unhaltbarer Umstand. Checklisten und Risikoinventare, die die Fachkräfte in dieser komplexen Arbeit unterstützen wollen, müssen hohen Anforderungen genügen. Nicht jedes Verfahren führt automatisch zu einer Qualifizierung des Prozesses. So hat beispielsweise der enorme zeitliche Aufwand für die Anwendung standardisierter Vorgehensweisen in England dazu geführt, dass im Schnitt pro Fall nur mehr 11 % der Zeit einer Fachkraft für den direkten Kontakt mit der Familie verbleiben (Munro, 2005). 89% der Zeit pro Fall verbringt die Fachkraft dagegen mit Dokumentation, Anwendung von Verfahren, Fallbesprechungen, etc..

Bevor also Risikoinventare vorschnell als Standard gefordert werden, sollte die Evaluation von Risikoinventaren zum Standard erklärt werden. Dieses setzt wiederum die Bereitstellung ausreichender Mittel voraus, die Wirkungsforschung oder vergleichende Studien ermöglichen würden.

Bei all der Diskussion um die Verbesserung der Risikoeinschätzung bleibt also zu bedenken, dass der Hilfeprozess, der geprägt ist von Herausforderungen wie „Gestaltung der Kontaktaufnahme", „Beziehungskontinuität", „Kontakt- und Beziehungsarbeit" und „Vertrauensschutz", von ebenso großer Bedeutung ist wie eine qualifizierte Risikoeinschätzung. Dennoch werden neue Schnittstellen durch „Clearingstellen", „Hotlines" oder „Task Forces" geschaffen, die Kultur der „Weitervermittlung" wird verstärkt und Eltern begegnen auf ihrem Weg durch den Hilfeprozess immer mehr Menschen, denen sie sich mit ihren Ängsten und Nöten anvertrauen sollen. Darüber hinaus begegnet man immer mehr Fachkräften, die berichten, dass die steigenden Kosten durch die wachsende Nachfrage, insbesondere nach ambulanten Hilfen, unter anderem durch eine Reduzierung des Umfangs der einzelnen Hilfe ausgeglichen werden sollen. Ebenso wird beklagt, dass häufig zunächst ambulante Hilfen „versucht" werden (müssen), bevor stationäre Hilfen bewilligt werden (können). Positive Effekte, die durch Risikoinventare entstehen können, laufen unter solchen Umständen Gefahr, konterkariert zu werden.

Nachhaltige und breite Qualitätsentwicklung im Kinderschutz setzt voraus, dass es gelingt eine Gesamtstrategie zu entwickeln:
– Evaluierte und erprobte Verfahren und Instrumentarien
– Qualifikation der Fachkräfte
– Organisationale Rahmenbedingungen (insb. zeitliche, personelle Ressourcen)

- Struktur und Ausstattung des Hilfesystems
- Qualität des Hilfenetzwerkes

Standardisierte Verfahren und Risikoinventare entfalten nur dann einen nachhaltigen Mehrwert, wenn sie eingebettet sind in eine Gesamtstrategie, die all diese Ebenen berücksichtigt.

Literatur

Axford, N. & Bullock, R. (2005). Child Death and Significant Case Reviews: International approaches. Report to the Scottish Executive www.scotland.gov.uk/socialresearch.

Black, D. A., Heyman, R. E. & Smith Slep, A. M. (2001). Risk Factors for Child Physical Abuse. Aggression and Violent Behavior, 121-188.

Bremische Bürgerschaft (2007). Bericht des Untersuchungsausschusses zur Aufklärung von mutmaßlichen Vernachlässigungen der Amtsvormundschaft und Kindeswohlsicherung durch das Amt für Soziale Dienste. Drucksache 16/1381, Bremen.

Conen, M.-L. & Cecchin, G. (2009). Wie kann ich Ihnen helfen, mich wieder loszuwerden? Therapie und Beratung mit unmotivierten Klienten und in Zwangskontexten. Heidelberg: Carl Auer.

Fegert, J., Schnoor, K., Kleidt, S., Kindler, H. & Ziegenhain, U. (2009). Lernen aus problematischen Kinderschutzverläufen – Machbarkeitsexpertise zur Verbesserung des Kinderschutzes durch systematische Fehleranalyse. Hrsg. Bundesministerium für Senioren, Frauen und Jugend, Berlin.

Forrester, D., Kershaw, S., Moss, H. & Hughes, L. (2008). Communication skills in child protection: how do social workers talk to parents? Child and Family Social Work, 41-51.

Forrester, D., McCambridge, J., Waissbein, C. & Rollnick, S. (2008) How do Child and Family Social Workers Talk to Parents about Child Welfare Concerns? Child Abuse Review, 23-35.

Gerber, C. (2006). Kinderschutzarbeit im Dreieck zwischen standardisierten Verfahren, professionellem Handeln und strukturellen Rahmenbedingungen. IKK-Nachrichten, Heft 1-2/2006 § 8a SGB VIII, Herausforderungen bei der Umsetzung.

Gerber, C. (2009). Instrumente und Verfahren zur Analyse kritisch verlaufener Fälle im Kinderschutz – eine Bestandsaufnahme –, unveröffentlichte Expertise im Auftrag des Nationalen Zentrum Frühe Hilfen. Köln, München.

Gissel-Palkovich, I. (2007). Der Allgemeine Soziale Dienst an seinen Leistungsgrenzen. Rahmenbedingungen und Fachlichkeit – zunehmend eine Paradoxie? Sozial Magazin, 9, 12-23.

Grove, W. M. & Meehl, P. E. (1996). Comparative Efficiency of Informal (Subjective, Impressionistic) and Formal (Mechanical, Algorithmic) Prediction Procedures in The Clinical-Statistical Controversy. Psychology, Public Policy, and Law, 293-323.

Grove, W. M., Zald, D. H., Lebow, B. S., Snitz, B. E. & Nelson, C. (2000). Clinical Versus Mechanical Prediction: A Meta-Analysis. Psychological Assessment, 19-30.

Helming, E. (2003). Die Eltern: Erfahrungen, Sichtweisen und Möglichkeiten, In BMFSFJ (Hrsg.), Handbuch Bereitschaftspflege/Familiale Bereitschaftsbetreuung. Empirische Ergebnisse und praktische Empfehlungen. Schriftenreihe des BMFSFJ, Band 231 (S. 139-275).

Kavemann, B. & Kreysigg, U. (Hrsg.) (2006). Handbuch Kinder und häusliche Gewalt. Wiesbaden: VS Verlag für Sozialwissenschaften.

Kindler, H. (2006a). Wie können Misshandlungs- und Vernachlässigungsrisiken eingeschätzt werden? In H. Kindler, S. Lillig, H. Blüml, T. Meysen & A. Werner (Hrsg.), Handbuch Kindeswohlgefährdung nach § 1666 BGB und Allgemeiner Sozialer Dienst (ASD) (Kapitel 70). München: Deutsches Jugendinstitut e.V.

Kindler, H. (2006b). Wie kann ein Verdacht auf Misshandlung oder Vernachlässigung abgeklärt werden? In H. Kindler, S. Lillig, H. Blüml, T. Meysen & A. Werner (Hrsg.), Handbuch Kindeswohlgefährdung nach § 1666 BGB und Allgemeiner Sozialer Dienst (ASD) (Kapitel 8). München: Deutsches Jugendinstitut e.V.

Kindler, H. (2006c). Wie kann die Veränderungsbereitschaft und -fähigkeit von Eltern eingeschätzt werden? In H. Kindler, S. Lillig, H. Blüml, T. Meysen & A. Werner (Hrsg.), Handbuch Kindeswohlgefährdung nach § 1666 BGB und Allgemeiner Sozialer Dienst (ASD) (Kapitel 72). München: Deutsches Jugendinstitut e.V.

Kindler, H., Lukascyk, P. & Reich, W. (2008). Validierung und Evaluation eines Diagnoseinstrumentes zur Gefährdungseinschätzung bei Verdacht einer Kindeswohlgefährdung (Kinderschutzbogen). Kindschaftsrecht und Jugendhilfe, 500-505.

Lillig, S. (2006). Welche Aspekte können insgesamt bei der Einschätzung von Gefährdungsfällen bedeutsam sein? In H. Kindler, S. Lillig, H. Blüml, T. Meysen & A. Werner (Hrsg.), Handbuch Kindeswohlgefährdung nach § 1666 BGB und Allgemeiner Sozialer Dienst (ASD) (Kapitel 73). München: Deutsches Jugendinstitut e.V.

Metzner, F. & Pawils, S. (2009). Bundesweiter Einsatz von Risikoinventaren zur Kindeswohlgefährdung. Universitätsklinikum Hamburg-Eppendorf.

Mörsberger, T. (2004). Schutz und Hilfe bei Kindeswohlgefährdung, Eine Problemskizze. In Deutsches Institut für Jugendhilfe und Familienrecht (Hrsg.),Verantwortlich handeln – Schutz und Hilfe bei Kindeswohlgefährdung – Saarbrücker Memorandum. Köln: Bundesanzeiger Verlagsgesellschaft.

Müller, R. (2009). Standards in der Praxis der Risikoeinschätzinstrumente. ISA-Jahrbuch zur Sozialen Arbeit 2009.

Münder, J. et al. (2006). Frankfurter Kommentar zum SGB VIII: Kinder- und Jugendhilfe. Weinheim: Juventa Verlag.

Munro, E. (1999). Common errors of reasoning in child protection work. LSE Research Articles Online, London, http://eprints.lse.ac.uk/archive/00000358.

Munro, E. (2005). Improving practice: Child protection as a system approach. London: LSE Research Article Online.

Munro, E. (2009). Ein systemischer Ansatz zur Untersuchung von Todesfällen aufgrund von Kindeswohlgefährdung. Das Jugendamt, 106-115.

Munro, E. (2010). Learning to Reduce Risk in Child Protection. British Journal of Social Work Advances Access, Oxford University Press.

Nickerson, S. (1998). Confirmation Bias: A Ubiquitous Phenomenon in Many Guises. Review of General Psychology, 2 (2), 175-220.

Sandmeir, G., Schweuerer-Englisch, H., Reimer, D. & Wolf, K. (2010). Begleitung von Pflegekindern. In H. Kindler, E.Helming, T. Meysen & K. Jurczyk, (Hrsg.), Handbuch Pflegekinderhilfe (Kap. C.6). München: DJI (im Druck).

Schone, R., Gintzel, U., Jordan, E., Kalscheuer, M. & Münder, J. (1997). Kinder in Not. Vernachlässigung im frühen Kindesalter und Perspektiven sozialer Arbeit. Münster: Votum.

SCIE, Social Care Institute for Excellence (2004). Teaching and learning communication skills in social work education. Knowledge review 6, SCIE London www.scie.org.uk

Schindler, G. (2006). Datenschutz und Wahrnehmung des Schutzauftrags bei Kindeswohlgefährdung nach §8a SGB VIII. IKK-Nachrichten, §8a SGB VVV Herausforderungen bei der Umsetzung, Hrsg. DJI, München.

Schmitt, A. (1999). Sekundäre Traumatisierung im Kinderschutz. Praxis Kinderpsychologie, Kinderpsychiatrie, 411-424.

Seckinger, M. (2008). Überforderung im ASD. Ungleichgewicht von Aufgaben und Ressourcen. Sozial Extra, 9/10, 2008.

Seckinger, M., Gragert, N., Peucker, C. & Pluto, L. (2008). Arbeitssituation und Personalbemessung im ASD. Ergebnisse einer bundesweiten Online-Befragung. München: Deutsches Jugendinstitut e.V.

Sinclair, R. & Bullock, R. (2002). Learning from Past Experiences: A Review of Serious Case Reviews. London: Department of Health.

Strobel, B., Liel, C. & Kindler, H. (2008), Validierung und Evaluation des Kinderschutzbogens, Ergebnisbericht. Wissenschaftliche Texte des Deutschen Jugendinstituts.

Swift, K. & Callahan, M. (2009). At Risk, Social Justice in Child Welfare and Other Human Services. Toronto: University of Toronto Press Incorporated.

Werner, E. E. & Smith R. S. (2001). Journeys from Childhood to Midlife: Risk, Resilience, and Recovery. Ithaca: Cornell University Press.

Werner, E. E. (200). Protective factors and individual resilience. In J. P. Shonkoff & S. J. Meisels (Eds.), Handbook of early childhood intervention (pp. 115-132). Cambridge: Cambridge University Press.

Wiesner, R. (2006). Gesetzgeberische Absichten zur Verbesserung des Schutzes von Kindern und Jugendlichen vor Gefahren für ihr Wohl durch das Kinder- und Jugendhilfeweiterentwicklungsgesetz (KICK). IKK-Nachrichten, §8a SGB VVV Herausforderungen bei der Umsetzung, Hrsg. DJI, München.

Wustmann, C. (2005). Die Blickrichtung der neueren Resilienzforschung. Wie Kinder Lebenslagen bewältigen. Zeitschrift für Pädagogik, 51.

Grundrisse einer psychologisch fundierten Diagnostik bei Kindeswohlgefährdung (KWG) in Erziehungsberatungsstellen

Wilhelm Körner, Franz Heuer, Günther Deegener

Wir stellen den Entwurf eines Leitfadens zur Diagnostik von Kindesmisshandlung und Vernachlässigung in Erziehungsberatungsstellen (EBn) vor, in dem konkrete Schritte und ein strukturierter Ablauf für die Erfassung von KWG entwickelt wurden bzw. werden sollen. Das Verfahren ist nach unserer Einschätzung nicht nur für Beratungsstellen, sondern für alle Institutionen geeignet, in denen spezifische psycho-diagnostische Kompetenz vorhanden ist.

Der von uns vorgeschlagene Diagnostikprozess berücksichtigt bewährte psychologische Methoden, die bisher wenig Eingang in die Erfassung von KWG fanden, und soll den üblichen Kriterien einer wissenschaftlich fundierten Diagnostik wie Gültigkeit, Zuverlässigkeit, Objektivität, Ökonomie etc. genügen.

Dieses Diagnostik-Konzept befindet sich seit Juni 2010 in einigen Beratungsstellen in der Erprobungsphase.

1. Kindeswohlgefährdung

1.1 Begriffsklärung Kindeswohl/Kindeswohlgefährdung

Da „Gefährdung des Kindeswohls" ein unbestimmter Rechtsbegriff ist, wird er, wie Wiesner (2005, S. 289f.) formuliert, „zum *Einfallstor für außerjuristische Erfahrungen und damit auch für neue Erkenntnisse von Psychologie, Pädagogik, Pädiatrie usw.*", d. h. auf Grund der Unbestimmtheit besteht eine „Interpretationsbedürftigkeit" und damit „ein sehr hoher Auslegungsspielraum" (ebd.), auch für die *Diagnostik von KWG in der EB.* Es ist notwendig, den unbestimmten Rechtsbegriff Kindeswohlgefährdung und, was unter den verschiedenen Formen der Kindeswohlgefährdung und ihren Ausprägungen verstanden werden soll, zu operationalisieren. Dazu greifen wir auf folgende Einschätzverfahren zurück:

- Einstufungsbogen zum Schweregrad von Kindesmisshandlungen
- Liste von familiären Risikofaktoren.

1.2 Einstufungsbogen zum Schweregrad von Kindesmisshandlungen

Dieser Einstufungsbogen wurde von Deegener und Körner (2006, S. 325ff.) für
- körperliche Kindesmisshandlung
- sexuellen Missbrauch
- Vernachlässigung
- seelische/emotionale Kindesmisshandlung

entwickelt, um den häufigen Überlagerungen der verschiedenen Formen der Kindesmisshandlung (körperliche Kindesmisshandlung, sexueller Missbrauch, Vernachlässigung und seelische Misshandlung) gerecht zu werden, neben den häufig vorzufindenden Schweregradeinteilungen bei körperlicher Misshandlung und sexuellem Missbrauch auch für die Vernachlässigung und die seelische Gewalt eine entsprechende Einteilung zu erstellen sowie die unterschiedlichsten Einteilungen/Einstufungen von verschiedenen Einrichtungen für Forschungsstudien zusammenfassen zu können, also eine Vereinheitlichung bezüglich der Definitionen sowie Schweregrade der verschiedenen Arten der elterlichen Kindesmisshandlung zu erreichen. Dabei wurde versucht, einen Kompromiss zu finden zwischen extrem detaillierten Erläuterungen zu den Schweregraden sowie den zeitökonomischen Bedürfnissen. Da jedoch Praxis und Forschung bezüglich der verschiedenen Formen der Kindesmisshandlungen und ihrer Überlagerungen ein hohes Ausmaß an Komplexität erreicht haben, sind die nachfolgenden Ausführungen dementsprechend recht ausführlich geworden.

Im Folgenden wird deswegen jeweils nach geringgradiger, mittelgradiger und hochgradiger Form der verschiedenen Arten von Kindesmisshandlung unterschieden.

Hier führen wir aus Platzgründen nur jeweils die Definition der *Misshandlungsart* und die *höchste Misshandlungsstufe* an.

Kriterien zur Einstufung der elterlichen Misshandlungsarten

1. Körperliche Kindesmisshandlung
Körperliche Kindesmisshandlung wird als nicht zufällige, absichtliche körperliche Gewaltanwendung der Eltern gegenüber ihren Kindern aufgefasst. Sie umfasst ein breites Spektrum von Handlungen (z. B. Klapse, Ohrfeigen, Prügel, mit Gegenstand schlagen oder werfen, mit Faust schlagen, Schleudern gegen die Wand,

---

Marginalien:

Dieser Einstufungsbogen wurde entwickelt, um den häufigen Überlagerungen der verschiedenen Formen der Kindesmisshandlung (körperliche Kindesmisshandlung, sexueller Missbrauch, Vernachlässigung und seelische Misshandlung) gerecht zu werden

Hier führen wir aus Platzgründen nur jeweils die Definition der *Misshandlungsart* und die *höchste Misshandlungsstufe* an

1. Körperliche Kindesmisshandlung: Körperliche Kindesmisshandlung wird als nicht zufällige, absichtliche körperliche Gewaltanwendung der Eltern gegenüber ihren Kindern aufgefasst

Schütteln eines Kleinstkindes, Verbrennen mit heißem Wasser oder Zigaretten, auf den Ofen setzen, Einklemmen in Türen oder Autofensterscheiben, Pieksen mit Nadeln, ins kalte Badewasser setzen und untertauchen, eigenen Kot essen und Urin trinken lassen, Würgen, Vergiftungen, mit Waffe bedrohen). Die (nicht durch Unglück oder durch Zufall entstandenen) körperlichen Symptome oder Verletzungen können ebenfalls höchst unterschiedlich sein.

Hochgradige körperliche Kindesmisshandlung:
Die angewandte körperliche Gewalt führt zu Verletzungen des Kindes mit (kurz- oder langfristigen) Beeinträchtigungen der normalen Funktionsfähigkeit bzw. zu (kurz- oder langfristigen) körperlichen Schäden oder Behinderungen. Bei Anwendung dieser Kriterien ist auch eine einmalige körperliche Misshandlung als hochgradige körperliche Kindesmisshandlung einzustufen, wenn sie zu den angeführten Folgen führt. Auch weniger extreme, aber chronische Formen der körperlichen Misshandlung, die mehr als minimale Folgen bewirken, sollten der Kategorie der hochgradigen körperlichen Kindesmisshandlung zugeordnet werden. Verbrennungen auch minimalen Ausmaßes (z. B. leichtes Verbrennen mit kaum sichtbaren Spuren) sind immer dieser Kategorie zuzuordnen, ebenfalls eigenen Kot essen oder Urin trinken lassen. Weiter fallen in diese Kategorie alle Formen von Vergiftungen. Bei ausgeprägten Kontrollverlusten der Eltern, also z. B. bei (blindem) Zusammenschlagen oder im akuten Affekt das Kind die Treppe herunter oder gegen die Wand werfen, sollte dies ebenfalls als eine hochgradige körperliche Kindesmisshandlung eingestuft werden. Dies trifft auch für Handlungen zu, die sehr stark im Sinne „sadistischer" Gewaltanwendung interpretiert werden können, also z. B. stundenlanger Schlafentzug, sehr langes Sitzen in der kalten Badewanne und Kniebeugen bis zum Umfallen. Treten die letztgenannten Verhaltensweisen nur in einem geringen zeitlichen Umfang auf, so sollten sie unter der mittelgradigen körperlichen Misshandlung aufgeführt werden.

2. *Sexueller Missbrauch*
Diese Gewaltform umfasst jede sexuelle Handlung, die Eltern an oder vor einem Kind entweder gegen den Willen des Kindes vornehmen oder der das Kind aufgrund seiner körperlichen, emotionalen, geistigen oder sprachlichen Unterlegenheit nicht wissentlich zustimmen kann bzw. bei der es deswegen auch nicht in der Lage ist, sich hinreichend wehren und verweigern zu können.

Hochgradiger, sehr intensiver sexueller Missbrauch:
Diesem Ausmaß sexueller Gewalt sind zuzuordnen: versuchte oder vollendete vaginale, anale oder orale Vergewaltigung; Opfer musste Täter oral befriedigen oder anal penetrieren. Aufnahmen von mehr oder weniger nackten Kindern mit der Aufforderung zu den in dieser Kategorie genannten sexuellen Handlungen sind als hochgradiger sexueller Missbauch zu bewerten. Duldung oder Herbeiführung von Kinderprostitution fällt grundsätzlich in diese Kategorie.

3. *Vernachlässigung:*
Hiermit ist die (ausgeprägte, d. h. andauernde oder wiederholte) Beeinträchtigung oder Schädigung der Entwicklung von Kindern durch die Eltern aufgrund unzureichender Pflege und Kleidung, mangelnder Ernährung und gesundheitlicher Fürsorge, zu geringer Beaufsichtigung und Zuwendung, unzureichendem Schutz vor Gefahren sowie nicht hinreichender Anregung und Förderung motorischer, geistiger, emotionaler und sozialer Fähigkeiten gemeint.

Die Kriterien für Vernachlässigung sind sehr viel schwieriger festzulegen als für die körperliche Misshandlung und den sexuellen Missbrauch. Es wird vorgeschlagen, bei der Einstufung in die drei Schweregrade folgende Faktoren zu berücksichtigen: (a) zeitliche Dauer der Vernachlässigung, (b) Ausprägung der Vernachlässigung innerhalb einzelner Bereiche, (c) Ausdehnung der Vernachlässigung über unterschiedliche Bereiche (z. B. begrenzt auf unzureichende Ernährung oder auch mangelnde Beaufsichtigung und zu geringe Entwicklungsförderung), (d) Ausmaß der Folgen der Vernachlässigung (innerhalb einzelner Bereiche und über alle Bereiche hinweg, z. B. nur reduzierter körperlicher Allgemeinzustand oder generelle Entwicklungsverzögerungen im motorischen, geistigen, emotionalen und sozialen Bereich oder extreme Gedeihstörungen ohne somatische Ursache im Kleinkindalter), (e) Anzahl der vernachlässigenden Personen, z. B. ausschließlich Mutter bzw. Vater oder beide Elternteile.

Hochgradige Vernachlässigung:
Bei dieser Kategorie liegt eine zeitlich überdauernde, langfristige Vernachlässigung vor, die viele Bereiche der kindlichen Entwicklung betrifft und zu übergreifenden, ausgeprägten Entwicklungsverzögerungen und -störungen führt. Häufig bis meist vernachlässigen beide Elternteile das Kind. Die unter 'mittelgradiger Vernachlässigung' möglichen Hilfe- und Fördermaßnahmen erscheinen nun unabdingbar, wobei nicht selten auch eine ärztliche Untersuchung und Behandlung eingeleitet werden muss. Erwä-

3. Vernachlässigung:
Hiermit ist die (ausgeprägte, d. h. andauernde oder wiederholte) Beeinträchtigung oder Schädigung der Entwicklung von Kindern durch die Eltern aufgrund unzureichender Pflege und Kleidung, mangelnder Ernährung und gesundheitlicher Fürsorge, zu geringer Beaufsichtigung und Zuwendung, unzureichendem Schutz vor Gefahren sowie nicht hinreichender Anregung und Förderung motorischer, geistiger, emotionaler und sozialer Fähigkeiten gemeint

gungen bezüglich einer vorübergehenden Fremdunterbringung (z. B. Pflegefamilie, 5- oder 7-Tage-Wohngruppe) erfolgen oft und werden z. T. auch (ggf. unter Einschaltung des Familiengerichts) durchgesetzt.

4. *Seelische Misshandlung/emotionale Kindesmisshandlung*
Hierunter wird die (ausgeprägte) Beeinträchtigung und Schädigung der Entwicklung von Kindern verstanden aufgrund z. B. von Ablehnung, Verängstigung, Terrorisierung und Isolierung. Sie beginnt beim (dauerhaften, alltäglichen) Beschimpfen, Verspotten, Erniedrigen, Liebesentzug und reicht über Einsperren, Isolierung von Gleichaltrigen und Zuweisung einer Sündenbockrolle bis hin zu vielfältigen massiven verbalen Bedrohungen einschließlich Todesdrohungen. Die bei der Vernachlässigung angeführten Faktoren, die bei der Einstufung in die drei Schweregrade zu berücksichtigen sind, können analog auch auf die seelische Misshandlung angewendet werden.

Hochgradige seelische Misshandlung:
Die äußerst ausgeprägten, zeitlich überdauernden, vielfältigen Verhaltensweisen der hochgradigen seelischen Vernachlässigung führen beim Kind zu ausgeprägten Störungen des Verhaltens und Erlebens. Das Kind lebt in einem Klima sehr häufiger und krasser Entwertung und Entwürdigung. Die unter 'mittelgradiger seelischer Misshandlung' aufgeführten Folgen sind nun sehr ausgeprägt und beeinträchtigen das Kindeswohl deutlich.

Die Einstufungen können in der folgenden Tabelle 1 vermerkt werden.

Setzen Sie bitte bei jeder angeführten Art der Kindesmisshandlung entsprechend den o. g. Erläuterungen ein Kreuz in das zutreffende Feld. Sind mehrere Kinder in der Familie von Misshandlung betroffen, bitte für jedes Kind eine neue Einstufungstabelle ausfüllen.

Tab. 1: Einstufungen von Kindesmisshandlungen

Schweregrad	Körperliche Misshandlung	Sexueller Missbrauch	Vernachlässigung	Seelische Gewalt
geringgradig				
mittelgradig				
hochgradig				
nicht vorhanden bzw. unbekannt				
Geschlecht und Alter des Kindes:				

1.3 Liste von familiären Risikofaktoren

Zusätzlich wird empfohlen, die nachfolgende Liste von familiären Risikofaktoren auszufüllen (Deegener & Körner, 2006, S. 45f.) und auf die vielfältigen Wechselwirkungen und Ursachenzusammenhänge zu achten.

Tab. 2: Liste familiärer Risikofaktoren

	unbekannt/ nicht zutreffend	geringgradig	mittelgradig	hochgradig
Partnergewalt durch Vater				
Partnergewalt durch Mutter				
Körperliche Misshandlung der Mutter in ihrer Kindheit				
Körperliche Misshandlung des Vaters in seiner Kindheit				
Sexueller Missbrauch der Mutter in ihrer Kindheit				
Sexueller Missbrauch des Vaters in seiner Kindheit				
Vernachlässigung der Mutter in ihrer Kindheit				
Vernachlässigung des Vaters in seiner Kindheit				
Mütterlicher Drogen- und/oder Medikamentenmissbrauch				
Väterlicher Drogen- und/oder Medikamentenmissbrauch				
Mütterlicher Alkoholmissbrauch				
Väterlicher Alkoholmissbrauch				
Psychiatrische Erkrankung der Mutter				
Psychiatrische Erkrankung des Vaters				
Kriminalität der Mutter oder in der Familie mütterlicherseits				
Kriminalität des Vater oder in der Familie väterlicherseits				
Arbeitslosigkeit der Mutter				
Arbeitslosigkeit des Vaters				
Mangelnde mütterliche Erziehungskompetenz				
Mangelnde väterliche Erziehungskompetenz				
Mutter mit körperlicher Behinderungen/chronischer Krankheit				
Vater mit körperlicher Behinderungen/chronischer Krankheit				
Mütterliche soziale Isolierung				
Väterliche soziale Isolierung				
Viele familiäre Konflikte				
Chronische Disharmonie in der Familie				
Uneinigkeit der Eltern in der Erziehung				
Finanzielle Schwierigkeiten				
Häufige Wohnortwechsel				
Soziales Umfeld/Wohngegend mit vielen Multiproblemfamilien				
Kind(er) mit psychiatrischen Erkrankungen				
Kind(er) mit Verhaltensauffälligkeiten				
Kind(er) mit körperlichen Behinderungen/chronischen Krankheiten				
Kind(er) entwicklungsverzögert				
Erhöhte berufliche Anspannung der Mutter				
Erhöhte berufliche Anspannung des Vaters				

2. Diagnostik und Beratung bei KWG in der Erziehungsberatungsstelle

Da an anderer Stelle ausführlich Methoden und Praxis von EB dargestellt worden sind (Körner & Hörmann, 1998, 2000; Hörmann & Körner, 2008), verzichten wir auf eine entsprechende Skizze und konzentrieren uns auf *Beratung und Diagnostik bei KWG*.

> „Im Idealfall soll die Behandlung dem misshandelten Kind ebenso wie seiner Familie helfen und das soziale Umfeld des Kindes verbessern" (Jones, 2002, S. 777).

Wichtigstes Ziel der Beratungsarbeit mit sog. Gewaltfamilien sollte der Schutz des Kindes sein.

Dieses Ziel kann am ehesten durch eine Zusammenarbeit mit den Eltern erreicht werden, d. h. indem die Beraterinnen[1] sich an den Schwierigkeiten der Eltern orientieren und ihnen möglichst umfassende Hilfsangebote zur Entlastung und Unterstützung zur Verfügung stellen.

Wie eingangs erwähnt berücksichtigt unser Leitfaden bewährte psychologische Methoden, die bisher wenig Eingang in die Erfassung von KWG fanden, und soll den üblichen Kriterien einer wissenschaftlich fundierten Diagnostik wie Gültigkeit, Zuverlässigkeit, Objektivität, Ökonomie etc. genügen.

Als anerkannte Diagnoseverfahren gelten:
1. Befragung,
2. Beobachtung,
3. Standardtests,
4. Standardfragebogen (Balloff, 2004, S. 157).

Nonverbale Testverfahren sind mit Vorsicht einzusetzen (Deegener, 2004).

Im Beratungsprozess bei der Vermutung auf KWG ermitteln wir Ergebnisse (z. B. die elterliche Belastung) mit dem *Eltern-Belastungs-Screening zur Kindeswohlgefährdung* (EBSK) (Deegener et al., 2009) und analysieren gemeinsam mit den Klientinnen die Resultate. Ab der Phase der *Sicherheitseinschätzung* (s. 3.5) kommt noch die kollegiale Beratung hinzu.

Auch wenn wir nicht ganz Stieglietz' (2008, S. 358) folgende Einschätzung teilen, so kommt eine seriöse Erfassung von KWG beim derzeitigen Kenntnisstand (Kindler, 2005; i. d. Band.) wohl nicht ohne die genannten Verfahren aus:

„Im Bereich der klinisch-psychologischen Diagnostik (...) steht dem Nutzer zwischenzeitlich eine Vielzahl reliabler und valider Verfahren

---

[1] Die hier und im Weiteren benutzte weibliche Form schließt selbstverständlich männliche Fachkräfte ein.

zur Verfügung, die auch eingesetzt werden sollten. Im Sinne eines Mehrebenenansatzes sollten so viele Datenebenen und Datenquellen wie nötig berücksichtigt werden. Aus Praktikabilitätsgründen liegt der Fokus jedoch meist auf Selbst- und Fremdbeurteilungsverfahren."

Der diagnostische Prozess bei KWG wird keineswegs einheitlich definiert, wie etwa auch die Heterogenität der Beiträge in diesem Band belegt, auch wenn es Überschneidungen in den verschiedenen Ansätzen gibt. Zum Ablauf eines solchen diagnostischen Prozesses gibt es ebenfalls unterschiedliche Vorstellungen (z. B. Lillig, 2006, Kap. 44; Deegener & Körner, 2006; Deegener et al., 2009).

Für unsere Arbeit haben wir uns für folgende Einteilung von Kindler (2005, S. 385) entschieden:

1. der Aspekt einer ersten Dringlichkeitseinschätzung nach Eingang einer Gefährdungsmeldung,
2. der Aspekt der Sicherheitseinschätzung nach Kontakten zum Kind und den Betreuungspersonen,
3. der Aspekt der Risikoeinschätzung nach intensiver Informationssammlung,
4. der Aspekt der Einschätzung bereits eingetretener langfristig bedeutsamer Entwicklungsbeeinträchtigungen und -belastungen beim Kind,
5. der Aspekt der Einschätzung vorhandener Stärken und Probleme in den Erziehungsfähigkeiten der Hauptbezugspersonen eines Kindes und im Familiensystem zur Auswahl geeigneter und erforderlicher Hilfsangebote, und
6. der Aspekt der kontinuierlichen Einschätzung der bei den Sorgeberechtigten vorhandenen Veränderungsmotivation und Kooperationsbereitschaft.

Die Aspekte entsprechen sinnvoller Weise sequentiellen Schritten der Bearbeitung, die wir Prüf- oder Einschätzungsschritte oder -phasen nennen. Ausführliche Erläuterungen zu den einzelnen Phasen sind in Kindler et al. (2006) und Körner et al. (2011) zu finden.

„Die verschiedenen diagnostischen Aufgaben sind eingebettet in den Gesamtablauf der Fallbearbeitung bei Kindeswohlgefährdung. Für ASD-Fachkräfte[2] wird dieser Ablauf mitsamt der dabei anfallenden Aufgaben im Überblick von Münder et al. (2000) bzw. Harnach-Beck (1995) beschrieben. Neben dem Aspekt der Diagnostik umfassen diese Aufgaben etwa den Aufbau einer Arbeitsbeziehung mit den Eltern, die gemeinsame Hilfeplanung, die Kontrolle und gegebenen-

> Der diagnostische Prozess bei KWG wird keineswegs einheitlich definiert, wie etwa auch die Heterogenität der Beiträge in diesem Band belegt, auch wenn es Überschneidungen in den verschiedenen Ansätzen gibt

---

[2] Gemeint sind Fachkräfte von Allgemeinen Sozialen Diensten (ASD) oder Sozialen Diensten (SD) der Jugendämter.

falls Modifikation von Hilfeprozessen, sowie unter Umständen die Anrufung des Familiengerichts. Kooperationspartner der öffentlichen Jugendhilfe können an Teilen des Prozesses beteiligt sein" (Kindler, 2005, S. 385).

Das Prinzip der Zusammenarbeit mit den Eltern schließt die Möglichkeit ausdrücklich ein, Kinder bei fortgesetzter Gewalt (zumindest übergangsweise) von den Eltern zu trennen und außerfamiliär unterzubringen. Auch die Koordination dieser Unterbringung sollte nach Möglichkeit in Absprache mit den Familienmitgliedern geschehen (vgl. dazu Motzkau, 2002; Bange & Körner, 2004, S. 266ff. zur Kooperation bei sexuellem Missbrauch).

3. Internes[3] Prüfverfahren im Beratungsprozess einer Erziehungsberatungsstelle

Das folgende Ablaufschema (Abb. 1) gibt einen Überblick über das Prüfverfahren bzgl. Kindeswohlgefährdung in der Familienberatung/ Erziehungsberatung

Das folgende Ablaufschema (Abb. 1) gibt einen Überblick über das Prüfverfahren bzgl. Kindeswohlgefährdung in der Familienberatung/Erziehungsberatung. Das Verfahren wird in der dargestellten Form angewandt, wenn in einem laufenden Beratungsfall Dritte (Kita, Schule, Nachbarn etc.) der Beratungsstelle einen Hinweis auf Kindeswohlgefährdung geben oder die Beratungsfachkraft selbst aufgrund ihrer thematischen Kompetenz (s. Abb. 3, Prozess-Modul 1) durch Familiengespräche bzw. eigene Beobachtung entsprechende Hinweise erhält.

Die Flowchart bildet sowohl die beteiligten Personen und ihr Handeln als auch Prüfmethoden und Art der Dokumentation ab:

Der zentrale prüfbezogene Handlungsstrang – in der Mitte abgebildet – entspricht den o. g. sechs Aspekten in schrittweiser Bearbeitung, nämlich Einschätzung bzgl. Dringlichkeit, Sicherheit, Risikoaspekten, Beeinträchtigung des Kindes, Ressourcen der Familie sowie Motivation der Sorgeberechtigten, wobei die letztgenannten vier Prüfschritte zwecks Übersichtlichkeit im Schaubild wie *ein* Verfahrensschritt dargestellt werden (in *einem* abgerundeten Rechteck), im Text jedoch wird auf die sequentielle Abarbeitung eingegangen.

Eine Abgabe des Falles von der Familienberatung an den Sozialen Dienst des Jugendamtes zwecks Ausübung des Wächteramtes/des Schutzauftrages ist in jeder der sechs Einschätzungsphasen möglich; dies wird durch das entsprechende Schnittstellensymbol (Dreieck) auf der linken Seite der Flowchart deutlich gemacht.

---

[3] Mit „intern" ist hier das Prüfverfahren in der Beratungsstelle gemeint; es ist eingebettet in das Gesamt-Prüfverfahren aller ggf. beteiligten Einrichtungen der Jugendhilfe, z. B. Kita, Jugendfreizeithaus, EB, ASD

Grundrisse einer psychologisch fundierten Diagnostik bei Kindeswohlgefährdung (KWG) in Erziehungsberatungsstellen

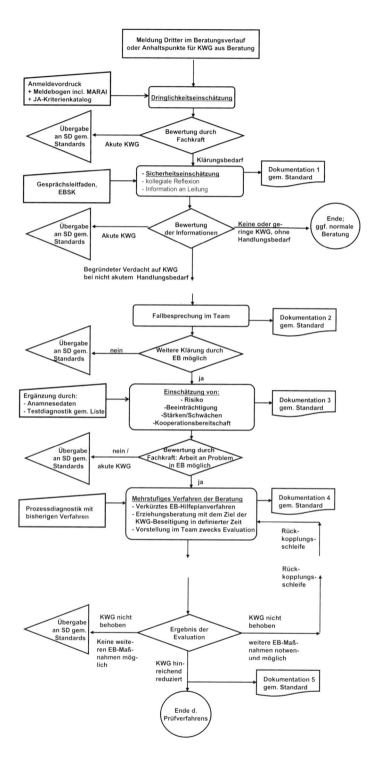

**Abb. 1:
Ablaufschema des internen Prüfprozesses**

Die zur Prüfung verwendeten Methoden stellen auf jeder Stufe den Input für den Klärungsprozess dar. Entsprechende Auflistungen finden sich (ebenfalls auf der linken Seite des Schaubilds) in den trapezförmigen Vierecken. Da es sich um einen Input in den Prozess handelt, verweisen hierbei die Pfeile von den angegebenen verbindlichen Methoden auf die auszuführende Handlung.

Die Ergebnisse sind selbstverständlich – möglichst standardisiert und ökonomisch – zu dokumentieren. Mit den verschiedenen Prüf- und Handlungsphasen sind fünf Dokumentationsstandards verknüpft, die neben der abgebildeten Flowchart erläutert werden. Dargestellt sind sie, mit dem Pfeil von der Prüfhandlung ausgehend, durch die entsprechenden Symbole auf der rechten Seite des Ablaufschemas.

Wie in Flowcharts üblich wechseln auch in unserem Verfahren im *zentralen* Handlungsstrang Tätigkeiten und Entscheidungen/Entscheidungsverzweigungen ab. Bis auf die ggf. einzeln zu treffende Eingangsentscheidung hinsichtlich des Vorliegens von akuter Kindeswohlgefährdung werden alle weiteren Entscheidungen durch fachliche Rückkopplungsprozesse (kollegialer Austausch, Einbezug von Leitung, verkürzte EB-Hilfeplanung im Team gem. § 36 SGB VIII) vorbereitet und getroffen.

Das Schaubild macht auch die drei möglichen Ergebnis-Alternativen eines solchen Prüfprozesses in der Familienberatung deutlich:

a) Hinweise auf Kindeswohlgefährdung lassen sich nicht verifizieren; es ergibt sich kein weiterer Handlungsbedarf im Sinne eines weiteren Prüf- oder unmittelbaren Schutzauftrages: Das Prüfverfahren in der Familienberatungsstelle ist damit beendet (symbolisiert durch einen Kreis). Da es sich um einen Prüfprozess im laufenden Beratungsfall handelte (lt. Definition in der Flowchart), wird in der Regel die „normale Erziehungsberatung" fortgesetzt.

b) Nach der Prüfung in einem der 6 Prüfschritte lautet das Ergebnis: Vorliegen einer Kindeswohlgefährdung mit Handlungsbedarf im Sinne der Ausübung des Schutzauftrages gem. § 8 a SGB VIII; eine Intervention mit Mitteln der Beratungsstelle verspricht prognostisch keinen Erfolg. Der Fall wird entsprechend einem definierten Schnittstellenprozess von der Familienberatungsstelle an den Sozialen Dienst des Jugendamtes abgegeben.

c) Nach entsprechender Prüfung stellt sich zwar heraus, dass Kindeswohlgefährdung vorliegt, aber aufgrund der familiären Ressourcen und Mitarbeitsmotivation der Sorgeberechtigten eine zielgerichtete Intervention in der Beratungsstelle möglich und potentiell zur Behebung der Gefährdung erfolgversprechend ist. Das Schaubild macht auch für dieses Ergebnis das weitere erforderliche Verfahren deutlich: Nach dem EB-internen Hilfeplanverfahren wird auf der Basis eines auf die Beseitigung der Kindeswohlgefährdung gerichteten, zeitbefristeten Handlungsplanes die zielgerichtete Intervention in der Familienberatungsstelle durchgeführt. Zeigt sich in der Evaluation (Rückkopplungsschleife im Schaubild) ein Erfolg, führt dies zum o. g. Verfahrensergebnis a); scheitert die Intervention aufgrund abbrechender Mitarbeitsmotivation der relevanten Sorgeberechtigten oder reichen die EB-Mittel zur Gefährdungsbeseitigung nicht aus, ergibt sich Verfahrensausgang b).

3.1 Vorgehensweisen in der Erziehungsberatungsstelle

Grundsätzlich halten wir eine Sensibilisierung der Beraterinnen und Psychotherapeutinnen für die *Belastungen* von Familienmenschen insgesamt (Körner, 1992) und speziell von Kindern (Körner & Sitzler, 1998; Körner & Vogt-Sitzler, 2005) für dringend notwendig. *Es geht uns* ausdrücklich nicht nur um Misshandlung und Vernachlässigung von Kindern, sondern *darum, Schädigungen von Kindern zu vermeiden.*

> Es geht uns ausdrücklich nicht nur um Misshandlung und Vernachlässigung von Kindern, sondern darum, Schädigungen von Kindern zu vermeiden

Bei der theoretischen und praktischen Auseinandersetzung mit dem Thema Kindeswohlgefährdung in der EB unterscheiden wir drei verschiedene Handlungsstränge, die wir Prozess-Module nennen (s. Tabelle 3):
- Aufbau von Wissens- und Erfahrungskompetenz im Beratungsbereich: Hier ist das Ziel, auf der Basis eines verbreiterten, vertieften und vereinheitlichten Wissensstandes für das Thema KWG im Beratungsprozess zu sensibilisieren (Prozess-Modul 1).
- Die Meldung von dem Verdacht auf KWG durch Dritte in einer *der EB nicht bekannten* Familie: Ziel ist die verlässliche Weitergabe an die Arbeitseinheit, die für den Schutzauftrag zuständig ist; dieser Prozess wurde von uns zwar in unserem Modell dargestellt (s. Prozess-Modul 2, Tab. 3), er wird aber in diesem Artikel nicht vorgestellt.
- die Meldung von KWG durch Dritte oder die eigene Beobachtung/Vermutung einer EB-Fachkraft in einem EB-Fall: Ziel ist hierbei die diagnostische Klärung durch ein festgeschriebenes Verfahren (s. Prozess-Modul 3, Tab. 3), ggf. Beratung durch die EB oder Abgabe nach vereinbarten Standards an den ASD.

Im Rahmen unseres Modells versuchen wir durch Aufbau eines vereinheitlichten Wissens- und Erfahrungsstandes (Modul 1) unter anderem auch eine Verschränkung von *Intuition* (auf der Basis eines einheitlichen Kenntnisstandes) und *Analyse* regelhaft zu gewährleisten (vgl. auch Kindler in diesem Band).

Tab. 3: Verfahrensteile einer Prüfkonzeption für Kindeswohlgefährdung in Beratungsstellen

Aufbau von Wissens- und Erfahrungskompetenz im Beratungsbereich	Meldung von KWG durch Dritte bei Nicht-EB-Fall	Meldung von KWG durch Dritte oder eigene Beobachtung im EB-Fall
Ziel: Sensibilisierung für das Thema KWG im Beratungsprozess	Ziel: Abgabe an Arbeitseinheit, die für Schutzauftrag zuständig ist	Ziel: Klärung durch Prüfverfahren; Beratung oder ggf. Abgabe
Prozess-Modul 1	**Prozess-Modul 2**	**Prozess-Modul 3**
1.1 EB-Anmeldebogen	2.1 Dokumentationsbogen „Dringlichkeitseinschätzung" incl. MARAI	3.1 Ablaufschema „interner Prüfprozess"
1.2 Zusammenstellung von unmittelbaren Schädigungsaspekten	2.2 Kriterienkatalog des Jugendamtes	3.2 EB-Anmeldebogen
1.3 Liste von Risikofaktoren		3.3 Dokumentationsbogen „Dringlichkeitseinschätzung" incl. MARAI
1.4 Auflistung der Schutzfaktoren		3.4 Strukturierter Anamneseleitfaden (hypothesengeleitetes Fragen)
1.5 Ablaufschema bei Hinweis auf KWG)		3.5 Optionaler Elternfragebogen zur vereinfachten Informationsgewinnung
1.6 Literaturliste (nach Prüfschritten geordnet)		3.6 Sicherheitseinschätzung mittels EBSK (ggf. mit Einsatzhinweisen)
		3.7 Leitfaden für Exploration der Verfahrensstufen 4 bis 6
		3.8 Liste themenspezifischer, vertiefender Diagnostikverfahren für die 4 weiteren Verfahrensstufen
		3.9 Checkliste/Protokollbogen
		3.10 Beschreibung der 5 Dokumentationsstufen (Standards)
		3.11 Kriterienkatalog des Jugendamtes

3.2 Vorgehen in der *Standard-Erziehungsberatung* bzgl. der Sicherstellung von Fachwissen und Sensibilisierung für das Thema Kindeswohlgefährdung

Grundsätzlich ist ein hoher, einheitlicher Kenntnisstand bzgl. aller relevanten Aspekte von Kindeswohlgefährdung in der Beratungsstelle unerlässlich, um gesicherte Beobachtungen und Schlussfolgerungen sowie einen vereinbarten Verfahrensstandard zu garantieren.

Als Basiswissen wurde daher für alle Beratungsfachkräfte sowie für die Sekretariatskräfte entsprechendes Material (s. Prozess-Modul 1, Tab. 3) zusammengestellt, in Workshops diskutiert und die praktischen Auswirkungen erprobt. Dabei handelt es sich um Material zu folgenden Bereichen:

Verfahrenswissen
- Überblick über die Gesamtkonzeption
- Schaubild des Verfahrensablaufs
- Dokumentationsstandards
- Bearbeitungshinweise/Manual
- Angepasster Anmeldebogen

Fachwissen
- Abhandlung über Schädigungsaspekte
- Liste von Risikofaktoren
- Auflistung von Schutzfaktoren
- Literaturliste zum Bereich Kindeswohlgefährdung

Die Sensibilisierung für das Thema mit Hilfe und auf der Basis des aktuellen Fachwissens bildet letztendlich auch das Bindeglied zwischen Wahrnehmen und Erkennen von relevanten Hinweisen und dem dann aufzunehmenden standardisierten, diagnostischen Verfahren.

Der erste Kontakt zwischen Ratsuchenden und der EB entsteht durch die Anmeldung, die durch den EB-Anmeldebogen strukturiert wird und erste *Belastungsfaktoren* zusätzlich zum eigentlichen Anmeldungsanlass erfragt. Insofern nimmt dieser Bogen eine besondere Aufgabe wahr. Neben den Funktionen und der Handhabbarkeit in der gewöhnlichen Familienberatung soll er ggf. erste Hinweise zu Gefährdungspotentialen liefern. Bei der Anpassung bisheriger Anmeldevordrucke an diesen Zweck haben wir folgende Funktionen für diesen Erhebungsbogen als unerlässlich angesehen:
- Erfassung der Daten, die für die *Erreichbarkeit* erforderlich sind
- Ökonomische Erhebung statistischer *Grunddaten außerhalb* des Beratungsprozesses (Erfassung wäre dort eher störend)
- Kurze Skizzierung der Problemstellung des *Anliegens* der Ratsuchenden zur *Vorinformation* für die Beratungsarbeit

> Grundsätzlich ist ein hoher, einheitlicher Kenntnisstand bzgl. aller relevanten Aspekte von Kindeswohlgefährdung in der Beratungsstelle unerlässlich, um gesicherte Beobachtungen und Schlussfolgerungen sowie einen vereinbarten Verfahrensstandard zu garantieren

- Erfassung der Daten zu den familiären Rahmenbedingungen als *Grundlage für den Beratungsprozess*
- Erhebung potentieller erster *Belastungsfaktoren* (alleinerziehend, Trennung, kinderreich, arbeitslos bzw. auf finanzielle Unterstützung angewiesen, Migrationshintergrund)
- Protokollierung des *Zugangsweges/"Überweisungskontextes"* (Selbstmelder vs. FamG. oder ASD) zwecks *Differenzierung* der Verfahrenswege
- Informationssammlung als *Hilfe zur Fallverteilung* im Team (Bewertung der Dringlichkeit, Notwendigkeit spezieller Kenntnisse etc.).

Daraus hat sich ein Anmeldebogen ergeben, der u. a. folgende Merkmale erfasst:

Tab. 4: Ausschnitt aus dem EB-Anmeldebogen

Allgemeines	- Beratungsstelle - Fall-Nr./Code - Anmeldedatum - Datum des ersten Fachkontakts - Statistisches Viertel (Lebensmittelpunkt des Index-Kl.) - von Beratungsstelle erfahren durch ... - Verwiesen durch: ... (FamG./ASD/keine)[4]	
Personalien der Eltern	- Name & Vorname (KM/KV) - Alter oder Geburtsdatum (KM/KV) - Adresse (KM/KV) - Telefonnummern (KM/KV) - *Berufe (KM/KV)* - *Tätigkeiten (KM/KV)* - *Wirtschaftliche Situation* - *Familienstatus* - *Sorgerecht bei ...*	gem. Schlüssel dto. dto.
Personalien aller Kinder	- Vorname & ggf. abweichender Nachname - Geburtsdatum - Kita/Schule - Kind lebt bei ...	

Anliegen	- Anlass der Beratung
	- *eilt, weil:*
	  - *massive elterliche Überlastung*
	  - *Anzeichen für Gewalt/Vernachlässigung*
	  - *Verbleib in der Familie gefährdet*
	- *Jugendlicher als Selbstmelder*
		ggf. weitere Notizen auf freier Rückseite

Sonstiges	Terminausschlüsse Wünsche bzgl. Beratungsperson etc.	

[4] Kategorien, die Hinweise auf Gefährdungspotential beinhalten können, sind im Anmeldebogen kursiv gesetzt.

3.3 Familie in der EB: Informationen von Dritten und/oder eigene Vermutung/Beobachtung der Beraterin. Handeln im laufenden Beratungsfall

3.3.1 Elternfragebogen

Der „Anamnestische Elternfragebogen"[5] bildete die Basis für den von uns entwickelten Elternfragebogen und den Explorationsleitfaden, ergänzt durch Items aus Döpfner et al. (2000) und Modulen zu Risikofaktoren aus Deegener und Körner (2006), Deegener et al. (2009) sowie Kindler et al. (2006).

Diesen von uns für den optionalen Einsatz vorgesehenen Fragebogen können/sollen die Eltern vor dem Erstgespräch ausfüllen/ausgefüllt mitbringen. In diesem Fall kann er den Prozess der Anamnese hinsichtlich bestimmter Themenbereiche deutlich verkürzen.

Der fünfseitige Fragebogen besteht – inklusive einer Einführung für Eltern - aus 26 Items zu den Bereichen
- Komplikationen, Krankheiten und Unfälle des Kindes,
- frühe Entwicklungsgeschichte des Kindes,
- derzeitige Probleme und genutzte Hilfeangebote,
- elterliche Akzeptanz des Kindes,
- Erziehungsmethoden.

Es handelt sich um 14 offene Fragestellungen (mit jeweils fragebezogenen Bearbeitungshinweisen) und 12 geschlossene Fragen (Ankreuz-Möglichkeiten bzw. Skalen).

Rahmenbedingungen für den Einsatz des Elternfragebogens sind:
- Hinreichende Sprachkompetenz und Verständnis
- Mitarbeit der Eltern im Sinne einer ehrlichen Beantwortung der Fragen
- Relevanz der Fragen für den geplanten Prüfprozess

Nur unter diesen Bedingungen ist der Fragebogen sinnvoll einsetzbar.

Der Fragebogen wird an anderer Stelle ausführlich vorgestellt (Körner et al., 2011).

> Diesen von uns für den optionalen Einsatz vorgesehenen Fragebogen können/sollen die Eltern vor dem Erstgespräch ausfüllen/ausgefüllt mitbringen

---

[5] Alle in diesem Artikel genannten Testverfahren sind bis auf die mit * gekennzeichneten Ausnahmen unter www.testzentrale.de erhältlich. Die mit * gekennzeichneten Verfahren finden sich in Deegener & Körner (2006).

3.3.2 EB-Explorations-Leitfaden

Neben den bekannten Aspekten von Erziehungsmethoden sollten in diesem Gespräch auch wichtige *Belastungsfaktoren* für KWG exploriert werden. Insofern ist diese Anamnese ein im Fokus erweitertes Verfahren der üblichen Vorgehensweise in Familienberatungsstellen.

Weitere Gesichtspunkte zum Erstgespräch allgemein sind bei Borg-Laufs (2006), Döpfner et al. (2000), Kubinger und Deegener (2001), Esser et al. (2006) und Röhrle et al. (2008), Aspekte zum Erstinterview mit Kindern bei Bormann & Meyer-Deters (2001) sowie mit Eltern bei Hungerige (2001) zu finden. Der konkrete Ablauf des diagnostischen Prozesses zur Klärung von KWG mit der Beteiligung aller Betroffenen wird bei Körner et al. (2011) erläutert.

Eine ausführliche Darstellung des Leitfadens ersparen wir uns hier. Stattdessen beschränken wir uns in aller Kürze auf die Vorstellung der Lebensdaten und -bereiche, die in unserem Leitfaden mit verschiedenen Unterpunkten Erwähnung finden. Dies sind:

– Persönliche Daten des Kindes und der Familienangehörigen: Personen und Beziehungsstruktur
– Lebenswelt des Kindes: Wohnung und Umfeld
– Schwangerschaft und Geburt
– Erstes Lebensjahr und frühkindliche Entwicklung
– Schwere Krankheiten und Unfälle
– Körperpflege und Erziehung im 3. bis 5. Lebensjahr
– Kiga: Entwicklungsgeschichte
– Situation in der Schule
– Freizeitverhalten
– Beziehung des Kindes zu Eltern, Geschwistern, anderen Erwachsenen, Gleichaltrigen
– Erziehungsstrategien
– Verhaltens- und Persönlichkeitsbeschreibung des Kindes
– Beschreibung von Störungen, Behinderungen, Beschwerden
– Ausführliche Beschreibung des Vorstellungsgrundes.

Eine Anamnese/Exploration beinhaltet unter Berücksichtigung der o. g. Kategorien die Analyse der potentiell beim Kind auftretenden Schädigungsaspekte, der Risikofaktoren sowie der Schutzfaktoren und Ressourcen.

3.4 Dringlichkeitseinschätzung

Wie aus Abb. 1 zu ersehen ist, hat mit dem Anmeldevordruck, Bogen zur Dringlichkeitseinschätzung (Abb. 2) und einem Jugendamts-Kriterienkatalog (an der Schnittstelle zum Sozialen Dienst) unverzüglich eine Dringlichkeitseinschätzung zu erfolgen, die entweder zu der Bewertung „akute KWG" und damit Übergabe an den ASD gemäß den jeweiligen Jugendamts-Standards führt oder zu dem Ergebnis kommt, dass weiterer Klärungsbedarf besteht.

„Die Dringlichkeit des weiteren Vorgehens ist im Wesentlichen vom Schweregrad und dem Ausmaß der eingeschätzten Kindeswohlgefährdung sowie den vorhandenen Schutzmöglichkeiten für das Kind abhängig. Als Prüffragen können dienen: Was geschieht mit dem Kind jetzt? Was könnte geschehen, wenn vom ASD nichts zum Schutz des Kindes unternommen wird? Und wie wahrscheinlich ist dies vor dem Hintergrund der bislang erhaltenen Informationen? (...) Es empfehlen sich für die Klärung der Bearbeitungsdringlichkeit die zeitlichen Kriterien 'sofort, innerhalb von 24 Stunden, innerhalb einer Woche oder mehr als einer Woche'" (Lillig, 2006, Kap. 47-4).

> Die Dringlichkeit des weiteren Vorgehens ist im Wesentlichen vom Schweregrad und dem Ausmaß der eingeschätzten Kindeswohlgefährdung sowie den vorhandenen Schutzmöglichkeiten für das Kind abhängig

3.4.1 Bogen zur Dringlichkeitseinschätzung

Der von uns entwickelte Fragebogen zur Dringlichkeitseinschätzung richtet sich an die Fachkräfte in der Familienberatung.

Der vorliegende Fragebogen ist eine erweiterte und überarbeitete Fassung des Meldebogens des Deutschen Jugendinstituts (DJI, 2006). Eingearbeitet wurde als normiertes Verfahren das Michigan Abuse Risk Assessment Instrument (MARAI) (Deegener und Körner, 2006, S. 312f.). Die Fragen des MARAI entsprechen den grau hinterlegten Feldern im Melde- und Dokumentationsbogen. Der Bogen ist nachfolgend abgebildet.

> Der vorliegende Fragebogen ist eine erweiterte und überarbeitete Fassung des Meldebogens des Deutschen Jugendinstituts. Eingearbeitet wurde als normiertes Verfahren das Michigan Abuse Risk Assessment Instrument

---

Name des Kindes _____

Datum/Uhrzeit der Meldung _____

Art der Meldung
❏ persönlich   ❏ telefonisch   ❏ schriftlich
❏ selbst   ❏ fremd   ❏ anonym

Bezug der Meldeperson zu dem/der Minderjährigen
❏ verwandt   ❏ soziales Umfeld   ❏ Institution   ❏ sonstiger Bezug:

Dreht sich die jetzige Meldung um Kindesmisshandlung?
   Nein ....0 Punkte
   Ja ....1 Punkte

Inhalt der Meldung

Zuerst die Inhalte, dann das Organisatorische!

ggf. weiter auf gesondertem Blatt

Authentizität der Meldung
Die Meldung beruht auf
❏ eigenen Beobachtungen ❏ Hörensagen ❏ Vermutungen der meldenden Person

Ist der Fachkraft eine frühere Meldung (durch eigene Kenntnis oder aufgrund Wissen des Melders) in diesem Fall bekannt?

Keine	0 Punkte
Misshandlungsverdacht	1 Punkte
Verdacht auf sexuellen Missbrauch	2 Punkte
Beides	3 Punkte

Angaben zu dem betroffenen jungen Menschen und seiner/ihrer Familie
❏ männlich ❏ weiblich (geschätztes) Alter: _____

Gegenwärtiger Lebensort des Kindes/Jugendlichen:
❏ Familie ❏ Mutter ❏ Vater ❏ Großeltern ❏ andere

Vorname, Nachname: _____

Adresse (Straße, Hausnummer, PLZ, Ort): _____

_____

Telefon/Fax/E-Mail-Adresse: _____

Anzahl der Kinder in der Familie?
  Eins ....0 Punkte
  Zwei und mehr ....1 Punkte

Wurden (nach Kenntnis des Melders oder der Fachkraft) für die Familie frühere Hilfen vom Jugendamt erbracht?
  Nein ....0 Punkte
  Ja ....1 Punkte

Wenn ja, in welchem Zusammenhang? _____

_____

Der/die Minderjährige besucht nach Angaben der Meldeperson folgende Einrichtung(en):
❏ Kindertagesstätte   ❏ Tagespflegefamilie   ❏ Schule   ❏ andere

Name(n) und Tel. der Institution(en): _____

_____

Weist das betroffene Kind Entwicklungsverzögerung, Behinderung oder delinquentes Verhaltensmuster auf?
  Nein ....0 Punkte
  Ja ....1 Punkte

Wurde eine Bezugsperson – soweit bekannt - selber als Kind misshandelt?
  Nein ....0 Punkte
  Ja ....1 Punkte

Hat die zweite Bezugsperson gegenwärtig ein Suchtproblem?
  Nein (oder keine zweite Bezugsperson) ....0 Punkte
  Ja ....1 Punkte

Verwendet eine der beiden Bezugspersonen exzessive bzw. unangemessene Disziplinierungsmaßnahmen?
  Nein ....0 Punkte
  Ja ....2 Punkte

Haben die Bezugspersonen eine Geschichte von Partnerschaftsgewalt?
  Nein ....0 Punkte
  Ja ....1 Punkte

Ist eine Bezugsperson als Elternteil sehr dominant?
  Nein ....0 Punkte
  Ja ....1 Punkte

Gibt es weitere ZeugInnen, die die Gefährdungssituation bemerkt bzw. beobachtet haben?

Name(n) der Personen/Institution(en): _____

_____

Adresse(n) (Straße, Hausnummer, PLZ, Ort): _____

Telefon/Fax/E-Mail-Adresse(n): _____

Bewertung der Gefährdung durch die Meldeperson

Seit wann sind der Meldeperson welche Auffälligkeiten oder Krisen in der Familie bekannt?

_____

Handelt es sich um eine einmalige oder um eine längerfristige Beobachtung einer Gefährdungssituation?

_____

Was veranlasste die Meldeperson gerade jetzt zu der Meldung?

_____

Angaben zur Meldeperson (sofern nicht anonym)

Vorname, Nachname: _____

Adresse (Straße, Hausnummer, PLZ, Ort): _____

Telefon/Fax/E-Mail: _____

am besten erreichbar: _____

Kooperation mit der Meldeperson

Die Meldeperson darf der Familie genannt werden.	❏ ja	❏ nein
Über die Meldeperson ist ein Zugang zur Familie möglich.	❏ ja	❏ nein
Die Meldeperson trägt selbst zum Schutz des/der Minderjährigen bei.	❏ ja	❏ nein

Wenn ja, wie?

Die Meldeperson ist zur Zusammenarbeit bereit: mit dem ASD ❏ ja ❏ nein
mit der EB ❏ ja ❏ nein

Einschätzung der meldenden Person durch die Fachkraft
Die Aussage der Meldeperson wirkt
❏ glaubhaft   ❏ widersprüchlich   ❏ zweifelhaft

Einschätzung der Sorgeverantwortlichen durch die Fachkraft:

Ist die zweite Bezugsperson zur Verbesserung ihrer Erziehungsfähigkeit motiviert?
Ja (oder keine zweite Bezugsperson) ....0 Punkte
Nein ....1 Punkte

Sieht die erste Bezugsperson den gegenwärtigen Vorfall im Vergleich zum Jugendamt als weniger ernst an?
Nein ....0 Punkte
Ja ....1 Punkte

Auswertungsverfahren:
Die Risikopunkte werden addiert und mit folgenden Risikokategorien verglichen:

Gering	=	0 bis 2 Punkte
Moderat	=	3 bis 5 Punkte
Hoch	=	6 bis 9 Punkte
Sehr hoch	=	10 bis 16 Punkte

Ergebnis:

Erhebungsdatum: _____   Erhoben von: _____

Punktezahl _____ = Risikokategorie _____

❏ nicht bewertet wegen Fehlens von mind. 3 Antworten

Weitere Bewertung der Fachkraft, die die Meldung entgegengenommen hat:

❏ Die Familie ist der Fachkraft nicht bekannt; es liegt keine Anmeldung vor.

❏ Es fehlen Informationen für die *abschließende* Bewertung einer Kindeswohlgefährdung.

Anmerkungen:

Weiterleitung der Meldung seitens der aufnehmenden Fachkraft an:

❏ unmittelbar an ASD: Name: _____
❏ an internen Beratungsprozess
❏ sonstiges, was? _____

Abgabedatum/-zeit: _____

Fachkraft, die die Meldung entgegengenommen hat

Vorname, Nachname: _____

Einrichtung: _____

Telefon/Fax/E-Mail-Adresse: _____

Funktion
❏ fallführende EB-Fachkraft   ❏ Vertretung dieser Fachkraft
❏ andere Beratungsfachkraft   ❏ Bürofachkraft

Abb. 2: Fragebogen zur Dringlichkeitseinschätzung

3.5 Sicherheitseinschätzung nach Kontakt mit Kind und Betreuungspersonen (beschränkt sich auf einen kurzen Zeitraum bis zum nächsten Kontakt mit der Familie)

Wir verstehen unter „Sicherheitseinschätzung" die Überprüfung der Höhe der Belastung der Eltern, die zu einer akuten Schädigung eines Kindes zwischen den Beratungskontakten führen könnte (ausführlich dazu Kindler, 2006, Kap. 71).

Für diese Aufgabe haben wir den Einsatz des „Eltern-Belastungs-Screening zur Kindeswohlgefährdung" (EBSK) (Deegener et al., 2009) vorgesehen.

Der EBSK dient einer ökonomischen, objektiven und validen Bewertung der kindlichen Sicherheit bei den Bezugspersonen. Er wird durch die Eltern ausgefüllt.

Der Test erfasst folgende Merkmale:
- Globale Stressbelastung und ihre Auswirkungen (z. B. innere Unruhe, Depressivität, Erregbarkeit, Ängste)
- Rigider Erziehungsstil/rigide Erwartungen an das Verhalten der Kinder
- Wahrnehmung des Kindes als Problemkind
- Eingeschränktes körperliches Befinden der Eltern
- Unzufriedenheit mit dem eigenen Leben und den interpersonalen Beziehungen
- Störungen der familiären Beziehungen
- Ich-Schwäche und emotionale Labilität
- Mangel an sozialer Unterstützung sowie Gefühle der Einsamkeit.

Er enthält folgende Skalen:
- Belastungsskala (47 Items)
- Lügenskala (5 Items)
- Zufallsantwortskala (8 Items)
- Inkonsistenzskala (6 Paare).

Die Auswertung erfolgt EDV-basiert am PC durch die jeweilige Beratungsfachkraft.

Bei der Interpretation des Testergebnisses (gemäß Handbuch) ist zu beachten:
- Bei mehr als 6 fehlenden Antworten in der B-Skala keine Auswertung und Deutung möglich
- Bei 3 fehlenden Werten in den L- und I- Skalen sowie 4 fehlenden Werten in Z-Skala Interpretation nur mit Vorsicht möglich.

Wir verstehen unter „Sicherheitseinschätzung" die Überprüfung der Höhe der Belastung der Eltern, die zu einer akuten Schädigung eines Kindes zwischen den Beratungskontakten führen könnte

Für diese Aufgabe haben wir den Einsatz des „Eltern-Belastungs-Screening zur Kindeswohlgefährdung" (EBSK) vorgesehen

Der Test ist ein Screening-Verfahren. Daher werden keine endgültigen Hilfeplanungen allein aufgrund der Testwerte durchgeführt werden. Vielmehr zeigt der Test zusätzlichen Klärungsbedarf und ggf. akuten Handlungsbedarf an.

Je nach Ergebnis der Sicherheitsprüfung (Prüfschritt 2 des Verfahrens in der Flowchart) ist entsprechend dem vorgegebenen „EB-Ablaufverfahren für KWG" entweder bereits an dieser Verfahrensstelle der ASD einzuschalten, weil die Sicherheit des Kindes zu diesem Zeitpunkt nicht gewährleistet ist, oder es ist mit der Klärung der Risiko-Aspekte als nächstem Prüfschritt (Schritt 3) fortzufahren.

3.6 Risikoeinschätzung

In den letzten Jahren wurde eine Vielzahl von Risikoinventaren, Leitfäden, sozialpädagogischen Diagnoseschemata, Kinderschutzbogen usw. entwickelt (siehe z. B. den kritischen Überblick im Kapitel von Metzner und Pawils in diesem Band), in denen sich die angeführten Risiko- und Schutzfaktoren in höchst unterschiedlichem Ausmaß widerspiegeln.

Einschätzung von Misshandlungs- und Vernachlässigungsrisiken: Diese Einschätzungsaufgabe beinhaltet die Sammlung und fachliche Bewertung von Informationen über die Wahrscheinlichkeit des zukünftigen Auftretens von Misshandlung und/oder Vernachlässigung. Teilweise können hierbei standardisierte Verfahren herangezogen werden, die unter ausdrücklicher Vorgabe von Kriterien und Bewertungsregeln zu einer Einschätzung führen. Im Unterschied zur Sicherheitseinschätzung, die sich auf den eher kurzen Zeitraum bis zum nächsten Kontakt mit einer Familie beschränkt, zielt die Risikoeinschätzung auf einen mittelfristigen Zeitraum von ein bis zwei Jahren „ (Kindler, 2006, Kap. 59-4).

Ferner sind *Schutzfaktoren* zu erheben, die trotz erheblicher Risikofaktoren eine positive Entwicklung, sogar bei ausgeprägten Traumatisierungen (vgl. dazu Deegener et al., 2009; Deegener und Körner, 2006; Deegener und Körner in diesem Band) ermöglichen können. Die Erfassung sowohl von Risiko- als auch von Schutzfaktoren kann nach unserer Einschätzung am besten mit standardisierten Testverfahren geleistet werden.

Die folgende Liste gibt einige Beispiele für die Erhebung verschiedener Aspekte; Analyse und Gewichtung der Ergebnisse müssen in einem kooperativen Prozess mit Klienten und Kollegen erfolgen (vgl. dazu Körner et al., 2011).

Tab. 5: Potentielle Testverfahren in der Prüfstufe 3 (Risikoeinschätzung)

Prozessschritt: Einschätzung von ...	Test + Zielgruppe (ZG)	Thema	Im Test erfasste Merkmale (Subtests)
Risiko - Faktoren beim Kind - Faktoren bei den Eltern - Faktoren in den familiären Beziehungen	Elternfragebogen für die Früherkennung von Risikokindern (ELFRA) ZG: Eltern von Ein- bis Zweijährigen)	Risikokinder	Entwicklungsstand bei der Sprachproduktion, dem Sprachverständnis, dem gestischen Verhalten sowie der Feinmotorik
	Persönlichkeitsfragebogen für Kinder (PFK 9-14) (ZG: 9 - 14 J.)	Persönlichkeit (Kind)	Fehlende Willenskontrolle; Extravertierte Aktivität; Zurückhaltung und Scheu im Sozialkontakt; Bedürfnis nach Ich-Durchsetzung, Aggression und Opposition; Bedürfnis nach Alleinsein und Selbstgenügsamkeit; Schulischer Ehrgeiz (Wertschätzung für und Bemühung um Erfolg und Anerkennung in der Schule); Bereitschaft zu sozialem Engagement; Neigung zu Gehorsam und Abhängigkeit gegenüber Erwachsenen; Maskulinität der Einstellung; Selbsterleben von allgemeiner (existenzieller) Angst; Selbstüberzeugung (hinsichtlich Erfolg und Richtigkeit eigener Meinungen, Entscheidungen, Planungen und Vorhaben); Selbsterleben von Impulsivität; Egozentrische Selbstgefälligkeit; Selbsterleben von Unterlegenheit gegenüber anderen
	Inventar zur Erfassung der Lebensqualität bei Kindern und Jugendlichen (ILK) (ZG: 6 - 18 J.)	Lebensqualität	Schule, Familie, Soziale Kontakte zu Gleichaltrigen, Interessen und Freizeitgestaltung, Körperliche Gesundheit, Psychische Gesundheit; Zusatz: Belastung durch aktuelle Erkrankung, Belastung durch die diagnostischen und therapeutischen Maßnahmen (jeweils sowohl eigene als auch die der Eltern)
	California Family Risk Assessment Scale *[6] (ZG: Eltern)	Familie (Risikofaktoren)	Vernachlässigung, Misshandlung
	Das Erziehungsstil-Inventar (ESI) (ZG: Eltern)	Erziehungsstil	Unterstützung, Einschränkung, Lob, Tadel, Strafintensität, Inkonsistenz
	Elternstressfragebogen (ESF) (ZG: Eltern von Drei- bis Zwölfjährigen)	Stressbelastung	Elterl. Stresserleben in Interaktion mit dem Kind, Rollenrestriktion, soziale Unterstützung, Partnerschaft
	Sceno-Test (ZG: Kinder; keine Altersangabe)	Analyse bewusster und unbewusster Beziehungsprobleme	Einsatz mit unterschiedlicher Zielrichtung möglich; Beobachtung; Interpretation der Spielsituation (ohne Normierung)
	Familien- und Kindergarten-Interaktions-Test (FIT-KIT) (ZG: 4 - 8 J.)	Erfassung der von Kindern wahrgenommenen Eltern-Kind-Interaktion bzw. solchen mit Erziehern	Alltagssituationen (Problem, Kooperation, Konflikt, Ideen, Kummer, Spaß) bzgl. der Kategorien Kooperation, Hilfe, Abweichung, Restruktion, kindliche Hilfe suchen, kindliche Diplomatie, kindl. Renitenz, Bekräftigung kindl. Ideen, Trösten bei Kummer, emotionale Abwehr, Faxen machen und Toben
	Das Subjektive Familienbild Leipzig-Marburger-Familientest (SFB) (ZG: ab 12 J.)	Erfassung subjektiver Beziehungs- und Erziehungsstrukturen in der Familie	Beschreibung der 6 gerichteten Beziehungen (familiale Triade) jeweils mit den Kategorien Selbständigkeit, Interesse, Warmherzigkeit, Entschlossenheit, Verständnis, Sicherheit

[6] Die mit * gekennzeichneten Verfahren finden sich in Deegener und Körner (2006).

3.7 Erfassung bisher eingetretener Beeinträchtigungen bei Kindern

Die von Kindern gestellten Erziehungsanforderungen hängen wesentlich von ihrem Entwicklungsstand und Verhalten ab. Daher ist eine Einschätzung elterlicher Erziehungsfähigkeiten ohne Untersuchung der von den Eltern zu versorgenden Kinder meist wenig sinnvoll

„Die von Kindern gestellten Erziehungsanforderungen hängen wesentlich von ihrem Entwicklungsstand und Verhalten ab. Daher ist eine Einschätzung elterlicher Erziehungsfähigkeiten ohne Untersuchung der von den Eltern zu versorgenden Kinder meist wenig sinnvoll. Darüber hinaus sind an die Eltern gerichtete Hilfen zur Erziehung in manchen Fällen zum Scheitern verurteilt, wenn nicht gleichzeitig die Förderung bzw. Behandlung eines Kindes in die Wege geleitet wird. Schließlich ergeben sich stellenweise aus besonderen Charakteristika oder Verlaufsformen kindlicher Entwicklung relevante Hinweise auf die bislang erlebte Fürsorge und die Genese von Auffälligkeiten" (Kindler, 2006, Kap. 59-4; vgl. auch Kindler, 2006, Kap. 60).

Hierfür schlagen wir u. a. die in Tabelle 6 aufgeführten Verfahren vor.

3.8 Stärken und Schwächen der Eltern in der Erziehungsfähigkeit

„Zur Erfassung von Ressourcen gibt es unterschiedliche methodische Zugangsweisen. Zum einen können in der Zusammenarbeit mit psychologischen Fachkräften testdiagnostische Zugänge gewählt werden. Einen weiteren Zugang eröffnen differenzierte und vertiefende Explorationen mit dem Kind bzw. dem/der Jugendlichen oder den Eltern. Ressourcenorientierte Explorationen werden nicht nur durch die Arbeitsweise der Sozialen Arbeit nahe gelegt, sondern haben darüber hinaus den besonderen Vorteil, dass Kinder oder Eltern über ein solches Gespräch ihren Blickwinkel weniger auf eigene Unzulänglichkeiten und Schwierigkeiten als auf persönliche Stärken richten. Dies kann im Sinne einer Erweiterung der Eigenwahrnehmung die subjektive „Kompetenzerwartung" oder „Kontrollüberzeugung" erhöhen und Kräfte mobilisieren, die dann wiederum zirkulär rückwirken können(...). Neben fundierten Gesprächen kann sich die diagnostische Arbeit sozialpädagogischer Fachkräfte auch auf die Entdeckung von Ressourcen durch Beobachtungen stützen. Die Verhaltensbeobachtung selbst kann je nach Zielsetzung eher strukturiert oder unstrukturiert, offen vs. verdeckt oder mit niedrigem vs. hohem Partizipationsgrad erfolgen" (Sobczyk, 2006, Kap. 67-2).

Für die Erfassung von Stärken und Schwächen in der Erziehungsfähigkeit empfehlen sich die in Tabelle 7 aufgeführten Verfahren

Für die Erfassung von Stärken und Schwächen in der Erziehungsfähigkeit empfehlen sich die in Tabelle 7 aufgeführten Verfahren.

Tab. 6: Potentielle Testverfahren in der Einschätzungsphase 4 (Beeinträchtigungen von Kindern)

Prozessschritt: Einschätzung von ...	Test + Zielgruppe (ZG)	Thema	Im Test erfasste Merkmale (Subtests)
Beeinträchtigung - Entwicklungsrückstand - aggressives, oppositionelles, hyperaktives Verhalten - depressive Symptome, Angst, Suizidalität - Psychosomatische Beschwerden - Psychiatrische Störungsbilder	Elternfragebogen 1. über das Verhalten von Kindern und Jugendlichen (Child Behavior Check List CBCL &) 2. für Jugendliche (YSR) (ZG: 4 - 18 J.)	Auffälligkeiten im Kinder- und Jugendalter	Sozialer Rückzug, körperliche Beschwerden, ängstlich depressiv, soziale Probleme, schizoid/zwanghaft, Aufmerksamkeitsprobleme, dissoziales Verhalten, aggressives Verhalten, andere Probleme
	Depressions-Inventar für Kinder und Jugendliche (DIKJ) (ZG: 8 - 16 J.)	Depression	alle wesentlichen Symptome der depressiven Störung (Major Depression gemäß DSM-IV) sowie typische Begleiterscheinungen und Folgen
	Diagnostisches Interview bei psychischen Störungen im Kinder- und Jugendalter (Kinder-DIPS) (ZG: 6 - 18)	Störungen nach ICD und DSM IV	Aufmerksamkeitsstörung, Hyperaktivität, Impulsivität, Trennungsangst, generalisierte Angst, soziale Phobie, spezifische Phobie, depressive Störungen, oppositionell-aggressives Verhalten, dissozial-aggressives Verhalten
	Hamburger Persönlichkeitsfragebogen für Kinder (HAPEF-K) (ZG: 9 - 13 J.)	Persönlichkeit (Kind)	Teil 1 umfasst die Skalen Emotional bedingte Leistungsstörungen, initiale Angst- und somatische Beschwerden sowie Aggression; Teil 2 des Fragebogens umfasst die Skalen Neurotizismus, Reaktion auf Misserfolg und Extraversion
	Fragebogen zur Emotionsregulation bei Kindern und Jugendlichen (FEEL-KJ) (ZG: 10 - 20 J.)	Emotionssteuerung (auch zur Erstellung eines Ressourcen-Profils)	Regulierung von Angst, Trauer, Wut; Adaptive Strategien: Problemorientiertes Handeln, Zerstreuung, Stimmung anheben, Akzeptieren, Vergessen, Umbewerten, kognitives Problemlösen Maladaptive Strategien: Aufgeben, aggressives Verhalten, Rückzug, Selbstabwertung, Perseveration. Weiteres: Ausdruck, Soziale Unterstützung, Emotionskontrolle
	Profil psychosomatischer Belastungen	Psychosomatik	Außergewöhnliche Familiensituation, individuelle Belastungen in der Familie, disharmonische Beziehungen, auffällige Erziehungsbedingungen, Kommunikationsstörungen
	Kaufman-Assessment Battery for Children/K-ABC (ZG: 2;6 - 12 J.)	Entwicklungsdefizit	Einzelheitliches Denken, ganzheitliches Denken, intellektuelle Fähigkeiten, Fertigkeiten, sprachfreie Intelligenz
	Wiener Entwicklungstest/ WET (ZG: 3 - 6 J.)		Motorik, Visuomotorik/visuelle Wahrnehmung, Lernen und Gedächtnis, kognitive Entwicklung und Sprache, sozial-emotionale Entwicklung
	Münchener Funktionelle Entwicklungsdiagnostik/ MFED (ZG: 2 - 3 J.)		Körperbewegung, Handgeschicklichkeit, Erfassen von Zusammenhängen, aktive Sprache, Sprachverständnis, Sozialentwicklung, Selbständigkeit
	Basisdiagnostik für umschriebene Entwicklungsstörung/BUEVA (ZG: 4 - 5 J.)		Allgemeine Intelligenz, Artikulation, expressive und rezeptive Sprache, Visuomotorik, Aufmerksamkeitsleistung

Tab. 7: Potentielle Testverfahren in der Prüfstufe 5 (Erziehungsfähigkeit der Eltern)

Prozessschritt: Einschätzung von ...	Test + Zielgruppe (ZG)	Thema	Im Test erfasste Merkmale (Subtests)
Stärken/ Schwächen (Bezugspersonen) - Pflege - Versorgung - Bindung - Regeln, Werte - Förderung - elterlicher Umgang mit Stress	Fragebogen zur sozialen Unterstützung (F-SozU) (ZG: Eltern)	Elterliche Unterstützung	Emotionale Unterstützung, Praktische Unterstützung, Soziale Integration, und Belastung aus dem sozialen Netzwerk sowie die ergänzenden Skalen Reziprozität, Verfügbarkeit einer Vertrauensperson und Zufriedenheit mit sozialer Unterstützung
	Erziehungsstil-Inventar (ESI) (ZG: Eltern)	Erziehungsstil	Unterstützung, Einschränkung, Lob, Tadel, Strafintensität, Inkonsistenz
	Stressverarbeitungsfragebogen (SVF) (ZG: Eltern, Erwachsene)	Stress	Bagatellisieren, Herunterspielen, Schuldabwehr, Ablenkung von der Situation, Ersatzbefriedigung, Suche nach Selbstbestätigung, Situationskontrollversuche, Reaktionskontrollversuche, positive Selbstinstruktion, Bedürfnis nach sozialer Unterstützung, Vermeidungstendenz, Fluchttendenz, soziale Abkapselung, gedankliche Weiterbeschäftigung, Resignation, Selbstbemitleidung, Selbstbeschuldigung, Aggression, Pharmakaeinnahme
	Konfliktverhalten in der Familie (KV-FAM) (ZG: Eltern)	Umgang mit familiären Konflikten (Paarebene, Eltern-Kind, erweiterte Familie, Umfeld)	Selbstsicherheit/Stoizismus, Besorgtheit/Unsicherheit, Verbundenheit/Verstrickung, Affektivität/Aggressivität, Kommunikativität/Durchsetzungsschwäche, Zurückhaltung/Rückzug, Unterstützung/Aufopferung, Rollenteilung/Abgrenzung, Zufriedenheit/Oberflächlichkeit, Körperkontakt/Somatisierung
	Fragebogen zum erinnerten elterlichen Erziehungsverhalten (FEE) (ZG: Eltern, Erwachsene)	Erziehungsverhalten	Ablehnung und Strafe, Emotionale Wärme sowie Kontrolle und Überbehütung

Weitere Gemeinsamkeiten mit unserem Ansatz zeigen sich bei folgenden Empfehlungen für das methodische Vorgehen:
„Dabei ist auf neuere testpsychologische Verfahren hinzuweisen, die sich ausdrücklich mit der Erfassung von Ressourcen beschäftigen. Hierzu zählt etwa das 'Berner Ressourceninventar' (Trösken 2003), der 'Fragebogen zur Erfassung persönlicher Ressourcen (FEPR)' (Schiepek/Honermann 1997), der für Kinder und Jugendliche angepasste 'Stressverarbeitungsfragebogen' (Hampel et al. 2001), das 'Ressourceninterview' (Schiepek/Cremers 2003) und der überarbeitete und in seiner vierten Fassung neu normierte 'Persönlichkeitsfragebogen für Kinder (PFK 9-14) (Seitz/Rausche 2004). Weiterhin kann auch die statusorientierte psychologische Einzeldiagnostik mit Leistungs-, Interessens- und Persönlichkeitstests sowie Tests zur Erfassung der Motivations- und Emotionslage Hinweise auf wichtige psychische Ressourcen liefern. Schließlich können auch entwicklungspsychologische oder klinische Verfahren der Beziehungsdiagnostik (z. B. 'Bindungsinterview für die späte Kindheit (BISK)', Zimmermann/Scheuerer-Englisch 2003) weiteren Aufschluss über soziale

Ressourcen geben (...). Beispiele für ressourcenorientierte Fragen, die in Explorationsgesprächen mit Eltern eingesetzt werden können, finden sich z. B. bei Helming et al. (1998, S. 262f.), ein für die Jugendhilfe entwickeltes Instrument zur Erfassung kindlicher Ressourcen wurde von Schneider/Pickartz 2004 vorgestellt und kann der Exploration eines Kindes zugrunde gelegt werden" (Sobczyk, 2006, Kap. 67-6, Fußnoten 9 und 10).

Schließlich können auch entwicklungspsychologische oder klinische Verfahren der Beziehungsdiagnostik weiteren Aufschluss über soziale Ressourcen geben

3.9 Prüfung der Kooperationsbereitschaft/ Veränderungsbereitschaft der Eltern

Die Einschätzung von Kooperations- und Veränderungsbereitschaft von Eltern stellt eine weitere Aufgabe in diesem Prozess dar, die nicht nur für den ASD, sondern auch für die EB relevant ist:
„Eine festgestellte Kindeswohlgefährdung berechtigt und verpflichtet die Jugendhilfe zum Handeln. Welche Gestalt dieses Handeln annimmt, wird aber wesentlich durch die Veränderungsbereitschaft und -fähigkeit der Eltern mitbestimmt.
Sofern eine ausreichende Veränderungsbereitschaft erkennbar ist oder geweckt werden kann und Aussicht auf erfolgreiche Veränderungsprozesse besteht, steht in der Regel die Suche nach einer Möglichkeit der freiwilligen Zusammenarbeit im Vordergrund. Andernfalls muss die Möglichkeit einer Einschränkung elterlicher Rechte erörtert werden, damit von Seiten der Jugendhilfe anstelle der Eltern eine Gefahrenabwehr vorgenommen werden kann. Eine genauere Unterscheidung verschiedener Phasen und Formen der Veränderungsbereitschaft gibt darüber hinaus Hinweise zur Gestaltung des Kontakts mit den Eltern (...)" (Kindler, 2006, Kap. 59-5).
Der Autor (ebd., Kap. 72-2f.) nennt folgende Anhaltspunkte für die Einschätzung der elterlichen Veränderungsbereitschaft:
- Zufriedenheit der Eltern mit der gegenwärtigen Situation
- Selbstvertrauen und realistische Hoffnung auf Veränderung
- Subjektive Normen zu Hilfesuche
- Haltung gegenüber belegbaren Kindeswohlgefährdungen
- Geschichte der Inanspruchnahme und Wirkung von Hilfe
- Einschränkungen der Fähigkeit, von verfügbaren Hilfen zu profitieren

Der Autor nennt folgende Anhaltspunkte für die Einschätzung der elterlichen Veränderungsbereitschaft

Diese Anhaltspunkte können u. a. mit folgenden Fragebogen ermittelt werden:

Diese Anhaltspunkte können u. a. mit folgenden Fragebogen ermittelt werden

Tab. 8: Potentielle Testverfahren in der Einschätzungsstufe 6 (Kooperation und Veränderungsbereitschaft)

Prozessschritt: Einschätzung von ...	Test + Zielgruppe (ZG)	Thema	Im Test erfasste Merkmale (Subtests)
Kooperationsbereitschaft/ Motivation - Änderungswille - Steuerungsüberzeugung - Bild der Elternschaft	Fragebogen zur Erfassung von Kompetenzüberzeugung und Selbstwertgefühl als Eltern (FKSE) *s. Fußnote 4 (ZG: Eltern)	Sicherheit bzgl. Erzieherischer Regulationsprozesse	Kompetenzüberzeugung bzgl. der Beeinflussbarkeit kindlichen Verhaltens, Kompetenzüberzeugung bzgl. der Kommunikation über kindliche Probleme und Gefühle, Erfüllung durch die Aufgaben und Anforderungen als Eltern, mit der Elternschaft verbundene Einschränkungen
	Allgemeine Selbstwirksamkeitserwartung (SWE) *s. Fußnote 4 (ZG: hier Eltern)	Einschätzung eigener Wirksamkeit	Optimistische Kompetenzerwartung und Überzeugung, eine schwierige Lage/Anforderungssituation aus eigener Kraft und Fähigkeit heraus zu meistern

Während der laufenden Diagnostik- und Beratungsphase ermöglicht die Dokumentation des Fallverlaufes die ständige Überprüfung der notwendigen Schritte.

4. Dokumentation des Prüfverfahrens „Kindeswohlgefährdung"

Das gesamte Einschätzungs- und ggf. Interventionsverfahren zur Kindeswohlgefährdung wird fortlaufend verschriftlicht und damit nachvollziehbar gemacht

Das gesamte Einschätzungs- und ggf. Interventionsverfahren zur Kindeswohlgefährdung wird fortlaufend verschriftlicht und damit nachvollziehbar gemacht.

Neben dem Ablaufschema (Abb. 1) ist der standardisierte Protokollbogen in unserem Verfahren das wichtigste Hilfsmittel, um in der komplexen Schrittfolge des KWG-Prüfverfahrens als für den Fall verantwortliche Beratungsfachkraft die Übersicht zu behalten. Er bietet der Fachkraft somit Übersichtlichkeit bzgl. des eigenen Handelns, Nachvollziehbarkeit bei Prüfungen, Handlungs- und Verantwortungssicherheit.

Der Bogen umfasst fünf Seiten und wird in unserem Verfahren multifunktional eingesetzt; er bietet in standardisierter, ökonomischer Form folgende Funktionen

Der Bogen umfasst fünf Seiten und wird in unserem Verfahren (s. Körner et al., 2011) multifunktional eingesetzt; er bietet in standardisierter, ökonomischer Form folgende Funktionen:

- Einsatz zur Protokollierung der Meldung Dritter (Externer) zu Hinweisen auf Kindeswohlgefährdung
- Checkliste für die Abarbeitung des EB-Standardverfahrens zum KWG-Prüfablauf
- Bündelung aller relevanten personenbezogenen und verfahrensseitigen Daten
- Protokollbogen des eigenen Handelns der Beratungsfachkraft
- Möglichkeit der Terminplanung und -übersicht bei einer EB-*Intervention* nach KWG-Prüfung

– Verfahrens- und Zuständigkeitstransparenz an den Institutionsschnittstellen.

Der Protokollbogen lehnt sich in seiner Struktur (Eingangsphase; Dringlichkeitsprüfung; Sicherheitseinschätzung; weiterer diagnostischer Klärungsprozess; Hilfeplanung, Intervention, Evaluation) eng an den vorgegebenen Verfahrensablauf des Beratungsstellen-internen Prüfverfahrens (siehe Flowchart) an.
Durch diese Einteilung stellt er für die Fachkraft ein Gerüst zur verfahrenssicheren Prüfung und ggf. Intervention bei Kindeswohlgefährdung dar. Alle relevanten Bearbeitungsaspekte werden in dem Bogen abgebildet und somit verschriftlicht. Da es sich zum großen Teil um Ankreuzmöglichkeiten handelt, bildet der Protokollbogen eine ökonomische Form der einheitlichen Aktenführung zum Prüfverfahren.

5. Fazit

Das skizzierte Verfahren stellt eine Möglichkeit der schrittweisen Prüfung von Kindeswohlgefährdung innerhalb von Psychologischen Beratungsstellen dar. Es nutzt dabei die aktuellen wissenschaftlichen Erkenntnisse und setzt diese in einem Beratungskontext um. Rechtliche und fachliche Erfordernisse sind in das Verfahren eingeflossen. Das Verfahren ist nicht nur für Fachkräfte in Beratungsstellen geeignet, sondern für alle Institutionen, in denen spezifische diagnostische Kompetenz vorhanden ist; für Einrichtungen und Fachkräfte mit geringeren psychodiagnostischen Kenntnissen wird an anderer Stelle ein strukturierter Leitfaden vorgestellt (Körner et al., 2011).
Für die ersten beiden Stufen „Dringlichkeitseinschätzung" und „Sicherheitseinschätzung" wird eine hinreichende testdiagnostische Kompetenz von *allen* Fachkräften verlangt, in den weiteren Klärungsstufen wird zumindest eine entsprechende diagnostische Basiskompetenz erwartet; die Fähigkeit zu einer tiefer gehenden testdiagnostischen Klärung kann in diesen Fällen auch von speziell befähigten Personen im Team durchgeführt werden.
Es soll abschließend nochmals darauf aufmerksam gemacht werden, dass das beschriebene Prüfverfahren (Prozess-Modul 3 in Tab. 3) nicht für sich allein in einer Beratungsstelle bestehen kann. Wir haben es daher in ein Modell des Umgangs mit Kindeswohlgefährdung eingebunden (s. Tab 3), bei dem im Vorfeld die Aneignung von Fach- und Verfahrenswissen die über Erfolg entscheidende Rolle spielt. Ohne fundiertes und alle Aspekte berücksichtigendes Fachwissen zum genannten Thema, ohne entsprechende gefährdungsspezifi-

Das Verfahren ist nicht nur für Fachkräfte in Beratungsstellen geeignet, sondern für alle Institutionen, in denen spezifische diagnostische Kompetenz vorhanden ist; für Einrichtungen und Fachkräfte mit geringeren psychodiagnostischen Kenntnissen wird an anderer Stelle ein strukturierter Leitfaden vorgestellt (Körner et al., 2011)

Durch die Verbindung der Prozess-Module 1 (= Wissens- und Erfahrungsaneignung) und 3 (= standardisiertes Verfahren zur KWG-Diagnostik) werden Intuition und Analyse systematisch miteinander verschränkt

sche Sensibilität im Beratungsalltag, ohne internalisierte Routinen der Beobachtung von neuralgischen Aspekten und Beherrschen des beschriebenen Verfahrensablaufs läuft unseres Erachtens das Prüfverfahren bei aller fachlichen Qualität Gefahr, beliebig und „nach Gefühl" statt einheitlich und systematisch eingesetzt zu werden. Durch die Verbindung der Prozess-Module 1 (= Wissens- und Erfahrungsaneignung) und 3 (= standardisiertes Verfahren zur KWG-Diagnostik) werden Intuition und Analyse (s. Kindler, in diesem Band) systematisch miteinander verschränkt.

Bleibt noch anzumerken, dass ein professionalisierter Prüfprozess auf hohem fachlichen Niveau in einer Beratungsstelle keine gewünschten positiven Ergebnisse zeitigen kann, wenn er an der institutionellen Schnittstelle endet, die in dem Gesamtprozess der Behebung von Kindeswohlgefährdung die Umsetzung des Schutzauftrages in der Jugendhilfe übernimmt (dies wird in der Regel der Allgemeine Soziale Dienst des Jugendamtes sein). Ein gelingendes Modell muss daher an dieser Schnittstelle seitens der Beratungsstellen eine gemeinsame fachliche Sprache finden.

Literatur

Balloff, R. (2004). Überblick über Begutachtungsmethoden. In W. Körner & A. Lenz (Hrsg.), Sexueller Missbrauch. Band 1: Grundlagen und Konzepte (S. 140-163). Göttingen: Hogrefe.

Bange, D. & Körner, W. (2004). Leitlinien im Umgang mit dem Verdacht auf sexuellen Missbrauch. In W. Körner & A. Lenz (Hrsg.), Sexueller Missbrauch. Band 1: Grundlagen und Konzepte (S. 247-273). Göttingen: Hogrefe.

Bange, D. & Körner, W. (Hrsg) (2002). Handwörterbuch Sexueller Missbrauch. Göttingen: Hogrefe Verlag.

Borg-Laufs, M. (2006). Störungsübergreifendes Diagnostik-System für die Kinder- und Jugendlichenpsychotherapie (SDS-KJ). Tübingen: dgvt.

Bormann, M. & Meyer-Deters, W. (2001). Das Explorationsgespräch mit Kindern. In M. Borg-Laufs (Hrsg.), Lehrbuch der Verhaltenstherapie mit Kindern und Jugendlichen (S. 95-115). Tübingen: dgvt.

Deegener, G. (2004). Non-verbale diagnostische Verfahren. In W. Körner & A. Lenz (Hrsg.), Sexueller Missbrauch. Band 1: Grundlagen und Konzepte (S. 129-139). Göttingen: Hogrefe.

Deegener, G. & Körner, W. (Hrsg.) (2005). Kindsmisshandlung und Vernachlässigung. Ein Handbuch. Göttingen: Hogrefe.

Deegener, G. & Körner, W. (2006). Risikoerfassung bei Kindsmisshandlung und Vernachlässigung. Lengerich: Pabst.

Deegener, G., Spangler, G., Körner, W. & Becker, N. (2009). Eltern-Belastungs-Screening zur Kindeswohlgefährdung (EBSK). Göttingen: Hogrefe.

DJI (2006). Melde- und Prüfbögen. In H. Kindler, S. Lillig, H. Blüml, T. Meysen, & A. Werner (Hrsg.), Handbuch Kindeswohlgefährdung nach § 1666 und

Allgemeiner Sozialer Dienst (ASD) (Anhang). München: Deutsches Jugendinstitut.

Döpfner, M., Lehmkuhl. G., Heubrock, D. & Petermann, F. (2000). Diagnostik psychischer Störungen im Kindes- und Jugendalter. Göttingen: Hogrefe.

Esser, G. et al. (2006). Bausteine der Diagnostik – Multimodale Diagnostik. In F. Mattejat (Hrsg.), Lehrbuch der Psychotherapie. Band 4: Verhaltenstherapie mit Kindern, Jugendlichen und ihren Familien (S. 121-140). München: CIP-Medien.

Hörmann, G. & Körner, W. (Hrsg.) (2008). Einführung in die Erziehungsberatung. Stuttgart: Kohlhammer.

Hungerige, H. (2001). Das Explorationsgespräch mit Eltern. In M. Borg-Laufs (Hrsg.), Lehrbuch der Verhaltenstherapie mit Kindern und Jugendlichen (S. 41-94). Tübingen: dgvt.

Jones, D. P. H. (2002). Die Behandlung des misshandelten oder vernachlässigten Kindes und seiner Familie. In M. E. Helfer, R. S. Kempe & R. D. Krugmann (Hrsg.), Das misshandelte Kind (S. 773-804). Frankfurt a. M.: Suhrkamp.

Kindler, H. (2005). Verfahren zur Einschätzung der Gefahr künftiger Misshandlung bzw. Vernachlässigung: ein Forschungsüberblick. In G. Deegener & W. Körner (Hrsg.), Kindesmisshandlung und Vernachlässigung. Ein Handbuch (S. 385-404). Göttingen: Hogrefe.

Kindler, H. (2006). Wie kann die gegenwärtige Sicherheit eines Kindes eingeschätzt werden? In H. Kindler, S. Lillig, H. Blüml, T. Meysen & A. Werner (Hrsg.), Handbuch Kindeswohlgefährdung nach § 1666 und Allgemeiner Sozialer Dienst (ASD) (Kap. 71). München: Deutsches Jugendinstitut.

Kindler, H. (2006). Wie kann die Veränderungsbereitschaft und -fähigkeit von Eltern eingeschätzt werden? In H. Kindler, S. Lillig, H. Blüml, T. Meysen & A. Werner (Hrsg.), Handbuch Kindeswohlgefährdung nach § 1666 und Allgemeiner Sozialer Dienst (ASD) (Kap. 72). München: Deutsches Jugendinstitut.

Kindler, H. (2006). Welche Einschätzaufgaben stellen sich in Gefährdungsfällen? In H. Kindler, S. Lillig, H. Blüml, T. Meysen & A. Werner (Hrsg.), Handbuch Kindeswohlgefährdung nach § 1666 und Allgemeiner Sozialer Dienst (ASD) (Kap. 59). München: Deutsches Jugendinstitut.

Kindler, H. (2006). Wie können Schwierigkeiten und Förderbedürfnisse bei Kindern erhoben werden? In H. Kindler, S. Lillig, H. Blüml, T. Meysen & A. Werner (Hrsg.), Handbuch Kindeswohlgefährdung nach § 1666 und Allgemeiner Sozialer Dienst (ASD) (Kap. 60). München: Deutsches Jugendinstitut.

Kindler, H., Lillig, S., Blüml, H., Meysen, T. & Werner, A. (Hrsg.) (2006). Handbuch Kindeswohlgefährdung nach § 1666 und Allgemeiner Sozialer Dienst (ASD). München: Deutsches Jugendinstitut.

Körner, W. (1992). Die Familie in der Familientherapie. Opladen: Westdeutscher.

Körner, W. & Hörmann, G. (Hrsg.) (1998). Handbuch der Erziehungsberatung. Band 1. Anwendungsbereiche und Methoden der Erziehungsberatung. Göttingen: Hogrefe.

Körner, W. & Hörmann, G. (Hrsg.) (2000). Handbuch der Erziehungsberatung. Band 2. Praxis der Erziehungsberatung. Göttingen: Hogrefe.

Körner, W. & Lenz, A. (Hrsg.) (2004). Sexueller Missbrauch. Band 1. Grundlagen und Konzepte. Göttingen: Hogrefe.

Körner, W. & Sitzler, F. (1998). Elterliche Gewalt gegen Kinder. In W. Körner & G. Hörmann (Hrsg.), Handbuch der Erziehungsberatung. Band 1: Anwendungsbereiche und Konzepte der Erziehungsberatung (S. 281-309). Göttingen: Hogrefe.

Körner, W. & Vogt-Sitzler (2005). Konzepte der Erziehungsberatung bei elterlicher Gewalt. In G. Deegener & W. Körner (Hrsg.), Kindesmisshandlung und Vernachlässigung. Ein Handbuch (S. 617-636). Göttingen: Hogrefe.

Körner, W., Deegener, G. & Heuer, F. (2011). Diagnostik von Kindesmisshandlung und Vernachlässigung. Ein Leitfaden. Göttingen: Hogrefe (i.V.).

Kubinger, K. D. & Deegener, G. (2001). Psychologische Anamnese bei Kindern und Jugendlichen. Göttingen: Hogrefe.

Lillig, S. (2006) Welche Phasen der Fallbearbeitung lassen sich unterscheiden? In H. Kindler, S. Lillig, H. Blüml, T. Meysen & A. Werner (Hrsg.), Handbuch Kindeswohlgefährdung nach § 1666 und Allgemeiner Sozialer Dienst (ASD) (Kap. 44). München: Deutsches Jugendinstitut.

Lillig, S. (2006). Wie ist mit der Neu-Meldung einer Kindeswohlgefährdung umzugehen? In H. Kindler, S. Lillig, H. Blüml, T. Meysen & A. Werner (Hrsg.), Handbuch Kindeswohlgefährdung nach § 1666 und Allgemeiner Sozialer Dienst (ASD) (Kap. 47). München: Deutsches Jugendinstitut.

Motzkau, E. (2002). Kindesmisshandlung. In D. Bange & W. Körner (Hrsg.), Handwörterbuch Sexueller Missbrauch (S. 300-305). Göttingen: Hogrefe.

Sobczyk, M. (2006). Wie können Ressourcen von Eltern bzw. Familien eingeschätzt werden? In H. Kindler, S. Lillig, H. Blüml, T. Meysen & A. Werner (Hrsg.), Handbuch Kindeswohlgefährdung nach § 1666 und Allgemeiner Sozialer Dienst (ASD) (Kap. 67). München: Deutsches Jugendinstitut.

Stieglitz, R. (2008). Klinisch-psychologische Erhebungsmethoden. In B. Röhrle, F. Caspar & P. F. Schlottke (Hrsg.), Lehrbuch der klinisch-psychologischen Diagnostik (S. 330-361). Stuttgart: Kohlhammer.

Wiesner, R. (2005). Rechtliche Grundlagen der Intervention bei Misshandlung, Vernachlässigung und sexuellem Missbrauch. In G. Deegener & W. Körner (Hrsg.), Kindesmisshandlung und Vernachlässigung. Ein Handbuch (S. 282-300). Göttingen: Hogrefe.

III

Praxis/Werkstattberichte/
Praxisberichte:
konkrete Darstellung der
diagnostischen Praxis

Erfassung von Kindeswohlgefährdung im ASD

Meinolf Pieper, Wolfgang Trede

1. Einleitung

Kaum ein Thema hat in den vergangenen Jahren die Jugendämter so stark beschäftigt wie die Frage nach guten Standards für fachliches Handeln rund um den Kinderschutz. Zum einen haben hierzu die tragischen Einzelfälle von zu Tode gekommenen Kindern und die damit verbundene öffentliche Debatte um persönliches Versagen zuständiger Fachkräfte wie auch strukturelle Defizite im Handeln der Jugendämter beigetragen. Vor allem ausgelöst durch die breite fachliche Debatte nach dem Tod von Laura-Jane 1994 in Osnabrück, die gleichsam unter den Augen einer Familienhelferin verhungerte, und dem nachfolgenden „Osnabrücker Verfahren" gegen die fallzuständige Sozialarbeiterin des ASD (vgl. Mörsberger & Restemeier, 1997; Bringewat, 1997) wurde intensiv diskutiert, ob Jugendämter und freie Träger mit dem Kinder- und Jugendhilfegesetz von 1990 (SGB VIII) in Abkehr von der eingriffsorientierten Konzeption des Vorläufergesetzes den Dienstleistungscharakter der Jugendhilfe nicht übertrieben hätten. Es wurde Jugendämtern vorgeworfen, den auch im SGB VIII normierten Schutzauftrag der Jugendhilfe gegenüber Handlungskategorien wie Hilfe, Partnerschaft mit Eltern und Aushandlung vernachlässigt zu haben. Zum anderen hat die Präzisierung des Schutzauftrages der Jugendhilfe im § 8a SGB VIII im Zuge der KJHG-Novellierung zum 01.10.2005 die konzeptionelle Entwicklung in Sachen „Umgang mit Kindeswohlgefährdung" (KWG) befördert.

Ein adäquater Umgang mit KWG ist dabei eine hoch anspruchsvolle Aufgabe:
Wir haben es in der Jugendhilfe strukturell mit einem öffentlich schwierig steuerbaren, weil die private Lebensführung betreffenden, und einem kaum prognostizierbaren Handlungsfeld zu tun. ASD-Arbeit ist in diesem Sinn geprägt durch Handeln in Ungewissheit, sie ist – bis zur strafrechtlichen Verantwortung – als „gefahrgeneigte Arbeit" (Fieseler, 2001) anzusehen. Zugleich weist Soziale Arbeit einen co-produktiven Charakter auf, d.h. nur *mit* den jungen Menschen, Eltern und Familien können Jugendhilfen wirksam werden.

Wir haben es in der Jugendhilfe strukturell mit einem öffentlich schwierig steuerbaren, weil die private Lebensführung betreffenden, und einem kaum prognostizierbaren Handlungsfeld zu tun

Nur *mit* den Eltern geht etwas in der Jugendhilfe, mit *den* Eltern, die nicht selten selbst eine bessere Entwicklung ihrer Kinder verstellen, sie durch aktives oder passives Tun schädigen. Die Hilfeorientierung hat ihre Grenze erst dort, wo Eltern mit einer dringenden und notwendigen Hilfe für ihr Kind nicht einverstanden sind. Dann ist das Familiengericht anzurufen, welches über Maßnahmen gem. § 1666 BGB zu entscheiden hat, wobei die Schwelle des Eingriffs in das grundgesetzlich geschützte Elternrecht (trotz des Gesetzes zur Erleichterung familiengerichtlicher Maßnahmen im Jahr 2008) hoch liegt.

Das Jugendamt hat als örtlicher Träger der Jugendhilfe die Gesamt- und Letztverantwortung für sämtliche Aufgaben nach dem SGB VIII. Der zuständige Bezirkssozialarbeiter (immer männlich und weiblich gemeint) des ASD, dem in diesem Zusammenhang i. d. R. das Kerngeschäft des Jugendamts übertragen ist, hat für das, was in „seinem" Bezirk passiert, eine hohe persönliche Verantwortung inne. Dann, wenn er gewichtige Anhaltspunkte für eine KWG erfahren hat, kommt ihm eine Garantenstellung für den gefährdeten jungen Menschen zu: Er ist gewissermaßen der personalisierte Ausdruck des „staatlichen Wächteramtes" nach Artikel 6 GG. Er muss die Informationen über eine mögliche KWG wahr- und ernstnehmen, im Zusammenwirken mehrerer Kollegen und möglichst unter Einbeziehung des jungen Menschen und seiner Eltern das konkrete Gefährdungsrisiko nach den Regeln der fachlichen Kunst so sorgfältig und zutreffend wie möglich einschätzen und anschließend wirksame Hilfen organisieren, sofern sich die KWG bestätigt haben sollte. Wenn der zuständige ASD-Mitarbeiter nicht nach den Regeln der Kunst gehandelt hat, und in der Folge ein Kind oder ein Jugendlicher geschädigt wird oder gar ums Leben kommt, dann kann der Mitarbeiter (und bei strukturell-organisatorischen Mängeln auch weitere Vorgesetzte) straf- (zivil-, arbeits-, disziplinar-)rechtlich zur Verantwortung gezogen werden.

„Das prägende 'handwerkliche' Defizit muss in den zentralen Prozessen der Wahrnehmung, Einschätzung und Bewertung ausgemacht werden", so Schrapper (2009, S. 20) nach Analyse jugendamtlicher Risiko- und Fehlerquellen tödlich verlaufener Jugendhilfefälle. Der folgende Beitrag befasst sich mit solchen Verfahren der Erfassung von KWG: Wie wird die Meldung einer KWG aufgenommen, was erfolgt dann an Erst-Einschätzung, wie wird weiter recherchiert, wie wird dokumentiert, wie gelangt man möglichst schnell und sorgfältig zu einer möglichst zutreffenden Einschätzung etc.? Hier werden (in Kapitel 3 und 4) die gesetzlichen Grundlagen, die darauf fußenden Verfahren sowie Methoden des Umgangs mit Gefährdungsmeldungen und -lagen anhand praktischer Beispiele vorgestellt. Im

Anschluss daran wird (in Kapitel 5) aber auch darauf eingegangen, dass eine erfolgreiche Kinderschutzarbeit verwiesen ist auf achtsame, kompetente und reflexive Professionalität der zuständigen Fachkräfte, die freilich auch von der Organisation Jugendamt gut unterstützt und qualifiziert werden muss. Zunächst werden aber (in Kapitel 2) der rechtliche Rahmen des jugendamtlichen Schutzauftrages und die Vielfalt der Arbeits- und Organisationsformen des ASD vorgestellt. So sehr das Jugendamt auch Wächter-Amt ist, so klar Hilfe *und* Schutz (einschließlich „robuster" Kontrolle) im Handeln des ASD zwei Seiten einer Medaille sind, so falsch wäre es indes, das Handeln des ASD nur noch als Jugendhilfe-Polizei zu verstehen. Der ASD muss – auch im Sinne eines wirksamen Kinderschutzes – das Ziel haben, im jeweiligen Zuständigkeitsbereich von Seiten der Eltern mit potentiellem Hilfebedarf als hilfreich und unterstützend eingeschätzt zu werden, und nicht bloß als Kontrollinstanz mit erhobenem Zeigefinger. Es ist eine der großen aktuellen Herausforderungen an eine gelingende ASD-Arbeit, achtsam im Sinne des Kinderschutzes zu sein (und dies auch offen mit Klienten zu besprechen) und sich dennoch nicht mental in den Kampfanzug zu begeben.

2. Der ASD als institutionalisierter Ausdruck des staatlichen Wächteramtes

2.1 Rechtlicher Rahmen

Zwar haben alle staatlichen Institutionen im Sinne des Grundgesetzes über das Wohlergehen von Kindern und Jugendlichen zu wachen, denn Artikel 6 GG zufolge „wacht die staatliche Gemeinschaft" über die Erziehungstätigkeit der Eltern, denen grundgesetzlich das „natürliche Recht", aber auch die „zuvörderst ihnen obliegende Pflicht" auf Pflege und Erziehung ihrer Kinder zukommt. Jedoch steht spätestens dann, wenn es ernst wird, jene Institution in der öffentlichen Verantwortung, die nach dem SGB VIII explizit die Aufgabe zu erfüllen hat, „Kinder und Jugendliche vor Gefahren für ihr Wohl zu schützen" (§ 1 Abs. 3 Nr. 3 SGB VIII): das Jugendamt. Jeder „örtliche Träger der öffentlichen Jugendhilfe" (i.d.R. sind das die Stadt- und Landkreise) hat gemäß § 69 SGB VIII ein Jugendamt zu errichten, das die Gesamtverantwortung für sämtliche Aufgaben nach dem Kinder- und Jugendhilfegesetz wahrnimmt. Diese Aufgaben sind breit angelegt und umfassen, um die klassische Definition der Sozialpädagogik durch Gertrud Bäumer (1929) aufzugreifen, „alles was Erziehung, aber nicht Schule und Familie ist". Jugendämter haben also neben dem Schutzauftrag eine Fülle von erzieheri-

Diese Aufgaben sind breit angelegt und umfassen, um die klassische Definition der Sozialpädagogik durch Gertrud Bäumer (1929) aufzugreifen, „alles was Erziehung, aber nicht Schule und Familie ist"

schen Angeboten von der Kinderkrippe über die offene Jugendarbeit bis zur Familienbildung vorzuhalten. Jugendämter sind somit Dienstleister für alle Eltern in der Versorgung mit öffentlichen Sozialisationsleistungen. Gleichwohl haben Jugendämter neben der Dienstleistungs- und Hilfeorientierung wie bereits gesagt auch die Schutzfunktion inne. Hilfe und Schutz/Kontrolle sind zwei Seiten derselben (Jugendhilfe-)Medaille und bilden die anspruchsvolle und heikle Basis sozialarbeiterischen Handelns. Denn Fachkräfte in den Jugendämtern können und müssen mit ihren Mitteln, also mit Beratung und Gewährung von sozialpädagogischen Hilfen und Unterstützung, möglichst unter Einbeziehung der Eltern und der Minderjährigen, Gefährdungen für das Kindeswohl begegnen. Dem Jugendamt wird somit „der Spagat abverlangt, einerseits Familien stützen und andererseits Kinder schützen zu sollen" (Raack, 2006, S. 2).

Als einzige „robuste" Eingriffsmöglichkeit bei KWG können Jugendämter gemäß § 42 SGB VIII Kinder oder Jugendliche in ihre Obhut nehmen. Dies kann auch gegen den Willen der Eltern geschehen, wenn anderweitig das Wohl des Minderjährigen nicht gesichert werden kann. Auch darf bei einer Inobhutnahme im Extremfall unmittelbarer Zwang angewendet werden – hierzu muss das Jugendamt dann die dazu befugten Stellen (also die Polizei) hinzuziehen. Selbst freiheitsentziehende Maßnahmen sind im Rahmen einer Inobhutnahme zulässig, wenn sie erforderlich sind, „um eine Gefahr für Leib oder Leben des Kindes oder des Jugendlichen oder eine Gefahr für Leib und Leben Dritter abzuwenden" (§ 42, Abs. 5 SGB VIII). Ohne Gerichtsentscheidung ist die Freiheitsentziehung spätestens mit Ablauf des Tages nach ihrem Beginn zu beenden. Widersprechen die Eltern der Inobhutnahme und besteht eine KWG nach Ansicht des Jugendamtes fort, dann hat das Jugendamt unverzüglich das Familiengericht anzurufen. Ebenso hat das Jugendamt das Familiengericht anzurufen, wenn zur Abwendung einer KWG notwendige Hilfen erforderlich scheinen, die Eltern aber nicht bereit sind diese anzunehmen (§ 8a, Abs. 3 SGB VIII).

2.2 Arbeits- und Organisationsformen des ASD

Innerhalb des Jugendamts ist es die Organisationseinheit „Allgemeiner Sozialer Dienst" (ASD), deren in der Regel bezirks-/gemeindeweise zuständigen MitarbeiterInnen sich persönlich in auch aufsuchender Arbeit um das Wohl von Kindern und die Unterstützung von Familien im Sinne des SGB VIII ganz allgemein, aber auch mit Blick auf den Schutzauftrag gemäß § 8a SGB VIII kümmern, und dafür auch verantwortlich sind. Der ASD ist insofern „der zentrale

Akteur des Jugendamts bei Kindeswohlgefährdung" (Münder et al., 2000, S. 160).

ASDs sind heute sehr unterschiedlich organisiert: Sie sind als „echte" Allgemeine Soziale Dienste für alle Bürger eines Gemeinwesens tätig, erfüllen also nicht nur Aufgaben der Jugendhilfe, sondern auch jene der Sozialhilfe (SGB XII) und der Grundsicherung gem. SGB II. Mehrheitlich sind ASDs jedoch mit Beratungs- und Unterstützungsaufgaben im Rahmen der Jugendhilfe befasst (vgl. Seckinger et al., 2008). In den letzten Jahren ist bundesweit eine (Re-) Spezialisierung einzelner ASD-Funktionen festzustellen. Neben die beiden traditionellen Spezialdienste Jugendgerichtshilfe und Pflegekinderdienst traten mancherorts Falleingangsteams, Krisenintenventionsteams, spezielle Familiengerichtshilfen oder Spezialdienste für die Eingliederungshilfen für seelisch behinderte junge Menschen.

Die „Auslagerung" der Befassung mit dem Kinderschutzthema z. B. auf einen spezialisierten Krisendienst hat selbstverständlich eine große Auswirkung darauf, wie ein Jugendamt/ein ASD Kindeswohlgefährdungen erfasst und wie er mit ihnen umgeht. So dürfte ein Kinderschutz-Spezialdienst im Umgang mit „gewichtigen Anhaltspunkten" für eine KWG möglicherweise kompetenter handeln, jedenfalls wird er aufgrund der größeren Fallerfahrung in Krisensituationen in den Verfahren sicherer sein. Durch ein Krisenteam und die Delegation des Themas an Experten kann indes auch ein kontraproduktiver „digitaler" Ja-/Nein-Bearbeitungsmodus von Gefährdungslagen eintreten, der die breite Grauzone latenter KWG organisatorisch nicht mehr einfangen kann. Im schlechtesten Fall „wandern" Grauzonenfälle zwischen Krisendienst und ASD hin und her, und keiner fühlt sich verantwortlich.

Wichtige Voraussetzung für eine wirksame Kinderschutzarbeit des ASD ist im Weiteren, dass nicht nur Einzelfallarbeit stattfindet, sondern der ASD auch fallübergreifend im Gemeinwesen aktiv ist (vgl. Hinte & Treeß, 2007). Denn eine gesellschaftliche Sensibilität und Achtsamkeit hinsichtlich KWG wird durch die sozialräumliche Präsenz des ASD-Mitarbeiters erheblich unterstützt: Wer im Bezirk (an den Schulen, den Vereinen, dem Kiez) mit seinen Aufgaben gut bekannt ist, z. B. auch immer wieder an der örtlichen Hauptschule Beratung anbietet, der wird auch eher von KWG erfahren. Eine sozialräumlich orientierte ASD-Arbeit hilft so, die „Wahrnehmungsschwelle der Jugendämter" (Münder et al., 2000, S. 347) zu senken, und somit die Not, die ansonsten stumm bliebe, zu erkennen.

Klar ist jedenfalls, dass die Art der ASD-Organisation eine erhebliche Auswirkung auf das Erfassen und den Umgang mit KWG hat. Ebenso stehen das Ausmaß an politischer Rückendeckung, das die ASD-Mitarbeiter empfinden, ihre Arbeitsbelastung und das Zutrauen ins

> Wichtige Voraussetzung für eine wirksame Kinderschutzarbeit des ASD ist im Weiteren, dass nicht nur Einzelfallarbeit stattfindet, sondern der ASD auch fallübergreifend im Gemeinwesen aktiv ist

> Wer im Bezirk mit seinen Aufgaben gut bekannt ist, z. B. auch immer wieder an der örtlichen Hauptschule Beratung anbietet, der wird auch eher von KWG erfahren

eigene Können (und anderes mehr) in Wechselwirkung mit der Fähigkeit, angemessen auf KWGs zu reagieren. Bedenklich ist, dass bundesweit eine strukturelle Überforderung der ASDs durch hohe Fallzahlen, zunehmende gesetzliche Aufgaben und großen öffentlichen Druck bei Kinderschutzfällen festzustellen ist (vgl. Seckinger et al., 2008). In den Medien gibt es – etwas zugespitzt – entweder das schlafmützige, KWG nicht energisch begegnende oder das „Kinder klauende", unangemessen in Elternrechte eingreifende Jugendamt. Hinzu kommt, dass die kommunale Finanznot nicht nur eine meist sehr knappe personelle Ausstattung der ASDs zur Folge hatte, sondern auch den Druck auf die ASDs stark erhöht hat, bei den Jugendhilfeausgaben zu sparen. In der Summe erschweren diese Rahmenbedingungen eine kompetente Erfassung von und Reaktion auf KWG erheblich (vgl. z. B. Emig, 2007).

Im praktischen Handeln der Jugendämter und ASDs müssen trotz der genannten Schwierigkeiten Standards und Arbeitshilfen für die Bearbeitung von Gefährdungsmeldungen sowie Strukturen und Prozesse für eine wirksame Reaktion auf KWG von der Leitung und den Teams erarbeitet und beständig weiterentwickelt werden. ASDs benötigen hierfür auch ein Qualitätsentwicklungskonzept, das – im Prinzip jedenfalls – permanente Stärken-/Schwächenanalysen der vorhandenen Konzepte, Strukturen und Prozesse vorsieht, ein kontinuierlicher Prozess der Personal- und Organisationsentwicklung. Entscheidend ist dabei, dass die einzelne fallverantwortliche ASD-Fachkraft letztlich jene Arbeitsbedingungen vorfindet, die ein achtsames und kompetentes Handeln im Sinne des Kinderschutzes begünstigen.

3. Erfassung von Kindeswohlgefährdungen – rechtlicher Rahmen und die Umsetzung in der Praxis

3.1 Der § 8a SGB VIII und seine Auswirkungen auf die Praxis

Im Rahmen der Novellierung des Achten Sozialgesetzbuches – Kinder- und Jugendhilfe (SGB VIII) zum 01.10.2005 wurde der § 8a ins Gesetz aufgenommen, der den Schutzauftrag bei KWG für das Jugendamt (in § 8a Abs. 1, 3, 4 SGB VIII) und für alle sonstigen Einrichtungen und Dienste der Jugendhilfe (in § 8a Abs. 2 SGB VIII) regelt. Durch verbindliche Formulierungen sind sowohl Zuständigkeiten als auch Verfahrensweisen und fachliche Mindestanforderungen im Kinderschutz präzisiert worden, die konkrete und nachhaltige Auswirkungen auf die Praxisgestaltung im Kinderschutz hatten. Es wurde hierdurch ein Qualifizierungsschub ausgelöst, der einerseits die internen Strukturierungs- und Fortbildungsbemühungen innerhalb der Institutionen der Freien Träger und der Jugendämter zum Thema Kindesschutz forcierte. Andererseits wurde deutlich, dass die Kommunikation zwischen den jeweiligen Freien Trägern sowie den Jugendämtern vielfach weiter qualifiziert werden musste.

Im Folgenden wird die diagnostische Praxis und resultierend die notwendigen Bearbeitungsschritte bei Kinderschutzfällen (= Kinderschutzsituationen) im Jugendamt dargestellt, chronologisch und orientiert an den Inhalten und Verfahrenseckpunkten des § 8a SGB VIII.

> Im Folgenden wird die diagnostische Praxis und resultierend die notwendigen Bearbeitungsschritte bei Kinderschutzfällen (= Kinderschutzsituationen) im Jugendamt dargestellt, chronologisch und orientiert an den Inhalten und Verfahrenseckpunkten des § 8a SGB VIII

3.2 Das Kinderschutzverfahren im Jugendamt

Nach § 8a Abs. 1 SGB VIII hat das Jugendamt
1. wenn ihm gewichtige Anhaltspunkte für die Gefährdung des Wohls eines Kindes oder Jugendlichen bekannt werden, das Gefährdungsrisiko im Zusammenwirken mehrerer Fachkräfte abzuschätzen.
2. Bei dieser Abschätzung sind die Personensorgeberechtigten sowie das Kind oder der Jugendliche einzubeziehen, soweit hierdurch der wirksame Schutz des Kindes oder Jugendlichen nicht in Frage gestellt wird und
3. hat das Jugendamt Erziehungs- bzw. Personensorgeberechtigten Hilfen anzubieten, wenn es diese für geeignet und notwendig hält.

Für die Praxis bedeutet diese Formulierung des Gesetzestextes eine klare Verantwortungsübertragung und Auftragserteilung an das Jugendamt:
Unabhängig von anderen Verantwortlichen der Wahrnehmung des staatlichen Wächteramtes (letztendlich also quasi allen staatlichen Institutionen) oder den im SGB VIII weiteren genannten Freien Trägern hat das Jugendamt einen eigenständigen Prüfungs-, Bewertungs- und Handlungsauftrag zum Schutz von Kindern und Jugendlichen bei Bekanntwerden von Gefährdungsmomenten.

3.2.1 „Gewichtige Anhaltspunkte" für eine „Kindeswohlgefährdung"

Die Begriffe „gewichtige Anhaltspunkte" und „Kindeswohlgefährdung" sind sog. unbestimmte Rechtsbegriffe, die im Einzelfall durch das Vorliegen konkreter Hinweise und beobachtbarer Tatsachen

> Die Begriffe „gewichtige Anhaltspunkte" und „Kindeswohlgefährdung" sind sog. unbestimmte Rechtsbegriffe, die im Einzelfall durch das Vorliegen konkreter Hinweise und beobachtbarer Tatsachen einer Bewertung durch ein Fachteam im Jugendamt zugeführt werden müssen

einer Bewertung durch ein Fachteam im Jugendamt zugeführt werden müssen (vgl. Wiesner, 2006, § 8a, Rz 13).

Als Orientierungshilfe zum Begriff KWG kann die Rechtsprechung des Bundesgerichtshofs dienen, der darunter „eine gegenwärtige, in einem solchen Maße vorhandene Gefahr, dass sich bei der weiteren Entwicklung eine erhebliche Schädigung mit ziemlicher Sicherheit voraussehen lässt" (BGH FamRZ 1956, S. 350), versteht.

Bei der diagnostischen Wahrnehmung von Gefährdungsmomenten können in diesem Zusammenhang vier Bereiche unterschieden werden, die die im § 8a Abs. 1 SGB VIII genannten „gewichtigen Anhaltspunkte" für eine KWG darstellen:

1. *Körperliche Misshandlung*

Kinder können körperlicher Gewalt durch Erwachsene in vielfältiger Form ausgesetzt sein: schlagen, schütteln, verbrennen, verbrühen, würgen, fesseln u. a. m. Kinder können dadurch Verletzungen und bleibende körperliche, geistige oder seelische Schäden davontragen oder im Extremfall daran sterben. Auch Verhaltensweisen während der Schwangerschaft können Kinder massiv gefährden: Alkohol-, Nikotin- oder anderer Drogenkonsum führen häufig zu Schädigungen, die teilweise irreparable Beeinträchtigungen für das Kind nach sich ziehen können, bisher jedoch (noch) nicht sehr intensiv in den Blick professionellen Schutzhandelns genommen werden.

2. *Seelische/psychische Misshandlung*

Hierunter versteht man alle Handlungen oder Unterlassungen von Eltern oder Betreuungspersonen, die Kinder ängstigen, überfordern, ihnen das Gefühl einer eigenen Wertlosigkeit vermitteln und sie in ihrer seelischen Entwicklung beeinträchtigen können. Hierzu gehört beispielsweise eine feindselige Ablehnung, Ausnutzung des Kindes, durch ständiges Drohen verängstigen, isolieren, unangemessen in der Autonomie beschränken, Verweigerung emotionaler Zuwendung. Auch die häusliche Gewalt zwischen Erwachsenen, denen Kinder ausgesetzt werden, ohne selbst körperlich geschädigt zu werden, ist diesem Gefährdungskomplex zuzuordnen.

3. *Vernachlässigung*

Kinder und Jugendliche benötigen eine kontinuierliche altersentsprechende Versorgung, Erziehung und Begleitung. Eltern bzw. Personensorgeberechtigte können Kinder vernachlässigen, indem sie diese Voraussetzungen nicht bieten. Als Vernachlässigung ist insofern jede Unterlassung, aktiv entschieden oder passiv, der Erwachsenen zu sehen, die Kinder nachhaltig schaden können. Beispiele hierfür sind unzureichende Ernährung, Pflege oder gesundheitliche Fürsorge. Die durch Vernachlässigung entstehende Unterversorgung eines Kindes hemmt, beeinträchtigt oder schädigt seine körperliche, geistige oder seelische Entwicklung und kann zu gravierenden bleibenden Schäden oder gar zum Tod eines Kindes führen (vgl. Deutscher Kinderschutzbund Landesverband NRW e.V. & Institut für soziale Arbeit e.V., 2000, S. 14).

4. *Sexuelle Gewalt/sexueller Missbrauch*
Als sexuelle Gewalt bzw. sexueller Missbrauch ist jede sexuelle Handlung, die von einem Erwachsenen oder Jugendlichen an oder vor einem Kind vorgenommen wird, anzusehen. Hierbei wird die körperliche, psychische, kognitive oder sprachliche Unterlegenheit des Kindes ausgenutzt, um dieses zur Kooperation zu überreden oder zu zwingen und Machtansprüche auszuleben. Ein zentraler Aspekt sexueller Gewalt und Ausbeutung ist, dass der Täter das Opfer zur Geheimhaltung der Tat verpflichtet. Das Opfer wird durch körperliche Gewalt, Drohungen, Erzeugung von Schuldgefühlen, durch Loyalitätsappelle, Versprechungen oder Erpressung in Sprachlosigkeit und Hilflosigkeit gezwungen (vgl. Ministerium für Kultus, Jugend und Sport Baden-Württemberg, 2007, S. 8f).

Die Analyse, Bewertung und Abschätzung der Gefährdungsmomente hat jugendamtsintern im Zusammenwirken mehrerer Fachkräfte zu erfolgen. Das konkrete Verfahren hierzu wird unter Punkt 3.5. erläutert.

3.3 Informationseingang über Gefährdungssituationen beim Jugendamt

Informationen über mögliche Gefährdungssituationen von Kindern und Jugendlichen können beim ASD aus vielfältigen Quellen eingehen, die im Folgenden differenziert dargestellt werden, da bei der weiteren Informationsverarbeitung unterschiedliche Aspekte, beispielsweise die Qualität der bereits vom Informanten vorgenommenen Situationsbewertung, zu berücksichtigen sind. Die Verarbeitung der Informationen erfolgt jedoch einheitlich nach der Maxime „Erkennen – Bewerten – Handeln".

3.3.1 Selbstmelder

Immer wieder kommt es vor, dass Eltern sich auf Grund einer Überforderungs- oder Krisensituation selbst beim Jugendamt melden. Dies kann auf Grund eigener Initiative oder nach Hinweisen anderer Institutionen an die Eltern, beispielsweise Beratungsstelle, Schule usw., geschehen. In diesen Fällen ist häufig von einer Veränderungs-

Informationen über mögliche Gefährdungssituationen von Kindern und Jugendlichen können beim ASD aus vielfältigen Quellen eingehen

Die Verarbeitung der Informationen erfolgt jedoch einheitlich nach der Maxime „Erkennen – Bewerten – Handeln"

Immer wieder kommt es vor, dass Eltern sich auf Grund einer Überforderungs- oder Krisensituation selbst beim Jugendamt melden

bereitschaft und Motivation zur Unterstützungsannahme auszugehen, die als solche schon ausreichend den Kinderschutz sicherstellen kann.

In Fällen von sich selbst meldenden Kindern oder Jugendlichen ist altersentsprechend die Gefährdungssituation mit ihnen, ggf. auch ohne Information der Eltern/Personensorgeberechtigten gemäß § 8 Abs. 3 SGB VIII (Beteiligung von Kindern und Jugendlichen), zu erörtern und über mögliche Schutzmaßnahmen (Umgangsstrategien mit der gefährdenden Person, Einschaltung von Vertrauenspersonen, Inobhutnahme, Anrufung des Familiengerichts u. a. m.) zu informieren und entsprechend zu handeln.

3.3.2 Eigene Wahrnehmung von KWG durch das Jugendamt

Es kann Situationen geben, in denen die Fachkraft des ASD im Kontakt zu Familien steht, und hierbei selbst mögliche Kindewohlgefährdungsaspekte beobachtet

Es kann Situationen geben, in denen die Fachkraft des ASD im Kontakt zu Familien steht, und hierbei selbst mögliche Kindewohlgefährdungsaspekte beobachtet. Dies kann der Fall sein z. B. anlässlich von Trennungs- und Scheidungsberatungen, aufgrund eines Kontaktes allgemeiner Familienberatung oder auch im Rahmen bereits laufender Hilfe zur Erziehung. Darüber hinaus kann jedoch auch ein Kontakt zur Familie durch andere Abteilungen des Jugendamtes als den ASD bestehen, beispielsweise im Rahmen von Kontakten zur Abteilung Beistandschaft – Pflegschaft – Vormundschaft oder der Unterhaltsvorschusskasse. Insofern kann eine jugendamtsinterne Informationsweitergabe an den ASD über eine vermutete KWG erforderlich werden, die eines geregelten Verfahrensablaufs bedarf.

3.3.3 'Fremdmeldung' über eine mögliche KWG an den ASD des Jugendamtes

'Fremdmeldungen' über Gefährdungssituationen von Kindern und Jugendlichen werden in unterschiedlicher Weise und von unterschiedlichen Personen und Institutionen an das Jugendamt herangetragen

'Fremdmeldungen' über Gefährdungssituationen von Kindern und Jugendlichen werden in unterschiedlicher Weise und von unterschiedlichen Personen und Institutionen an das Jugendamt herangetragen: Nachbarn oder Verwandte berichten über Vernachlässigungen, die Polizei nimmt Kontakt wegen eines Einsatzes auf, Elternteile melden sich nach einer Trennung und bezichtigen den anderen Elternteil der Gefährdung eines Kindes, anonyme Hinweise werden dem Jugendamt übermittelt, ein Arzt teilt Misshandlungsvermutungen mit, die Schule informiert, dass ein Kind auffällig wird, u. a. m. Diese Fälle sind gemäß § 8a Abs. 1 SGB VIII nach dem Grundsatz der Bewertung im Fachteam, der Einbeziehung der Personensorgeberechtigten und Kinder sowie dem Angebot angemessener Unterstützungsleistungen durch das Jugendamt zu bearbeiten.

3.3.4 Hinweise auf mögliche KWG durch ein anderes Jugendamt nach Umzug einer Familie

Eine besondere Form der 'Fremdmeldung' stellt die Informationsweitergabe in Kinderschutzfällen zwischen Jugendämtern dar. Gemäß § 65 Abs. 1 Nr. 3 SGB VIII (Besonderer Vertrauensschutz in der persönlichen und erzieherischen Hilfe) ist in Kindesschutzfällen der Mitarbeiter des Jugendamtes, dem Sozialdaten „zum Zweck persönlicher und erzieherischer Hilfen anvertraut worden sind", berechtigt, diese Informationen umfassend an den zukünftig zuständigen Mitarbeiter des örtlich zuständig werdenden Jugendamtes weiterzugeben, wenn eine betroffene Familie umzieht. Das nunmehr zuständig werdende Jugendamt hat dann entsprechend der Gesetzeslage tätig zu werden, die KWG selbst einzuschätzen und entsprechend dem Bewertungsergebnis eigenverantwortlich zu handeln.

3.3.5 Mitteilung über eine mögliche KWG an den ASD gemäß § 8a Abs. 2 von „Einrichtungen und Diensten" nach dem SGB VIII

Als weitere Sondervariante der 'Fremdmeldung' von KWG an den ASD können die im § 8a Abs. 2 SGB VIII genannten Einrichtungen und Dienste der Jugendhilfe bezeichnet werden, da das Gesetz hier spezielle Verfahrensweisen regelt.
Gemäß § 8a Abs. 2 SGB VIII ist durch Vereinbarungen zwischen dem Jugendamt und den „Trägern von Einrichtungen und Diensten" sicherzustellen, dass deren Fachkräfte den Schutzauftrag für Kinder und Jugendliche „in entsprechender Weise" wahrnehmen sollen.
Die notwendigen Kompetenzen zum Kinderschutz sind jedoch nicht in allen Institutionen und Diensten inhaltlich und strukturell gleichermaßen ausgeprägt vorhanden. Je nach Einrichtung und Profession bestehen zum Teil erhebliche Unsicherheiten beim Umgang mit dem Thema Kinderschutz, und dies sowohl in der Bewertung von Gefährdungssituationen als auch in der Qualität der institutionellen Verankerung der planvollen Vorgehensweise im Einzelfall. Insofern hat das Jugendamt die jeweiligen Grenzen der Handlungsmöglichkeiten der unterschiedlichen Träger zu berücksichtigen, um Kinder effektiv zu schützen. Ein Rückverweis einer Gefährdungsinformation durch das Jugendamt an einen Freien Träger mit Hinweis auf deren eigenen Bewertungs- und Handlungsauftrag gemäß § 8a Abs. 2 SGB VIII darf insofern nicht erfolgen, da es im Kinderschutz nicht darum geht, Formalismen zu bedienen, sondern im Einzelfall Kinder auf effektivste Weise zu schützen. Da das Jugendamt gemäß § 8a Abs. 1 einen explizit eigenen Handlungsauftrag bei Bekanntwerden einer

möglichen KWG hat, ist dieser Auftrag durch den Abs. 2 in keiner Weise aufgehoben.

3.4 Informationsaufnahme und Verfahrensablauf bei Falleingang im ASD

Die dem ASD zugeleiteten Informationen bedürfen einer strukturierten Erfassung und Aufbereitung

Die auf unterschiedlichen Wegen – schriftlich als Brief oder per E-Mail, telefonisch, persönlich – und in unterschiedlicher Qualität dem ASD zugeleiteten Informationen bedürfen einer strukturierten Erfassung und Aufbereitung, um die für den Einzelfall wesentlichen Erkenntnisse fachlich angemessen bewerten zu können. Hierfür haben sich standardisierte Dokumente bewährt, die sicherstellen, dass die relevanten Grundinformationen erfasst werden:

Hierfür haben sich standardisierte Dokumente bewährt, die sicherstellen, dass die relevanten Grundinformationen erfasst werden

– Datum und Weg des Informationseingangs; Name, Anschrift des Informanten; aufnehmende Fachkraft des ASD
– Name, Alter, Anschrift, Aufenthaltsort, Nationalität des gefährdeten Kindes/Jugendlichen
– Namen, Alter, Aufenthaltsort von Geschwisterkindern
– Name, Anschrift, Nationalität von Mutter und Vater; Inhaber der elterlichen Sorge
– Mitgeteilte Beobachtungen zur Gefährdungslage – Art, Dauer, Ausmaß
– Informationen zu(r) gefährdenden Person(en)
– Unterstützungspersonen im Umfeld des Kindes
– Informationen über frühere Hilfen und bestehende Institutionskontakte
– Genogramm
– …

Bedeutsam ist die Rückmeldung von Seiten des Jugendamtes an den Informanten über Schutzmechanismen, da der Informant selbst ggf. bei der weiteren Entwicklung eines Schutzkonzepts einbezogen werden kann

Bedeutsam ist die Rückmeldung von Seiten des Jugendamtes an den Informanten über Schutzmechanismen für das Kind, Unterstützungsmöglichkeiten für die Familie, sowie die weitere (institutionalisierte) Vorgehensweise des ASD, da der Informant selbst ggf. bei der weiteren Entwicklung eines Schutzkonzepts einbezogen werden kann, dies insbesondere dann, wenn er selbst als Fachkraft mit dem Kind/der Familie in Kontakt steht. Zu klären ist jugendamtsintern zudem, ob bereits frühere Kontakte zur Familie des gefährdeten Kindes/Jugendlichen bestanden haben.

Wichtig für den Informationseingang und das weitere Verfahren sind eindeutige und verbindliche Vorgaben im Jugendamt (Dienstanweisungen, Leitlinien), die sicherstellen, dass die Fallbearbeitung nach den aktuellen fachlichen Regeln erfolgt.

Die Handlungsabläufe im ASD bei KWG sind exemplarisch in folgendem Schaubild dargestellt:

Erfassung von Kindeswohlgefährdung im ASD

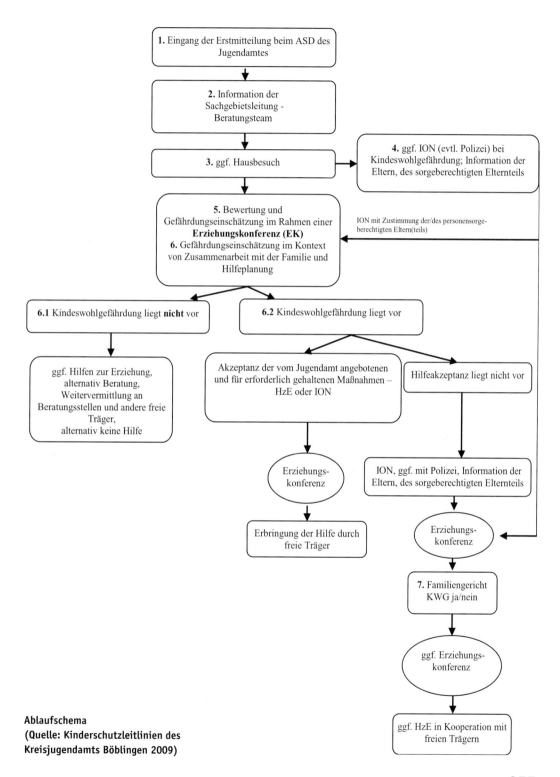

Ablaufschema
(Quelle: Kinderschutzleitlinien des
Kreisjugendamts Böblingen 2009)

3.5 Bewertungsprozesse einer KWG im Jugendamt

Zentrale Themen in der mit einer Vielzahl von Unsicherheitsfaktoren behafteten Gefährdungseinschätzung sind
- die handlungsleitenden Problemdefinitionen,
- die Situationsanalyse im Einzelfall,
- die daraus resultierende Diagnose sowie
- mögliche Ansätze zur Problemlösung.

In sich wiederholenden, strukturierten Bewertungsschleifen müssen die Wirkungen der ergriffenen Maßnahmen in der Praxis dialogisch mit allen Beteiligten überprüft und das weitere Vorgehen jeweils angepasst werden, wie dies ja auch im Hilfeplanungsprozess gem. § 36 SGB VIII geschieht. Bedeutsam für die Bewertung einer Kindeswohlgefährdungssituation ist jedoch, dass diese immer terminiert, also zu einem festgelegten Zeitpunkt, und nicht prozesshaft erfolgt. Die Bewertung hat jedoch in die Zukunft gerichteten Charakter, die mögliche weitere Entwicklungen mit zu berücksichtigen hat.

Nach der Aufnahme möglichst umfassender Informationen zur KWG im Einzelfall muss eine Einschätzung zur Gefährdungssituation im Zusammenwirken mehrerer Fachkräfte erfolgen. Idealerweise sollte die Gefährdungseinschätzung durch mindestens drei in Kinderschutzfragen geschulte und erfahrene Fachkräfte stattfinden, um so eine erforderliche Mehrperspektivität zu gewährleisten und das Spektrum der weiteren Vorgehensweise angemessen erörtern zu können.

In einem ersten Durchgang ist anhand der vorliegenden Informationen zu beurteilen, ob eine so eindeutige Kindeswohlgefährdung vorliegt, dass sie ohne weitere Überprüfung und Diskussion als solche identifizierbar ist. Dies ist regelmäßig der Fall, wenn davon auszugehen ist, dass alle außenstehenden Personen/Fachkräfte in ihrer jeweils individuellen Bewertung eine Gefährdungslage identifizieren. Im Spektrum von Vernachlässigung, Missbrauch und Misshandlung wird diese Bewertung insbesondere nach Kriterien der bekannten Lebensumstände des Kindes/der Familie, vorliegenden gefährdenden Ereignissen, sowie nach dem Alter des Kindes/Jugendlichen erfolgen. Altersmäßig kann hierbei unterschieden werden zwischen 0- bis 3-jährigen Kindern ('Hochrisiko Kleinkind'), 3- bis 6-jährigen Kindern (Kindergarten), 6- bis 14-jährigen Kindern (Schulkind), sowie Jugendlichen ab 14 Jahren.

Ist die Gefährdungslage eindeutig und akut, sind unverzüglich alle zum Schutz des Kindes notwendigen Schritte einzuleiten: Aufsuchen des Kindes bzw. der Familie, Entwicklung eines Schutzkonzepts mit den Eltern/Personensorgeberechtigten, ggf. Inobhutnahme, auch unter Hinzuziehung der Polizei.

Problematischer ist die Gefährdungsbewertung in nicht eindeutigen Situationen: So können Aspekte des sozialen Umfeldes, des kulturellen Hintergrundes, der finanziellen Ausstattung, der Wohnsituation, Belastungen durch Krankheit und Sucht, Isolation, Partnerkonflikte u. a. m. Gefährdungen hervorrufen, müssen dies aber nicht zwingend. Daher ist es nicht immer möglich, eine angemessene Bewertung der Gefährdungssituation zum frühen Zeitpunkt des Informationseingangs beim ASD durchzuführen, und es wird zunächst eine weitere Fallrecherche erfolgen müssen.

3.5.1 Weitere Fallrecherche durch den ASD

Je nach Einschätzung des Fachteams ist in Kinderschutzfällen eine weitere Fallrecherche angezeigt, ggf. zunächst außerhalb der Familie – aber nur wenn ansonsten ein wirksames Schutzkonzept für das Kind in Gefahr wäre (z. B. beim Verdacht auf sexuellen Missbrauch). Eine solche Recherche kann beispielsweise in Form von Nachfragen bei Hort, Kindergarten oder Schule erfolgen. Die Legitimation hierzu ergibt sich für das Jugendamt nach § 62 Abs. 3, Nr. 2d SGB VIII (Datenerhebung). Zu berücksichtigen wird auch sein, ob weitere Personen, beispielsweise aus dem sozialen Umfeld des Kindes oder der Familie, zur Sachaufklärung oder auch Unterstützung beitragen können. Zu denken ist hierbei beispielsweise an Verwandtschaft oder nachbarschaftliche Bezugspersonen.

Je nach Einschätzung des Fachteams ist in Kinderschutzfällen eine weitere Fallrecherche angezeigt

Eine solche Recherche kann beispielsweise in Form von Nachfragen bei Hort, Kindergarten oder Schule erfolgen

Je gefährdeter ein Kind nach vorliegenden Informationen beim ASD erscheint, umso größer ist der Handlungsbedarf dahingehend, zeitnah (sofort) mit der Familie Kontakt aufzunehmen, um so durch eigene Eindrücke und Gespräche mit der Familie/dem Kind die Gefährdungssituation weiter aufzuklären.

Bei der Familie kann dann nach weiteren Personen bzw. Institutionen gefragt werden, die hilfreiche Hinweise zur Situation geben können. Dies sind insbesondere Angehörige der Gesundheitsdienste – Hausarzt, Kinderarzt, Hebamme. Als erste Maßnahme zur Gesundheitseinschätzung eines Kindes kann darüber hinaus die Vorlage des medizinischen Untersuchungsheftes (U-Heft) dienen, aus dem hervorgeht, ob die erforderlichen Untersuchungen durchgeführt wurden, auffällige Arztwechsel stattgefunden haben, Besonderheiten vermerkt oder erkennbar sind u. a. m.

3.5.2 Kontaktaufnahme und Einbeziehung der Familie

Die im Kinderschutz notwendige Kontaktaufnahme zu den Eltern/Personensorgeberechtigten, zum betroffenen Kind und ggf. weiteren Familienangehörigen stellt eine besondere Herausforderung für die beteiligten Fachkräfte des ASD dar, da sie mit Unsicherheiten dahingehend verbunden ist, ob es gelingt, in einen guten Kontakt zu treten, ohne Eskalation klärende Gespräche zu führen, vorgefundene Situationen fachlich angemessen für alle Beteiligten zu interpretieren und hieraus weitere geeignete Diagnose- und Handlungsschritte nach Möglichkeit gemeinsam mit der Familie abzuleiten. Insofern ist die erste Kontaktaufnahme ein Schlüsselereignis zur weiteren Beziehungsgestaltung zwischen ASD-Fachkraft und Familie.

Abzuwägen ist die Dringlichkeit und damit verbunden der Zeitpunkt sowie die Form der Kontaktaufnahme. Zusätzlich ist maßgeblich zu berücksichtigen, ob das Kind bzw. der Jugendliche durch ein Familienmitglied oder durch eine andere Person gefährdet wird. Grundsätzlich sind die Eltern/Personensorgeberechtigten in die Gefährdungsabschätzung sowie die notwendigen Schutzhandlungen einzubeziehen.

Zu entscheiden ist, ob eine akute Gefährdung vorliegt oder vorliegen könnte, die ein sofortiges unangemeldetes Aufsuchen der Familie im häuslichen Umfeld durch den ASD erforderlich macht.

Sinnvollerweise sollte bei einer Entscheidung für ein sofortiges Aufsuchen der Familie durch den ASD dieses durch zwei Fachkräfte stattfinden, da zum einen hierdurch die Handlungssicherheit und der persönliche Schutz der Fachkräfte in der Krisensituation erhöht werden kann, andererseits die Inaugenscheinnahme des Kindes und der häuslichen Umstände mehrperspektivisch bewertet werden kann.

Ein behutsames Vorgehen wird in erster Linie bei einem Verdacht auf sexuellen Missbrauch zum Tragen kommen, in dem ein Kind durch übereiltes Handeln der Fachkräfte schutzlos werden könnte, indem z. B. Eltern den Zugang zum Kind verhindern. Gerade in dieser Thematik ist es häufig sinnvoll, sich als ASD zunächst weitere Unterstützung zur Analyse der Missbrauchshinweise von speziell geschulten Fachkräften, z. B. einer Beratungsstelle für von sexuellem Missbrauch Betroffene, zu holen und gemeinsam Handlungsstrategien zu entwickeln.

Ferner ist nach Kenntnis der Sachlage zu entscheiden, ob die Familie telefonisch oder schriftlich angesprochen werden soll, sie zu einem Gespräch ins Jugendamt eingeladen oder aufgefordert wird, oder ob sich der ASD selbst zu einem angekündigten Hausbesuch einlädt.

I. d. R. ist methodisch beim Thema Kinderschutz ein Hausbesuch, unabhängig von der Form der ersten Kontaktaufnahme, zeitnah durchzuführen, um so über das Gespräch hinaus einen Eindruck von den Lebensverhältnissen des Kindes und der Familie zu erhalten, und evtl. Belastungsaspekte über das Gespräch hinaus erkennen zu können.

Wichtig bei der ersten persönlichen Kontaktaufnahme ist es, der Familie zu verdeutlichen, dass das Jugendamt ein doppeltes Mandat zur Hilfeleistung einerseits, zum Schutz von Kindern und Jugendlichen andererseits im Rahmen des „staatlichen Wächteramtes" innehat. Hieraus resultiert, dass vermittelt werden muss, wie die Grenzen zwischen Elternrecht und Elternpflicht, Kindesrecht sowie Recht und Pflicht des Staates mit Blick auf das Wohlergehen des Kindes zu ziehen sind, und welche möglichen Konsequenzen aus der jeweiligen Bewertung erwachsen können: Mangels eigener Schutzbefähigungen muss ein Kind von Seiten des Staates (= des Jugendamtes) geschützt werden, wenn Eltern(teile) selbst nicht zur Abwendung einer KWG in der Lage sind. Bei Ablehnung von notwendigen Hilfen auf Seiten der sorgeberechtigten Eltern kann das Familiengericht gem. § 1666 BGB in die Elternrechte eingreifen, um den wirksamen Schutz für das Kind herzustellen.

An diesem Punkt ist es wichtig, der Familie zu verdeutlichen, wo die individuellen Grenzen der Fachkraft, und damit des Jugendamtes, nach professioneller Teambewertung im Einzelfall liegen, die eine Anrufung des Familiengerichts oder gar eine Inobhutnahme auslösen würden. Insofern ist hier eine größtmögliche Transparenz im Konsequenzenbezug herzustellen, damit der weitere Prozess für die Familie einschätzbar wird.

Im weiteren Verlauf des Kontaktes ist abzuklären, welche Sichtweise die Eltern/Personensorgeberechtigten und, altersentsprechend, das Kind von einer möglichen Gefährdungs- oder Problemlage haben: Werden überhaupt Probleme gesehen (Problemakzeptanz)? Ist hier die gleiche Sichtweise vorhanden wie bei den Fachkräften (Problemkongruenz)? Was sind die Belastungsfaktoren in der Familie (Erkrankungen, Suchtmittelkonsum, Paarkonflikte, Gewalt, materielle Notlage, belastende Verhaltensweisen des Kindes etc.)? Ist die Familie bereit und in der Lage, Hilfe anzunehmen (Hilfeakzeptanz) (vgl. Kinderschutzzentrum Berlin, 2000)?

Es findet also im Gespräch zwischen den Beteiligten eine Problemkonstruktion statt, die das Kind schädigende Faktoren beleuchtet, und nach gemeinsamer Identifizierung bestehender Problemlagen zu einer Erarbeitung möglicher Problemlösungswege führt, von denen es immer mehrere gibt.

Durch die im Rahmen von KWG gegebene Fokussierung auf Schwierigkeiten und Probleme darf dennoch nicht der Blick auf mögliche Ressourcen in der Familie, den Willen und die Fähigkeiten der Eltern/Personensorgeberechtigten oder gar den Willen des Kindes verloren gehen.

> Insofern ist hier eine größtmögliche Transparenz im Konsequenzenbezug herzustellen, damit der weitere Prozess für die Familie einschätzbar wird

3.5.3 Hilfen zur Erziehung im Rahmen des Kinderschutzes

Das Jugendamt ist verpflichtet, Hilfe zur Erziehung zu leisten, „wenn eine dem Wohl des Kindes oder des Jugendlichen entsprechende Erziehung nicht gewährleistet ist, und die Hilfe für seine Entwicklung geeignet und notwendig ist" (§ 27 SGB VIII). Diese auf (freiwilligen) Antrag der Personensorgeberechtigten zu leistende Hilfe hat das Jugendamt 'von Amts wegen' bei KWG gemäß § 8a Abs. 1 SGB VIII anzubieten. Die Hilfe kann in ambulanter (z. B. sozialpädagogische Familienhilfe, Erziehungsberatung, therapeutische Hilfe), teilstationärer (Erziehung in einer Tagesgruppe) oder stationärer (z. B. Heimerziehung, Vollzeitpflege) Form ausgestaltet sein.

Neben der Gefährdungs- und Problemanalyse hat das Jugendamt insofern, gemeinsam mit der Familie, zu beurteilen, welche Art der Hilfe bei der jeweils festgestellten Gefährdungslage hinreichend ist, um aktuell und prognostisch nach fachlichem Ermessen das Wohlergehen des Kindes oder Jugendlichen kurzfristig und längerfristig sicherzustellen.

3.5.4 Schutz, Diagnostik und Hilfe im Zwangskontext

In akuten Gefährdungssituationen kann es zu einer Inobhutnahme (ION) des Kindes kommen, zu der das Jugendamt gemäß § 42 SGB VIII berechtigt und nach § 8a Abs. 3 SGB VIII zum Schutz des Kindes oder Jugendlichen verpflichtet ist. Mit der ION verbunden ist die Berechtigung des Jugendamtes, alle Rechtshandlungen vorzunehmen, die zum Wohlergehen des Kindes oder Jugendlichen notwendig sind. Hierzu gehört explizit die vorläufige Unterbringung des Kindes oder Jugendlichen bei einer geeigneten Person, in einer Einrichtung oder sonstigen Wohnform, ebenso aber auch beispielsweise eine medizinische Untersuchung oder Behandlung des Kindes zu veranlassen.

In akuten Gefährdungssituationen, die das Jugendamt nicht allein auflösen kann, hat es nach § 8a Abs. 4 SGB VIII ggf. andere Leistungsträger, Gesundheitsdienste oder die Polizei zur Gefährdungsabwehr einzuschalten, wenn dies notwendig ist und die Personensorgeberechtigten selbst hierzu nicht bereit oder in der Lage sind. Dies kann sich beispielsweise ergeben bei offensichtlicher oder latenter Gefährdung des Kindes durch drohende oder angewendete Gewalt, bei akuter Vernachlässigung des Kindes, bei akuter psychischer Erkrankung oder Drogeneinfluss eines Personensorgeberechtigten (Eltern/Elternteil). Hier kann es notwendig werden, Polizei oder/und Notarzt hinzuzuziehen, um so den Kinderschutz sicherstellen zu können.

Auch aus der Situation einer ION heraus muss versucht werden, mit den Eltern/Personensorgeberechtigten und dem Kind die (Not)-Lage zu analysieren und die weitere Planung eines Schutzkonzepts und einer Hilfe vorzunehmen. Wird von den Eltern/Personensorgeberechtigten der ION widersprochen, so ist unverzüglich eine Entscheidung des Familiengerichts herbeizuführen (§ 42 Abs. 3 SGB VIII).

Ausführungen zur Anrufung des Familiengerichts finden sich auch im § 8a Abs. 3 SGB VIII, nach dem das Jugendamt verpflichtet ist, das Familiengericht anzurufen, wenn es dieses für erforderlich hält. Dies hat auch zu geschehen, „wenn die Personensorgeberechtigten oder Erziehungsberechtigten nicht bereit oder in der Lage sind, bei der Einschätzung des Gefährdungsrisikos mitzuwirken."

Gemäß § 1666 BGB „Gerichtliche Maßnahmen bei Gefährdung des Kindeswohls" kann das Gericht Eltern/Personensorgeberechtigten umfassend Gebote und Verbote zum Schutz des Kindes auferlegen. So besteht die Möglichkeit, psychiatrische oder psychologische Gutachten einzuholen, die z. B. Stellung nehmen können zu Fragen der Erziehungsfähigkeit der Eltern, zu Fragen der kindlichen Entwicklung und seines Bindungsverhaltens, und geeignet sind, die Entscheidungsbasis für weitere Jugendhilfen zu erweitern.

Bereits aus der Ankündigung der Anrufung des Familiengerichts kann sich ein für Eltern/Personensorgeberechtigte wirkmächtiger Zwangskontext ergeben, der zur Zustimmung der Annahme einer aus Sicht der Fachkräfte geeigneten und notwendigen Jugendhilfe führen kann. „Die Zwangskulisse baut sich umso stärker auf, je weniger die Eltern kooperieren. Genau hierin ist der Zwangskontext zu sehen: Zur Förderung des Kindeswohls werden Kontakte erzwungen. Der Zwang besteht in der Kontaktaufnahme als solcher und nicht in der Konsequenz daraus, was in diesen Kontakten geschieht. Hier wird vielmehr wieder auf Wahlfreiheit gesetzt, da nur so inhaltlich an der bestehenden kritischen Situation Erfolg versprechend gearbeitet werden kann" (Kähler, 2005, S. 22f).

In diesem Spannungsfeld zwischen Freiwilligkeit und Zwang hat der ASD die Ausgestaltung der Jugendhilfe einschließlich des notwendigen Schutzkonzepts bei Kindeswohlgefährdung zu organisieren, zu koordinieren und zu überwachen.

3.5.5 Hilfe zur Erziehung nach Antrag der Eltern/Personensorgeberechtigten

Auch in Kindeswohlgefährdungssituationen stellen Eltern/Personensorgeberechtigte häufig einen Antrag auf Jugendhilfe, da sie entweder selbst erkennen, dass eine Unterstützung notwendig ist, oder weil

> Während bei stationärer Unterbringung des Kindes durch dessen Trennung von der Gefährdungssituation und -person weitestgehend dessen Schutz gewährleistet ist, muss eine vergleichbare Schutzqualität auch bei ambulanten Hilfen im Einzelfall sichergestellt sein

sie weitergehende Konsequenzen in Form von Eingriffen in ihr Elternrecht befürchten (s.o.).

Den in Kinderschutzfällen installierten Hilfen zur Erziehung und in diesem Rahmen eingesetzten Fachkräften kommt eine Schlüsselposition bei der weiteren Situationsbeurteilung und Diagnostik zu. Nach gemeinsamer Hilfeplanung unter Federführung des ASD, bei der insbesondere das notwendige Schutzkonzept gemeinsam mit allen Beteiligten entwickelt werden muss, stehen sozialpädagogische Fachkräfte in engem Kontakt zur Familie, dies insbesondere bei ambulanten Hilfen.

Während bei stationärer Unterbringung des Kindes durch dessen Trennung von der Gefährdungssituation und -person weitestgehend dessen Schutz gewährleistet ist, muss eine vergleichbare Schutzqualität auch bei ambulanten Hilfen im Einzelfall sichergestellt sein. Hier kommt den eingesetzten sozialpädagogischen Fachkräften eine verantwortliche Rolle zur wiederkehrenden Situationsbewertung und die Entscheidung zu, ob der Kinderschutz durch diese Betreuung im Alltag tatsächlich gewährleistet ist.

Je nach Themenlage können weitere Fachkräfte hinzugezogen werden, beispielsweise Ärzte oder Suchthelfer, die ihre Expertise in den Bewertungs- und Hilfeprozess einbringen können (so z. B. den Grad einer psychischen Erkrankung eines Elternteils, das Angebot einer Suchtbehandlung).

Nach dem Grundsatz der Transparenz der Zielsetzung, der Erweiterung der Handlungsmöglichkeiten für die Familie, der hierzu notwendigen Unterstützung durch Fachkräfte sowie des möglichen Konsequenzenbezugs sind fortlaufend diese Prozesse zu dokumentieren und zu vereinbarten Zeitpunkten in Hilfeplangesprächen zu bewerten.

> Ein Diagnoseverfahren in Kinderschutzfällen ist insofern mit dem Beginn einer Hilfe zur Erziehung nicht abgeschlossen, sondern bedarf einer kontinuierlichen weiteren Beobachtung und (Neu-)Bewertung

Um dies zu gewährleisten, ist eine hohe Kooperationsbereitschaft zwischen allen beteiligten Fachkräften, sowie die umfassende Beteiligung der Familie bei Zielplanung und Hilfeausgestaltung unabdingbar. Ein Diagnoseverfahren in Kinderschutzfällen ist insofern mit dem Beginn einer Hilfe zur Erziehung nicht abgeschlossen, sondern bedarf einer kontinuierlichen weiteren Beobachtung und (Neu-)Bewertung. Die Letztverantwortung für die Gestaltung dieser Prozesse hat der ASD.

4. Methoden, die zutreffende Risikoeinschätzungen unterstützen

Im Folgenden sollen Hilfsinstrumente, Methoden und das Dokumentationswesen erörtert werden, die die zutreffende Erfassung von KWG im ASD unterstützen und qualifizieren können.

4.1 Leitlinien, Checklisten, Arbeitshilfen

Zu den Hilfsinstrumenten gehören zum einen abgestimmte Verfahren und verbindliche Leitlinien im Jugendamt, die im Sinne eines fachlichen Geländers interne Handlungsabläufe beschreiben, Zuständigkeiten festlegen und Entscheidungswege aufzeigen und dadurch die Handlungssicherheit der Fachkräfte in der Leitung und an der Basis befördern. Orientieren müssen sie sich zumindest an den „Empfehlungen zur Festlegung fachlicher Verfahrensstandards in den Jugendämtern bei Gefährdung des Kindeswohls", wie sie im Mai 2009 von den kommunalen Spitzenverbänden veröffentlicht worden sind.

Besonders bekannt geworden ist in diesem Zusammenhang der „Stuttgarter Kinderschutzbogen" als ein umfangreiches, EDV-gestütztes Diagnoseinstrument zur Einschätzung einer KWG, der von den Jugendämtern Düsseldorf und Stuttgart mit Unterstützung des DJI entwickelt wurde (vgl. Kindler & Reich, 2007; Reich et al., 2009). Der Kinderschutzbogen besteht aus 12 Modulen, so u. a. einem altersdifferenzierenden Modul „Erscheinungsbild des Kindes", in dem Informationen zum Pflegezustand und Entwicklungsstand des Kindes abgefragt werden, einem Modul „Eltern-Kind-Interaktion" sowie einem Modul „Grundversorgung und Schutz", in dem Themenbereiche wie Ernährung, Schlafplatz, Kleidung, Beaufsichtigung und Schutz, unterstützt und konkretisiert durch sog. Ankerbeispiele, beschrieben und bewertet werden müssen. In einem weiteren Modul kann anhand von zehn Beispielen (z. B. geäußerte Furcht des Kindes vor mindestens einer Person im Haushalt) die aktuelle Sicherheit des Kindes in seinem Lebensumfeld eingeschätzt und bewertet werden, weitere Module des Kinderschutzbogens erlauben prospektive Risikoeinschätzungen, vorhandene Ressourcen im Umfeld des Kindes und Beurteilungen zur Erziehungsfähigkeit der Eltern. Für das Gesamtresümé der Gefährdungseinschätzung liegen schließlich die Module „Gesamteinschätzung der Kindeswohlgefährdung", „Hilfe- und Schutzkonzept" sowie „Vereinbarungen mit den Sorgeberechtigten" vor. Der Stuttgarter Kinderschutzbogen wurde zwischenzeitlich als valide und reliabel evaluiert, d. h. mit Hilfe dieses Instruments konnten sowohl gute prognostische Aussagen zur KWG als auch bei gleicher Fallkonstruktion und verschiedenen Fachkräften identische oder zumindest ähnliche Einschätzungen einer Gefährdung erzielt werden. Leichte Abstriche mussten bei der Praktikabilität des Bogens festgestellt werden, weil der Zeitaufwand bei den befragten Fachkräften teilweise extrem hoch (und zwar bei bis zu 10 Stunden) lag (vgl. Strobel et al., 2008).

Jedes Jugendamt bzw. jeder ASD dürfte heutzutage über klar geregelte Verfahren und über Arbeitshilfen und Checklisten zur Unterstützung möglichst zutreffender Gefährdungseinschätzungen verfügen. Ziel ist es, dass verschiedenste Fachkräfte auch unter dem Zeitdruck einer akuten Gefährdungssituation mit Hilfe der Einschätzinstrumente zügig, aber besonnen und strukturiert vorgehen können und nicht bedeutsame Bereiche oder Aspekte im Einzelfall übersehen.

Alle Instrumente finden ihren Grenznutzen jedoch dort, wo Fachkräfte von der Komplexität der Einschätzbögen überfordert werden, möglicherweise nur noch den Bogen und die Checkliste vor Augen haben, und nicht mehr frei sind, aufgrund ihrer sozialpädagogischen Fachlichkeit zu einer zutreffenden Gesamteinschätzung zu gelangen. Denn klar ist: Bei aller Notwendigkeit, Fachkräfte mit „tools" zu unterstützen, ist es letztlich die Achtsamkeit, die professionelle Kompetenz – und das Herz! – der zuständigen Fachkraft, die gefragt sind.

4.2 Methoden der Teamberatung

Neben den Diagnoseinstrumenten sind es die dialogischen Verfahren der Gefährdungsbeurteilung im Team mehrerer Fachkräfte und die daraus resultierenden Handlungsschritte, die letztendlich tatsächlich Kinder schützen. Die im konkreten Einzelfall zu beurteilende Situation erfordert es, dass fachlich qualifiziertes Personal im Jugendamt in Kenntnis der Vielzahl von Gefährdungslagen und ihrer möglichen Auswirkungen zeitnah in Teamberatungen über geeignete Maßnahmen entscheiden kann.

Dazu ist es erstens wichtig, dass es ein funktionierendes Team gibt (vgl. Velmerig et al., 2004). Hierzu gehört im besten Fall eine Gruppe von Fachkräften, die divergierende Meinungen einzelner Gruppenmitglieder nicht nur zulässt, sondern als bereichernd und Entscheidungsprozesse qualifizierend einfordert, in der die einzelnen Gruppenmitglieder das Vertrauen haben, offen über eigene Zweifel, Unsicherheiten, Bauchgefühle zu reden, in der Leitung als Instanz, die strukturiert und Verbindlichkeit herstellt, vorhanden ist, aber bei der Falleinschätzung nicht das alleinige Sagen hat.

Methodisch sind – zweitens – Verfahren der kollegialen, strukturierten Fallberatung hilfreich, die beispielsweise durch die Übernahme verschiedener Rollen der Teilnehmer (u. a. falleinbringende Fachkraft, Supervisor, Perspektivwechsler, d. h. jemanden, der sich bewusst „auf den Stuhl eines Anderen" setzt u. Ä.) und einen klaren zeitlichen Ablauf durch Hypothesenbildung und deren Überprüfung, Reflexion der Biographie und Lebenssituation der betroffenen Familie, durch Genogramm- und Beziehungsmapanalyse die Situationsbeurteilung und Handlungsplanung unterstützen kann (vgl. Schrapper & Thiesmeier, 2004).

Der systemische Ansatz hat sich als methodisches Fundament für die Bearbeitung von KWG in diesem Zusammenhang sehr bewährt (vgl. Ritscher, 2006; Poller & Weigel, 2010). Hierzu gehört auch die Vernetzung mit weiteren Institutionen, die im Einzelfall beratend oder aktiv unterstützend hilfreich sein können: z. B. Ärzte, Hebammen, sozialpsychiatrischer Dienst, psychologische Beratungsstellen, Beratungsstellen für von sexuellem Missbrauch Betroffene, Suchthilfeeinrichtungen.

4.3 Dokumentation

Eine besondere Bedeutung kommt der Dokumentation von Kinderschutzfällen zu: Unterschiedliche Fachkräfte und Teams sind ggf. mit der Thematik aus verschiedenen Perspektiven befasst. Die Verschriftlichung von Beobachtungen und Bewertungen kann eine Eindeutigkeit in der Informationsweitergabe zwischen diesen Institutionen und den Fachkräften des ASD herstellen, und dient als Basis der weiteren Fallbearbeitung.

Die Dokumentation ist zudem hilfreich für die Reflexion der eigenen Wahrnehmung. Darüber hinaus dient die Dokumentation von Teamentscheidungen, Fallverläufen, Gesprächen usw. der Überprüfbarkeit der Arbeit und Absicherung der Fachkräfte, auch im rechtlichen Sinne. Sie dient als Nachweis, nach den fachlichen Regeln der Kunst zum jeweils dokumentierten Zeitpunkt gehandelt zu haben.

Bedeutsam und häufig unterschätzt ist die schriftliche Dokumentation im Rahmen von Hilfeplanverfahren mit der Familie. Neben der Herstellung von Verbindlichkeit in die Absprachen kann das vom ASD verfasste Hilfeplanprotokoll ergänzend zum Gespräch als pädagogisch wert- und wirkungsvolles Instrument dienen: Durch eine klare und zutreffende, jedoch wertschätzende Sprache, können bedeutsame Informationen zur Familiensituation, zur Entwicklung des Kindes, zu Veränderungsnotwendigkeiten, zu Unterstützungsaspekten der Familie nochmals anders vermittelt werden, als es das gesprochene Wort vermag. Insbesondere können sie im Sinne eines contracting verbindlich gemacht werden und so die sozialpädagogische Intervention unterstützen (vgl. Henes & Trede, 2004).

5. Professionalität und Engagement als wesentliche Schlüssel bei der Erfassung von KWG

So wichtig klare Standards, abgestimmte Kinderschutzverfahren und nützliche Methoden mit Blick auf eine gelingende Reaktion des ASD auf KWG sind, so kommt es doch letztlich auf die gut ausgebildete, in der Kinderschutzarbeit erfahrene, engagierte (also nicht „Dienst nach Vorschrift" betreibende) und kollegial gut beratene fallverantwortliche Fachkraft, also den/die Professionelle/n, an. Sozialpädagogische Fachkräfte müssen hierfür u.a. mitbringen:

- Wissen um belastende, potentiell zu Überforderung führende Lebenssituationen und über Entwicklungs-, Bildungs- und Lebensbedürfnisse von Kindern oder Jugendlichen,
- Wissen über und ein Auge für problematische Bindungsmuster (vgl. Bowlby, 2006; Grossmann & Grossmann, 2004),
- Empathie und ein Herz für Kinder (ohne Eltern zu „verteufeln", aber dennoch mit klarem Blick für die Bedürfnisse der Kinder agierend),
- gute Kenntnis der KWG-Verfahren einschließlich der Zusammenarbeit mit dem Familiengericht und der sozialpädagogischen Hilfemöglichkeiten,
- Aufgeschlossenheit gegenüber kollegialer Beratung,
- Gelassenheit und Selbstvertrauen, ruhiges, aber entschlossenes Handeln.

Teilweise werden hier Fähigkeiten und Kenntnisse erwähnt, die innerhalb der Ausbildung zum Sozialarbeiter/Sozialpädagogen erworben werden sollten. Es ist aber auch evident, dass erheblich Teile durch die Persönlichkeit des Sozialarbeiters und eigene praktische Berufserfahrung, Fortbildung und unterstützende Arbeitsstrukturen (Team, fördernde Leitung, Supervision, geeignete Verfahren) bestimmt werden. Die Kunst besteht nun darin, als (Amts- und Sachgebiets-)Leitung zwar einen klaren Rahmen zu organisieren im Sinne eines fachlichen Geländers, aber dennoch die fachliche Autonomie und Zuständigkeit des fallverantwortlichen Mitarbeiters zu gewähren – und einzufordern. Letztlich muss sich der/die ASD-Mitarbeiter/in seinen/ihren „eigenen" Kopf machen – da nutzt alle Kinderschutzkonzeption der Organisation nichts. ASD-Mitarbeiter benötigen dazu fachliche Unterstützung und Anleitung, anregende, kritische, kollegial-unterstützende Teams und eben solche Chefs, sie brauchen Fortbildung und Supervision.

Die Tätigkeit des ASD ist gerade im Bereich KWG hoch anspruchsvoll und mit großer persönlicher (sogar strafrechtlicher) Verantwortung verbunden. Das Jugendamt (bzw. die entsprechende Gebietskörperschaft) muss daher in seiner (bzw. ihrer) Eigenschaft als Arbeitgeber eine besondere Aufsichts- und Fürsorgepflicht bezüglich der ASD-Mitarbeiter walten lassen. Hier sind zunächst die direkten Vorgesetzten (die Leitungskräfte des ASD) gefordert, auf die Einhaltung der vereinbarten Standards und Verfahren zu schauen und Mitarbeiter ggf. im Sinne der arbeitsvertraglich zugesicherten Arbeits- und Treuepflicht nach dem BAT bzw. TVöD auf deren Einhaltung hinzuweisen (vgl. Werner, 2006). Der Vorgesetzte ist aber gleichermaßen dafür zuständig, individuelle Überlastung von Mitarbeitern wahrzunehmen und mit dem Mitarbeiter Entlastungsstrategien zu entwickeln und sie hierbei zu unterstützen. Die Gebietskörperschaft hat im Übrigen dafür zu sorgen, dass das Jugendamt über eine ausreichende Personalausstattung verfügt, um seine gesetzlichen Aufgaben zu erfüllen – § 79 Abs. 3 SGB VIII zufolge hat der örtliche Träger der öffentlichen Jugendhilfe für eine ausreichende Ausstattung der Jugendämter zu sorgen, denn die ASD-Fachkräfte müssen in die Lage versetzt werden, „ihre Arbeitspflichten voll erfüllen zu können, insbesondere wenn gesetzliche Vorschriften ein Erfüllen der Arbeitspflichten in fachlich zu verantwortender Weise vorgeben" (Werner, 2006, S. 3).

ASD-Mitarbeiter stehen bei der Bearbeitung von KWG unter einem hohen Druck. Ihrer Entlastung dient auch – und das sollte in Dienstanweisungen genauer geregelt werden –, dass Mitarbeiter im Falle einer strafrechtlichen Verfolgung dann jede mögliche (u. a. anwaltliche) Unterstützung erhalten, wenn sie nach den internen Verfahren gem. § 8a SGB VIII gehandelt haben.

6. Literatur

Bäumer, G. (1929). Die historischen und sozialen Voraussetzungen der Sozialpädagogik und die Entwicklung ihrer Theorie. In H. Nohl & L. Pallat (Hrsg.), Handbuch der Pädagogik. Band 5: Sozialpädagogik (S. 3-17). Langensalza.

Bowlby, J. (2006). Bindung. München: Ernst Reinhard-Verlag (engl. Orig. ursprüngl. 1969).

Bringewat, P. (1997). Tod eines Kindes. Soziale Arbeit und strafrechtliche Risiken. Baden-Baden: Nomos-Verlag.

Deutscher Kinderschutzbund Landesverband NRW e.V. & Institut für soziale Arbeit e.V. Münster (Hrsg.) (2000). Kindesvernachlässigung – Erkennen, beurteilen, handeln. Münster/Wuppertal.

Emig, O. (2007). Der vermeidbare Tod eines Kleinkindes unter staatlicher Fürsorge. Neue Praxis, 5, 445-464.

Fieseler, G. (2001). Steigende fachliche Anforderungen bei knappen Ressourcen. Strafrechtliche Risiken bei Kindeswohlgefährdung. Unsere Jugend, 10, 431-440.

Grossmann, K. & Grossmann, K. E. (2004). Bindungen – das Gefüge psychischer Sicherheit. Stuttgart: Klett-Cotta.

Henes, H. & Trede, W. (Hrsg.) (2004). Dokumentation pädagogischer Arbeit. Grundlagen und Methoden für die Praxis der Erziehungshilfen. Frankfurt a.M.: IGFH.

Hinte, W. & Treeß, H. (2007). Sozialraumorientierung in der Jugendhilfe. Theoretische Grundlagen, Handlungsprinzipien und Praxisbeispiele einer kooperativ-integrativen Pädagogik. Weinheim und München: Juventa.

Kähler, H. (2005). Soziale Arbeit in Zwangskontexten. Wie unerwünschte Hilfe erfolgreich sein kann. München: Reinhardt.

Kinderschutzzentrum Berlin (Hrsg.) (2000). Kindesmisshandlung. Erkennen und helfen. 8. überarbeitete Auflage. Berlin.

Kindler, H. & Reich, W. (2007). Einschätzung von Gefährdungsrisiken am Beispiel der weiterentwickelten Version des Kinderschutzbogens. In Verein für Kommunalwissenschaften e.V. (Hrsg.), Kinderschutz gemeinsam gestalten (S. 63-94). Berlin.

Kreisjugendamt Böblingen (2009). Arbeitsmaterialien des Kreisjugendamtes Böblingen zur Umsetzung des Schutzauftrags der Jugendhilfe gem. § 8a SGB VIII (http://www.lra-bb.kdrs.de/servlet/PB/menu/1225307_l1/index.html 27.05.2010)

Ministerium für Kultus, Jugend und Sport Baden-Württemberg (Hrsg.) (2007). Sexuelle Gewalt gegen Mädchen und Jungen. Stuttgart.

Mörsberger, T. & Restemeier, J. (Hrsg.) (1997). Helfen mit Risiko. Zur Pflichtenstellung des Jugendamtes bei Kindesvernachlässigung. Dokumentation eines Strafverfahrens gegen eine Sozialarbeiterin in Osnabrück. Neuwied/Kriftel/Berlin: Luchterhand.

Münder, J., Mutke, B. & Schone, R. (2000). Kindeswohl zwischen Jugendhilfe und Justiz. Professionelles Handeln in Kindeswohlverfahren. Münster: Votum.

Poller, S. & Weigel, H.-G. (2010). Die Fallbearbeitung im Allgemeinen Sozialen Dienst. In Institut für Sozialarbeit und Sozialpädagogik e.V. (Hrsg.), Der Allgemeine Soziale Dienst. Aufgaben, Zielgruppen, Standards (S. 57-79). München: Ernst Reinhardt.

Raack, W. (2006). Worin besteht die Aufgabenstellung des ASD bei Kindeswohlgefährdungen aus familien- und jugendhilferechtlicher Sicht? In H. Kindler u.a. (Hrsg.), Handbuch Kindeswohlgefährdung nach § 1666 und Allgemeiner Sozialer Dienst (Kap. 34). München: DJI-Verlag.

Reich, W., Lukasczyk, P. & Kindler, H. (2009). Evaluation des Diagnoseinstrumentes zur Gefährdungseinschätzung des Kindeswohls. In: Nachrichtendienst des Deutschen Vereins, 2, 1-6.

Ritscher, W. (2006). Einführung in die systemische Soziale Arbeit mit Familien. Heidelberg: Carl Auer.

Schrapper, C. (2009). Örtliche Fallpraxis, Risikomanagement und ein Bundeskinderschutzgesetz. In AGFJ (Hrsg.), Vom Willkommensbesuch zum verpflichtenden Hausbesuch. Dokumentation einer Fachtagung zu aktuellen Fragestellungen im Kinderschutz (S. 11-31). Berlin: AGFJ-Eigenverlag.

Schrapper, C. & Thiesmeier, M. (2004). Wie können in Gruppen Fälle gut verstanden werden. Teamorientierte Diagnose- und Beratungsprozesse am Beispiel sozialpädagogischer Fallarbeit in der Kinder- und Jugendhilfe. In C. Velmerig, K. Schattenhofer & C. Schrapper (Hrsg.), Teamarbeit (S. 118-132). Weinheim und München: Juventa.

Seckinger, M., Gragert, N., Peucker, C. & Pluto, L. (2008). Arbeitssituation und Personalbemessung im ASD – Ergebnisse einer bundesweiten Online-Befragung, München: DJI-Verlag.

Strobel, B., Liel, C. & Kindler, H. (2008). Validierung und Evaluierung des Kinderschutzbogens. Ergebnisbericht. München: DJI.

Velmerig, C., Schattenhofer, K. & Schrapper, C. (Hrsg.) (2004). Teamarbeit. Weinheim und München: Juventa.

Werner, H.-H. (2006). Worin besteht die Aufgabenstellung des ASD bei Kindeswohlgefährdungen aus dienst- und arbeitsrechtlicher Sicht? In H. Kindler u.a. (Hrsg.), Handbuch Kindeswohlgefährdung nach § 1666 und Allgemeiner Sozialer Dienst (Kap. 33). München: DJI-Verlag.

Wiesner, R. (2006). SGB VIII, Kinder- und Jugendhilfe, Kommentar (3. völlig überarbeitete Auflage). München: C.H. Beck.

Medizinische Diagnostik bei Kindeswohlgefährdung

Bernd Herrmann

Einführung

Nicht nur für Mitarbeiter und Mitarbeiterinnen im Gesundheitswesen ist die Konfrontation mit Gewalt an Kindern und Jugendlichen ein belastendes und oft mit Unsicherheiten behaftetes Thema. Die WHO sieht jedoch gerade Fachleute des Gesundheitswesens besonders in der Pflicht, von Misshandlung betroffene Kinder und Jugendliche zu diagnostizieren und ihren Schutz und Therapie durch multiprofessionelle Kooperation zu sichern (WHO, 2002).
Kindesmisshandlungen und -vernachlässigungen sind neben hohen ökonomischen Folgekosten mit einem kaum zu ermessenden Ausmaß an individuellem Leid, Kränkung, unter Umständen schwerster seelischer Schädigung und erheblich belasteten individuellen Lebensläufen behaftet. Sie haben somit eine hohe gesellschaftliche Bedeutung und erhebliche Auswirkungen auf die physische, psychische und emotionale Gesundheit und Entwicklung von Kindern und Jugendlichen. Daher und durch den häufigen Kontakt mit dem medizinischen System bei Verletzungen oder anderen Auffälligkeiten ist die fachliche Auseinandersetzung mit der Thematik für alle Ärzte und medizinische Einrichtungen, die Kinder versorgen, eine zwingende Notwendigkeit.

Ärzte, die sich mit einer möglichen Misshandlung konfrontiert sehen, empfinden ihre Rolle nicht selten als Gratwanderung zwischen einer Unter- und Überdiagnose, beides mit potentiell verheerenden Konsequenzen. Das bedeutet, wie bei vielen Diagnosen, jedoch zunächst überhaupt daran zu denken und den Gedanken zuzulassen, dass Eltern unter Umständen ihre eigenen Kinder schwer schädigen. Professionelles Handeln bedeutet somit eine hohe Verantwortung. Es erfordert spezifische somatisch-forensische Fachkenntnisse über gängige Misshandlungsverletzungen und -konstellationen, rationales diagnostisches Vorgehen und die Kenntnis von gängigen Unfallmechanismen und weiteren abzugrenzenden Erkrankungen („Differenzialdiagnosen"), um sowohl falsch negative als auch falsch positive Diagnosen zu vermeiden. Dazu ist die Kenntnis der grundlegenden psychosozialen Hintergründe von Misshandlungen gefordert, Rechtssicherheit und das Wissen um geeignete Handlungspfade und Interventionsmöglichkeiten. Aufgrund der Komplexität der meisten Fälle ist eine multiprofessionelle Kooperation unabdingbar. Sie beginnt häufig bereits innermedizinisch, durch das Zusammenbringen der Expertise unterschiedlicher Fachrichtungen (Herrmann 2001; 2010, S. 2-4).

Medizinischer Kinderschutz

Kinderschutz im medizinischen Kontext ist eine komplexe Subspezialität, die die Expertise und Zusammenarbeit unterschiedlicher Berufsgruppen umfasst: Kinder- und Jugendärzte, Sozial- und Neuropädiater, Kinder- (oder Unfall-) Chirurgen, Kinder- und Jugendpsychiater, Psychotherapeuten, Rechtsmediziner, (Kinder- und Jugend-)Gynäkologen, (Kinder-)Radiologen, Augenärzte, aber auch Mitarbeiter der Pflege und des Sozialdienstes in Kliniken. Je nach Art der vorliegenden möglichen Misshandlung sind unterschiedliche medizinische Berufsgruppen mit unterschiedlicher Expertise, unterschiedlichen Rollen und unterschiedlichen fachspezifischen Möglichkeiten mit der Thematik befasst (Cratt, 2007; Jacobi, 2008, S. 276).

Bei einer *körperlichen Misshandlung* spielen Ärzte eine herausragende Rolle für die Diagnosestellung. Meist in der Klinik müssen Befunde, die auf eine Misshandlung oder Vernachlässigung hinweisen, durch eine gezielte und rationale Diagnostik und Beobachtung geklärt und gegen eine Reihe von Differenzialdiagnosen abgegrenzt werden.

Bei *sexuellem Missbrauch* wiederum trägt die ärztliche Untersuchung nur in Ausnahmefällen zur Diagnosefindung bei. Dennoch kann sie bedeutsam für die seelische Entlastung der Opfer sein, indem ihnen ihre physische Integrität kompetent bestätigt wird. Erst in der Adoleszenz erhält die forensische Befunddokumentation und Beweismittelsicherung eine zunehmende Bedeutung.

Psychosoziale Aspekte

Im Bereich der Diagnostik von Verhaltensauffälligkeiten und somatisch nicht fassbaren seelischen Folgen von Misshandlungen und Vernachlässigungen sind Sozialpädiater und Neuropädiater (sozialpädiatrische Zentren), Kinder- und Jugendpsychologen und Kinder- und Jugendpsychiater befasst, Neuropädiater auch im Bereich der Rehabilitation. Präventive Ansätze und Aspekte der Früherkennung lassen sich u. a. im Bereich der gynäkologischen Schwangerenvorsorge und der postnatalen Betreuung durch Hebammen ansiedeln.

Niedergelassene Kinderärzte

Im ambulanten niedergelassenen Bereich liegt der Schwerpunkt oft noch vor der manifesten Misshandlung im Erfassen von gestörten Eltern-Kind-Beziehungen und Risiken wie auch der Ressourcen der Familie. Dazu kommen die Verlaufsbeobachtung unklarer oder verdächtiger Konstellationen und schließlich die Überleitung in den stationären Bereich bei akuten konkreten Verdachtsfällen. In der statistisch am meisten gefährdeten Altersgruppe der Säuglinge und Kleinkinder sind Kinder- und Jugendärzte oft die einzigen außerfamiliären Kontaktpersonen, die Kinder in ihrem beruflichen Kontext regelmäßig sehen. Daraus ergibt sich eine große Chance, aber auch Verantwortung, Anzeichen für eine Misshandlung oder Vernachlässigung rechtzeitig zu erkennen und Hilfen einzuleiten (Thyen, 1998).

Kinderschutz in der Medizin

- Gehört obligat in den Verantwortungsbereich kindermedizinischer Einrichtungen
- Erfordert emotionale Bereitschaft, die Diagnose Misshandlung in Betracht zu ziehen
- Erfordert spezifische fachliche Kompetenz („Misshandlungsmedizin")
- Erfordert leitliniengerechte, rationale Diagnostik
- Erfordert Kenntnis von Handlungspfaden und Ressourcen („Kinderschutzinfrastruktur")
- Multiprofessionelles Handeln unabdingbar
- Erfordert Kenntnis der rechtlichen Rahmenbedingungen („Rechtssicherheit")
- Unterschiedliche Rollen und Möglichkeiten verschiedener medizinischer Professionen

---

Anamnese und Diagnostik

Anamnestische und Konstellationshinweise

Bei der Einschätzung, ob eine vorgefundene Verletzung durch eine Misshandlung, ein Unfallsgeschehen oder eine alternative Differenzialdiagnose zu erklären ist, ist die Beurteilung der *Plausibilität* die bedeutsamste Entscheidung. Verdächtig sind unpassende, unpräzise, vage oder fehlende Erklärungsmuster. Unfälle haben nahezu immer eine Erklärung des Geschehens, bei Misshandlungen fehlt die Anamnese in etwa 40%. Ebenso verdächtig sind im Verlauf wiederholter Befragungen oder bei Befragungen durch unterschiedliche Personen wechselnde Erklärungsmuster oder zwischen verschiedenen Betreuern sich widersprechende Erklärungsmuster. Bei der Untersuchung vorgefundene zusätzliche unklare oder verdächtige Verletzungen erhöhen die Wahrscheinlichkeit einer Misshandlung. Auch muss die Korrelation der geschilderten Anamnese mit dem altersentsprechenden Entwicklungsstand und den Fähigkeiten des jeweiligen Kindes verglichen werden. Bei Unfällen wird in der Regel rasch medizinische Hilfe aufgesucht, bei Misshandlungen ist der Arztbesuch häufig verzögert. Die Verursachung schwerer Verletzungen durch Geschwister- oder andere Kinder ist kritisch zu betrachten. Andererseits ist es auch möglich, dass Eltern aus Angst oder Scham einen tatsächlichen Unfallhergang verschweigen, weil sie ihr „Versagen" als Eltern nicht eingestehen wollen oder die Konsequenzen fürchten. Das Einholen zusätzlicher Informationen umfasst das Gespräch mit dem Haus- oder Kinderarzt, oft mit wichtigen Kenntnissen über die Lebensumstände der Kinder und Familie, sowie mit anderen Kliniken im Umkreis bezüglich früherer verdächtiger Verletzungen. Die Zuordnung von Kindern oder Eltern zu bestimmten Risikokategorien ist zum Verständnis einer Misshandlung und zur Prävention, nicht aber zur Diagnosestellung geeignet. Eine auffällige Sozial- oder Familienanamnese, eine Vorgeschichte häuslicher Gewalt und Misshandlungen in der Vorgeschichte sind wichtige Warnhinweise auf beschränkte Ressourcen einer Familie, nicht aber für die Diagnosestellung geeignet.

Merke: Der Kardinalhinweis auf eine Misshandlung ist die fehlende Plausibilität: Vorliegende Befunde sind nicht durch die dafür angegebene Vorgeschichte erklärbar.

Hinweise auf eine Misshandlung

- Verletzungsmuster unpassend für angegebene Anamnese
- Vage, unpräzise, unpassende Erklärungsmuster
- Wechselnde Anamnese
- Fehlende Anamnese
- Für Entwicklungsstand unpassende Konstellation
- Zusätzlich entdeckte, primär nicht angegebene Verletzungen
- Verzögerter Arztbesuch
- Verursachung schwerer Verletzungen durch andere Kinder

Anamnese

Eine strukturierte Anamneseerhebung anhand spezieller Fragebögen (z. B. unter kindesmisshandlung.de) ist hilfreich, um keine Aspekte zu übersehen. Neben den genauen Umständen und Ablauf der aktuellen Ereignisse sind vorausgehende Begebenheiten, weitere Anwesende, Aufsicht, Beobachter zu erfragen. Reaktion der Eltern auf Verletzung? Etwaige Wiederbelebungsversuche? Prompter Arztbesuch? Daneben ist eine detaillierte Erhebung der medizinischen Vorgeschichte einschließlich der Entwicklung erforderlich, insbesondere hinsichtlich belastender Faktoren wie Schreien, Koliken, Fütterprobleme etc. Wie disziplinieren die Eltern das Kind? Besteht angemessene Sorge in Bezug zur Schwere der Verletzung? Chronische Erkrankungen können zu einer vermehrten Belastung führen. Die differenzialdiagnostisch orientierte Anamnese berücksichtigt Gerinnungsstörungen (z. B. anhand von Fragebogen zur Gerinnungsanamnese), Knochenerkrankungen und die ethnische Zugehörigkeit. Durch die Sozial- und Familienanamnese können Risiken und Ressourcen einer Familie eingeschätzt werden. Etwaige Befragungen des Kindes selbst sollten ohne Eltern und keinesfalls suggestiv erfolgen (Herrmann, 2010, S. 19-30, S. 121-122).

Klinische Untersuchung bei körperlicher Misshandlung

Die gezielte Diagnostik möglicherweise misshandelter Kinder erfordert eine schonende, aber gründliche und vollständige körperliche Untersuchung mit sorgfältiger Dokumentation. Dazu zählen ein Foto mit Maßband, das Anfertigen einer Skizze mit ausgemessenen Befunden und Farbangabe in einem skizzierten Körperschema sowie ein ausführlicher, deskriptiver schriftlicher Befund. Das Ziel ist es, zunächst den zur Vorstellung führenden Befund und etwaige weitere Befunde in ihrem Ausmaß und Schweregrad vollständig zu erfassen. Die klinische Untersuchung sollte die folgenden Punkte umfassen:

- *Wachstumsparameter:* Länge, Gewicht, Kopfumfang, Perzentilenverlauf (Wachstumskurven).
- *Vollständiger Untersuchungsstatus* (komplett entkleidet): körperlich, neurologisch, anogenital; dabei bevorzugt betroffene Körperstellen *("Prädilektionsstellen")* berücksichtigen: Ohren, Lippen-/Zungenbändchen, Gaumen, behaarter Kopf, Gesäß.
- *Befundbeschreibung und Dokumentation:* Lokalisation, Art, Farbe, Größe, Form bzw. Formung, Gruppierung, Zeichen der Wundheilung. Ausmessen aller Verletzungen, immer Skizze mit Maßen dokumentieren, *zusätzlich* mit Maßstab fotografieren. Details und

Übersichtsaufnahmen. Digitale Fotografie explizit zulässig und zu bevorzugen; Polaroidaufnahmen ungeeignet.
- *Verhalten/Aussagen* bei Untersuchung wörtlich dokumentieren, keine Suggestivfragen.
- *Geschwisterkinder* ggf. mit untersuchen (Misshandlungsrisiko erhöht).

Apparative und Labordiagnostik (körperliche Misshandlung)

Das Ausmaß der weiterführenden Diagnostik hängt von den klinischen Gegebenheiten und dem Alter des Patienten ab. Bei allen Kindern unter 2 (-3) Jahren ist ein Röntgen-Skelettscreening (Gesamtkörper-Röntgen) und eine Untersuchung der Netzhaut des Auges (Augenhintergrund) obligat, bei allen Auffälligkeiten des Nervensystems bzw. bei Netzhautblutungen muss eine Bildgebung des Gehirns erfolgen (American Academy of Pediatrics, 2007; 2009; Kleinman, 1998; Oestreich, 1998).
- *Röntgen-Skelettscreening (Gesamtkörper-Röntgen):* Thorax (Brustkorb), alle Extremitäten, Hände, Füße und Becken in einer Ebene, Schädel, Wirbelsäule und alle entdeckten Frakturen (Knochenbrüche) in 2 Ebenen. Die Wiederholung nach 14 Tagen führt zu einer erhöhten Ausbeute.
- *Skelettszintigrafie* (Injektion radioaktiver Substanzen, die vermehrten Knochenumsatz, z. B. durch heilende Frakturen, anzeigen): nur ergänzend zulässig, nicht als alleinige Suchmethode. Vorteilhaft bei subtilen Rippenfrakturen.
- *Bildgebung des Gehirns:*
Akut ist die *Computertomografie* (CT) meist praktikabler und besser verfügbar. Ausnahme: Kernspin sofort verfügbar, Zustand des Kindes stabil.
Kernspintomografie (MRT) sobald verfügbar und Kind stabil. Falls initial ein CT erfolgt, ist ein MRT nach etwa 2-3 Tagen und 2-3 Monaten indiziert.
- *Schädel-Ultraschall:* Zur Orientierung und als Ergänzung; insgesamt unsicherer, nicht zulässig als alleinige Diagnostik bzw. Ausschlussdiagnostik von Gehirnblutungen
- *Bauch-Ultraschall:* Als Suchmethode für Verletzungen des Bauchraumes, ggf. ergänzt durch eine Bauch-Computertomografie.
- *Untersuchung der Netzhaut* („Augenhintergrund"): Möglichst immer durch Augenarzt.
- *Basislabor:* Gemäß AWMF-Leitlinien (Leitlinien der DGSPJ, 2008: http://leitlinien.net ⇒ Sozialpädiatrie ⇒ Kindesmisshandlung und -vernachlässigung) zum Ausschluss von Gerinnungsstö-

> Das Ausmaß der weiterführenden Diagnostik hängt von den klinischen Gegebenheiten und dem Alter des Patienten ab. Bei allen Kindern unter 2 (-3) Jahren ist ein Röntgen-Skelettscreening und eine Untersuchung der Netzhaut des Auges obligat, bei allen Auffälligkeiten des Nervensystems bzw. bei Netzhautblutungen muss eine Bildgebung des Gehirns erfolgen

rungen, Knochenerkrankungen und zur Erfassung innerer Verletzungen.
- *Untersuchung auf Drogen- und Medikamente* im Urin.

Während des stationären Aufenthaltes ist es bisweilen möglich, *Verhaltensauffälligkeiten* des Kindes wahrzunehmen. Manche misshandelten Kinder sind extrem ängstlich, gehemmt, passiv und immer bemüht alles recht zu machen, keine Fehler zu machen. Manche erdulden klaglos schmerzhafte Eingriffe (Blutentnahmen!), sind überhöflich oder überangepasst. Bei etlichen lässt sich ein unsicher gespannt und trauriger wirkender Gesichtsausdruck, die sogenannte "*eisige Wachsamkeit*" („frozen watchfulness") beobachten. Andere fallen wiederum durch hyperaktives, aggressives, asoziales oder destruktives Verhalten auf. Verbale Hinweise von Kindern selbst sind immer ernst zu nehmen und wörtlich ohne Deutungen zu dokumentieren.

Befunde bei körperlicher Misshandlung

Hautverletzungen

Hämatome

Medizinische Befunde finden sich in unterschiedlichen Organsystemen. Dabei ist die Haut als größtes Organ des Körpers auch am häufigsten, in nahezu 90% aller misshandelten Kinder betroffen. Hier sind vor allem Hämatome (Blutergüsse) bedeutsam. Bei Misshandlungen sind sie häufig multipel, groß, an ungewöhnlichen, unfallsuntypischen Stellen gelegen und von spezifischer Formung. Ebenso spielt das Alter des Kindes eine wichtige Rolle: prämobile Säuglinge weisen unter 1% akzidentelle (unfallbedingte) Hämatome auf, dagegen etwa 17% der Krabbler und über 50% der Läufer („Those who don't cruise rarely bruise" (Sugar, 1999)). Somit sind Hämatome bei kleinen, nicht mobilen Babies hochverdächtig, sofern es dafür keine plausible Erklärung gibt.

Neuere Untersuchungen haben gezeigt, dass die gängige Zuordnung bestimmter Hämatomfarben zu definierten zeitlichen Zusammenhängen extrem unzuverlässig und ohne gesicherte wissenschaftliche Grundlage ist. Unterschiedliche gefärbte Hämatome können somit durchaus gleichzeitig entstanden sein. Evidenz gibt es lediglich dafür, dass gelbe Hämatome mindestens 18 Stunden alt sind (Schwartz 1996). Bedeutsam ist weiterhin die Lokalisation der Hämatome. Während Kinder vor allem im Lauflernalter fast regelhaft an den Schienbeinen mit blauen Flecken übersät sind und diese auch an allen anderen Körperteilen aufweisen können, mit denen sie mit ihrer Umgebung zusammenstoßen (z. B. Becken, Stirn, Kinn), sind Hämatome an Rücken, Brust, Bauch, Gesäß oder Ohren verdächtig, da diese Orte bei akzidentellen Stürzen nur selten betroffen sind.

Fast ausschließlich bei misshandelten Kindern finden sich geformte Hämatome durch den Abdruck von Gegenständen (Stöcken, Seilen etc.), Händen, Zähnen (Bissspuren) oder in Form von Würgemalen (Herrmann, 2002a).

Verbrennungen

Weniger häufig, aber ungleich schwerwiegender, sind misshandlungsbedingte Verbrennungen, meist in Form von Verbrühungen durch heiße Flüssigkeiten. Unfälle zeigen meist ein so genanntes „Spritz- und Tropfmuster", bei dem sich heiße Flüssigkeit (meist aus Töpfen, Tassen, Kannen) über den Kopf-Hals-Schulterbereich ergießt und dabei ein sehr inhomogenes Muster produziert. Misshandlungsbedingte Verbrühungen zeigen dagegen oft ein gleichmäßiges so genanntes „Handschuh- oder Strumpfmuster" an Händen oder Füssen durch Eintauchen in heiße Flüssigkeiten. Auch der Anogenitalbereich ist durch fehlgeleitete Sauberkeits-"erziehung" bei Misshandlungen, aber fast nie bei Unfällen, betroffen. Ansonsten weisen geformte trockene Verbrennungen (Zigaretten, Heizungsroste, Herdplatten, u. a.) meistens durch den Abdruck des jeweiligen Gegenstandes auf Misshandlungen hin (Maguire, 2008; Herrmann, 2002a).

> Misshandlungsbedingte Verbrühungen zeigen dagegen oft ein gleichmäßiges so genanntes „Handschuh- oder Strumpfmuster" an Händen oder Füssen durch Eintauchen in heiße Flüssigkeiten

Knochenverletzungen

Gewisse Hinweise auf die Wahrscheinlichkeit einer misshandlungsbedingten Fraktur zeigt die statistische Verteilung. 85% der echten Unfallfrakturen werden bei den über 5-jährigen Kindern gefunden, 80% der Misshandlungsfrakturen dagegen bei den unter 18 Monate alten Kindern. Bei Unfällen kommt es in 80% zu einer Fraktur, in 19% zu 2 Frakturen. Bei Misshandlungen treten in 60% drei oder mehr Frakturen auf. Zudem sind diese oft klinisch unerwartet, also Zufallsbefunde oder Ergebnisse des Röntgen-Skelettscreenings. Multiple Frakturen unterschiedlichen Alters sowie klinisch unerwartete Frakturen gehören zu den bekanntesten und bedeutsamsten Hinweisen. Unterschiedliche Frakturen haben unterschiedliche Bedeutungen hinsichtlich einer möglichen Misshandlung. So finden sich Rippenfrakturen und Frakturen nahe der Knochenwachstumszone (Metaphyse) nahezu ausschließlich bei Misshandlungen. Je jünger das Kind und umso unklarer der Entstehungs-Mechanismus, umso

> Bei Unfällen kommt es in 80% zu einer Fraktur, in 19% zu 2 Frakturen. Bei Misshandlungen treten in 60% drei oder mehr Frakturen auf

wahrscheinlicher die Misshandlung, kann als grobe Daumenregel gelten (Kemp, 2008).
Doch auch hier müssen wichtige, wenn auch nicht häufige, Ausnahmen bedacht und gekannt werden. So sind Ober- und Unterschenkelfrakturen bei Kindern im Lauflernalter gut beschriebene mögliche echte Unfallsfrakturen – im Falle der Unterschenkelfraktur als „Toddler´s fracture" bekannt. Die Wahrscheinlichkeit, die oft zitierte Glasknochenkrankheit (Osteogenesis imperfecta) bei einem Säugling mit einer Misshandlung zu verwechseln, ist sehr gering, wenn alle klinischen, familiären und röntgenologischen Hinweise beachtet werden. Einzelfälle von Verwechslungen sind dennoch beschrieben (Steiner, 1996).

Gehirnverletzungen – Schütteltrauma-Syndrom

Misshandlungsbedingte Verletzungen des Gehirns haben einen Anteil von 5-10% aller Misshandlungen und ereignen sich überwiegend im ersten Lebensjahr. Sie haben jedoch die höchste Sterblichkeit und die gravierendsten Auswirkungen bezüglich der Langzeitfolgen. Dennoch werden sie aufgrund der bisweilen subtilen Symptomatik nicht selten übersehen (Jenny, 1999). Überwiegend findet sich das sogenannte Schütteltrauma-Syndrom (STS). Es ist gekennzeichnet durch Unterblutungen der harten Hirnhaut (subdurale Hämatome), meist ausgeprägten Blutungen der Netzhaut des Auges (retinale Blutungen) und häufig schweren Verletzungen der Hirnsubstanz. Dabei fehlen typischerweise jegliche äußere Verletzungen, gelegentlich kommt es zu Frakturen der Metaphysen (s.o.) oder zu subtilen Kopfhauthämatomen, sofern zusätzlich ein Hinwerfen mit Aufprall erfolgt ist. 10-20% der Opfer eines STS versterben daran, in 60-70% kommt es zu häufig ausgeprägten Behinderungen. Einen Säugling zu schütteln stellt somit ein potenziell lebensgefährliches Ereignis dar und ist in den USA im zweiten Lebenshalbjahr die häufigste Todesursache bei Kindern. Statistisch sind hauptsächlich Säuglinge im „Hauptschreialter" vom 3.-5. Lebensmonat betroffen („Shaken Baby Syndrome"), jedoch werden auch ältere Kinder durch Schütteln verletzt (Minns, 2005; Papoušek, 1999; von Hofacker et al., 1999).
Ein STS erfordert heftiges, gewaltsames Hin- und Herschütteln des Kindes, das dabei zumeist an den Oberarmen oder am Brustkorb gepackt wird. Auf keinen Fall führt das volkstümliche Verständnis von „jemand etwas schütteln oder rütteln", „herumschlenkern" oder forscher, burschikoser oder ungeschickter Umgang mit einem Säugling zu den für das STS charakteristischen schweren Gehirnverletzungen. Ebenso wenig sind banale Stürze dafür verantwortlich zu machen. Die offizielle amerikanische Kinderärztegesellschaft Ameri-

can Academy of Pediatrics stellt fest, dass selbst medizinischen Laien das Schädigende und potenziell Lebensbedrohende dieser Handlungen erkennen (American Academy of Pediatrics, 2009).

Für die Folgeschäden sind weder die subduralen noch die Netzhautblutungen verantwortlich, sondern vielmehr ein vielfacher Abriss von Nervenverbindungen. Dadurch kommt es zu ausgeprägtem Nervenzellsterben („Diffuses axonales Trauma"), Durchblutungsstörungen und Mikroinfarkten (kleinsten „Schlaganfällen") im Gehirn und in der Folge zu einer gefürchteten Hirnschwellung (Hirnödem) und Sauerstoffmangel. Vermutlich kommt es im Moment des Schüttelns zusätzlich zu einem passageren Atemstillstand und zu Sauerstoffmangel, die das Hirn zusätzlich schädigen. Dies erklärt die Schwere der Folgen des STS und äußert sich in zerebralen („epileptischen") Krampfanfällen, Bewusstseinsstörungen, Erbrechen und vielfältigen anderen Symptomen der gestörten Nervenfunktion. Die beschriebene diffuse Nervenzellschädigung mit der Folge einer sofortigen Funktionsstörung im Moment des Schüttelns erklärt, warum es im Gegensatz zu isolierten Hirnblutungen kein symptomfreies Intervall gibt. Insbesondere bei späteren schweren Folgeschäden sind signifikant geschüttelte Babies auch für einen Laien sofort erkennbar auffällig. Einfache Haushalts- und Spielunfälle führen nicht zu den beschriebenen gravierenden Auswirkungen (Gilliland, 1994; Duhaime, 1996; Herrmann, 2008).

Einfache Haushalts- und Spielunfälle führen nicht zu den beschriebenen gravierenden Auswirkungen

Weitere Organsysteme

Die zweithäufigste Todesursache bei Misshandlungen sind die Verletzungen des *Bauchraumes und Brustkorbes*, hauptsächlich weil die Opfer aufgrund ihrer oft uncharakteristischen und meist spät auftretenden klinischen Symptome meist zu spät zum Arzt gebracht werden und die Verletzungen aufgrund der fehlenden oder verschleierten Vorgeschichte dann verspätet erkannt werden. Äußere Hinweise fehlen meist. Es kommt vor allem zu Verletzungen der Hohlorgane (Magen-Darm) sowie des linken Leberlappens, der Nieren und Bauchspeicheldrüse sowie seltener zu Herz- und Lungenquetschungen.

Weitere Verletzungen betreffen den Hals-, Nasen-, Ohrenbereich, den Mund- und Rachenraum, das Gesicht, die Augen und die Zähne, also insbesondere die Organe, denen bei Fütterproblemen, „Gehorsam" oder beim Schreien „Symbolcharakter" zukommt. Analogien finden sich beim „Ohren lang ziehen" aufgrund „Nichthörens" oder Bestrafungsverletzungen wie Verbrennungen im Anogenitalbereich bei Sauberkeits-"erziehung" (Herrmann, 2002a).

Die zweithäufigste Todesursache bei Misshandlungen sind die Verletzungen des Bauchraumes und Brustkorbes

Äußere Hinweise fehlen meist

Vernachlässigung, Gedeihstörung, emotionale Misshandlung

Vernachlässigung wird als überwiegend passive Misshandlungsform beschrieben, als Unterlassung im Gegensatz zu den aktiv schädigenden übrigen Formen von Misshandlung. Die verantwortlichen Bezugspersonen lassen aus Unaufmerksamkeit, Vorsatz oder mangelnder eigener Fähigkeit zu, dass Grundbedürfnisse von Kindern und Jugendlichen nicht erfüllt werden. Dazu zählen unzureichende Zuwendung, Fürsorge, Liebe und Akzeptanz, Förderung Betreuung, Schutz vor Gefahren oder Verletzung der Aufsicht. Weiterhin können die Kinder physischen Mangel durch unzureichende Ernährung oder fehlende gesundheitliche Fürsorge erleiden. Allgemein wird zwischen körperlicher und emotionaler Vernachlässigung unterschieden. Die Unterlassungen führen zu teils schwerwiegenden Folgen für die körperliche bzw. seelische Gesundheit und Entwicklung. Vernachlässigungen sind mit gut 60% aller Misshandlungen die weitaus häufigste Form der Kindesmisshandlung und vermutlich am häufigsten übersehen („Vernachlässigung der Vernachlässigung").

Körperliche und medizinische Vernachlässigung

Diese ist gekennzeichnet durch einen Mangel an physischer bzw. gesundheitlicher Fürsorge und Schutz vor Gefahren.
- Keine adäquate qualitative und quantitative Ernährung. Klassisch „zu wenig": Dystrophie, Gedeihstörung; „Non organic failure to thrive".
- Keine adäquate Unterkunft, Bekleidung, Hygiene, Körperpflege, Zahnpflege.
- Keine Sicherheit vor alltäglichen Gefahren, mangelnde Supervision und Aufsicht.
- Verweigerung oder Verzögerung medizinischer Hilfe, Nichtbeachten ärztlicher Empfehlungen.
- Keine medizinische bzw. gesundheitliche Vorsorge(-untersuchungen), Impfungen oder Nichtaufsuchen medizinischer Behandlung bei Behandlungsbedürftigkeit.

Emotionale Vernachlässigung

Darunter wird inadäquate oder fehlende emotionale Fürsorge und Zuwendung verstanden sowie ein nicht hinreichendes oder ständig wechselndes und dadurch insuffizientes emotionales Beziehungsangebot.

- Keine Zuwendung, Liebe, Respekt, Geborgenheit, Bestätigung.
- Mangelnde Anregung und Förderung („stimulative Vernachlässigung").
- Mangelnde Wahrnehmung, Unterstützung, Förderung der Schul- bzw. Berufsausbildung.
- Keine Erwerb sozialer Kompetenz, „Lebenstüchtigkeit", Selbstständigkeit, kein angemessenes Grenzensetzen, keine Belehrung über Gefahren.
- Zeuge chronischer Partnergewalt der Eltern.
- Permissive Eltern bei Substanzabusus, Delinquenz.
- Verweigerung oder Verzögerung psychologischer oder psychiatrischer Hilfe.

Emotionale Misshandlung

Emotionale Misshandlungen haben die potenziell schwerwiegendsten Auswirkungen auf die seelische oder geistige Entwicklung von Kindern und Jugendlichen.

Unter emotionaler (auch seelischer) Misshandlung versteht man alle Handlungen oder Unterlassungen von Eltern oder Betreuungspersonen, die Kinder ängstigen, überfordern, ihnen das Gefühl der eigenen Wertlosigkeit vermitteln und sie in ihrer seelischen Entwicklung beeinträchtigen können. Sie führen zu einer schweren Beeinträchtigung der Vertrauensbeziehung zwischen Bezugsperson und Kind. Seelische Gewalt liegt insbesondere dann vor, wenn dem Kind ein Gefühl der Ablehnung und Wertlosigkeit vermittelt wird.

- Aktives Ausdrücken von Geringschätzung, Abneigung, Minderwertigkeit: Schmähungen, verbale Gewalt.
- Mangel an Wärme, emotionalen Reaktionen und Verfügbarkeit, fehlende Wertschätzung, Gleichgültigkeit.
- Verstoßen, Vermeiden, Isolieren, Einsperren, unangemessene Beschränkungen.
- Ängstigen durch Wutanfälle und Impulsdurchbrüche.
- Unzuverlässiges, unberechenbares, widersprüchliches, ambivalente Erziehungsverhalten.
- Fördern negativer Verhaltensweisen – antisoziales, kriminelles, selbstbeschädigendes Verhalten.
- Aussetzen und Zeuge werden von körperlicher oder seelischer häuslicher Gewalt zwischen den Eltern.

Für das Ausmaß der Schädigungen spielen nicht nur die Merkmale und Ausprägung der seelischen Vernachlässigung oder Misshandlung eine Rolle. Der Schädigung entgegenwirkende bzw. schützende Faktoren werden als Resilienz bezeichnet.

> Emotionale Misshandlungen haben die potenziell schwerwiegendsten Auswirkungen auf die seelische oder geistige Entwicklung von Kindern und Jugendlichen

Merke: Vernachlässigung und emotionale Misshandlung sind die häufigste und seelisch schwerwiegendste Form der Kindesmisshandlung, in den USA auch die häufigste misshandlungsbedingte Todesursache. Beide sind häufig auch Bestandteil körperlicher und sexueller Gewalt sowie des Münchhausen Syndroms by Proxy (Frank, 2002; Herrmann 2010, S. 179-208).

Diagnostik bei Vernachlässigung

Bei Verdacht auf eine Vernachlässigung sind die folgenden Punkte zu berücksichtigen:
- Dokumentation und Verlauf der somatischen Entwicklung, Körpermaße, Pflegezustand, Zahnstatus.
- Ausschluss organischer Ursachen einer Gedeihstörung.
- Vorsorgeuntersuchungen, Impfungen, Zahnvorsorge, Karies-Rachitis-Prophylaxe wahrgenommen?
- Beurteilung der psychischen, emotionalen, kognitiven Entwicklung.
- Dokumentation der Interaktion in der Praxis bzw. bei Kenntnis aus anderen Bereichen.
- Beschreibung von Verhaltensauffälligkeiten der Kinder oder Jugendlichen.
- Dokumentation der Familien- und der Sozialanamnese, belastende Lebensumstände, Vorgeschichte, Eigenanamnese der Eltern (Gewalterfahrung, Trennung, Scheidung, Depressionen, Suchtprobleme u. a.).
- Drogen- und Medikamentenscreening (vorzugsweise Urin)

Sexueller Missbrauch

Der weit überwiegende Teil der Opfer sexuellen Missbrauchs (über 90-95%) weist körperliche Normalbefunde auf. Das beruht darauf, dass viele Missbrauchshandlungen keine körperlich fassbaren Spuren hinterlassen oder die Opfer erst längere Zeit nach dem Missbrauch ärztlich untersucht werden. Im Falle von Verletzungen kann aufgrund der enormen Regenerationsfähigkeit anogenitaler Gewebe zum Untersuchungszeitpunkt bereits wieder eine vollständige Heilung, selbst eines verletzten Jungfernhäutchens (Hymen), eingetreten sein. Daher kann der Aspekt der Beweissicherung durch die Untersuchung nur einen untergeordneten Stellenwert einnehmen. Dennoch gibt es missbrauchsbedingte körperliche Befunde, die im Einzelfall einen wertvollen Baustein der Diagnostik darstellen können. Normvarianten, akzidentelle Verletzungen und weitere Differentialdiagnosen müssen von missbrauchsbedingten Befunden abgegrenzt werden. Die Diagnose sexueller Missbrauch beruht jedoch in den allermeisten Fällen auf der qualifiziert erhobenen Aussage des Kindes und nicht auf medizinischen Befunden. Dennoch hat die ärztliche Untersuchung einen wichtigen Stellenwert, da missbrauchte Kinder ein erheblich gestörtes Körperselbstbild aufweisen und ihnen durch die medizinische Untersuchung eine quasi-therapeutische Botschaft körperlicher Integrität und Normalität vermittelt werden kann. Die medizinische Untersuchung darf nie isoliert bleiben, sondern muss immer als Bestandteil und Ergänzung eines multidisziplinären Ansatzes durchgeführt werden.

Die körperliche Untersuchung von Missbrauchsopfern ist nicht erneut traumatisierend, wenn sie schonend und einfühlsam durchgeführt wird. Jeglicher Zwang oder Druck sind strikt kontraindiziert. Die qualifizierte Untersuchung, Befunderhebung und deren kritische Würdigung erfordern jedoch spezielle kindergynäkologische Kenntnisse und Erfahrung und Wissen um die Besonderheiten und Bedürfnisse sexuell missbrauchter Kinder und Jugendlicher. Eine fotografisch gut dokumentierte Untersuchung kann unter Umständen die Notwendigkeit von Wiederholungsuntersuchungen vermeiden und damit sogar traumaverhütend wirken (Britton, 1998; Herrmann 2002b).

> Eine fotografisch gut dokumentierte Untersuchung kann unter Umständen die Notwendigkeit von Wiederholungsuntersuchungen vermeiden und damit sogar traumaverhütend wirken

Stellenwert der medizinischen Diagnostik bei sexuellem Kindesmissbrauch

Bei vorbestehendem Verdacht kann in einigen (wenigen!) Fällen die Aussage des Kindes untermauert werden. Andererseits schließt das Fehlen körperlicher Befunde einen sexuellen Missbrauch niemals aus. Selten entsteht ein Verdacht durch Untersuchungen aufgrund andere Umstände (Vorsorge, andere Erkrankung). Weitere Ziele der Untersuchung sind die Identifizierung von behandlungsbedürftigen Verletzungen, Infektionen, seltener auch von Geschlechtskrankheiten oder die Vorbeugung einer möglichen Schwangerschaft oder von Geschlechtskrankheiten. Von größter Bedeutung ist die Zerstreuung entsprechender Sorgen der Eltern, v. a. aber des Kindes selbst. Dem traumatisierten und in seiner Körperselbstwahrnehmung oft erheblich gestörten Kind wird von (somatisch!) kompetenter Seite die Intaktheit, Gesundheit und Normalität seines Körpers versichert. Dadurch wird eine bedeutsame Entlastung ermöglicht, die durch eine rein psychotherapeutische Intervention in diesem Kontext nicht vermittelbar wäre. Die Untersuchung kann somit sogar eine heilsame Erfahrung darstellen (De San Lazaro, 1995; Herrmann, 2002b).

> Dem traumatisierten und in seiner Körperselbstwahrnehmung oft erheblich gestörten Kind wird von (somatisch!) kompetenter Seite die Intaktheit, Gesundheit und Normalität seines Körpers versichert. Dadurch wird eine bedeutsame Entlastung ermöglicht

> Von größter Bedeutung ist es, allen beteiligten Fachleuten im Kinderschutz zu vermitteln, dass ein normaler medizinischer Untersuchungsbefund einen sexuellen Missbrauch niemals ausschließen kann

Von größter Bedeutung ist es, allen beteiligten Fachleuten im Kinderschutz zu vermitteln, dass ein normaler medizinischer Untersuchungsbefund einen sexuellen Missbrauch niemals ausschließen kann. Selbst Verletzungen des Jungfernhäutchens heilen nach einer neuen Untersuchung präpubertär in mehr als 75% und bei Adoleszenten in mehr als 90% (McCann, 2007). Eine weitere Studie über 36 schwangere Teenager zeigte nur in 2 Fällen beweisende Befunde einer Penetration des Jungfernhäutchens (Kellog, 2004). Der leider gerade im gynäkologischen Bereich immer noch beliebte Begriff „Virgo intacta", intakte Jungfrau, ist somit – obwohl deskriptiv in vielen Fällen zutreffend – vollkommen ungeeignet für die Einschätzung des Genitalbefundes unter der Fragestellung eines zurückliegenden sexuellen Missbrauchs. Darüber hinaus ist er für die Glaubwürdigkeit der Opfers geradezu gefährlich, da er über das medizinisch Beschreibende hinaus eine emotionale „Intaktheit" und „Unberührtheit" impliziert, die es vielen schwermachen dürfte, sich dennoch einen sexuellen Übergriff, gar mit Penetration, vorzustellen. Die Benutzung des Begriffs sollte daher vermieden werden.

Anamnese und Untersuchung

Während die immer zu erhebende allgemeine und kindergynäkologische Anamnese unproblematisch ist, hängen das Ausmaß und die Spezifität der Fragen bezüglich der missbrauchsspezifischen Vorgeschichte von den Kenntnissen und Vorerfahrungen des Untersuchers, aber auch von den jeweiligen Umständen der Vorstellung ab. Diese sollte in einer möglichst kindgerechten und entspannten Atmosphäre erfolgen. Ebenso wenig wie die Anamnese mit der „Tür ins Haus" fallen darf, ist es wenig sinnvoll, unmittelbar mit der genitalen Untersuchung zu beginnen. Die Kinder sollten spielerisch und altersangepasst auf den Untersuchungsablauf und die dabei verwendeten Geräte vorbereitet werden. Durch die Untersuchung von therapeutischen (nicht anatomisch korrekten!) Puppen (z. B. „Kumquats"®, Fa. Degro und Bodrik, Ölbronn-Dürrn), die der Untersucher zunächst zusammen mit dem Kind als seinem Assistenten untersucht, können potentielle Ängste artikuliert und durch das Kind selbst beruhigt werden. Dadurch entsteht zum einen ein beträchtliches Maß an Kontrolle und Mitbestimmung in einer potentiell angstbesetzten Situation, zum anderen erfolgt die Vorwegnahme der eigenen Untersuchung. Für präpubertäre Kinder steht in der Regel nicht die Scham vor einer genitalen Untersuchung im Vordergrund, sondern die Angst vor den zunächst unbekannten und als bedrohlich empfundenen Umständen der Untersuchungssituation (De San Lazaro, 1995).

Die obligatorische Kopf-bis-Fuß-Untersuchung des Kindes erlaubt die Einschätzung des Entwicklungsstandes, das Erkennen extragenitaler Missbrauchs- oder Misshandlungsspuren und nimmt vor allem den Fokus von der genitalen Untersuchung. Ein Kolposkop (fernglasähnliches medizinisches Untersuchungsgerät) mit Foto- oder Videoanschluss verbindet idealerweise Vergrößerung, Lichtquelle und optimale Dokumentation. Die kolposkopische Dokumentation ist mittlerweile internationaler Standard und Qualitätsmerkmal einer Untersuchung. Die fotografische Dokumentation ist wie die gesamte Untersuchung an die Einwilligung eines Sorgeberechtigten und vor allem des Kindes gebunden. Unter dieser Voraussetzung ermöglicht sie die spätere nochmalige Beurteilung des Befundes, das Einholen einer zweiten Meinung, bei positiven Befunden die Beweissicherung und Nachprüfbarkeit und ist Voraussetzung für Lehre und Forschung. Vor allem aber kann sie dem Kind Wiederholungsuntersuchungen ersparen und somit weiteren potentiellen Schaden verhüten. Die anogenitale Untersuchung selbst ist im Wesentlichen eine Kombination verschiedener Untersuchungspositionen und Techniken, um den Genitalbereich optimal darzustellen. Hierzu sind – außer bei blutenden Verletzungen – Gerätschaften, die in das Kind eingeführt werden (Spekulum), kontraindiziert (Boyle, 2008; Herrmann et al., 2010, S. 121-130).

Die fotografische Dokumentation ist wie die gesamte Untersuchung an die Einwilligung eines Sorgeberechtigten und vor allem des Kindes gebunden

Befunde bei sexuellem Kindesmissbrauch

Für die relative Häufigkeit normaler oder unspezifischer Befunde bei Opfern von sexuellem Missbrauch (Adams, 1994: "It´s normal to be normal", Heger, 2002) spielt neben der korrekten Untersuchungstechnik auch die Qualifikation des Untersuchers und seine Bereitschaft entsprechende Befunde überhaupt wahrzunehmen, eine wichtige Rolle. Der Zeitpunkt der Untersuchung beeinflusst enorm die Häufigkeit positiver Befunde, hauptsächlich aufgrund der schnellen und oft vollständigen Heilung anogenitaler Verletzungen. Selbst Einrisse des Jungfernhäutchens können je nach Ausprägung wieder vollständig heilen. Die erhebliche Elastizität des Hymens führt dazu, dass sogar eine Penetration bisweilen lediglich eine Aufdehnung bewirkt; die geläufige, aber unbrauchbare Formulierung "intaktes Hymen" schließt selbst eine zurückliegende Penetration nicht aus (s.o.), noch viel weniger natürlich einen sexuellen Missbrauch anderer Art. Gleiches gilt für die analen Strukturen, die noch elastischer sind. Viele Formen von sexuellem Missbrauch hinterlassen überhaupt keine körperlichen Auffälligkeiten. Zudem wird selten physische Gewalt angewendet. Eine medizinische Untersuchung bei entsprechendem Verdacht kann somit in vielen Fällen keine definitive Aussage darüber treffen, ob ein Missbrauch mit oder ohne Penetration stattgefunden hat.

Die Art missbrauchsbedingter Befunde variiert erheblich mit der Art und Invasivität der Missbrauchshandlung, dabei beteiligter Körperteile oder Gegenstände, dem Grad der Gewaltanwendung, dem Alter des Kindes, der Häufigkeit und der Zeitspanne seit der letzten Episode. Akute Befunde sind leichter zu beschreiben und zu werten als chronische, missbrauchte Kinder werden jedoch selten akut vorgestellt. Genitale Verletzungen bei Jungen durch sexuellen Missbrauch sind sehr selten.

Die Weite der Scheidenöffnung spielt keine Rolle in der Diagnose des sexuellen Missbrauchs. Masturbation ist bei Mädchen vorwiegend klitoral und verletzt nicht das präpubertär sehr schmerzempfindliche Hymen. Tampons führen bei Adoleszenten allenfalls zu einer Erweiterung, nicht aber zu einer Verletzung oder einem Einriss des Hymens (Berenson, 2000; Finkel, 2009).

Als aussagekräftigste vaginale Hinweise gelten keil- oder v-förmige Kerben, Spalten oder Einrisse des Hymens im posterioren (hinteren, unteren) Bereich des Jungfernhäutchens, allerdings nur dann, wenn sie bis zum Ansatz des Jungfernhäutchens am Scheidenboden oder tiefer reichen. Weiterhin diagnostisch bedeutsam sind ein fehlendes Hymen, frische Einrisse oder Blutergüsse und Abschürfungen des Hymens. Anal sprechen tiefe Einrisse bis zum Schließmuskel und unerklärte frische Schleimhautverletzungen oder Hämatome für ein missbrauchsbedingtes Trauma. Die Einteilung von Befunden im Anogenitalbereich orientiert sich an einer Klassifikation von Adams und einem umfangreichen Expertengremium (American Academy of Pediatrics, 2005; Adams, 2008; Herrmann et al. 2010, S.131-156).

Geschlechtskrankheiten bzw. sexuell übertragene Erkrankungen stellen seltene Hinweise auf sexuellen Missbrauch dar. Gelegentlich können sie aber auch von der Mutter auf ihr Neugeborenes übertragen worden sein und je nach Erkrankung unterschiedlich lange persistieren. Da sie außer bei bestehendem Ausfluss kaum je nachgewiesen werden, sollte die Indikation zur Abstrichuntersuchung gezielt gestellt werden. Nach Ausschluss einer angeborenen Infektion sind Gonorrhoe (Tripper), HIV (AIDS) und Lues (Syphilis) beweisend für einen sexuellen Kindesmissbrauch (DeJong, 2009).

> Neben den bereits erwähnten Normvarianten gibt es eine ganze Reihe von Differenzialdiagnosen, also Befunde und Erkrankungen, die von Missbrauchsbefunden abgegrenzt werden müssen

Neben den bereits erwähnten Normvarianten gibt es eine ganze Reihe von *Differenzialdiagnosen*, also Befunde und Erkrankungen, die von Missbrauchsbefunden abgegrenzt werden müssen. Dazu zählen vor allem unfallbedingte Verletzungen im Anogenitalbereich, aber auch Haut- und andere Erkrankungen sowie Infektionen, die Missbrauchsbefunde vortäuschen können (Hornor, 2009).

Intervention und Management

Beim Umgang mit Kindesmisshandlungen und -vernachlässigungen hängt die Art der Intervention vom Verdachtsgrad, den Umständen der Präsentation, der Art der Misshandlung und der Einschätzung der Gefährdung des Kindes ab. Die in der niedergelassenen Praxis häufigeren vagen Verdachtsfälle erfordern andere Konzepte als manifeste, schwerwiegende Misshandlungen, die zu einer stationären Behandlung führen. Somit ist eine abgestufte Reaktion notwendig. Prinzipiell kann Kinderschutz nur multiprofessionell realisiert werden und erfordert Kenntnis der lokalen bzw. regionalen Kinderschutzangebote und Fachkräfte (Cratt, 2007). Für Kliniken empfiehlt sich die Etablierung von Kinderschutzgruppen mit strukturiertem Vorgehen nach schweizerischem bzw. österreichischem Vorbild. Konzepte für Deutschland liegen ebenfalls vor und werden derzeit in den medizinischen Kinderschutz-Fachgremien zur Herausgabe einer bundesweiten Empfehlung beraten. In allen Situationen ist eine Konsultation mit anderen Fachkräften (medizinisch, Jugendamt, Beratungsstellen, Kinderschutzgruppen; Polizei nur anonym, da sonst Strafverfolgung obligat) möglich. Oft ist dies hilfreich und entlastend, um das weitere Vorgehen zu planen. Ein konsiliarisches Hinzuziehen der Rechtsmedizin ist, soweit verfügbar, zur Berteilung von verdächtigen Verletzungen hilfreich und sinnvoll, darf jedoch nicht dazu führen, das weitere Prozedere wegzudelegieren. Die Fallverantwortung soll für den stationären Bereich – je nach lokaler Struktur – in pädiatrischer, kinderchirurgischer oder kinder- und jugendpsychiatrischer (bzw. psychologischer) Verantwortung sein. Die abschließende Dokumentation und Stellungnahme muss gerade für Nichtmediziner verständlich die Wahrscheinlichkeit einer Misshandlung beschreiben und werten und die bestehende und weiter drohende Kindeswohlgefährdung thematisieren (Thyen, 2005; Herrmann, 2010, S. 287-298).

Für Kliniken empfiehlt sich die Etablierung von Kinderschutzgruppen mit strukturiertem Vorgehen nach schweizerischem bzw. österreichischem Vorbild

Merke: Kinderschutz in der Medizin ist zwingend multiprofessionell, erfordert strukturiertes Vorgehen und Kenntnis der Interventionsmöglichkeiten.

Grundsätzlich treten beim Schutz von Kindern vor Misshandlung und Vernachlässigung verschiedene Rechtsgüter, Interessen und Ansprüche u. U. in Konkurrenz zueinander, so dass ein sorgfältiges Abwägen in jedem Einzelfall im Interesse des betroffenen Kindes oder Jugendlichen erforderlich ist (modifiziert nach Thyen, 2005):
- Das Recht des Kindes auf körperliche und seelische Unversehrtheit und die Verpflichtung des Staates, dieses Recht zu schützen.

- Das Recht des Kindes, nach Möglichkeit in seiner Herkunftsfamilie aufzuwachsen, und die Verpflichtung des Staates, die Eltern dabei nach allen Möglichkeiten zu unterstützen.
- Das Recht des Kindes auf Sicherung seiner Ansprüche auch gegenüber den Eltern, z. B. Rentenansprüche, Recht auf Förderung und Bildung.
- Die Befriedigung von Rechtsbedürfnissen der Gesellschaft, die Gewalt gegen Kinder nicht toleriert und in der Kinder die gleichen Rechte haben wie Erwachsene.
- Das Recht der oft selbst jungen Eltern auf soziale und psychologische Hilfe sowie ggf. Therapie.
- Das öffentliche Interesse an Prävention im Hinblick auf das betroffene Kind und bezogen auf weitere Kinder in der Familie.

Rechtslage

Zunächst gilt grundsätzlich die *ärztliche Schweigepflicht gemäß § 203 StGB*. Diese darf aber im Sinne einer sorgfältigen Güterabwägung bei drohender Gefahr für das gefährdete Kindeswohl als Rechtsgut von höherem Rang gebrochen werden. Rechtlich ist dies im Sinne eines *rechtfertigenden Notstandes gemäß § 34 StGB* und aufgrund der grundsätzlich anzunehmenden Wiederholungs- und Eskalationsgefahr zu begründen. Die Durchbrechung der ärztlichen Schweigepflicht kann z. B. gegenüber dem Jugendamt erfolgen, das seinen im SGB VIII verankerten Pflichten zur Hilfeleistung bzw. Abschätzung der Kindeswohlgefährdung (§ 8a SGB VIII) genügen muss. Dazu müssen ggf. Entscheidungen des Familiengerichts herbeigeführt werden. Eine gesetzliche Verpflichtung zur Anzeige (Meldepflicht) gemäß § 138 StGB (Nichtanzeige geplanter Straftaten) besteht nicht, der Arzt hat ein Zeugnisverweigerungsrecht. Andererseits ist zu bedenken, dass sich der Arzt durch seine besonderen fachlichen Qualifikationen und Möglichkeiten, Kinder zu schützen, in einer sogenannten *Garantenstellung* befindet und damit eine höhere Verantwortung und moralische Verpflichtung hat, für den Schutz seiner minderjährigen Patienten zu sorgen. Der Verzicht auf eine gesetzliche Meldepflicht von Verdachtsfällen ermöglicht, das in Deutschland weitgehend akzeptierte Konzept »Hilfe statt Strafe« zu praktizieren, wenn dies nach einer gründlichen Bewertung der Situation des Kindes als sinnvoll und Erfolg versprechend erachtet wird. Da Kinderschutz nicht selten auch die Mitteilung von Misshandlungs-, Missbrauchs- und Vernachlässigungsfällen an staatliche Stellen bedeutet (Jugendamt, Polizei, Staatsanwaltschaft), gehört zu einem umfassenden Konzept des ärztlichen Umgangs damit auch die Kenntnis einschlägiger gesetzlicher Normen und ihrer Konsequenzen für die

Opfer (Herrmann et al., 2010, S. 241-278). Bei Kindesmisshandlung handelt es sich um ein *Offizialdelikt*. Gelangt es zur Kenntnis von Polizei und Staatsanwaltschaft, so müssen diese ermitteln. Da dies nicht immer hilfreich für den Kinderschutz ist, muss die Entscheidung zur Anzeige gründlich überlegt werden. Dies setzt voraus, dass alle Befunde und etwaige Spuren forensisch korrekt gesichert werden, um später unter Umständen als Beweismittel zu dienen. In Ausnahmefällen kann eine sofortige Einschaltung der Polizei erforderlich sein:

- Suizidalität bei einem Elternteil oder betroffenen Kindern oder Jugendlichen
- Gefahr der unkontrollierbaren Gewaltbereitschaft
- Eskalation von Familienkonflikten oder offensichtliche Planung von Gewalttaten
- Entführungen
- Einbezug des Kindes in Suchtmittelabusus oder vorsätzliche Vergiftungen
- Notwendigkeit der Spurensicherung im häuslichen Bereich (pornographische Aufzeichnungen, Fotos, Filme, elektronische Daten, Sicherstellen von Suchtmitteln, Wäschestücken, Waffen, Feststellung von Gefahrenquellen) und

> Bei Kindesmisshandlung handelt es sich um ein Offizialdelikt. Gelangt es zur Kenntnis von Polizei und Staatsanwaltschaft, so müssen diese ermitteln. Da dies nicht immer hilfreich für den Kinderschutz ist, muss die Entscheidung zur Anzeige gründlich überlegt werden

Grundprinzipien der Intervention (modifiziert nach Herrmann, 2010, S.289)

Anamneseerhebung: Belastungsfaktoren im familiären und sozialen Umfeld, Eigen- und Entwicklungsanamnese, Befragung des Kindes (nicht suggestiv), hilfreich sind strukturierte Anamnesebögen (Download unter kindesmisshandlung.de).

Untersuchung: Sekundäre Traumatisierung vermeiden, dem Alter des Patienten angepasste Untersuchungssituation, Untersuchungsschritte erklären, Kind Sicherheit vermitteln, spontane Aussagen wörtlich dokumentieren (nicht interpretieren), Verhalten in der Untersuchungssituation wahrnehmen und dokumentieren.

Ambulante Klärung: Ruhiges Gespräch außerhalb der Sprechzeiten, Kontakt herstellen, Angebot ambulanter Hilfen, ggf. Beratung mit Jugendamt, Beratungsstellen.

Stationäre Aufnahme: Diagnostische Klärung ambulant nicht möglich, Verfügbarkeit forensischer Spezialkompetenz und Interventionsansätze (Kinderschutzgruppe) in der Klinik, schwerwiegendere Verletzungen, akute Sicherung des Kinderschutzes erforderlich; leitliniengerechtes diagnostisches und differenzialdiagnostisches Vorgehen; fachgerechte fotografische und schriftliche sowie Skizzendokumentation, hilfreich sind strukturierte Untersuchungs- und Diagnostikbögen (Download unter kindesmisshandlung.de).

Grundprinzipien: Ruhe bewahren, Eskalation vermeiden, Orientierung am Schutz des Kindes, nicht an Tataufklärung, Kind Sicherheit vermitteln, zeitnahe kinderpsychologische oder kinder- und jugendpsychiatrische Untersuchung, stationäre Aufnahme bei entsprechender Indikation; immer multiprofessionell handeln, Jugendamt involvieren.

– Überprüfung der Angaben der Begleitpersonen, z. B. bei Verbrühungen und Verbrennungen oder wenn andere Minderjährige potentiell Gefahren ausgesetzt sind) (Thyen, 2005).

Kinderschutzgruppen (KSG) in Kliniken

Diese sind innerklinisch interdisziplinäre Teams, die sich um strukturierten Kinderschutz bemühen. Sie setzen sich in der Regel aus ärztlichen Mitarbeitern (Allgemein-, Sozial- oder Neuropädiatrie, Kinderchirurgie oder Kinder-/Jugendpsychiatrie), Mitarbeitern des Sozialdienstes der Klinik (obligat), des Pflegedienstes und der Kinder- und Jugendpsychotherapie zusammen. Je nach regionaler Verfügbarkeit können weitere Fachgruppen wie Rechtsmedizin, (Kinder-/Jugend-) Gynäkologie, Kinderradiologie u. a. beteiligt sein. 2003 wurde in Kassel die erste deutsche Kinderschutzgruppe (KSG) nach Schweizer und Österreicher Vorbild etabliert. Es folgten weitere Gründungen in München, Bonn, Berlin und mittlerweile in etwa 20 Kinderkliniken (von etwa 340 Kinderkliniken in Deutschland). Innovative Konzepte zur Etablierung der KSG-Arbeit an Großkliniken wie in Bonn haben zur Entwicklung strukturierter Abläufe in Form klinischer Pfade beigetragen (kinderschutzgruppe.de) und die Zusammenarbeit mit der Jugendhilfe strukturiert (Hannover). In Österreich werden KSG inzwischen an jeder Kinderklinik gesetzlich vorgeschrieben und sind auch in der Schweiz an der Mehrzahl der Kinderkliniken etabliert. In beiden Ländern gibt es KSG seit den 80er und 90er Jahren, in Zürich bereits seit 1969. Es liegen dort detaillierte und strukturierte Konzepte zum Kinderschutz im Gesundheitswesen vor (siehe Internet-Links). Neben einer qualitativen Verbesserung im Kinderschutz führen KSG auch zur emotionalen Entlastung des mit Misshandlungsfällen befassten Arztes (Österreichischer Leitfaden Kinderschutzarbeit, 2008; Thun-Hohenstein, 2005).

Fazit

Der qualifizierte medizinische Beitrag zu Diagnose und Hilfe bei Kindesmisshandlung und -vernachlässigung erfordert emotionale Bereitschaft, Engagement und dezidierte fachliche Kenntnisse. Das Vorgehen ist an den Umständen der Vorstellung und Einschätzung der Gefährdung zu orientieren. Hilfreich ist leitlinienorientiertes, strukturiertes Vorgehen, in der Klinik sinnvollerweise durch Etablierung einer Kinderschutzgruppe. Der Schutz von Kindern und Jugendlichen kann nur multiprofessionell erfolgen, sowohl innerhalb des medizinischen Systems als auch durch Einbeziehung von Jugendamt, Beratungsstellen, ggf. Polizei und anderer Institutionen.

Literatur

American Academy of Pediatrics (2009). Section on Radiology. Diagnostic imaging of child abuse. Policy Statement. Pediatrics, 123, 1430-1435. www.aappolicy.aappublications.org/cgi/content/full/pediatrics;123/5/1430

American Academy of Pediatrics (2009). Christian, C. W., Block, R. and the Committee on Child Abuse and Neglect: Abusive Head Trauma in Infants and Children. Policy Statement. Pediatrics, 123,1409-1411. www.aappolicy.aappublications.org/cgi/reprint/pediatrics;123/5/1409

American Academy of Pediatrics (2007). Kellogg, N. D. and the Committee on Child Abuse and Neglect (2007). Evaluation of Suspected Child Physical Abuse. Pediatrics, 119,1232-1241. http://pediatrics.aappublications.org/cgi/reprint/119/6/1232

American Academy of Pediatrics (2005). Kellogg, N. D. and the Committee on Child Abuse and Neglect. The evaluation of sexual abuse in children: American Academy of Pediatrics Clinical Report. Pediatrics, 116, 506-512. http://aappolicy.aappublications.org/cgi/reprint/pediatrics;116/2/506

Adams, J. A., Harper, K., Knudson, S. & Revilla, J. (1994). Examination findings in legally confirmed child sexual abuse: It's normal to be normal. Pediatrics, 94, 310-317.

Adams, J. A. (2008). Guidelines for medical care of children evaluated for suspected sexual abuse: an update for 2008. Curr Opin Obstet Gynecol, 20, 435-441.

Berenson, A., Chacko, M., Wiemann, C. et al. (2000). A case-control study of anatomic changes resulting from sexual abuse. Am J Obstet Gynecol, 182, 820-824.

Boyle, C., McCann, J., Miyamoto, S. & Rogers, K. (2008). Comparison of examination methods used in the evaluation of prepubertal and pubertal female genitalia: A descriptive study. Child Abuse Negl, 32, 229-243.

Britton, H. (1998). Emotional impact of the medical examination for child sexual abuse. Child Abuse Negl, 22, 573-580.

Cratt, A. (2007). Working together to protect children: Who should be working with whom? Arch Dis Child, 92, 571-573.

DeJong, A. R. (2009). Sexually transmitted infections in child sexual abuse. In R. M. Reece & C. W. Christian (Eds.), Child abuse: Medical diagnosis and management. 3rd ed. (pp. 343-376). Elk Grove Village: American Academy of Pediatrics.

De San Lazaro, C. (1995). Making paediatric assessment in suspected sexual abuse a therapeutic experience. Arch Dis Child, 73, 174-176.

Duhaime, A. C., Christian, C., Moss, E. & Seidl, T. (1996). Long-term outcome in infants with shaking-impact syndrome. Pediatr Neurosurg, 24, 292-298.

Finkel, M. A. (2009a). Medical aspects of prepubertal sexual abuse. In R. M. Reece & C. W. Christian (Eds.), Child abuse: Medical diagnosis and management. 3rd ed. (pp. 269-320). Elk Grove Village: American Academy of Pediatrics.

Frank, R. & Kopecky-Wenzel, M. (2002). Vernachlässigung von Kindern. Monatsschr Kinderheilkd, 150, 1339-1343.

Fürniss, T. (1986). Diagnostik und Folgen sexueller Kindesmißhandlung. Monatsschr Kinderheilkd, 134, 335-340.

Gahagan, S. & Rimsza, M. E. (1991). Child abuse or osteogenesis imperfecta: How can we tell? Pediatrics, 88, 987-992.

Gilliland, M. G. F., Luckenbach, M. W. & Chenier, T. C. (1994). Systemic and ocular findings in 169 prospectively studied child deaths: retinal hemorrhages usually mean child abuse. Forens Sci Int, 68, 117-132.

Heger, A., Ticson, L., Velasquez, O. & Bernier, R. (2002). Children referred for possible sexual abuse: Medical findings in 2384 children. Child Abuse Negl, 26, 645659.

Herrmann, B. (2001). Der Stellenwert medizinischer Diagnostik bei körperlicher Misshandlung im multiprofessionellen Kontext – mehr als die Diagnose einer Fraktur. Kindesmisshandlung und -vernachlässigung, 4, 123-145.

Herrmann, B. (2002a). Körperliche Misshandlung von Kindern. Somatische Befunde und klinische Diagnostik. Monatsschr Kinderheilkd, 150, 1324-1338.

Herrmann, B., Navratil, F. & Neises, M. (2002b). Sexueller Missbrauch an Kindern. Bedeutung und Stellenwert der medizinischen Diagnostik. Monatsschr Kinderheilkd, 150, 1344-1356.

Herrmann, B., Novak, W., Pärtan, G. & Sperhake, J. (2008). Nichtakzidentelle Kopfverletzungen und Schütteltrauma-Syndrom. Klinische und pathophysiologische Aspekte. Monatsschr Kinderheilkd, 156, 644-653.

Herrmann, B., Dettmeyer, R., Banaschak, S. & Thyen, U. (2010). Kindesmisshandlung. Medizinische Diagnostik, Intervention und rechtliche Grundlagen. Heidelberg, Berlin, New York: Springer (2. aktualisierte und erweiterte Auflage).

Hornor, G. (2009). Common Conditions That Mimic Findings of Sexual Abuse. J Pediatr Health Care, 23, 283-288.

Jacobi, G. (Hrsg.) (2008). Kindesmisshandlung und Vernachlässigung. Epidemiologie, Diagnostik und Vorgehen. Bern: Huber.

Jenny, C., Hymel, K. P., Ritzen, A., Reinert, S. E. & Hay T. C. (1999). Analysis of missed cases of abusive head trauma. JAMA, 281, 621-626.

Kellogg, N. D., Menard, S. W. & Santos, A. (2004). Genital anatomy in pregnant adolescents: „Normal" doesn't mean „nothing happened." Pediatrics, 113, e67-e69. www.pediatrics.org/cgi/content/full/113/1/e67

Kemp, A. M. (2008). Fractures in physical child abuse. Paediatrics and Child Health, 18, 550-553.

Kempe, C. H., Silverman, F. N., Steele, B. F., Droegemueller, W. & Silver, H. K. (1962). The battered-child syndrome. JAMA, 181, 17-24.

Kleinman, P. K. (1998). Skeletal imaging strategies. In P. K. Kleinman (Ed.), Diagnostic imaging of child abuse. 2nd ed. (pp. 237-241). Baltimore, St. Louis: Mosby.

Leitlinien der DGSPJ (Deutsche Gesellschaft für Sozialpädiatrie und Jugendmedizin, 2008; übernommen von der Deutschen Gesellschaft für Kinder- und Jugendmedizin (DGKJ) und der Deutschen Gesellschaft für Kinderchirurgie DGKCh 2009). Kindesmisshandlung und Vernachlässigung (Teil 1: Psychosoziale Faktoren, Prävention und Intervention; Teil 2: Somatische Diagnostik): AWMF-Leitlinien-Register Nr. 071/003; Entwicklungsstufe 2; http://leitlinien.net

Maguire, S., Moynihan, S., Mann, M., Potokar, T. & Kemp, A. M. (2008). A systematic review of the features that indicate intentional scalds in children. Burns, 34, 1072-81.

McCann, J., Miyamoto, S., Boyle, C. & Rogers, K. (2007). Healing of Hymenal Injuries in Prepubertal and Adolescent Girls: A Descriptive Study. Pediatrics, 119, e1094-e1106. www.pediatrics.org/cgi/content/full/119/5/e1094

Minns, R. A. & Brown, J. K. (Eds.) (2005). Shaking and other non-accidental head injuries in children. Clinics in Developmental Medicine No. 162. Cambridge: University Press.

Österreichisches Bundesministerium für Gesundheit, Familie und Jugend (2008). Gewalt gegen Kinder und Jugendliche. Leitfaden für Kinderschutzarbeit in Gesundheitsberufen. Wien. www.kinderrechte.gv.at/home

Oestreich, A. E. (1998). Die akute Röntgendiagnostik der Kindesmißhandlung. Eine Strategie. Radiologie, 38, 302-306.

Papoušek, M. (1999). Seelische Gesundheit in der frühen Kindheit: Klinische Befunde und präventive Strategien. Kindesmisshandlung und -vernachlässigung, 2, 2-14.

Raupp, U. & Eggers, C. (1993). Sexueller Mißbrauch von Kindern. Eine regionale Studie über Prävalenz und Charakteristik. Monatsschr Kinderheilkd, 141, 316-322.

Reece, R. M. & Christian, C. W. (Eds.) (2009). Child abuse: Medical diagnosis and management. 3rd ed. Elk Grove Village: American Academy of Pediatrics.

Schwartz, A. J. & Ricci, L. R. (1996). How accurately can bruises be aged in abused children? Literature review and synthesis. Pediatrics, 97, 254-257.

Steiner, R. D., Pepin, M. & Byers, P. H. (1996). Studies of collagen synthesis and structure in the differentiation of child abuse from osteogenesis imperfecta. J Pediatr, 128, 542-547.

Sugar, N., Taylor, J., Feldman, K. & The Puget Sound Pediatric Research Network (1999). Bruises in infants and toddlers. Those who don't cruise rarely bruise. Arch Pediatr Adolesc Med, 153, 399-403.

Thun-Hohenstein, L. (2005). Kinderschutzgruppenarbeit in Österreich. Wiener Med Wochenschrift, 155, 365-370.

Thyen, U. (1998). Früherkennung von Kindesmißhandlung und Vernachlässigung in der kinderärztlichen Praxis – eine berechtigte Forderung? Sozialpädiatrie, 20, 155-159.

Thyen, U., & Dörries, A. (2005). Ärztliches Handeln bei Kindesmisshandlung. Verstehen oder Ächten, Helfen oder Strafen? Z Med Ethik, 51, 139-151.

Von Hofacker, N., Papoušek, M., Jacubeit, T. & Malinowski, M. (1999). Das Rätsel der Säuglingskoliken. Ergebnisse, Erfahrungen und therapeutische Interventionen aus der „Münchner Sprechstunde für Schreibabies". Monatsschr Kinderheilkd, 147, 244-254.

WHO (2002). World report on violence and health. Genf. www.who.int/violence_injury_prevention/violence/world_report/en/

Internet-Links

Medizinische Website mit Guidelines, Fachartikeln, Dokumentationsbögen, Fortbildung u. a.
www.kindesmisshandlung.de

Wissenschaftliche Arbeitsgemeinschaft Kinderschutz in der Medizin (AG KiM)
www.ag-kim.de (im Aufbau)

Gewaltleitfäden für Kinderarztpraxen (Online Sammlung der Bundesärztekammer)
www.arzt.de/page.asp?his=1.117.6920&all=true

Kinderschutzgruppe der Universität Bonn
www.kinderschutzgruppe.de

Fachgruppe Kinderschutz der Schweizer Gesellschaft für Pädiatrie
www.swiss-paediatrics.org/guidelines/mt-ge.pdf

Kinderschutzgruppen in Österreich mit Leitfaden und Dokumentation
www.kinderrechte.gv.at/
www.bmwfj.gv.at/familie/gewalt/seiten/kinderschutzingesundheitsberufen.aspx

Kinderschutzgruppe Zürich mit Link zu Schweizer Empfehlungen
www.kinderschutzgruppe.ch

Nationales Zentrum frühe Hilfen
www.fruehehilfen.de

Erfassung von Misshandlung in der kinder- und jugendärztlichen Praxis – Praxisberichte: Konkrete Darstellung der diagnostischen Praxis

Thomas Fischbach

1. Einführung und Problemstellung – Situation in der kinder- und jugendärztlichen Praxis

Die Aufgaben des Kinder- und Jugendarztes/der Kinder- und Jugendärztin haben sich nicht zuletzt durch die in den letzten Jahren vermehrt in die Öffentlichkeit getragene Diskussion über Kindeswohlverletzungen und die Möglichkeiten ihrer multiprofessionellen Verhütung nachhaltig geändert. Der gesellschaftliche Fokus hat sich dabei auch der Pädiatrie zugewandt, weil die Bevölkerung – und somit auch die Fachleute im Bereich des Kinderschutzes – die Ärzteschaft zunehmend in einer Garantenfunktion sieht und ihr einen größeren Aufgabenteil bei der Wahrung des Kindeswohls nicht nur zutraut, sondern regelrecht abverlangt. So wird z. B. die sehr frühe Prävention durch Frauen- und Kinder- und Jugendärzte gefordert, weil sich nach Kempe (1980) 70 bis 80 Prozent aller Fälle von Kindeswohlgefährdung bereits zum Geburtszeitpunkt aufgrund bestimmter psychosozialer Konstellationen vorhersagen lassen.

Noch in den frühen 70er Jahren des vergangenen Jahrhunderts definierte sich die Pädiatrie vorwiegend über kurativmedizinische Inhalte. Die 1973 eingeführten und derzeit noch geltenden Richtlinien zur Durchführung der Krankheitsfrüherkennungsuntersuchungen im Kindesalter belegen dies anschaulich. Erst langsam gelangten präventive Aufgabenfelder in den Blickpunkt der wissenschaftlichen Fachgesellschaften, der Politik und auch der Öffentlichkeit. Sie fanden und finden leider jedoch nur langsam Eingang in gesetzliche Regelungen (siehe bisher erfolglose Bemühungen des Bundesgesetzgebers zur Ratifizierung eines Präventionsgesetzes) oder in die Weiterbildungsordnungen der Landesärztekammern.

> So wird z. B. die sehr frühe Prävention durch Frauen- und Kinder- und Jugendärzte gefordert, weil sich nach Kempe (1980) 70 bis 80 Prozent aller Fälle von Kindeswohlgefährdung bereits zum Geburtszeitpunkt aufgrund bestimmter psychosozialer Konstellationen vorhersagen lassen

Ursache für die Verschiebung pädiatrischer Schwerpunkte ist ein beständiger gesellschaftlicher Wandel, der durch fortschreitenden demographischen Umbau und damit einhergehenden Veränderungen der Familienstruktur sowie zunehmenden Mangel an elterlicher Erziehungskompetenz geprägt ist. Die Gründe dafür sind vielfältig. Galt „Familie" (trotz der seit 1949 in Artikel 6 des Grundgesetzes der Bundesrepublik Deutschland definierten Wächterfunktion des Staates, die in das Sozialgesetzbuch VIII Eingang gefunden hat) in der jungen Bundesrepublik als Privatangelegenheit, so ist die heutige Sichtweise eher durch den abwägenden Satz „Kinderschutz geht vor Elternrecht" gekennzeichnet und billigt dem Kind in seinem Anspruch auf Wohlergehen und physisch-psychische Unversehrtheit einen weitreichenden Schutzanspruch gegebenenfalls auch gegenüber seinen Eltern und anderen Sorgeberechtigten zu. Diese aktuelle Sichtweise gründet sich nicht zuletzt auf die auch von Deutschland inzwischen vollumfänglich ratifizierte UN-Kinderrechte-Konvention (Ottawa-Charta) von 1990, die in zehn Punkten Bedingungen definiert, die Kinder unabhängig von kulturellen Unterschieden zwingend für ein gesundes Aufwachsen benötigen. Vermehrt werden Forderungen nach Aufnahme dieser Kinderrechte in das Grundgesetz der Bundesrepublik Deutschland laut, Forderungen, denen sich die deutsche Politik bisher verschlossen hat. Die Vorrangstellung des Kindeswohls gegenüber anderen Rechtsansprüchen haben sich die deutschen Kinder- und Jugendärztinnen und -ärzte zu eigen gemacht und ihr Dachverband, die Deutsche Akademie für Kinder- und Jugendmedizin DAKJ, hat diese Position in ihrer Erklärung zum Entwurf des Bundeskinderschutzgesetzes im Jahr 2008 bekräftigt.

Die Fachgesellschaften der deutschen Pädiatrie betonen und fordern folgerichtig seit vielen Jahren, zuletzt im sog. „Altöttinger Papier" von Hollmann et al. (2002), eine stärkere sozialpädiatrische Ausrichtung der im SGB V definierten Aufgaben des Kinder- und Jugendarztes, um einem vermehrt an präventiven Aufgaben orientierten Bild der Kinder- und Jugendmedizin Rechnung tragen zu können. Dies bedeutet, dass die Gesundheit und Entwicklung von Kindern und Jugendlichen sowie deren Störungen vermehrt im Kontext ihrer allgemeinen Lebensbedingungen betrachtet werden müssen. Dieses Ziel erfordert eine engere Kooperation von Gesundheitswesen und Jugendhilfe. Eine solche sicherlich prozessuale Entwicklung pädiatrischer Aufgaben wird von den meisten gesundheitspolitischen Akteuren zwar als grundsätzlich notwendig erachtet, jedoch aufgrund befürchteter Mehrkosten und Kompetenzstreitigkeiten zwischen Jugendhilfe und Gesundheitswesen bisher nur zögerlich verfolgt. Dennoch kann es keinen Zweifel an der Notwendigkeit einer strukturellen und strukturierten Einbeziehung des Gesundheitswesens in ein multiprofessionelles Konzept zum Kinderschutz geben. Unabdingbar ist dabei die Zusammenarbeit aller Akteure, die die unterschiedlichen Fachkompetenzen beider Kernbereiche nicht nur akzeptieren, sondern auch zum Wohle der Kinder nutzen lernen. Wie dringend diese interdisziplinäre Kooperation ist, zeigt Salgo (2009) in seiner Stellungnahme zum Bundeskinderschutzgesetz anhand des nachfolgenden Berichts der taz Nord vom 15.02.2006:

> Michelle:
> Die zweijährige Michelle starb im August 2004 an einem Hirnödem. Trotz einer schweren Mandelentzündung ließen die Eltern sie an die 24 Stunden unbeaufsichtigt. Auch einen Arzt alarmierten sie nicht. Ihre Schwester Laura, mit Michelle im Zimmer eingesperrt, musste deren Sterben mit ansehen. Das auf die Familie aufmerksam gewordene Jugendamt hatte eine Sozialpädagogische Familienhilfe an zwei Tagen in der Woche installiert. Diese Fachkraft glaubte allen Beteuerungen der Mutter, einer gelernten Altenpflegerin, und überprüfte diese nie. „Ich war nie im Kinderzimmer", gestand sie der Polizei, schließlich war die Mutter „so freundlich und kooperativ"; im Kinderzimmer waren die Wände voller Kotverschmierungen, der Boden voller Unrat und überall waren Fliegen.

Die Berufsgruppe der Kinder- und Jugendärzte hält die Fokussierung ihrer ärztlichen Tätigkeit auf das Kindeswohl in all seinen Facetten und seiner möglichen Bedrohung für unverzichtbar, stellen Pädiater doch ein niederschwelliges sozialmedizinisches Beratungsangebot für Eltern sicher. Häufig sind die Eltern auch schon im Rahmen der ersten Vorsorge in der Geburtsklinik mit niedergelassenen Kollegen/Kolleginnen quasi aufsuchend in Kontakt gekommen. Der in aller Regel freudige Anlass einer Geburt und das immer noch hohe Vertrauen von Eltern in ärztliche Ansprechpartner ermöglichen eine zunächst unbelastete, positive Kontaktanbahnung und erleichtern einen späteren, evtl. mühsamen, langen, gemeinsamen Weg.

Fachlich sind dafür klare diagnostische, therapeutische und vor allem auch strategische Standards in der ambulanten pädiatrischen Versorgung beim niedergelassenen Kinder- und Jugendarzt ebenso wie in den Kinderkliniken und bei den Pädiatern im Öffentlichen Gesundheitsdienst zu fordern. Neben entsprechenden ärztlichen Fort- und Weiterbildungen werden klare Strukturen (pathways) benötigt, die ein Zusammenwirken zwischen den verschiedenen Akteuren im Gesundheitssystem ebenso verbindlich und rechtssicher regeln wie die Kooperation zwischen Gesundheitswesen und Jugendhilfe. Dazu bedarf es zuallererst seitens vieler Kinder- und Jugendärzte einer Neuausrichtung und einer weiteren Professionalisierung im Umgang

> Fachlich sind dafür klare diagnostische, therapeutische und vor allem auch strategische Standards in der ambulanten pädiatrischen Versorgung beim niedergelassenen Kinder- und Jugendarzt ebenso wie in den Kinderkliniken und bei den Pädiatern im Öffentlichen Gesundheitsdienst zu fordern

Betrachtet man nämlich dazu die Statistik der Jugendämter, so rangiert die niedergelassene wie klinisch tätige Ärzteschaft am unteren Ende der Rankingliste meldender Helfer

mit Verdachtsfällen der Kindeswohlgefährdung. Betrachtet man nämlich dazu die Statistik der Jugendämter, so rangiert die niedergelassene wie klinisch tätige Ärzteschaft am unteren Ende der Rankingliste meldender Helfer. Leider fehlen zu diesem Thema bundesweite Statistiken. Stellvertretend seien aktuelle Daten der Stadt Duisburg genannt, die Krützberg und Pojana (2010) zusammengestellt haben. Im Zeitraum zwischen Juli 2009 und Dezember 2009 gingen im Jugendamtsbezirk der Großstadt Duisburg 1700 Meldungen eines Verdachts auf Kindeswohlgefährdung nach § 8a SGB VIII ein. Diese Meldungen erfolgten durch folgende Institutionen bzw. Personengruppen:

Polizei	30%
Familienangehörige/Nachbarn	23%
Kindertageseinrichtungen/Schule	12%
Meldungen nach DAT/VO*	10%
Träger erzieherischer Hilfen	8%
Kliniken/Krankenhäuser	3%
Niedergelassene Ärzte	3%
Sonstige	11%

* Verordnung zur Datenmeldung der Teilnahme an Kinderfrüherkennungsuntersuchungen (UTeilnahmeDatVo) NRW 2008.

Dabei darf allerdings nicht vernachlässigt werden, dass der Kinder- und Jugendarzt aufgrund seiner Vertrauensstellung, die in der ärztlichen Berufsordnung wie in zahlreichen gesetzlichen Regelungen (z. B. Paragraf 203 Strafgesetzbuch) definiert ist, dem Patienten gegenüber in besonderem Maße verpflichtet ist. Gerade diese Besonderheit der Arzt-Patienten-Beziehung ermöglicht dem Arzt einerseits den Zugang zu wichtigen psychosozialen Informationen über seine Patienten, erfordert jedoch andererseits eine besondere Sensibilität im Umgang mit diesen sehr persönlichen Informationen. Aus pädiatrischer Sicht ist der Bundesgesetzgeber dringend gefordert, durch gesetzliche Regelungen wie beispielsweise einem Bundeskinderschutzgesetz die nötige Rechtssicherheit für Ärztinnen und Ärzte zu schaffen, wenn diese sich in Fragen des Kindeswohls gezwungen sehen, Informationen zu verwerten und vor allem weiterzuleiten. Problematisch sind hier nicht so sehr die eher seltener anzutreffenden eindeutigen Fälle von Kindesmissbrauch, in denen der Arzt gemäß Paragraf 34 Strafgesetzbuch (Rechtfertigender Notstand) bzw. Paragraf 203 Strafgesetzbuch (Verschwiegenheitspflicht von Berufsgeheimnisträgern) zur Meldung an die Organe der Jugendhilfe berechtigt ist. Rechtsunsicherheit belastet den Arzt vielmehr in denjenigen Verdachtsfällen, in denen es zwar Hinweise gibt, aber eindeutige Beweise nicht offenbar werden. Bei diesen Verdachtsfällen mangelt es nach wie vor an einer gesetzlich geregelten Möglichkeit im Sinne einer erweiterten Schweigepflicht sowohl hinsichtlich eines innerärztlichen Informationsaustauschs als aber auch einer personenbezogenen Falldiskussion mit einer Amtsperson im Bereich des Öffentlichen Gesundheitsdienstes oder des Jugendamtes (Kinderschutzkoordinator bzw. Kindeswohlbeauftragter). Da an Kindesmisshandlung beteiligte Betreuungspersonen immer dann zum Arztwechsel („Doktorhopping") neigen, wenn sie im Gesundheitswesen auffällig werden, benötigen Kinder- und Jugendärztinnen und -ärzte einerseits eine breitere, über den unmittelbaren Arzt-Patientenkontakt hinausgehende Möglichkeit des Informationsaustauschs mit potentiell weiterbehandelnden Kollegen, andererseits aber auch mit den Gesundheits- und Jugendämtern. Nur so kann erreicht werden, dass gefährdete Kinder nicht aus dem Blickfeld geraten und anhaltende Gefahr für ihr Wohlergehen vermieden wird. Es darf nicht sein, dass sich ein Kindesmisshandler hinter einer zu eng gefassten ärztlichen Verschwiegenheitspflicht verstecken und ihm anvertrauten Kindern und Jugendlichen weiterhin Gewalt zufügen kann. Bisher zeigte der Bundesgesetzgeber wenig Regelungsbereitschaft in dieser elementaren Frage und verwies stattdessen in nahezu ritualisierter Form auf die bereits geltende Rechtslage im Strafgesetzbuch und in der ärztlichen Berufsordnung. Heute stellt diese fehlende Rechtssicherheit ein erhebliches Problem ärztlicher Tätigkeit dar. So berichtet Fricke (2010) in der „Ärztezeitung" über eine Expertise des Landeszentrums für Datenschutz des Landes Schleswig-Holstein aus dem Jahr 2008 mit dem Ergebnis, dass es *"in Fällen von Kindeswohlgefährdung keine eindeutige und belastbare rechtliche Regelung für eine befugte Offenbarung von Patientendaten, die der ärztlichen Schweigepflicht unterliegen, für Ärzte gibt"*. Die Deutsche Akademie für Kinder- und Jugendmedizin hat daher ebenfalls in ihrer Stellungnahme zum ersten Entwurf des Bundeskinderschutzgesetzes im Dezember 2008 festgestellt:

> Im Interesse des Kindeswohls müssen Vertragsärzte und andere Geheimnisträger in und außerhalb des Gesundheitswesens auch bei vagen Verdachtsfällen (Bauchgefühl) die Möglichkeit haben, miteinander zu sprechen, um abzuklären, ob dieser Verdacht auch bei anderen Berufsgruppen besteht oder, was in vielen Fällen die Regel sein wird, entkräftet werden kann. Dies ist im Interesse von Kindern, Jugendlichen und ihren Familien. Alle werden sich bemühen, in diesen Fällen immer vorher das Einverständnis der Eltern einzuholen. Ist

Da an Kindesmisshandlung beteiligte Betreuungspersonen immer dann zum Arztwechsel („Doktorhopping") neigen, wenn sie im Gesundheitswesen auffällig werden, benötigen Kinder- und Jugendärztinnen und -ärzte einerseits eine breitere, über den unmittelbaren Arzt-Patientenkontakt hinausgehende Möglichkeit des Informationsaustauschs mit potentiell weiterbehandelnden Kollegen, andererseits aber auch mit den Gesundheits- und Jugendämtern

dies aber im Einzelfall nicht möglich, darf der Informationsaustausch nicht am fehlenden Einverständnis der Eltern scheitern. Das Wohl von Kindern und Jugendlichen hat hier die oberste Priorität und nicht das vemeintliche Recht der Eltern.

Bisher können Kinder- und Jugendärzte bei Verdachtsfällen, die unterhalb der Schwelle der offensichtlichen Anzeigepflicht liegen, lediglich in anonymisierter Form mit Jugendämtern, Trägern der freien Jugendhilfe, Gesundheitsämtern oder Rechtsmedizinern kommunizieren

Bisher können Kinder- und Jugendärzte bei Verdachtsfällen, die unterhalb der Schwelle der offensichtlichen Anzeigepflicht liegen, lediglich in anonymisierter Form mit Jugendämtern, Trägern der freien Jugendhilfe, Gesundheitsämtern oder Rechtsmedizinern kommunizieren. Nun gibt es Anzeichen, dass die amtierende Bundesregierung das Problem regeln will. So heißt es im Koalitionsvertrag der seit 2009 im Amt befindlichen Bundesregierung (CDU/CSU/F.D.P.) im dritten Abschnitt unter der Überschrift „Kinderschutz und Frühe Hilfen": *„Wir wollen einen aktiven und wirksamen Kinderschutz. Hierzu werden wir ein Kinderschutzgesetz unter Berücksichtigung eines wirksamen Schutzauftrages und insbesondere präventiver Maßnahmen (z. B. Elternbildung, Familienhebammen, Kinderschwestern und sonstiger niederschwelliger Angebote)* **auch im Bereich der Schnittstelle zum Gesundheitssystem unter Klarstellung der ärztlichen Schweigepflicht** auf den Weg bringen".

2. Definition, Häufigkeit und Erkennen von Kindeswohlgefährdung in der ärztlichen Praxis

Der Begriff „Kindeswohl" entstammt dem Familienrecht. Nach Märkert et al. (2009) umfasst der Begriff das Wohlergehen eines Kindes oder Jugendlichen einschließlich seiner gesundheitlichen und seelischen Entwicklung. Im Umkehrschluss wird unter „Kindeswohlgefährdung" eine in erheblichem Maß vorhandene, gegenwärtige Gefahr verstanden, die mit ziemlicher Sicherheit zu einer erheblichen Schädigung des Kindes im Laufe seiner weiteren Entwicklung führen wird. Diese Rechtsauffassung findet ihr Pedant im Paragraf 8a Sozialgesetzbuch VIII (Kinder- und Jugendhilfegesetz).
Hornberg et al. (2008) gehen davon aus, dass in Deutschland zwischen fünf und zehn Prozent der Kinder unter sechs Jahren von Kindesmissbrauch betroffen sind. Dies entspricht einer Größenordnung von 250.000 bis 500.000 Kindern. Münder, Mutke und Schone (2000) konnten zeigen, dass die Vernachlässigung etwa die Hälfte aller Tatbestände an Kindesmisshandlungen ausmacht. Seelische Misshandlungen sind in gut 10 %, körperliche Misshandlungstatbestände jeweils in unter zehn Prozent der erfassten Fälle anzutreffen. Weitere ca. 10 % der Kindesmisshandlungsfälle betreffen den sexueller Missbrauch, wobei dieser Prozentrang bei Mädchen sogar bei ca.

15 % liegt. Die Zahl der Kinder mit drohender oder manifester Kindeswohlgefährdung, die ärztliche Hilfe in der Arztpraxis in Anspruch nehmen, ist indes deutlich höher als vermutet. Ellsäßer (2006) und auch die Autoren Kopecky, Frick und Frank (2002)vermuteten anhand von Untersuchungen in Brandenburg beziehungsweise Bayern, dass in kinder- und jugendärztlichen Praxen jährlich zwischen fünf und sieben Kinder mit Misshandlungen und Vernachlässigungen vorgestellt werden. Nach Ellsäßer (2006) ist jedoch von einer hohen Dunkelziffer auszugehen. Trotzdem spielen die Ärzte nur eine untergeordnete Rolle in der Gruppe derjenigen, die Verdachtsfälle von Kindesmisshandlungen den Jugendämtern melden.

Neben diesen offensichtlichen Fällen sehen Pädiater ein breites Spektrum von Risikokindern. Dazu gehören „auffällige" Kinder in Kindergärten und Schulen, Kinder, deren Familien bereits vom Jugendamt betreut werden und/oder die schon flexible Familienhilfen in Anspruch nehmen, aber auch Kinder von psychisch kranken Eltern beziehungsweise von Eltern mit Suchtproblematik und Pflegekinder, die bereits aus Familien herausgenommen wurden. Zumindest der Vernachlässigung verdächtig sind im Weiteren Kinder mit häufigen Unfallereignissen sowie solche, die vorwiegend unter Meidung der ambulanten Versorgungsstrukturen primär in unterschiedlichen Krankenhäusern versorgt werden. Die fehlende Teilnahme an den in Paragraf 26 Sozialgesetzbuch V geregelten Früherkennungsuntersuchungen kann genauso Hinweis auf eine Kindeswohlgefährdung sein wie ein stark lückenhafter oder sogar fehlender Impfschutz. Auch ein häufiger Wechsel des betreuenden Kinder- und Jugendarztes/der Kinder- und Jugendärztin, der nicht durch Umzug oder andere nachvollziehbare Gründe plausibel ist, sollte eine erhöhte Aufmerksamkeit des Kinder- und Jugendarztes zur Folge haben. Nach Laucht et al. (2005) beweist keine dieser Auffälligkeiten eine drohende oder gar manifeste Schädigung des Kindeswohls, jedoch müssen diese Hinweise stets wie Puzzle-Teile in einem Gesamtzusammenhang mit weiteren Risikofaktoren gesehen und bewertet werden. Herrmann (2005) beschrieb Alkoholprobleme, Arbeitslosigkeit und psychiatrische Erkrankungen der Eltern als wesentliche psychosoziale Risikofaktoren für Kindesmisshandlung. In amerikanischen Studien wurde zusätzlich Gewalt in der Elternpartnerschaft als weiterer Hochrisikofaktor genannt. Landgraf und Zahner (2010) konnten bei Leipziger Kindern mit gesicherter Diagnose der Kindesmisshandlung zeigen, dass insbesondere Drogenkonsum der Eltern, chronische Erkrankungen in der Familie und Alleinerziehung gravierende soziale Risikofaktoren für Kindesmisshandlung darstellen, während als kindlicher Risikofaktor eine Entwicklungsstörung gelten muss. Unter anderem auf der Grundlage der Ergebnisse der Mannheimer Längsschnittstu-

> **Nach Laucht et al. (2005) beweist keine dieser Auffälligkeiten eine drohende oder gar manifeste Schädigung des Kindeswohls, jedoch müssen diese Hinweise stets wie Puzzle-Teile in einem Gesamtzusammenhang mit weiteren Risikofaktoren gesehen und bewertet werden**

die über Mannheimer Risikokinder von Laucht et al. (2005) wurde in den letzten Jahren insbesondere im Bereich der Jugendhilfe eine Fülle von Checklisten und Risikoinventaren entwickelt, die das individuelle Risiko einer möglichen Kindeswohlgefährdung besser einzuschätzen helfen, indem sie standardisiert eine differenzierte Wahrnehmung von psychosozialen Risikofaktoren im Lebensumfeld des Kindes erfassen. Einen guten Überblick gibt hier die Arbeit von Kindler et al. (2008). Alle diese Instrumentarien haben das Ziel, durch eine möglichst breite Sammlung an Informationen eventuelle Anzeichen für eine Gefährdung des Kindeswohls nicht zu übersehen. Allein in Deutschland gibt es über 80 unterschiedliche Screeningbögen an verschiedenen Standorten (Jugendhilfe, Kliniken, Gesundheitsämtern). Für den Praxisalltag eines Kinder- und Jugendarztes sind sie zumeist zu umfangreich und daher unpraktikabel. In einem nationalen Expertengremium wird zur Zeit unter Federführung der Stiftung Deutsches Forum Kinderzukunft ein einheitlicher Screeningbogen erarbeitet. Nach Kratzsch (2010) soll dieser Screeningbogen unter Berücksichtigung national und international bereits vorliegender Erfassungs- und Analysebögen sowohl Qualitätskriterien als auch die wissenschaftlichen Anforderungen, die an ein Risikoinventar gestellt werden, erfüllen. Da neben der Validität auch der Praxistauglichkeit ein hoher Stellenwert zukommt, sollen Praxiserfahrungen aus verschiedenen Projekten und Standorten berücksichtigt werden.

Checklisten können bei der Risikoabschätzung ebenso für den Kinder- und Jugendarzt/die Kinder- und Jugendärztin wie auch für die Hebamme oder andere Professionen hilfreich sein. Gerber (2007) betont, dass solche Screeningbögen jedoch immer nur ein Hilfsmittel bleiben. Sie betont des Weiteren, dass die Einschätzung einer Kindeswohlgefährdung nicht an ein „Instrument" delegiert werden kann, sondern letztendlich in der individuellen Verantwortung der Fachkräfte verbleibt. Gerber weiter: „Nur wenn es gelingt, einen tragfähigen Kontakt (Beziehung) zu den Eltern herzustellen, können Hilfen und Maßnahmen zum Schutz der Kinder frühzeitig und erfolgreich eingeleitet werden." Hier kommt dem Pädiater eine besondere Rolle zu, da er die betroffenen Familien oftmals schon länger kennt und er als Vertreter des Gesundheitswesens einen großen Vertrauensvorschuss besitzt. Dadurch wird der Arzt zu einem wichtigen Glied in der Kette früher Hilfen. Geduld und das Vermeiden von Schuldzuweisungen sind im Umgang mit Risikofamilien ebenso wichtig wie ein empathisches, aber gleichermaßen verbindliches und klares Auftreten. Weiß (2007) betont zudem die Relevanz, die nahezu immer vorhandenen Stärken von Eltern und Kindern zu erfassen, da gerade diese Resilienzfaktoren wichtiger Bestandteil eines späteren

Hilfekonzeptes sind. Unter Resilienzfaktoren versteht man Bedingungen und Ressourcen, die Kinder so „stark" machen, dass sie schwerwiegende Lebensbelastungen erfolgreich bewältigen können. Antonovsky (1987) hat solche Faktoren definiert. Stellvertretend seien einige genannt:
- stabile emotionale Beziehung zu einem Elternteil oder einer anderen Versorgungsperson
- soziale Unterstützung innerhalb und außerhalb der Familie wie Verwandte, Lehrer, Nachbarn oder Gleichaltrige
- Vorhandensein kognitiver Kompetenzen (mindestens durchschnittliches Intelligenzniveau, kommunikative Fähigkeiten und realistische Zukunftsplanung)
- Temperamenteigenschaften, die eine effektive Bewältigung begünstigen (z. B. Flexibilität, Annäherungsverhalten und Impulskontrolle)
- Erfahrung von Selbstwirksamkeit, Selbstvertrauen, internale Kontrollüberzeugungen und ein positives Selbstkonzept
- Art und Weise, wie mit Belastungen umgegangen wird, insbesondere ein aktives Bemühen um Problembewältigung
- Erfahrungen von Sinn, Struktur und Bedeutung in der eigenen Entwicklung (z. B. religiöser Glaube, Ideologie, sense of coherence).

In Abwägung von Resilienz- und Risikofaktoren muss sich der Arzt aber stets seiner Grenzen bewusst sein und rechtzeitig – möglichst im Konsens mit den Eltern – Beteiligte aus dem Bereich der Jugendhilfe einbeziehen.

3. Vorgehen im Praxisalltag

Bei Fehlen objektivierbarer Anzeichen wie beispielsweise typischer Verletzungsmuster ist die Diagnosestellung einer Kindesmisshandlung für den Kinder- und Jugendarzt/die Kinder- und Jugendärztin eine schwierige Aufgabe. Vernachlässigungen in ihren verschiedenen Formen stellen die mit Abstand häufigste Art der Kindesmisshandlung dar. In diesen Fällen fehlen objektive Anzeichen häufig oder sind nur diskret ausgebildet. Eine gründliche und sorgfältige Erhebung der Patientenvorgeschichte ist in diesen Fällen ebenso wichtig für das Erkennen relevanter Risikosituationen wie ein wacher Blick des Kinder- und Jugendarztes. Überdies erreichen den hausärztlich tätigen Pädiater immer auch weitere Informationen von vielen Seiten, keineswegs nur von den Eltern oder vom Patienten selbst, nämlich beispielsweise von Therapeuten, Lehrern und Erziehern sowie

In Abwägung von Resilienz- und Risikofaktoren muss sich der Arzt aber stets seiner Grenzen bewusst sein und rechtzeitig – möglichst im Konsens mit den Eltern – Beteiligte aus dem Bereich der Jugendhilfe einbeziehen

zuweilen von Mitpatienten. In diesem Zusammenhang kann auch die Rolle der Medizinischen Fachangestellten (Arzthelferinnen) nicht wichtig genug eingeschätzt werden. Ähnlich wie die Säuglingsschwester in der Geburtsklinik oder die Hebamme hat sie einen ersten, sogar oftmals aufgrund ihrer Stellung und Aufgabe in der Praxis niederschwelligeren Zugang zu Patient und Eltern als die Ärztin/der Arzt selbst.

Die Medizinischen Fachangestellte (MFA) registriert Auffälligkeiten im Verhalten der Eltern untereinander ebenso wie in der Interaktion mit dem Kind und erfasst dabei viel über die familiären Bedingungen. Auf diese Weise kann sie bei entsprechender Erfahrung Störungen im familiären System frühzeitig vermuten und dem Arzt wichtige Erkenntnisse übermitteln. Im beratenden Dialog mit den Eltern kann sie auch Probleme erkennen, die zum Beispiel durch Überforderung oder allgemeine Erziehungsinkompetenz verursacht sind. Typische Beratungsthemen betreffen die Ernährung und die Pflege des Kindes sowie den interaktiven Umgang mit ihm. Damit eine Medizinische Fachangestellte diese wichtigen Aufgaben in der kinder- und jugendärztlichen Praxis wahrnehmen kann, bedarf sie einer entsprechenden Qualifikation, die durch die Ausbildungscurricula des MFA-Ausbildungsganges derzeit meist noch nicht ausreichend vermittelt wird. Weiterreichende Qualifikationen beispielsweise zur Präventionsassistentin können zusätzliche Kompetenzen vermitteln. Diesbezügliche Weiterbildungsangebote sind zum Beispiel über die Deutsche Akademie für Prävention und Gesundheit im Kindes- und Jugendalter DAPG e.V. im Internet unter dem Link www.dapg.info abrufbar.

Von Kindeswohlgefährdung betroffene Kinder werden aus verschiedenen anderen Anlässen dem Kinder- und Jugendarzt vorgestellt. Nur sehr selten besteht ein unmittelbarer Bezug zum Misshandlungsgeschehen

Von Kindeswohlgefährdung betroffene Kinder werden aus verschiedenen anderen Anlässen dem Kinder- und Jugendarzt vorgestellt. Nur sehr selten besteht ein unmittelbarer Bezug zum Misshandlungsgeschehen. Vordergründig liegen meist akute Erkrankungen oder (oft vorgeschützt) Bagatellerkrankungen vor. Oft werden die Eltern beziehungsweise Sorgeberechtigten auch wegen kindlicher Verhaltensauffälligkeiten – zumeist aus dem Bereich der frühkindlichen Regulationsstörungen (zum Beispiel Schrei-, Schlaf- oder Fütterproblemen) – vorstellig. Sehr speziell ist das seltene Münchhausen-by-proxy-Syndrom, das dadurch gekennzeichnet ist, dass nahestehende Bezugspersonen das Kind unter Vortäuschen von Erkrankungssymptomen oder mit von ihnen selbst verursachten Krankheitssymptomen dem Arzt wiederholt zur diagnostischen Abklärung vorstellen. Die Intention des Handelns liegt im emotionalen Zuwendungsgewinn des Misshandlers durch das medizinische Personal. Typischerweise handelt es sich um die Kindesmutter, die auch bei näherem Befragen keine Erklärung für die vorliegenden Krankheitssymptome benennen kann und dabei einen eher überfürsorglichen Eindruck erweckt. Häufig ist eine medizinische Vorbildung vorhanden. Es ist bezeichnend für das Münchhausen-by-proxy-Syndrom, dass sich die vorgeschützten oder aktiv herbeigeführten Krankheitszeichen stets zurückbilden, wenn es zu einer Trennung von verursachender Person und Patient (beispielsweise durch eine Krankenhauseinweisung) kommt. Bezüglich weiterreichender und vertiefender Informationen sei auf Noecker und Keller (2002) verwiesen.

Bereits ab dem Erstkontakt zum Praxispersonal kommt der Dokumentation, die in möglichen späteren Rechtsverfahren unbedingt vollständig vorliegen muss, eine große Bedeutung zu. Genaue Angaben zum Zeitpunkt der Vorstellung sollten ebenso enthalten sein wie Angaben dazu, wer das Kind vorstellt (Mutter, Vater, aktueller Lebenspartner, Großeltern oder andere Verwandte oder Mitarbeiter der Familienhilfe usw.). Während des weiteren Vorgehens sind sowohl die Erfahrung des Pädiaters als auch seine Intuition und seine Sensibilität bei der notwendigen Informationsgewinnung entscheidend. Eine behutsame Technik der Gesprächsführung hilft, gezielt Probleme der Familie herauszuarbeiten. Mindestens ebenso wichtig ist das empathische Signalisieren ärztlicher Hilfsbereitschaft, denn nur dann vertrauen Eltern einer in Aussicht gestellten Unterstützung und Entlastung. Vor allem für Letztgenanntes sind Kenntnisse über die Familie, ihre Lebensbedingungen und ihre Ressourcen unabdingbar und definieren die Professionalität des hausärztlich tätigen Pädiaters.

Die häufigen psychosozialen Risikofaktoren begründen, dass die Anamneseerhebung bereits vorgeburtlich ansetzen muss, wobei das Hinzuziehen des Mutterpasses hilfreich ist. Mütterliche Risikofaktoren sollten dort dokumentiert sein und die unzureichende Wahrnehmung der Mutterschaftsvorsorgetermine stellt eine wichtige Information dar. Lebensbedingungen der Eltern (Familienstand, sozioökonomische Verhältnisse wie familiäre Armut, Erwerbslosigkeit, beengte Wohnverhältnisse, fehlende soziale Unterstützung oder gar soziale Isolierung, Partnerschaftskonflikte, physische und/oder psychische Erkrankungen bzw. Verfassung, Sucht oder auch bereits bisherige Kontakte zum Jugendamt) sollten möglichst bereits vor der Geburt bekannt sein. Leider werden aber nicht immer alle für eine Risikoabschätzung wichtigen Tatbestände erhoben beziehungsweise ausreichend dokumentiert. Ein Grund hierfür dürfte der ärztliche Wunsch der Vermeidung einer potentiellen Belastung des Arzt-Patienten-Verhältnisses sein, das im Falle der Dokumentation von psycho-sozialen Auffälligkeiten der graviden Patientin dauerhaft Schaden nehmen könnte. Erkenntnisgewinn vermag auch ein klärender interkollegialer Informationsaustausch über vermutete Belastungsfaktoren der

Die häufigen psychosozialen Risikofaktoren begründen, dass die Anamneseerhebung bereits vorgeburtlich ansetzen muss, wobei das Hinzuziehen des Mutterpasses hilfreich ist. Mütterliche Risikofaktoren sollten dort dokumentiert sein und die unzureichende Wahrnehmung der Mutterschaftsvorsorgetermine stellt eine wichtige Information dar

Schwangerschaft zu erbringen, besonders wenn es um Eintragungen im Mutterpass geht, die als Hinweise auf Gewalt in der Familie, Sucht und/oder psychische Erkrankung der Mutter verstanden werden können. In ein solches Gespräch zwischen Frauenärztin/-arzt und Pädiater sollte die Mutter allerdings zuvor eingewilligt haben.

Weitere Informationen über das Lebensumfeld des Neugeborenen ergeben sich aus dem Kindervorsorgeheft (dem so genannten „Gelben Heft"). Der die Entbindung durchführende Frauenarzt bzw. die Hebamme übertragen bei der Dokumentation der unmittelbar nach der Geburt vorzunehmenden Krankheitsfrüherkennungsuntersuchung U 1 medizinische und psychosoziale Risikonummern aus dem Mutterpass entsprechend einem Nummernkatalog, der sich im vorderen Deckblatt des Vorsorgeheftes befindet. Die zur Risikoabschätzung bedeutsamen Risikonummern enthalten beispielsweise schwere (auch psychiatrische) Erkrankungen der Mutter, familiäre oder berufliche psychische sowie soziale Belastungen, aber auch wirtschaftliche oder Integrationsprobleme. Weitere Angaben betreffen das Alter der Mutter, die Zahl vorangegangener Aborte/Schwangerschaftsabbrüche, einen Genuss- und Rauschmittel-Abusus sowie eine eventuelle Dauermedikation. Leider bleibt, wenn die dokumentierten Angaben nicht vollständig sind und/oder bewusst nicht getätigt werden, der Informationsgehalt des Vorsorgeheftes oftmals hinter den Möglichkeiten zurück. Grund ist die befürchtete Belastung der Arzt-Patientenbeziehung durch eine Stigmatisierung der Mutter. Nach der Datenlage des Kinder- und Jugendsurveys 2007 nehmen nur 81 Prozent der Kinder an allen Früherkennungsuntersuchungen teil, die bis zum sechsten Lebensjahr angeboten werden (U 3 – U 9), weitere 16 Prozent haben dieses Angebot nur teilweise, drei Prozent nie in Anspruch genommen. Bei Familien mit niedrigem Sozialstatus verdoppelt sich die Quote von Kindern ohne schützende, präventive Untersuchung auf sechs Prozent; bei Kindern aus Familien mit Migrationshintergrund erhöht sich diese Quote sogar auf 14 Prozent. Gerade in dieser Gruppe befinden sich jedoch die meisten Kinder mit ungünstigen Rahmenbedingungen für ein intraindividuell optimales, gesundes Aufwachsen.

Um auch diesen Kindern bessere Gesundheits- und Entwicklungschancen zu ermöglichen, sind etliche Bundesländer inzwischen dazu übergegangen, die Teilnahme eines Kindes an den Kinderfrüherkennungsuntersuchungen vom durchführenden Arzt melden zu lassen. Durch einen Abgleich der Teilnahmemeldung mit korrespondierenden Daten der Einwohnermeldeämter werden diejenigen Familien erfasst und erinnert, deren Kinder keiner Krankheitsfrüherkennungsuntersuchung zugeführt worden sind. Dieses Prinzip einer sogenannte „Positiven Meldepflicht" wird beispielsweise im Land NRW umgesetzt.

Ein weiterer wesentlicher präventiver Aspekt betrifft die postpartale Betreuungssituation von Mutter und Kind. Wurde eine Hebamme hinzugezogen, die regelmäßig nach Mutter und Baby schaut? Ist die junge Mutter in eine funktionstüchtige Familiensituation eingebunden oder weitgehend auf sich selbst gestellt? In letzterem Falle sollte der Kinder- und Jugendarzt der Mutter unbedingt zu einer Inanspruchnahme einer Hebamme raten und sie bei der Kontaktaufnahme und Suche nach Entlastung unterstützen. In einigen Städten und Regionen hat sich bereits ein Familienhebammenwesen etabliert. Seine Zielgruppe sind Familien, die durch gesundheitliche, medizinisch-soziale oder psychosoziale Belastungen gefährdet sind. Staschek (2006) sieht die Aufgaben der speziell ausgebildeten Familienhebammen neben ihren allgemeinen Obliegenheiten wie Schwangerenbetreuung, Geburtsvorbereitung und -begleitung, Wochenbettbetreuung und Stillberatung in ihrem besonderen Schwerpunkt im Bereich der medizinischen und psychosozialen Betreuung der jungen Familie bis zum vollendeten ersten Lebensjahr. Sie knüpfen Hilfenetze bzw. aktivieren diese und sind dem Kinder- und Jugendarzt wichtige Kooperationspartner bei der Begleitung und Betreuung psychosozial belasteter Familien. Leider steckt das Familienhebammenwesen in den meisten Regionen Deutschlands noch in den Kinderschuhen. Ein Hauptgrund hierfür besteht in der bisher nicht geklärten Kostenübernahme. Zukunftsweisend erscheint die Implementierung der Familienhebamme in kooperative Strukturen von Gesundheitswesen und Jugendhilfe. In diesem Zusammenhang sei beispielsweise auf das noch in diesem Jahr in einigen Modellregionen an den Start gehende Multicenterprojekt Kinderzukunft NRW verwiesen. Ziel des von Kratzsch et al. (2010) initiierten Projekts ist die möglichst bereits vorgeburtlich erfolgende Erfassung von psychosozialen Risikofamilien im Bereich des Gesundheitswesens unter Kooperation und Vernetzung von Gynäkologen, Kinder- und Jugendärztinnen/-ärzten und Hebammen sowohl in Klinik als auch in der ambulanten Betreuung. Im Vorfeld einer drohenden Kindeswohlgefährdung sollen primärpräventive Hilfen angeboten und die Familien dadurch nachhaltig stabilisiert werden können. Als Grundlage für die psychosoziale Risikoeinschätzung eines Kindes dient ein gerade in Entwicklung befindliches Risikoinventar. Dieses Screening soll möglichst schon in der Geburtsklinik eingesetzt werden, um eine frühe und präzise Risikoeinschätzung vornehmen zu können und um Maßnahmen zielgenau anbieten zu können. Eine derartige Frühintervention ermöglicht die sekundäre/indizierte Prävention einer nicht ausreichenden und eingeschränkten elterlichen Erziehungsfähigkeit. Maß-

> Ein weiterer wesentlicher präventiver Aspekt betrifft die postpartale Betreuungssituation von Mutter und Kind. Wurde eine Hebamme hinzugezogen, die regelmäßig nach Mutter und Baby schaut? Ist die junge Mutter in eine funktionstüchtige Familiensituation eingebunden oder weitgehend auf sich selbst gestellt?

nahmen zur Verzahnung des Gesundheitswesens mit der Kinder- und Jugendhilfe lassen sich so optimal steuern und ermöglichen die Verstetigung wirksamer Hilfen als Regelangebot.

Allgemeine Hinweise auf das mögliche Vorliegen einer Kindeswohlgefährdung können sein:

- auffälliges Erscheinungsbild der Eltern (schlechter Pflegezustand, Alkoholgeruch, Streitereien untereinander und vor dem Praxispersonal…)
- Hinweise auf psychische Auffälligkeiten oder Sucht bei den Eltern
- Hinweise auf Bindungsstörung zwischen Bezugsperson und Kind (fehlende Empathie, Vermeidung von Blickkontakt, mechanisierte Zuwendung, abfällige Kommentare über das Kind, fehlende Zärtlichkeit, fehlende Ansprache, fehlender Körperkontakt, fehlendes Spielzeug)
- Unzuverlässige Betreuungssituation
- Fehlende Beachtung der kindlichen Individualität und Persönlichkeitsrechte (wird das Kind als Besitz betrachtet, über den die Eltern stets frei verfügen dürfen?)
- Unangemessene Bekleidung des Kindes
- Unzureichende ärztliche Vorstellung des Kindes bei behandlungsbedürftigen Erkrankungen oder ständiger Arztwechsel ohne plausiblen Grund (sog. „Doctorhopping")
- Fehlendes oder verschmutztes, zerfleddertes Kindervorsorgeheft
- Fehlender oder verschmutzter, zerfledderter Impfausweis
- Fehlende oder mangelhafte Inanspruchnahme ärztlich empfohlener Therapien wie Frühförderung, Heilmittel etc.
- Fehlende oder mangelhafte Inanspruchnahme empfohlener staatlicher Hilfen zur Erziehung
- Fehlende Anmeldung zum Kindergartenbesuch
- Unzureichender Gefahrenschutz (z. B. vor Sonneneinstrahlung, Kälte etc.)
- Psychopathologische Auffälligkeiten seitens des Kindes wie distanzloses oder im Kontext nicht angemessen ängstliches Verhalten insbesondere in Untersuchungssituationen. Ebenfalls auffällig sind ein deutlich sexualisiertes Verhalten sowie ein wie eingefroren wirkendes Interaktionsmuster.
- Kombiniertes Auftreten von frühkindlichen Regulationsstörungen wie exzessives Schreien, Klammern, Schlaf- und Fütterstörungen

In der Untersuchungssituation ergeben sich Erkenntnisse aus somatischen Befunden, aber ebenso auch aus dem kindlichen wie elterlichen Verhalten. Die körperliche Untersuchung muss stets die Erhebung des Ganzkörperstatus enthalten und sollte in einer ruhigen, Vertrauen schaffenden Atmosphäre ohne Störungen erfolgen. Bei der Untersuchung sollte immer eine Medizinische Fachangestellte anwesend sein. Dies erleichtert die Befunddokumentation und dient zugleich einer Optimierung der Rechtssicherheit. Die Möglichkeit einer Fotodokumentation auffälliger Untersuchungsbefunde sollte bestehen, wobei sich handelsübliche Digitalkameras mit guter Bildauflösung eignen. Die Einwilligung der Personensorgeberechtigten ist jedoch erforderlich. Wegweisend bei der Bewertung von Verletzungsmustern ist die fehlende Plausibilität zwischen dem Verletzungsbefund und der Schilderung des Unfallhergangs. Widersprüchliche Angaben durch mehrere beteiligte Personen oder bei unterschiedlichen Vorstellungsanlässen liefern wichtige Hinweise.

Schwierigkeiten bereitet dem Kinder- und Jugendarzt in der Praxis oftmals die Abgrenzung akzidenteller Verletzungen durch Unfälle von Misshandlungsfolgen. Theodore et al. (2005) schätzen den Anteil nicht-akzidentell verursachter Verletzungen im Säuglings- und Kindesalter auf mindestens 30 Prozent. Insbesondere in Fällen sexuellen Missbrauchs, psychischer Misshandlung sowie bei Vernachlässigung fehlen Anzeichen einer Gewalteinwirkung regelhaft beziehungsweise oftmals. Auch intraabdominelle Verletzungen (stumpfes Bauchtrauma) sind bei der klinischen Untersuchung nicht immer leicht zu diagnostizieren. Lindberg et al. (2009) konnten zeigen, dass sich die Bestimmung der Transaminasen (sogenannte Leberwerte) als einfache diagnostische Methode eignet, um bei Verdacht auf körperliche Misshandlung intraabdominelle Verletzungen auszuschließen. Die Untersucher kommen zu dem Schluss, dass normale Transaminasewerte eine Verletzung der Bauchorgane mit großer Sicherheit ausschließen und die Bestimmung dieser Leberwerte aufwändige bildgebende Verfahren ersetzen kann.

Somatische Hinweise auf das Vorliegen einer Kindesmisshandlung sind beispielsweise:
- Auffällige Körpermaße (psychosozialer Minderwuchs, Gedeihstörung...)
- Schlechter Ernährungszustand/unerklärliche Gedeihstörung
- Mangelhafter kindlicher Pflegezustand
- Verletzungszeichen bzw. Misshandlungsspuren, oftmals unterschiedlichen Entstehungsalters, insbesondere an ungewöhnlichen Körperstellen, die sich nicht als akzidentelle Verletzungen deuten lassen. Auffällig sind insbesondere Verletzungen an Gesäß, Genitale, Innenseiten der Extremitäten und am Rücken. Auch Verletzungen des Kopfes oberhalb einer gedachten Hutkrempenlinie sind verdächtig auf Fremdverursachung, während unterhalb einer

solchen Linie anzutreffende Verletzungen zumeist durch Stürze entstanden sind (sog. „Hutkrempenregel")
- Auffällige Verletzungsmuster, die Hinweis auf die Entstehungsursache geben, wie beispielsweise kreisrunde Verbrennungen durch Zigaretten, Bisswunden eines Erwachsenengebisses, Verbrühungen im distalen Extremitätenbereich („Strumpfmuster" durch Eintauchen in heißes Wasser), Hand- oder Stockabdrücke, Abschnür- und Fesselungsmale sowie stumpfe Bauchverletzungen.
- Verletzungen im Anogenitalbereich einschließlich des Auftretens von Genitalwarzen bei sexuell inaktiven Patienten.
- Frakturen ohne plausible Entstehungsursache besonders bei noch fehlender Fortbewegungsmöglichkeit (Säuglinge!) sowie Frakturen unterschiedlichen Entstehungsalters.
- Unerklärlich lang andauernde oder außergewöhnliche Heilungsprozesse nach Verletzungen sowie unerklärliche Wundheilungsstörungen (Münchhausen-by-proxy-Syndrom).
- Unklare Krampfanfälle und/oder Bewusstseinsstörungen lassen an ein Schütteltrauma oder eine Vergiftung denken. Beim Schütteltrauma finden sich oftmals im Bereich des Oberkörpers, der Arme oder der Fußknöchel typische Griffspuren.

4. Vorgehen bei Verdacht auf Gefährdung des Kindeswohls

Ergeben sich im Gespräch mit den Bezugspersonen eines Kindes und/oder bei der körperlichen Untersuchung Hinweise auf eine Kindesmisshandlung (Kindeswohlgefährdung), so ist ein abgestuftes Vorgehen je nach Schweregradeinschätzung vorzunehmen. Stets bedarf es aber einer vollständigen Dokumentation des Vorstellungsanlasses (wer stellt wen wann und warum in der Praxis vor) sowie der erhobenen anamnestischen wie körperlichen Befunde. Verletzungen müssen sorgfältig hinsichtlich Lokalisation, Größe, Schwere und Muster beschrieben werden. Eine Fotodokumentation ist immer anzustreben. Ohne eine solche umfassende Befundsicherung ist in einem oftmals Monate später stattfindenden Verfahren keine sichere Beweisführung mehr möglich. Eine Bewertung der objektiven Befunde sollte rechtsmedizinischen Kollegen vorbehalten bleiben.

Die AWMF-Leitlinien treffen eine praxistaugliche Schweregradeinteilung bei Kindesmisshandlung nach Intensität der Einwirkungen und dem Ausmaß ihrer Folgen. Die weitaus häufigsten Misshandlungsformen, die in der pädiatrischen Praxis ein Handeln erforderlich machen, stellen insbesondere ablehnend-unempathisches Verhalten der Bezugspersonen gegenüber dem eigenen Kind bis hin zur Vernachlässigung oder allgemeine elterliche Erziehungsinkompetenz dar. Schwere Formen der Vernachlässigung und Kindesmisshandlung hingegen können das Kind in akute Lebensgefahr bringen und zu bleibenden schweren Schädigungen führen. Hier weisen die Leitlinien darauf hin, dass bei der Beurteilung des Schweregrades auch die Beachtung einer eventuell vorliegenden Kombination von verschiedenen Misshandlungsformen relevant ist. Schließlich wird zwischen einmaligen Taten und chronischen Handlungen unterschieden. Eltern, die sich gegenüber ihrem Kind als gefühlsarm oder gar feindselig verhalten, leiden häufig selbst unter einer früheren Traumatisierung bis hin zum sexuellen Missbrauch in ihrer Kindheit. Der Arzt muss hier sehr vorsichtig auf die Betroffenen eingehen und die Gründe für die Abwertung und/oder die Ablehnung des eigenen Kindes zu erforschen suchen. Dabei sollten Vorwürfe und alle Formen der Schuldzuweisung unbedingt vermieden und ein Ausblick auf mögliche, wohnortnahe Entlastungen und Hilfsangebote eröffnet werden. In den meisten Fällen wird die Einbindung der Jugendhilfe nicht zu umgehen sein, jedoch sollte dies möglichst im Konsens mit den betroffenen Eltern und nicht gegen ihren Willen erfolgen. Viele Eltern sind grundsätzlich zur Annahme von Hilfen bereit, wenn sie vom Arzt behutsam auf ihre Interaktionsproblematik mit dem Kind angesprochen werden. Dabei ist es für den Erfolg des Gesprächs unabdingbar, dass der Behandler den betroffenen Eltern gegenüber eine wertschätzende Position einnimmt. Nur so kann er das erforderliche Vertrauen aufbauen, damit die Eltern das Problem eingestehen und (zum Beispiel institutionelle) Hilfen akzeptieren können. Vor-Ort-Strukturen der freien Träger der Jugendhilfe sowie die Jugendämter halten meist vielfältige Beratungs- und Unterstützungsangebote bereit, über die der behandelnde Arzt informiert sein muss, wenn er die Eltern zielführend beraten will. Leider ist die Kenntnis dieser (nicht immer optimal kommunizierten) Angebote im Bereich der Ärzteschaft häufig noch sehr unzureichend vorhanden. Weitere Empfehlungen an die Eltern können im Einzelfall die Vorstellung des Kindes in einem Sozialpädiatrischen Zentrum, in einer Frühförderstelle oder bei einem Kinder- und Jugendlichenpsychotherapeuten bzw. einem Kinder- und Jugendpsychiater beinhalten. Steht die unzureichende Erziehungskompetenz im Vordergrund, so ist die Vermittlung von Hilfsangeboten zur Stärkung dieser Kompetenzen vorrangig. Hier müssen zielgenau Angebote vorgehalten werden, die individuell dort ansetzen, wo die erzieherischen Fähigkeiten im Argen liegen. Leichtere Interaktionsprobleme, die beispielsweise nur das Handling des Säuglings oder Kleinkinds betreffen, können in niederschwelligen Einrichtungen wie Mutter-Kind-Cafes, in entspre-

> Viele Eltern sind grundsätzlich zur Annahme von Hilfen bereit, wenn sie vom Arzt behutsam auf ihre Interaktionsproblematik mit dem Kind angesprochen werden. Dabei ist es für den Erfolg des Gesprächs unabdingbar, dass der Behandler den betroffenen Eltern gegenüber eine wertschätzende Position einnimmt

chend ausgestatteten Familienzentren oder aber auch durch die Familienhebamme aufgelöst werden. Die Vermittlung an eine Erziehungsberatungsstelle kann erforderlich sein. Ausgeprägte frühkindliche Regulationsstörungen wie exzessives Schreien, Fütter- oder Schlafstörungen sollten ernst genommen werden und gegebenenfalls spezialisierten Einrichtungen wie Schreiambulanzen (oftmals in Sozialpädiatrischen Zentren, Einrichtungen der Freien Wohlfahrtspflege oder Kinderschutzambulanzen angesiedelt) zugeführt werden. Schrei-Kinder sind einem deutlich höheren Misshandlungsrisiko ausgesetzt! Auch wenn diese und ähnliche Hilfsangebote in Deutschland überall vorhanden sind, gibt es in der praktischen Umsetzung ärztlicher Empfehlungen zur Annahme von Hilfeleistungen – regional unterschiedlich – nach wie vor große Probleme. Vielerorts bestehen Informationsdefizite über die lokal vorhandenen Angebote und Ansprechpartner, wobei letztere oftmals auch wechseln. Diese Problematik finden wir des Öfteren auch im Bereich der staatlichen Jugendhilfe, der Allgemeinen Sozialen Dienste des Jugendamtes. Ärztinnen und Ärzte müssen sich häufig genug durch einen Dschungel an Zuständigkeiten kämpfen, ehe sie in den jeweiligen Institutionen kompetente Ansprechpartner erreichen. Besonders im Bereich der Jugendämter stellt sich die persönliche Erreichbarkeit schwierig dar. Ursachen sind Teilzeittätigkeiten der jeweiligen Sozialarbeiter, beschränkte oder wechselnde Bürozeiten und Außendiensttätigkeit. Deshalb hat es sich als sehr hilfreich erwiesen, wenn die Jugendhilfe eine ständig aktualisierte E-Mail-, Fax-, Telefon- und Anwesenheitsliste zur Verfügung stellt. Noch effizienter ist ein fester Ansprechpartner als Koordinator der Hilfsangebote und -maßnahmen (Clearingstelle, Kinderschutzbeauftragter), der entweder beim Jugendamt oder – deutlich niederschwelliger – beim Öffentlichen Gesundheitsdienst (ÖGD) angesiedelt sein kann. Letzteres wird allerdings in vielen Kreisen und Kommunen durch den personell ausgedünnt besetzten ÖGD erschwert. Nicht zuletzt ist es für ein erfolgreiches Kooperieren von niedergelassenem Pädiater und öffentlichen Institutionen des Kinderschutzes von großer Bedeutung, dass sich die Akteure auch persönlich kennen(lernen) und diesen Kontakt pflegen.

Besteht der begründete Verdacht auf eine schwere Kindesmisshandlung, so ist nach der Erhebung des anamnestischen wie psycho-somatischen Befundes eine fachärztliche Untersuchung durch eine(n) Ärztin/Arzt für forensische Medizin unbedingt anzustreben. Diese Maßnahme dient einerseits der Diagnose-Entkräftung bzw. -Sicherung und ist andererseits in einem späteren juristischen Verfahren für eine korrekte Urteilsfindung unverzichtbar. Eine solche Untersuchung ist in Deutschland bei Kindern unter 14 Lebensjahren nur mit Einwilligung der Personensorgeberechtigten, nach Inobhutnahme durch das Jugendamt oder auf Beschluss des Vormundschaftsgerichts statthaft. Bei Restzweifeln an einer Misshandlungsdiagnose und/oder auch bei fehlender elterlicher Zustimmung zur rechtsmedizinischen Untersuchung empfiehlt sich zum Schutz des Kindes die stationäre Einweisung. Im Rahmen eines Klinikaufenthaltes lassen sich unter anderen Zeitvorgaben juristische Fragen ebenso leichter bearbeiten wie diagnostische Fragestellungen durch erweiterte fachliche und/oder technische Möglichkeiten klären. Viele Eltern suchen jedoch bei schwereren Misshandlungsfolgen mit dem betroffenen Kind ohnehin direkt die Klinikambulanz auf, so dass von dort aus entsprechend vorgegangen werden muss. Die stationäre Aufnahme bei Misshandlungsverdacht bedeutet für das Kind zudem einen sicheren Raum, in dem es vor weiteren Übergriffen geschützt ist. Auch im Bereich der klinischen Pädiatrie ist eine Etablierung interdisziplinärer multiprofessioneller Teams bei Verdacht auf Kindeswohlgefährdung erforderlich. Dieses Ziel verfolgt die 2008 gegründete Arbeitsgemeinschaft Kinderschutz in der Medizin (AG-KIM), die einen Zusammenschluss von Pädiatern, Kinderchirurgen, Kinder- und Jugendlichenpsychiatern und -psychologen sowie Sozialarbeiter und Sozialpädagogen darstellt.

Ein besonderes Augenmerk sollte der Kinder- und Jugendarzt auf die psychosoziale Belastung von Kindern und Jugendlichen durch psychisch kranke Eltern richten. Pretis/Dimova (2004) schätzen die Zahl der Kinder mit zumindest einem psychisch kranken Elternteil im deutschsprachigen Raum auf mindestens 600.000. Diese Erkrankungen bestehen zum Beispiel in Depressionen, Psychosen, einer Borderline-Symptomatik u. a. m. Eine derartige Konstellation stellt eine konkrete Gefährdung der kindlichen Entwicklung dar. Außerdem tragen Kinder psychisch kranker Eltern ein erhöhtes Risiko, selbst psychisch krank zu sein bzw. zu werden. Nach Schone und Wagenblass (2006) ist ihr Störungsrisiko um das zwei- bis dreifache gegenüber einer gesunden Vergleichsgruppe erhöht. Durch Übernahme elterlicher Aufgaben (Rollenumkehr) halten betroffene Kinder und Jugendliche oftmals sehr lange die Fassade einer funktionierenden Familie aufrecht. Sie versorgen jüngere Geschwister, führen den Haushalt, sorgen sich ständige um die kranke Bezugsperson, deren Verhalten gerade kleinere Kinder oftmals nicht verstehen können und gehen eines entwicklungsfördernden Klimas verlustig, ohne das gesundes Aufwachsen nicht möglich ist. Da sie sich einerseits wegen des ihnen nicht verständlichen elterlichen Verhaltens schämen und andererseits in einem Loyalitätskonflikt mit den Eltern stehen, tun sie alles, um ein Bekanntwerden der familiären Lage in der Öffentlichkeit zu verhindern. Dies bedeutet aber zugleich, dass mögliche Hilfen selbst dann nicht in Anspruch genommen werden, wenn

Ein besonderes Augenmerk sollte der Kinder- und Jugendarzt auf die psychosoziale Belastung von Kindern und Jugendlichen durch psychisch kranke Eltern richten

den Kindern solche Hilfen bekannt sind und zur Verfügung stehen. Die kranken Eltern wiederum suchen oftmals aus Scham, aus mangelnder Einsicht oder infolge von Schuldgefühlen ebenfalls zunächst keine professionelle Hilfe auf. Wenn dann Hilfen unausweichlich werden, weil das fragile Familiengerüst zusammenzubrechen droht, wird die zugrunde liegende psychische Erkrankung der Eltern meist nicht kommuniziert und ein kausaler Hilfeplan kann nicht entwickelt werden. In diesem Kontext kommt dem Kinder- und Jugendarzt, der die Familien oftmals schon länger kennt und der aufgrund seiner ärztlichen Professionalität einen einfacheren Zugang zu Eltern wie Kind/Kindern hat, eine wichtige Aufgabe zu. Er muss Hinweise beachten, die auf eine durch eine psychische Erkrankung belastete Familiensituation schließen lassen. Sozio-emotionale Auffälligkeiten sind in diesem Kontext ebenso zu nennen wie die insbesondere bei anhaltender Belastungssituation auftretenden kognitiven Entwicklungsstörungen. Nach Lenz (2005) sind die häufigsten Symptome, die bei Kindern mit psychisch kranken Eltern auftreten, Nägelkauen, aggressive Durchbrüche, Schulschwierigkeiten, Schlafstörungen, Hyperaktivität, Kontaktstörungen und Einnässen. Angststörungen kommen in dieser Klientel ca. siebenmal häufiger als in einer gesunden Vergleichsgruppe vor. Im kinderärztlichen Praxisalltag sollte es auffallen, wenn Kinder stets alleine oder in Begleitung Dritter vorstellig werden, wenn eine Kontaktaufnahme mit den Eltern nicht gelingt oder wiederholt aus fadenscheinigen Gründen hinausgezögert wird oder wenn Kinder bzw. Begleitpersonen auf Nachfragen bezüglich der Eltern nicht oder ausweichend antworten. In den letzten Jahren haben sich vermehrt lokale/regionale Hilfestrukturen oftmals unter dem Dach der Wohlfahrtsverbände gebildet, die sich eine umfassende Betreuung sowohl der psychisch kranken Eltern als auch ihrer Kinder zur Aufgabe gemacht haben und diese beiden Aspekte auch gemeinsam bearbeiten. Oftmals handelt es sich um Kooperationsformen von Einrichtungen der Erwachsenenpsychiatrie und der freien Jugendhilfe, wie dies beispielsweise das Solinger Kinder- und Familienprojekt KIPS (**Ki**nder **ps**ychisch kranker Eltern) verwirklicht hat.

5. Ausblick und Perspektiven

In Fragen des Kindeswohls und der Kindeswohlgefährdung kommt der Kinder- und Jugendärztin/dem Kinder- und Jugendarzt eine Schlüsselstellung zu, die zukünftig noch an Bedeutung zunehmen wird. Um dieser Schlüsselstellung besser gerecht werden zu können, bedarf es der definierten Implementierung des ärztlichen Versorgungssystems in einem Gesamtkontext des Kinderschutzes. Vorrangiges Ziel muss die Verbesserung der fachlichen Interaktion zwischen Gesundheitswesen und staatlicher wie freier Jugendhilfe allgemein und vor Ort sein. Es müssen klare und allgemeingültige Strukturen (pathways) konsentiert und auf den Weg gebracht werden, die die jeweiligen Zuständigkeiten und Inanspruchnahmen der verschiedenen Professionen klar und gleichberechtigt regeln. Das im Paragraf 8a Sozialgesetzbuch VIII beschriebene bedarfsadaptierte Hinzuziehen von externer Fachkompetenz muss in der praktischen Umsetzung in praxi auf den Bereich der Ärzteschaft ausgeweitet werden. Dies macht allerdings auch eine Regelung der praktischen Abläufe und damit auch der Aufwandsentschädigung für freiberuflich tätige Ärztinnen und Ärzte erforderlich, wenn sie zum Beispiel in Hilfeplangespräche eingebunden werden sollen, was unter fachlichem Aspekt ein wichtiges Ziel darstellt. Jedwede Bemühung hinsichtlich einer Harmonisierung und optimierten Strategieentwicklung im Schnittstellenbereich von Gesundheitswesen und Jugendhilfe kann jedoch nur dann erfolgreich sein, wenn die hierzu erforderlichen personellen, sächlichen und finanziellen Ressourcen unabhängig von der aktuellen Finanzkraft der jeweiligen Kreise und Kommunen flächendeckend in ausreichendem Maße zur Verfügung gestellt werden.

Ferner sind gesetzliche Regelungen zu treffen, um Rechtssicherheit im Rahmen eines aus pädiatrischer Sicht erforderlichen innerärztlichen Informationsaustauschs zu schaffen, wenn keine Beweise, sondern nur Hinweise auf Kindeswohlgefährdung vorliegen. Bisher bereits initiierte innerärztliche Kommunikationsprojekte wie das Duisburger RISKID-Projekt (Risikokinderinformationssystem Duisburg), die die immer wieder als Kommunikationsbarriere im Kinderschutz bewertete Informationslücke durch gezieltes Ärztehopping der Kindesmisshandler schließen wollen, werden nicht nur von ärztlichen Verbänden, sondern gerade auch von Juristen und Datenschützern wegen der heute geltenden Rechtslage kritisch gesehen. Hinter RISKID steht ein Informationssystem, in dem Ärzte mit Zugangsberechtigung misshandlungsverdächtige Patientendaten und Befunde in einem Anwender-geschützten Bereich einstellen und untereinander austauschen. Die Datei ist nur für Ärzte zugänglich. Vom Prinzip her wird die kollegiale Information zur Diagnosestellung, wie sie in einer Klinik oder Arztpraxis mit mehreren beteiligten Ärzten üblich ist, auf eine „virtuelle" Großpraxis mit vielen Ärzten ausgedehnt. Die technische Sicherung entspricht dabei in etwa der Vorgehensweise beim Online-banking. Dennoch verstößt RISKID nach einem Rechtsgutachten des Bochumer Strafrechtlers Stefan Huster (2008) gegen Paragraf 203 Strafgesetzbuch, da insbesondere das Strafrecht die Weitergabe von Daten an andere Ärzte untersagt. Der Umstand, dass auch

Ferner sind gesetzliche Regelungen zu treffen, um Rechtssicherheit im Rahmen eines aus pädiatrischer Sicht erforderlichen innerärztlichen Informationsaustauschs zu schaffen, wenn keine Beweise, sondern nur Hinweise auf Kindeswohlgefährdung vorliegen

der Empfänger der Daten an die ärztliche Schweigepflicht gebunden ist, schließt in diesem Fall nach herrschender Rechtsansicht die Strafbarkeit nicht aus. *RISKID hat hieraus die Konsequenzen gezogen und arbeitet seither nur auf der Basis von Einverständniserklärungen der Sorgeberechtigten.* Seit Dezember 2010 ist RISKID unter der neuen Bezeichnung *Risiko-Kinder-Informationssystem Deutschland* bundesweit an den Start gegangen (www.riskid.de).

Es darf jedoch nicht sein, dass dem Datenschutz der Personensorgeberechtigten gegenüber den in der UN-Kinderrechtekonvention niedergeschrieben Kinderrechten selbst noch bei Misshandlungsverdacht ein höherer Stellenwert eingeräumt wird. Dabei erscheint eine rechtliche Lösung dieses (inner-)ärztlichen Informations- und Kommunikationsbedürfnisses durchaus möglich. Die Stiftung Deutsches Forum Kinderzukunft (siehe auch www.forum-kinderzukunft.de), ein Zusammenschluss ärztlicher und nichtärztlicher Experten aus dem Bereich des Gesundheitswesens und der Jugendhilfe im Bereich des Kinderschutzes, hat 2010 in einer bisher unveröffentlichten Stellungnahme zum Gesetzgebungsverfahren eines Bundeskinderschutzgesetzes eine entsprechende *Ergänzung* des Paragrafen 8a Sozialgesetzbuch VIII, die sowohl dem Bedürfnis der Ärzteschaft nach erforderlicher Rechtssicherheit als auch den Erfordernissen des Personendatenschutzes Rechnung trägt, vorgeschlagen:

> „Ärzte können dem Jugendamt Mitteilung machen, wenn ihnen Anhaltspunkte dafür bekannt werden, dass ein Kind oder Jugendlicher misshandelt, missbraucht oder vernachlässigt wird oder sein Wohl in sonstiger Weise gefährdet ist. Zur Vorbereitung der Entscheidung, ob sie eine Mitteilung nach Satz 1 machen wollen, können Ärzte Informationen über solche Anhaltspunkte austauschen. Ärzte, die an einer Mitteilung mitgewirkt haben, sollen das Jugendamt auf dessen Bitte bei der Prüfung des Gefährdungsrisikos unterstützen."

Eine solche Ergänzung des Paragraf 8a Sozialgesetzbuch VIII würde ermöglichen, dass sich Ärzte bei *einfachen* Verdachtsfällen auf Kindesmisshandlung („soft signs") unter dem Mantel einer *modifizierten* Schweigepflicht *an das Jugendamt wenden und zur Vorbereitung einer solchen Information – unter Berücksichtigung der Situation in einer betroffenen Familie – über die Verdachtsmomente untereinander austauschen könnten.* In diesem Kontext könnte es sinnvoll sein, eine entsprechend qualifizierte Amtsperson beziehungsweise qualifizierte externe Fachkraft mit der Befugnis auszustatten, in Abstimmung mit der Kinder- und Jugendärztin/dem Kinder- und Jugendarzt eventuell ergänzende diagnostisch-forensische Konsile veranlassen zu dürfen.

Schließlich und nicht zuletzt braucht ein verbesserter Kinderschutz aber auch eine Optimierung bei der Fort- und Weiterbildung ärztlicher wie nichtärztlicher Professionen in allen relevanten Fragen des Kindeswohls. Ausdrücklich müssen hier Frauen-, Kinder- und Jugendärzte ebenso einbezogen werden wie Medizinische Fachangestellte, Kinderkrankenschwestern sowie Hebammen. Es sind die jeweiligen Berufsverbände und die Landesärztekammern aufgerufen, entsprechende Fort- und Weiterbildungsangebote in ausreichender Zahl zu schaffen.

Literatur

Antonovsky, A. (1987). Unraveling the mystery of health: How people manage stress and stay well. San Francisco: Jossey-Bass.

Arbeitsgemeinschaft Kinderschutz in der Medizin AG-KIM e.V. Verfügbar unter: e.V.http://www.kindesmisshandlung.de/pageID_5987268.html.

Bundesgesundheitsblatt, Band 50, Heft 5/6 Mai/Juni 2007, S. 529-912, Ergebnisse des Kinder- und Jugendgesundheitssurveys.

Deutsche Akademie für Kinder- und Jugendmedizin (2008). Stellungnahme zum Bundeskinderschutzgesetz. Verfügbar unter http://www.dakj.de/

Deutsche Akademie für Prävention und Gesundheit im Kindes- und Jugendalter DAPG e.V. (2010). Verfügbar unter www.dapg.info

Dt.Ges.f. Kinder- und Jugendpsychiatrie und Psychotherapie u.a. (Hrsg.) (2007). Leitlinien zur Diagnostik und Therapie von psychischen Störungen im Säuglings-, Kindes- und Jugendalter. Deutscher Ärzte Verlag, 3. überarbeitete Auflage, S. 423-435.

Ellsäßer, G. & Cartheuser, C. (2006). Befragung zur Wahrnehmung von Gewalt gegen Kinder und zur Nutzung des Leitfadens „Gewalt gegen Kinder und Jugendliche" durch Brandenburger Kinder- und Jugendärzte. Gesundheitswesen, 68, 265-270.

Fricke, A. (2010). Kinderschutz – Konflikt mit Schweigepflicht? Ärzte-Zeitung, 29.01.2010. Ärzte-Zeitung-Verlag GmbH. Verfügbar unter http://www.aerztezeitung.de/politik_gesellschaft/article/585751/kinderschutz-konflikt-schweigepflicht.html

Gerber, C. (2007). Risikoabschätzung bei Kindeswohlgefährdung. Frühe Kindheit, 4, 38-41, Verlag Deutsche Liga für das Kind in Familie und Gesellschaft e.V.

Herrmann, B. (2005). Vernachlässigung und emotionale Misshandlung von Kindern und Jugendlichen. Z Kinder Jugendpsychiatr. Psychother., 36, 1-7.

Hollmann, H., Kretzschmar, C. & Schmid, R. G. (2002). Qualität in der Sozialpädiatrie, Band 1. Altötting: RS-Verlag.

Hornberg, C., Schröttle, M., Bohne, S., Khelaifat, N. & Pauli, A. (2008). Gesundheitliche Folgen von Gewalt unter besonderer Berücksichtigung von häuslicher Gewalt gegen Frauen. Gesundheitsberichterstattung des Bundes, Heft 42, S. 13. Mercedes-Druck Berlin.

Huster, S. (2008). Kindeswohl und Datenschutz – Rechtslage und Reformüberlegungen am Beispiel von RISKID. In NWVBl – Nordrhein-Westfälische Verwaltungsblätter, S. 55-60.

Kempe, R. S. & Kempe, C. H. (1980). Kindesmisshandlung. Stuttgart: Klett-Cotta, 85-96.

Kinder- und Familienprojekt KIPS e.V., AWO Kreisverband Solingen e.V., Postfach 101188, 42611 Solingen. Verfügbar unter http://www.awo-solingen.de/kips.html

Kindler, H., Lukasczyk, P. & Reich, W. (2008). Validierung und Evaluation eines Diagnoseinstrumentes zur Gefährdungseinschätzung bei Verdacht auf Kindeswohlgefährdung – Kinderschutzbogen. Kindschaftsrecht und Jugendhilfe, 12.

Koalitionsvertrag CDU/CSU/F.D.P. – Wachstum, Bildung, Zusammenhalt, 17. Legislaturperiode 2009, 3. Abschnitt, Seite 69.

Kopecky-Wenzel, M., Frick, U. & Frank, R. (2002). Leitfaden für Kinderarztpraxen in Bayern: Gewalt gegen Kinder und Jugendliche. Kinderärztliche Praxis, 63, 388-93.

Kratzsch, W. (2010). Aufbau eines flächendeckenden Netzes früher Hilfen im Gesundheitswesen. Kinderärztliche Praxis, 89 (3), 151-56.

Kratzsch, W. et al. (2010). Risikoinventar (in Vorbereitung, demnächst verfügbar unter: www.risikoinventar-praevention.de

Kratzsch, W. et al. (2010). Stellungnahme zum Bundeskinderschutzgesetz (unveröffentlicht).

Krützberg, T. & Pojana, M. (2010). Jugendamt der Stadt Duisburg, persönliche Mitteilung.

Landgraf, M. & Zahner, L. (2010). Kindesmisshandlung. Soziodemografie, Ausmaß und medizinische Versorgung – Retrospektive Analyse von 59 Patienten/-innen. Monatsschrift Kinderheilkunde, 158 (2), 149-56.

Laucht, M. & Schmidt, M. H. (2005). Entwicklungsverläufe von Hochrisikokindern: Ergebnisse der Mannheimer Längsschnittstudie. Kinderärztliche Praxis, 76 (6), 348-54.

Lenz, A. (2005). Kinder psychisch kranker Eltern. Göttingen: Hogrefe-Verlag.

Lindberg, D. et al. (2009). Utility of hepatic transaminases to recognize abuse in children. Pediatrics, 124 (2), 509-16.

Märkert, W. et al. (2009). Bund Deutscher Kriminalbeamter (Hrsg.), Kindesmisshandlung. Bonn: Mediat Verlag.

Münder, J., Mutke, B. & Schone, R. (2000). Kindeswohl zwischen Jugendhilfe und Justiz. Münster: Votum Verlag.

Noeker, M. & Keller, K. M. (2002). Münchhausen-by-proxy-Syndrom als Kindesmisshandlung. Vol 150, Number 11, pp. 1357-69. Berlin/Heidelberg: Springer.

Pretis, M. & Dimova, A. (2004). Frühförderung mit Kindern psychisch kranker Eltern. München: Ernst Reinhardt Verlag.

Risikokinder-Informationssystem Duisburg RISKID. Verfügbar unter http://www.kriminologie.uni-hamburg.de/wiki/index.php/RISKID

Salgo, L. (2009). Stellungnahme zum Gesetzentwurf des Kinderschutzgesetzes. Bundestagsdrucksache, 16/12429, vom 25.03.2009.

Schone, R. & Wagenblass, S. (2006). Kinder psychisch kranker Eltern zwischen Jugendhilfe und Erwachsenenpsychiatrie. Weinheim und München: Juventa-Verlag.

Staschek, B. (2006). Expertise Familienhebammen, verfügbar unter http://staschek.com/images/StaschekFamilienhebammen.pdf

Theodore, A. D. et al. (2005). Epidemiologic features of the physical and sexual mal treatment of children in the Carolinas. Pediatrics, 115 (3), e331-7.

UN-Kinderrechte-Konvention vom 20.11.1989, Ratifizierung durch die Bundesrepublik Deutschland am 26.01.1990, Inkrafttreten am 05.04.1992, veröffentlicht am 10. Juli 1992 im BGBl. 2, S. 990. Verfügbar unter: http://archiv.jura.uni-saarland.de/BGBl/TEIL2/1992/19920990.2.HTML

Verordnung zur Datenmeldung der Teilnahme an Früherkennungsuntersuchungen/U-Untersuchungen des Landes NRW U-Teilnahme-DaT-VO. 2008). Verfügbar unter: http://www.liga.nrw.de/themen/Gesundheit_schuetzen/praevention/ges_kind/gesetzerecht/index.html?PISESSION=15b3beaf456d6d3afb9adfdb802807ba

Weiß, H. (2007). 14. Symposium Frühförderung Hamburg (2007). Was Kinder stärkt: Frühförderung als Resilienz fördernde Maßnahme. Verfügbar unter: http://www.fruehfoerderung-viff.de/media/pdf/symp-hh-weiss.pdf

Der Schutzauftrag nach §8a SGB VIII – Handlungskonzepte freier Träger

Sarah Armbrecht

Zusammenfassung

Gelingende Erziehung setzt voraus, dass Eltern[1] ihre Kinder[2] wohlwollend begleiten und sie vor negativen Einflüssen innerhalb und außerhalb der Familie zu bewahren verstehen. Das Wohl junger Menschen zu gewährleisten und sie vor Gefährdungen in ihrer Entwicklung zu schützen ist ein Anliegen auch der Gesellschaft und ihrer Organe. Beauftragt mit der Ausführung notwendiger Hilfen ist die Jugendhilfe als Kooperationspartner hilfesuchender Sorgeberechtigter. Kommt es zu Problemen und Einschränkungen des Kindeswohls, so ist ein Anspruch auf Hilfe zur Erziehung gegeben, wenn „eine dem Wohl des Kindes oder Jugendlichen entsprechende Erziehung nicht gewährleistet ist" (§27 Abs. 1 SGB VIII).

Mit der Feststellung, Gewährung und Steuerung notwendiger Hilfen beschäftigt sich die öffentliche Jugendhilfe. Auf kommunaler Ebene fallen diese Aufgaben in den Zuständigkeitsbereich der Jugendämter. Die Ausführung individuell gewährter Hilfen obliegt in Deutschland in den meisten Fällen den freien Trägern, die im jeweilgen Einzelfall vom Jugendamt beauftragt werden und diesem im Hilfeplanverfahren als Partner zur Verfügung stehen.

Als im Oktober 2005 der §8a neu in das SGB VIII eingefügt wurde, wurde der Auftrag freier Träger vom Gesetzgeber um konkrete Ausführungsbestimmungen ergänzt. Als im Oktober 2005 der §8a neu in das SGB VIII eingefügt wurde, wurde der Auftrag freier Träger vom Gesetzgeber um konkrete Ausführungsbestimmungen ergänzt. Im Folgenden werden neben allgemeinen Überlegungen zur Gewährleistung des Kindeswohls in der Jugendhilfe praktische Erfahrungen mit dem erweiterten Schutzauftrag im Alltag der Hilfen zur Erziehung beschrieben. Im zweiten Teil

---

[1] Im Folgenden ist die Rede von „Eltern", wenn Personensorgeberechtigte im Sinne des Gesetzes gemeint sind. Der Terminus „Eltern" wird der besseren Lesbarkeit halber verwendet und soll nicht andere Inhaber der elterlichen Sorge ausgrenzen

[2] Ebenfalls im Sinne der Lesbarkeit ist die Rede von „Kindern", „jungen Menschen", „Jugendlichen" oder „Jungen und Mädchen". Gemeint sind jeweils die Adressaten von Erziehung bzw. die in ihrem Wohl gefährdeten Minderjährigen gleich welchen Geschlechts

des Kapitels werden Schlussfolgerungen für die Implementierung wirksamer Konzepte zur Gewährleistung des Kindeswohls in Einrichtungen der Jugendhilfe vorgestellt. In einem Ausblick werden offene Fragen aus der Sicht einer in den Hilfen zur Erziehung tätigen insofern erfahrenen Fachkraft geschildert.

1. Einführung

Wenn der freie Träger der Jugendhilfe in seiner Angebotspalette diverse Hilfen zur Erziehung vorhält und bei deren Erbringung auch den erweiterten Schutzauftrag zu gewährleisten hat, so erscheint es zunächst notwendig – abseits von gesetzlichen Vorgaben und Anspruchsgrundlagen – sich darauf zu einigen, was die jeweilige Einrichtung unter einer solchen Hilfe versteht. Auch vor dem Hintergrund einer provokanten Äußerung Winklers (2008, S. 177), der feststellt: „alle Erziehung verletzt, beschädigt – sie greift eine Gesellschaft wie auch ihre Kultur, vor allem auch den einzelnen an", muss definiert werden, wer und mit Hilfe welcher Methoden hier Hilfe zu einer Erziehung leistet, die das Wohl junger Menschen fördern oder wiederherstellen soll.

Eine kurze historische Einordnung der aktuellen Jugendhilfe in Deutschland zeigt, dass Institutionen sich aus sehr unterschiedlichen Wurzeln entwickelt haben und zumeist in einer langen Tradition stehen. Jordan (2005) beschreibt in einem kursorischen Abriss die Anfänge der Jugendhilfe in der mittelalterlichen Kinderfürsorge, den Übergang in ein System aus zuchthausähnlichen Waisenanstalten mit angeschlossenen Manufakturen im 18. Jahrhundert und deren allmähliche Ablösung durch Einrichtungen, die den Ideen der Aufklärung verpflichtet waren und in denen Kinder (immer noch durch Arbeit) zu Religion und Bildung geführt werden sollten. Die „Entdeckung der Kindheit" in der Nachfolge von Rousseau in der zweiten Hälfte des 18. Jahrhunderts ermöglichte die Entstehung völlig neuer Einrichtungen für verwaiste und benachteiligte Kinder, die sogenannten „Rettungshäuser". Erstmals geschieht hier reflektierte und qualifizierte soziale Arbeit. Bis zum Ausgang des 19. Jahrhunderts setzt sich in Deutschland die Rettungshausbewegung durch. Mit dem Inkrafttreten des Reichsjugendwohlfahrtgesetzes 1922 wird erstmalig das Recht des einzelnen Kindes auf Erziehung festgelegt. Die damals weitgehende Ausführungsautonomie durch die kirchlichen Träger wurde während der Zeit des Nationalsozialismus den totalitären Zielen des Staates untergeordnet, die Zöglinge der Fürsorgeerziehung waren der Gleichschaltung der Erziehungsziele unterworfen. Das in der Nachkriegszeit zunächst novellierte Reichsjugendwohlfahrtsge-

> Die „Entdeckung der Kindheit" in der Nachfolge von Rousseau in der zweiten Hälfte des 18. Jahrhunderts ermöglichte die Entstehung völlig neuer Einrichtungen für verwaiste und benachteiligte Kinder, die sogenannten „Rettungshäuser". Erstmals geschieht hier reflektierte und qualifizierte soziale Arbeit

setz wurde erst 1960 vom Jugendwohlfahrtsgesetz abgelöst, das neben der Fürsorgeerziehung auch die freiwillige Erziehungshilfe kannte. Erst 1990 wurde eine grundsätzliche Neuordnung des Kinder- und Jugendhilferechts im SGB VIII vorgenommen. Kernmerkmal des Gesetzes ist die Ausgestaltung als Leistungsrecht mit präventivem Anspruch. Die Grundlage für die Gewährung von Hilfen ist seitdem das Hilfeplanverfahren, in dem sowohl die Sorgeberechtigten, die Kinder oder Jugendlichen sowie neben dem Jugendamt auch der freie Träger als Leistungserbringer beteiligt werden müssen. Obwohl meist primärer Adressat der Hilfe, besteht für den jungen Menschen selbst (anders als für seine Sorgeberechtigten) bis heute kein eigener Anspruch auf Hilfe.

Mit der Erbringung der individuellen Hilfe beauftragt wird aktuell meist ein freier Träger, der in seinem Leistungsangebot die derzeit gängigen Hilfen zur Erziehung vorhält und diese aufgrund einer klaren Leistungsbeschreibung umsetzt, wobei er durch die Heimaufsichten überwacht wird.

Ein Kernpunkt von Hilfe zur Erziehung ist die Gewährleistung des Kindeswohls für jeden einzelnen der betreuten und geförderten jungen Menschen. Ob die geleistete Hilfe nun ambulant, teilstationär oder familienersetzend geleistet wird, spielt dabei keine Rolle.

Vor dem Hintergrund des erweiterten Schutzauftrags besteht für alle Hilfen zur Erziehung die Notwendigkeit, im Binnenbereich der Hilfe eine klare Position zum Kindeswohl zu entwickeln, zu vertreten und fachlich umzusetzen. Die dabei vorrangigen Aufgaben werden von Meysen (2006, S. 84) wie folgt skizziert:
- Mut hinzuschauen und zum Gespräch über schwierige Themen
- Offenheit dafür, durch das Thematisieren die Klienten möglicherweise zu verlieren sowie
- Selbstbewusste und gelungene Vermittlung von Wertschätzung für das Jugendamt als gleichgeordneter Kooperationspartner

1.1 Gesetzliche Rahmenbedingungen

Seit dem 1.10.2005 gelten für die Träger öffentlicher und freier Jugendhilfe Bestimmungen zum allgemeinen Schutzauftrag nach dem Jugendhilfeweiterentwicklungsgesetz (KICK). Der Gesetzgeber hat hier die Vorgaben aus § 1 Abs. 3 Nr. 2 SGB VIII für den Fall der Kindeswohlgefährdung präzisiert und in § 8a SGB VIII zusammengefasst.

Den handelnden Fachkräften ist vom Gesetzgeber klar eine dreistufige Vorgehensweise im Fall einer Kindeswohlgefährdung vorgegeben (vgl. Kunkel, 2008).

Es bedarf der Schritte
- Erkennen
- Bewerten
- Handeln

Die Rollenverteilung im Zusammenspiel von Jugendamt (öffentlicher Jugendhilfe) und Leistungserbringer (freie Jugendhilfe) ist dabei eindeutig geregelt. Von den Jugendämtern wird verlangt, Vereinbarungen mit den freien Trägern abzuschließen. In diesen wird festgelegt, dass die Fachkräfte des Trägers den Schutzauftrag wahrnehmen und im Gefährdungsfall eine „insoweit erfahrene Fachkraft" hinzuziehen, um das Gefährdungspotential des betroffenen jungen Menschen einzuschätzen. Der freie Träger verpflichtet sich weiterhin, bei Sorgeberechtigten auf die Inanspruchnahme notwendiger Hilfen hinzuwirken und das Jugendamt zu informieren, wenn diese zur Abwendung der Gefahr nicht ausreichend erscheinen.

Grundlegende hoheitliche Aufgaben und Befugnisse des Staates werden dabei nicht an den freien Träger delegiert. Vielmehr sieht §8a Abs. 1 SGB VIII vor, das Gefährdungsrisiko durch das Zusammenwirken mehrerer Fachkräfte abzuschätzen. Dabei sind die Personensorgeberechtigten sowie das Kind oder der Jugendliche einzubeziehen, soweit hierdurch der wirksame Schutz des Kindes oder des Jugendlichen nicht in Frage gestellt wird. Eine Verpflichtung oder Befugnis zur Sammlung von Informationen außerhalb ihres Dienstes besteht für Fachkräfte des freien Trägers nicht. Anders als die Mitarbeiter des Jugendamtes sind sie nur im Rahmen der Betreuung des einzelnen Kindes verpflichtet, bei gewichtigen Anhaltspunkten (die ihnen in Ausübung ihrer Tätigkeit bekannt werden) eine Risikoabschätzung vorzunehmen. Diese sieht die Einbeziehung einer „insoweit erfahrenen Fachkraft" vor.

1.2 Strukturelle Erfordernisse des Schutzauftrages

In der erwähnten Trias der Schritte „Erkennen-Bewerten-Handeln" kommt der jeweilig betreuenden Einrichtung und ihren Organen eine fest umrissene Rolle zu. Der Gesetzgeber unterscheidet zwischen der fallführenden Fachkraft und der insoweit erfahrenen Fachkraft. Im Fall einer Gefährdung des Kindeswohls muss die zuständige Fachkraft (z. B. die Bezugserzieherin eines Kindes) in der Lage sein, Anhaltspunkte für eine Gefährdung zu erkennen. Die Bewertung der vorgefundenen Anhaltspunkte obliegt der insoweit erfahrenen Fachkraft, die im Bedarfsfall hinzugezogen wird. Deren Aufgaben erstrecken sich zunächst auf die Analyse, die Bewertung und prognostische Beurteilung der vorgefundenen Anhaltspunkte für eine Gefährdung des jungen Menschen. Weiterhin soll sie das weitere Vorgehen beratend begleiten, indem sie an der Entwicklung von Hilfen für den Einzelfall beteiligt wird.

Obwohl der Gesetzgeber keine eindeutigen Vorgaben zur Qualifikation der insoweit erfahrenen Fachkraft macht, hat sich ein Konsens darüber ergeben, welche fachlichen und erfahrungsmäßigen Fähigkeiten die jeweilige Person haben soll. So fasst z. B. Beneke (2006, S. 176f.) zusammen, die Qualifikation der insoweit erfahrenen Fachkraft müsse generell Kenntnisse über die Einschätzung und Abwendung von Gefährdungssituationen umfassen. Spezifisches Wissen in den Bereichen der gegen Kinder und Jugendliche gerichteten Gewalt sei je nach Fall erforderlich und beziehe sich auf sexuelle Gewalt, häusliche Gewalt und Formen der Vernachlässigung. Eine Entscheidung über die Hinzuziehung einer bestimmten Fachkraft hinge immer auch von infrastrukturellen Vorgaben des jeweiligen Falles ab. Auch über die Strukturqualität des leistungserbringenden Trägers selbst macht der §8a Aussagen. So ist es zwingend notwendig (und bereits im Bewerbungsverfahren zulässig), von den Beschäftigten Auskunft über deren persönliche Eignung für die Ausübung einer Tätigkeit im Bereich der Hilfen zur Erziehung zu verlangen. Ausgeschlossen von einer Anstellung werden explizit Personen, die rechtskräftig wegen einer Straftat gegen die sexuelle Selbstbestimmung, wegen Verletzung der Fürsorge- und Erziehungspflicht gegenüber einer Person unter 16 Jahren oder wegen einer Straftat nach dem Jugendschutzgesetz oder dem Jugendmedienschutz verurteilt sind. Hierzu legt bspw. das Bayerische Landesjugendamt (2007) fest: *„Um einer Kindeswohlgefährdung im Rahmen der Aufgaben der Kinder- und Jugendhilfe zu begegnen, sollen die Träger der öffentlichen Jugendhilfe nach der am 01.10.2005 in Kraft getretenen Regelung des § 72a SGB VIII insbesondere sicherstellen, dass sie keine Personen beschäftigen oder vermitteln, die rechtskräftig wegen einer Straftat nach den §§ 171, 174 bis 174c, 176 bis 181a, 182 bis 184e oder 225 des Strafgesetzbuches verurteilt worden sind. Zur Prüfung der persönlichen Eignung der Personen sollen sie sich bei der Einstellung und in regelmäßigen Abständen ein Führungszeugnis nach § 30 Abs. 5 Bundeszentralregistergesetz vorlegen lassen. Durch Vereinbarungen mit den Trägern von Einrichtungen und Diensten sollen die Träger der öffentlichen Jugendhilfe ferner sicherstellen, dass diese ebenfalls keine ungeeigneten Personen im Sinne dieser Vorschrift beschäftigen."*

1.3 Der Prozesscharakter des Schutzauftrags

Die Erfüllung des erweiterten Schutzauftrags durch Einrichtungen der Jugendhilfe kann nicht als punktuelle Aufgabe gesehen werden, sondern stellt im jeweiligen Einzelfall eine prozesshafte integrale

Leistung im gesamten Verlauf der erbrachten Hilfe dar. Zwar stellen Schmidt et al. (2002) fest, dass es bisher keine ausreichende Forschung zum Effekt der Belastungsminderung durch Maßnahmen der Jugendhilfe gebe, doch kann aus der empirischen Erfahrung davon ausgegangen werden, dass die Reduzierung kindeswohlgefährdender Faktoren im Leben eines jungen Menschen einen großen Anteil an der positiven Wirksamkeit einer Maßnahme hat.

Der Abbau gefährdender Verhaltensweisen von Sorgeberechtigten und im Gegenzug die Stärkung entwicklungsförderlicher Erziehungskompetenzen ist daher immer eine Hauptzielrichtung erzieherischer Hilfen. Der erweiterte Schutzauftrag ist dabei eingebettet in den Alltag professionellen Handelns und nicht isolierte Aufgabe der Fachkräfte.

1.3.1 Vorbedingungen

Zunächst gilt es jedoch zu klären, was mit dem unbestimmten Rechtsbegriff des „Kindeswohls" gemeint sein mag und wie der Begriff die Arbeit der Jugendhilfe beeinflusst. Eine Definition ex negativo, eine in Beispielen zumal, gibt hier das Bayerische Landesjugendamt (2008), indem Kategorien von schädigenden Ereignissen und Verhaltensweisen genannt werden, wie sie von Eltern herbeigeführt bzw. nicht verhindert werden. Unterschieden wird hier nach Formen der Gewalt, die sich in sexuelle Gewalt, psychische Misshandlung, körperliche Misshandlung und Vernachlässigung trennen lassen.

Oft sehen sich Leistungserbringer (die Einrichtung und ihre Fachkräfte) bei der Ausführung ihrer Aufgaben im Zusammenhang mit dem Schutzauftrag in einem Paradoxon gefangen.

Wenn es nämlich im Grundgesetz Art. 6 heißt: „Pflege und Erziehung sind das natürliche Recht der Eltern und die ihnen zuvörderst obliegende Pflicht.", so befinden sich dieselben Eltern (oder Sorgeberechtigten) mit Beginn der Hilfe plötzlich in einer engen Erziehungspartnerschaft, die subjektiv mit einer temporären Beschneidung ihres „natürlichen Rechts" einhergeht. Der Partnerpartei „Eltern" wird dabei zugemutet, dass ein professionelles Korrektiv von nun an „die zuvörderst obliegende Pflicht" ergänzt, aber eben auch kontrolliert. Der professionelle Partner sieht sich gleichzeitig in die Rolle gedrängt, den zweiten Teil des Artikels 6 ausführen zu sollen: „Über ihre [nämlich die Erfüllung der genannten Pflicht der Eltern] wacht die staatliche Gemeinschaft.".

Genaueres zu den Rechten und Pflichten der Eltern geht hervor aus dem BGB §1631, Abs. 1, wo es heißt: „Die Personensorge umfasst insbesondere das Recht und die Plicht, das Kind zu pflegen, zu erzie-

> **Oft sehen sich Leistungserbringer (die Einrichtung und ihre Fachkräfte) bei der Ausführung ihrer Aufgaben im Zusammenhang mit dem Schutzauftrag in einem Paradoxon gefangen**
>
> **Der Partnerpartei „Eltern" wird dabei zugemutet, dass ein professionelles Korrektiv von nun an „die zuvörderst obliegende Pflicht" ergänzt, aber eben auch kontrolliert**

hen, zu beaufsichtigen und seinen Aufenthalt zu bestimmen." Gleichzeitig wird in Abs. 2 des gleichen Paragrafen geregelt, welche Rechte dabei dem Kind zukommen: „Kinder haben ein Recht auf gewaltfreie Erziehung. Körperliche Bestrafungen, seelische Verletzungen und andere entwürdigende Erziehungsmaßnahmen sind unzulässig". Wird dieses Recht des Kindes durch seine Eltern verletzt, so liegt eine Gefährdung seines Wohls vor und bevor §1666 zur Anwendung kommen muss – das Familiengericht tritt auf den Plan –, gelten die Regelungen des §8a SGB VIII.

Beginnend mit einer Pflichtverletzung durch die Eltern setzt hier die Notwendigkeit professionellen Handelns ein, um das Wohl eines Kindes wiederherzustellen bzw. in Zukunft zu gewährleisten.

Im Umfeld der Hilfen zur Erziehung ist dabei zu beachten, dass häufig Kinder und Jugendliche mit ihren Familien begleitet werden, gerade weil es vor Beginn der Hilfe zu Gefährdungen des jungen Menschen kam. Deswegen ist es notwendig, den Prozesscharakter des Schutzauftrags deutlich wahrzunehmen, zu kommunizieren und im Verlauf der Hilfe systematisch zu beachten.

1.3.2 Information

Häufig ist zu Beginn einer Maßnahme ein diffuses Wissen über die irgendwie geartete Gefährdung des Kindes bekannt. Selten wendet sich ein Elternteil mit der Angst an das Jugendamt, er oder sie gefährde das Wohl seines Kindes, häufiger kommt es zum ersten und nicht freiwilligen Kontakt durch Dritte, die auf eine Gefährdungslage hinweisen. Durch Eltern wird die Lage dann meist anders wahrgenommen als durch die besorgten außenstehenden Informanten des Jugendamtes.

Zentral für die Wirksamkeit der dann beginnenden Maßnahme (die von vielen Eltern zunächst als Repressalie empfunden wird) im Hinblick auf einen besseren Schutz des Kindes ist daher das gemeinsame Erarbeiten einer Problembeschreibung. Eltern müssen Bescheid wissen über ihre Rechte und Pflichten und über die Einschätzung, die Fachleute von ihren Kompetenzen im Hinblick auf die Erfüllung ihrer elterlichen Pflichten gewonnen haben. Es muss Gelegenheit sein, dass Eltern ihr subjektives plausibles Modell der derzeitigen (vielleicht schon lange bestehenden) Gefährdungslage entwerfen können. Die Fachkräfte der jeweiligen Einrichtung müssen in der Lage sein, den Eltern eine Bewertung ihres Handelns (oder Unterlassens) aufgrund fachlicher und objektiver Kriterien zu geben. Gemeinsam müssen beide Erziehungspartner ein Arbeitsbündnis gründen, dessen zentrale Aufgabe es ist, den Schutz des Kindes dauerhaft zu verbessern. Dazu müssen die Eltern in einem informierten

Gemeinsam müssen beide Erziehungspartner ein Arbeitsbündnis gründen, dessen zentrale Aufgabe es ist, den Schutz des Kindes dauerhaft zu verbessern

Einverständnis signalisieren, dass sie bereit sind, ihr erzieherisches Handeln auf den Prüfstand zu stellen, dass sie einverstanden sind mit einer Kontrolle ihres Verhaltens dem Kind gegenüber und mit einer fortwährenden Evaluation ihrer eigenen Voraussetzungen zur schützenden und förderlichen Haltung ihrem Kind gegenüber.

1.3.3 Evaluation

Um den Erfolg spezifischer Interventionen und den Fortschritt chronisch oder akut gefährdender Eltern in ihrem Erziehungsverhalten zu beurteilen, ist eine genaue und möglichst objektive Evaluation der Defizite und Belastungen notwendig. Diese bezieht sich auf verschiedene Ebenen und setzt zunächst voraus, eine pragmatische Arbeitsdefinition von „Kindeswohl" und dessen konkretem Erscheinungsbild in der täglichen Erziehungswirklichkeit zu finden. Mit Jacob und Wahlen (2006) lässt sich subsummieren, dass „Kindeswohl", obschon in der Welt der Jugendhilfe zentraler und handlungsleitender Begriff, ein diffuses Konstrukt bleibt. Die von den Autoren vorgeschlagene synonyme Verwendung von „gelingende kindliche Entwicklung" (Jacob und Wahlen 2006, S. 123) hilft jedoch nur bedingt weiter, da diese ja durch ihren Zukunftscharakter (die Entwicklung war dann gelingend, wenn der junge Erwachsene nach durchlaufener Entwicklung eine „fully functioning person" ist) nur prognostiziert, jedoch nicht fortlaufend evaluiert werden kann. Es erscheint daher für den Arbeitsalltag in den Erziehungshilfen hinreichend praktikabel, sich eines praxiologischen Modells von Kindler und Lillig (2006) zu bedienen. In einem dimensionalen Ansatz wird hier vorgeschlagen, drei Ebenen zu berücksichtigen:
– Elterliches Verhalten bzw. Unterlassen
– Bedürfnisse des Kindes und deren Berücksichtigung
– Bereits eingetretene oder erwartbare Schädigungen

Da die Jugendhilfe über kein standardisiertes Verfahren zu Diagnostik und Evaluation verfügt, entstehen aus diesen drei Ebenen konkrete Probleme. Wer soll wie und aufgrund welcher Methoden Informationen zu den genannten Phänomenen erheben?
Ein Lösungsweg ist die Einführung jugendhilfespezifischer diagnostischer und evaluatorischer Methoden.
Dass die vorliegenden Lösungen bisher gerade im Bereich der Kindeswohlgefährdung nicht ausreichend valide und reliabel ausfallen, bzw. dass nur in seltenen Fällen überhaupt systematisch Informationen erhoben werden, muss an anderer Stelle diskutiert werden.

Ein Lösungsweg ist die Einführung jugendhilfespezifischer diagnostischer und evaluatorischer Methoden

Die Nutzung ohnehin verwendeter Verfahren und die Schaffung von evaluatorischer Routine im Verlauf von Maßnahmen sind zumindest empirisch zielführend.

Bei Betrachtung der erstgenannten Ebene des elterlichen Verhaltens oder Unterlassens zeigt sich in der Arbeit mit „Jugendhilfefamilien" empirisch häufig eine biografiebedingte Belastung der Sorgeberechtigten, die aufgrund eigener (mangelnder positiver oder extrem negativer) Erziehungserfahrungen entweder kaum in der Lage sind, Gefährdungen ihres Kindes zu erkennen oder abzuwenden oder so stark unter psychoemotionalen und sozialen Problemen oder auch anhaltenden Gewalterfahrungen leiden, dass sie mit einer förderlichen Erziehung ihres oft „schwierigen" Kindes akut oder chronisch überfordert sind. Hier ist es notwendig, potentiell gefährliche Lagen mit ausreichender prognostischer Validität erkennen zu können. Es hat sich daher bewährt, gezielt und transparent das Ausmaß elterlicher Belastung zu erheben, das Ergebnis als Indikator für „Gefährdung" zu verstehen und im Verlauf einer Maßnahme die Reduktion dieser Belastung durch geeignete Interventionen anzustreben. Zum Einsatz kann dabei unter anderem ein normierter Fragebogen kommen, der in Form des Eltern-Belastungs-Screenings zur Kindeswohlgefährdung (EBSK) (Deegener et al.) seit 2009 in einer deutschen Ausgabe zur Verfügung steht und zur „Abschätzung des Belastungsgrades von Eltern oder anderen primären Bezugspersonen von Kindern und damit verbunden zur Risikoeinschätzung von möglichen Kindeswohlgefährdungen" (Deegener et al. 2009, S. 23) dienen kann.

Auf der Ebene der kindlichen Bedürfnisse ist es notwendig, zunächst eine Grundlage zu finden, welche Bedürfnisse für das Wohl entscheidend sind. Über die physischen Grundbedürfnisse hinaus besteht dabei nur wenig Einigkeit. Ein Rückgriff auf die Arbeiten von Klemenz (2007) ist hier aufgrund ihrer praxistauglichen Gestalt sinnvoll. Die vier psychischen Grundbedürfnisse Bindung, Kontrolle und Orientierung, Selbstwerterhöhung und Selbstwertschutz sowie Lustgewinn und Unlustvermeidung werden als wesentlich für eine gesunde emotionale Entwicklung definiert. Klemenz analysiert für jede Entwicklungsstufe adaptives elterliches Verhalten und arbeitet als „Metaressource" die elterliche Fähigkeit zur Befriedigung des Bindungsbedürfnisses heraus.

Vor diesem Hintergrund ist es möglich, eine empirisch ausreichende Einschätzung der Berücksichtigung kindlicher Bedürfnisse zu treffen und diese im Verlauf zu überprüfen.

Für die Ebene der Schädigung bzw. der prognostischen Einschätzung ihrer Wahrscheinlichkeit für den Fall eines Andauerns der potentiell schädigenden Reize, liegen für den Bereich der Jugendhilfe wenig

Aussagen vor. Eine sorgfältige Einschätzung des individuellen Falls mit vor allem entwicklungspsychopathologischem Wissen wäre hier wünschenswert. Die Entwicklung entsprechender diagnostischer Instrumente steht allerdings noch aus.

Zusammenfassend kommt der Evaluation der Wirksamkeit von Maßnahmen im Hinblick auf einen verbesserten Schutz junger Menschen vor kindeswohlgefährdenden Einflüssen sowohl im Einzelfall als auch im Hinblick auf den allmählichen Erwerb spezifischen Wissens über wirkungsvolle Interventionen in der Jugendhilfe eine zentrale Rolle zu, die derzeit noch nicht ausreichend ausgeschöpft wird. Zu bemängeln ist weiterhin die hohe Abhängigkeit der Qualität von Einschätzungen von der individuellen fachlichen Erfahrung der einschätzenden Fachkraft. Es fehlt eine verbindliche Festlegung von Standards in der Jugendhilfe im Hinblick auf diagnostische Instrumente und deren Qualität.

Es fehlt eine verbindliche Festlegung von Standards in der Jugendhilfe im Hinblick auf diagnostische Instrumente und deren Qualität

2. Der Schutzauftrag im Arbeitsalltag der Hilfen zur Erziehung

In der Betreuung und Förderung junger Menschen kommt den Einrichtungen der Jugendhilfe eine besondere Rolle zu. Wird der betroffenen Familie eine Hilfe zur Erziehung gewährt, so steht in den meisten Fällen von vornherein fest, dass die gesunde psychische und manchmal geistige Entwicklung des nunmehr betreuten jungen Menschen durch Probleme in der Erziehung beeinträchtigt oder gefährdet ist. Insofern starten die Hilfen oft schon mit einer mehr oder minder ausgeprägten Gefährdung des Kindeswohls und stellen dann bereits den im besten Fall konsensual eingeschlagenen Lösungsweg für die Abwendung dieser Gefährdung dar.

Daher kommt der sorgsamen Einschätzung des Kindeswohls im Verlauf dieser Hilfe, aber auch der sensiblen Identifikation neuer oder zusätzlicher Gefährdungen, eine wichtige Aufgabe für die Fachkräfte zu.

2.1 Fritz und Erna – zwei in ihrem Wohl gefährdete Kinder

An zwei Beispielen soll idealtypisch skizziert werden, wie die Gefährdung des Kindeswohls und der Schutzauftrag in Erscheinung treten können. Die vorgestellten Fälle entspringen dabei dem Alltag in zwei Tagesgruppen, wurden jedoch zur Anonymisierung und besseren Verständlichkeit vereinfacht und verfremdet.

Fallbeispiel 1 „Fritz"

Der zwölfjährige Fritz kommt heute früher aus der Schule für Lernbehinderte in die Einrichtung. Die Direktorin hat angerufen. Fritz kam am Morgen mit massiven Verletzungen im Gesicht in die Klasse. Auf seiner Wange zeichnet sich ein Hämatom ab, es trägt die Umrisse einer großen Hand. Am Oberkiefer zeigen sich frische Hautabschürfungen. Fritz berichtete dazu, der Stiefvater habe ihn nach dem Aufstehen geschlagen, durch die Wucht der Ohrfeigen sei er gegen einen Schrank geschleudert worden und habe sich die Verletzungen im Gesicht zugezogen.

Dem Eintreffen von Fritz geht ein Ablauf von Ereignissen voraus. Der Anruf der Schule erwog die zuständige Erzieherin in der Einrichtung dazu, ihren Vorgesetzten zu informieren. Dieser bezog die insofern erfahrene Fachkraft in die weiteren Erwägungen ein. Nach einer kurzen einrichtungsinternen Besprechung des akuten Vorfalls und der Einschätzung der bisherigen Kooperation mit Familie und Kind entschieden sich die beteiligten Mitarbeiter für eine telefonische Fallkonferenz mit dem zuständigen Sozialarbeiter des ASD und für die rasche Einbeziehung der Familie von Fritz.

Aufgrund ähnlicher, weit weniger klarer Vorfälle in der Vergangenheit und der durch die Bezugserzieherin in den letzten Wochen beobachteten Verschärfung der psychosozialen Belastung der Familie und wegen der von der Familie eingeräumten massiven Probleme in der Impulskontrolle des Stiefvaters wird rasch klar, dass Fritz heute nicht nach Hause zurückkehren kann. Die Eltern willigen in die Inobhutnahme des Jungen für die nächsten 48 Stunden ein. Bis zum Ablauf dieser Zeit verpflichten sich Eltern, Jugendamt und Einrichtung eine Lösung für die akute Krise der Familie zu finden und den Schutz des Jungen für die Zukunft zu gewährleisten.

Die Bezugserzieherin in der Tagesgruppe des Jungen erwartet ihn. Alles ist vorbereitet. Fritz wird mit der ihm vertrauten Erzieherin die Ärztin am Ort besuchen, um seine Verletzungen zu behandeln und objektiv zu dokumentieren. Der Mitarbeiter des ASD wird ihn gemeinsam mit der Erzieherin danach in die Einrichtung bringen, in der der Junge in Obhut genommen wird.

Am Nachmittag findet ein Gespräch mit allen Beteiligten statt, an dem Fritz auf seinen Wunsch hin nicht teilnimmt. Es wird erörtert, wie es zu dem Vorfall kam. Die Eltern werden darüber aufgeklärt, welche Pflichten sie im Hinblick auf eine gewaltfreie Erziehung haben. Im Verlauf des Gesprächs werden der Familie weitere Hilfen zur Erziehung angeboten, die helfen sollen, die akute Krise zu bewältigen, die Erziehungsfähigkeit beider Elternteile zu erweitern und den Schutz der Kinder in der Familie zu verbessern.

Die Familie beantragt noch im Gespräch eine intensive Familienhilfe, die in den nächsten vier Wochen täglich mehrere Stunden in der Familie unterstützend tätig sein wird. Fritz wird in die Familie zurückkehren, wenn die ersten drei Termine mit der neuen Hilfe absolviert sind, sich eine gute Zusammenarbeit abzeichnet und der zukünftige Schutz des Jungen vor Misshandlung sicher erscheint.

Fallbeispiel 2 „Erna"

Die fünfjährige Erna wird in eine Tagesgruppe aufgenommen. Das Kind ist massiv entwicklungsverzögert und zeigt ein bizarr anmutendes Verhalten. Sie nimmt keinerlei Kontakt zu ihrer Umwelt auf, spricht nicht, hält den Blick gesenkt, vermeidet es, Dinge oder Menschen zu berühren oder berührt zu werden, bleibt bevorzugt in der Nähe einer Wand, an der sie mit dem Rücken angelehnt seitlich entlang läuft. Das Kind besuchte bisher keine Einrichtung, es wurde noch nie einem Facharzt vorgestellt, die Vorsorgeuntersuchungen für Kinder wurden in den letzten Jahren versäumt, das Mädchen wird im nächsten Jahr schulpflichtig, dem Jugendamt ist die Familie nur aufgrund der Scheidung der Eltern vor zwei Jahren formal bekannt – einen persönlichen Kontakt zu den Eltern gab es nie.

Im Verlauf der Maßnahme macht das Mädchen Fortschritte, beginnt sich zu öffnen und schließlich mit dem Personal zu sprechen. Es treten immer neue besorgniserregende Symptome zu Tage. Aufgrund der Beobachtungen und Schilderungen Ernas (u. a. habe sie Angst vor den Kampfhunden der Familie, die ein Kätzchen vor ihren Augen gefressen hätten) kommt es zu einer internen Besprechung der Beobachtungen mit dem Vorgesetzten des Teams und der von ihm hinzugezogenen insoweit erfahrenen Fachkraft.

Der Familie wird in einem Gespräch nahegelegt, für sich Hilfe zur Erziehung zu beantragen. Nach Ablauf einer vereinbarten Frist (es kam nicht zur Kontaktaufnahme mit dem Jugendamt durch die Familie) wird das Jugendamt über die Beobachtungen informiert. Rasch kommt es zunächst zu einem unangekündigten Hausbesuch des Sozialarbeiters. Ihm wird nicht geöffnet. In den Tagen danach verzieht die Familie mit zunächst unbekannter neuer Adresse. Nach Intervention durch die Einrichtung ist die Mutter bereit zu einem Gespräch mit dem Sozialarbeiter. Dieser bietet Hilfe in Form einer sozialpädagogischen Familienhilfe an. Die Hilfe wird angenommen und beginnt einige Wochen später. Erneut zieht die Familie um. Diesmal in den Zuständigkeitsbereich eines anderen Jugendamts. Die Hilfe wird zunächst eingestellt. Auf dringenden Wunsch der Einrichtung sucht die Mutter auch beim jetzt zuständigen Jugendamt Hilfe. Es werden Akten vom vorher fallführenden Jugendamt angefordert.

> Der Familie wird in einem Gespräch nahegelegt, für sich Hilfe zur Erziehung zu beantragen. Nach Ablauf einer vereinbarten Frist wird das Jugendamt über die Beobachtungen informiert. Rasch kommt es zunächst zu einem unangekündigten Hausbesuch des Sozialarbeiters. Ihm wird nicht geöffnet. In den Tagen danach verzieht die Familie mit zunächst unbekannter neuer Adresse

Der Fall soll geprüft werden. Es vergehen Tage und schließlich Wochen. Der Kontakt zwischen Mutter und Einrichtung ist sporadisch, die Mutter ist häufig auch telefonisch nicht erreichbar, das Kind fehlt oft und meist unentschuldigt. Die Bezugserzieherin sorgt sich um das Wohl des Mädchens, Vorgesetzter und insoweit erfahrene Fachkraft werden erneut hinzugezogen. Eine Chronik der Maßnahme und eine Zusammenfassung der beobachteten Probleme werden verfasst und mit dem Einverständnis der Mutter dem nun zuständigen Jugendamt zur Verfügung gestellt. Die persönliche Kontaktaufnahme mit der verantwortlichen Sozialarbeiterin erweist sich als schwierig, sie ist halbtags beschäftigt und oft außer Haus. Verabredungsgemäß wendet sich zur Erleichterung der Erzieherin nun die Mutter an das Jugendamt. Wenige Tage später verzieht die Mutter nach einer Trennung vom Lebensgefährten völlig unerwartet in einen dritten Landkreis. Diesmal so weit weg, dass das Kind die Einrichtung verlassen wird.

Mit einer gewissen Ratlosigkeit und dem Willen, das Wohl des Kindes unter den gegebenen Umständen bestmöglich zu beeinflussen, wendet sich die Einrichtung (nun außerhalb eines gültigen Betreuungsvertrages) an das zuständige Jugendamt – um dort zu erfahren, dass die Mutter sich am neuen Wohnort nicht beim Einwohnermeldeamt angemeldet habe und man daher nicht zuständig sei. Ein Anruf beim vorher zuständigen Jugendamt ergibt, dass man eigentlich nicht mehr zuständig sei, da das Kind seinen gewöhnlichen Aufenthalt ja nun in einem anderen Landkreis habe.

Die schließlich doch gewährte Hilfe am neuen Wohnort kommt nur nach hartnäckiger Intervention der vorbetreuenden Einrichtung zustande.

Diese Beispiele aus der Arbeitspraxis verdeutlichen zum einen die Bedeutung struktureller und kommunikativer Qualitätskriterien, sollen zum anderen aber ein realistisches Bild der Bandbreite des erweiterten Schutzauftrags in den Hilfen zur Erziehung geben und die Abhängigkeit der erzielten Erfolge von oftmals unbeeinflussbaren Faktoren aufzeigen. Anspruchsgrundlagen und gesetzliche Regelungen werden dem häufig von komplexen und sich rasch entwickelnden Problemlagen geprägten professionellen Alltag nur bedingt gerecht, darüber hinaus sind von den Fachkräften Flexibilität und oft eine beharrlich-kreative Haltung in der Ausübung ihrer Rolle gefordert.

2.2 Praktische Umsetzung der Vereinbarung zum Schutzauftrag am Beispiel eines freien Trägers

Die in diesem Abschnitt geschilderten Ausführungen beziehen sich auf die Arbeit eines diakonischen Trägers von Hilfen zur Erziehung in Nordbayern und können daher nur exemplarisch, nicht jedoch verallgemeinernd, verstanden werden. Im Weiteren werden im nächsten Abschnitt allgemeine Schlussfolgerungen und Anforderungen an alltagstaugliche Konzepte für die Umsetzung des erweiterten Schutzauftrags vorgestellt, die sich der Autorin weniger aus der Literatur als vielmehr aus der kollegialen Zusammenarbeit mit zahlreichen Einrichtungsvertretern, aus dem Austausch mit anderen insoweit erfahrenen Fachkräften und der mehrjährigen praktischen Erfahrung mit §8a in den Hilfen zur Erziehung erschließen. Ein Anspruch auf Vollständigkeit, direkte Verwertbarkeit für die Praxis oder wissenschaftliche Qualität besteht dabei ausdrücklich nicht.

2.2.1 Ausgangslage

Mit Inkrafttreten des KICK und der Verpflichtung der öffentlichen Jugendhilfe zum Schließen von Vereinbarungen mit den freien Trägern benennt die Jugend- und Familienhilfe Marienberg in der ausgehandelten Vereinbarung insofern erfahrene Fachkräfte für jede Teileinrichtung. Den Fachkräften in Gruppen, Beratungseinrichtungen und in den ambulanten Diensten wird eine Handreichung zur Verfügung gestellt, in der das Vorgehen beim Feststellen gewichtiger Anhaltspunkte festgelegt wird.
Da der Schutz von Kindern und Jugendlichen nicht neu in den Aufgabenkatalog der Einrichtungen aufgenommen wurde, sondern seit jeher in der Beratung von Familien und der Betreuung und Förderung ihrer Kinder eine gewichtige Rolle spielt, ergibt sich zunächst keine Änderung in den Anforderungen an Arbeitsabläufe oder Qualifikation der Mitarbeitenden in den Einrichtungen. Neu und handlungsleitend sind jedoch die klaren Vorgaben des Gesetzgebers, was im Fall einer Gefährdung zu tun ist und wie Kommunikationswege zwischen freiem und öffentlichem Träger im Einzelfall verlaufen müssen.

Neu und handlungsleitend sind jedoch die klaren Vorgaben des Gesetzgebers, was im Fall einer Gefährdung zu tun ist und wie Kommunikationswege zwischen freiem und öffentlichem Träger im Einzelfall verlaufen müssen

2.2.2 Strukturmerkmale

Als insoweit erfahrene Fachkräfte werden nach Einschätzung der personellen Ressourcen, der Erfordernisse des jeweiligen Arbeitsfelds und nach Überprüfung ihrer persönlichen, fachlichen und erfahrungsmäßigen Qualifikation für den Bereich der Jugendhilfe jeweils ein bis zwei Mitglieder des interdisziplinären Fachdienstes einem Arbeitsbereich (stationär, teilstationär, ambulant, Beratung, Kinderbetreuungseinrichtungen) oder auch direkt einer Einrichtung zugeordnet.

Die insoweit erfahrenen Fachkräfte bilden ein Netzwerk unterschiedlicher Berufsausbildungen und beruflicher Erfahrungen, wobei alle benannten Mitarbeitenden über mehrere Jahre Berufserfahrung im Bereich der Hilfen zur Erziehung verfügen. Die Möglichkeit zur kollegialen Beratung und Intervision kann eigenverantwortlich genutzt werden. Eine Supervision durch externe Kräfte steht jeder insoweit erfahrenen Fachkraft zur Verfügung.

Eine schriftliche Handreichung wird jeder Fachkraft in den Hilfen zur Erziehung zur Verfügung gestellt. Darin wird verbindlich geregelt, welche Verantwortung der einzelne Mitarbeitende im Fall einer beobachteten Kindeswohlgefährdung trägt, welche Schritte einzuleiten sind, wer zu informieren ist und wie Beobachtungen zu dokumentieren sind. Neue Mitarbeiter werden in der Einarbeitungsphase auf die Aufgaben hingewiesen. In den einzelnen Arbeitsbereichen ist der Themenbereich Schutzauftrag in regelmäßigen Abständen in Teambesprechungen zu thematisieren.

Dem freien Träger steht eine Notfallnummer des allgemeinen sozialen Dienstes des Jugendamtes außerhalb der regulären Arbeitszeit zur Verfügung, über die er im Bedarfsfall den fallverantwortlichen Sozialarbeiter oder dessen Vertretung einbeziehen kann.

Eltern und Sorgeberechtigte werden zu Beginn jeder Maßnahme auf die Vereinbarung zwischen Leistungserbringer und Jugendamt hingewiesen und willigen schriftlich in einen Informationsaustausch zwischen beiden ein.

2.2.3 Prozess

Für den Arbeitsalltag ergeben sich aus der Vereinbarung zum Schutzauftrag allgemeine und individuelle Aufgaben, die sich in einem zeitlichen Ablauf beschreiben lassen.

In jedem Fall werden bereits im Aufnahmeverfahren mit den Sorgeberechtigten Fragen des Kindeswohls offen und unabhängig von konkreten Verdachtsmomenten angesprochen. Dies geschieht im Rahmen der Eingangsdiagnostik im Anamnesegespräch und in der formalen Diagnostik. So werden Vorerfahrungen der Familie mit einer Gefährdung des Kindeswohls erfragt und es wird um eine Einschätzung der derzeitigen Gewährleistung des Schutzes aller Kinder der Familie gebeten. Als Testverfahren kommt das EBSK (Deegener et al. 2009) zum Einsatz, das im Bedarfsfall auch als Gesprächsgrundlage dient und im Verlauf der Maßnahme zur Evaluation der Beratungseffekte dienen kann.

Im Rahmen der jeweiligen Gruppe gibt es im ersten Kontakt zwischen pädagogischer Fachkraft und Eltern eine Aufklärung über die Pflichten der Einrichtung bei Beobachtung gewichtiger Anhaltspunkte und eine Vereinbarung, die zunächst die sofortige Kontaktaufnahme mit den Eltern vorsieht. Für den Fall einer ernsten und akuten Bedrohung wird offen das notwendige Vorgehen auch ohne Zustimmung der Sorgeberechtigten besprochen.

Kommt es im Betreuungsalltag zur Beobachtung gewichtiger Anhaltspunkte, so zieht die beobachtende Fachkraft im ersten Schritt unmittelbar das Urteil einer zweiten Fachkraft hinzu. Gemeinsam beurteilen sie die Beobachtungen, ziehen systematisch weitere Informationen ein und wenden sich gegebenenfalls mit ihren Fragen direkt an die Sorgeberechtigten. Lässt sich eine vermutete oder festgestellte Gefährdung auf diesem Weg nicht klären (weil die Verdachtsmomente auf gravierende Gefährdung hinweisen oder weil keine ausreichende Kooperation mit den Sorgeberechtigten besteht), so informiert die zuerst aufmerksam gewordene Fachkraft unverzüglich eine(n) Vorgesetzte(n). Dieser zieht zur Bewertung der vorgefundenen Anhaltspunkte, zur Abschätzung des Gefährdungsrisikos und zum Vorschlag eines Lösungswegs eine insoweit erfahrene Fachkraft hinzu. Nach einer ausführlichen fachlichen Diskussion des jeweiligen Vorfalls oder der vorliegenden Beobachtungen mit der insoweit erfahrenen Fachkraft fällt eine Entscheidung über das weitere Vorgehen.

Lässt sich eine weitere Gefährdung nicht ausschließen bzw. durch Ressourcen der Familie und des Trägers sicher beheben, so ist die Einbeziehung des fallführenden Jugendamts an diesem Punkt obligatorisch. In Kooperation mit dem zuständigen Sozialarbeiter werden die Sorgeberechtigten, soweit noch nicht geschehen, einbezogen. Die weiteren Schritte obliegen nun der Verantwortung des Jugendamtes, das in seinem Ermessen die Einrichtung, vertreten durch insoweit erfahrene Fachkraft und Leitung, am Vorgehen beteiligt.

Lässt sich eine weitere Gefährdung nicht ausschließen bzw. durch Ressourcen der Familie und des Trägers sicher beheben, so ist die Einbeziehung des fallführenden Jugendamts an diesem Punkt obligatorisch

2.2.4 Ergebnissicherung

Von den ersten Anhaltspunkten über die ergriffenen Maßnahmen im Verlauf des Prozesses „Kindeswohlgefährdung" bis zum Ergebnis wird jeder Handlungsschritt zunächst durch die zuständige Fachkraft in der Akte des Kindes, später auch durch Leitung und insoweit erfahrene Fachkraft dokumentiert. Besondere Bedeutung kommt dabei dem Schutz persönlicher Daten, dem Sozialdatenschutz sowie dem Recht unbeteiligter Dritter zu. Um dies zu gewährleisten, ist eine Beratung durch die insoweit erfahrene Fachkraft auch in anonymisierter Form möglich.

Ein Ergebnisprotokoll dient als Grundlage für eine abschließende kollegiale Intervision der beteiligten Fachkräfte. Das Protokoll enthält die wichtigsten Handlungsschritte, Verantwortlichkeiten und Vereinbarungen und kann auch den Sorgeberechtigten zur Verfügung gestellt werden. In ausreichend anonymisierter Form kann das Papier zur internen Qualitätsentwicklung für zukünftige Fälle dienen. Erfahrungen und Kooperationen werden so auch anderen Fachkräften zur Verfügung gestellt und Vernetzungen möglich gemacht.

3. §8a SGB VIII im Arbeitsalltag der HzE – Vorschläge und Fragen für die Implementierung eines strukturierten Vorgehens

Mit dem Inkrafttreten des KICK verlieren bisher angewandte Handlungskonzepte beim freien Träger nicht ihre Berechtigung. Der neue § 8a gibt vielmehr Prüfkriterien vor, inwiefern die teilweise seit langem im Arbeitsalltag angewandten Dienstvorschriften und Handlungsweisen noch suffizient und „state of the art" sind. Es gilt, die geforderten Schritte „Erkennen – Bewerten – Handeln" in eine geschlossene Reaktionskette zu bringen, die transparent und reproduzierbar unabhängig von den jeweils handelnden Fachkräften im Fall einer Kindeswohlgefährdung ablaufen muss. Hierbei ist primär der Schutz des anvertrauten jungen Menschen im Zentrum allen Handelns zu sehen. Handlungskonzepte müssen jedoch ebenso die juristischen Anforderungen an den einzelnen Mitarbeiter, die Einrichtung und den Träger berücksichtigen. Darüber hinaus gilt es, den besonderen Auftrag der Hilfen zur Erziehung gegenüber den Sorgeberechtigten angemessen zu beachten. Sind die „Gefährder" des Kindeswohls nämlich die Eltern des betreuten Kindes, so sind sie vor, während und nach der aktuellen Krise, die zum Eingreifen von Fachkräften der Einrichtung, des Jugendamts und ggf. des Familiengerichts führt, die wichtigsten Kooperationspartner der leistungserbringenden Einrichtung und viele ergriffene Maßnahmen zum Schutz des Kindes stellen das Vertrauensverhältnis zu dessen Eltern zunächst in Frage.

3.1 Merkmale eines alltagstauglichen Handlungskonzepts

Bei der Implementierung von wirksamen und alltagstauglichen Handlungskonzepten in den Hilfen zur Erziehung muss daher sorgsam geprüft werden, ob die bestehenden Anweisungen und Handlungsweisen der jeweiligen Einrichtung bzw. des jeweiligen Trägers den Anforderungen des Gesetzes gerecht werden und zugleich alltagstauglich sind. Anforderungen an Handlungskonzepte können im Allgemeinen grob in die Kategorien „Kompetenzen – Kommunikation – Kontrolle" eingeteilt werden.

Anforderungen an Handlungskonzepte können im Allgemeinen grob in die Kategorien „Kompetenzen – Kommunikation – Kontrolle" eingeteilt werden

Kompetenzen	Kommunikation	Kontrolle
– Fachliche Voraussetzungen – Personelle Ressourcen – Netzwerk – Qualitätssicherung	– Koordination des Handlungsablaufs – Prozessbeteiligte – Informationserhebung und Weitergabe – Dokumentation	– Systematische Risikoeinschätzung – Eigenes Personal – Prüfprozesse – Evaluation

3.1.1 Kompetenzen

In der Jugendhilfe herrscht Multiprofessionalität. Das bedeutet, dass im Alltag der Hilfen in den einzelnen Teams im Heim, in der Tagesgruppe, bei den ambulanten Hilfen, in Pflegestellen etc. berufliche Qualifikationen aus dem gesamten sozialen Bereich vertreten sind. Leistungsbeschreibungen geben klare Auskunft über die Berufe der Fachkräfte in der jeweiligen Einrichtung und sind für den Träger eine verbindliche Richtlinie, grundsätzliche Anforderungen an die Qualifikation des Personals sind jedoch je nach Bundesland verschieden. So kann es sein, dass der Kinderpfleger ein Team mit der Diplom-Pädagogin bildet, dass sich im Fachdienst der Einrichtung die Reittherapeutin mit dem Facharzt für Kinder- und Jugendpsychiatrie trifft, dass die Einrichtungsleitung durch eine Sozial-Pädagogin oder auch einen Erzieher versehen wird. So vielfältig die dadurch erbringbaren Leistungen sein mögen, so schwierig ist auf der anderen Seite auch die fachliche Verständigung im multiprofessionellen Team. Daher gilt es, die *fachlichen Voraussetzungen* zunächst aller Mitarbeitenden im Gruppendienst oder in der täglichen Arbeit mit den Klienten im Hinblick auf das Wohl von Kindern und den Schutzauftrag sicherzustellen. Hierzu braucht es geeignete interne und ggf. auch externe Fortbildungen sowie die Bereitstellung eines entsprechenden verbindlichen Manuals für alle Fachkräfte, das die notwendigen Schritte im Fall einer Gefährdung verbindlich regelt. Es muss darauf geachtet

So vielfältig die dadurch erbringbaren Leistungen sein mögen, so schwierig ist auf der anderen Seite auch die fachliche Verständigung im multiprofessionellen Team

werden, dass bei meist hoher Fluktuation im Personal in ausreichender Frequenz Schulungen angeboten werden, um möglichst alle Mitarbeitenden im Erkennen gewichtiger Anhaltspunkte zu qualifizieren. Analog dazu müssen auch die Mitglieder der jeweiligen Fachdienste in den Einrichtungen (aus denen sich oft die insoweit erfahrenen Fachkräfte rekrutieren) weitergebildet werden.

Bei den *personellen Ressourcen* ist insbesondere unter den insofern erfahrenen Fachkräften darauf zu achten, dass deren Ausbildung, Zusatzqualifikation und berufliche Erfahrung möglichst breit gefächert sein sollten. So kann einrichtungsintern bei vermuteten Gefährdungslagen in der unmittelbaren Bewertung, aber auch in der fachlichen Diskussion der vorgefundenen Sachlage, ein fundiertes Meinungsbild entstehen.

Wo die eigenen personellen Ressourcen nicht ausreichen oder nach dem internen Diskurs gewichtige Fragen bestehen bleiben, greift ein *professionelles Netzwerk*, das möglichst schon seit langem bestehen sollte. Es ist darauf zu achten, dass zu wesentlichen Bereichen der Gefährdung von Kindern Expertenwissen verfügbar und abrufbar sein sollte. Besondere Regelungen im Hinblick auf die Gewährleistung der Verschwiegenheitpflicht bei der Einbeziehung einrichtungsfremder Dritter im Einzelfall sind dabei unbedingt zu beachten.

Eine systematische Sicherung der einzelnen Handlungsschritte, die Überprüfung ihrer Effektivität im Hinblick auf den Schutzauftrag und eine abschließende Bewertung jedes einzelnen Falles sollte zur internen *Qualitätssicherung* gehören. Zur Weiterentwicklung der Wirksamkeit im Einzelfall, aber auch zum Erkenntnisgewinn über wirksame Interventionen, Methoden und Kommunikation allgemein sollte dieser Aufgabe genügend Raum zur Verfügung stehen. Einer gemeinsamen Intervision aller am Prozess beteiligten Fachkräfte im Idealfall unter Einbeziehung des fallführenden Mitglieds des allgemeinen sozialen Dienstes des Jugendamtes kommt v.a. in kritisch verlaufenden Fällen auch eine Entlastungsfunktion für die Fachkräfte zu.

3.1.2 Kommunikation

Gerade in emotional aufwühlenden Fällen kommt einer sorgsam geplanten Kommunikation ein hoher Stellenwert zu. Dies gilt zum einen für den Umgang mit dem betroffenen jungen Menschen, den es einerseits zu schützen, andererseits vor einem Loyalitätskonflikt seinen Eltern gegenüber zu bewahren gilt, vor allem aber auch für die Einbeziehung der potentiell gefährdenden Eltern. Auch die Fachkräfte untereinander stehen im Fall einer akuten Kindeswohlgefährdung häufig unter Spannung, da es zwangsläufig zu verschiedenen Einschätzungen oder Handlungsempfehlungen kommen kann.

Von übergeordneter Wichtigkeit ist daher die *Koordination* der Abläufe. Diese muss über den Einzelfall hinaus bekannt und verbindlich in einem schriftlich vorliegenden Manual geregelt sein. Jeder Fachkraft muss klar sein, an wen sie sich im Fall des Vorliegens gewichtiger Anhaltspunkte wenden muss. Ihr Ansprechpartner muss wiederum die notwendigen Schritte einleiten und überwachen.

Die am Prozess des konkret werdenden Schutzauftrags im aktuellen Einzelfall Beteiligten müssen benannt werden und in ihrer Funktion gekennzeichnet sein. Normale Besprechungsstrukturen reichen in der Regel bei einer akuten Kindeswohlgefährdung nicht aus, deswegen müssen die beteiligten Personen darüber hinaus die Gelegenheit zur fachlichen Diskussion haben. Dem fallführenden Jugendamt muss mitgeteilt werden, wer für die Einrichtung die Maßnahmen im vorliegenden Fall koordiniert. Die Zusammenarbeit zwischen den Prozessbeteiligten muss auch im Vertretungsfall geregelt und diese Regelung transparent zugänglich sein.

Die Suche nach zusätzlichen Daten ist nicht Aufgabe des freien Trägers, jedoch kann es sinnvoll sein, den Prozess der *Informationserhebung* schon präventiv um den Themenkomplex Kindeswohl zu erweitern. Dies dient zum einen einer allgemeinen Risikoeinschätzung im Einzelfall, zum anderen bietet es im Verlauf eine Möglichkeit zur Überprüfung der Wirksamkeit der Maßnahme im Bereich der Gefährdung. Für die Beratung von Eltern bietet das Gespräch über Kindeswohl und dessen eventuelle Gefährdung durch sie die Gelegenheit einer Auseinandersetzung. Bei der Weitergabe von Informationen ist auf den Schutz anvertrauter Daten (insbesondere Dritter) zu achten. Es empfiehlt sich, das explizite Einverständnis der Sorgeberechtigten zur Weitergabe von Daten einzuholen. Sollte dies nicht möglich sein, ist unter Heranziehung der relevanten Gesetzestexte und eventuell in Kooperation mit dem Gericht in Güterabwägung das Wohl des Kindes gegenüber dem Recht auf Schutz anvertrauter Geheimnisse zu prüfen.

Die sorgfältige *Dokumentation* sowohl der gewichtigen Anhaltspunkte als auch der daraufhin eingeleiteten Schritte mit Nennung aller Beteiligten und deren Funktion im jeweiligen Fall ist notwendig. Es sollte während des gesamten Prozesses genau Buch geführt werden über Beobachtungen, Aussagen und Interventionen. Es muss besprochen werden, wer in welcher Form welche Notizen anfertigt und wo diese abgelegt werden.

> Von übergeordneter Wichtigkeit ist daher die Koordination der Abläufe. Diese muss über den Einzelfall hinaus bekannt und verbindlich in einem schriftlich vorliegenden Manual geregelt sein. Jeder Fachkraft muss klar sein, an wen sie sich im Fall des Vorliegens gewichtiger Anhaltspunkte wenden muss

3.1.3 Kontrolle

Da die Einschätzung einer Beobachtung als Gefährdung des Kindeswohls und die darauf folgende Prozedur einen erheblichen Eingriff in die Erziehungsautonomie von Eltern darstellen können und für die Beratungsbeziehung zu eben diesen Eltern einen großen Vertrauensverlust mit sich bringen, ist sorgfältig darauf zu achten, dass alle Schritte einem hohen Ausmaß der internen Kontrolle unterliegen. Dies erfordert eine klar strukturierte und transparente Vorgehensweise im Zusammenhang mit Gefährdungssituationen sowie eine selbstkritische und zur kontinuierlichen Reflexion bereite Auseinandersetzung auch mit eigenen Werthaltungen und Verhaltensweisen.

> Dies erfordert eine klar strukturierte und transparente Vorgehensweise im Zusammenhang mit Gefährdungssituationen sowie eine selbstkritische und zur kontinuierlichen Reflexion bereite Auseinandersetzung auch mit eigenen Werthaltungen und Verhaltensweisen

Eine Notwendigkeit zur Ausübung von Kontrolle besteht auch einrichtungsintern. Hier ist vorrangig die Auseinandersetzung mit eigenen Werthaltungen, Einstellungen und ganz konkret die Überwachung des Personals im Hinblick auf einschlägige Straftaten zu nennen.

Eine zentrale Strategie der Kontrolle des Vorgehens in Gefährdungsfällen ist die *systematische Einschätzung von Risiken* für ein Kind. An jeder Stelle der Kette benötigen Fachkräfte hier neben Erfahrung auch „Handwerkszeug", das ihnen eine einzelfallunabhängige Einschätzung von Symptomen, Schilderungen, Beobachtungen und Verdachtsmomenten ermöglicht.

> Eine zentrale Strategie der Kontrolle des Vorgehens in Gefährdungsfällen ist die systematische Einschätzung von Risiken für ein Kind

Zunächst ist hier die Fachkraft gefordert, die „gewichtige Anhaltspunkte" beobachtet. Das ihr anvertraute Kind mag Hämatome zeigen oder plötzlich wesensverändert erscheinen. Die Erzieherin hat vielleicht am Rande der alltäglichen Abholsituation beobachtet, wie ein Kind von einem Elternteil gedemütigt oder misshandelt wird. In einem Gespräch mit dem Lehrer eines Teenagers wird erwähnt, dass das Mädchen von den Eltern anscheinend nicht beaufsichtigt wird und Drogenerfahrungen andeutet. Diese Beobachtungen einzuordnen und abzuwägen, ob Anhaltspunkte vorliegen, ist Aufgabe der jeweils zuständigen Fachkraft. Ihre Beobachtungen und ihre daraus sich ergebenden Schlussfolgerungen muss sie – im Idealfall mit den Kolleginnen des Teams – mit der Vorgesetzten besprechen. Eine Besprechung der Beobachtungen oder Vorfälle sollte dabei systematisch erfolgen. Es bieten sich als Leitfaden für ein erstes Fachgespräch Kriterien an, wie sie in der Fachliteratur als Anhaltspunkte für das tatsächliche oder wahrscheinliche Vorliegen einer Kindeswohlgefährdung genannt werden (vgl. Menne, 2006). Dabei muss klar sein, dass keine hinreichend gesicherten empirischen Faktoren vorliegen, bei deren Vorliegen sicher von einer Gefährdung des Kindeswohls ausgegangen werden muss.

Wie von Menne (2006, S. 157f.) zusammengefasst, können „gewichtige Anhaltspunkte" vorliegen, wenn folgende Kriterien zutreffen:
- *Vernachlässigung*
  Im Sinne eines andauernden Unterlassens fürsorglichen Handelns, das über eine unzureichende Fürsorge mit mangelndem Engagement oder Distanziertheit hinausgeht
- *Körperliche Misshandlung*
  Als kindeswohlgefährdend gelten nur Handlungen, die mit hoher Wahrscheinlichkeit zu physischer oder psychischer Beeinträchtigung des Kindes und seiner Entwicklung führen, nicht jedoch generell körperliche Bestrafungen
- *Seelische Misshandlung*
  Wiederholte elterliche Verhaltensmuster, die dem Kind zu verstehen geben, es sei wertlos, ungeliebt, voller Fehler, ungewollt. Folgen der Misshandlungsform treten oft zeitverzögert auf, es ist schwer, seelische Misshandlung von Formen ungünstigen elterlichen Verhaltens abzugrenzen
- *Sexueller Missbrauch*
  Eng definiert ist ein eindeutig als sexuell identifizierbarer, direkter Körperkontakt zwischen Täter und Opfer gemeint, wobei auch wenig intensiven sexuellen Übergriffe langfristig negative Folgen für die Entwicklung zugeschrieben werden und diese als ebenfalls kindeswohlgefährdend anzusehen sind

Ergeben sich im ersten Gespräch der Fachkräfte und Leitung gewichtige Anhaltspunkte in Übereinstimmung mit den oben genannten Kriterien, ist die insofern erfahrene Fachkraft hinzuziehen, die eine Risikoabschätzung leisten muss.

Kontinuierlich notwendig sind *Prüfprozesse*, die eine transparente und objektive Auseinandersetzung mit dem individuellen Fall kontrollieren sollen. Jeder Handlungsschritt muss dokumentiert werden und soll auch für Dritte nachvollziehbar sein. Es muss zu jedem Zeitpunkt klar sein, wer die Verantwortung für Planung und Durchführung einzelner Schritte hat. Sollte dies nicht den Schutz des Kindes gefährden, müssen Eltern in das Vorgehen einbezogen werden und sollen Möglichkeit haben, sich über Einschätzungen und Empfehlungen zu informieren.

Eine *Evaluation* des Vorgehens und des Ausmaßes der Veränderung sollte nach Abschluss erfolgen und im Idealfall gemeinsam mit der betroffenen Familie erfolgen. Dies dient zum einen der Qualitätssicherung, ist zum anderen aber auch eine Möglichkeit zur Wiederaufnahme einer kooperativen Beratungsbeziehung zu den Eltern. Gelegenheit zur selbstkritischen und sanktionsfreien internen Auseinandersetzung mit dem eigenen Handeln und der Kooperation mit

Dritten sollte den beteiligten Fachkräften vor allem in kritischen oder krisenhaft verlaufenen Fällen gegeben werden. Dabei sollten Rückschlüsse auf Schwachstellen im eigenen Vorgehen, der eigenen professionellen Wahrnehmung oder im Krisenmanagement gezogen werden und in Konsequenz geeignete Maßnahmen zu deren Verbesserung gefunden werden.

3.2 Offene Fragen

Wie weiter oben schon problematisiert, müssen die Praktiker rund um den erweiterten Schutzauftrag mit zahlreichen Unwägbarkeiten operieren, zu zentralen Themen fehlen verbindliche Definitionen und Handlungsempfehlungen, die Praxis der sozialen Arbeit geschieht im Kontext unbestimmter Rechtsbegriffe.

So ist die Kindeswohlgefährdung als Ausgangspunkt des Handelns dann laut BGH gegeben, wenn „eine gegenwärtige, in einem solchen Maße vorhandene Gefahr [besteht], dass sich bei der weiteren Entwicklung eine erhebliche Schädigung mit ziemlicher Sicherheit voraussehen lässt" (nach Zorn 2008, S. 226)

Wünschenswert und bisher nicht in verbindlicher Qualität vorliegend bleiben Handreichungen und Arbeitshilfen für die wiederkehrenden Aufgaben im Zusammenhang mit §8a. Bis zu deren Vorliegen bleibt es den Trägern, deren Fachvertretern oder ihren Verbänden überlassen, sich mit schon vorhandenen oder selbst zu entwickelnden Materialien zu behelfen. Dabei sollten Qualitätskriterien wie z. B. von Kindler und Lillig (2006) vorgeschlagen, unbedingt berücksichtigt werden. Zentrale Kriterien sind dabei Inhaltsvalidität, eine hinreichende Reliabilität über die Anwender hinweg, ein ausreichendes Ausmaß an prädiktiver Validität und vor allem eine hohe Praktikabilität für die Verwendung in der täglichen Arbeit.

Einen zweiten Problembereich bildet die Qualifizierung des Personals. Hier ist zum einen ein praktikabler Weg zu finden, wie bereits in der Ausbildung und später in der Personalentwicklung jede in den Hilfen zur Erziehung tätige Fachkraft Kenntnisse über das Erscheinungsbild von Kindeswohlgefährdung erwirbt und weiterentwickelt. Zum anderen müssen das Sprechen über schwierige Themen wie physische und psychische Gewalt gegen Kinder oder deren Vernachlässigung mit den mutmaßlichen Verursachern dieser Gewalt und das Entwickeln und Einfordern wirksamer Schutzmaßnahmen möglichst mit den Eltern sowie die Kooperation mit dem Leistungsträger trainiert werden und in der Supervision systematisch begleitet werden. Es gilt auch, die Qualifizierungsmöglichkeiten für insofern erfahrene Fachkräfte zu erweitern und eventuell deren Kenntnisse und Kompetenzen systematischer zu überprüfen.

Mit Kindler und Lillig (2006, S. 106f) kann die Aufzählung eines „Inhaltskatalogs" relevante Qualifizierungsbereiche aufzeigen. Die Autoren nennen dabei als anstrebenswerte „gemeinsame wissensbasierte Grundlage" aller am Kindesschutz beteiligten Fachkräfte unter anderem
- Gefährdungsrelevantes Wissen
- Beteiligung und Motivation der Eltern
- Wirksamkeit von Hilfen
- Fallübergabe an das Jugendamt

4. Ausblick

Die Gewährleistung des Kindeswohls als basale Erziehungskompetenz von Eltern setzt aus der praktischen Erfahrung voraus, dass Familien Lebensbedingungen vorfinden, unter denen die einzelnen Familienmitglieder autonom und selbstwirksam agieren können. Typische Problemlagen, mit denen die Hilfen zur Erziehung die von ihr begleiteten Familien konfrontiert sehen, hindern Eltern oftmals an der erfolgreichen Erbringung ihrer Pflichten. Conen (2008) spricht in diesem Zusammenhang von „Jugendhilfefamilien" und charakterisiert damit Familien, in denen – teilweise seit mehreren Generationen – das Erleben krisenhafter Entwicklungen, wirtschaftliche Not, psychische Krankheiten, Ressourcenarmut und eine globale Hoffnungslosigkeit auf positive Veränderungen alltäglich geworden sind.

Pluto et al. (2007, S. 82 ff.) stellen außerdem in der DJI-Jugendamtserhebung von 2004 fest: „…die Verarmung von Familien wird in einem Viertel der Jugendamtsbezirke als ein Problem eingeschätzt, das gravierende Auswirkungen auf die Arbeit der Jugendämter hat.", wohingegen „Gewalt in Familien nur von 21% der Jugendämter als gravierend für ihre Arbeit eingeschätzt wird, obwohl Gewalt […] im Arbeitsalltag der Jugendämter eine große Rolle spielt."

Bedenkt man diese Ausführungen in Kombination mit der anspruchsbildenden Gesetzesgrundlage für die Gewährung einer Hilfe zur Erziehung (siehe oben), dann entsteht ein zunächst düsteres Szenario für die Arbeit in der Jugendhilfe. Haben wir es nicht mit Familien zu tun, in denen Eltern durch wirtschaftliche Not, physische und psychische Belastungen, mangelnde selbst erlebte positive Erziehungserfahrung und durch die Abhängigkeit von Transferleistungen marginalisiert zur Gefahr für das Wohl ihrer Kinder werden? Erleben wir in unserem Arbeitsalltag nicht ständig bedrohte Kinder, deren Ressourcen durch chronische Frustration ihrer kindlichen Bedürfnisse und durch überzufällig häufig eintretende Gefährdungslagen schwach ausgebildet sind? Sind unsere Mittel, diese Gefährdungen abzuwenden, nicht viel zu gering in Anbetracht der Lage?

Ist also der §8a ein Instrument, das uns allenfalls eine zusätzliche Pflicht auferlegt, der wir nun als verlängerter Arm einer Kontrollinstanz (i.e. das Jugendamt) nachkommen müssen, und das eventuell in Ermangelung funktionierender gesamtgesellschaftlicher Verantwortung für das gesunde Aufwachsen junger Menschen in ihren Familien?

Dem möchte ich aus meiner täglichen Erfahrung vehement widersprechen. Zwar lässt sich die prekäre Lage vieler der von Jugendhilfe begleiteten Familien nicht leugnen, muss das Leid, das Kindern zum Teil in ihren Familien widerfährt, parteilich gesehen und gebessert werden, doch ist der erweiterte Schutzauftrag nicht Teil dieses Problems, sondern Teil seiner Lösung.

Die der Gesetzesnovelle immanenten Anforderungen an professionelles Handeln, die Ausweitung der Diskussion des Kindeswohls, die Aufforderung zu strukturierter Kommunikation aller Beteiligten und die Professionalisierung der nunmehr flächendeckend verfügbaren insoweit erfahrenen Fachkräfte begründen einen zentralen Schritt zur weiteren Professionalisierung der sozialen Arbeit in den Hilfen zur Erziehung. Mit dem §8a wurde ein Qualitätsmerkmal geschaffen, das für alle Beteiligten hohe Verbindlichkeit, für die betroffenen jungen Menschen erhöhten Schutz ihres Wohls und für die chronisch unter fiskalischem Druck stehenden Leistungsträger eine klare Begründung auch vermeintlich „teurer" Hilfen bildet.

Es bleibt zu wünschen, dass eine kontinuierliche Weiterentwicklung von Forschung und Ausbildung notwendiges Praxiswissen schneller voranbringt und dass in den kommenden Jahren Instrumente und Interventionen entstehen, die den Schutz von Kindern systematischer und wirkungsvoller gewährleisten können. Als Experten für Änderungswissen im Bereich hoch und multipel belasteter Familiensysteme sollten Fachkräfte der Jugendhilfe hier in der Zukunft ihre Kompetenzen v. a. im Bereich der Praxisforschung noch weit häufiger der Entwicklung valider Messinstrumente und wirksamer Interventionen zur Verfügung stellen.

Literatur

Bayerisches Landesjugendamt (Hrsg.). Schützen – Helfen – Begleiten. Handreichung zur Wahrnehmung des Schutzauftrags der Jugendhilfe bei Kindeswohlgefährdung. Verfügbar unter: http://www.blja.bayern.de/schriften/Schutzauftrag.html (14.02.2009).

Bayerisches Landesjugendamt (Hrsg.). Empfehlungen zur Handhabung des § 72a SGB VIII („Persönliche Eignung von Fachkräften"). Verfügbar unter: http://www.blja.bayern.de/imperia/md/content/blvf/bayerlandesjugendamt/empfehlungen/ljha_empfehlungen__72a.pdf (03.01.2010).

Beneke, D. (2006). Schutzauftrag bei Kindeswohlgefährdung. Fachliche Herausforderungen für freie Träger und deren Fachkräfte. In E. Jordan (2006), Kindeswohlgefährdung – Rechtliche Neuregelungen und Konsequenzen für den Schutzauftrag der Kinder- und Jugendhilfe (S. 169-185). Weinheim und München: Juventa.

Deegener, G., Spangler, G., Körner, W. & Becker, N. (2009). EBSK. Eltern-Belastungs-Screening zur Kindeswohlgefährdung. Göttingen: Hogrefe.

Jakob, A. & Wahlen, K. (2006). Das multiaxiale Diagnosesystem Jugendhilfe (MAD-J). München: Reinhardt.

Jordan, E. (2005). Kinder- und Jugendhilfe: Einführung in Geschichte und Handlungsfelder, Organisationsformen und gesellschaftliche Problemlagen. Weinheim und München: Juventa.

Kindler, H. & Lillig, S. (2006). Der Schutzauftrag der Jugendhilfe unter besonderer Berücksichtigung von Gegenstand und Verfahren zur Risikoeinschätzung. In E. Jordan (2006), Kindeswohlgefährdung – Rechtliche Neuregelungen und Konsequenzen für den Schutzauftrag der Kinder- und Jugendhilfe (S. 85-111). Weinheim und München: Juventa.

Klemenz, B. (2007). Ressourcenorientierte Erziehung. Tübingen: dgvt-Verlag.

Kunkel, P.-C. (2008). Zwei Jahre Schutzauftrag nach §8a SGB VIII. Kindschaftsrecht und Jugendhilfe, 2, 52-58.

Menne, K. (2006). Kindesschutz in der Beratung. In E. Jordan (2006), Kindeswohlgefährdung – Rechtliche Neuregelungen und Konsequenzen für den Schutzauftrag der Kinder- und Jugendhilfe (S. 149-169). Weinheim und München: Juventa.

Pluto, L., Gragert, N. et al. (2007). Kinder- und Jugendhilfe im Wandel. München: Verlag DJI.

Schmidt, M., Schneider, K., Hohm, E., Pickartz, A., Macsenaere, M., Petermann, F., Flosdorf, P., Hölzl, H. & Knab, E. (2002). Effekte erzieherischer Hilfen und ihre Hintergründe. In Schriftenreihe Bundesministerium für Familie, Senioren, Frauen und Jugend. Band 219. Stuttgart: Kohlhammer.

Seus-Seberich, E. (2004). Erziehungsberatung bei Kindern und Familien in Armutslagen. Institutionelle und konzeptionelle Voraussetzungen. In Bundeskonferenz für Erziehungsberatung e.V. (Hrsg.), Arme Familien gut beraten. Hilfe und Unterstützung für Kinder und Eltern, Materialien zur Beratung, Bd. 12 (S. 111-125). Fürth.

Winkler, M. (2006). Kritik der Pädagogik. Stuttgart: Kohlhammer.

Zorn, D. (2008). Das Recht der elterlichen Sorge: Voraussetzungen, Inhalt und Schranken in Praxis und Theorie. Berlin: De Gruyter.

Praxis des DKSB bei der Erfassung von Kindeswohlgefährdung

Martina Huxoll

> Die Erfassung von Kindeswohlgefährdung im Deutschen Kinderschutzbund (DKSB) zu beschreiben, ist keine leichte Aufgabe. Denn es gibt im engeren Sinne nicht den Deutschen Kinderschutzbund, sondern einen DKSB-Bundesverband, in jedem Bundesland einen DKSB-Landesverband und bundesweit gesehen ca. 420 DKSB-Orts- und Kreisverbände

Die Erfassung von Kindeswohlgefährdung im Deutschen Kinderschutzbund (DKSB) zu beschreiben, ist keine leichte Aufgabe. Denn es gibt im engeren Sinne nicht den Deutschen Kinderschutzbund, sondern einen DKSB-Bundesverband, in jedem Bundesland einen DKSB-Landesverband und bundesweit gesehen ca. 420 DKSB-Orts- und Kreisverbände. Diese Untergliederungen sind wiederum alle rechtlich eigenständig. So werden Ausführungen zum hier gestellten Thema nur dann nachvollziehbar, wenn zuvor die unterschiedlichen Strukturen und Themen des DKSB kurz dargestellt werden.

1. Der Deutsche Kinderschutzbund (DKSB)

Die o. g. Untergliederungen des DKSB haben jeweils unterschiedliche Aufgaben. Dem DKSB-Bundesverband fällt es zu, Ziele, Maßnahmen und Arbeitsschwerpunkte des Gesamtverbandes zu koordinieren und weiterzuentwickeln und bundespolitische Lobby- und Öffentlichkeitsarbeit zu leisten. Die DKSB-Landesverbände verstehen sich als Serviceeinrichtungen für die Orts- und Kreisverbände sowie andere Fachorganisationen des jeweiligen Bundeslandes und übernehmen die landespolitische Lobby- und Öffentlichkeitsarbeit. Als Serviceeinrichtung zählen die Unterstützung, Bündelung und Koordination der Aktivitäten der Orts- und Kreisverbände, die Qualifizierung der haupt- und ehrenamtlichen Mitarbeiterinnen und Mitarbeiter sowie die Entwicklung fachlicher Standards für die unterschiedlichen Tätigkeitsfelder zu ihren Aufgaben. In den DKSB Orts- und Kreisverbänden wird die Praxis der Kinderschutzarbeit durch vielseitige Unterstützung und Hilfe für Kinder und Familien vor Ort geleistet und durch kommunale Lobby- und Öffentlichkeitsarbeit Einfluss auf die Lebenssituation von Mädchen und Jungen genommen. Dazu zählen auch Angebote für Multiplikatorinnen und Multiplikatoren.

Jede Untergliederung des DKSB wird von einem ehrenamtlichen Vorstand geführt. Grundsatzbeschlüsse werden in den Mitgliederversammlungen gefasst. Bundesweite Beschlüsse bilden die verbindliche und verpflichtende Grundlage für alle Aktivitäten und das Handeln des Verbandes. Die rechtliche Eigenständigkeit einer jeden Untergliederung führt wiederum dazu, dass die tatsächliche Umsetzung und Ausgestaltung in die Verantwortung eines jeden Orts- bzw. Kreisverbandes und Landesverbandes gestellt ist. Dieses basisdemokratische Modell schließt Anordnungen nach dem Top-down-Muster im DKSB aus.

Da die DKSB-Orts- und -Kreisverbände die praktische Kinderschutzarbeit leisten, gilt ihnen in diesem Beitrag das besondere Augenmerk. Strukturen und (Schwerpunkt-) Themen der Orts- und Kreisverbände sind bundesweit betrachtet sehr vielfältig und unterschiedlich. Die Bandbreite reicht von DKSB-Orts- und -Kreisverbänden, die nahezu ausschließlich ehrenamtlich arbeiten und höchstens in geringem Umfang Honorarkräfte für bestimmte Angebote beschäftigen, bis zu örtlichen DKSB-Untergliederungen, die Träger verschiedenster Kinder- und Jugendhilfeeinrichtungen sind, wie z. B.

- Kindertagesstätten bzw. Familienzentren,
- sozialpädagogische Familienhilfe,
- Familienberatungsstellen,
- Beratungsstellen mit dem Schwerpunkt im Bereich der Gewalt gegen Kinder und Jugendliche,
- Kindernotaufnahmen,
- teilstationäre Tagesgruppen,
- oder Angebote im Bereich von Trennung und Scheidung vorhalten.

Auch bei den DKSB-Orts- und -Kreisverbänden, die Leistungen nach dem Kinder- und Jugendhilfegesetz erbringen, gibt es eine erhebliche Schwankungsbreite: Es kann sein, dass ein Orts- bzw. Kreisverband Träger einer kleinen Kindertageseinrichtung ist oder aber mehrere Angebote vorhält wie eine Beratungsstelle (mit dem Schwerpunkt im Bereich der Gewalt gegen Kinder), Kindertageseinrichtungen und auch im Bereich der SPFH tätig ist. Diese unterschiedlichen Strukturen und Themen darzustellen ist wichtig im Hinblick auf die Frage nach der Erfassung von Kindeswohlgefährdung, die sich auch an den jeweiligen Gegebenheiten orientieren muss.

Wie die Strukturen im Einzelnen vor Ort sind und wie sich Schwerpunktthemen entwickelt haben, hängt einerseits ab von den jeweiligen Aktiven des DKSB, andererseits von der sozialen Infra- und Angebotsstruktur insgesamt, auszumachenden Bedarfen, die regional nicht anderweitig abgedeckt sind und von den Möglichkeiten der Refinanzierung von Angeboten.

Auch wenn diese unterschiedlichen Strukturen und Themen im Kontext der Frage nach dem Umgang mit Kindeswohlgefährdung berücksichtigt werden müssen, sehen sich die Untergliederungen des DKSB nicht erst seit Einführung des § 8a SGB VIII immer wieder mit Hinweisen auf (mögliche) Kindeswohlgefährdungen konfrontiert, unabhängig von ihrer tatsächlichen Schwerpunktsetzung und ihren de facto vorhandenen fachlichen Möglichkeiten. Der Name „Kinderschutzbund" signalisiert in besonderer Weise, dass in diesem Verband Menschen arbeiten, die sich mit Kindeswohlgefährdungen auskennen und (unbürokratische) Abhilfe im Interesse der betroffenen Kinder schaffen können. So wird der DKSB oft auch in bewusster Abgrenzung zum Jugendamt aufgesucht, weil ihm einerseits fast gleich lautende Befugnisse wie der öffentlichen Jugendhilfe zugeschrieben werden, er andererseits als Vertrauen schaffende Organisation, die Verschwiegenheit zusichert, wahrgenommen wird. Dieser „moralischen" Verpflichtung wird sich keine ehren- oder hauptamtlich tätige Person im DKSB entziehen. Die fachlichen Grundlagen sowie die tatsächlichen Hilfe-, Unterstützungs- und Interventionsmöglichkeiten jedoch führen zu wiederum unterschiedlichen Möglichkeiten, Hinweisen auf Kindeswohlgefährdung – sei es durch Fremd- oder Selbstmelder – nachzugehen. Gerade die DKSB-Orts- und -Kreisverbände, die mehr oder weniger ausschließlich über ehrenamtliche und möglicherweise „fachfremde" Mitarbeiterinnen und Mitarbeiter verfügen, geraten bei solchen Fällen in besonderer Weise unter Druck, weil bei ihnen Gegebenheiten vermutet werden, über die sie gar nicht verfügen. Dies war bereits vor Einführung des § 8a SGB VIII Anlass für Qualifizierungsangebote zum Umgang mit solchen Meldungen und hat gesamtverbandlich zu verschiedenen Beschlüssen bezüglich eines angemessenen Umgangs mit Fällen von Gewalt gegen Mädchen und Jungen geführt (z. B. DKSB-Handlungsgrundlagen für den Bereich Gewalt gegen Kinder und Jugendliche). Um Orts- und Kreisverbände, die nicht über die angemessenen Ressourcen zur intensiveren Bearbeitung von Fällen von Kindeswohlgefährdung verfügen, vor unangemessenen Erwartungen zu schützen, wurden 1999 im DKSB Rahmenrichtlinien für Beratungsstellen, die ihren Schwerpunkt im Bereich der Gewalt gegen Mädchen und Jungen haben, entwickelt und verabschiedet. In diesen wird klargestellt, dass sowohl die Erfassung von und der Umgang mit Kindeswohlgefährdung eine komplexe und verantwortungsvolle Aufgabe ist und dazu sowohl fachliche Voraussetzungen notwendig sind wie auch entsprechende Rahmenbedingungen und weitere Ressourcen. In diesem Kontext kommt Kooperationen mit anderen Einrichtungen und Diensten, nicht nur aus dem Jugendhilfebereich, eine hohe Bedeutung zu.

Aus der Erkenntnis, dass vielen Kindern ihr Recht auf Schutz vorenthalten wird, hat der DKSB auf der örtlichen Ebene in den letzten Jahren seine präventiven Angebote erheblich ausgebaut. Kinder und ihre Eltern werden mit verschiedensten Maßnahmen so früh wie möglich angesprochen und ihren Unterstützungsbedürfnissen und -bedarfen mit niederschwelligen Möglichkeiten entsprochen. Auch wenn diese Aktivitäten krisen- und problemhafte Verläufe in Familien verhindern sollen, ist nicht auszuschließen, dass es dennoch zu gewaltförmigen Handlungen gegenüber dem Kind oder den Kindern kommen kann. So stellt sich auch bei den präventiven Angeboten die Frage, wie eine Kindeswohlgefährdung erkannt und beurteilt werden kann und welche Maßnahmen zum Schutz des Kindes notwendig und welche Hilfen angemessen sind. Wenn die fachlichen Voraussetzungen dafür bei den handelnden Personen nicht gegeben sind, muss über ein angemessenes Verfahren sichergestellt werden, damit dennoch dem gesetzlichen Schutzauftrag nachgekommen werden kann und das beste Interesse des Kindes als Leitlinie des Handelns im DKSB gewahrt ist. In vielen Projekten im Bereich dieser frühen Hilfen engagieren sich ehrenamtlich Frauen und Männer. Hier ist in vielen Orts- und Kreisverbänden die Erkenntnis gewachsen, dass diese ehrenamtlichen Mitarbeiterinnen und Mitarbeiter vor ihren Einsätzen in Familien eine Qualifizierung brauchen und erhalten sowie eine weitere Begleitung durch hauptamtliche Fachkräfte des Orts- bzw. Kreisverbandes notwendig ist, um tatsächlich frühzeitig erste Hinweise auf eine Kindeswohlgefährdung erkennen zu können.

2. Umsetzung der Vorgaben des § 8a SGB VIII in den Kommunen

Soll die Praxis im Umgang mit Kindeswohlgefährdung im DKSB dargestellt werden, kann die Umsetzung der Vorgaben des § 8a SGB VIII in der Verantwortung der kommunalen öffentlichen Jugendhilfe nicht unbeachtet bleiben, da sie nicht unerheblichen Einfluss auf die Arbeit im Kontext der Kindeswohlgefährdung hat.
Festzustellen ist, dass auch 4 1/2 Jahre nach Inkrafttreten des § 8a SGB VIII die Vorgaben nicht flächendeckend umgesetzt sind und die Ausgestaltungspraxis ebenfalls von erheblichen Unterschieden geprägt ist. Bis heute haben nicht alle Kommunen Vereinbarungen zum Umgang mit gewichtigen Anhaltspunkten einer Kindeswohlgefährdung mit den freien Trägern geschlossen, die eine adäquate Wahrnehmung des Schutzauftrages nach § 8a Abs. 1 SGB VIII gewährleisten sollen. Dort, wo Vereinbarungen geschlossen wurden

Festzustellen ist, dass auch 4 1/2 Jahre nach Inkrafttreten des § 8a SGB VIII die Vorgaben nicht flächendeckend umgesetzt sind und die Ausgestaltungspraxis ebenfalls von erheblichen Unterschieden geprägt ist. Bis heute haben nicht alle Kommunen Vereinbarungen zum Umgang mit gewichtigen Anhaltspunkten einer Kindeswohlgefährdung mit den freien Trägern geschlossen, die eine adäquate Wahrnehmung des Schutzauftrages nach § 8a Abs. 1 SGB VIII gewährleisten sollen

und vorliegen, fällt ein durchaus unterschiedlicher Duktus der gegenseitigen Pflichten und Rechte auf. So gibt es beispielsweise Vereinbarungen mit nahezu ausschließlich ehrenamtlich tätigen DKSB-Ortsverbänden, die vorgeben, dass jedes Vorliegen gewichtiger Anhaltspunkte sofort und unverzüglich dem Jugendamt zur Kenntnis gebracht werden soll. Bei anderen Jugendämtern scheint die eigene rechtliche Absicherung im Vordergrund zu stehen und die Verantwortung für den Umgang mit der Kindeswohlgefährdung wird stärker in die Hände des jeweiligen freien Trägers gelegt, unabhängig von seinen tatsächlichen (fachlichen) Möglichkeiten. Daneben gibt es Vereinbarungen, die deutlich von einem partnerschaftlichen Verständnis geprägt sind und somit der Idee der Verantwortungsgemeinschaft im Kontext von Kindeswohlgefährdung entsprechen. Solche Vereinbarungen sind in Abstimmung mit den entsprechenden Trägern getroffen und enthalten Regelungen über gemeinsame Fallbesprechungen in der Rückschau zur Verbesserung der örtlichen Praxis, eine Abstimmung über Vorgehensweisen und Verfahren, Konkretisierungen zum Einsatz der insoweit erfahrenen Fachkräfte, einschließlich der damit verbundenen Finanzierungsfragen, und die Verpflichtung zu Qualifizierungsangeboten.

In einer aktuellen Studie (Ministerium für Generationen, Familie, Frauen und Integration des Landes Nordrhein-Westfalen, 2010) wurde die Umsetzung des § 8a SGB VIII in den Kommunen und Kreisen in NRW untersucht. Festgestellt wurde, dass arbeitsfeldunspezifische Vereinbarungen dominieren und Konkretisierungen oftmals fehlen, gerade hinsichtlich der unbestimmten Rechtsbegriffe, die nicht weiter definiert sind. Das bezieht sich insbesondere auf die Frage, wer, mit welcher Qualifikation, welcher Funktion und mit welchem Procedere als insoweit erfahrene Fachkraft hinzugezogen werden kann. Auch die vom Gesetz geforderte Einbeziehung der Personensorgeberechtigten bzw. des Kindes oder Jugendlichen in die Risikoeinschätzung wird in den Vereinbarungen vernachlässigt bzw. zu einem späteren Zeitpunkt – erst nach Erstellung eines Schutzplanes – vorgesehen. Zu ähnlichen Ergebnissen kam Münder in seiner Untersuchung zu den Vereinbarungen zwischen Jugendämtern und Trägern von Einrichtungen und Diensten nach § 8a Abs. 2 SGB VIII (2007).

Nicht abschließend zu verstehende Listen mit Anhaltspunkten für Kindeswohlgefährdungen, beispielsweise in Anlehnung an die Empfehlungen des Deutschen Vereins zur Umsetzung des § 8a SGB VIII (2006), enthalten etliche der Vereinbarungen, allerdings wird die Nutzung von abgestimmten Risikoeinschätzungsinstrumenten vor Ort in kaum einer Vereinbarung geregelt. Vorhandene Instrumente werden eher intern genutzt.

So kommen die Autoren in o. g. Studie zu dem Ergebnis: Je arbeitsfeldspezifischer die Vereinbarungen getroffen sind, desto konkreter und detaillierter sind die gegenseitigen Rechte und Pflichten, Verfahren, Abläufe und Zeitpunkte benannt und desto besser gelingt es, über die Vereinbarungen, Handlungssicherheit bei den Beteiligten herzustellen.

Passend zu diesen Aussagen sind auch die Rückmeldungen der Teilnehmerinnen und Teilnehmer der Zertifikatskurse zur Kinderschutzfachkraft, die der DKSB-Landesverband NRW e. V./die Bildungsakademie BiS gemeinsam mit dem Institut für soziale Arbeit e. V. seit einigen Jahren anbietet (2010). Viele der zertifizierten Kinderschutzfachkräfte, die als insoweit erfahrene Fachkräfte tätig werden können, schildern eine unklare Situation vor Ort. Ihre Rolle und Funktion sind oftmals nicht geregelt, ebenso wenig ihr Einsatz. In vielen Vereinbarungen dominiert die Namensnennung von insoweit erfahrenen Fachkräften, aber nähere Einzelheiten zu ihrem Tätigwerden finden sich nicht. Entsprechend sind für die Leistungen für Dritte auch kaum zeitliche Ressourcen bereitgestellt. Die Kinderschutzfachkräfte beschreiben nachvollziehbar, dass jedoch die Qualität ihres Beratungsprozesses erheblich davon abhängt, inwieweit bei den Beteiligten Klarheit über ihre Rolle und Funktion herrscht.

Diese Bestandsaufnahme ist insofern interessant, als dass der DKSB immer für Generalvereinbarungen und arbeitsfeldspezifische Differenzierungen sozusagen als Anlage geworben und entsprechend seine Orts- und Kreisverbände beraten hat. Die Grundlage für die Empfehlung ist die Feststellung, dass es eben im eigenen Verband sehr unterschiedliche Voraussetzungen gibt, in Fällen von Kindeswohlgefährdung angemessen zu handeln. Ausschließlich ehrenamtlich tätige Ortsverbände haben weitaus beschränktere eigene Möglichkeiten als Orts- und Kreisverbände mit bezahltem Fachpersonal. Kindertageseinrichtungen wiederum haben grundsätzlich einen anderen Aufgabenzuschnitt als die SPFH oder spezialisierte Beratungseinrichtungen. Diesen unterschiedlichen Voraussetzungen sollte über arbeitsfeldspezifische Vereinbarungen Rechnung getragen werden. Aber die tatsächliche Umsetzung sieht zum größten Teil anders aus.

Auf die Vereinbarungen und gerade die Rolle und Funktion der insoweit erfahrenen Fachkraft wird hier so ausführlich im Kontext der Erfassung von Kindeswohlgefährdung eingegangen, weil freie Träger gemäß § 8a SGB VIII verpflichtet sind, diese zur Risikoeinschätzung hinzuzuziehen. Insbesondere in den Orts- und Kreisverbänden, wo die fachlichen Voraussetzungen zur Risikoabwägung nicht gegeben sind, kommt der Hinzuziehung der insoweit erfahrenen Fachkraft eine hohe Bedeutung zu.

Auf die Vereinbarungen und gerade die Rolle und Funktion der insoweit erfahrenen Fachkraft wird hier so ausführlich im Kontext der Erfassung von Kindeswohlgefährdung eingegangen, weil freie Träger gemäß § 8a SGB VIII verpflichtet sind, diese zur Risikoeinschätzung hinzuzuziehen

Auf eine weitere Schwierigkeit im Kontext der insoweit erfahrenen Fachkräfte und der kommunalen Regelungen dazu soll hier kurz eingegangen werden: Die aktuelle Studie aus NRW zur Kindeswohlgefährdung (2010) weist aus, dass in über der Hälfte der Kommunen in NRW die Mitarbeiterinnen und Mitarbeiter des ASD als die insoweit erfahrenen Fachkräfte benannt sind und sie von den freien Trägern zur Risikoabschätzung hinzugezogen werden sollen. In der schon genannten gemeinsamen Stellungnahme des DKSB Landesverbandes NRW e. V., der Bildungsakademie BiS und des Instituts für soziale Arbeit e. V. (2010) wird dargelegt, dass mit dieser Regelung die Intention des § 8a SGB VIII konterkariert wird, weil die Meldung an das Jugendamt erst dann erfolgen soll, wenn die eigenen Möglichkeiten ausgeschöpft oder die Eltern nicht mitwirkungsbereit sind. Es ist darüber hinaus anzunehmen, dass der Schutzauftrag auch intendiert, eine mögliche Kindeswohlgefährdung niederschwellig mit eigenen Mitteln beim jeweiligen Träger abwenden zu können.

3. Erfassung von Kindeswohlgefährdung im DKSB

Es dürfte nach den bisherigen Ausführungen über den DKSB wie über die örtliche Ausgestaltung des Schutzauftrages deutlich geworden sein, dass dieser Unterschiedlichkeit durch eine differenzierte Darstellung der Erfassung von Kindeswohlgefährdung Rechnung getragen werden muss.

Grundsätzlich ist zu sagen, dass der DKSB die Novellierung des Kinder- und Jugendhilfegesetzes im Herbst 2005 begrüßt hat und mit der Einführung des § 8a SGB VIII (Schutzauftrag bei Kindeswohlgefährdung) die Hoffnung verbindet, dass über partnerschaftliche Diskurse und Verständigungen aller relevanten Akteure der Kinderschutz qualitativ und quantitativ verbessert werden kann. Auch wenn sich die Verpflichtung zur Umsetzung des § 8a SGB VIII auf die Träger bezieht, die Leistungen nach dem Kinder- und Jugendhilfegesetz erbringen, gilt die Norm des „Schutzauftrages bei Kindeswohlgefährdung" auch für Mitarbeiterinnen und Mitarbeiter des DKSB, die keine gesetzlichen Leistungen erbringen, gleichwohl in vielfältigen Angeboten im Kontakt mit Kindern, Jugendlichen und ihren Familien sind.

Eine Vielzahl der Aktivitäten des Verbandes wären ohne die mehrheitlichen ehrenamtlichen Mitarbeiterinnen und Mitarbeiter nicht umsetzbar. Ehrenamtlich Engagierte im Kinderschutzbund sind sowohl Laien, was fachliche Kenntnisse im Bereich der Kinder- und Jugendhilfe betrifft, aber auch Professionelle und Semi-Professionelle. Da ihre Arbeit in der Praxis unverzichtbar ist, müssen auch ihre Möglichkeiten und Grenzen zur Wahrnehmung des Schutzauftrages berücksichtigt werden.

Bereits im Jahr 2006 hat daher der DKSB Empfehlungen zur Handhabung des § 8a SGB VIII erlassen. In der Folgezeit zeigte sich die Notwendigkeit, den Mitarbeiterinnen und Mitarbeitern im Verband weitere handlungsorientierte Hinweise zu geben. Gerade die Frage der Gefährdungseinschätzung und die damit verbundenen Abwägungsprozesse werden auf den verschiedenen Handlungsebenen des DKSB als Herausforderung erlebt. Daher wurde ein Ausschuss einberufen, der unter Berücksichtigung der bisher gemachten Erfahrungen eine ergänzende Arbeitshilfe unter dem Titel „Qualität für Kinder. Schutzauftrag bei Kindeswohlgefährdung" erarbeitet hat. Es wird in der Einleitung ausgeführt (Deutscher Kinderschutzbund Bundesverband e. V., 2009), dass die Arbeitshilfe auf der Grundlage der Prinzipien des helfenden Handelns entwickelt wurde, die für die praktische Kinderschutzarbeit in allen Untergliederungen verbindlich sind. So sieht der DKSB seine zentrale Verpflichtung im Schutz der Kinder. Dieser ist vorrangig durch Hilfen sicherzustellen, aber auch Kontrollen zugunsten der Kinder schließen sich damit nicht aus.

In der Arbeitshilfe werden zwei Aspekte der Kinderschutzarbeit nach § 8a SGB VIII, denen in der Praxis eine besondere Bedeutung zukommt, betont:

- Einschätzung des Risikos einer möglichen Kindeswohlgefährdung durch mehrere Fachkräfte bzw. einer insoweit erfahrenen Fachkraft, im Folgenden Kinderschutzfachkraft genannt und
- Sicherheit und Schutz für ein Kind durch abgestimmte Verfahren zwischen den handelnden Einrichtungen, Diensten und Personen. (Deutscher Kinderschutzbund Bundesverband e. V., 2009, S. 3)

In der Arbeitshilfe werden zwei Aspekte der Kinderschutzarbeit nach § 8a SGB VIII betont

Ein solches Verfahren zum Schutz betroffener Kinder lässt sich am besten unter den Stichworten „Erkennen – Beurteilen – Handeln" systematisieren und beschreiben. (Unter diesem Titel hat der DKSB Landesverband NRW e. V. in Kooperation mit dem Institut für soziale Arbeit e.V. eine Broschüre zur Kindesvernachlässigung herausgegeben. 2009.)

Ein solches Verfahren zum Schutz betroffener Kinder lässt sich am besten unter den Stichworten „Erkennen – Beurteilen – Handeln" systematisieren und beschreiben

3.1 Erkennen

Der Prozess des Erkennens setzt voraus, dass Fachkräfte, aber auch ehrenamtlich Tätige im DKSB ein Bewusstsein davon haben, was der gesunden Entwicklung von Mädchen und Jungen zuträglich und

abträglich ist und welche Faktoren Hinweise in die eine oder andere Richtung geben.
Mit anderen Worten: Es müssen Grundlagenkenntnisse über die
- Grundbedürfnisse von Kindern (physiologische Bedürfnisse, Bedürfnis nach Sicherheit und Schutz vor Gefahren, nach Zugehörigkeit …)
- Voraussetzungen und Erscheinungsformen für eine gesunde Entwicklung (entwicklungspsychologische Kenntnisse über altersgemäße Fähigkeiten, Fertigkeiten, Ausdrucksformen und Entwicklungsaufgaben in den einzelnen Altersstufen)
- Folgen unzureichender Befriedigung kindlicher Grundbedürfnisse

vorhanden sein bzw. vermittelt werden.

Darüber hinaus brauchen Fachkräfte vertiefende Kenntnisse über
- Risikofaktoren für eine Kindeswohlgefährdung (familiäre Situation, soziale Situation, Situation des Kindes, persönliche Situation der Eltern, finanzielle, materielle Situation)
- Ergebnisse der Resilienzforschung = psychische Widerstandskräfte („Was macht Kinder stark"), also Schutzfaktoren
- Erscheinungsformen von Kindeswohlgefährdung
- gewichtige Anhaltspunkte für Kindeswohlgefährdung

die ebenfalls vermittelt werden müssen.

Das Wissen um gewichtige Anhaltspunkte ist notwendig, um überhaupt ein Gefährdungsrisiko abschätzen zu können. Da aber das Gesetz sie nicht näher definiert hat, müssen Mitarbeiterinnen und Mitarbeiter öffentlicher und freier Jugendhilfe diese gemeinsam erarbeiten und als verbindliche Handlungsgrundlage vereinbaren

Das Wissen um gewichtige Anhaltspunkte ist notwendig, um überhaupt ein Gefährdungsrisiko abschätzen zu können. Da aber das Gesetz sie nicht näher definiert hat, müssen Mitarbeiterinnen und Mitarbeiter öffentlicher und freier Jugendhilfe diese gemeinsam erarbeiten und als verbindliche Handlungsgrundlage vereinbaren.
Mit Blick auf den DKSB bedeutet das, dass es einerseits Fachkräfte – insbesondere aus den spezialisierten Einrichtungen und der SPFH – gibt, die diese Grundlagenkenntnisse und vertiefenden Kenntnisse aufgrund ihrer Qualifikation und Berufserfahrung bereits haben. Andererseits sind Schulung und Fortbildung für diejenigen Fachkräfte notwendig, die in Einrichtungen wie beispielsweise Kindertageseinrichtungen tätig sind und daher keine umfassenden und alltäglichen Erfahrungen im Umgang mit Anzeichen von Kindeswohlgefährdung haben. So verpflichtet sich der DKSB (Deutscher Kinderschutzbund Bundesverband e. V., 2009), seinen Mitarbeiterinnen und Mitarbeitern die Teilnahme an Fortbildungsangeboten, aber auch Praxisberatungen zu ermöglichen, um sie für die Wahrnehmung des Schutzauftrages zu qualifizieren. Nach Möglichkeit werden dazu vom Verband eigene Veranstaltungen in diesem Kontext vorgehalten. Diese Qualifizierungsnotwendigkeit sollte darüber hinaus bei Ver-

handlungen mit öffentlichen Trägern bezüglich der Finanzierungsfragen berücksichtigt werden.

Überdies braucht die Verständigung über gewichtige Anhaltspunkte für Kindeswohlgefährdung einen einrichtungsinternen und einrichtungsübergreifenden fachlichen Austausch, um zu einem abgestimmten Vorgehen zu gelangen. Hier waren bereits in der Vergangenheit viele DKSB-Orts- und -Kreisverbände aktiv und initiativ. Gerade diejenigen, die ihren Tätigkeitsschwerpunkt im Bereich der Kindesvernachlässigung, der psychischen und/oder physischen Misshandlung oder der sexualisierten Gewalt gegen Mädchen und Jungen hatten, haben seit den 90er Jahren vor Ort Arbeitskreise, runde Tische oder andere Formen interdisziplinärer Treffen organisiert mit dem Ziel, über die Professionsgrenzen hinweg das Bewusstsein und die Aufmerksamkeit für Kinder in gewaltförmigen Lebensbeziehungen zu sensibilisieren und so den Kinderschutz zu verbessern.

3.2 Beurteilen

Es hat sich in der Praxis und auch im DKSB zunehmend durchgesetzt, bei Meldungen über Kindeswohlgefährdungen oder anderweitig vorliegender Hinweise zunächst zwischen einer Dringlichkeits-, Sicherheits- und Risikoabschätzung zu differenzieren (Kindler et al., 2006). Bei Gefahr im Verzug ist eine Dringlichkeit gegeben, die ein sofortiges Handeln erfordert, nötigenfalls unter Außerachtlassung der vereinbarten Wege und Informationspflichten. In diesen Fällen wird in aller Regel das zuständige Jugendamt informiert und einbezogen. Ähnliches gilt, wenn die Hinweise nahe legen, dass die Sicherheit des Kindes nicht (mehr) gewährleistet ist, sollte nicht zügig gehandelt werden. Erst wenn die Überzeugung gewonnen werden konnte, dass zwar das Vorliegen einer Kindeswohlgefährdung geprüft werden muss, dem betroffenen Kind aber zwischenzeitlich keine existenzielle Gefahr für Leib und Leben droht, kann die eigentliche Risikoabschätzung zum Tragen kommen.

> Es hat sich in der Praxis und auch im DKSB zunehmend durchgesetzt, bei Meldungen über Kindeswohlgefährdungen oder anderweitig vorliegender Hinweise zunächst zwischen einer Dringlichkeits-, Sicherheits- und Risikoabschätzung zu differenzieren

Für diese erste Differenzierung haben sich im DKSB – und nicht nur dort – die Erstmelde- bzw. Prüfbogen in Anlehnung an das Handbuch zur Kindeswohlgefährdung nach § 1666 BGB und Allgemeiner Sozialer Dienst (ASD) (2006) bewährt, die eben auch die Frage der Dringlichkeit und Sicherheit stellen.

Die Rechtsprechung versteht unter Gefährdung „eine gegenwärtig in einem solchen Maße vorhandene Gefahr, dass sich bei der weiteren Entwicklung eine erhebliche Schädigung mit ziemlicher Sicherheit voraussehen lässt" (BGH, 1956). Das bedeutet: Kindeswohlgefährdung ist kein beobachtbarer Sachverhalt, sondern ein rechtliches und normatives Konstrukt. Insofern fließen folgende Aspekte in die

Bewertung des Risikos bzw. der Feststellung einer Kindeswohlgefährdung aufgrund einer fachlichen Bewertung von Lebenslagen ein:
- mögliche Schädigungen, die die Kinder in ihrer weiteren Entwicklung aufgrund dieser Lebensumstände erfahren können;
- Erheblichkeit der Gefährdungsmomente (Intensität, Häufigkeit und Dauer des schädigenden Einflusses) bzw. der Erheblichkeit des erwarteten Schadens;
- Grad der Wahrscheinlichkeit (Prognose) eines Schadenseintritts (Es geht um die Beurteilung zukünftiger Einflüsse, vor denen das Kind zu schützen ist);
- Fähigkeit der Eltern(teile), die Gefahr abzuwenden bzw. die zur Abwendung der Gefahr erforderlichen Maßnahmen zu treffen:
- Bereitschaft der Eltern(teile), die Gefahr abzuwenden bzw. die zur Abwendung der Gefahr erforderlichen Maßnahmen zu treffen.

Die Risikoeinschätzung ist eher mittelfristig zu sehen. Sie setzt umfangreiche Informationen und Kontakte voraus und hat mit umfangreichen Untersuchungs- und Bewertungsprozessen zu tun

Die Risikoeinschätzung ist eher mittelfristig zu sehen. Sie setzt umfangreiche Informationen und Kontakte voraus und hat mit umfangreichen Untersuchungs- und Bewertungsprozessen zu tun. Verbreitet scheint es mittlerweile im DKSB zu sein, für eine erste Einschätzung eine modifizierte Form des Einordnungsschemas zur „Erfüllung kindlicher Bedürfnisse" aus dem Handbuch zur Kindeswohlgefährdung nach § 1666 BGB und Allgemeiner Sozialer Dienst (ASD) (2006) zu verwenden. Benannt werden physiologische Bedürfnisse (Körperpflege, Schlaf, Essen, Trinken, Gesundheitsfürsorge, wetterangemessene Kleidung, Körperkontakt), Schutz und Sicherheit (Aufsicht, Schutz vor Bedrohungen innerhalb und außerhalb des Hauses, Respekt vor der physischen, psychischen und sexuellen Unversehrtheit), soziale Bindungen/Wertschätzung (konstante Bezugsperson(en), einfühlendes Verständnis, Zuwendung, emotionale Verlässlichkeit, Respekt vor der Person und ihrer Individualität), Anerkennung der (altersabhängigen) Eigenständigkeit, Zugehörigkeit zu sozialen Gruppen und Erziehung/Förderung (altersentsprechende Anregungen, Spiel und Leistungen, Vermittlung von Werten und Normen, Gestaltung sozialer Beziehungen, Umwelterfahrungen, Förderung von Motivation, Sprachanregung, Grenzsetzung). Die Qualität elterlicher Fürsorge oder der Fürsorge Dritter kann zu den einzelnen Bedürfnisbereichen mit 5 verschiedenen Bewertungen versehen werden: deutlich unzureichend, grenzwertig, ausreichend, gut, sehr gut.

Der Vorteil dieser Übersicht liegt darin, dass ausschließlich das betroffene Kind und seine Bedürfnissituation in den Blick genommen werden. Des Weiteren bestehen die größten Gefahren gerade für kleine Kinder dann, wenn ihre physiologischen Bedürfnisse sowie

ihr Bedürfnis nach Schutz und Sicherheit nicht oder nur unzureichend erfüllt werden. Auch hier ist die Übersicht für eine Einordnung hilfreich. Drei weitere Aspekte werden mit dieser ersten Einschätzung mittlerweile häufig erfragt:
- Problemakzeptanz: Sehen die Sorgeberechtigten und die Kinder selbst ein Problem oder ist das weniger oder gar nicht der Fall?
- Problemkongruenz: Stimmen die Sorgeberechtigten und die beteiligten Fachkräfte in der Problemkonstruktion überein oder ist dies weniger oder gar nicht der Fall?
- Hilfeakzeptanz: Sind die betroffenen Sorgeberechtigten und Kinder bereit, die ihnen gemachten Hilfeangebote anzunehmen und zu nutzen oder ist dies nur zum Teil oder gar nicht der Fall?

Die genannten Unterlagen dienen in der Regel im DKSB dazu, einen Fall mit Anzeichen einer Kindeswohlgefährdung in ein Team oder das Gespräch mit der Leitung einzubringen. Darüber hinaus setzt sich als Standard zunehmend durch, die Fallkonstellation in Form eines Genogramms darzustellen.

> Die genannten Unterlagen dienen in der Regel im DKSB dazu, einen Fall mit Anzeichen einer Kindeswohlgefährdung in ein Team oder das Gespräch mit der Leitung einzubringen

3.2.1 Risikoeinschätzungsinstrumente

Im Kontext des Erkennens von Anhaltspunkten für eine Kindeswohlgefährdung erlangen Risikoeinschätzungsinstrumente Bedeutung. Derzeit fällt es schwer, auch mit Blick auf den DKSB, die Übersicht darüber zu bewahren, welche Instrumente im Umlauf sind, wie ihr Verbreitungs- und Nutzungsgrad ist und wie sie qualitativ einzuordnen sind. So vielfältig die Materialien sind, so vielfältig sind auch dafür gängige Bezeichnungen wie Checklisten, Einstufungsskalen, Beobachtungsbögen, Screeningverfahren etc.

Betrachtet man die sozialarbeiterische Praxis in Deutschland, so sind bis in die jüngste Vergangenheit Beurteilungen kaum mit Diagnoseinstrumenten erfolgt. Der Begriff der Diagnose ist für die Sozialarbeit – nicht nur im Kontext der Kindeswohlgefährdung – eher unüblich, während er im medizinischen oder psychologischen oder psychiatrischen Bereich mehr als geläufig ist und damit verbunden eine erhebliche Auswahl an Instrumenten zur Verfügung steht. Sozialpädagogische Diagnosen sind in der Vergangenheit kaum mit Hilfe von Instrumenten erstellt worden, sondern eher aufgrund von Erfahrungswissen und „aus dem Bauch heraus". Das bedeutet in der Konsequenz, dass es bisher keine systematische und differenzierte Erfassung von Formen der Kindeswohlgefährdung gegeben hat.

Im Zuge des nunmehr gesetzlich geregelten Schutzauftrages bei Kindeswohlgefährdung und wahrscheinlich auch in Folge der spektakulären Kinderschutzfälle sind in der Praxis sowohl das Bedürfnis wie

> Sozialpädagogische Diagnosen sind in der Vergangenheit kaum mit Hilfe von Instrumenten erstellt worden, sondern eher aufgrund von Erfahrungswissen und „aus dem Bauch heraus". Das bedeutet in der Konsequenz, dass es bisher keine systematische und differenzierte Erfassung von Formen der Kindeswohlgefährdung gegeben hat

die Einsicht in die Notwendigkeit von geeigneten Instrumenten deutlich gestiegen. Das ist grundsätzlich zu begrüßen. Gerade im Themenfeld der Kindesvernachlässigung zeigt sich immer wieder, dass die Einschätzungen und Bewertungen zwischen verschiedenen Berufsgruppen, Arbeitsfeldern, aber auch den Persönlichkeiten der Fachkräfte sehr unterschiedlich ausfallen können. Hier können Einschätzungsinstrumente sehr hilfreich für die notwendigen Verständigungsprozesse sein.

So positiv auf der einen Seite die gestiegene Akzeptanz für solche Instrumente ist, so ist es fachlich bedauerlich, dass viele verschiedene Instrumente nebeneinander genutzt werden. Zumeist gibt es noch nicht einmal in Kommunen ein abgestimmtes Risikoeinschätzungsinstrument, sondern das Jugendamt arbeitet möglicherweise mit anderen Unterlagen als die freien Träger, die möglicherweise einrichtungsinterne Materialien entwickelt haben. Hinzu kommt, dass es Instrumente gibt, die auf der Grundlage wissenschaftlicher Erkenntnisse erarbeitet wurden und evaluiert sind oder auch international bereits erfolgreich eingesetzt werden. Fachkräften sind diese Instrumente oftmals zu umfangreich und in der alltäglichen Praxis zu aufwändig. Nicht selten werden dann eigene Werkzeuge entwickelt, die als praktikabel im Alltag erlebt werden, aber am Ende nicht sicherstellen können, dass sie wissenschaftlichen Erfordernissen und Erkenntnissen gerecht werden und tatsächlich zielführend sind. Manches Instrumentarium ist so umfangreich und aufwändig, dass es sicherlich nicht ohne spezielle Schulung anwendbar ist, andere Materialien müssen kostenpflichtig erworben werden.

Die Vorteile von Einschätzungsinstrumenten sind die, dass sie helfen, Wahrnehmungs- und Bewertungsprozesse zu strukturieren und blinde Flecken zu vermeiden. Sie können die gezielte Wahrnehmung und Genauigkeit der Beobachtung schärfen, relevante Faktoren beschreiben und die sachliche Basis verbreitern. Sie unterstützen bei der Sortierung, Systematisierung und Vervollständigung von Fakten und Informationen und ggf. bei ihrer Gewichtung. So wichtig einerseits diese Funktionen sind, sollten Einschätzungsinstrumente aber auch nicht überbewertet werden: Sie sind Hilfsmittel, haben aber selber keine wertende Funktion. Sie können keine Prognosen erstellen und Kindeswohlgefährdung nicht objektiv bestimmen. Diese Grenzen von Risikoeinschätzungsinstrumenten zu benennen scheint angesichts der Bedürfnisse von Praktikerinnen und Praktikern, mit Hilfe solcher Materialien eine objektive Entscheidung über die Gefährdungslage und damit verbundener Interventionen treffen zu können, wichtig. So hilfreich solche Werkzeuge sind, können sie dennoch den persönlichen Eindruck im Einzelfall und das Erfahrungswissen nicht ersetzen.

Zu favorisieren sind Risikoeinschätzungsinstrumente, die eine wissenschaftlich fundierte Basis haben und den Fachkräften ermöglichen, eigene Formulierungen in strukturierter Form zu platzieren, statt „Kreuzchen" zu machen. Es bedarf darüber hinaus für unterschiedliche Fallkonstellationen eines Sets an Instrumenten. Gleichzeitig müssen die Instrumente aber im Alltag der Fachkräfte auch praktikabel sein, sonst laufen sie Gefahr, zu wenig genutzt zu werden. Hier zeigt sich weiterer Forschungsbedarf bzw. die Notwendigkeit einer besseren Zusammenarbeit zwischen Wissenschaft und Praxis. „Angesichts einer zunehmend geforderten Nutzerunterstützung und einer Balance zwischen Aussagekraft und Aufwand eines Risikoinventars ist die Praktikabilität und Umsetzbarkeit der Risikoeinschätzungsbögen die entscheidende Zielgröße unter den gegebenen Bedingungen in der öffentlichen und freien Jugendhilfe." (Ministerium für Generationen, Familie, Frauen und Integration des Landes NRW, 2010, S. 205)

Insbesondere bei der Qualifizierung von Mitarbeiterinnen und Mitarbeitern aus Kindertageseinrichtungen oder auch der SPFH wird eine weitere Anforderung an Risikoeinschätzungsinstrumente deutlich: In diesen Einrichtungen und Diensten sind bereits Beobachtungsbögen, beispielsweise im Kontext der Bildungsvereinbarung, der Sprachstandsfeststellung oder der Feststellung des gesundheitlichen Status üblich. Mit anderen Worten: In Abhängigkeit vom Arbeitsfeld existieren bereits mehrere Beobachtungsbögen und Einschätzungsinstrumente nebeneinander, die zumeist nicht aufeinander abgestimmt sind. Weitere zusätzliche Instrumente in solchen Jugendhilfefeldern einzuführen, erscheint vor diesem Hintergrund abstrus. Vielmehr müsste es die Aufgabe weiterer Entwicklungen sein, die notwendigen, unterschiedlichen Instrumente so aufeinander zu beziehen, dass mit einem einheitlichen Set gearbeitet werden kann und so die Wahrscheinlichkeit wächst, dass es genutzt und als hilfreich erlebt wird.

Gerade im Hinblick auf die SPFH sei ein weiterer Hinweis erlaubt: Im Zuge der Entwicklung der Jugendhilfe, ambulante Hilfen vor stationären zu favorisieren, aber auch gepaart mit dem Einspardruck der öffentlichen Haushalte, erleben die Träger der SPFH, auch im DKSB, dass ihr Einsatz in Familien verlangt wird, in denen sehr komplexe Problemlagen häufig das latente Risiko einer Kindeswohlgefährdung mit sich bringen. Gleichzeitig jedoch entspricht der gewährte zeitliche Umfang der Hilfe nicht dem tatsächlichen Unterstützungsbedarf. Beklagt wird überdies, dass sich gerade die SPFH mit einem oft nicht ausgesprochenen Kontrollauftrag des Jugendamtes konfrontiert sieht, der lautet: „Kann das Kind in seiner Familie bleiben oder ist das Risiko zu hoch?" Insofern erleben die Mitarbeiterinnen und Mitarbeiter der SPFH immer häufiger, dass sie es einerseits mit Kindeswohlgefährdungen zu tun haben, aber andererseits mit Blick auf die Finanzierung der Maßnahme nur über unzureichende Mittel verfügen. Der ständigen Überprüfung der Frage, inwieweit in dieser Gemengelage das Kindeswohl gesichert ist, kommt in diesem Arbeitsfeld eine immer höhere Bedeutung zu. So sind hier Einschätzungsinstrumente, die in regelmäßigen Abständen zum Einsatz kommen müssen, sowie klare Dienstanweisungen und Verfahren mittlerweile selbstverständlich. Eine Konsequenz kann die sein, dass aufgrund einer Kindeswohlgefährdung und der zeitlich und personell unzureichenden Hilfe der Träger die Fortsetzung der Maßnahme ablehnt, weil so das Kindeswohl nicht mehr sicherzustellen ist.

Zur Risikoeinschätzung sollen die Personensorgeberechtigten sowie das Kind oder der Jugendliche einbezogen werden, weil ihre Problemsicht oftmals eine andere als die der Fachkräfte ist. Das schreibt in Deutschland nun auch das Gesetz vor, wenn damit nicht die Gefahr weiterer Schäden für das Kind zu befürchten ist . Diese Regelung zollt der Tatsache Anerkennung, dass Mädchen, Jungen und ihre Eltern gleichfalls Expertinnen und Experten ihrer eigenen Lebensgeschichte sind und als solche wichtige Daten für die Gefährdungseinschätzung liefern können bzw. ihre Sicht der Dinge auch Berücksichtigung erfahren muss. Die Einschätzung der vorhandenen Probleme und Stärken in die Erziehungsfähigkeiten der Hauptbezugspersonen des Kindes und im Familiensystem sind wichtig für die Auswahl geeigneter und erforderlicher Hilfeangebote. Sie gibt auch Hinweise für die Bestimmung von Ansatzpunkten von Hilfen.

Speziell beim Verdacht auf sexualisierte Gewalt ist besondere Vorsicht geboten, weil insbesondere bei innerfamiliärem sexuellem Missbrauch

- erfahrungsgemäß die Gefahr besteht, dass bei Äußerung eines Verdachtes der oder die Täter/-in in der Familie den Druck auf das Kind massiv erhöhen, über die Gewalterfahrung zu schweigen, und
- nicht selten werden betroffene Kinder in der Vergangenheit auch unmittelbar im Anschluss daran von dem missbrauchenden Elternteil aus einer Institution herausgenommen, um weitere Nachforschungen zu unterbinden.

Die Einbeziehung von Eltern und Kindern in die Risikoabschätzung erweist sich bis heute als unzureichend mit Blick auf die deutschen Verhältnisse

Die Einbeziehung von Eltern und Kindern in die Risikoabschätzung erweist sich bis heute als unzureichend mit Blick auf die deutschen Verhältnisse. Im DKSB wird die Beteiligung von Mädchen und Jungen bei sie betreffenden Belangen grundsätzlich betont und vielerorts wird Kindern und Jugendlichen eine anonyme Beratung nach § 8

SGB VIII schon seit Jahren gewährt. So ist auch ihre Beteiligung an der Risikoabwägung, soweit dadurch kein weiterer Schaden zu vermuten ist, gewünscht. Dennoch fehlt es sicherlich an Methoden für die Einbeziehung von Kindern, aber auch ihren Eltern. Hier formulieren die Fachkräfte Qualifizierungsbedarf, beispielsweise für konfrontative Elterngespräche, aber auch im Hinblick auf Methoden für die Beteiligung von Kindern und möglichen Settings.

Auch Deegener und Körner (2006) beschreiben als Schwächen der derzeit in Deutschland vorhandenen Risikoeinschätzungsinstrumente die fehlende Einbeziehung von Kindern und Jugendlichen sowie den fehlenden systematischen Blick auf vorhandene Ressourcen. Sie haben in ihrer Veröffentlichung eine Fülle von Materialien aus dem internationalen Raum zusammengetragen, von denen einige eben auch diese Anforderungen erfüllen.

Für den DKSB lässt sich sagen, dass es zur Einschätzung des Gefährdungspotenzials für ein Kind sehr wichtig ist, sich neben den Risikofaktoren auch mit möglichen Schutzfaktoren in der Persönlichkeit des Kindes, innerhalb seiner Familie oder seiner weiteren sozialen Umwelt zu beschäftigen und diese gegeneinander abzuwägen. Da bisher nicht eindeutig festzustellen ist, welche Faktoren in welcher Ausprägung kompensierend zu bestimmten Risikofaktoren in ihrer Wechselwirkung stehen, ist es bezüglich dieser Fragen wichtig, aktuelle wissenschaftliche Erkenntnisse aufzunehmen. Auch hinsichtlich der systematischen Erfassung von Stärken und Ressourcen bedienen sich die Mitarbeiterinnen und Mitarbeiter im DKSB zunehmend verfügbarer Hilfsmittel wie z. B. der Methode der Netzwerkkarte.

Aufgrund der beschriebenen, sehr unterschiedlichen örtlichen Praxis kann es auch im DKSB kein einheitliches Instrumentarium geben. In der schon genannten Arbeitshilfe (Deutscher Kinderschutzbund Bundesverband e. V., 2009) werden einige der am meisten verbreiteten Instrumente im DKSB in einer tabellarischen Übersicht vorgestellt und nach den Kriterien
- Altersdifferenzierung
- Kulturspezifische Prägung
- Entwicklungsdynamik
- Resilienz
- Psychische Entwicklung
- Weitere Spalten/Zusatzzeilen

kommentiert.

In der Übersicht finden sich folgende Instrumente:
- DJI Melde- und Prüfbogen
- Einstufungsbogen von Deegener und Körner (aus: Risikoerfassung bei Kindesmisshandlung und Vernachlässigung 2006)

- Beobachtungs- und Dokumentationsbogen für Tagespflegepersonen
- Hamburger Ampelbogen (überarbeitet durch den DKSB-Landesverband Niedersachsen)
- (Düsseldorf-)Stuttgarter Kinderschutzbogen
- Soziale Frühwarnsysteme NRW – Herner Materialien

In einem Fazit zu den einzelnen Rubriken und Instrumenten gibt es Empfehlungen gerade auch für DKSB-Orts- und -Kreisverbände, die ohne Fachkräfte und vor allem ehrenamtlich aktiv sind. Von ihnen wird nicht erwartet, mit Hilfe dieser Materialien eine Kindeswohlgefährdung zweifelsfrei festzustellen, sondern ihnen soll etwas zu ihrer Orientierung an die Hand gegeben werden.

In der Arbeitshilfe wird denn auch resümiert (Deutscher Kinderschutzbund Bundesverband e. V., 2009), dass es keine Empfehlung für das ein oder andere Instrument im Sinne einer wissenschaftlichen Bewertung geben kann, sondern die Darstellungen als Anregungen dienen sollen. Gerade für die Fachkräfte im DKSB ist es wichtig in der Lage zu sein, sich mit den vorhandenen Instrumenten fachlich auseinanderzusetzen und ggf. kritisch damit umzugehen.

3.2.2 Kollegiale Beratung

Da ein Gefährdungsrisiko kein objektiver Tatbestand ist, sondern letztlich immer eine Interpretation, soll die Risikoabschätzung nachvollziehbar nicht einer Fachkraft allein vorbehalten sein, sondern vielmehr durch das Zusammenwirken mehrerer Fachkräfte erfolgen, so schreibt es nun § 8a SGB VIII verbindlich vor.

Eine deutliche Aufwertung sollte im Zuge dessen die kollegiale Beratung als strukturierte Methode erfahren.

Die kollegiale Beratung ist eine anspruchsvolle Arbeitsform. Sie ist auch bekannt unter dem Titel „Intervision". Gefordert ist hier ein Miteinander von Helferinnen und Helfern das für komplexe Ansätze offen ist, anstatt in Dualitäten zu verharren

Die kollegiale Beratung ist eine anspruchsvolle Arbeitsform. Sie ist auch bekannt unter dem Titel „Intervision". Gefordert ist hier ein Miteinander von Helferinnen und Helfern das für komplexe Ansätze („sowohl als auch") offen ist, anstatt in Dualitäten („entweder oder") zu verharren. Beratungen und Entscheidungen, Kollegialität und Fachlichkeit, Hilfe und Kontrolle sind Pole in einem Spannungsfeld, in dem sich Mitarbeiterinnen und Mitarbeiter aus allen Bereichen der Sozialen Arbeit bewegen. Gerade in Bezug auf die Kinder, die am Rande einer Kindeswohlgefährdung stehen, stellt sich für die zuständigen Kräfte der sozialen Arbeit die Frage, wie und wann sie handeln müssen und können. Bei der Beantwortung brauchen sie kritische Begleiter und qualifizierte Kolleginnen und Kollegen.

Mit der kollegialen Beratung ist auch die Übernahme von Verantwortung verbunden. Die Mitarbeiterinnen und Mitarbeiter sind für

ihren „Fall" verantwortlich und müssen die Qualität der Hilfen und Entscheidungen sichern. Dafür sollten sie die sozialpädagogischen Standards einer qualifizierten Jugend- und Familienhilfe im Blick haben. Kollegiale Beratung als wirksame Reflexionsmethode verlangt folgende Rahmenbedingungen:
- Verbindlichkeit von Ort und Zeit,
- die Verbindung von Prozess und Entscheidung durch Festlegung von Arbeitsphasen, geregelte Verfahren
- das andauernde Bemühen aller Beteiligten um die Gestaltung vertrauensvoller Zusammenarbeit

Die Bereitstellung entsprechender Ressourcen ist Verpflichtung und Aufgabe von Leitung bzw. Trägerverantwortlichen.
Kollegiale Beratung dient dazu, durch den methodisch strukturierten, ressourcenorientierten Austausch zwischen Kollegen neue Sichtweisen beruflicher Problemkonstellationen und entsprechende Lösungsperspektiven zu erarbeiten.
- Gruppe von Gleichrangigen: Jede Person hat die Möglichkeit, eine Frage/Problemstellung einzubringen
- Gemeinsamer beruflicher Fokus: ähnliche Tätigkeits- und Erfahrungshintergründe
- Zielgerichteter Prozess zur Lösungsfindung bzw. für den Informationsaustausch
- Gemeinsam festgelegte Struktur: Gruppengröße, Phasen, Regeln etc.
- Klare Rollenaufteilung und -disziplin: Zu beratender Kollege (bringt Fragestellung ein), Moderator (steuert den Beratungsprozess und achtet auf Einhaltung der Phasen), beratende Kollegen (tragen neue Sichtweisen und Lösungsmöglichkeiten zusammen)
- Beratung ohne honorierten Berater: Jede Person ist verantwortlich

3.2.3 Die insoweit erfahrene Fachkraft

Die Hinzuziehung einer insoweit erfahrenen Fachkraft ist nun außerdem eine explizite Forderung an die freien Träger im Falle der Risikoabschätzung. Wenngleich gegenwärtig noch nicht definiert ist, was als „insoweit erfahren" im Detail meint, so besteht im Fachdiskurs gegenwärtig bereits eine Konsens darüber, dass eine solche Fachkraft sich mindestens durch die Doppelqualifikation der Erfahrung und Ausbildung ausweisen muss. Ob im jeweiligen Fall nur eine spezialisierte Fachkraft oder mehrere erforderlich sind, ergibt sich aus der konkreten Problemlage. Grundsätzlich können die insoweit erfahrenen Fachkräfte beim Träger selbst oder extern bzw. freiberuflich beschäftigt sein. So können Träger von der Hinzuziehung externer Fachlichkeit absehen, wenn im eigenen Fachteam die notwendigen Kompetenzen vorhanden sind. Gemäß der Datenschutzbestimmungen sind die Daten in jedem Fall der Hinzuziehung einer insoweit erfahrenen Fachkraft vorab zu anonymisieren bzw. zu pseudonymisieren.

Auf die unklare Situation vielerorts bezüglich der Rolle und Funktion, aber auch der Bezahlung der insoweit erfahrenen Fachkräfte wurde bereits hingewiesen. Insbesondere die Fachkräfte des DKSB, die bereits über Erfahrung im Kontext der Kindeswohlgefährdung verfügen, sind oftmals als insoweit erfahrene Fachkräfte benannt. Damit sind in aller Regel aber keine weiteren „Arbeitsplatzbeschreibungen" verbunden. Viele von ihnen waren auch vor Einführung des § 8a SGB VIII als Fachberatungen für andere Einrichtungen aktiv, wenn es sich um Fälle von Kindesvernachlässigung, psychischer oder physischer Misshandlung oder um sexualisierte Gewalt gegen Kinder handelte. Es gehört sozusagen zum Selbstverständnis dieser spezialisierten Einrichtungen im DKSB, mit dem spezifischen Wissen auch andere Dienste zu unterstützen. Diese Leistungen werden auch heute erbracht, oftmals ohne zusätzliche Finanzierung. Die Hinzuziehung von insoweit erfahrenen Fachkräften gelingt im DKSB auch da, wo ein Orts- bzw. Kreisverband Träger mehrerer Kinder- und Jugendhilfeeinrichtungen ist. Dann stehen die insoweit erfahrenen Fachkräfte quasi intern zur Verfügung, ohne in der betroffenen Einrichtung selber tätig zu sein.

> Es wurde bereits darauf hingewiesen, dass die Unklarheit und Ungeregeltheit zur Rolle und Funktion der insoweit erfahrenen Fachkraft Einfluss auf den Beratungsprozess hat

Es wurde bereits darauf hingewiesen, dass die Unklarheit und Ungeregeltheit zur Rolle und Funktion der insoweit erfahrenen Fachkraft Einfluss auf den Beratungsprozess hat. Der DKSB führt dazu in seiner Arbeitshilfe (2009) an, dass Kinderschutzfachkräfte vorrangig unterstützende Beratung anbieten, aber im konkreten Fall nicht selber aktiv werden. Gerade bei Semi-Professionellen und Laien kommt ihnen die Aufgabe zu, den Beratungsprozess zu einer fachlich begründeten Einschätzung über das Risiko des Kindes sowie über die angemessenen Hilfeangebote zu führen. Die Fallverantwortung bleibt jedoch bei der Mitarbeiterin bzw. dem Mitarbeiter der DKSB-Einrichtung und kann nicht auf die insoweit erfahrene Fachkraft übertragen werden.

Unabhängig davon, ob es sich im DKSB um haupt-, neben- oder ehrenamtliche Mitarbeiterinnen und Mitarbeiter handelt, wird bei Vorliegen von Anhaltspunkten für eine Kindeswohlgefährdung unter Beachtung des Datenschutzes ein zuständiger Vorgesetzter oder Vorstand informiert. Über Dienstanweisungen oder Geschäftsordnungen soll jede Untergliederung die jeweiligen Zuständigkeiten sicherstellen und den Mitarbeiterinnen und Mitarbeitern vermitteln.

Um zu einer qualifizierten Beurteilung bzw. Risikoabschätzung zu gelangen, erweist es sich als hilfreich, folgende Maßnahmen im Vorfeld durchzuführen:
- die Qualifizierung für Elterngespräche
- die Festlegung eines einheitlichen Instrumentariums zur Risikoeinschätzung
- die Erstellung einer Liste mit insoweit erfahrenen Fachkräften
- die Entwicklung eines Ablaufplans für die Einbeziehung der unterschiedlichen Personen
- die Klärung der Kostenfrage bei externer Beratung

3.3 Handeln

Wenn sich im Laufe des Beurteilungsprozesses zeigt, dass Kinder, Jugendliche und/oder die gesamte Familie aktuell Unterstützungs- oder Beratungsbedarf haben, sollten sich Fachkräfte der Kinder- und Jugendhilfe aus Sicht des Kinderschutzbundes seit jeher in der Pflicht sehen, den Bedarfen durch konkrete Eigenleistungen oder durch die Vermittlung von Fremdleistungen zu begegnen. Vom Gesetzgeber nunmehr festgeschrieben sind in Abhängigkeit von der Mitwirkungsbereitschaft und/oder Mitwirkungsfähigkeit der Zielgruppen zwei Vorgehensweisen:
- Hinwirken auf die Inanspruchnahme von Hilfen und/oder
- Information des Jugendamtes

3.3.1 Hinwirken auf die Inanspruchnahme von Hilfen

Nach § 8a Abs. 2 Satz 2 SGB VIII wird ausdrücklich gefordert, zunächst ein Hinwirken der Fachkräfte bei den Personensorgeberechtigten auf die Inanspruchnahme von Hilfen zu leisten, wenn sie diese für erforderlich halten. Es geht darum, die Eltern bzw. Personensorgeberechtigten zu motivieren und ihre Bereitschaft zu fördern, Hilfen anzunehmen. Diese Hilfen können durch die eigene Einrichtung, aber ebenso durch kooperierende Einrichtungen oder Dienste oder durch das Jugendamt erfolgen. Aufgrund der großen Vielfalt der Strukturen und Aktivitäten der DKSB-Orts- und -Kreisverbände und ihren sehr unterschiedlichen Möglichkeiten, Hilfen selber anbieten zu können oder aber zu entsprechenden Einrichtungen und Diensten vermitteln zu müssen, können hier keine pauschalen Angaben gemacht werden. Vielmehr muss die jeweilige Situation vor Ort die Grundlage für angemessene Handlungsstrategien sein. Die Kooperation mit anderen Einrichtungen und Diensten, auch außerhalb der Jugendhilfe, ist jedoch in Fällen von (drohender) Kindeswohlgefährdung so oder so gegeben. Es handelt sich um ein komplexes Zusammenwirken unterschiedlichster kumulierter Faktoren in diesen Familien, die oftmals ein interdisziplinäres Handeln und die Zusammenarbeit unterschiedlicher Professionen erforderlich machen.

Von entscheidender Bedeutung bei der Beratung der Zielgruppe muss sein, dass die vorgeschlagene Hilfe die Gefährdung nachvollziehbar minimiert.

Um dieser Verpflichtung nachkommen zu können, bedürfen die Fachkräfte auch im DKSB einer ausreichenden Qualifizierung für die Elternarbeit. Standards zur Entwicklung eines Schutzplans (inklusive Zeitplan, Vereinbarungen mit den Eltern und Prüfung der Vereinbarungen) und eine angefertigte (gleichwohl immer wieder aktualisierte) Liste von Hilfeangeboten kooperierender Einrichtungen und Dienste erleichtern die Arbeit zusätzlich.

Gerade in DKSB-Orts- und -Kreisverbänden, die nicht über die notwendige Fachexpertise bzw. entsprechende Ressourcen verfügen, sollte ein Schutzplan auch unter Hinzuziehung einer Kinderschutzfachkraft erstellt werden, der ausweist, welche Hilfen in welchem Zeitraum durch welche Personen erfolgen müssen, wozu auch die verbindliche Festlegung von Überprüfungsterminen zählt. Die Ergebnisse müssen selbstredend dokumentiert werden.

3.3.2 Information des Jugendamtes

Nach § 8a Abs. 2 Satz 2 SGB VIII ist die Information des Jugendamtes verpflichtend, falls die angenommenen Hilfen nicht ausreichen, um die Gefährdung abzuwenden. Dies schließt auch solche Fälle ein, in denen die angebotene Hilfe nicht in Anspruch genommen wird oder die Gefährdungssituation akuten Handlungsbedarf erfordert.

Auch für diese Vorgehensweise ist eine Vorbereitung sinnvoll. Dazu gehört die einrichtungsinterne verbindliche Festlegung von Zeitpunkt, Inhalt und Verfahren der Mitteilung an das Jugendamt ebenso wie die Festlegung, wann die Mitteilung ohne Einwilligung der Personensorgeberechtigten erfolgen darf bzw. wie in welchem Fall die Personensorgeberechtigten zu informieren sind.

Analog zum Leitbild des DKSB trifft die Arbeitshilfe nachstehende Aussagen unter der Überschrift „Unsere Haltung: Respekt vor Kindern und ihren personensorgeberechtigten Eltern" (2009, S. 6).

Im Leitbild des DKSB heißt es: „Allen Menschen, mit denen wir zusammenarbeiten, begegnen wir mit Achtung vor ihren Fähigkeiten, Bedürfnissen und Interessen" (DKSB 2003).

Bezogen auf den Schutzauftrag nach § 8a SGB VIII bedeutet das, dass nach Möglichkeit, sofern es nicht zu ihrem weiteren Schaden ist, mit den betroffenen Kindern gemeinsam nach Lösungen gesucht

wird und sie begleitet werden. Dies gilt ebenso für die Personensorgeberechtigten, sofern der Schutz des Mädchens oder Jungens dadurch nicht gefährdet ist. Folgende Grundsätze müssen gelten:
- „Das Kind steht im Mittelpunkt aller Überlegungen und Planungen weiterer Handlungsschritte. Sein Schutz steht als ultima ratio über den Interessen seiner Eltern/Personensorgeberechtigten.
- Angebote zum Schutz und zur Förderung des Kindes brauchen für ihre Annahme Offenheit und einen ehrlichen, zugewandten und respektvollen Umgang mit allen Beteiligten.
- Gefährdungsrisiken bestehen meist auf dem Boden verschiedener Bedingungsfaktoren. Sie zu verstehen, ist die Grundlage für alle weiteren Entscheidungen." (Deutscher Kinderschutzbund Bundesverband e. V., 2009, S. 6)

Der DKSB informiert dann das Jugendamt, wenn der Schutz des Kindes durch die angebotenen Hilfen oder die fehlende Bereitschaft der Eltern bzw. Personensorgeberechtigten in einem für das Kind vertretbaren Zeitraum (kindliches Zeitempfinden) nicht sichergestellt werden kann.

Grundsätzlich ist dazu das Einverständnis der Eltern bzw. des Kindes/Jugendlichen einzuholen. Wird dies verweigert, werden die Betroffenen in Kenntnis darüber gesetzt, dass die Information zum Schutz des Kindes erfolgen muss. Nur wenn eine akute Gefahr für das betroffene Kind besteht, kann auch ohne Wissen der Personensorgeberechtigten das Jugendamt einbezogen werden (Deutscher Kinderschutzbund Bundesverband e. V., 2009).

Für den DKSB als freiem Träger gelten die Schutzbestimmungen bezüglich der personenbezogenen Daten gemäß den Ausführungen in den verschiedenen Sozialgesetzbüchern. Ausnahmen hiervon sind nur möglich, wenn nach § 34 StGB ein rechtfertigender Notstand vorliegt und die Gefahr für ein Kind so groß ist, dass sie auf anderem Wege nicht abgestellt werden kann.

3.3.3 Dokumentation

Da gerade bei Fragen zum Vorliegen von Anhaltspunkten für eine Kindeswohlgefährdung die jeweiligen Wahrnehmungen und Einschätzungen differieren können, kann die Dokumentation zur besseren Objektivität einen Beitrag leisten. Bedeutsam ist sie aber auch deshalb, weil so Ergebnisse und Vereinbarungen zwischen involvierten Mitarbeitern/innen und Kind und Familie nachvollziehbar und transparent festgehalten werden. Damit leistet sie auch einen Beitrag zur Verständigung aller Beteiligten in einem Fall (Deutscher Kinderschutzbund Bundesverband e. V., 2009).

Für den DKSB als freiem Träger gelten die Schutzbestimmungen bezüglich der personenbezogenen Daten gemäß den Ausführungen in den verschiedenen Sozialgesetzbüchern. Ausnahmen hiervon sind nur möglich, wenn nach § 34 StGB ein rechtfertigender Notstand vorliegt und die Gefahr für ein Kind so groß ist, dass sie auf anderem Wege nicht abgestellt werden kann

Die angemessene Dokumentation dient jedoch nicht nur der einrichtungsinternen Nachvollziehbarkeit, sondern kann bedeutsam werden, sollte es zu einer juristischen Beurteilung des Verhaltens einer Fachkraft oder eines Trägers kommen. Die Einhaltung der Verfahrensstandards aus den Vereinbarungen wird dabei sicherlich einer Überprüfung unterzogen werden. Zu denken ist hierbei an strafrechtliche oder zivilrechtliche Konsequenzen, wenn Kinder massive Schädigungen erleiden oder gar zu Tode kommen. Die nachvollziehbare schriftliche Darlegung der geleisteten Tätigkeiten und Entscheidungen in einem Fall kann ein bedeutsames Instrument zur Klärung solcher Sachlagen sein.

Form, Umfang, Ziel und Zweck der Dokumentation müssen darüber hinaus zwischen den öffentlichen und freien Trägern unter Beachtung fachlicher und rechtlicher Vorgaben vereinbart werden. Die Nachvollziehbarkeit einzelner Schritte und Entscheidungen sollte dabei zentral sein.

Im Detail sollte die Dokumentation Auskunft geben über
– Beteiligte Fachkräfte
– Zu beurteilende Situation
– Ergebnis der Beurteilung
– Weitere Entscheidungen
– Definition der Verantwortlichkeit für den nächsten Schritt
– Zeitschiene für Überprüfungen

4. Vorläufiges Fazit

Das Fazit kann nur vorläufig sein, da mit Einführung des Schutzauftrags bei Kindeswohlgefährdung vielfältige Prozesse im DKSB, wie im gesamten Bereich der Kinder- und Jugendhilfe, aber auch der Gesundheitshilfe sowie dem Bildungsbereich in Gang gesetzt wurden. Diese Prozesse laufen nicht einheitlich ab, variieren von Kommune zu Kommune und auch von Träger zu Träger, aber sie setzen sich weiter fort. Die weitere Entwicklung kann nur mit großem Interesse weiterverfolgt werden.

Die Vorgaben des § 8a SGB VIII wurden von vielen Mitarbeiterinnen und Mitarbeitern des DKSB nicht als Neuerungen wahrgenommen, sondern als nunmehr gesetzlich normierter Ausdruck eines bereits in der Vergangenheit praktizierten Umgangs mit Hinweisen auf Kindeswohlgefährdung. Vielerorts gibt es eine seit Jahren gewachsene vertrauensvolle Zusammenarbeit zwischen DKSB und Jugendämtern und auf der Arbeitsebene gemeinsame, anonymisierte Fallberatungen. Dennoch hat der Leitsatz des DKSB „Hilfe statt Strafe" sicherlich in Einzelfällen auch dazu geführt, das Jugendamt möglichst nicht bzw. erst sehr spät einzubeziehen, weil von vielen Eltern die öffentliche Jugendhilfe als „Strafe" bzw. „Kinderklaubehörde" erlebt wird. Aus diesem Grund wenden sich Kinder, Jugendliche und ihre Familien an den DKSB, da dieser Verschwiegenheit und Anonymität zusichert, und wünschen explizit keine Einbeziehung des Jugendamtes. Die niederschwelligen Hilfen und Angebote des DKSB erleichtern es Betroffenen, den Kontakt aufzunehmen und Unterstützung und Beratung in Anspruch zu nehmen. Das ist ein großer Vorteil des DKSB. So haben die ehren- und hauptamtlichen Mitarbeiterinnen und Mitarbeiter die Chance, Hemmschwellen gegenüber anderen Einrichtungen und Diensten und insbesondere gegenüber dem Jugendamt abzubauen und zur Vertrauensbildung in die Möglichkeiten der Kinder- und Jugendhilfe beizutragen. Es gilt jedoch auch, die eigenen Grenzen zu erkennen, die sich durch die jeweilige Struktur bzw. Fachlichkeit und den individuellen Fall definieren. Hier hat der § 8a SGB VIII sicherlich für mehr Klarheit gesorgt, auch wenn dies im Einzelfall immer wieder schwierige Abwägungsprozesse bedeutet, z. B. zwischen Elternwohl und Kindeswohl, zwischen Hilfsangeboten und Schutzerfordernissen. Hier hilft das beschriebene Verfahren, Entscheidungen nicht allein zu treffen und strukturiert vorzugehen.

Gemäß dem Leitbild des DKSB entspricht es seiner Haltung gegenüber Ratsuchenden, über den Schutzauftrag bei Kindeswohlgefährdung zu informieren und Transparenz über sein Umgehen damit herzustellen.

Von den Mitarbeiterinnen und Mitarbeitern aus den Orts- und Kreisverbänden ist zu hören, dass sich vielerorts die Kooperation mit dem Jugendamt deutlich verbessert hat und das unabhängig von der Frage, wieweit der Stand der Umsetzung in Form von Vereinbarungen etc. gediehen ist.

Obwohl der DKSB in vielen Fällen bereits in der Vergangenheit dem Schutzauftrag bei Kindeswohlgefährdung entsprochen hat, haben die gesetzlichen Vorgaben bewirkt, dass das Vorgehen heute transparenter und systematisierter erfolgt, es verbindliche Abläufe für alle ehren- und hauptamtlichen Mitarbeiterinnen und Mitarbeiter gibt und auch die Nutzung von Einschätzungsinstrumenten immer selbstverständlichere Praxis wird.

Auch wenn der DKSB in den letzten Jahren seine Aktivitäten im präventiven Bereich beträchtlich ausgebaut, durch die Festlegung fachlicher Standards und Verfahrensabläufe und Qualifizierung die Kinderschutzarbeit verbessert und dabei eine Intensivierung örtlicher Kooperationen eine wichtige Rolle gespielt hat, so zeigen problematisch verlaufende Einzelfälle von Kindeswohlgefährdungen, dass eine kontinuierliche Evaluation der Arbeit notwendig ist. Gerade der

Von den Mitarbeiterinnen und Mitarbeitern aus den Orts- und Kreisverbänden ist zu hören, dass sich vielerorts die Kooperation mit dem Jugendamt deutlich verbessert hat

> Es entspricht dem Anspruch des DKSB, Kindern zu ihrem Recht auf Schutz zu verhelfen. Insofern versteht es der Verband als seine Selbstverpflichtung, über Evaluationen von Fällen von Kindeswohlgefährdungen seine eigenen Verfahrensabläufe zu optimieren

Rückblick auf bearbeitete Fälle ermöglicht weitere Erkenntnisse über Verläufe von Kindeswohlgefährdungen sowie gelungene und weniger gelungene Hilfeprozesse und hilft Stärken und Schwächen der Praxis auszuloten. Es entspricht dem Anspruch des DKSB, Kindern zu ihrem Recht auf Schutz zu verhelfen. Insofern versteht es der Verband als seine Selbstverpflichtung, über Evaluationen von Fällen von Kindeswohlgefährdungen seine eigenen Verfahrensabläufe zu optimieren (Deutscher Kinderschutzbund Bundesverband e. V., 2009).

Obwohl der § 8a SGB VIII vor allem Verfahren zur Intervention regelt, wird mit dem Schutzauftrag auch die präventive Arbeit stärker betont. Dadurch, dass in allen Einrichtungen und Diensten der Kinder- und Jugendhilfe eine stärkere Sensibilisierung für Anzeichen von Kindeswohlgefährdungen erfolgt, ist davon auszugehen, dass problematische Entwicklungen von Mädchen und Jungen und ihren Familien perspektivisch frühzeitiger wahrgenommen werden und zwischen den Akteuren frühzeitiger und abgestimmter gehandelt wird. Die Praxis zeigt heute, dass es einen erheblichen Gesprächs- und Abstimmungsbedarf unter den verschiedenen Fachleuten gibt. Es prallen unterschiedliche fachliche Sichtweisen, aber auch Systeme aufeinander, so dass ein gemeinsames Handeln noch nicht überall gegeben ist. Gerade in diesem Prozess liegt aber auch die Chance für eine Weiterentwicklung des Kinderschutzes, da dieser wiederum den Sachverstand vieler verschiedener Disziplinen braucht. So ist der Qualifizierungsbedarf im DKSB, wie in der Kinder- und Jugendhilfe, der Gesundheitshilfe und im Bildungsbereich zur Entwicklung eines eingespielten Handelns bei Kindeswohlgefährdung im Sinne einer Verantwortungsgemeinschaft groß.

Zu betonen ist auch, dass der verantwortungsvolle und vom Gesetzgeber geforderte Umgang mit Hinweisen auf eine Kindeswohlgefährdung Ressourcen und Rahmenbedingungen benötigt, um diesem Auftrag angemessen nachkommen zu können. Es ist Aufgabe der Träger, dafür zu sorgen, dass die Mitarbeiterinnen und Mitarbeiter und die Arbeitsfelder so ausgestattet sind, dass der Schutzauftrag fachlich und zeitlich ausgestaltet werden kann.

Zu hoffen ist, dass dieser Prozess in allen relevanten Einrichtungen und Diensten zu einem Klima der Wachsamkeit und Offenheit für Rahmenbedingungen führt, das es Mädchen und Jungen, Eltern, aber auch den ehren- und hauptamtlichen Mitarbeiterinnen und Mitarbeitern erleichtert, Gefährdungspotenziale zur Sprache zu bringen und ggf. präventive oder intervenierende Maßnahmen anzustoßen.

Literatur

Deegener, G. & Körner, W. (2006). Risikoerfassung bei Kindesmisshandlung und Vernachlässigung. Theorie, Praxis, Materialien. Lengerich: Pabst Science Publishers.

Deutscher Kinderschutzbund Bundesverband e. V. (2009). Qualität für Kinder. Empfehlung zur Umsetzung des § 8a SGB VIII im DKSB. Schutzauftrag bei Kindeswohlgefährdung. Erarbeitet vom Ausschuss § 8a SGB VIII. Berlin. Eigenverlag.

Deutscher Kinderschutzbund Bundesverband e. V. (1999). DKSB Handlungsgrundlagen im Bereich Gewalt gegen Kinder und Jugendliche. Berlin. Eigenverlag.

Der DKSB in NRW – Daten und Fakten. Verfügbar unter: http://www.dksb-nrw.de (31.05.2010)

Deutscher Kinderschutzbund Landesverband NRW e.V., Institut für soziale Arbeit e.V. (2009). Kindesvernachlässigung – Erkennen, Beurteilen, Handeln. 5. aktualisierte Aufl. Wuppertal, Münster. Eigenverlag.

Deutscher Verein (2006). Empfehlungen des Deutschen Vereins zur Umsetzung des § 8a SGB VIII. Verfügbar unter: http://www.deutscher-verein.de/05-empfehlungen/empfehlungen_archiv/empfehlungen2006/pdf/copy7_of_eu gleichbehandlungsrichtlinien.pdf (31.05.2010).

Institut für soziale Arbeit e. V., Deutscher Kinderschutzbund Landesverband NRW e. V., Bildungsakademie BiS (2010). Überlegungen zur Ausgestaltung der Rolle der Kinderschutzfachkraft. Verfügbar unter: http://www.dksb-nrw.de. Der DKSB in NRW – Stellungnahmen 2010 (31.05.2010)

Institut für soziale Arbeit e. V. (2006). Der Schutzauftrag bei Kindeswohlgefährdung – Arbeitshilfe zur Kooperation zwischen Jugendamt und Trägern der freien Kinder- und Jugendhilfe. Münster. Verfügbar unter: http://www.kindesschutz.de/Arbeitshilfe/arbeitshilfe%20kindesschutz.pdf (31.05.2010)

Kindler, H. & Lillig, S. (2005). Der Schutzauftrag der Jugendhilfe unter besonderer Berücksichtigung von Gegenstand und Verfahren zur Risikoeinschätzung. Expertise. Verfügbar unter: http://www.dji.de/bibs/Isa_Expertise_Kindler_Lillig.pdf (31.05.2010)

Kindler, H., Lillig, S., Blüml, H., Meysen, T. & Werner, A. (Hrsg.) (2006). Handbuch Kindeswohlgefährdung nach § 1666 BGB und Allgemeiner Sozialer Dienst (ASD). Verfügbar unter: http://db.dji.de/asd/ASD_Handbuch_Gesamt.pdf (31.05.2010)

Ministerium für Generationen, Familie, Frauen und Integration des Landes Nordrhein-Westfalen (2010). Studie: Kindeswohlgefährdung – Ursachen, Erscheinungsformen und neue Ansätze der Prävention. Düsseldorf.

Münder, J. (2007). Untersuchung zu den Vereinbarungen zwischen den Jugendämtern und den Trägern von Einrichtungen und Diensten nach § 8a Abs. 2 SGB VIII. Verfügbar unter: http://www.gsw.tu-berlin.de/fileadmin/i54/Downloads/Dateien_der_MitarbeiterInnen/Prof._Dr._Johannes_Muender/Jugendaemter_020207.pdf (31.05.2010)

Zum Verhältnis Früher Hilfen und der Erfassung von Kindeswohlgefährdung

Pascal Bastian

1. Einleitung

Spätestens seit 2006, als das Bundesfamilienministerium in einer Pressemitteilung ankündigte, im Rahmen des Schwerpunkts „Frühe Hilfen für Eltern und Kinder und soziale Frühwarnsysteme" eine Initiative für einen besseren Schutz gefährdeter Kindern voranzutreiben, sind die Begriffe 'Frühe Hilfen' und 'Soziale Frühwarnsysteme' bundesweit in der Fachwelt, zumindest der Kinder- und Jugendhilfe, etabliert. Im vorliegenden Beitrag erfolgt eine Beschäftigung mit Frühen Hilfen bezogen auf das Erkennen der relevanten Zielgruppe und die Diagnose von Problemlagen. Es lässt sich zeigen, dass dieses Vorgehen in vielen Projekten eng verknüpft ist mit Methoden, wie sie (vor allem seit Einführung des § 8a SGB VIII) im Bereich des Kinderschutzes Verwendung finden. Im Folgenden soll vor allem die Angemessenheit der in der Praxis verwendeten Verfahren des Risikoscreenings geprüft werden.

Diagnosetätigkeiten in einem Arbeitsbereich beziehen sich immer auf eine bestimmte Zielgruppe, auf die sich das dort verortete (Hilfe-)Handeln ausrichtet. Allerdings existiert in Frühen Hilfen bislang keine allgemeingültige Zielgruppenbestimmung, da diese auf kommunaler Ebene höchst unterschiedlich umgesetzt werden. Deshalb werden die Bedarfe diskutiert – mit der Absicht, hierdurch die Zielgruppe Früher Hilfen eingrenzen zu können. Daraufhin werden die Begriffe Prävention und Risiko, welche sich als Kennzeichen Früher Hilfen darstellen, diskutiert. Beide Aspekte lassen sich als einen Versuch begreifen, das 'Früh' der Frühen Hilfen zu operationalisieren.

Im vierten Teil des vorliegenden Beitrags erfolgt eine kritische Auseinandersetzung mit der scheinbaren Wahlverwandtschaft zwischen Diagnosemodellen in Frühen Hilfen und im Kinderschutz. Dazu lohnt auch ein Blick in die Diagnosedebatte, die seit einigen Jahren in der Sozialen Arbeit, vor allem für den Bereich der Hilfen zur Erziehung, geführt wird. Hier lassen sich einige Gründe herausarbeiten, die gegen die Verwendung solch klassifikatorischer Diagnoseinstrumente sprechen. In einem abschließenden Fazit werden die zentralen Aspekte zusammengefasst und diskutiert, welche zumindest ein Nachdenken über die Entwicklung alternativer einzelfallspezifischer Verfahren für die Diagnose in Frühe Hilfen begründen.

2. Frühe Hilfen – Darstellung zweier unterschiedlicher Bedarfsebenen

Die Diskussion über Frühe Hilfen sowie deren Erprobung und Implementierung nimmt ihren Anfang in Nordrhein-Westfalen. Bereits im Jahre 2001 wurde durch die Landesregierung von Nordrhein-Westfalen ein Modellprojekt ins Leben gerufen, in dem diese Vernetzung sowie die frühe Einleitung von Hilfe- und Unterstützungsmaßnahmen umgesetzt werden sollten. Mit diesem Modellprojekt „Soziale Frühwarnsysteme in Nordrhein-Westfalen" wurden Ansätze und interdisziplinäre Formen der Zusammenarbeit entwickelt, um riskante Entwicklungen von Kindern und familiale Krisen frühzeitig zu erkennen und so rechtzeitig eine Verfestigung von Problemlagen zu vermeiden. In Folge dieses Projektes entstanden seit 2001 in den nordrhein-westfälischen Kommunen nahezu flächendeckend unterschiedliche Projekte und Initiativen zu diesem Thema (vgl. Böttcher et al., 2008 und 2009).

Erst einige Jahre danach fand das Thema Frühe Hilfen auch Einzug auf die bundespolitische Agenda. Diese Entwicklung hängt eng mit Bemühungen zur Verbesserung des Kinderschutzes zusammen, welcher in den letzten Jahren zunehmend in den Mittelpunkt des sozial- und fachpolitischen Interesses gerückt wurde. Ausgangspunkt dieser fachpolitischen, fachlichen, aber auch mittlerweile öffentlichen Diskussion waren die vom Bundesfamilienministerium veröffentlichten und kommentierten Daten, die eine massive Zunahme der Misshandlungszahlen von Kindern auswiesen (BMFSFJ, 2008, S. 4).

Bezogen auf die anvisierten familiären Bedarfslagen lassen sich die verschiedenen Konzepte früher Hilfen analytisch auf zwei Ebenen kategorisieren. Zum einen werden mit Frühen Hilfen allgemeine Unterstützungsleistungen verbunden, die keine speziellen Zielgruppen auswählen, sondern sich zunächst an alle Familien mit Kindern richten. Zum anderen finden sich Konzepte, die bestimmte Bedarfslagen anvisieren und sich zum größten Teil an Familien richten, die bestimmte (schwache) Risiken in Bezug auf das Kindeswohl, wie Überforderung, geringe ökonomische Ressourcen oder fehlende soziale Unterstützung vorweisen. Grundsätzlich sind in der Praxis auch Mischformen oder Schwerpunktsetzungen in die eine oder andere Richtung vorzufinden. Allerdings lassen sich auf diesen bei-

Bezogen auf die anvisierten familiären Bedarfslagen lassen sich die verschiedenen Konzepte früher Hilfen analytisch auf zwei Ebenen kategorisieren

den Ebenen unterschiedliche Philosophien in Bezug auf Hilfedurchführung und Hilfeziele herausarbeiten.

2.1 Erste Ebene: Frühe Hilfen als Unterstützungsleistung für Familien

Dem Ansatz des 11. Kinder- und Jugendberichts folgend, stellt Kindererziehung eine anspruchsvolle Aufgabe dar, bei deren Erfüllung Eltern grundsätzlich auf institutionelle Hilfe angewiesen sind. Unter dem Stichwort „Aufwachsen in öffentlicher Verantwortung" wird hier die These vertreten, dass Familien heute generell höheren Anforderungen ausgesetzt sind. Gründe dafür seien vor allem in der stärkeren Ausdifferenzierung der Gesellschaft, dem Wandel familialer Lebenswelten, den veränderten sozialen Rahmenbedingungen, beispielsweise in der Erwerbsarbeit sowie in der Enttraditionalisierung und Pluralisierung der Lebenslagen auch von Kindern und Jugendlichen zu finden (vgl. BMFSFJ, 2002, S. 61). Der Staat und seine sozialen Sicherungssysteme, so die Argumentation der Sachverständigenkommission des Berichtes, tragen deshalb eine größere Verantwortung gegenüber allen Familien, diese bei der Erziehung ihrer Kinder durch institutionalisierte Hilfe- und Beratungsformen zu unterstützen (ebd.).

Ein solcher Ansatz lässt sich als Ausgangspunkt auch in einigen Konzepten der Frühen Hilfen finden. Diesem Verständnis folgend können Frühe Hilfen als eine präventive Unterstützung von Familien angesehen werden, die keine spezifischen Risiken in Bezug auf die Möglichkeit einer Kindeswohlgefährdung aufweisen und daher keine daraufhin ausgerichtete Hilfeleistung benötigen. Dieser Lesart folgend können grundsätzlich alle Familien mit Kindern als Klienten Früher Hilfen auftreten, auch solche, die (nur) eine generelle Unterstützung zur Bewältigung der verschiedenen familiären Herausforderungen in der Erziehung ihrer Kinder benötigen. In diesem Verständnis von Frühen Hilfen wird davon ausgegangen, dass Elternschaft mit bestimmten familiären und gesellschaftlichen Herausforderungen verbunden ist, welche zunächst einmal schicht- und statusunabhängig sind. Aufwachsen in öffentlicher Verantwortung bedeutet demzufolge, dass die Gesellschaft durch ihre Unterstützungsinstitutionen positive Lebensbedingungen für alle Familien gewährleisten muss. Offene, freiwillige und nicht stigmatisierende Hilfeformen sind dabei Möglichkeiten, die *private Verantwortung der Eltern*, die täglichen Anforderungen der Erziehungsarbeit zu meistern, durch eine, wie im 11. Kinder- und Jugendhilfebericht gefordert, *öffentliche Verantwortung subsidiär zu ergänzen*.

2.2 Zweite Ebene: Frühe Hilfen als Prävention von Kindeswohlgefährdung

Das durch das Bundesfamilienministerium vertretende Konzept Früher Hilfen nimmt neben solchen allgemeinen Bedarfsdefinitionen auch spezifische Bedarfe in den Blick. So werden beispielsweise im Bundesaktionsprogramm „Frühe Hilfen für Familien und ihre Kinder und Soziale Frühwarnsysteme" auch so genannte „Risikofamilien" in die Bedarfsdefinition Früher Hilfen einbezogen. Frühe Hilfen umfassen nach der Begriffsbestimmung des durch den Bund gegründeten Nationalen Zentrums Frühe Hilfen (NZFH) „vielfältige sowohl allgemeine als auch spezifische, aufeinander bezogene und einander ergänzende Angebote und Maßnahmen. Grundlegend sind Angebote, die sich an alle (werdenden) Eltern mit ihren Kindern im Sinne der Gesundheitsförderung richten (universelle/primäre Prävention). Darüber hinaus wenden sich Frühe Hilfen insbesondere an Familien in Problemlagen (selektive/sekundäre Prävention)" (NZFH, 2009).

Des Weiteren lässt sich für das Bundesprogramm ein besonderer Fokus auf der Vermeidung von Kindeswohlgefährdung erkennen, welcher durch ein frühes Wahrnehmen diesbezüglicher Risiken in den Familien vollzogen wird. Dazu heißt es weiter in der Definition des NZFH: „Frühe Hilfen tragen in der Arbeit mit den Familien dazu bei, dass Risiken für das Wohl und die Entwicklung des Kindes frühzeitig wahrgenommen und reduziert werden. Wenn die Hilfen nicht ausreichen, eine Gefährdung des Kindeswohls abzuwenden, sorgen Frühe Hilfen dafür, dass weitere Maßnahmen zum Schutz des Kindes ergriffen werden" (ebd.).

In dieser Lesart lassen sich Frühe Hilfen als *sekundäre Form der Prävention*[1] verstehen. Demnach müssen Personen oder Institutionen, die solche Hilfen anbieten, über Verfahren und Instrumente verfügen, ihre Zielgruppe zu identifizieren und zu erreichen. Somit ist eine wesentliche Voraussetzung Früher Hilfen, welche sich an spezifische Bedarfslagen richtet, über Indikatoren zu verfügen, um besonders unterstützungsbedürftige Eltern von weniger unterstützungsbedürftigen Eltern zu trennen und herauszufiltern. Ein Beispiel für solche

---

[1] Wie an späterer Stelle (Abschnitt 3.1) beschrieben wird, lässt sich Prävention in primäre, sekundäre und tertiäre Prävention unterteilen. Sekundäre Formen der Prävention setzen an, wenn bestimmte Normabweichungen bereits latent vorhanden sind. Ihr Anspruch ist es, frühzeitig Risiken zu erkennen und Interventionen zu realisieren, damit sich diese Risiken nicht manifestieren bzw. zu einer potentiellen Gefahr werden. Sie richten sich demnach an bestimmte Zielgruppen, die in Bezug auf den zu bearbeitenden Gegenstand ein im Gegensatz zur Allgemeinbevölkerung erhöhtes Risiko aufweisen.

Verfahren, das an späterer Stelle näher diskutiert wird, sind so genannte Risikoscreenings[2] und -indikatoren, welche einen besonderen Stellenwert in der Debatte um Frühe Hilfen einnehmen.

3. Kennzeichen Früher Hilfen und ihr Verhältnis und Kinderschutz

Die zuvor beschriebenen beiden Bedarfsebenen haben für die Ausgestaltung Früher Hilfen und Sozialer Frühwarnsysteme einen widersprüchlichen Doppelauftrag zur Folge (vgl. Schone, 2008). Zum einen zielen solche Präventionsprojekte darauf, frühzeitige Hilfen für Familien bereitzustellen, zu einem Zeitpunkt, wo noch kein Anlass für staatliche Eingriffe gegeben ist (Ebene 1). Dazu müssen die Akteure in Frühen Hilfen das Vertrauen der Eltern gewinnen, um diese vom Nutzen solcher Angebote zu überzeugen. Dies ist laut Schone (2008) nur möglich, wenn der jugendhilferechtliche Kontrollaspekt weitestgehend zurückgedrängt wird. Zum anderen bedeutet die konzeptionelle Ausrichtung auf Risiken in Sozialen Frühwarnsystemen, dass Hilfebedarfe aktiv entdeckt werden müssen (Ebene 2). Diese systematische Beobachtung von elterlichen Verhaltensweisen birgt wiederum einen Kontrollaspekt in sich, der mit dem zuerst genannten Auftrag schwer vereinbar ist. „Die Vermischung dieser beiden Ebenen in der aktuellen Diskussion macht es sehr vielen Kooperationspartnern der Sozialen Dienste (…) schwer, eine Orientierung zu finden" (Schone, 2008, S. 67).

Es gibt in der deutschen Diskussion bislang wenige Tendenzen, die unterschiedlichen Projektansätze und Sichtweisen zum Thema Frühe Hilfen in einen theoretischen Rahmen zu fassen. In der vom wissenschaftlichen Beirat des NZFH vorgelegten Begriffsbestimmung lassen sich drei Schwerpunkte erkennen, die mehr oder weniger im Vordergrund stehen: Dies ist zum einen das Thema der *Frühzeitigkeit* von Hilfen im Sinne von *Prävention*. Zweitens die Frage nach Instrumenten, um riskante Entwicklungen frühzeitig zu erkennen, so genannten *Risikoscreenings* und drittens die *Kooperation und Vernetzung* von Institutionen, die Zugänge zu Familien haben und familienunterstützende Hilfen anbieten (vgl. NZFH, 2009).

---

[2] Ein Screening ist laut Deegener und Körner ein rascher und zunächst grober Auswahlprozess, um bei einem Individuum oder einer Gruppe zu entscheiden, ob bestimmte Merkmale vorhanden oder nicht vorhanden sind. Ein Screening kann im Sinne dieser Definition als erster Schritt in einer umfassenden Diagnose angewendet werden (vgl. Deegener & Körner, 2006 S. 61ff.).

Die ersten beiden Kennzeichen werden im Folgenden näher beschrieben. Der Aspekt der Vernetzung soll an dieser Stelle ausgeblendet werden, da er sich nicht direkt auf die Thematik der Diagnostik bezieht (Zu Kooperation und Vernetzung in Frühen Hilfen vgl. Lohmann, et al. 2010; Meysen et al., 2009).

3.1 Frühzeitigkeit und Prävention als Kennzeichen Früher Hilfen

Obwohl es in allen Projekten im Kontext Früher Hilfen um das Thema Frühzeitigkeit geht, wird dieser Begriff nicht überall gleich definiert. Das Nordrhein-Westfälische Landesprogramm z. B. beschreibt Frühzeitigkeit in einem doppelten Sinne. Zum einen früh im Leben von Kindern, dort vor allem in der Altersgruppe der Unter-Dreijährigen. Die zweite Definition von Frühzeitigkeit bezieht sich auf die Risiken selbst. Hier geht es darum, mögliche Problemlagen in Familien schon im Entstehen zu erkennen, um sie gemeinsam mit den Familien zu bearbeiten, bevor sie sich derart festigen, dass sie zu riskanten Entwicklungen führen (vgl. MGFFI, 2005).

Gleich welche Definition von Frühzeitigkeit herangezogen wird, eine theoretische Auseinandersetzung mit Frühen Hilfen und Sozialen Frühwarnsystemen bringt dabei immer die Beschäftigung mit Schwellen mit sich. Betrachtet man die potentielle Gefährdung eines Kindes als ein Kontinuum zwischen 'keine Gefährdung' und 'Gefährdung', lassen sich dort verschiedene Schwellenwerte definieren. Zum einen wird man kurz vor dem Endpunkt 'Gefährdung' die vom Gesetzgeber festgelegte Schwelle der Kindeswohlgefährdung ansetzen. Reinhold Schone (2008) beschreibt diesen Begriff als „rechtliches und normatives Konstrukt" (S. 112), das trotz seiner Unbestimmtheit eine wichtige Legitimationsgrundlage für staatliche Eingriffe darstellt. Im BGB § 1666 legt der Gesetzgeber diese Grenze fest: „Wird das körperliche, geistige oder seelische Wohl des Kindes (...) gefährdet und sind die Eltern nicht gewillt oder nicht in der Lage, die Gefahr abzuwenden, so hat das Familiengericht die Maßnahmen zu treffen, die zur Abwendung der Gefahr erforderlich sind." Um diese Schwelle zu identifizieren ist laut Schone von Seiten des Jugendamtes eine fachliche Einschätzung notwendig, der zunächst eine Sammlung und Dokumentation wesentlicher, beobachtbarer Sachverhalte vorangehen muss. Diese Aufgabe des systematischen Abschätzens des Gefährdungsrisikos konkretisiert der Gesetzgeber im § 8a des Kinder- und Jugendhilfegesetzes (SGB VIII). Somit ist schon allein die Bestimmung dieser Schwelle keinesfalls eindeutig und anhand harter objektiver Kriterien möglich. Vielmehr ist hier eine Reflexionsfähigkeit nötig, die es für den professionell Handelnden möglich macht, „bei Darstellungen, Einschätzungen und Folgerungen stets zwischen Tatsachen und Meinungen zu unterscheiden, d.h. professionelle Erkenntnis und persönliche Überzeugungen zu entflechten" (Schone, 2008, S. 113).

Nun wird für die Frühen Hilfen eine weitere niedrigere Schwelle angesetzt, die auf einer anderen Ebene professionelle Entscheidungen nötig macht. Heißt beim Begriff 'Kindeswohlgefährdung' die Entscheidung: „Ist eine erhebliche Gefahr für das Kind wahrscheinlich oder nicht", heißt sie bei der Schwelle Frühe Hilfe: „Ist eine Verfestigung von Risiken für das Kind wahrscheinlich oder nicht." Muss bei der Schwelle im Kontext der Erziehungshilfe die *Gefährdung* eingeschätzt werden, muss im Kontext der Frühen Hilfe das Vorhandensein *latenter Risiken* bewertet werden.

Ziel Früher Hilfen ist, durch Unterstützungsformen ein Phänomen zu bearbeiten, das gegenwärtig noch nicht oder nicht besonders ausgeprägt vorhanden ist. Den Konzepten ist immanent, dass zukünftig eine mögliche Gefahr für das Kind, durch eine Überforderungssituation der Eltern auftreten kann, dass die Wahrscheinlichkeit ihres Eintretens prognostiziert werden kann und Maßnahmen ergriffen werden, die diese potentielle Gefahr verhindern. Insofern lassen sich Frühe Hilfen als präventive Hilfen bezeichnen. Der Begriff Prävention bezeichnet im Gegensatz zur Intervention, dem Eingreifen bei bereits manifesten Störungen, ein „vorbeugendes Eingreifen" (vgl. Böllert, 2001, S. 1394). Diese Unterscheidung geht auf Caplan (1964) zurück, der in einem nosologisch orientierten, triadischen Strukturmodell Prävention in primäre Prävention, als die unmittelbare Vermeidung von Krankheiten und anderen direkt schädigenden Einflüssen, sekundäre Prävention, als unmittelbare Erkennung und Beseitigung von spezifischen Schädigungen oder Krankheiten, und tertiäre Prävention als zukunftsgerichtete Vermeidung weiterer pathogener Einflüsse, um chronischen Mängellagen oder Schäden entgegenzuwirken, unterteilt.

Wie bereits beschrieben, lassen sich die Zielgruppen Früher Hilfen auf zwei Ebenen einordnen. Je nach anvisierter Bedarfslage wird von den Projekten auch ein unterschiedlicher Präventionsgedanke vertreten, wobei der erste Ansatz (Ebene 1) vor allem auf Familien zielt, welche nicht von spezifischen Risiken betroffen sind. Akteure, die dieser Zielgruppe frühzeitig Hilfe zur Verfügung stellen wollen, sind in ganz besonderer Weise auf deren Vertrauen angewiesen, da die Bereitstellung von Unterstützungsangeboten zu einem Zeitpunkt erfolgt, an dem (noch) kein Anlass zu staatlichem Eingriff oder gar zu Zwangsmaßnahmen besteht. Die zweite Dimension (Ebene 2) des Präventionsgedankens zielt eher darauf, aktiv Hilfebedarfe zu suchen und zu entdecken. Dies bedeutet, dass Angebote und Maßnahmen in private Lebensbereiche hineinragen können. Die Verhaltensweisen von Eltern sollen hierbei systematisch beobachtet und daraufhin bewertet werden, ob eine defizitäre oder gar gefährdende Lebenssituation eines Kindes vorliegt (vgl. Schone, 2008). Der Bedarf für Frühe Hilfen liegt demnach in der Vermeidung von Gefahren für das Kind.

Inwiefern und in welchem Ausmaß die beiden Präventionsansätze in der Praxis umgesetzt werden, lässt sich allerdings nur schwer nachvollziehen, da zur praktischen Ausgestaltung Früher Hilfen bislang sehr wenig empirische Erkenntnisse zu finden sind. Eine Studie des Deutschen Instituts für Urbanistik gibt allerdings Hinweise zum praktischen Verständnis von Prävention in Frühen Hilfen. Demnach variieren die Begriffsverständnisse auch in der Praxis zwischen den beschriebenen Polen:

> Während für manche Fachkräfte Frühe Hilfen vorrangig der Förderung und Unterstützung von (werdenden) Eltern dienen, zielen für andere Befragte Frühe Hilfen vornehmlich auf die Kontrolle möglicher Kindeswohlgefährdungen bzw. auf die Gewährleistung einer dem Wohl des Kindes entsprechenden Erziehung ab. Das grundsätzliche Anliegen ist dabei, „das gesunde, körperliche, geistige und seelische Aufwachsen von Kindern zu fördern(…).". Hierfür gilt es, Risiken und Gefährdungen möglichst frühzeitig wahrzunehmen, um die Wahrscheinlichkeit für deren Eintreten zu verringern, und bereits in frühen Lebensphasen Hilfen anzusetzen, um Fehlentwicklungen oder Schädigungen vorzubeugen. So gaben mehrere Jugend- und Gesundheitsämter in diesem Zusammenhang entweder an, Frühe Hilfen seien „Hilfen, die die Erziehungskompetenz der Eltern von Anfang an fördern" sollten oder „Maßnahmen, um Kinder früher und besser zu schützen" (...).
> (DIfU, 2009, S. 23)

Es lässt sich kritisieren, dass Frühe Hilfen als präventive Maßnahmen in gewisser Weise paradox erscheinen. Im Allgemeinen wird der Begriff Prävention weitgehend positiv konnotiert, da es plausibel und wünschenswert erscheint, möglichst früh gegen ein etwaiges Problem zu intervenieren. Dennoch ist die Präventionslogik hochgradig kontrollorientiert. Dollinger (2006) kritisiert die einseitige Normorientierung von Prävention: Menschen werden mit einem höherwertigen Moralkonzept konfrontiert, gegen das sie zu dem Zeitpunkt der Intervention noch nicht verstoßen haben. „Ihnen wird attestiert, sie würden sich deviant verhalten, wenn sie nicht an Präventionsmaßnahmen teilhaben würden" (Dollinger, 2006, S. 147). Zudem führt

Dollinger (2006) kritisiert die einseitige Normorientierung von Prävention: Menschen werden mit einem höherwertigen Moralkonzept konfrontiert, gegen das sie zu dem Zeitpunkt der Intervention noch nicht verstoßen haben

> Indem das Ungewöhnliche vor dem Hintergrund einer erwünschten Normalität zum Unerwünschten wird, da bestimmten Verhaltens- oder Lebensweisen bescheinigt wird, sie könnten sich zu zukünftigen Problemen entwickeln, wird damit eine Gruppe von 'Abweichlern' identifiziert und stigmatisiert. Die Folge ist, dass Präventionsmaßnahmen bei Familien den Anschein einer Umerziehungsmaßnahme erwecken

die für vorbeugende Interventionen unhintergehbare Selektions- und Differenzierungsmechanik zu einer Diskreditierung von Minderheiten. Indem das Ungewöhnliche vor dem Hintergrund einer erwünschten Normalität zum Unerwünschten wird, da bestimmten Verhaltens- oder Lebensweisen bescheinigt wird, sie könnten sich zu zukünftigen Problemen entwickeln, wird damit eine Gruppe von 'Abweichlern' identifiziert und stigmatisiert (ebd.). Die Folge ist, dass Präventionsmaßnahmen bei Familien den Anschein einer Umerziehungsmaßnahme erwecken (vgl. Kutscher, 2008), im Sinne eines gesellschaftlich erwünschten Umgangs, den Eltern bezüglich ihrer Kinder verwirklichen sollten. Ziegler spricht in diesem Zusammenhang von einer Funktion der 'Disziplinierung' im Sinne von Foucault (1997). „Disziplinierung lässt sich als ein Versuch der möglichst umfassenden und bis in die psychischen Tiefenstrukturen reichenden Persönlichkeitsmodellierung verstehen" (Ziegler, 2006, S. 150). Das Deutungsmuster, scheinbar problembehaftete Handlungs- und Daseinsformen als Symptom für eine soziale Problemkonstellation zu begreifen, führt zu einer Individualisierung von Problemen (vgl. ebd.).

Die in diesem Kontext formulierten (Präventions-)Aufträge unterliegen somit einer Doppelstruktur, die normativ geprägte Selektionsentscheidungen über wünschenswertes Verhalten auf der einen und gesellschaftlich nicht akzeptierte Abweichungen auf der anderen Seite beinhaltet (vgl. Franzkowiak, 2008). Die Frage nach der Wirkung und dem konkreten Nutzen, den eine Familie von einer bestimmten Hilfe hat, bleibt im Rahmen der Präventionssemantik häufig unbeantwortet. Ebenso bleiben die Inanspruchnahme und Anbahnung derartiger präventiver Hilfen häufig willkürlich und hängen von örtlich stark divergierenden Möglichkeiten sowie den Teilhabechancen von Familien ab. „Problematisch wird es", so Merchel (2008, S. 16), „wenn im Namen der Prävention Familien primär unter dem Blickwinkel betrachtet werden, ob sich Indizien finden, die auf mögliche künftige Übel hindeuten können. Der 'präventive Blick' bedarf der immanenten Korrektur, weil ansonsten zuvörderst die Risiken und weniger die Entwicklungspotentiale markiert werden."

3.2 'Risikofamilien' – Eltern als potentielle Gefahr für ihre Kinder

Projekte, deren Präventionsparadigma in der Vermeidung von Gefahren für das Kind besteht (Ebene 2), sind auf Instrumente angewiesen, um frühzeitig Risiken im elterlichen Umfeld für das Kind zu entdecken. In diesem Zusammenhang spielt der Risikobegriff eine große

Rolle. Das Wort Risiko erhält im sprachlichen Gebrauch zumeist die Bedeutung eines potentiellen Schadens oder seiner Wahrscheinlichkeit, häufig wird auch von einer Kombination von Wahrscheinlichkeit und Schaden ausgegangen (ausführlich Hensen & Schone, 2009). Risikoanalysen und Risikomanagement sind Verfahren aus der Stochastik, die vor allem im Bereich des Finanz- und Versicherungswesens anzutreffen sind (vgl. Cottin & Döhler, 2009). Bereits im 16. und 17. Jahrhundert wurden im Zuge der Entstehung erster Börsen durch mathematische Verfahren der Risikoanalyse die Wahrscheinlichkeiten potentieller zukünftiger Wertveränderungen von Wertobjekten berechnet. Im betriebswirtschaftlichen wie auch im allgemein stochastischen Sinne wird dem Wort Risiko nicht zwangsläufig eine negative Assoziation zugeschrieben. Risiko beschreibt zunächst einmal die Möglichkeit einer Wertveränderung, die letztlich auch als Chance begriffen werden kann. Es ist in dieser Lesart eine „Zufallsvariable, die im Vorhinein nicht bekannte Wertveränderungen eines Objekts (...) unter den Bedingungen eines wohldefinierten Zufallsexperiments angibt. Das Zufallsexperiment kann verschiedene Ergebnisse liefern, die jeweils eine bestimmte Wahrscheinlichkeit haben (...)" (Cottin & Döhler, 2009, S. 2).

Luhmann (2003, S. 30f) unterscheidet Risiko systematisch von Gefahr. Während der Begriff Gefahr einen potentiellen Schaden beschreibt, der extern veranlasst, von der Umwelt zugefügt wird, ist das Risiko immer ein Risiko von Entscheidungen, das heißt der potentielle Schaden (in Luhmanns Sinne behält Risiko seine negative Bedeutung) lässt sich auf eine (insofern falsche) Entscheidung zurückführen. Im Sinne eines 'Sozialen Risikos' sind Risiken somit potentielle Schädigungen, die durch menschliches Handeln hervorgerufen werden. Laut Luhmann und auch Beck (1986) bewegt sich der Mensch in einer Risikogesellschaft, die vor allem durch Ungewissheit geprägt ist. Das Risiko ist dabei unvermeidbar, da der Mensch fortwährend kalkuliert. Jedes Handeln, auch das Nicht-Handeln bedarf einer vorhergehenden Entscheidung (vgl. Luhmann, 2003, S. 37). In der Kontingenz der verschiedenen Entscheidungen liegt das Risiko der Folgen dieser Entscheidungen vor einem zukünftigen Ungewissheitshorizont (vgl. Rauschenbach, 1992, S. 36).

Soziale Risiken haben Folgen für die Inszenierung institutionalisierter staatlicher Hilfesysteme. Rauschenbach (1992) bewertet diesen Sachverhalt in einem Artikel zur Rolle Sozialer Arbeit vor dem Hintergrund einer von sozialen Risiken geprägten Welt. Demnach ist die öffentliche Erziehung und als Teil von ihr die Soziale Arbeit eng verknüpft mit der Moderne und den Folgen der Industrialisierung. Sie selbst ist Produkt dieser Entwicklungen als Antwort auf die Fragen: „Wie geht eine Gesellschaft mit der Existenz sozialer Ungleichheiten

Das Wort Risiko erhält im sprachlichen Gebrauch zumeist die Bedeutung eines potentiellen Schadens oder seiner Wahrscheinlichkeit, häufig wird auch von einer Kombination von Wahrscheinlichkeit und Schaden ausgegangen

und normativer Abweichungen um, wie bewältigt sie die destabilisierenden psycho-sozialen Krisen und soziokulturellen Ungewissheiten?" (Rauschenbach, 1992, S. 25). Dabei lässt sich der quantitative Zuwachs institutioneller Hilfesysteme mit der zunehmenden Individualisierung in Verbindung bringen, welche einerseits die Auflösung traditioneller Bindungen, privater Netzwerke und lokaler Gemeinschaften und andererseits einen Zuwachs an Freiheit und Wahlmöglichkeiten und die damit verbundene riskante Unsicherheit zur Folge hat (vgl. ebd., S. 45ff). Die Ambivalenz Sozialer Arbeit zeigt sich allerdings dadurch, dass sie nicht nur die Antwort auf soziale Risiken und brüchige private Solidarität sein soll, sondern sich gleichsam als Mitproduzent und Verstärker sozialer Risiken (und Chancen) darstellt. Durch die Bereitstellung öffentlicher Unterstützungssysteme soll und wird der Handlungsspielraum der Menschen erweitert. Die Möglichkeit des sozialen Aufstieges sowie der Erweiterung individueller Wahlmöglichkeiten steigert die Individualisierungsoptionen des Einzelnen und somit dessen Ungewissheit und dessen Risiken (vgl. ebd., S. 56). Gleichzeitig, so Kessl (2006), ist die Risikokalkulation ein konstituierendes Element der Sozialen Arbeit. Die (mathematische) Kalkulation sozialer Risiken ist demnach seit jeher eng mit den Aufgaben staatlicher Sicherungssysteme verknüpft und findet ihren Ausdruck unter anderem in der Bevölkerungsstatistik, in der Regelmäßigkeiten erfasst werden und somit ein Bezugspunkt von Normalität gesetzt wird, der wiederum die Möglichkeit bietet, Abweichungen zu lokalisieren und deren Risiken zu kalkulieren (vgl. Kessl, 2006, S. 38). Die Brüchigkeit wohlfahrtstaatlicher Normalisierungsmodelle allerdings hat zur Folge, dass kollektive Risikokalkulation durch eine individuelle abgelöst wird. Ein aktivierender Sozialstaat[3] überlässt dem Individuum die Aufgabe individueller, subjektiver Lebensführung und die damit verbundenen Risiken. „Einen Anspruch öffentlicher Unterstützung verliert allerdings der privat Leichtsinnige" (ebd., S. 42).

Die Verwendung des Risikobegriffs in der Kinder- und Jugendhilfe, hier im Kontext Früher Hilfen beinhaltet eine Semantik der Zuschreibung. Vor allem der Terminus „Risikofamilie" impliziert in

---

[3] Der „Aktivierende Staat" ist in Deutschland vor allem seit 1999 durch die damalige rot-grüne Bundesregierung zum Leitbild für die Modernisierung von Staat und Verwaltung etabliert worden und löst das Paradigma des „Fürsorgenden Wohlfahrtstaates" ab (vgl. Dingeldey, 2006). Kennzeichnend ist der damit verbundene Umbau der Verwaltung, z. B. im Sinne eines Modells der „Neuen Steuerung" durch Kontraktmanagement, sowie einer wirkungsorientierten Verwaltungsführung. Dem zugrunde liegt das Konzept einer „neuen Verantwortungsteilung zwischen Staat und Gesellschaft", welche der persönlichen Selbstregulierung Vorrang vor staatlicher oder hierarchischer Steuerung oder Aufgabenübernahme einräumt (vgl. Dahme & Wohlfahrt, 2003).

der Wortbedeutung von Luhmann eine Kategorisierung von Familien, die aufgrund eigener (falscher) Entscheidungen die Verantwortung für ihre Risiken selbst zu tragen haben. Hensen (2010) sieht darin die Anforderung an Eltern, diese Risiken nicht nur zu verantworten, sondern selbstständig zu beseitigen. Diese Zuschreibung von Verantwortlichkeit versetzt Organisationen sozialer Dienstleistungen in die Lage, den Blick alleine auf die Familie als Risikoträger zu richten und die Zusammenhänge der Entstehung von schwierigen familiären Lebenslagen, die auch mit der Gewährung von Handlungsspielräumen durch die Gesellschaft verbunden sein können, auszublenden (vgl. Hensen, 2010, S. 19). Denn, folgt man dem Capabilities-Ansatz[4] hängt das Wohlergehen nicht allein von den eigenen Fähigkeiten ab. Vielmehr muss die Gesellschaft den Menschen materielle, institutionelle und auch pädagogische Bedingungen bieten, ihn befähigen, damit dieser neue Fähigkeiten entwickeln kann (Otto & Ziegler, 2010). Schwierige Lebenslagen haben somit nicht zwangsläufig eine 'Unfähigkeit' der Betroffenen zur Ursache, sondern womöglich auch fehlende Verwirklichungschancen. Doch der Fokus auf Risiken verhindert systematisch, diese zu erkennen und im Sinne einer Chancengewährung zu bearbeiten. Für die Organisationen hat Risikokategorisierung laut Hensen (2010) eine zweifach legitimierende Funktion: Zum einen verdeckt die Individualisierung von familiären Schwierigkeiten durch den Risikobegriff mögliche organisations- und systeminterne wie auch gesellschaftliche Schwächen – es wird dadurch eine klare Zielgruppe, ein Problemträger identifiziert – zum anderen lassen sich dadurch leicht Handlungszwänge auf institutioneller und sozialstaatlicher Seite (und deren Kosten) legitimieren, weil sich durch die Zuschreibefunktion zugleich die 'Schuldfrage' beantworten lässt (vgl. Hensen, 2010, S. 18). Hier zeigt sich die große Verwandtschaft des Risikobegriffs zu einer Präventionslogik, in der 'Abweichler' und 'Gefährdete' identifiziert werden: Die 'Verantwortung' für abweichendes Verhalten wird allein dem Symptomträger aufoktroyiert.

> Schwierige Lebenslagen haben somit nicht zwangsläufig eine 'Unfähigkeit' der Betroffenen zur Ursache, sondern womöglich auch fehlende Verwirklichungschancen. Doch der Fokus auf Risiken verhindert systematisch, diese zu erkennen und im Sinne einer Chancengewährung zu bearbeiten

> Hier zeigt sich die große Verwandtschaft des Risikobegriffs zu einer Präventionslogik, in der 'Abweichler' und 'Gefährdete' identifiziert werden: Die 'Verantwortung' für abweichendes Verhalten wird allein dem Symptomträger aufoktroyiert

---

[4] Der Capabilites-Approach ist ein von Amartya Sen und Martha Nussbaum entwickelter gerechtigkeitstheoretischer Ansatz, der die Frage, was der Mensch für ein gutes, gelingendes Leben benötigt, bearbeitet. Es wird dabei zwischen Funktionsweisen (functionings), die der Mensch bereits als Fähigkeit besitzt bzw. erreicht hat, und Verwirklichungschancen (capabilities), d.h. die Möglichkeiten des Menschen weitere Funktionsweisen zu verwirklichen, unterschieden (vgl. Otto & Ziegler, 2010).

4. Überlegungen zur Diagnose in Frühen Hilfen zwischen Klassifizierung und Einzelfall

4.1 Diagnosen in Frühen Hilfen und im Kinderschutz – eine Wahlverwandtschaft?

Trotz des mit dem Risikobegriffs verbundenen Zuschreibungs- und Kontrolldilemmas werden Risikoscreenings von Institutionen Früher Hilfen als hilfreiche und notwendige Instrumente angesehen (Meysen et al., 2009). Die verwendeten Verfahren zeigen dabei die scheinbar enge Verwandtschaft in der Bestimmung der Zielgruppe und in der Ausgestaltung von Diagnose zwischen Frühen Hilfen und Konzepten des Kinderschutzes.

Sogenannte Risikoscreeningverfahren spielen bei der Erkennung von Kindeswohlgefährdung eine wichtige Rolle. § 8a SGB VIII Abs. 1 schreibt vor, dass nach dem Bekanntwerden gewichtiger Anhaltspunkte durch das Jugendamt, neben der Bedarfsfeststellung und der Auswahl geeigneter Hilfen eine Gefährdungseinschätzung vorzunehmen ist. Es liegen mittlerweile zahlreiche Verfahrensvorschläge zur Erkennung und Einschätzung des Risikos zur Kindeswohlgefährdung vor, die teilweise von Kommunen selbst oder durch Forschungsinstitutionen (z. B. Deutsches Jugendinstitut, Institut für soziale Arbeit) entwickelt wurden. Hierbei überwiegen sogenannte indikatorengestützte, d.h. klassifikatorische Screeninginstrumente, welche sich auf empirisch valide Risikofaktoren stützen (vgl. ISA, 2006, S. 34, eine Auseinandersetzung mit der empirischen Validität solcher Screeningverfahren im Kinderschutz findet sich beispielsweise bei Kindler & Lillig, 2005). Diese Risikofaktoren sind nach Kindler (2009) empirische Vorhersagefaktoren, die das Eintreten eines negativ gewerteten Ereignisses in hohem Maße wahrscheinlich machen. Ein empirisch gesicherter Risikofaktor in Bezug auf ein bestimmtes Ereignis setzt voraus, dass „auf der Ebene einer umfassenden Integration und Bewertung der vorhandenen relevanten Forschung" das Vorhandensein „einer belegbaren und zeitlich gerichteten Assoziation zwischen Risikofaktor und Ereignis" (Kindler, 2009, S. 178) erreicht wird. Mittlerweile können im Bereich der Psychopathologie und der Entwicklungspsychologie eine Vielzahl von beobachtbaren Risikofaktoren benannt werden, die möglicherweise negativen Einfluss auf die Entwicklung des Kindes haben können (vgl. Scheitauer et al., 2000, S. 66ff.). Je nach Ausprägung und wechselseitigen Wirkungen können solche Faktoren potentielle Gefährdungen nach sich ziehen oder aber (im Sinne von Schutzfaktoren) verhindern

(Deegener & Körner, 2006; zu Risiko- und Schutzfaktoren vgl. auch Bender & Lösel, 2005).

Für die Bedarfsfeststellung bei Frühen Hilfen zeigt sich sowohl in der fachlichen Debatte als auch in der praktischen kommunalen Umsetzung eine zunehmende Tendenz zur Verwendung solcher Risikoscreenings. In der zuvor zitierten Studie „Bundesweite Bestandsaufnahme zu Kooperationsformen im Bereich Früher Hilfen", welche durch das Deutsche Institut für Urbanistik im Auftrag des NZFH durchgeführt wurde, ergab die Befragung von Jugend- und Gesundheitsämtern, dass vor allem durch die Jugendämter der Einsatz von allgemeinen Screening-Verfahren in Frühen Hilfen Verbreitung findet. 46,6 Prozent der befragten Jugendämter nutzen diese Verfahren bereits und weitere 20,9 Prozent planten die Entwicklung von Risikoscreenings für das Jahr 2009. Bei den Gesundheitsämtern gaben immerhin 36 Prozent an, Risikoerfassungsverfahren zu nutzen. Dort ist für das Jahr 2009 bei 18,4 Prozent der Einsatz solcher Instrumente geplant (vgl. DIfU, 2009, S. 30).

Dabei zeigt sich gerade in der Verwendung solcher Verfahren das zuvor beschriebene grundlegende Dilemma in der Semantik und der Konzeption, die mit der theoretischen Konstruktion 'Früher Hilfen' einhergehen. Dieses Dilemma entfaltet sich entlang der staatlichen Kontrollfunktion sozialer Dienste, denen Frühe Hilfen, so scheint es, stärker ausgesetzt sind als andere Jugendhilfeleistungen. Denn sie bilden zum einen ein System niedrigschwelliger und freiwilliger Angebote, durch dessen Akteure Familien offen und transparent von Unterstützungsdienstleistungen überzeugt werden sollen, welche diese in jedem Fall auch ablehnen können. Zum Anderen wird mit der Verwendung von Risikoscreenings in Frühen Hilfen mehr und mehr eine neuartige Kontrollinstanz impliziert, mit der der Anspruch verfolgt wird, möglichst frühzeitig im Familiensystem begründete Gefahren für die Kinder zu entdecken. Wie gezeigt wurde, dienen die Begriffe Risikofamilie und Prävention vor allem als Legitimationsgrundlage für weitreichende staatliche Prüf- und Kontrolltätigkeiten, die tief in den privaten Bereich von Familien einzudringen suchen. Das Hilfe-Kontrolle-Dilemma zeigt sich m. E. in Frühen Hilfen besonders ausgeprägt, da durch solche Begrifflichkeiten Zuschreibungen verbunden sind, die Eltern zu einer potentiellen Gefahr für ihre Kinder stigmatisieren, zu einem Zeitpunkt, an dem eine solche Etikettierung keinesfalls angemessen ist. Denn, das 'Früh' als umfassende Idee ist auch das Problem Früher Hilfen: Sie wollen früh einsetzen, bevor sich familiäre Probleme und Überforderungen überhaupt manifestieren, und erheben deshalb den Anspruch, solche Prozesse im Vorfeld prognostizieren zu können. Andererseits kann aber niemals mit absoluter Wahrscheinlichkeit erwiesen werden, ob

> Wie gezeigt wurde, dienen die Begriffe Risikofamilie und Prävention vor allem als Legitimationsgrundlage für weitreichende staatliche Prüf- und Kontrolltätigkeiten, die tief in den privaten Bereich von Familien einzudringen suchen

> Denn, das 'Früh' als umfassende Idee ist auch das Problem Früher Hilfen: Sie wollen früh einsetzen, bevor sich familiäre Probleme und Überforderungen überhaupt manifestieren, und erheben deshalb den Anspruch, solche Prozesse im Vorfeld prognostizieren zu können

ohne eine Hilfe eine vorhergesagte negative Entwicklung in Gang kommt. Somit werden Familien zu 'Risikofamilien', bevor sie es sind oder sogar obwohl sie es vielleicht niemals werden. Zudem werden die familiären Probleme durch den Risikobegriff derart individualisiert, d. h. die Verantwortung für prognostizierte Risiken wird als subjektiver Entscheidungsprozess den Familien selbst zugeschrieben, so dass etwaige systemimmanente Schwächen ausgeblendet werden.

Aus dieser Problematik heraus besteht eine mögliche Alternative darin, Risikoscreenings nur als Grundlage für eine weitere Diagnostik anhand der individuellen fachlichen Urteilfähigkeit der Professionellen zu nutzen, wie beispielsweise Fegert und Ziegenhain (2009) vorschlagen. Diese Vorgehensweise löst nun keinesfalls das Problem der Zuschreibung vollkommen auf, da dennoch die Familien zunächst einmal als riskant identifiziert werden, bevor eine weiterführende fallbezogene Diagnostik überhaupt in Gang kommt.

Verfahren der Risikoanalyse lassen sich also sowohl aufgrund ihrer stigmatisierenden Wirkung als auch wegen der schwierigen Vereinbarkeit mit Verfahren professioneller Falleinschätzung für die Verwendung in Frühen Hilfen zumindest als problematisch einschätzen. Dennoch scheinen solche klassifikatorischen Risikoscreenings, wie bereits beschrieben, in Frühen Hilfen mittlerweile zum Verfahrensstandard zu gehören. Im besten Fall wird in den Frühen Hilfen eine Vereinbarkeit beider Verfahren vorausgesetzt, wie am Beispiel der oben genannten Autoren beschrieben.

4.2 Die Kritik an klassifikatorischen Verfahren in der Sozialen Arbeit – Neue Implikationen für Frühe Hilfen?

Aus meiner Sicht lassen sich die zuvor beschriebenen Schwierigkeiten in der Verwendung klassifikatorischer Instrumente in Frühen Hilfen mit der Diagnosedebatte in der Sozialen Arbeit in Beziehung setzen. Es lässt sich feststellen, dass dort klassifikatorische Methoden vor allem aus fachlichen, vielleicht auch aus sozialpädagogisch-ethischen Argumenten heraus von vielen Autoren abgelehnt werden. Die Kritiker konstatieren eine Nichtvergleichbarkeit und Einzigartigkeit des Einzelfalls und begreifen deshalb Diagnose als (Einzel-)Fallverstehen, welches nur anhand von Methoden der hermeneutischen Fallanalyse möglich ist. Klassifikatorische Diagnosemodelle tragen laut Galuske & Rosenbauer „Degradierungs- und Etikettierungspotentiale" (2008, S. 75) in sich, die der angestrebten Subjektstellung sozialpädagogischer Adressaten widersprechen. Kunstreich et al. (2004, S. 27) kritisieren die sozialpädagogisch diagnostischen

Bemühungen als „üble Nachrede", da sie nicht auf die Adressaten gerichtet sind, sondern nur die Funktion der Legitimation von Handlungen im Sinne einer „Zuständigkeits-, Verschiebe- oder Ausgrenzungsrhetorik" erfüllen. Obwohl die Position der Eltern und Kinder seit der Einführung des Kinder- und Jugendhilfegesetzes (SGB VIII) durch die explizit verankerte Beteiligungs- und Aushandlungsfunktion der Hilfeplanung (§ 36) gestärkt wurde, sehen die Autoren in der Praxis eine Dominanz der beschriebenen legitimatorisch-funktionalen Diagnostik sowie einen Zuwachs an medizinisch-psychologisch orientierten Diagnosebemühungen in der Jugendhilfe (ebd.).

Auch Galuske und Rosenbauer kritisieren, dass trotz der vorliegenden zum Teil ausdifferenzierten, bspw. hermeneutischen Modelle in der Praxis medizinische und psychologische Methoden einen regelrechten Anwendungs-Boom erfahren, was aus ihrer Sicht als „Sozialtechnologisierung der sozialpädagogischen Praxis" (2008, S. 76) gedeutet werden kann. Hierbei steht weniger das Subjekt, sondern vielmehr eine Systemfunktion der Methoden im Vordergrund. Hinter den nicht offen angelegten Verfahren zur expertengesteuerten Wissensgenerierung stehen Konzepte von psychischer und sozialer Normalität, welche sich leichter für administrative Zwecke als Begründungen für Entscheidungen und Interventionen instrumentalisieren lassen. Insofern lässt sich der Diagnostikboom in der sozialpädagogischen Praxis mit der betriebswirtschaftlich geprägten Umgestaltung des Sozialsektors in Zusammenhang bringen. Otto und Kollegen sehen Gründe für die Entwicklungen im Sinne des 'New Public Management' darin, dass aus politischer Sicht das Vertrauen in die Professionen und deren Autorität geschwächt ist. Der Einsatz von Instrumenten, die sich an scheinbar objektiven, da evidenzbasierten Kriterien orientieren, diene vor allem der Kompensation dieses verloren gegangenen Vertrauens. Nicht nur, dass dadurch Fälle und deren Risiken und Störfaktoren besser und umsichtiger identifiziert werden sollen. Mit dem Einsatz solcher Instrumente ist die Hoffnung verbunden, eine genauere Diagnostik und die zielgerichtetere Gewährleistung von Hilfeleistungen zu ermöglichen, um Fälle dadurch kalkulierbarer zu machen und Hilfeleistungen effektiver und effizienter zu steuern. Im Zentrum läge, so die Autoren, die 'Accountability' der Sozialen Arbeit, durch verpflichtende Praxismanuale und Verfahrensstandards (vgl. Otto et al., 2007, S. 50ff.). Mit der Rationalisierung sozialer Organisationen geht damit eine Rationalisierung sozialpädagogischen Handelns einher.

Hermeneutische Verfahren, als sozialpädagogische Alternative zum medizinisch-psychologisch geprägten Diagnoseverständnis gelten, oft wegen ihrer Aufwendigkeit als nicht praxistauglich, doch Galuske und Rosenbauer (2008) sehen als Grund für deren seltenen Einsatz

> Der Einsatz von Instrumenten, die sich an scheinbar objektiven, da evidenzbasierten Kriterien orientieren, diene vor allem der Kompensation dieses verloren gegangenen Vertrauens

> Hermeneutische Verfahren, als sozialpädagogische Alternative zum medizinisch-psychologisch geprägten Diagnoseverständnis gelten, oft wegen ihrer Aufwendigkeit als nicht praxistauglich

vielmehr einen Mangel an Organisationskonformität. Das Vorhaben der Rationalisierung ist nur realisierbar, wenn Fälle und Leistungen vergleichbar gemacht werden. Doch in dieser angestrebten Homogenität ist ein genauer Blick auf die Individualität und Einmaligkeit des Einzelfalls nicht mehr möglich. Darin liegt die Hauptkritik. Vor allem die Missachtung sozialpädagogischer Maximen von Lebenswelt- und Subjektorientierung durch die scheinbare objektive Klassifizierbarkeit von Menschen und von sozialen Problemen, aber auch das Ausblenden ethischer und normativer Dimensionen des Handelns sowie die dadurch vollzogene „(unbemerkte) Reproduktion gesellschaftlicher Wertvorstellung" (ebd., S. 79) lassen Kritiker klassifikatorischer Methoden an der Anwendbarkeit und der Angemessenheit solcher Instrumente zweifeln.

5. Fazit und Ausblick

Es zeigt sich, dass der bisherige Diskurs zur Diagnostik in Frühen Hilfen in hohem Maße an der fachlichen Auseinandersetzung mit den (neuen) gesetzlichen Anforderungen im Kinderschutz ansetzt und dass in Bezug auf die Verfahrensweisen zur Fallbewertung in Frühen Hilfen eine starke Anlehnung an die (Risiko-)Diagnostik zu beobachten ist. Durch diese Nähe zu den Praktiken, die zurzeit im Rahmen des Kinderschutzes entwickelt werden, läuft die Frühe Hilfe m. E. Gefahr, ihre Potentiale nicht vollständig auszunutzen, indem sie zu einer vorgelagerten Kinderschutzmaßnahme verkommt. Den Frühen Hilfen einen Präventionscharakter im Sinne einer Vermeidung potentieller Kindeswohlgefährdung zu verleihen, lässt sich fachlich als auch kommunalpolitisch nicht verantworten. Die Gefahr der Stigmatisierung von Eltern als potentielle Gefahr für ihre Kinder würde nicht nur den Aufbau eines Vertrauensverhältnisses sowie eines zielführenden Arbeitsbündnisses erheblich erschweren, es wäre auch in der Sache selbst keinesfalls angemessen. Denn, wenn sich Frühe Hilfe als allgemeine Unterstützungsleistung von Eltern in einem frühen, nicht akuten Stadium einer möglichen parentalen Überforderung begreift, heißt das Bewerten solcher Fälle über potentielle Risiken, „das Pferd von hinten aufzuzäumen". Wenn schon im Bereich des Kinderschutzes die Prognose von Risiken nicht bedeutet, dass jedes Risiko zu einer Gefährdungssituation kommt, gilt dies in einem solch frühzeitigen Stadium umso mehr.

Es spricht einiges dafür, auch in Frühen Hilfen über Diagnoseverfahren nachzudenken, die sich spezifischer auf Formen des Einzelfallverstehens beziehen. Der professionelle Blick auf die Ursachen und Gründe von familiären Problemlagen und Überforderungssymptomen erscheint angemessener und zielführender als die Klassifizierung von Eltern anhand evidenzbasierter Risikokategorien. Auch die eigentliche Frühe Hilfe sollte sich im Gegensatz zu Aktivitäten im Rahmen des Kinderschutzes stärker auf die Unterstützung überforderter Eltern als auf die Vermeidung einer potentiellen Kindeswohlgefährdung ausrichten. Gleichwohl muss an dieser Stelle gesagt werden, dass die Kontroll- und Schutzfunktion des Staates auch in diesem frühen präventiven Bereich nicht ausgeblendet werden sollte und darf. Dies ist eine fachliche Paradoxie, der sich auch Fachkräfte und Mitarbeiter in Frühen Hilfen ausgesetzt sehen. Allerdings soll an dieser Stelle für einen stärkeren familienbezogenen Fokus plädiert werden, denn Frühe Hilfen richten sich an Eltern, deren mögliche Überforderung sich in einem solch frühen Stadium befindet, dass eine Prognose, inwiefern und wann sich daraus eine Gefährdung für das Kind entwickeln könnte, weder leistbar noch verantwortbar wäre.

In den Frühen Hilfen allerdings ist eine solche Diskussion bislang ausgeblieben. Wie im Rahmen des vorliegenden Beitrags dargelegt, lässt sich in der fachlichen Debatte ein großer Schwerpunkt auf psychologisch geprägte klassifikatorische Screeningverfahren ausmachen. Anders als in den Hilfen zur Erziehung wird in Frühen Hilfen die Frage, inwiefern ein solches Vorgehen für die Betrachtung des Einzelfalls unangemessen sei, nicht gestellt. Wenn allerdings davon ausgegangen werden kann, dass sich Familien in erzieherischen Hilfen und solche in Frühen Hilfen aufgrund ihres Unterstützungsbedarfs ähneln, wenn der Unterschied zwischen beiden womöglich darin liegt, dass Familien in Frühen Hilfen (noch) weniger ausgeprägte Schwierigkeiten und Probleme haben, dann stellt sich die Frage, warum nicht auch hier hermeneutisch geprägte Diagnosemodelle vorliegen. Kann es nicht sein, dass sich gerade Familien mit 'Risiken, die sich noch nicht verfestigt haben', noch schwieriger in feste Kategoriensysteme einordnen lassen als Familien, deren Gefährdung stärker fortgeschritten ist?

> Es spricht einiges dafür, auch in Frühen Hilfen über Diagnoseverfahren nachzudenken, die sich spezifischer auf Formen des Einzelfallverstehens beziehen. Der professionelle Blick auf die Ursachen und Gründe von familiären Problemlagen und Überforderungssymptomen erscheint angemessener und zielführender als die Klassifizierung von Eltern anhand evidenzbasierter Risikokategorien

Literatur

Ader, S. & Schrapper, C. (2002). Wie aus Kindern in Schwierigkeiten „schwierige Fälle" werden. Erfahrungen und Befunde aus einem neuen Forschungsprojekt zu einem alten Thema. Forum Erziehungshilfen, 8 (1), 27-34.

Beck, U. (1986). Risikogesellschaft. Auf dem Weg in eine andere Moderne. Frankfurt a.M.: Suhrkamp.

Bender, D. & Lösel, F. (2005). Misshandlung von Kindern: Risikofaktoren und Schutzfaktoren. In G. Deegener & W. Körner (Hrsg.), Kindesmisshandlung und Vernachlässigung. Ein Handbuch (S. 317-346). Göttingen u.a.: Hogrefe.

Biesta, G. (2007). Why „what works" won't work: Evidence-based practice and the democratic deficit in educational research. Educational Theory, 57 (1), 1-22.

Böllert, K. (2001). Prävention und Intervention. In H.-U. Otto & H. Thiersch (Hrsg.), Handbuch Sozialpädagogik – Sozialarbeit (S. 1394-1398). Neuwied: Luchterhand.

Böttcher, W., Bastian, P, Hensen, G, Lenzmann, V. & Lohmann, A (2009). Soziale Frühwarnsysteme und Frühe Hilfen. Modelle, theoretische Grundlagen und Möglichkeiten der Evaluation präventiver Handlungsansätze und Netzwerke der Kinder-, Jugend- und Gesundheitshilfe. Unveröffentlichte Expertise zum 9. Kinder- und Jugendbericht der Landesregierung Nordrhein-Westfalen.

Böttcher, W., Bastian, P. & Lenzmann, V. (2008). „Soziale Frühwarnsysteme" Evaluation des Modellprojekts in Nordrhein-Westfalen. Münster: Waxmann.

Bundesministerium für Familie, Senioren, Frauen und Jugend (BMFSFJ) & Bundesministerium für Justiz (BMJ) (2008). Änderungsvorschlag BMFSFJ & BMJ, § 8a SGV III Schutzauftrag bei Kindeswohlgefährdung, Stand: 04.03.2008.

Bundesministerium für Jugend, Familie, Frauen und Gesundheit (BMJFFG) (Hrsg.) (1990). Achter Jugendbericht. Bericht über die Bestrebungen und Leistungen der Jugendhilfe. Bonn: Bundesministerium für Jugend, Familie, Frauen und Gesundheit.

Caplan, G. (1964). Principles of preventive psychiatry. New York: Basic Books.

Cottin, C. & Döhler, S. (2009). Risikoanalyse. Modellierung, Beurteilung und Management von Risiken mit Praxisbeispielen. Wiesbaden: Vieweg & Teubner.

Dahme, H.-J. & Wohlfahrt, N., (2003). Aktivierungspolitik und der Umbau des Sozialstaats. Gesellschaftliche Modernisierung durch angebotsorientierte Sozialpolitik. In H.-J. Dahme, H.-U. Otto, A. Trube & N. Wohlfahrt (Hrsg.), Soziale Arbeit für den aktivierenden Staat (S. 75-102). Opladen: Leske & Budrich.

Deegener, G. & Körner, W. (2006). Risikoerfassung bei Kindesmisshandlung und Vernachlässigung: Theorie, Praxis, Materialien. Lengerich: Pabst.

Deutsches Institut für Urbanistik (DIfU) (2009). Bundesweite Bestandsaufnahme zu Kooperationsformen im Bereich Früher Hilfen Ergebnisbericht der Difu-Umfrage bei Jugend- und Gesundheitsämtern. Berlin: Deutsches Institut für Urbanistik.

Dingeldey, I. (2006). Aktivierender Wohlfahrtsstaat und sozialpolitische Steuerung. Aus Politik und Zeitgeschichte, 8-9, 3-9.

Dollinger, B. (2006). Prävention. Unintendierte Nebenfolgen guter Absichten. In B. Dollinger & J. Raithel (Hrsg.), Aktivierende Sozialpädagogik: Ein kritisches Glossar (S. 145-154). Wiesbaden: VS Verlag für Sozialwissenschaften.

Fegert, J. & Ziegenhain, U. (2009). Zur Einführung: Frühe und Präventive Hilfen für Eltern mit Säuglingen und Kleinkindern. Teil A in T. Meysen, H. Kindler & L. Schönecker, Frühe Hilfen im Kinderschutz: Rechtliche Rahmenbedingungen und Risikodiagnostik in der Kooperation von Gesundheits- und Jugendhilfe (S. 11-22). Weinheim und München: Juventa.

Foucault, M. (1977). Überwachen und Strafen. Die Geburt des Gefängnisses. Frankfurt/M.: Suhrkamp.

Franzkowiak, P. (2008). Prävention im Gesundheitswesen. Systematik, Ziele, Handlungsfelder und die Position der Sozialen Arbeit. In G. Hensen & P. Hensen (Hrsg.), Gesundheitswesen und Sozialstaat. Gesundheitsförderung zwischen Anspruch und Wirklichkeit (S. 195-219). Wiesbaden: VS-Verlag für Sozialwissenschaften.

Galuske, M. & Rosenbauer, N. (2008). Diagnose und Sozialtechnologie. In J. Bakic, M. Diebäcker & E. Hammer (Hrsg.), Aktuelle Leitbegriffe der Sozialen Arbeit. Ein kritisches Handbuch (S. 73-90). Wien: Löcker.

Hensen, G. & Schone, R. (2009). Familie als Risiko? Zur funktionalen Kategorisierung von „Risikofamilien" in der Jugendhilfe. In Ch. Beckmann, H.-U. Otto, M. Richter & M. Schrödter (Hrsg.), Jugendhilfe und Familie. neue praxis-Sonderheft 9 (S. 149-159). Lahnstein: Verlag neue Praxis.

Hensen, G. (2010). Risikofamilien. Wie Probleme fachlichen Handelns einzelnen Familien als Eigenschaft zugeschrieben werden. Sozial Extra, 34 (3,4), 16-19.

Institut für soziale Arbeit (ISA) (Hrsg.) (2006). Der Schutzauftrag bei Kindeswohlgefährdung – Arbeitshilfe zur Kooperation zwischen Jugendamt und Trägern der freien Kinder und Jugendhilfe. Münster: Institut für soziale Arbeit e.V.

Kessl, F. (2006). Individualität – Dein Risiko! Soziale Arbeit auf dem Weg zur neo-sozialen Risikokalkulatorin. In B. Dollinger (Hrsg.), Individualität als Risiko? Soziale Pädagogik als Modernisierungsmanagement (S. 33-47). Berlin u.a.: Lit-Verlag.

Kindler, H. & Lillig, S. (2005). Früherkennung von Familien mit erhöhten Misshandlungs- oder Vernachlässigungsrisiken. IKK-Nachrichten, 1 (2), 10-13.

Kindler, H. (2009). Wie könnte ein Risikoinventar für frühe Hilfen aussehen? Teil C in T. Meysen, H. Kindler & L. Schönecker, Frühe Hilfen im Kinderschutz: Rechtliche Rahmenbedingungen und Risikodiagnostik in der Kooperation von Gesundheits- und Jugendhilfe (S. 173-234). Weinheim und München: Juventa.

Kunstreich, T., Langhanky, M., Lindenberg, M. & May, M. (2004). Dialog statt Diagnose. In M. Heiner (Hrsg.), Diagnostik und Diagnose in der Sozialen Arbeit. Ein Handbuch (S. 26-39). Berlin: Deutscher Verein für öffentliche und private Fürsorge e.V.

Kutscher, N. (2008). Prävention unter Druck. Frühwarnsysteme und Elterntrainings. Sozial Extra 32 (1,2), 38-41.

Lenzmann, V., Bastian, P., Lohmann, A., Böttcher, W. & Ziegler, H. (2010). Hilfebeziehung als Wirkfaktor aus professionstheoretischer Perspektive. im Druck.

Lohmann, A., Bastian, P., Lenzmann, V., Böttcher, W. & Ziegler, H. (2010). Netzwerke Früher Hilfen – Zur Bedeutung des Gesundheitswesens und der Kinder- und Jugendhilfe. im Druck.

Luhmann, N. (2003). Soziologie des Risikos. Berlin, New York: de Gruyter Verlag.

Merchel, J. (2008). „Frühe Hilfen" und „Prävention". Zu den Nebenfolgen öffentlicher Debatten um Kinderschutz. Widersprüche, 109, 11-23.

Meysen, T., Kindler, H. & Schönecker, L. (2009). Frühe Hilfen im Kinderschutz: Rechtliche Rahmenbedingungen und Risikodiagnostik in der Kooperation von Gesundheits- und Jugendhilfe. Weinheim und München: Juventa.

Ministerium für Generationen, Familie, Frauen und Integration des Landes Nordrhein-Westfalen (MGFFI) (Hrsg.) (2005). Abschlussdokumentation. Soziale Frühwarnsysteme in Nordrhein-Westfalen – Ergebnisse und Perspektiven eines Modellprojekts. Münster: Institut für soziale Arbeit e.V.

Nationales Zentrum Frühe Hilfen (NZFH) (Hrsg.) (2009). Begriffsbestimmung „Frühe Hilfen". Verfügbar unter: http://www.fruehehilfen.de/wissen/fruehe-hilfen-grundlagen/begriffsbestimmung/ (19.04.2010)

Otto, H.-U., Albus, S., Polutta, A., Schrödter, M. & Ziegler, H. (2007). Zum aktuellen Diskurs um Ergebnisse und Wirkungen im Feld der Sozialpädagogik und Sozialarbeit – Literaturvergleich nationaler und internationaler Diskussion. Expertise im Auftrag der Arbeitsgemeinschaft für Kinder- und Jugendhilfe – AGJ. Berlin: AGJ.

Otto, H.-U. & Ziegler, H. (2010). Der Capabilities-Ansatz als neue Orientierung in der Erziehungswissenschaft. In H.-U. Otto & H. Ziegler (Hrsg.), Capabilities – Handlungsbefähigung und Verwirklichungschancen in der Erziehungswissenschaft (S. 9-13). Wiesbaden: VS Verlag für Sozialwissenschaften.

Rauschenbach, T. (1992). Soziale Arbeit und soziales Risiko. In T. Rauschenbach & H. Gängler (Hrsg.), Soziale Arbeit und Erziehung in der Risikogesellschaft (S. 25-60). Neuwied: Luchterhand.

Scheithauer, H., Niebank, K. & Petermann, F. (2000). Biopsychische Risiken in der Frühkindlichen Entwicklung: Das Risiko- und Schutzfaktorenkonzept aus entwicklungspsychologischer Sicht. In F. Petermann, K. Niebank & F. Petermann (Hrsg.), Risiken in der frühkindlichen Entwicklung. Entwicklungspsychopathologie der ersten Lebensjahre (S. 65-97). Göttingen: Hogrefe.

Schone, R. (2008). Kontrolle als Element von Fachlichkeit in den sozialpädagogischen Diensten der Kinder- und Jugendhilfe. Berlin: AGJ.

Schone, R., Gintzel, U., Jordan, E., Kalscheuer, M. & Münder, J. (1997). Kinder in Not. Vernachlässigung im frühen Kindesalter und Perspektiven sozialer Arbeit. Münster: Votum.

Schrapper, C. & Thiesmeier, M. (2004). Wie in Gruppen Fälle gut verstanden werden. Teamorientierte Diagnose- und Beratungsprozesse am Beispiel sozialpädagogischer Fallarbeit in der Kinder- und Jugendhilfe. In C. O. Velmering, K. Schattenhofer & C. Schrapper (Hrsg.), Teamarbeit. Konzepte und Erfahrungen – eine gruppendynamische Zwischenbilanz (S. 118-132). Weinheim München: Juventa.

Ziegler, H. (2006). Prävention und soziale Kontrolle. In A. Scherr (Hrsg.), Soziologische Basics (S. 146-153). Wiesbaden: VS Verlag für Sozialwissenschaften.

Die Kinderschutzdienste in Rheinland-Pfalz

Achim Baas

1. Zur Entstehung

Die seit Anfang der 1990er Jahre in Rheinland-Pfalz eingerichteten Kinderschutzdienste wenden sich an Kinder und Jugendliche, die Opfer von körperlicher und seelischer Misshandlung oder sexueller Gewalt geworden sind. Die in freier Trägerschaft errichteten Spezialdienste unterliegen im Gegensatz zu den Trägern der öffentlichen Jugendhilfe nicht der Verpflichtung, gleichzeitig mit Eltern, Kindern und anderen Beteiligten kooperieren zu müssen, und verstehen sich in erster Linie als Interessenvertreter der Kinder (Klees, 2001, S. 242). Das Konzept der Kinderschutzdienste entwickelten in enger Zusammenarbeit das Fachreferat „Kinderschutz" des Ministeriums für Kultur, Jugend, Familie und Frauen und die „Zentrale Beratungsstelle für Kinderschutz" des Landesamtes für Soziales, Jugend und Versorgung im Austausch mit Betroffenen und Fachkräften (Ginciauskas, 1997, S.10). Von Anfang an erfuhr diese Idee eines kindzentrierten Hilfeangebotes die notwendige politische Unterstützung, so dass nach der gesetzlichen Verankerung der Kinderschutzdienste im Landesausführungsgesetz zum KJHG auf der Basis der Förderrichtlinien des Landes eine gute finanzielle Förderung sichergestellt werden konnte, die zu einem raschen Ausbau der Kinderschutzdienste beitrug.[1]

Mittlerweile[2] bestehen in Rheinland-Pfalz 15 Kinderschutzdienste in unterschiedlicher Trägerschaft (Caritas, Diakonisches Werk, Deutscher Kinderschutzbund, Deutsches Rotes Kreuz, Arbeitersamariterbund, Deutscher Paritätischer Wohlfahrtsverband, Verein „Kinder in

---

[1] In Thüringen wurden auf Initiative des Sozialministeriums seit 1993 Kinder- und Jugendschutzdienste eingerichtet, die sich ebenfalls an einem kindzentrierten Ansatz orientieren. Sie setzen jedoch teilweise in der Ausgestaltung der Arbeit andere Schwerpunkte.

[2] Stand: Januar 2010

Mittlerweile bestehen in Rheinland-Pfalz 15 Kinderschutzdienste in unterschiedlicher Trägerschaft, die für 22 Städte und Kreise zuständig sind und insbesondere die Nord- und die Südregion des Bundeslandes nahezu flächendeckend versorgen

Not"), die für 22 Städte und Kreise[3] zuständig sind und insbesondere die Nord- und die Südregion des Bundeslandes nahezu flächendeckend versorgen.

Bis heute wird die Arbeit der Kinderschutzdienste durch das Land Rheinland-Pfalz fachlich begleitet: Auf Einladung der „Zentralen Beratungsstelle Kinderschutz" finden jährliche Fallbesprechungen verbunden mit einem fachlichen Austausch über neue Entwicklungen im Bereich Kinderschutz für Mitarbeiter/innen der Kinderschutzdienste statt. Im jährlichen Wechsel wird eine Einführungsveranstaltung für neue Mitarbeiter/innen sowie eine themenspezifische Fortbildung angeboten. Die Mitarbeiter/innen haben zudem die Möglichkeit des fachlichen Austauschs in den beiden regionalen Arbeitsgemeinschaften (Süd- und Nordregion). Jährliche Treffen der Trägervertreter, die durch das Ministerium für Bildung, Wissenschaft, Jugend und Kultur begleitet werden, dienen der Weiterentwicklung des gemeinsamen Selbstverständnisses.

2. Auftrag und Ziele

In den „Förderungskriterien für die Kinderschutzdienste freier Träger" sind als zentrale Aufgaben unter anderem benannt

In den „Förderungskriterien für die Kinderschutzdienste freier Träger"[4] sind als zentrale Aufgaben unter anderem benannt:

„ …Mädchen und Jungen, die Opfer von Misshandlungen oder sexuellem Missbrauch werden, die erforderlichen Hilfen zur Abwendung weiterer Gefährdung, zum Schutz vor Wiederholung, zur Verarbeitung traumatischer Erlebnisse und zur Heilung der erlittenen seelischen und körperlichen Verletzungen geben (…)

- ein Ansprechpartner zu sein,
- in Gespräch und in persönlicher Zuwendung Hilfen zur Stabilisierung ihrer Persönlichkeit und für ihre künftige Lebensplanung zu geben,
- vor weiteren Gefährdungen zu schützen und die dafür notwendigen Schritte zu veranlassen,

---

[3] Die Zuständigkeit der Kinderschutzdienste erstreckt sich auf die Kommunen: Rhein-Lahn-Kreis, Eifelkreis Bitburg-Prüm und die Vulkaneifel, Landkreis Germersheim, Landkreis Bad Dürkheim, Westerwaldkreis. Landkreis Altenkirchen, Stadt Koblenz und Landreis Mayen-Koblenz, Stadt Landau und Landkreis Südliche Weinstraße, Rhein-Pfalz-Kreis, Stadt Ludwigshafen, Stadt Neustadt, Stadt und Landkreis Neuwied, Stadt Pirmasens und Landkreis Südwestpfalz, Stadt Speyer, Stadt Trier und Landkreis Trier-Saarburg, Stadt Worms.

[4] Veröffentlicht in: Ministerium für Kultur, Jugend, Familie und Frauen Rheinland-Pfalz (Hrsg). Kinder und Jugendpolitik des Landes, Landesjugendplan 1994/1995

- erzieherische, soziale, ärztliche, psychotherapeutische und sonstige Hilfen aufzuzeigen,
- ein vertrauender und verlässlicher Helfer zu bleiben, auch wenn es in einem strafrechtlichen Verfahren nicht zu einer Verurteilung kommt oder die Aussagen bestritten oder sonst angezweifelt werden. Ihre Aufgabe ist es auch durch Beratung und Hilfevermittlung zur Stabilisierung der Familiensituation beizutragen, soweit dies ohne Beeinträchtigung des Vertrauensverhältnisses zu dem Mädchen oder dem Jungen möglich ist. Hierzu gehört es auch, alle, die um das Problem wissen, im weiteren Umgang mit dem Kind zu beraten.
(…) Es ist nicht seine Aufgabe, an der Strafverfolgung des Täters mitzuwirken oder Strafanzeige zu erstatten."

3. Der kindzentrierte Ansatz

Als prägnantes Charakteristikum der Kinderschutzdienste hat sich von Anfang an der „kindzentrierte Ansatz" herauskristallisiert. Die Einrichtung der ersten Kinderschutzdienste 1990 ging zeitlich mit einem Paradigmenwechsel in der Jugendhilfe einher. Die Einführung des Kinder- und Jugendhilfegesetzes (KJHG) beinhaltete neben der zentralen Verschiebung des Tätigkeitsschwerpunktes vom Eingriff zur präventiven Leistung als eine weitere wichtige Handlungsmaxime die Beteiligung von Kindern und Jugendlichen (Trenczek, 2002). Die Entwicklung und Förderung junger Menschen wurde in den Mittelpunkt gestellt, Kinder und Jugendliche wurden nun als Subjekte verstanden, die an den sie betreffenden Entscheidungen zu beteiligen sind. So enthält das Gesetz eine Reihe expliziter Vorschriften zur Beteiligung von Kindern und Jugendlichen, u. a. den § 8 (Beteiligung von Kindern und Jugendlichen) oder die Beteiligung im Rahmen des Hilfeplanverfahrens nach § 36.

Diesen Leitgedanken der Beteiligung von Kindern und Jugendlichen verankerten die Kinderschutzdienste konzeptionell in ihrem kindzentrierten Ansatz mit der grundlegenden Forderung, *„die Wünsche und Bedürfnisse des Kindes sowie seinen Hilfebedarf in allen seine Person betreffenden Angelegenheiten und Entscheidungen einzubeziehen"* (Ginciauskas, 1995). Transparenz bei allen Vorgehensweisen sowie uneingeschränktes Mitspracherecht und die *„Mitwirkung der Adressatinnen und Adressaten bei allen sie betreffenden Entscheidungen stellen dabei sowohl Methode als auch zentrale Handlungsmaxime der Kinderschutzdienste dar"* (Kügler & Feuerhelm, 2002, S. 144). So findet der kindzentrierte Ansatz seinen Ausdruck zum einen in einer vertrauensvollen, wertschätzenden Haltung gegenüber Kindern und Jugendlichen, die als „Experten in eigener Sache" verstanden werden und unmittelbar zu

> Diesen Leitgedanken der Beteiligung von Kindern und Jugendlichen verankerten die Kinderschutzdienste konzeptionell in ihrem kindzentrierten Ansatz mit der grundlegenden Forderung, „die Wünsche und Bedürfnisse des Kindes sowie seinen Hilfebedarf in allen seine Person betreffenden Angelegenheiten und Entscheidungen einzubeziehen"

beteiligen sind. Andererseits muss dieser Ansatz auch berücksichtigen, dass traumatisierte Kinder aufgrund ihrer Erfahrungen „*...ihr Selbst, also das Zentrum des Wollens, vergleichsweise unzureichend entwickeln, wahrnehmen und wertschätzen können und oft nicht in der Lage sind oder es vermeiden anderen Menschen ihre tatsächlichen Gefühle, Wünsche und Befürchtungen mitzuteilen* (Zitelmann, 2002, S. 164).

Um Wille, Wünsche und Bedürfnisse dieser Kinder besser erfassen und verstehen zu können, bedarf es auf Seiten der Fachkräfte spezieller methodischer, fachlicher und persönlicher Kompetenzen

Um Wille, Wünsche und Bedürfnisse dieser Kinder besser erfassen und verstehen zu können, bedarf es auf Seiten der Fachkräfte spezieller methodischer, fachlicher und persönlicher Kompetenzen. Empathiefähigkeit, spezielle Kenntnisse (beispielsweise der Entwicklungspsychologie und der Psychotraumatologie) und besondere Vorgehensweisen, wie die Verwendung einer dem Entwicklungsstand angepassten, kindgerechten Sprache, die Orientierung an Interessen und Themen der betroffenen Kinder und die Verwendung geeigneter kindgemäßer diagnostischer und (spiel)-therapeutischer Verfahren, um sich der Gefühlswelt der Kinder zu nähern, sind Kennzeichen der kindzentrierten Arbeitsweise der Kinderschutzdienste (Kügler & Feuerhelm, 2002, S. 146).

Insbesondere bei der Problematik des sexuellen Missbrauchs arbeitet der kindzentrierte Ansatz nach wesentlichen Grundsätzen parteilicher Beratung und Hilfe

Insbesondere bei der Problematik des sexuellen Missbrauchs arbeitet der kindzentrierte Ansatz nach wesentlichen Grundsätzen parteilicher Beratung und Hilfe, wie sie von Hartwig & Hensen (2008, S. 54) zusammenfassend aufgeführt werden:

- keine Parteinahme für den Täter, sondern klare Zuschreibung von Verantwortlichkeit
- einen täterfreien Raum schaffen, in dem sich das Mädchen oder der Junge bei Bedarf ohne Angst äußern kann
- nicht die Funktionsfähigkeit der Familie, sondern den Schutz und die Interessen des Mädchens oder Jungen in den Mittelpunkt stellen
- die Selbstbestimmung der Betroffenen achten und sie an allen sie betreffenden Entscheidungen beteiligen
- das Angebot einer verlässlichen und kontinuierlichen Beziehung machen
- Mädchen und Jungen in ihrer Ganzheitlichkeit wahrnehmen und sie nicht auf das Erleben des sexuellen Missbrauchs reduzieren
- an den Stärken und Fähigkeiten der Betroffenen ansetzen und ihr Selbstwertgefühl stärken

3.1 Weiterentwicklung des kindzentrierten Ansatzes

Die Erfahrungen aus den so genannten *Wormser Prozessen* in den Jahren 1993-1997 regten nicht nur die Diskussion um den Opferschutz in Strafverfahren an, sondern warfen auch die Frage nach der Fachlichkeit der Kinderschutzdienste auf (Kügler & Feuerhelm, 2002,

S.38). In den Kinderschutzdiensten führten sie zu einer intensiven, kritischen Auseinandersetzung mit Themen wie der Verdachtsabklärung oder der Berücksichtigung der Arbeit mit Bezugspersonen betroffener Kinder als wichtigem Bestandteil des Hilfeprozesses. In der Folge übernahmen auch die Träger eine wichtige Rolle und begleiteten einen Prozess der Qualifizierung und Professionalisierung der Kinderschutzdienste, der mit der Durchführung der Evaluation (Kügler & Feuerhelm, 2002) und der Konzeptweiterentwicklung (Kügler & Feuerhelm, 2005) zur Entwicklung von Standards und Formulierung eines fachlichen Selbstverständnisses beitrug.

Die besondere Profilierung des kindzentrierten Ansatzes in der Anfangszeit der Kinderschutzdienste diente sicher auch der Abgrenzung dieses neuen Angebots gegenüber anderen z. B. eher familienorientierten Hilfsangeboten. In der weiteren fachlichen Entwicklung der Kinderschutzdienste wurden die Bedeutung der familiären Beziehungen und die Bindungen der Kinder in ihre Familiensysteme stärker berücksichtigt. Kügler und Feuerhelm (2002, S. 147) sprechen von einer *„perspektivischen Öffnung"* des Ansatzes, der sich zum einen nicht nur davon löste, Betroffene auf das Erlebte und ihre Problematik zu reduzieren, sondern versucht, ihnen ressourcenorientiert Hilfen in allen Lebensbereichen anzubieten. Zum anderen ist mit dieser ganzheitlichen Sichtweise des jungen Menschen eine *„funktional begrenzte Einbindung der Eltern"* gekoppelt, bei der die Belange der Eltern zwar deutlich fokussiert werden, aber nicht die *„Bedürfnisse der Kinder dominieren"*.

Besonders im Umgang mit den Problemfeldern Vernachlässigung und körperlicher Gewalt stellt sich die Arbeit der Kinderschutzdienste mittlerweile deutlich familienorientiert dar. Viele Kinderschutzdienste bieten beispielsweise in ihrer Region Projekte im Bereich der „Frühen Hilfe" an, um Erziehungskompetenzen der Eltern zu verbessern, den Eltern Hilfen anzubieten, Risiken früh zu erkennen, und damit der Gefahr der Vernachlässigung und Misshandlung von Kindern entgegenzuwirken.

Bei innerfamilialem Missbrauch ist dagegen, wie Hartwig & Hensen (2008, S. 52) es formulieren, *„das Prinzip, für das Wohl der ganzen Familie zuständig zu sein, zu hinterfragen."* Die Autoren weisen zu Recht darauf hin, dass die *„Stärkung der Familie bei innerfamilialem Missbrauch gleichzeitig eine Stärkung des Gefahrenortes für Mädchen und Jungen bedeutet"* (Hartwig & Weber, 1991, S.31)

Der kindzentrierte Ansatz der Kinderschutzdienste erklärt, wie von Hartwig & Hensen (2008) gefordert, den Schutz der betroffenen Kinder und Jugendlichen zum obersten Gebot, auch wenn dazu das Familiengefüge neu geordnet oder die Erziehungsverantwortung neu geregelt werden muss (Hartwig & Hensen, 2008, S.52).

4. Rahmenbedingungen

Die rechtlichen Grundlagen der Kinderschutzdienstarbeit finden sich vor allem im Kinder- und Jugendhilfegesetz (SGBVIII)

Die rechtlichen Grundlagen der Kinderschutzdienstarbeit finden sich vor allem im Kinder- und Jugendhilfegesetz (SGBVIII). Darüber hinaus findet sich im § 23 des rheinland-pfälzischen Ausführungsgesetzes des Kinder- und Jugendhilfegesetzes (AGKJHG)[5] eine ausdrückliche Benennung der Kinderschutzdienste als Einrichtungen zum Schutze vernachlässigter, misshandelter oder sexuell ausgebeuteter Kinder.

Die finanziellen Rahmenbedingungen eines Kinderschutzdienstes sind durch eine Vereinbarung des jeweiligen freien Trägers mit dem örtlichen Träger der öffentlichen Jugendhilfe geregelt. Finanzielle Grundlage bildet dabei ein Landeszuschuss, der nach den „Förderkriterien für die Kinderschutzdienste freier Träger"[6] vergeben wird. In diesen Förderkriterien ist nicht nur das Aufgabenfeld der Kinderschutzdienste genauer beschrieben, sondern es werden auch wichtige Rahmenbedingungen der Arbeit vorgegeben. So wird bezüglich der Qualifikation der Mitarbeiterinnen und Mitarbeiter gefordert, dass mindestens zwei hauptamtliche Fachkräfte mit abgeschlossenem Hochschulstudium der Psychologie oder Pädagogik bzw. einem Fachhochschulstudium der Sozialarbeit oder Sozialpädagogik mit staatlicher Anerkennung zur Verfügung stehen, soweit sie über besondere Kenntnisse und Erfahrungen mit Hilfen für misshandelte oder sexuell missbrauchte Mädchen und Jungen verfügen. Eine psychologische Fachkraft mit therapeutischer Ausbildung oder Berufserfahrung soll jedem Kinderschutzdienst zur Verfügung stehen. Meist sind zwei bis vier Fachkräfte in einem Dienst tätig, nur in wenigen Diensten gibt es ausschließlich Vollzeitkräfte.

Bezüglich der Öffnungszeiten soll der Kinderschutzdienst für Ratsuchende an mindestens vier Tagen in der Woche für drei Stunden geöffnet und telefonisch erreichbar sein

Bezüglich der Öffnungszeiten soll der Kinderschutzdienst für Ratsuchende an mindestens vier Tagen in der Woche für drei Stunden geöffnet und telefonisch erreichbar sein. In der Regel werden telefonische Anrufer über Anrufbeantworter auf die Kontaktzeiten hingewiesen. Die räumlichen Bedingungen variieren, kinderfreundlich eingerichtete Spielzimmer sind in allen Kinderschutzdiensten vorhanden.

---

[5] Verfügbar im Internet unter http://www.jugend.rlp.de/agkjhg0.html#c333 (09.03.2010)

[6] Veröffentlicht in Ministerium für Kultur, Jugend, Familien und Frauen Rheinland-Pfalz (Hrsg.). Kinder- und Jugendpolitik des Landes, Landesjugendplan 1994/1995, verfügbar auch unter www.kinderrechte.rlp.de

5. Aus der Praxis der Kinderschutzdienste

Kügler & Feuerhelm (2002) untersuchten die Praxis der Kinderschutzdienste und beschrieben das Arbeitsfeld:
Die persönliche Beratung von Kindern und Jugendlichen im Problemfeld „Sexueller Missbrauch" stellte sich dabei als der zentrale gemeinsame Tätigkeitsschwerpunkt der Kinderschutzdienste heraus. In etwa 40 - 60 % der Fälle, die in einem Kinderschutzdienst bearbeitet werden, geht es um diesen Problembereich. Der Rest verteilt sich auf andere Problemfelder wie körperliche Misshandlung, seelische Misshandlung und Vernachlässigung. Bestehende örtliche Unterschiede hängen mit der jeweiligen regionalen Versorgungssituation im Jugendhilfebereich zusammen.

Die *Einzelfallhilfe* steht im Zentrum des Angebotes der Kinderschutzdienste: Alle Formen der Beratung und Begleitung für betroffene Kinder und Jugendliche werden je nach individueller Problemlage angeboten, dies kann letztlich von der einmaligen anonymen Telefonberatung bis zur intensiven Krisenintervention, von der Mail-Beratung per Internet bis zur längerfristigen lebenspraktischen Begleitung reichen. Diagnostische und therapeutische Elemente können in der Einzelfallhilfe stets beinhaltet sein.

Die *Beratung von Eltern* und weiteren Bezugspersonen betroffener Kinder im Kinderschutzdienst dient dazu, sie in ihrer erzieherischen Verantwortung zu unterstützen, Belastungen abzubauen, die familiäre Situation zu stabilisieren und sie insbesondere für die Mitarbeit an Hilfe- und Schutzvereinbarungen zu gewinnen. Als Basis für einen längerfristigen Betreuungs- und Hilfeprozess sind die umfassende Berücksichtigung der familiären Situation und die ausreichende Einbindung der Eltern unerlässlich.

Die *Begleitung von kindlichen Opferzeugen in Strafverfahren* ist eine wichtige Aufgabe der Unterstützung dieser Kinder, die von den Kinderschutzdiensten wahrgenommen wird. Die Fachkraft informiert das Kind über die Schritte eines Strafverfahrens und begleitet es auch zu Vernehmungen oder Verhandlungen.

Für pädagogische Fachkräfte anderer Institutionen (Kindergärten, Schulen, Jugendhilfeeinrichtungen) bietet der Kinderschutzdienst *Fachberatung* sowohl in allgemeiner Form als auch im konkreten Einzelfall an.

Der Anteil, den die *Prävention* in der Arbeit eines Kinderschutzdienstes einnimmt, variiert regional. Allerdings steht die Fallarbeit grundsätzlich im Vordergrund. Öffentlichkeitsarbeit, um das Kinderschutzdienstangebot vor Ort bekannt zu machen, und punktuelle Präventionsangebote in Schulen oder Kindertagesstätten finden bei allen Diensten statt.

> Die persönliche Beratung von Kindern und Jugendlichen im Problemfeld „Sexueller Missbrauch" stellte sich dabei als der zentrale gemeinsame Tätigkeitsschwerpunkt der Kinderschutzdienste heraus. In etwa 40-60 % der Fälle, die in einem Kinderschutzdienst bearbeitet werden, geht es um diesen Problembereich

5.1 Struktur der Klientel

Die von Kügler & Feuerhelm (2002) in der Evaluationsstudie beschriebene Struktur der Kinderschutzdienst-Klientel findet sich, wenn man aktuelle Jahresberichte vergleicht, im Wesentlichen unverändert in der aktuellen Praxis: Die Altersgruppe der 12- bis 15-Jährigen ist relativ einheitlich in der Klientel aller Kinderschutzdienste am stärksten vertreten. Dagegen ist die Gruppe der Kleinkinder 0-3 Jahre deutlich unterrepräsentiert.

2/3 der betreuten jungen Menschen sind weiblichen Geschlechts, bei sexuellem Missbrauch sind sogar Dreiviertel der Klientel Mädchen. Geht es um Vernachlässigung und körperliche Misshandlung, werden annähernd gleich viele Jungen und Mädchen beraten.

5.2 Kontaktaufnahme

Zwischen 5 und 10% der Kinder/Jugendlichen nehmen selbst Kontakt zum Kinderschutzdienst auf. Manche kommen in die Sprechstunde oder melden sich telefonisch. Die meisten erhalten von einer Freundin oder einem Freund erste Informationen oder hören in der Schule vom Kinderschutzdienst.

Häufiger sind es Eltern (meist die Mütter) oder andere Familienmitglieder, die den Kontakt herstellen. In vielen Fällen wird der erste Kontakt auch durch andere Personen vermittelt: Lehrer, Erzieher und andere pädagogische Fachkräfte, die mit Kindern und Jugendlichen in verschiedenen Institutionen arbeiten, spielen hierbei eine große Rolle. Auch Jugendämter stellen in nicht unerheblichem Maß (>20%) Kontakt zum Kinderschutzdienst her.

Die Erstkontaktaufnahme zu jungen Menschen findet zwar überwiegend in den Räumen des Kinderschutzdienstes statt (55%), kann aber auch an anderen Orten geschehen. Ein Hausbesuch, ein Treffen in der Schule oder einem Café/Jugendtreff sind Beispiele.

Möglichst zeitnah versuchen die Mitarbeiter einen ersten Kontakt, ein erstes Gespräch zu dem Kind/Jugendlichen herzustellen. In 1/3 der Fälle gelingt das innerhalb von drei Tagen (Kügler & Feuerhelm, 2005, S.28).

5.3 Fallverlauf

Im Wesentlichen bilden sich in den Kinderschutzdiensten mit Kurzberatungen, Langzeitberatungen und Krisenintervention drei Fallverlaufstypen ab.

Es findet zwar eine große Zahl von einfachen Beratungen mit bis zu drei Kontakten statt, doch viele der Fälle laufen relativ lange. So wird rund 1/3 der Fälle länger als 1 Jahr betreut, die durchschnittliche Betreuungszeit beträgt 17,2 Monate (Kügler & Feuerhelm, 2002, S. 86).

Dass dabei in 1/3 der Fälle mehr als 50 Kontakte stattfinden, spricht für eine intensive Betreuungsarbeit. Es ist zugleich ein Indiz dafür, dass nicht nur die akute Traumatisierung Gegenstand der Beratung ist, sondern im Sinne der ganzheitlichen Orientierung auch ein längerfristiges Beziehungsangebot mit allgemeinen und lebenspraktischen Hilfen gemacht wird. Kriseninterventionen sind gekennzeichnet durch eine hohe Kontaktzahl zu unterschiedlichen Personen und Institutionen in kürzester Zeit, sie sind etwa bei plötzlicher Offenlegung eines Missbrauchs oder einer überraschenden Inobhutnahme zum Fallmanagement notwendig und erfordern von den Fachkräften eine hohe zeitliche Flexibilität.

Bei Fällen im Problembereich sexueller Missbrauch findet sich häufig eine unklare Sachlage. Damit sind nicht nur Verdachtsfälle gemeint, die sich weder eindeutig bestätigen noch widerlegen lassen. Kügler und Feuerhelm (2002) untersuchten die Einschätzung der Fachkräfte zu Beginn und am Ende der Beratung und fanden eine Differenzierung der Problemlagen in Fällen sexuellen Missbrauchs während des Hilfeprozesses (Kügler & Feuerhelm, 2002, S.93), es zeigten sich im Verlauf häufig weitere Probleme wie Vernachlässigung, emotionale Misshandlung, etc.

5.4 Kinderschutzdienste und Strafverfahren

Bei etwa 15% der bearbeiteten Fälle waren Strafverfahren eingeleitet, hauptsächlich wegen sexuellen Missbrauchs. Die Mitwirkung an einem Strafverfahren oder dessen Einleitung zählt nicht zu den Aufgaben der Kinderschutzdienste.

Gleichwohl informiert der Kinderschutzdienst betroffene Mädchen und Jungen über die Möglichkeiten eines Strafverfahrens und unterstützt sie in ihrer Entscheidungsfindung. Einerseits kann ein solches Verfahren zur Belastung und zusätzlichen Traumatisierung werden, andererseits kann eine Klarstellung der Verantwortung für die Tat Orientierung bieten und zur Verarbeitung beitragen. Eine sorgsame, individuelle Prüfung und Abwägung dieser Frage mit den betroffenen Mädchen und Jungen und ihren unterstützenden Bezugspersonen ist notwendig.

Die Begutachtung von Kindern im Rahmen eines Strafverfahrens gehört ebenfalls nicht zu den Kinderschutzdienst-Aufgaben. Die vertrauensvolle Arbeit mit den Betroffenen im Rahmen eines Hilfeprozesses ist nicht vereinbar mit den an einen Gutachter gestellten Anforderungen. Obwohl den Fachkräften in der Regel kein berufsbedingtes Zeugnisverweigerungsrecht zusteht, sind Mitwirkungen bei Strafverfahren (durch schriftliche Stellungnahmen oder eine Zeugenaussage) eher Einzelfälle. Dennoch sollte dabei regelmäßig geprüft werden, ob eine Befugnis zur Offenlegung persönlich anvertrauter Daten (§ 65 SGB VIII), in der Regel durch Einwilligung der Betroffenen, vorliegt und diese dem Hilfeprozess mit dem betroffenen Kind nicht abträglich ist. Ob sich tatsächlich auch für Mitarbeiter/innen freier Träger ein Zeugnisverweigerungsrecht aus § 35 Abs. 3 SGBI ableiten lässt, wird juristisch kontrovers diskutiert. (Kügler & Feuerhelm, 2005, S.19)

In den letzten Jahren erleben allerdings schon auf vielen örtlichen Ebenen Kinderschutzdienste auf Seiten der Justiz ein zunehmendes Verständnis für die Belange des Opferschutzes und eines vertraulichen Beratungs- und Hilfeprozesses.

6. Zur Erfassung von Kindeswohlgefährdung - Dokumentation und Bewertung

Bereits zu Beginn der Kinderschutzdienst-Arbeit Anfang 1990 wurde für die Kinderschutzdienste durch das Ministerium Kultur, Jugend, Familie und Frauen ein „kinderschutzspezifischer Hilfeplan" entworfen, der den Fachkräften helfen sollte, die Fallarbeit zu dokumentieren und zu strukturieren. Während in einem ersten Teil („Vorbereitungsphase") vorwiegend die Erfassung von Gefährdungslagen, deren Einschätzung durch die Fachkraft und die Bewertung durch das Team erfolgen sollte, bildete die detaillierte Planung von Schutz- und Hilfemaßnahmen den Schwerpunkt des zweiten Teils („Klärungs- und Durchführungsphase"). Als besonderes Merkmal des kindzentrierten Ansatzes war die Einbeziehung der betroffenen Kinder und Jugendlichen sowohl in die Informationsgewinnung zur Gefährdungseinschätzung als auch in die Planung von Schutz- und Hilfemaßnahmen vorgesehen.

Die trägerübergreifende Einführung eines solchen Instrumentes, das einheitliche, standardisierte Verfahrensabläufe festlegte, die Beurteilung einer möglichen Kindeswohlgefährdung aus der individuellen Sicht des einzelnen Mitarbeiters herauslöste und gleichzeitig die Beteiligung von Kindern und Jugendlichen sicherstellte, war zu diesem Zeitpunkt sicher ein Novum. 15 Jahre später fanden mit der Verabschiedung des Kinder- und Jugendhilfeweiterentwicklungsgesetzes (KICK) vom 01.10.2005 und der Einführung des § 8a SGB VIII diese wichtigen Prinzipien allgemeinen Eingang in den gesetzlichen Schutzauftrag der Jugendhilfe.

Das Verfahren des „kinderschutzspezifischen Hilfeplans" wurde einige Jahre erprobt, konnte sich aber in der Praxis auf Dauer nicht durchsetzen. Es wurde von den Fachkräften als zu starr und wenig prozessorientiert empfunden. Das diesem Plan zugrunde liegende Phasenmodell konnte die in den unterschiedlichsten Stadien im Kinderschutzdienst ankommenden Fallverläufe nicht adäquat abbilden.

Seit 2004 steht allen Kinderschutzdiensten ein in einem Kinderschutzdienst entwickeltes „Raster zur Falldokumentation" zur Verfügung, mit dem ein Fall für die Selbstevaluation, die Teamberatung oder Supervision aufbereitet und dokumentiert werden kann (Kügler & Feuerhelm, 2005, S. 52). Anhand verschiedener Leitfragen sollen u. a. die Situation des jungen Menschen dargestellt, seine Probleme und Ressourcen analysiert, die Aufträge der beteiligten Fachkräfte und Institutionen geklärt, der Hilfeverlauf dokumentiert, Schutzmaßnahmen überprüft, Beteiligung der Kinder und Einbindung der Eltern sichergestellt werden (Kügler & Feuerhelm, 2005, S.80).

Neben diesen einheitlich eingeführten Dokumentationsbögen fanden aber auch schon früh standardisierte Instrumente, die zur Risikoeinschätzung von Kindeswohlgefährdungen entwickelt wurden, wie z. B. das 1997 eingeführte „Glinder Manual zur Kindesvernachlässigung" (Schone et al., 1997) oder die in Jugendämtern verschiedener Städte (z. B. Recklinghausen. 2000, Stuttgart, 2002) entstandenen Prüfbögen, Beachtung und teilweise Verwendung in der Praxis der Kinderschutzdienste.

Infolge der bestehenden Trägervielfalt und unterschiedlicher regionaler Erfordernisse gibt es aber keine Festlegung auf ein einheitliches Instrument für alle Kinderschutzdienste. Dies erscheint auch nicht unbedingt notwendig, da es sich bei den genannten Verfahren ohnehin nicht um Messinstrumente handelt, denen selbst eine wertende Funktion zukommt. Sie dienen lediglich als Hilfsmittel zur gezielten und genaueren Beobachtung sowie zur besseren Systematisierung der gewonnenen Informationen. Zur Erstellung von Prognosen sind sie ungeeignet (Schone, 2006, S.16).

Die fachliche Bewertung solcher beobachteten Sachverhalte vollzieht sich vielmehr im Zusammenwirken und Austausch der Fachkräfte, sie kann nicht allein nur durch die fallführende Fachkraft vorgenommen werden, noch kann sie auf das Ergebnis eines Prüfbogens reduziert werden. In den Bewertungs- und Entscheidungsprozess sind selbstverständlich soweit als möglich (unter Beachtung der in § 8a SGB VIII genannten Ausnahmen) Kinder und Eltern mit einzubeziehen. Die Bewertung ist auch nicht als einmaliger Vorgang, sondern als eine ständige Reflektion im Rahmen des eingeleiteten Hilfeprozesses zu sehen.

In den Kinderschutzdiensten haben der fachliche Austausch der Fachkräfte und die kollegiale Beurteilung als interne Qualitätssicherungsmaßnahme schon bisher einen hohen Stellenwert eingenommen. Wie die Evaluation (Kügler & Feuerhelm, 2002) zeigte, gehörten regelmäßige Teambesprechungen schon immer zum Standard der Arbeit, im Schnitt wurden etwa alle vier Tage mehr als eineinhalb Stunden aufgewendet, Supervision mit ca. 2-stündiger Dauer fand einmal pro Monat statt (Kügler & Feuerhelm, 2005, S. 65). Zu diesen meist organisatorisch vorgegebenen Maßnahmen kam die kollegiale Beratung als bedarfsorientierte Form mit durchschnittlich ca. 45-minütiger Dauer. Zwar liegen keine neueren Daten vor, doch der Bedarf und tatsächliche Anteil an kollegialer Beratung/Intervision an den Tätigkeiten im Kinderschutzdienst dürfte in den vergangenen Jahren weiter angestiegen sein.

7. Zur Problematik der Verdachtsabklärung bei sexuellem Missbrauch

Der zentrale Tätigkeitsschwerpunkt der Kinderschutzdienste liegt in der persönlichen Beratung von Kindern und Jugendlichen im Problemfeld „Sexueller Missbrauch".

Bei einem Teil der betroffenen KlientInnen, die in den Kinderschutzdienst kommen, liegt der Missbrauch schon einige Zeit zurück, ist eindeutig erwiesen und manchmal schon strafrechtlich geahndet. Hier steht in der Regel das Thema Aufarbeitung und praktische Lebensbegleitung an erster Stelle. Bei einem anderen Teil der Mädchen und Jungen, die im Kinderschutzdienst ankommen, steht der Verdacht eines sexuellen Missbrauchs im Raum und es stellt sich die Frage, ob tatsächlich eine Kindeswohlgefährdung vorliegt. In diesen Fällen kommt dem Kinderschutzdienst die schwierige Aufgabe der Verdachtsabklärung zu, um ggf. die notwendigen Schutz- und Hilfemaßnahmen einleiten zu können.

Ein parteiliches Eintreten für Kinder, wie es nach dem kindzentrierten Ansatz in den Kinderschutzdiensten praktiziert wird, darf nicht fälschlicherweise als einseitige, aufdeckungszentrierte und damit nicht mehr ergebnisoffene Verdachtsabklärung oder Beratung missverstanden werden. Gerade bei den Fachkräften der Kinderschutzdienste besteht ein besonderes Wissen um die Suggestibilität von Kindern und es wird eine hohe Achtsamkeit darauf gelegt, dass Aussagen nicht beeinflusst oder verfälscht werden.

Die „Zentrierung auf das Kind" (und nicht auf den Missbrauch) des Ansatzes der Kinderschutzdienste trägt dazu bei, dass einseitige

Wahrnehmungen und suggestive Beeinflussungen vermieden werden können.

Im Folgenden wird das Vorgehen in den Kinderschutzdiensten bei der Abklärung eines Anfangsverdachtes vorgestellt, das in wesentlichen Punkten den von Unterstaller (2006) beschriebenen Grundsätzen entspricht.

Eine Verdachtsabklärung im Kinderschutzdienst dient nicht dem Zweck, eine Straftat aufzuklären, sondern sie ist allein ausgerichtet am Wohl des Kindes und der Prüfung der Frage, ob Schutz- und Hilfemaßnahmen notwendig sind. Folglich übernehmen die Fachkräfte auch keine Ermittlungsaufgaben, weder in eigener Verantwortung noch im Auftrag der Strafverfolgungsbehörden. Die Orientierung am Kindeswohl als handlungsleitende Maxime auch in der Verdachtsabklärung verlangt eine Erfassung der gesamten persönlichen Situation des Kindes, seines familiären und sozialen Umfeldes, seiner Ressourcen und ggf. auch anderer Problembereiche. Eine solche offene Herangehensweise lässt auch Raum für alternative Erklärungen. So werden regelmäßig alternative Hypothesen erstellt, die ebenso sorgfältig geprüft werden müssen (Hartwig & Hensen, S. 140). Alle Schritte, Gespräche und Informationen werden genau dokumentiert.

Die „Zentrierung auf das Kind" des Ansatzes der Kinderschutzdienste trägt dazu bei, dass einseitige Wahrnehmungen und suggestive Beeinflussungen vermieden werden können

Die Orientierung am Kindeswohl als handlungsleitende Maxime auch in der Verdachtsabklärung verlangt eine Erfassung der gesamten persönlichen Situation des Kindes

7.1 Besonderheiten bei eingeleitetem Strafverfahren

Im Erstgespräch wird geklärt, ob eine Strafanzeige erstattet ist oder erwogen wird. Sollten polizeiliche oder gutachterliche Vernehmungen des Kindes bevorstehen, wird im Sinne einer klaren Aufgabentrennung zwischen Ermittlungsbehörden und Kinderschutzdienst auf Befragungen und Gespräche zum Tathergang verzichtet bzw. werden diese zurückgestellt, bis die entsprechenden Vernehmungen absolviert sind. Sollte ein Kind spontan über den Missbrauch berichten, wird es nicht daran gehindert, sondern seine Äußerungen werden genau dokumentiert.

Im Falle eines eingeleiteten Strafverfahrens tritt der Kinderschutzdienst allerdings für eine zügige Zeugenvernehmung ein, er informiert das Kind über die Verfahrensschritte, klärt die Frage nach rechtlichem Beistand, begleitet das Kind ggf. zu Terminen und achtet darauf, dass den Aspekten des Opferschutzes im Strafverfahren Beachtung geschenkt wird.

Im Erstgespräch wird geklärt, ob eine Strafanzeige erstattet ist oder erwogen wird

7.2 Einschätzung des Anfangsverdachts

Der Bewertung des Anfangsverdachts kommt eine wichtige Bedeutung für die Entscheidung über die weiteren Handlungsschritte zu. Entsprechend den von Unterstaller (2006) dargestellten Kriterien besteht auch bei den Kinderschutzdiensten die Erfahrung, dass sexuellen Verhaltensauffälligkeiten eines Kindes allein in der Regel eine eher geringe Bedeutung als Hinweis auf sexuelle Missbrauchserfahrungen zukommt. Selbstverständlich muss diese Hypothese bei der Abklärung aber als *eine* Erklärungsmöglichkeit mit bedacht werden. Unklare oder vage Äußerungen eines Kindes haben einen mittleren Hinweiswert, hier bedarf es weiterer Informationen zur Einschätzung. In der Regel wird sich eine Intensivierung des Kontaktes zu dem Mädchen oder Jungen anschließen. Bei älteren Kindern und Jugendlichen bietet sich ggf. die Möglichkeit, ein Beratungsangebot nach § 8 Abs. 3 SGB VIII zu machen, also eine Beratung auch ohne Kenntnis der Personensorgeberechtigten durchzuführen, wenn nicht ausgeschlossen werden kann, dass die mögliche Gefährdung von diesen ausgeht.

Hohen Hinweiswert hat ein Verdacht, der auf Beobachtungen von Übergriffen, Foto- oder Videoaufnahmen, spontanen, unbeeinflussten Handlungsschilderungen eines Kindes, die einen als selbst erlebt geschilderten sexuellen Missbrauch zum Gegenstand haben, sowie eindeutigen körperlichen Befunden[7] beruht (Unterstaller, 2006, 69-2). Hier ist zu prüfen und abzuwägen, ob nicht sofortige Schutzmaßnahmen einzuleiten sind.

7.3 Zur Befragung und Gesprächsführung mit Kindern

Eine Befragung von Kindern, die aufgrund ihres Alters und Entwicklungsstandes nicht in der Lage sind, reale Erfahrungen nachvollziehbar wiederzugeben, ist nicht sinnvoll. Bei solchen jüngeren Kindern bieten z. B. die Verhaltensbeobachtung oder nondirektive Methoden (Spiel) die Möglichkeit, weitere diagnostische Hinweise zu erhalten. Gespräche mit Kindern werden nicht auf eine Befragung zur Tataufklärung reduziert, sondern sollen ihre ganze Lebenssituation umfassen. In der Regel finden in den Kinderschutzdiensten Gespräche mit Kindern zur Verdachtsabklärung nicht isoliert statt, sondern sind ein Teil eines längeren, umfassenderen Betreuungsprozesses. Von der Fachkraft wird immer dann, wenn sich das Gespräch dem Thema Missbrauch nähert, egal ob von der Fachkraft geplant oder vom Kind spontan initiiert, eine besondere Sorgfalt verlangt. Sie achtet darauf, dass Suggestivfragen vermieden werden. Hilfreich ist es, das Kind durch offene Fragen zu einem freien Bericht anzuregen. Der Verlauf

---

[7] Zwar kommt körperlichen Befunden ein hoher Hinweiswert zu, doch sind in den meisten Fällen von sexuellem Missbrauch keine körperlichen Spuren nachweisbar. Zur Bedeutung der medizinischen Diagnostik bei Kindesmisshandlung siehe Hermann (2000).

eines solchen Gesprächs wird genau und möglichst wortgetreu dokumentiert.

7.4 Einbezug der Eltern

Richtet sich der Verdacht gegen einen Elternteil, so dürfen die Eltern nicht zu früh einbezogen werden, da sich sonst die Gefahr für das Kind erhöhen kann (Hartwig & Hensen, 2008, S. 5).
§ 8a SGB VIII bietet die Ausnahmeregelung, dass, wenn der wirksame Schutz des Kindes in Frage gestellt wäre, auf die Beteiligung der Eltern verzichtet werden kann. Auch eine Beratung des Kindes kann dann nach § 8 Abs.3 SGB VIII im Rahmen einer Not- und Konfliktsituation auch ohne Kenntnis der Personensorgeberechtigten durchgeführt werden, allerdings nur solange die Not- und Konfliktsituation anhält. (Auch ist diese Form der Beratung nur für kürzere Zeiträume sinnvoll, da sie sonst unter Umständen das Kind in zusätzliche Loyalitätskonflikte führen und unter Druck setzen kann.) Kann allerdings ausgeschlossen werden, dass der Missbrauch von einem Elternteil ausgeht, so kommt den Eltern eine zentrale Rolle für die weiteren Entscheidungen zu (Unterstaller, S.69-5).
Wenn eine Beteiligung der Eltern am Missbrauch nicht zweifelsfrei ausgeschlossen werden kann, so ist die Entscheidung über Zeitpunkt und den Grad der Einbeziehung sehr vorsichtig abzuwägen: Zum einen besteht das Risiko, dass sich durch eine zu frühe Offenlegung des Missbrauchsverdachts die Gefahr für das Kind erhöhen könnte. Zum anderen kann es aber hilfreich sein, eine grundsätzliche Bereitschaft der Eltern zur Kooperation zu erreichen, da man ggf. ihrer Zustimmung für weitere Aufklärungs- und Handlungsschritte bedarf. Auch im Hinblick auf alternative Erklärungshypothesen könnte eine frühe Einbeziehung von Bedeutung sein.

> Wenn eine Beteiligung der Eltern am Missbrauch nicht zweifelsfrei ausgeschlossen werden kann, so ist die Entscheidung über Zeitpunkt und den Grad der Einbeziehung sehr vorsichtig abzuwägen

7.5 Einbezug weiterer Vertrauens- und Kontaktpersonen des Kindes

Um nach einem Anfangsverdacht eine Risikoeinschätzung vornehmen zu können, ist es erforderlich auch mehr über die Lebensumstände eines Kindes zu wissen.
Hierzu sind oftmals weitere Informationen von Personen, die dem Kind nahe stehen, notwendig und hilfreich. Zu denken ist hierbei etwa an Fachkräfte in Kindertagesstätten oder Schulen. Nicht selten wenden sich dritte Personen auch von sich aus mit Informationen an den Kinderschutzdienst oder werden von Kindern und Jugendlichen als Auskunfts- oder Vertrauenspersonen benannt. In der Regel kann die Informationsgewinnung bei Dritten im Sinne des Rechts auf

> Nicht selten wenden sich dritte Personen auch von sich aus mit Informationen an den Kinderschutzdienst oder werden von Kindern und Jugendlichen als Auskunfts- oder Vertrauenspersonen benannt

informationelle Selbstbestimmung nur mit Einverständnis der Betroffenen, bzw. deren Sorgeberechtigten, vorgenommen werden. Eine Ausnahme ist allerdings unter der Voraussetzung zulässig, dass konkrete Anhaltspunkte für eine Kindeswohlgefährdung gegeben sind und „durch die Kontaktaufnahme mit der Familie der Zugang der Kinder und Jugendlichen zur Hilfe ernsthaft gefährdet würde, was insbesondere beim Verdacht auf sexuellen Missbrauch sorgfältig zu prüfen ist" (§ 62 Abs.3, Nr. 4 oder Nr. 2 i. V. m. § 8a Abs. 1 Satz 2 SGB VIII) (Schindler, 2006, 50-4).

Bei den Gesprächen mit solchen Vertrauenspersonen sind die gleichen Prinzipien möglichst suggestionsfreier, offener Fragen anzuwenden, wie in den Gesprächen mit den Kindern und Jugendlichen selbst. Auch hier gilt der Grundsatz, dass es nicht die Aufgabe des Kinderschutzdienstes ist, detektivische Ermittlungsarbeit im Umfeld zu leisten. Ein vorsichtiger Umgang bei der Auswahl der zu befragenden Personen und der einzuholenden Informationen ist daher unbedingt notwendig. Es ist stets zu prüfen, ob dies zur Aufklärung des Sachverhaltes beitragen kann. Der Schutz der Persönlichkeitsrechte des Kindes und der Eltern ist zu achten und die Datenschutzbestimmungen sind einzuhalten.

> Diese unmittelbare Aufgabe der Informationsgewinnung bei dritten Personen obliegt in der Regel nicht den Mitarbeitern/innen freier Träger, sondern ist als zentrale Aufgabe in Ausübung des staatlichen Wächteramtes dem Jugendamt zugeschrieben

Diese unmittelbare Aufgabe der Informationsgewinnung bei dritten Personen obliegt in der Regel nicht den Mitarbeitern/innen freier Träger, sondern ist als zentrale Aufgabe in Ausübung des staatlichen Wächteramtes dem Jugendamt zugeschrieben (ISA, 2006, S. 39). Daher besteht für Mitarbeiter des freien Trägers insofern keine Verpflichtung, bei Dritten Informationen einzuholen.

Andererseits fordert § 61 SGB VIII, dass die Bestimmungen des Sozialdatenschutzes in entsprechender Weise beim freien Träger angewandt werden. Somit kann auch die Ausnahmeregelung der Befugnis zur Datenrecherche ohne Kenntnis der Betroffenen auf die Fachkräfte der freien Jugendhilfe übertragen werden[8] (BKE, 2006).

Für die Kinderschutzdienste kann daher, nicht zuletzt aufgrund ihres Auftrages als spezieller Fachdienst, das im Rahmen einer Verdachtsabklärung fachlich sinnvoll eingesetzte Gespräch mit relevanten Vertrauens- oder Kontaktpersonen zwar nicht die Regel, aber doch eine wichtige Handlungsoption sein, die unter den genannten Voraussetzungen rechtlich gedeckt ist.

---

[8] Die BKE empfiehlt Fachkräften der Erziehungsberatungsstellen, wg. der Gefahr der Beendigung des Beratungsprozesses und des zu befürchtenden Vertrauensverlustes in der Öffentlichkeit, sich für die Risikoabschätzung nur auf Kenntnisse zu stützen, die bei der Leistungserbringung bekannt geworden sind und die Datenrecherche im Umfeld dem Jugendamt zu überlassen.

7.6 Bewertung der Verdachtsmomente

Die Einschätzung der Verdachtsmomente und aller Informationen sowie die Besprechung aller Handlungsschritte im Verlaufe der Verdachtsabklärung vollzieht sich nicht als Aufgabe der einzelnen Fachkraft, sondern stets im Zusammenwirken mehrerer KollegInnen in der Teamberatung, der kollegialen Fallberatung und der Supervision des Kinderschutzdienstes.

Nicht immer lässt sich ein Missbrauchsverdacht erhärten oder eindeutig widerlegen. So kann es durchaus notwendig werden, einen nicht weiter aufklärbaren Verdacht auf sich beruhen zu lassen (Unterstaller, 2006, 69-7).

Da der kindzentrierte Ansatz sich durch seine ganzheitliche Ausrichtung aber keineswegs auf eine reine Verdachtsabklärung beschränkt, kann ein Kind bei entsprechendem Unterstützungsbedarf auch über einen längeren Zeitraum weiter begleitet werden. In dieser Zeit werden nicht selten Hilfen initiiert und installiert, die zwar auf anderen Gründen beruhen, gleichsam den Schutz und das Wohl des Kindes entscheidend verbessern können.[9]

Da der kindzentrierte Ansatz sich durch seine ganzheitliche Ausrichtung aber keineswegs auf eine reine Verdachtsabklärung beschränkt, kann ein Kind bei entsprechendem Unterstützungsbedarf auch über einen längeren Zeitraum weiter begleitet werden

7.7 Das Sprechen über Missbrauch ermöglichen

Wie verschiedene Studien (Paine & Hansen, 2002) belegen, vergehen in der Regel mehrere Jahre, bevor betroffene Kinder über ihre Missbrauchserfahrungen berichten können. Verschiedenste Gründe wie Abhängigkeit, Schuldgefühle, Scham, mangelnde sprachliche Fähigkeiten, Täterstrategien, mit denen die Kinder zum Schweigen verpflichtet werden und nicht zuletzt auch die Angst, dass ihnen nicht geglaubt oder geholfen wird, hindern Kinder an einer frühzeitigen Offenlegung.

Die ganzheitliche Ausrichtung des kindzentrierten Ansatzes bietet einen Rahmen, der es den Betroffenen erleichtern kann, diese Hindernisse zu überwinden. Wichtigste Voraussetzung ist, dass die Betroffenen Vertrauen zu der Fachkraft entwickeln können, um offen reden zu können. Dies wird umso eher möglich sein, je deutlicher die Kinder merken, dass es bei den Fachkräften auch ein Wissen um sexuellen Missbrauch gibt und diese bereit sind, sich dem Problem zu stellen. Konkret kann das bedeuten das Thema „Missbrauch" in der Beratung zu enttabuisieren, in dem z. B. allgemeine Informationen über Gewalt gegen Kinder gegeben werden, bei denen unter anderem auch das Thema „Sexueller Missbrauch"

---

[9] Kügler & Feuerhelm (2002, S.93) fanden in den Kinderschutzdiensten eine Differenzierung der Problemlagen während des Hilfeprozesses

benannt wird. Auch kann durch das Aufzeigen von möglichen Offenlegungshindernissen das Wissen der Fachkraft um die Problematik des sexuellen Missbrauchs und ihre Bereitschaft zum Gespräch darüber signalisiert werden. Keinesfalls werden aber Auskünfte vom Kind eingefordert, wenn noch keine Gesprächsbereitschaft besteht. Trotzdem kann es sein, dass betroffene Kinder nicht oder erst nach langer Zeit bereit sind, über ihre Nöte zu sprechen.

8. Die Kinderschutzdienste im Netzwerk der rheinland-pfälzischen Jugendhilfe

Der spezifische Ansatz der Kinderschutzdienste in Rheinland-Pfalz kann als zusätzlich qualifizierendes Angebot für die örtliche Jugendhilfe angesehen werden. Die Autoren der Evaluationsstudie (Kügler & Feuerhelm, 2002, S.153) benennen folgende Qualifizierungsmerkmale:

„- Möglichkeit der intensiven Betreuung junger Menschen. Diese geht über die Beratungsmöglichkeiten eines Jugendamtes weit hinaus.
- Größtmögliche und bedarfsorientierte Beteiligung junger Menschen am Hilfeprozess.(...)
- Möglichkeit einer für alle Beteiligten transparenten Rollenklärung in komplexen Hilfeprozessen.(...)
- Beratung und Mitwirkung bei Hilfeentscheidungen des Jugendamtes.(...)"

Wenngleich alle Problembereiche der Gewalt gegen Kinder und Jugendliche zum gesetzlich definierten Auftrag der Kinderschutzdienste zählen (vgl. § 23 Abs.1 AGKJHG), hat sich in der Praxis doch ein deutlicher Tätigkeitsschwerpunkt im Problemfeld des sexuellen Missbrauchs ergeben. Diese Spezialisierung bietet einerseits die Gewähr für eine hohe fachliche Qualifizierung eines Angebots, andererseits birgt jedes Konzept einer Spezialberatungsstelle auch eine gewisse Gefahr der Stigmatisierung. Es können Schwellenängste entstehen, die Betroffene abhalten, Hilfe in Anspruch zu nehmen (Hartwig & Hensen, 2008, S. 85). In ihrer Öffentlichkeitsarbeit stellen die Kinderschutzdienste daher ihre Zuständigkeit bei *allen* Formen von Gewalt und Nöten von Kindern *und* Jugendlichen immer wieder dar.

In Form von Projekten haben mittlerweile beispielsweise im Bereich „Frühe Hilfen" präventive und familienorientierte Ansätze Eingang in die Arbeit der Kinderschutzdienste gefunden, ohne dass das gerade bei Fällen von (innerfamiliärem) sexuellem Missbrauch besonders geeignete Profil des kindzentrierten Ansatzes aufgegeben wurde. Zusammenfassend können unter Berücksichtung der Situation nach Einführung der gesetzlichen Regelung zum Schutzauftrag bei Kindeswohlgefährdung (§ 8a SGB VIII) drei wichtige, unterschiedliche Funktionen der Kinderschutzdienste im Netzwerk der Jugendhilfe genannt werden:

a) *Kinderschutzdienste sind ein eigenständiges, niedrigschwelliges, auf die Problembereiche Missbrauch und Misshandlung spezialisiertes Beratungs- und Hilfeangebot, an das sich Kinder, Jugendliche und Eltern direkt wenden können.*

Diese ursprüngliche Aufgabe der Kinderschutzdienste spielt nach wie vor die größte Rolle in der Arbeit. Kinder und Jugendliche, die selbst Kontakt aufnehmen, aber auch Familienangehörige werden beraten und begleitet. Sie genießen dabei den Schutz, dass ihre Daten vertraulich behandelt werden. Selbstverständlich unterliegt der Kinderschutzdienst auch der über Vereinbarungen geregelten gesetzlichen Verpflichtung, bei Vorliegen gewichtiger Anhaltspunkte auf eine Kindeswohlgefährdung eine sorgsame Prüfung und Einschätzung der Situation vorzunehmen und ggf. die notwendigen Maßnahmen zur Hilfe und zum Schutz einzuleiten. Diese in § 8a SGB VIII geregelte Prüfung und Verantwortungsübernahme stellte für die Kinderschutzdienste aber keine Neuerung dar, sondern sie entsprach bereits von Anfang an ihrem fachlichen Selbstverständnis und der geübten Praxis.

Auch nach Einführung des § 8a wird das kindzentrierte Angebot der Kinderschutzdienste mit seiner besonderen Ausrichtung auf Beratung und Schutz bei Missbrauch nicht überflüssig.

Um sich im Spannungsfeld zwischen dem in § 8a grundsätzlich geforderten frühen Einbezug der Eltern und den gerade für Fälle von innerfamilialem Missbrauch vorgesehenen notwendigen Ausnahmeregelungen (Beratung ohne Kenntnis der Sorgeberechtigten, Befugnis zur Informationsgewinnung bei Dritten) fachlich sicher bewegen zu können, bedarf es ausreichender Erfahrung und Kenntnisse, wie sie in der Praxis der Kinderschutzdienste vorliegen.

Die häufig schwierige und langwierige Verdachtsabklärung eines Missbrauchs sollte zudem einen Schutzraum für Kinder und Jugendliche bieten, der nicht durch eine allzu frühzeitige Wahrnehmung der nach § 8a geforderten Informationspflicht des freien Trägers an das Jugendamt gefährdet werden darf. Diese entstünde, wenn z. B. zu vermuten wäre, dass die bisherige (begonnene) Beratungsleistung mit dem betroffenen Kind (noch) nicht

Zusammenfassend können drei wichtige, unterschiedliche Funktionen der Kinderschutzdienste im Netzwerk der Jugendhilfe genannt werden:

a) Kinderschutzdienste sind ein eigenständiges, niedrigschwelliges, auf die Problembereiche Missbrauch und Misshandlung spezialisiertes Beratungs- und Hilfeangebot, an das sich Kinder, Jugendliche und Eltern direkt wenden können

dazu geführt hat, dass der Missbrauch gestoppt werden kann. Das Jugendamt wäre dann zum Tätigwerden verpflichtet, womit die Vertrauensbasis zu dem betroffenen Mädchen oder Jungen entzogen sein könnte und der weitere Weg zur Hilfe blockiert sein könnte (Hartwig & Hensen, 2008, S.62).

Der eigenständige, kindzentrierte Ansatz der Kinderschutzdienste kann so den Betroffenen einen möglichst weiten Schutzraum bieten, ohne dabei die Wahrnehmung der aus dem gesetzlichen Schutzauftrag resultierenden Aufgaben der Risikoeinschätzung und notwendigen Abwägungsprozesse zu vernachlässigen.

b) Kinderschutzdienste werden auch auf Vermittlung oder im Auftrag der Jugendämter bzw. Familiengerichte tätig und erbringen bestimmte beraterische oder therapeutische Leistungen für betroffene Kinder, Jugendliche, Eltern und Familien

b) Kinderschutzdienste werden auch auf Vermittlung oder im Auftrag der Jugendämter bzw. Familiengerichte tätig und erbringen bestimmte beraterische oder therapeutische Leistungen für betroffene Kinder, Jugendliche, Eltern und Familien.

So übernehmen Kinderschutzdienste beispielsweise (Teil-)Aufgaben, die im Rahmen eines Hilfeplans nach § 36 mit den Beteiligten erarbeitet worden sind. Hier handelt es sich erfahrungsgemäß meist um Aufträge, die der kindzentrierten Arbeitsweise entsprechen, etwa die individuelle Arbeit mit dem Kind, um seine Situation besser zu beleuchten und seinen Willen, seine Wünsche und Bedürfnisse in die weitere Hilfeplanung einzubringen. Oder der Auftrag, die Wirksamkeit bereits eingeleiteter Schutz- und Hilfemaßnahmen mit dem Kind zu überprüfen. Gleichwohl die Fallverantwortung in solchen Konstellationen federführend beim Jugendamt liegen wird, besteht für den Kinderschutzdienst selbstverständlich die Verpflichtung, sollten ihm durch das Kind neue Verdachtsmomente auf Kindeswohlgefährdung bekannt werden, eine erneute qualifizierte Prüfung und Einschätzung vorzunehmen.

c) Die Kinderschutzdienste bieten für andere Institutionen Fachberatung an, Kinderschutzdienst-Mitarbeiter können auch die Aufgabe als „insoweit erfahrene Fachkraft" nach § 8a Abs. 2 SGB VIII übernehmen

c) Die Kinderschutzdienste bieten für andere Institutionen Fachberatung an, Kinderschutzdienst-Mitarbeiter können auch die Aufgabe als „insoweit erfahrene Fachkraft" nach § 8a Abs. 2 SGB VIII übernehmen.

Fachberatung für pädagogische Fachkräfte bildete schon immer einen Schwerpunkt in der Arbeit der Kinderschutzdienste. Die neue Aufgabe als „insoweit erfahrene Fachkraft" nach § 8a Abs. 2 SGB VIII wird in den jeweiligen kommunalen Vereinbarungen zwischen Trägern und Jugendämtern personell definiert. Bislang sind in Bezug auf die Einbeziehung der Kinderschutzdienste noch recht unterschiedliche Verfahrensweisen in den einzelnen Regionen zu beobachten.

Während in einigen Kinderschutzdiensten das Angebot „insoweit erfahrene Fachkraft" durch Personalaufstockung explizit neu angegliedert wurde, wird diese Aufgabe in anderen Kinderschutzdiensten von den bereits vorhandenen Fachkräften mitbetreut, in anderen Regionen gibt es noch keine verbindlichen Vereinbarungen. Als unstrittig gilt, dass die in den Kinderschutzdiensten tätigen Fachkräfte aufgrund ihrer beruflichen Qualifikation und der einschlägigen Berufserfahrung die notwendige Eignung für diese Aufgabe mitbringen.

Literatur

BKE (Bundeskonferenz für Erziehungsberatung) (2006). Kindesschutz und Beratung. Empfehlungen zur Umsetzung des Schutzauftrages nach § 8a SGB VIII. Fürth.
Ginciauskas, L. (1995). Die kindzentrierte Arbeitsweise der Kinderschutzdienste in Rheinland-Pfalz. Mainz.
Ginciauskas, L. (1997). Die Kinderschutzdienste in Rheinland-Pfalz. Eine Dokumentation. Mainz.
Hartwig, L. & Hensen, G. (2008). Sexueller Missbrauch und Jugendhilfe. Möglichkeiten und Grenzen sozialpädagogischen Handelns im Kinderschutz. Weinheim und München: Juventa.
Hartwig, L. & Weber, M. (1991). Sexuelle Gewalt und Jugendhilfe. Bedarfssituationen und Angebote der Jugendhilfe für Mädchen und Jungen mit sexuellen Gewalterfahrungen. Münster: Votum.
Hermann, B. (2000). Medizinische Diagnostik bei Kindesmisshandlung. Frühe Kindheit, 04, 24-27.
ISA – Institut für soziale Arbeit e.V. (Hrsg.) (2006). Der Schutzauftrag bei Kindeswohlgefährdung – Arbeitshilfe zur Kooperation zwischen Jugendamt und Trägern der freien Kinder- und Jugendhilfe. Münster.
Klees, K. (2001). Beratung für Kinder in Not – Kindzentrierte Hilfeplanung der Kinderschutzdienste. Gießen: Psychosozial-Verlag.
Kügler, N. & Feuerhelm, W. (2002). Kindzentriertes Handeln. Die Kinderschutzdienste in Rheinland-Pfalz. Neue Forschungsergebnisse und Handlungsperspektiven. Mainz.
Kügler, N. & Feuerhelm, W. (2004). Selbstverständnis und Standards der Kinderschutzdienste. Dokumentation der Konzept-Weiterentwicklung. Mainz.
Landesgesetz zur Ausführung des Kinder- und Jugendhilfegesetzes (AGKJHG) Rheinland-Pfalz. (Vom 21. Dezember 1993 – GVBl. S. 632 – in der Fassung vom 1. Januar 2000, teilweise geändert durch LKindSchuG vom 7. März 2008) Verfügbar unter: http://www.jugend.rlp.de/agkjhg0.html (10.03.2010)
Paine, M. L. & Hansen, D. J. (2002). Factors influencing children to self-disclose sexual abuse. Clinical Psychology Review, 22, 271-295.
Schindler, G. (2006). Welche rechtlichen Voraussetzungen sind bei der Kontaktaufnahme mit der Klientel zu beachten? In H. Kindler, S. Lillig, H. Blüml, T. Meysen & A. Werner (Hrsg.), Handbuch Kindeswohlgefährdung nach § 1666 BGB und Allgemeiner Sozialer Dienst (ASD). München: DJI.

Schone, R., Gintzel, U., Jordan, E., Kalscheuer, M. & Münder, J. (1997). Kinder in Not. Vernachlässigung im frühen Kindesalter und Perspektiven sozialer Arbeit. Münster: Votum.

Schone, R. (2006). Schutzauftrag unter besonderer Berücksichtigung von Gegenstand und Verfahren zur Risikoeinschätzung. Ausgestaltung und Inhalt der Vereinbarungen mit Trägern der freien Jugendhilfe. Münster.

Stadt Recklinghausen – Fachbereich Kinder, Jugend und Familie (2006). Risikoanalyse für Kinder und Jugendliche.

Stadt Stuttgart – Jugendamt (2002). Stuttgarter Kinderschutzbogen.

Trenczek, T. (2002). Handlungsmaximen der Jugendhilfe nach SGB VIII. Verfügbar unter: http://www.sgbviii.de/S111.html (10.03.2010).

Unterstaller, A. (2006). Wie kann ein Verdacht auf sexuellen Missbrauch abgeklärt werden? In H. Kindler, S. Lillig, H. Blüml, T. Meysen & A. Werner (Hrsg.), Handbuch Kindeswohlgefährdung nach § 1666 BGB und Allgemeiner Sozialer Dienst (ASD). München: DJI.

Zitelmann, M. (2001). Kindeswohl und Kindeswille im Spannungsfeld von Pädagogik und Recht. Münster: Votum.

Umgang mit Kindeswohlgefährdung am Beispiel der Jugendhilfe Werne

Jolanthe Sickel, Thomas Kißmann, Jutta Scholz

1. Einleitung

In den vergangenen Jahren konnten wir in der Praxis sehr konkret feststellen, was die Statistik im Nachhinein aufgelistet hat: einen stetigen Anstieg der Familien, die Leistungen nach dem SGB VIII erhielten. Im Jahr 2007 wurden in der BRD 126.600 Leistungen gewährt, bei denen es in ca. 16% um Kindeswohlgefährdung ging. Das sind bundesweit 16.600 Fälle oder anders formuliert: jede sechste Hilfe (komDat Jugendhilfe 2/09). Das damit verbundene Finanzvolumen betrug rund 5,9 Milliarden Euro (statistisches Bundesamt). Diese Zahlen kommen durch neu ins Gesetz aufgenommene Leistungsparagrafen oder den § 8a SGB VIII zustande, der im Zusammenspiel mit Fällen von öffentlichkeitswirksamen Fällen von Gewalt gegen Kinder ein genaueres Hinsehen etabliert hat. Für uns als freier Träger der Jugendhilfe bedeutet dies, dass wir – so sehr wir auch bemüht sind, unsere Angebote quantitativ wie qualitativ den Erfordernissen anzupassen – seit Jahren an der Kapazitätsgrenze arbeiten. Seit 2004 haben sich unsere Angebote im Bereich der betriebserlaubnispflichtigen Hilfen verdoppelt. Dabei erfahren wir, dass fast alle Angebote „voll laufen". Auch nach einem Jahr FamGG können wir nicht feststellen, dass sich die Dauer der Verfahren im Bereich der Unterbringungen, die mit Sorgerechtsstreitigkeiten einhergehen, deutlich verkürzt haben. Lange Verweildauern auch in unserem – eigentlich nur zur kurzfristigen Perspektivklärung gedachten Diagnostikzentrum – sind immer noch eher die Regel als die Ausnahme. In letzter Zeit bemerken wir darüber hinaus häufigere Anfragen von Jugendämtern, die nicht aus unserem direkten Umkreis kommen (50 Kilometer und mehr) – mit der Begründung, dass alle Einrichtungen in ihrem Umkreis voll belegt seien.
Wenn wir auch keine sinkenden Fallzahlen bemerken, bemerken wir doch die Neigung der öffentlichen Träger, jenseits von Entgeltverhandlungen Kosten zu senken – sei es über das Einfordern niedrigerer Entgelte, sei es über die Nichtgewährung von bestimmten Hilfen

> Im Jahr 2007 wurden in der BRD 126.600 Leistungen gewährt, bei denen es in ca. 16% um Kindeswohlgefährdung ging. Das sind bundesweit 16.600 Fälle oder anders formuliert: jede sechste Hilfe

(z. B. §§ 32 und 41) und das erneut vorherrschende strikte Vorgehen „ambulant vor stationär". Dabei stellen wir allerdings auch fest, dass die Akzeptanz von Jugendhilfe allgemein sinkt; so werden wir mit finanziellen Vorbehalten der Kommunen jenseits der Entgelte bis hin zu den Fahrtkosten für die Förderschüler konfrontiert, beabsichtigen wir in ihrem Einzugsgebiet ein Angebot neu einzurichten.

In diesem Spannungsfeld von Bedarfslagen, der Finanzierungslogik des SGB VIII und der prekären Lage der kommunalen Haushalte erbringen wir unsere Leistungen für Kinder Jugendliche und ihre Familien.

2. Die Jugendhilfe Werne stellt sich vor

2.1 Geschichte

Nach einem Beschluss des Kuratoriums der Stiftung St. Christophorus-Krankenhaus Werne im Jahre 1912 wurde das *Waisenhaus St. Josef* gegründet. Die Ordensschwestern der göttlichen Vorsehung aus Münster übernahmen die Erziehung, Pflege und Ausbildung der Kinder. Die ersten Jahre waren hauptsächlich von Selbstversorgung durch den Anbau von Gemüse, Tierhaltung sowie Unterstützung aus der Werner Bevölkerung geprägt. Im Laufe der Jahre veränderten sich die gesellschaftlichen Ansprüche und somit auch die Anforderungen an ein Waisenhaus. War es ursprünglich als Ersatz für verstorbene oder „verschwundene" Eltern gedacht, so wurde in den 60er Jahren diese Rolle kritisch diskutiert. Der Wunsch nach familienähnlichen Betreuungsformen für die aufgenommenen Kinder rückte zunehmend in den Fokus der Diskussionen. Aus dem Waisenhaus wurde das *Kinderheim St. Josef*, dessen Aufgaben und Angebote sich in den folgenden Jahren immer weiter differenzierten und den gesellschaftlichen Anforderungen anpassten. 1980 eröffnete das Kinderheim St. Josef die erste ausgelagerte Wohngruppe.

In den letzten Jahren ist ein stetiges Wachstum an Anforderungen, Bedarfen und Aufgaben zu verzeichnen. Der Fokus der ausschließlichen Betreuung und Erziehung der untergebrachten Kinder hat sich deutlich verschoben, um nicht zu sagen vergrößert: Das Kinderheim St. Josef hat in der Stadt Werne eine Vielzahl an ergänzenden Aufgaben übernommen. In Kooperation mit dem örtlichen Jugendamt wurde die Besetzung und Durchführung des Streetworks realisiert, die Trägerschaft zweier Offenen Ganztagsschulen übernommen sowie Schulsozialarbeit und Übermittagsbetreuung zweier weiterführenden Schulen in Werne, und die Übernahme des Betriebs der zwei Jugendzentren, der Schulsozialarbeit an einer Haupt- und Realschule sowie eines Jugendtreffs bilden heute das sozialräumliche Angebot der Jugendhilfe Werne. So ist das Kinderheim St. Josef nicht nur an Aufgaben und Personal gewachsen, sondern es hat sich mit den sozialräumlichen Aktivitäten ein inhaltlich neuer, gleichwertiger Tätigkeitsschwerpunkt herausgebildet, der zwar von der Erfahrung im Bereich der Erziehungshilfe profitieren konnte, aber keine Erziehungshilfe mehr war. Um diesen Entwicklungen Rechnung zu tragen, insbesondere um beide Teile der Aktivitäten verantwortungsvoll weiterzuentwickeln, waren einerseits die Entwicklung einer neuen Organisationsstruktur sowie ein neuer Name unabdingbar: Seit 2009 heißt das ehemalige Kinderheim St. Josef nun JUGENDHILFE WERNE.

2.2 Organisationsstruktur der Jugendhilfe Werne

Die Jugendhilfe Werne gehört in der Organisationsstruktur zur Stiftung St. Christophorus-Krankenhaus Werne.
Die Jugendhilfe Werne gliedert sich in ihren Aufgaben und Tätigkeiten in sechs Bereiche:
1. Wohnformen (70 Plätze)
2. Teilstationäre Angebote (55 Plätze)
3. Diagnostikzentrum (65 Plätze)
4. Beratungsstelle
5. Familienzentrum und Offene Ganztagsgrundschulen (345 Plätze)
6. Offene Jugendarbeit

Die Jugendhilfe Werne gehört in der Organisationsstruktur zur Stiftung St. Christophorus-Krankenhaus Werne. Die Jugendhilfe Werne gliedert sich in ihren Aufgaben und Tätigkeiten in sechs Bereiche

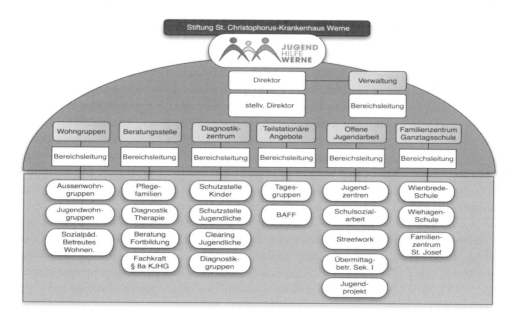

Bereich Wohnformen — Der Bereich *Wohnformen* umfasst aktuell 8 Wohngruppen sowie Sozialpädagogisch Betreutes Wohnen. Das zentral verbindende Merkmal der Angebote in diesem Bereich stellt das Wohnen und Leben von Kindern und Jugendlichen im Rahmen eines verlässlichen Lebensmittelpunktes dar, von dem ausgehend die jungen Menschen in ihrer Entwicklung ganzheitlich begleitet werden, um schließlich in ihr Herkunftssystem zurückkehren oder sich verselbständigen zu können.

Bereich Teilstationäre Angebote — Der Bereich *Teilstationäre Angebote* beinhaltet 5 Tagesgruppen sowie das BAFF-Konzept (Bedarfsorientierte Angebote für Familien). Der Fokus der Arbeit der teilstationären Angebote liegt nicht ausschließlich in der Arbeit mit den Kindern oder Jugendlichen, sondern hat einen konzeptionell obligatorischen Ansatz in der Arbeit mit den Eltern (Elterncoaching, Elternberatung, Elternwochenenden etc.).

Bereich Diagnostikzentrum — Im Bereich *Diagnostikzentrum* sind alle Gruppen und stationären Angebote gebündelt, die Kinder und Jugendliche aufnehmen, um in einer Krisensituation (Inobhutnahme) oder bei unklaren Verhältnissen gemeinsam mit den Eltern, Sorgeberechtigten, Kindern/Jugendlichen und dem zuständigen Jugendamt eine Perspektive zu entwickeln (Diagnostikgruppen, Clearing, BOJE-BedarfsOrientierteJugendlichenErprobung).

Bereich Beratungsstelle — Der Bereich *Beratungsstelle* fasst die Angebote interne Beratung und Fortbildung, Auswahl, Schulung und Beratung von Westfälischen Pflegefamilien sowie Bereitschaftspflegestellen, Diagnostik und Therapie für Familien, Kinder und Jugendliche, Kinderschutzfachkraft nach § 8a SGB VIII, Ehrenamtlichendienste sowie ambulante erzieherische Hilfen zusammen.
Hier wird einerseits die Arbeit der Gruppen und Angebote der Jugendhilfe unterstützt und ergänzt, zum anderen werden zahlreiche Hilfen für Familien angeboten, um intensivere erzieherische Hilfen zu vermeiden.

Bereich Familienzentrum und offene Ganztagsgrundschulen — Im Bereich *Familienzentrum und offene Ganztagsgrundschulen* finden sich die beiden Tageseinrichtungen, die zusammen das Familienzentrum St. Josef bilden, und die beiden offenen Ganztagsgrundschulen.

Bereich Offene Jugendarbeit — Im Bereich *Offene Jugendarbeit* sind alle Angebote der Jugendarbeit in der Stadt Werne zusammengefasst: die zwei Jugendzentren, die Jugendtreffs, Streetwork, Schulsozialarbeit, Übermittagsbetreuung an weiterführenden Schulen sowie das Jugendprojekt Werne.

3. Formen von Kindeswohlgefährdung in der Arbeit der Jugendhilfe Werne

Dieses Kapitel gewährt einen Überblick über die häufigsten Formen von Kindeswohlgefährdung, mit denen wir in der täglichen Arbeit konfrontiert sind. In keinem Fall erheben wir an dieser Stelle den Anspruch auf Vollständigkeit: Unser Anliegen ist vielmehr die Fokussierung auf die – aktuell – häufigsten Unterbringungsgründe.

> Dieses Kapitel gewährt einen Überblick über die häufigsten Formen von Kindeswohlgefährdung, mit denen wir in der täglichen Arbeit konfrontiert sind

3.1 Vernachlässigung

Ein häufiger Unterbringungsgrund in den Angeboten der Jugendhilfe Werne ist die Vernachlässigung von Kindern in ihrer Herkunftsfamilie. Insbesondere jüngere Kinder werden aufgrund mangelnder und unzureichender Versorgung (vorerst) untergebracht. Hierbei sind es häufig die (anonymen) Meldungen durch die Kindergärten, Schulen und/oder Nachbarn, die die Jugendämter auf vorherrschende Vernachlässigung aufmerksam machen. Vernachlässigung meint die ausgeprägte, d.h. andauernde oder wiederholte Beeinträchtigung oder Schädigung der Entwicklung von Kindern durch die sorgeberechtigten und -verpflichteten Personen, auf Grund unzureichender Pflege und Kleidung, mangelnder Ernährung und gesundheitlicher Fürsorge, zu geringer Beaufsichtigung und Zuwendung, nachlässigem Schutz vor Gefahren sowie nicht hinreichender Anregung und Förderung motorischer, geistiger, emotionaler und sozialer Fähigkeiten (Deegener, 2005). Die Unterversorgung kann in körperlicher, emotionaler, materieller oder sozialer Hinsicht erfolgen (Motzkau, 2002).

3.2 Körperliche und seelische Misshandlung

Die Formen körperlicher Misshandlung umfassen ein breites Spektrum. So ist die Jugendhilfe Werne immer wieder mit der Aufnahme von Kindern und Jugendlichen konfrontiert, welche durch ihre (primären) Bezugspersonen Misshandlungen ausgesetzt sind.
Kinder und Jugendliche weisen bei der Aufnahme blaue Flecken, Kratzer, Schriemen oder gar bereits verblasste Narben länger zurückliegender Misshandlungen auf. Weitere Misshandlungsformen können Schlagen des Kindes mit der Hand oder Gegenständen (Gürtel, Pantoffel etc.), Schütteln des Kindes, Schubsen oder Stoßen sein. Neben den Formen der körperlichen Misshandlung darf in keinem Fall die emotionale Misshandlung außer Acht gelassen werden. Hierzu zählen insbesondere Beschimpfungen, Ablehnung, Verstoßen, Erniedrigung, Ängstigen und Einsperren. Unserer Erfahrung nach

berichten insbesondere Jugendliche von diesen emotionalen Misshandlungsformen.

3.3 Sexuelle Gewalt

Ein hoher Prozentsatz (schätzungsweise 60%) aller in der Jugendhilfe Werne untergebrachten Kinder und Jugendlichen erlitt in unterschiedlichem Ausmaß und in unterschiedlicher Ausprägung sexuelle Übergriffe. Sexuelle Gewalt umfasst jede sexuelle Handlung, die an oder vor einem Kind entweder gegen den Willen des Kindes vorgenommen wird oder der das Kind auf Grund seiner körperlichen, emotionalen, geistigen oder sprachlichen Unterlegenheit nicht wissentlich zustimmen kann bzw. bei der es deswegen nicht in der Lage ist, sich hinreichend wehren oder verweigern zu können (Deegener, 2005).

3.4 Schwerwiegende psychische Erkrankung eines Elternteils

Eltern(teile), die auf Grund eigener psychischer Erkrankung nicht in der Lage sind, sich um (sich und) ihr Kind zu kümmern, bilden eine zunehmend größere Bedarfsgruppe unserer Arbeit. Hierbei kann es sich um Eltern handeln, die unter Depressionen, Alkoholismus, Psychosen oder Angstzuständen leiden und so eingeschränkt sind, dass sie für das Wohl ihrer Kinder nicht ausreichend sorgen können bzw. gar eine Gefahr darstellen. So weist Alle (2010) auf eine Studie von Walsh et al. (2002) hin, die besagt, dass Kinder und Jugendliche psychisch kranker Eltern zwei bis drei Mal häufiger Vernachlässigung, körperlicher und sexueller Misshandlung ausgesetzt sind. Immer wieder sind wir in unserer Arbeit gefordert, uns den Auswirkungen und Folgen der psychischen Erkrankung von Eltern beim Kind und Jugendlichen anzunehmen und in den richtigen Kontext zu setzen, sie (die Kinder und Jugendlichen) fachlich zu begleiten und Angebote zu unterbreiten, die unterstützend wirken.

4. Maßnahmen, Möglichkeiten und Ansätze im Umgang mit Kindeswohlgefährdung in der Jugendhilfe Werne

4.1 Inobhutnahmen

Die Jugendhilfe Werne gewährleistet die Unterbringung der Inobhutnahmen für den gesamten Kreis Unna, wobei die Unterbringung durch Städte außerhalb des Kreises Unna ebenso möglich und alltäglich ist. Im ersten Halbjahr 2010 hat die Jugendhilfe Werne 80 Kinder und Jugendliche in Obhut genommen. Hierbei kam es bei ca. 40% zu einer Anschlussunterbringung in einem unserer Angebote, z. B. Diagnostikgruppe, Clearing.

Die Inobhutnahme nach § 42 SGB VIII umfasst die Befugnis des Jugendamtes, ein Kind oder einen Jugendlichen bei einer geeigneten Person oder Einrichtung vorläufig unterzubringen (Zitelmann, 2009). Das Jugendamt kann das Kind/den Jugendlichen auch gegen den Willen der Sorgeberechtigten zeitweise in Obhut nehmen. Die Gründe für eine Inobhutnahme durch das Jugendamt sind vielfältig: massive Vernachlässigung des Kindes, Gewalt gegen das Kind, unzumutbare häusliche Verhältnisse, Drogen- und/oder Alkoholkonsum der Eltern etc. Da sich die Bedarfe und Voraussetzungen bei der Unterbringung für die unterschiedlichen Altersstrukturen der Kinder und Jugendlichen erheblich unterscheiden, hält die Jugendhilfe Werne für folgende Altersstrukturen eigene Inobhutnahmekonzepte vor: 0- bis 3-Jährige, 3- bis 13-Jährige und 13- bis 18-Jährige.

Für die Betreuung von *0- bis 3-jährigen Kindern*, die in Obhut genommen werden (müssen), verfügt die Jugendhilfe Werne über Bereitschaftspflegestellen, die an den Bereich Beratungsstelle angebunden sind. Qualifizierte Fachkräfte der Beratungsstelle sind für die Akquise, Schulung/Vorbereitung und Begleitung von Bereitschaftspflegefamilien zuständig. Die umgehende Aufnahmemöglichkeit wird ggf. über die Kinderschutzstelle gewährleistet.

Die Bereitschaftspflegeeltern verfügen über eine pädagogische Ausbildung und/oder entsprechende Erfahrungen mindestens eines Pflegeelternteils. Sie benötigen die Fähigkeit, sich unvermittelt auf ein bis dahin fremdes Kind, seine Situation und Bedürfnisse einzulassen. Wir beobachten einen deutlichen Bedarfsanstieg für die Inobhutnahmen bzw. Aufnahmen von Kindern unter 3 Jahren; dies fordert uns als Jugendhilfeeinrichtung in einem hohen Maße, uns auf diese Bedarfe einzustellen und bestmöglich zu reagieren.

Die Inobhutnahmen für die Altersstruktur der *3- bis 13-Jährigen* werden durch die 2009 errichtete Kinderschutzstelle betreut. Die Kinderschutzstelle verfügt über 7 Einzelzimmer, einen großzügigen Küchen- und Essbereich, ein Wohnzimmer, ein Büro sowie ein Bereitschaftszimmer.

Sollte sich im Anschluss an die Unterbringung in der Kinderschutzstelle ein weiterer Unterbringungsbedarf ergeben, so ist der Wechsel in eine der drei sich ebenfalls auf dem Hofgelände befindlichen Diagnostikgruppen möglich. Für die Anschlussunterbringung der Kinder im Alter zwischen 3 und 6 Jahren haben wir seit April dieses Jahres

> Da sich die Bedarfe und Voraussetzungen bei der Unterbringung für die unterschiedlichen Altersstrukturen der Kinder und Jugendlichen erheblich unterscheiden, hält die Jugendhilfe Werne für folgende Altersstrukturen eigene Inobhutnahmekonzepte vor: 0- bis 3-Jährige, 3- bis 13-Jährige und 13- bis 18-Jährige

eine Intensiv-Diagnostikgruppe mit 6 Plätzen in unser Angebot aufgenommen.

Die Unterbringung der Inobhutnahmen der *13- bis 18-Jährigen* wird in einer Immobilie im Zentrum von Werne gewährleistet. Die Jugendschutzstelle verfügt über 7 Plätze. Besteht über die Aufnahme in der Jugendschutzstelle hinaus der Bedarf einer Perspektivklärung für den/die Jugendliche(n), so ist ein Übergang in das nahegelegene Clearing-Angebot oder die BOJE möglich.

4.2 Inkognito-Unterbringungen

Inkognito-Unterbringungen kommen in der Regel sehr selten vor. Sie werden notwendig, wenn der Eindruck vorherrscht, dass die Sicherheit des Kindes/Jugendlichen nur dann ausreichend sichergestellt ist, wenn die Eltern nicht über den Aufenthaltsort des Kindes oder Jugendlichen informiert werden (dürfen)

Ein weiteres Angebot im Umgang mit Kindeswohlgefährdung ist die Inkognito-Unterbringung. Inkognito-Unterbringungen kommen in der Regel sehr selten vor. Sie werden notwendig, wenn der Eindruck vorherrscht, dass die Sicherheit des Kindes/Jugendlichen nur dann ausreichend sichergestellt ist, wenn die Eltern nicht über den Aufenthaltsort des Kindes oder Jugendlichen informiert werden (dürfen). Dies trifft beispielsweise auf Eltern zu, die sich massiv gegen eine Unterbringung des Kindes wehren, die Zusammenarbeit mit dem Jugendamt kategorisch ablehnen und trotz Unterbringung eine Gefahr für das Kind darstellen, z. B. Entführungsgefahr. Ein weiteres Beispiel aus unserer Praxis mit Inkognito-Unterbringungen ist die Aufnahme von türkischen Mädchen, die sich aus Angst vor Zwangsheirat in die Obhut des Jugendamtes begeben.

4.3 Das Werner Manual zur Abschätzung von Kindeswohlgefährdung

Das Werner Manual zur Abschätzung von Kindeswohlgefährdung (entsprechend § 8a SGB VIII) ist im September 2009 von Thomas Kißmann (stellv. Direktor Jugendhilfe Werne) für die Arbeit mit Kindern in öffentlicher Erziehung entwickelt worden.

Die Grundlage für die Entwicklung des Werner Manuals bildete die Novellierung des § 8a im SGB VIII. Für die freie Jugendhilfe entscheidend war die dort verankerte Ausweitung der Sicherung des Kindeswohls neben den öffentlichen auch auf die freien Träger. Handlungsleitend für die Entwicklung dieses Manuals war also einerseits der Versuch, den im § 8a geforderten Schutz des Kindeswohles durch Einrichtungen der Kinder- und Jugendhilfe aktiv aufzugreifen und andererseits hierfür notwendiges Handwerkszeug zu entwickeln, um aus dem unbestimmten Begriff „Kindeswohlgefährdung" eine operationalisierte Größe zu machen. Als freier Träger der Jugendhilfe standen wir vor der Aufgabe, zu definieren, was das Kindeswohl ist, mithin, wann es gefährdet ist, wie dies messbar zu machen ist und mit welcher Methode eine entsprechende Dokumentation erfolgen kann.

Nach Sichtung der vorhandenen Instrumente (hier exemplarisch: Jugendämter im Kreis Unna 2006, Bayrisches Landesjugendamt 2006, Hamburger Behörde für Soziales, Gesundheit, Familie und Verbraucherschutz 2006, Tietze et al. 2005) wurde deutlich, dass die vorhandenen Instrumente zur Operationalisierung des Kindeswohlbegriffs unzureichend bis ungeeignet erschienen, zumindest was die Tätigkeit in ambulanten Diensten und stationären Einrichtungen der Jugendhilfe betrifft, da sie primär für die Nutzung beim öffentlichen Träger der Jugendhilfe entwickelt worden waren.

> Nach Sichtung der vorhandenen Instrumente wurde deutlich, dass die vorhandenen Instrumente zur Operationalisierung des Kindeswohlbegriffs unzureichend bis ungeeignet erschienen

Das Manual zur Abschätzung von Kindeswohlgefährdung ist bewusst als ein Hilfsmittel für die Praxis entwickelt worden. Dem Nutzer werden über sechzehn Kategorien von „Ernährung" über „medizinische Versorgung" bis „Finanzielle Situation" zweihundertzehn Items angeboten, die siebenfach von „Kriterium erfüllt" bis „nie erfüllt" skaliert sind. Bei der Formulierung der Fragen wurde darauf geachtet, über positiv formulierte Aussagen eine Stigmatisierung zu vermeiden. Letzteres lässt sich nicht stringent durchhalten, da in Kategorien wie „Seelische Misshandlung" (nach Schone 2008) nur schwer positiv formuliert werden kann. Gefragt wird jeweils nach dem persönlichen Eindruck des Nutzers.

> Dem Nutzer werden über sechzehn Kategorien zweihundertzehn Items angeboten, die siebenfach skaliert sind

Der Aufbau des Manuals gliedert sich folgendermaßen:
- Erhebungsbogen I +II (Angaben zur potentiell gefährdeten Person)
- 1. Kategorie: Ernährung (z. B. Ist ausreichend Nahrung vorhanden?)
- 2. Kategorie: Frische/Angemessenheit (z. B. Gibt es einen Kühlschrank?)
- 3. Kategorie: Wohnsituation (z. B. Gibt es für jedes Kind eine eigene Schlafmöglichkeit?)
- 4. Kategorie: Körperpflege (z. B. Gibt es Zahnbürsten für das Kind?)
- 5. Kategorie: Zustand des sanitären Anlagen (z. B. Riecht es nach Urin?)
- 6. Kategorie: Kleidung (z. B. Frage nach witterungsgemäßer Kleidung)
- 7. Kategorie: Schutz vor Gefahren (z. B. Sind Steckdosen gesichert?)
- 8. Kategorie: Medizinische Versorgung (z. B. Hat das Kind einen Kinderarzt?)
- 9. Kategorie: Betreuung (z. B. Besucht das Kind einen Kindergarten?)

- 10. Kategorie: Emotionale Versorgung (z. B. Gibt es Körperkontakt zwischen Eltern und Kind?)
- 11. Kategorie: Schulbesuch (z. B. Besucht das Kind regelmäßig die Schule?)
- 12. Kategorie: Finanzielle Situation (z. B. Werden fällige Beiträge gezahlt?)
- 13. Kategorie: Psychische Einschätzung der Eltern (z. B. Eltern wirken klar orientiert?)
- 14. Kategorie: Psychische Einschätzung zum Kind/Jugendlichen (z. B. Kind/Jugendlicher wahrt angemessen Verhältnis von Nähe und Distanz?)

Hier werden Natur und Zweck des Manuals deutlich: Es bietet die Möglichkeit für Schulen, Kindertageseinrichtungen, ambulante Dienste wie SPFH oder Erziehungsbeistandschaften, Vormündern, aber auch in stationären Einrichtungen der Jugendhilfe Eindrücke über Kinder, Jugendliche und deren Familien selbstreflexiv zu dokumentieren und eine Einschätzung zu erarbeiten, wie akut oder wie wenig akut eine Situation ist, was man weiß und zu welchen Punkten keine Aussagen zu machen sind. Dabei geht es nicht (ausschließlich) darum, Wahrheiten abzubilden; das Manual kann in großen Teilen keine Aussagen über eine tatsächliche Kindeswohlgefährdung treffen. Es geht vielmehr darum, im Sinne eines Seismografen, Erschütterungen wahrzunehmen und zu dokumentieren. Ob diese Erschütterungen als ein Beben einzustufen sind, hängt von weiteren, weit differenzierteren Maßnahmen ab, insbesondere der Beratung mit der in Absatz 2 des Paragrafen „insofern erfahrenen Fachkraft". Abseits der Diskussionen über die Sinnhaftigkeit solcher Qualifikationen steht die Fachkraft der Jugendhilfe Werne als Ansprechpartnerin für alle Kolleginnen und Kollegen der Einrichtung zur Verfügung und kann auch von anderen Einrichtungen angefragt werden. Das Manual dient dabei als Reflexions- und Beratungsgrundlage. Das Manual erfüllt damit auch die in § 8a geforderte Dokumentationspflicht. Wir schätzen das Manual als diagnostisches Instrument, das nicht Wahrheiten über Klienten produziert, sondern als ein Werkzeug zur strukturierten Wahrnehmung der Situation von Kindern in öffentlicher Einrichtung dient. (Das Werner Manual kann bei Interesse über die Jugendhilfe Werne bezogen werden).

4.4 Diagnostik und therapeutische Begleitung der untergebrachten Kinder und Jugendlichen

Ein Großteil der Kinder und Jugendlichen, die aufgrund von Kindeswohlgefährdung in der Jugendhilfe Werne untergebracht sind, wird durch unser in der Beratungsstelle verankertes Diagnostikteam diagnostisch und ggf. therapeutisch begleitet. Einer Unterbringung von Kindern und Jugendlichen in stationäre Settings gehen häufig konkrete Anhaltspunkte oder Aussagen zur Kindeswohlgefährdung aus dem direkten Umfeld der Familie/des Kindes voraus; nichtsdestotrotz lassen sich das Ausmaß und die Auswirkungen der erlebten Gewalt oder Verwahrlosung nicht sofort erfassen. Die Jugendhilfe Werne hält zur Schließung dieser Lücke mehrere stationäre Angebote (Intensiv-Diagnostikgruppe, Diagnostikgruppen, Clearing) vor, die die Erlebnisse der Kinder und Jugendlichen diagnostisch beleuchten und einen Einblick auf die Auswirkungen der erlebten Kindeswohlgefährdung erlauben.

Der/die Diagnostiker/in bearbeitet die im Vorfeld mit allen am Hilfeplan beteiligten Personen vereinbarten Diagnostikfragen, fasst diese in einem Diagnostikbericht zusammen und stellt die Ergebnisse in einem Auswertungstermin vor. Die Diagnostiker bedienen sich je nach Auftrag, Alter und Entwicklungsstand des Kindes/Jugendlichen der gängigen standardisierten und projektiven Testverfahren. Die Diagnostik wird durch Explorationsgespräche mit den Eltern, anderen Bezugspersonen des Kindes/Jugendlichen sowie der Bezugspädagogin ergänzt.

Die Diagnostiker bedienen sich je nach Auftrag, Alter und Entwicklungsstand des Kindes/Jugendlichen der gängigen standardisierten und projektiven Testverfahren

4.5 Regelung und Begleitung von Besuchskontakten

Die Elternarbeit in den Angeboten der Jugendhilfe Werne nimmt einen hohen Stellenwert ein. So ist die Einbindung der Eltern an der Gestaltung der Hilfeprozesse ein wichtiger und unbedingt notwendiger Teil unserer Arbeit. Bei der Aufnahme von Kindern, insbesondere im Alter zwischen 0-13 Jahren, werden im Rahmen der Hilfeplanung in der Regel Besuchskontakte mit den Eltern des Kindes vereinbart. Die Besuchskontakte zwischen Eltern und Kind finden in der Regel in den Räumlichkeiten der Jugendhilfe Werne statt und werden durch die fallzuständigen Kollegen begleitet. Die Begleitung der Kontakte zwischen Eltern und Kind kann im Zweifelsfall erneute Übergriffe durch die Eltern auf das Kind verhindern. Bei Kindern, die schon seit mehreren Jahren in der Jugendhilfe Werne leben, deren Eltern mit der dauerhaften Unterbringung einverstanden sind und keine Gefahr für das Kind darstellen, kann von der Begleitung der Besuchskontakte abgesehen werden.

So ist die Einbindung der Eltern an der Gestaltung der Hilfeprozesse ein wichtiger und unbedingt notwendiger Teil unserer Arbeit

Die Begleitung von Kontakten zwischen Eltern und Jugendlichen ist eher selten Praxis. In den meisten Fällen treffen die Jugendlichen und die zuständigen Kollegen (Jugendamt, Jugendhilfe Werne) die Einschätzung, dass eine Begleitung der Kontakte nicht notwendig erscheint. Einerseits sind die Jugendlichen deutlich besser in der Lage, sich Hilfe zu holen oder zu wehren. Andererseits können die Jugendlichen den Wunsch nach einem (vorläufigen) Kontaktabbruch deutlicher formulieren und sich Besuchskontakten verweigern.

4.6 Begleitung von Telefonkontakten

Ähnlich wie bei den Besuchskontakten hält es die Jugendhilfe Werne mit Telefonkontakten zwischen Eltern und Kind (bis ca. 13 Jahren). Im Rahmen der Hilfeplanung können Telefonkontakte (Wochentag, Rhythmus etc.) vereinbart werden. Die Eltern werden beim Hilfeplangespräch um ihre Zustimmung gebeten, die Telefonkontakte durch die Kollegen begleiten zu lassen. Dies kann die Kinder einerseits vor schwierigen Themen, doppeldeutigen Inhalten, Erpressungen oder gar Drohungen schützen. Es birgt aber auch andererseits die Möglichkeit, mit den Kindern die Inhalte des Telefonates im Anschluss zu besprechen oder zu reflektieren. Bei den Jugendlichen gestaltet sich die Begleitung von Telefonaten deutlich schwieriger. Die meisten Jugendlichen verfügen über ein Handy oder haben Zugriff auf das Handy von Freunden und können auf diese Weise telefonisch Kontakt herstellen. Wir beobachten jedoch, dass es den Jugendlichen durchaus gelingt, sich bei Bedarf von den Eltern abzugrenzen und auf Telefonate oder SMS nicht zu reagieren. Andere Jugendliche nutzen das Handy oder Internet zu einer ersten, vorsichtigen Kontaktaufnahme mit den Eltern, die sich positiv weitergestaltet.

4.7 Die Kinderschutzfachkraft

Die Jugendhilfe Werne hält in der Beratungsstelle eine Mitarbeiterin, die einen Zertifikatskurs „Kinderschutzfachkraft (§ 8a SGB VIII)" am Institut für soziale Arbeit e.V. Münster (ISA) absolviert hat, vor. Unsere „Kinderschutzfachkraft" steht allen MitarbeiterInnen der Jugendhilfe Werne zu Fragestellungen rund um den Kinderschutz und bei Anhaltspunkten zur Abklärung von Kindeswohlgefährdung zeitnah zur Verfügung.

Die „Kinderschutzfachkraft" kann von anderen Institutionen angefragt werden, die im Einzelfall mit gewichtigen Anhaltspunkten zur Kindeswohlgefährdung konfrontiert sind und fachkompetente Beratung und Unterstützung zur Risikoeinschätzung benötigen. Die

Leistung der „Kinderschutzfachkraft" wird in diesem Fall über Fachleistungsstunden erbracht.

4.8 Obligatorische Teamberatung für alle Angebote der Jugendhilfe Werne

Die Arbeit in der Jugendhilfe mit entwicklungsverzögerten, traumatisierten und verhaltensauffälligen Kindern und Jugendlichen sowie deren Familien erfordert ein hohes Maß an Professionalität und Rollensicherheit.

Hierfür sind unserer Einschätzung nach eine regelmäßige Reflexion des eigenen Verhaltens, der eigenen Haltungen, der Zusammenarbeit im Team und die Entwicklung von konkreten Zielen der Arbeit notwendig.

Zu den Standards der Jugendhilfe Werne gehört die obligatorische Teamberatung aller Angebote durch eine Fachkraft der Beratungsstelle. Bei Fragestellungen zur Kindeswohlgefährdung kann bei Bedarf die Kinderschutzfachkraft der Einrichtung in das jeweilige Beratungssetting einbezogen werden.

Die Teamberater/innen unterliegen der Schweigepflicht.

Zur Qualitätssicherung nehmen alle Teamberater/innen regelmäßig an interdisziplinärer, kollegialer Beratung und Supervision teil.

Angebote der MitarbeiterInnen-/Teamberatung können sein:
- Fallberatung
- Teamentwicklung
- Konfliktklärung
- Fallspezifische Fragestellungen

Formen der MitarbeiterInnen-/Teamberatung:
- Teamberatung
- Einzelberatung
- Beratung von Kooperationsprojekten
- Beratung von Subsystemen (z. B. Hauswirtschaft, Nachtdienst, Projektteams usw.)
- kollegiale Beratung
- Konfliktmoderation
- Teamtage zur Team- und Konzeptentwicklung

Aufträge und Umfang der Beratungen werden in halbjährlichen Kontraktgesprächen von Teamberater/in, Bereichsleitung und Team festgelegt.

Die Teamberatungen finden mindestens 1 x monatlich, in der Regel jedoch 14-tägig, im Umfang von 1,5 – 2,5 Std. statt. In begründeten

Fällen sind ad-hoc-Termine oder häufigere Beratungssequenzen möglich.

4.9 Umfassendes, jährlich wechselndes Fortbildungsangebot für die Mitarbeiter

Die Beratungsstelle der Jugendhilfe Werne plant und organisiert das jährliche Programm interner Fortbildungen für MitarbeiterInnen. Regelmäßige Bedarfserhebung und Evaluation der internen Fortbildungen gewährleisten ein internes Fortbildungsangebot mit hoher Praxisrelevanz

Die Beratungsstelle der Jugendhilfe Werne plant und organisiert das jährliche Programm interner Fortbildungen für MitarbeiterInnen. Regelmäßige Bedarfserhebung und Evaluation der internen Fortbildungen gewährleisten ein internes Fortbildungsangebot mit hoher Praxisrelevanz. Die Fortbildungsveranstaltungen werden sowohl von den Fachkräften der Beratungsstelle als auch von externen Referenten durchgeführt.

Das interne Fortbildungsprogramm 2009 beinhaltete 22 Fortbildungsangebote, die in Form von eintägigen Veranstaltungen oder mehrtägigen Reihen erfolgen. Im Zusammenhang mit dem Thema Kindeswohlgefährdung sind hier folgende Fortbildungsveranstaltungen zu nennen:

– Diagnostik und deren Umsetzung in pädagogisches Handeln
– Fortsetzung Bindungstheorie: Bindungsstörungen
– Traumatisierte Kinder in der Jugendhilfe
– Umgang mit sexualisiertem Verhalten und dem Thema sexuelle Gewalt im Gruppenalltag
– Unterstützung von Kindern bei Trauer und Verlust bei abwesenden Eltern(teilen)
– Anbahnung von Pflegeverhältnissen

Die Jugendhilfe Werne ist stets bestrebt, Kollegen intern sowie extern fortzubilden, denn nur so erscheint uns Qualitätssicherung, Fortschritt und Optimierung der Angebote möglich.

5. Kooperationspartner

Im Interesse von jungen Menschen und ihren Familien streben wir Vernetzung und funktionierende Zusammenarbeit im Sozialraum an. Dabei sind wir ein anspruchsvoller, verlässlicher und fairer Partner

Die Jugendhilfe Werne unterhält eine Reihe notwendiger, sinnvoller sowie fruchtbarer Kooperationen. Diese Kooperationen erscheinen uns in der verantwortungsvollen Aufgabe rund um den Schutz des Kindeswohls unerlässlich. „*Im Interesse von jungen Menschen und ihren Familien streben wir Vernetzung und funktionierende Zusammenarbeit im Sozialraum an. Dabei sind wir ein anspruchsvoller, verlässlicher und fairer Partner*" (Leitsatz aus dem Leitbild der Jugendhilfe Werne).

Dem Leitbild entsprechend engagiert sich die Jugendhilfe Werne im Hinblick auf den Aufbau und die Pflege umfassender Kooperationsbeziehungen. Für die Jugendhilfe Werne sind die Kooperationspartner unerlässlich bei der Klärung, Prävention und Sicherung des Kindeswohls sowie bei der Abklärung von Kindeswohlgefährdung. Beispielsweise erscheint es uns unerlässlich, Kinder, die mit mutmaßlich körperlichen Misshandlungen aufgenommen werden, sofort ärztlich untersuchen zu lassen – notfalls auch bei uns in der Einrichtung. Dies ermöglichen uns unsere positiven Kooperationen zu den ortsansässigen Ärzten.

Im Rahmen der Hilfen zur Erziehung kooperiert die Jugendhilfe Werne mit ca. 50 Jugendämtern in der näheren und weiteren Region. Die Jugendhilfe Werne veranstaltet jährlich Fachtage zu praxisrelevanten Themen und sucht den Austausch mit den Kollegen der Jugendämter. So stehen wir im regen Austausch mit den Jugendämtern hinsichtlich Bedarfe, Entwicklungen und Perspektiven.

Im Sinne einer ganzheitlichen Begleitung von Kindern und Jugendlichen hat sich eine intensive Zusammenarbeit mit den Kindertagesstätten und Schulen vor Ort entwickelt, die die uns anvertrauten Kinder/Jugendlichen besuchen. Darüber hinaus arbeiten die Fachkräfte der Jugendhilfe Werne mit den ortsansässigen Ärzten und Therapeuten zusammen. Weitere Kooperationspartner sind Polizei, Kinder- und Jugendpsychiatrien, GutachterInnen, Vereine etc.

Die Jugendhilfe Werne ist Kooperationspartner des „Familiennetz Werne", das die Stadt Werne angegliedert an die Abteilung Jugend, Familie und Bildung aufgebaut hat. Das „Familiennetz Werne" dient der Vernetzung von Angeboten, die für Familien hilfreich und wichtig sind und richtet sich an in Werne lebende Familien, Kinder, Jugendliche und Eltern. Vernetzung braucht einen Ort, an dem gemeinsame Aktivitäten koordiniert werden und Raum finden. Hierfür nutzen das „Familiennetz Werne" und seine Kooperationspartner Räumlichkeiten auf dem Gelände der Jugendhilfe Werne, auf dem in diesem Zusammenhang auch ein öffentliches Cafe und ein öffentlicher Abenteuerspielplatz entstanden sind.

6. Prävention von Kindeswohlgefährdung

Neben der (Weiter-)Entwicklung von Maßnahmen, Möglichkeiten und Ansätzen zum Umgang mit Kindeswohlgefährdung setzt sich die Jugendhilfe Werne mit der Prävention von Kindeswohlgefährdung auseinander. In diesem Zusammenhang sind besonders Maßnahmen und Angebote zu nennen, die auf frühzeitige Beratung und Unterstützung von Eltern und Familien und auf die Stärkung von Kindern und Jugendlichen zielen.

Bei dem Präventionsgedanken wird das Prinzip der Partizipation als richtungsweisend angesehen.

6.1 Elternarbeit

<small>Als die wichtigste Form der Prävention von Kindeswohlgefährdung erscheint uns die Aufklärung und Zusammenarbeit mit den Eltern

Wir sind uns der Bedeutung der Eltern für das Kind und den Prozess bewusst und haben den Anspruch, jedes Elternteil für eine Zusammenarbeit im Interesse des Kindes zu gewinnen</small>

Als die wichtigste Form der Prävention von Kindeswohlgefährdung erscheint uns die Aufklärung und Zusammenarbeit mit den Eltern. In allen Angeboten der Jugendhilfe Werne ist Elternarbeit obligatorischer Bestandteil. Wir sind uns der Bedeutung der Eltern für das Kind und den Prozess bewusst und haben den Anspruch, jedes Elternteil für eine Zusammenarbeit im Interesse des Kindes zu gewinnen. Hierfür gehen wir - auch wiederholt – aktiv und wertschätzend auf die Eltern zu und bieten ihnen Information und Mitwirkung an. Dabei beachten wir:

- *Transparenz:* Wir streben einen Austausch mit Eltern über die Bedingungen von Jugendhilfe an und benennen die Rahmenbedingungen unserer Arbeit, intern (z. B. Dienstpläne, Gruppenkonzept etc.) wie auch extern (z. B. das Dreiecksverhältnis von Klienten, Jugendämtern und uns, Hilfeplanverfahren, wie arbeiten wir in unseren Angeboten)
- *die emotionale Situation der Eltern:* Die Reaktion von Eltern, die von ihren Kindern getrennt werden bzw. die Jugendhilfemaßnahmen gegen ihren Willen zustimmen, ist (oft) geprägt von Wut, Aggression, Trauer, Angst, Versagensgefühlen, Machtlosigkeit, Konkurrenz, Eifersucht. Diese Gefühle sind legitim.
- *dass wir Übertragungsreaktionen aushalten müssen:* Wenn wir AdressatInnen dieser Gefühle werden, ist uns deutlich, dass wir diese Reaktionen zu spüren bekommen, weil wir für die Situation stehen, in der sich Eltern befinden. Dabei reflektieren wir unsere eigene emotionale Befindlichkeit immer wieder aufs Neue. In diesem Prozess immer wieder neue Zugänge zu finden, ist Teil unserer Professionalität. Zu benennen, wenn uns dieses nicht mehr gelingt, ebenso. Auf diese Weise versuchen wir, in der Arbeit mit Eltern authentisch zu bleiben.
- *dass wir die Sichtweise der Eltern zu erfragen versuchen:* Wir laden Eltern ein, ihre Sicht der Dinge zu schildern, insbesondere der Zugangskontext mit der Frage, warum ihrer Meinung nach ihr Kind bei uns ist, ist uns wichtig.

Für Eltern, die sich über unsere offenen Sprechstunden in Kindergarten und offenen Ganztagsschulen Unterstützung und Anregung holen (können), bieten wir dieses niederschwellige und offene Beratungssetting an. Bei Eltern und Familien, die unsere ambulanten Dienste (Elternberatung, Erziehungsbeistandschaft, SPFH etc.) in Anspruch nehmen, arbeiten wir in der Regel aufsuchend, d. h. wir besuchen die Familien in ihrem gewohnten Lebensumfeld. Für Eltern, die ihr Kind in einem unserer teilstationären Angebote (z. B.

Tagesgruppe) haben, bieten wir Hospitationen im Gruppenalltag, Elternfrühstück, Elternwochenenden sowie Elternberatungen im häuslichen Rahmen an. Bei Familien, deren Kind in einem unserer vollstationären Angebote (z. B. Diagnostikgruppe) untergebracht ist und eine Rückführung in die Herkunftsfamilie ansteht, besteht die Möglichkeit, mit den Familien auf diese Rückführung hinzuarbeiten. Mit Eltern, deren Kinder bis zur Verselbständigung in einem unserer vollstationären Angebote (Wohngruppen) untergebracht sind, arbeiten wir im Rahmen der Kontaktpflege und/oder des Informationsaustauschs zusammen.

6.2 Offene Elternberatung im Familienzentrum St. Josef und in den offenen Ganztagsgrundschulen

Für die offene Elternberatung im Familienzentrums St. Josef und in den offenen Ganztagsgrundschulen steht eine Fachkraft der Beratungsstelle der Jugendhilfe Werne zur Verfügung.

Im Rahmen der offenen Elternberatung/Elternsprechstunde besteht für interessierte und belastete Eltern die Möglichkeit, einen zeitnahen Termin mit einer Beraterin zur Besprechung einer persönlichen Fragestellung zur Erziehung ihres Kindes und/oder zu Entwicklungen in der Familie zu verabreden. Die MitarbeiterInnen des Familienzentrums und der Ganztagsgrundschulen koordinieren die Terminabsprache zwischen Eltern und Fachkraft der Beratungsstelle.

Im Rahmen des jährlichen Familienzentrumprogramms bieten Fachkräfte der Beratungsstelle der Jugendhilfe Werne themenorientierte Elterntreffs an, in denen sich interessierte Eltern zu Familien- und Erziehungsthemen informieren und austauschen können.

Das Angebot, die Beratung in der jeweiligen Schule und/oder Kindestagesstätte des Kindes zu verorten, stößt in der Praxis auf positive Resonanz und Akzeptanz.

Die Eltern sind nicht gezwungen noch eine Institution aufzusuchen, sondern können an einem ihnen bekannten – und im positivsten Fall – geschätzten Ort Unterstützung und Hilfe erfahren.

> Im Rahmen des jährlichen Familienzentrumprogramms bieten Fachkräfte der Beratungsstelle der Jugendhilfe Werne themenorientierte Elterntreffs an, in denen sich interessierte Eltern zu Familien- und Erziehungsthemen informieren und austauschen können

6.3 Kinderrechte

In Anlehnung an die UN-Kinderrechtskonvention hat sich die Jugendhilfe Werne im Rahmen von Standards in der Jugendhilfe mit dem Thema Kinderrechte auseinandergesetzt. Die „Rechte von Kindern und Jugendlichen im Alltag der Jugendhilfe Werne von A-Z" sind in diesem Zusammenhang beschrieben worden; von A wie Ankunft bis Z wie Zimmer.

Zentrales Anliegen der Jugendhilfe Werne ist, Kinder und Jugendliche über ihre Rechte zu informieren und diese im Alltag erfahrbar zu machen. Wir streben an, jedem Kind/jeden Jugendlichen bei der Kontaktaufnahme mit einem Angebot der Jugendhilfe Werne eine Broschüre mit den „Rechten von Kindern und Jugendlichen im Alltag der Jugendhilfe Werne von A-Z" auszuhändigen. In Kürze wird ein Kinderbuch fertiggestellt, in dem die Kinderrechte illustriert dargestellt sind, um sie auch jüngeren Kindern zugänglich zu machen.

6.4 Beschwerdemöglichkeiten für Kinder/Jugendliche

Gegenwärtig wird in der Jugendhilfe Werne im Rahmen des Beschwerdemanagements ein geregelter Umgang mit Beschwerden von Klienten entwickelt. Dabei sollen Kinder und Jugendliche die Möglichkeit erhalten, Beschwerden und Anregungen über die Wege einer kostenlosen Rufnummer, E-Mail oder Briefkasten zu beschreiten.

Die Fachkräfte der Jugendhilfe Werne gestalten den pädagogischen Alltag mit und unter den Kindern/Jugendlichen nach dem Prinzip der offenen Kommunikation, die eine rechtzeitige Klärung von Unzufriedenheiten und Störungen ermöglicht. Verhaltensbeobachtungen, Feedback, Beziehungs-/Gesprächsangebote, Gruppenbesprechungen, Hilfeplangespräche sind in diesem Zusammenhang gängige Klärungsinstrumente.

Sollten die aufgezeigten Möglichkeiten zur Klärung von Störungen nicht ausreichen, wünschen wir uns, dass die Kinder und Jugendlichen über Beschwerdemöglichkeiten informiert sind und Zugang dazu haben. Um den geregelten Umgang mit den Beschwerden/Anregungen kümmern sich die Fachkräfte der Beratungsstelle der Jugendhilfe Werne. Sie informieren und begleiten das betreffende Kind/Jugendlichen und leiten alle notwendigen Schritte zur Klärung ein.

7. Ausblick

Die Anforderungen an die Fachlichkeit und Belastbarkeit der in den Tätigkeitsfeldern der Jugendhilfe tätigen Kollegen und Kolleginnen haben unserer Einschätzung nach in den letzten Jahren deutlich zugenommen. So ist auch in Zukunft davon auszugehen, dass sich die Jugendhilfe den gesellschaftlichen Wandlungen und Veränderungen anpassen und professionell stellen muss. Die Jugendhilfe Werne arbeitet stetig an neuen Angeboten, Ideen und der konzeptionellen Umsetzung von Bedarfen.

Wie bereits angeführt, ist davon auszugehen, dass zwischen psychischer Erkrankung von Eltern und der Misshandlung von Kindern ein Zusammenhang besteht. Hier sehen wir uns in der Verantwortung, zukünftig verstärkt den Fokus auf eben diese Familie zu legen, um unterstützend Einfluss nehmen zu können und Kindeswohlgefährdung zu minimieren. Darüber hinaus benötigen die Kinder, die der Gewalt und Misshandlung psychisch erkrankter Eltern ausgesetzt waren, passgenauere und tragfähige Konzepte zur Bewältigung ebendieser Erfahrungen.

Darüber hinaus erscheint es uns zukünftig wichtig, jungen Müttern mit Kind Angebote zur Selbsthilfe zu unterbreiten, mit dem Ziel der gemeinsamen Lebensgestaltung.

Ein weiteres – auch sozialpolitisch hochaktuelles Thema – ist der Schutzauftrag jungen muslimischen Frauen gegenüber, die aufgrund kultureller Hintergründe Zwangsheirat oder der Rückkehr ins Herkunftsland ausgesetzt sind. Hier gilt es Angebote zu schaffen, die sowohl die Rechte jedes Einzelnen wahren als auch die kulturellen Hintergründe berücksichtigen.

Mit Blick auf die derzeitigen Bedarfe deutet sich eine Ausweitung der Angebote für besonders kleine Kinder in der Jugendhilfe an.

Literatur

Alle, F. (2010). Kindeswohlgefährdung. Das Praxishandbuch. Freiburg: Lambertus.

Bayrisches Landesjugendamt (2006). Sozialpädagogische Diagnose. Taufkirchen: Eigenverlag.

Deegener, G. (2005). Formen und Häufigkeiten der Kindesmisshandlung. In G. Deegener & W. Körner (Hrsg.), Kindesmisshandlung und Vernachlässigung (S. 37-58). Göttingen: Hogrefe.

Hamburger Behörde für Soziales, Gesundheit, Familie und Verbraucherschutz (2006). Handlungsempfehlungen für den Umgang mit der „Garantenstellung" des Jugendamtes bei Kindeswohlgefährdung. Hamburg: Eigenverlag.

Jugendämter im Kreis Unna (2006). Richtlinien zum Vorgehen und zu Maßnahmen bei Vernachlässigung und Misshandlung von Kindern und Jugendlichen. Nicht verlegte Arbeitshilfe.

Kissmann, T. (2009). Werner Manual zur Abschätzung von Kindeswohlgefährdung (entsprechend § 8a SGB VIII). Werne: Eigenverlag.

Motzkau, E. (2002). Vernachlässigung. In D. Bange & W. Körner (Hrsg.), Handwörterbuch Sexueller Missbrauch (S. 712-717). Göttingen: Hogrefe.

Schone, R. (2008). Schutzauftrag bei Kindeswohlgefährdung. Rechtliche und fachliche Rahmenbedingungen. Unveröffentlichtes Manuskript.

Tietze, W., Schuster, K.-M., Grenner, K. & Rossbach, H.-G. (2005). Kindergarten-Skala (KES-R). Weinheim: Luchterhand.

Walsh, C., Mc Millan, H. & Jamieson, E. (2002). The relationship between parental psychiatric disorder and child physical and sexual abuse: Findings from the Ontario Health Supplement. Child and Abuse and Neglect, 26, 11-22.

Zitelmann, M. (2009). Kindeswohlgefährdung und Inobhutnahme. Hinweise und Ergebnisse aus einer bundesweiten Studie. In G. Lewis, R. Riehm, A. Neumann-Witt, L. Bohnstengel, S. Köstler & G. Hensen (Hrsg.), Inobhutnahme konkret. Pädagogische Aspekte der Arbeit in der Inobhutnahme und im Kinder- und Jugendnotdienst (S. 75-103). Frankfurt am Main: IGfH-Eigenverlag.

Die Autorinnen und Autoren

Sarah **Armbrecht**, Dipl.-Psych., Diakonie Hochfranken
E-Mail: sarah.armbrecht@diakonie-hochfranken.de

Achim **Baas**, Dipl.-Psych., Caritas-Kinderschutzdienst Pirmasens
E-Mail: achim.baas@caritas-speyer.de

Rainer **Balloff**, Dr. phil., Dipl.-Psych., Psychologischer Sachverständiger
E-Mail: dr.balloff@t-online.de

Pascal **Bastian**, Dr. phil., Dipl.-Päd., wiss. Mitarbeiter im Fachgebiet Sozialpädagogik des Kindes- und Jugendalters der Universität Kassel
E-Mail: pascal.bastian@uni-kassel.de

Stephan **Cinkl**, Dipl.-Psych., Supervisor, Familientherapeut, fachliche Leitung eines Projektes zu Sozialpädagogischen Familiendiagnosen
E-Mail: scinkl@t-online.de

Zoë **Clark**, Dipl.-Päd., Stipendiatin an der NRW Research School Education and Capibilities
E-Mail: zoe.clark@uni-bielefeld.de

Günther **Deegener**, Prof. Dr. phil., Dipl.-Psych., Psychologischer Psychotherapeut
E-Mail: gdeegener@aol.com

Thomas **Fischbach**, Dr. med., Vorsitzender des Landesverbands Nordrhein des Berufsverbandes der Kinder- und Jugendärzte BVKJ e.V.
E-Mail: fischbach@kinderaerzte-solingen.de

Christine **Gerber**, Dipl.-Sozialpäd., Dipl.-Betriebswirtin (VWA). Deutsches Jugendinstitut, München
E-Mail: gerber@dji.de

Gregor **Hensen**, Dr. phil., Dr. rer. medic., Professor an der Ostfalia Hochschule für angewandte Wissenschaften (FH Braunschweig/Wolfenbüttel)
E-Mail: g.hensen@ostfalia.de

Bernd **Herrmann**, Dr. med., Oberarzt an der Kinderklinik des Klinikums Kassel
E-Mail: b.herrmann@t-online.de

Franz **Heuer**, Dipl.-Psych., Institutsleitung einer Beratungs- und Bildungseinrichtung in der Jugendhilfe
E-Mail: franzeilard.heuer@t-online.de

Martina **Huxoll**, Dipl.-Sozialpäd., Dipl.-Päd., stellv. Geschäftsführerin und Fachberaterin, DKSB-Landesverband NRW
E-Mail: m.huxoll@dksb-nrw.de

Heinz **Kindler**, Dr. phil., Dipl.-Psych., Deutsches Jugendinstitut, München
E-Mail: kindler@dji.de

Die Autorinnen und Autoren

Thomas **Kißmann**, Dipl.-Päd., Sozialmanager (MA), stellv. Direktor der Jugendhilfe Werne
E-Mail: thkissmann@jugendhilfe-werne.de

Wilhelm **Körner**, Dr. phil., Dipl.-Psych., Psychologischer Psychotherapeut, Kinder- und Jugendlichen-Psychotherapeut, Münster i. W.
E-Mail: wilhelm.koerner@web.de

Maria **Kurz-Adam**, Dr., Dipl.-Psych., Leitung Stadtjugendamt München
E-Mail: maria.kurz-adam@muenchen.de

Franka **Metzner**, Dipl.-Psych., Wiss. Mitarbeiterin in der Forschungsgruppe Kinderschutz am Universitätsklinikum Hamburg-Eppendorf
E-Mail: fmetzner@uke.uni-hamburg.de

Silke **Pawils**, Dr. phil., Dipl.-Psych., Arbeitsgruppenleiterin der Forschungsgruppe Kinderschutz am Universitätsklinikum Hamburg-Eppendorf
E-Mail: spawils@uke.uni-hamburg.de

Meinolf **Pieper**, Dipl.-Päd., Amt für Jugend und Bildung im Landkreis Böblingen – Leiter des Sozialen Dienstes Sindelfingen
E-Mail: m.pieper@lrabb.de

Stephan **Rietmann**, Dr. phil., Dipl.-Psych., Leiter der Psychologischen Beratungsstelle Borken
E-Mail: beratungsstelle@caritas-borken.de

Gila **Schindler**, Rechtsanwältin in der Kanzlei BERNZEN SONNTAG Rechtsanwälte in Heidelberg
E-Mail: schindler@msbh.de

Jutta **Scholz**, Dipl.-Heilpäd., Systemische Familienberaterin, Bereichsleitung Beratungsstelle Jugendhilfe Werne
E-Mail: jscholz@jugendhilfe-werne.de

Reinhold **Schone**, Dr. phil., Professor an der FH Münster
E-Mail: schone@fh-muenster.de

Jolanthe **Sickel**, Dipl.-Päd., Systemische Familientherapeutin, Bereichsleitung Diagnostikzentrum Jugendhilfe Werne
E-Mail: jsickel@jugendhilfe-werne.de

Eva Christina **Stuckstätte**, Dr. phil., Dipl.-Päd., Professorin an der KatHo Münster
E-Mail: ec.stuckstaette@katho-nrw.de

Wolfgang **Trede**, Dipl.-Päd., Leiter des Amtes für Jugend und Bildung im Landkreis Böblingen
E-Mail: w.trede@lrabb.de

Uwe **Uhlendorff**, Dr. phil., Professor für Sozialpädagogik und Fachdidaktik an der TU Dortmund
E-Mail: uwe.uhlendorff@fk12.tu-dortmund.de

Holger **Ziegler**, Dr. phil., Professor für Erziehungswissenschaft mit Schwerpunkt Soziale Arbeit an der Universität Bielefeld
E-Mail: hziegler@uni-bielefeld.de

Günther Deegener, Wilhelm Körner

Risikoerfassung bei Kindesmisshandlung und Vernachlässigung

Theorie, Praxis, Materialien

In der Diagnostik misshandelter Kinder bestehen nach wie vor schwere Defizite.

Der Band bietet Anleitungen zur differenzierten Erfassung der einzelnen Misshandlungsarten; die Schwerpunkte: seelischer, körperlicher, sexueller Missbrauch; Gewalt zwischen Bezugspersonen; Eltern-Kind-Probleme und Erziehungsstile; Temperament und Persönlichkeit; Selbstwirksamkeit, Coping, Resilienz; Stressbelastung in der Familie; soziales Netzwerk und soziale Unterstützung.

Mehr als 100 diagnostische Verfahren werden vorgestellt: Fragebogen, Checklisten, Einstufungsbogen, Screening-Vorgaben. Das – in Deutschland bisher kaum bekannte – Material ist für Praxis und Forschung unentbehrlich.

344 Seiten, ISBN 978-3-89967-318-0
Preis: 25,- Euro

PABST SCIENCE PUBLISHERS
Eichengrund 28, D-49525 Lengerich, Tel. ++ 49 (0) 5484-308,
Fax ++ 49 (0) 5484-550, E-mail: pabst.publishers@t-online.de
Internet: www.psychologie-aktuell.com – www.pabst-publishers.de

356 Seiten, ISBN 978-3-89967-541-2, Preis: 35,- €

Peer Briken, Aranke Spehr, Georg Romer, Wolfgang Berner (Hrsg.)

Sexuell grenzverletzende Kinder und Jugendliche

PABST SCIENCE PUBLISHERS
Eichengrund 28
D-49525 Lengerich
Tel. + + 49 (0) 5484-308
Fax + + 49 (0) 5484-550
pabst.publishers@t-online.de
www.psychologie-aktuell.com
www.pabst-publishers.de

In diesem Buch tragen namhafte Praktiker und Wissenschaftler den aktuellen Kenntnisstand über sexuell grenzverletzende Kinder und Jugendliche zusammen. Dabei werden Grundlagen, kriminologische, diagnostische und präventive Aspekte ebenso berücksichtigt wie Therapie, Prognose und Begutachtung.

Kontroverse und innovative Darstellungen zu den Themen sollen den Leser animieren, sich zu informieren aber auch bisherige Meinungen in Frage zu stellen. Das Buch wird für diejenigen, die einen Einstieg in das Thema finden wollen oder bereits mit sexuell grenzverletzenden Kindern und Jugendlichen arbeiten, eine wertvolle Hilfe sein.